Pour Nicolas Truong,

ces

ENGAGEMENTS
ET DÉCHIREMENTS,

en très cordial hommage

Catherine Brun.

LES INTELLECTUELS
ET LA GUERRE D'ALGÉRIE

Cet ouvrage a été réalisé dans le cadre de l'exposition

« Engagements et déchirements, les intellectuels et la guerre d'Algérie »

produite par l'IMEC et présentée à l'abbaye d'Ardenne du 16 juin au 14 octobre 2012.

C'est en prenant appui sur l'expérience documentaire de l'exposition « Archives de la vie littéraire sous l'Occupation » que l'IMEC a initié une recherche approfondie sur l'engagement des intellectuels face à la guerre d'Algérie. Jamais le discours des intellectuels et leur mobilisation face à la guerre d'Algérie n'avaient fait l'objet d'un récit en archives. Lettres, tracts, brochures, journaux, revues, manifestes... l'archive expose l'intensité des affrontements et permet de mieux saisir les contours de cette « bataille de l'écrit » menée au nom du droit, de la vérité et de la liberté.

Commissaires de l'exposition :
Catherine Brun et Olivier Penot-Lacassagne

Note de l'éditeur
Les titres des chapitres mentionnés ci-dessous sont empruntés à différents auteurs.
Chapitre 1. Emmanuel Mounier, «Prévenons la guerre en Afrique du Nord», éditorial, *Esprit*, n°2, avril 1947.
Chapitre 2. Max-Pol Fouchet, «Algérie, notre conscience», *Le Fil de la vie*, Robert Laffont, 1957.
Chapitre 4. Robert Antelme, «Les principes à l'épreuve», *Le 14 Juillet*, n°1, juillet 1958.

ENGAGEMENTS ET DÉCHIREMENTS

LES INTELLECTUELS ET LA GUERRE D'ALGÉRIE

Catherine Brun
Olivier Penot-Lacassagne

Gallimard | imec éditeur

AUT PAS QUE ÇA R COMMENCE !
guerre Algérie nourrit la fascisme.
UN N ET CTION
pour imposer la négociatio avec le G.P.R.A.
LA LIBRE DU PEUPLE ALGÉRIEN
Là est la condition de la Paix en Algérie
P.P.I. — Paris Avril 1961
LE PARTI COMMUNISTE FRANÇAIS

AVANT-PROPOS

On n'en a pas fini avec la guerre d'Algérie.

Bertrand Tavernier, dans *La Guerre sans nom*, a montré combien ces « événements », qualifiés officiellement d'« opérations de maintien de l'ordre », avaient bien tous les caractères d'une véritable guerre : guerre innommable (au sens également d'ignoble et d'indigne), guerre impitoyable (au sens de cruelle et de sévère – comme on le dit d'un syndrome en médecine).

La guerre d'Algérie fut aussi une guerre de l'écrit. Certainement l'un des derniers grands conflits impliquant la France et dans lequel ce média privilégié des intellectuels joua un rôle central au sein du débat public. Tracts, déclarations de principe, expertises, rapports, manifestes et contre-manifestes, revues, éditoriaux, romans, poésies, pièces de théâtre, témoignages, controverses… Cette guerre aura provoqué une agitation intellectuelle, un véritable bouillonnement des pensées, une mise en cause radicale des valeurs et des représentations qui, aujourd'hui encore, déterminent nombre de positions dans le « champ intellectuel », et par-delà, fût-ce de manière atténuée, dans l'opinion publique. Le contraste est d'évidence flagrant avec les conflits actuels, dans lesquels les nouvelles technologies de la communication et l'immédiateté qu'elles offrent tiennent un rôle majeur, transformant complètement le rapport au temps, alors même qu'elles volatilisent les traces qui fondent notre mémoire.

Le présent ouvrage est né d'une volonté affirmée depuis longtemps, notamment à travers une collecte de fonds d'archives particulièrement riches autour de ce sujet, de prolonger dans une approche de la guerre d'Algérie le travail mis en œuvre avec Claire Paulhan et Robert O. Paxton sur les archives de la vie littéraire sous l'Occupation[1]. La méthode en est aussi simple que féconde : partir presque exclusivement d'archives personnelles d'écrivains et d'intellectuels pour dessiner peu à peu, par une traversée des fonds de l'IMEC, complétés ici par quelques fonds privés ou d'autres institutions, des figures incarnées de l'engagement et des modalités diverses, voire divergentes, de celui-ci. Dans le cas de la guerre d'Algérie, le travail à partir des archives se révèle aujourd'hui indispensable : une lettre, un manuscrit raturé, une photographie, une revue clandestine, bref, l'archive *existentielle* des acteurs de ce conflit, deviennent des éléments permettant de mieux comprendre certaines contradictions, la difficulté de certains engagements, la violence des débats. Ainsi les pièces d'archives présentées ici deviennent, si anecdotiques puissent-elles paraître de prime abord, au-delà du témoignage qu'elles portent, de véritables *objets culturels*, et se chargent d'un sens qui les dépasse, les enveloppe.

Loin d'illustrer une seule vision (celle, mythique, d'une gauche politique acquise tout entière à la cause du FLN et de l'indépendance algérienne), ce livre entend rendre compte de la diversité au sein de cette gauche politique et intellectuelle – ce que montrent bien les débats entre les signataires du fameux Manifeste des 121 et ceux qui, tout autant acquis à la cause de la rébellion, refusèrent de le signer. D'un côté Maurice Blanchot, de l'autre Edgar Morin. De la même façon, il examine comment au sein de la droite et extrême droite politique, irrémédiablement divisée par la question gaulliste, les différents acteurs étaient en fait souvent opposés entre eux. François Mauriac contre Jacques Soustelle.

Nous traversons un moment historique particulier : la guerre d'Algérie a toujours des témoins et il reste possible de confronter des paroles aux documents… Bientôt, dans vingt ou trente ans, tout ce qui restera appartiendra à l'archive. Anticipant ce devenir inéluctable, Catherine Brun et Olivier Penot-Lacassagne ont réussi, comme le dit Sartre à propos du *Triptyque sur la torture* de Robert Lapoujade reproduit dans cet ouvrage, à montrer « sans fard le deuil de nos consciences » et à restituer tout ce qui les a agitées et continue à nous inquiéter. Et donc de nous garder vigilants.

Olivier Corpet
Directeur de l'IMEC

◄ Jacques Villeglé
Rue Sainte-Croix de la Bretonnerie,
avril 1961
91 × 64 cm
Affiches lacérées, marouflées sur toile

Frac Auvergne, Clermont-Ferrand

Note

1. Ce travail a donné lieu à la conception d'une exposition présentée par l'IMEC à Caen puis à New York et enfin à Paris, ainsi qu'à la publication du livre *Archives de la vie littéraire sous l'Occupation*, Tallandier/IMEC, 2011.

SOMMAIRE

Introduction

LES ENGAGEMENTS DU CŒUR ET DE L'ESPRIT

◄ **Marc Riboud,**
Alger, 2 juillet 1962,
photographie.

Les difficultés que posent les contours et la nature des engagements intellectuels sur « la question algérienne » – complexe et encore sensible – n'ont guère changé depuis que Jean-François Sirinelli les a recensées, il y a plus de vingt ans[1] : balisage du champ d'étude (qu'entend-on par « intellectuels » ?) ; typologie des milieux intellectuels concernés, de leurs formes d'action et supports d'expression ; entremêlement de générations distinctes ; hétérogénéité des cultures politiques ; diversité des sensibilités ; remodelage progressif des différentes mouvances ; évolution des idéologies et des systèmes de représentation (du souvenir de la Seconde Guerre mondiale à l'émergence du Tiers-Monde) ; détermination des relais d'opinion ; durée du conflit ; radicalisation des analyses et des attitudes ; changement des priorités et des mobilisations (des rapports Est-Ouest aux problèmes coloniaux) ; influence des clercs sur le déroulement et le dénouement de la guerre, sur leurs concitoyens...

Si ces questions demeurent cruciales pour comprendre la guerre d'Algérie, c'est que celle-ci a été perdue dans l'opinion plus que sur le terrain des opérations. Longtemps appelée la « guerre sans nom » faute d'avoir été officiellement reconnue comme telle, elle fut aussi une « bataille de l'écrit[2] », vive et entretenue. Les noms qui lui ont été donnés furent multiples et discordants : « maintien de l'ordre », « opérations de pacification », « opérations de police », « révolution », « guerre d'indépendance », « guerre de libération », « guerre de décolonisation », « djihad », « guérilla », guerre du renseignement, ou encore « événements ».

Cette bataille, il faut la restituer sans la simplifier, la dire sans céder aux illusions et aux émotions rétrospectives. À succomber aux hémiplégies du souvenir, à méconnaître la réalité des débats et des combats qui agitèrent les intellectuels, le risque est grand de gommer ombres et nuances comme si tous avaient été anticolonialistes, comme si « le sens de l'histoire » s'était imposé d'emblée. Certes, la France intellectuelle fut alors scindée, mais l'opposition manichéenne et réductrice d'une gauche indépendantiste et d'une droite pro-Algérie française, tardivement formée, doit être revisitée. Au-delà de l'habituelle réduction des débats politiques à un affrontement entre droite et gauche, on découvre une réalité moins tranchée. L'histoire de chaque sensibilité, observe Guy Pervillé, « est celle des passages d'un bord à l'autre, de fronts renversés, de chassés-croisés[3] ». L'Algérie relève de ce « schéma migratoire ». Quand il y eut division sur la nature du territoire français, « les lignes de démarcation passai[en]t plutôt au sein des droites et des gauches qu'entre celles-ci ». En novembre 1954, l'identité française de l'Algérie fait encore « la quasi-unanimité des forces politiques », à l'exception de l'extrême gauche.

L'établissement des faits et des chiffres, incontournable, ne saurait dispenser d'une attention aiguë aux sensibilités qui se sont exprimées. « Puisqu'il s'agissait de débats de conscience, de valeurs et de principes mis en cause, voire du sens même qu'il faut accorder aux mots, les intellectuels avaient le devoir de se prononcer, de faire entendre leur parole », écrit Maurice Nadeau dans *Les Lettres nouvelles*, en décembre 1960. C'est l'histoire, mouvementée, complexe, de leurs engagements et déchirements face à la guerre d'Algérie que nous avons retracée.

Pour tenir compte de la diachronie, éviter les ethnocentrismes ou les myopies, mettre en perspective les événements et les débats, nous avons privilégié l'ouverture. Ouverture historique d'abord. Plutôt que de s'en tenir aux dates officielles du conflit (1954-1962), les bornes choisies couvrent une période qui débute avec les massacres du Constantinois, en mai 1945, et s'interrompt, en juillet 1968, quand est promulgué le dernier décret amnistiant les crimes commis en Algérie. Ouverture géographique ensuite, puisque sont pris en considération des intellectuels et des écrivains issus des deux rives de la Méditerranée – Européens d'Algérie, Français métropolitains ou d'outre-mer, Algériens musulmans et chrétiens. C'est l'histoire passionnelle et orageuse d'un dialogue aussi désiré qu'empêché qui s'esquisse ainsi : « Entre Algériens francophones et Français, la langue est commune, non le langage », constate Jean Amrouche en janvier 1958[4]. Ouverture politique enfin, car comment comprendre la virulence et la longévité des affrontements si un point de vue unique est adopté ? Des militants engagés dans des réseaux de soutien au FLN aux fidèles partisans de l'Algérie française, en passant par les défenseurs d'un dialogue renoué ou d'une communauté fédérale, c'est la totalité de l'éventail politique qu'il fallait reconstituer sans point de vue surplombant, afin de présenter avec rigueur les luttes et les actions, sans omettre de manifester la variété et parfois la sinuosité des trajectoires.

Cette histoire, nous avons choisi de la relater en remontant aux sources, à partir de pièces d'archives inédites (manuscrits, tracts, bulletins) ou rares (photographies, dessins, livres, revues...), venues d'institutions publiques, en particulier de l'IMEC, ou de collections privées. Elles étaient si nombreuses qu'il a fallu opérer des choix difficiles entre des documents tous riches et passionnants. Ces choix ont été guidés par le souci de rendre accessible au plus grand nombre cette période tourmentée, sans jamais renoncer à montrer la complexité et les déchirements des groupes et des êtres dans ce long moment blessé de notre histoire.

On y lit des portraits de groupe, portraits d'une ou plutôt de deux générations algériennes. Pour les jeunes clercs, l'éveil à la politique se fait à l'occasion du drame algérien ; pour la génération qui les précède, l'engagement répond à des convictions ancrées dans l'histoire nationale. S'y esquissent aussi des parcours singuliers, des mutations surprenantes, des révélations imprévisibles. Pour un Pierre Vidal-Naquet ou un André Mandouze, d'emblée acquis à la cause de l'indépendance algérienne, combien dont les positions ont évolué, se sont progressivement radicalisées (François Mauriac, Mouloud Feraoun, Jean Sénac, Kateb Yacine...), simplement humanisées (Philippe Ariès), ou qui sont tardivement entrés dans l'arène (Maurice Blanchot) alors que d'autres préféraient s'en retirer (Albert Camus) ?

Émergent des questions qui cristallisent le débat : les soubassements moraux, politiques ou idéologiques de l'engagement; la question de la fin et des moyens; l'autorité des figures (Mauriac, général de Gaulle...) et des partis constitués (PCF, SFIO...); les échanges sur la justification (inter)nationaliste ou patriotique du combat; le statut des réfractaires; la valeur des mots... Quel sens, notamment, donner au terme « pacification », ou quelle foi accorder à De Gaulle après qu'il eut prononcé son fameux « Je vous ai compris », le 4 juin 1958, sur le Forum d'Alger?

Simultanément, ce sont des phénomènes d'occultation et de surexposition qui se donnent à voir. Alors que la torture mobilise précocement les intellectuels, ils sont rares à dénoncer les camps de regroupement, qui ont pourtant affecté près de deux millions et demi d'Algériens. Les enquêtes de Louis Martin-Chauffier seront peu diffusées, celle de Pierre Bourdieu et Abdelmalek Sayad ne sera publiée qu'en 1964[5], tandis que c'est une fuite organisée par le cabinet du garde des Sceaux qui fera connaître le rapport de Michel Rocard... De même, la place de l'islam dans le mouvement nationaliste sera peu analysée et commentée. *A contrario*, le Manifeste dit des 121, péniblement diffusé en septembre 1960, emblématise désormais la mobilisation des clercs, au point que l'on oublie souvent non seulement son caractère tardif, mais aussi l'existence de deux autres pétitions, diffusées en même temps, entre septembre et octobre 1960, sur des positions distinctes. Revenir aux sources, c'est donc aussi mettre au jour certains des mécanismes par lesquels la mémoire collective se sédimente.

1945-1954 : l'éveil des consciences

Fractures, inflexions, mutations, reclassements : dans cette « partie non militaire », les clivages intellectuels ont oscillé. L'« évolution chronologique commande[6] », prévient Jean-Pierre Rioux. Sept années de guerre ont eu raison du consensus plus que séculaire sur la souveraineté française en Algérie. La métropole cependant n'ignorait pas les demandes d'émancipation, les élans de libération d'Alger. Les mises en garde faites en France et en Algérie n'ont pas manqué. Dans le journal *Combat*, en mai 1945, Camus constate le désespoir d'un peuple algérien affamé qui demande justice après avoir servi la France. En 1947, la revue *Esprit* prévient des risques d'une guerre en Afrique du Nord. Dans l'hebdomadaire protestant *Réforme*, en septembre de la même année, Paul Ricœur aborde la « question coloniale » en la situant dans un « mouvement de l'histoire » créateur de liberté. De l'autre côté de la Méditerranée, une floraison de revues entend, telle la revue *Terrasses*, lancée par Sénac au printemps de 1953, montrer aux intellectuels français « le vrai visage » de l'Algérie.

Ici et là, des voix s'élèvent donc avant que le drame ne commence. Elles traduisent une inquiétude, disent un espoir, révèlent un tourment. Les attentats du mois de novembre 1954 veulent faire événement. Pourtant, les réactions françaises tardent. Certes, le 13 janvier 1955, Claude Bourdet, décrivant les sévices infligés aux inculpés et aux prisonniers algériens, dénonce dans *France-Observateur* la « Gestapo d'Algérie »; le 15 janvier 1955, Mauriac accuse dans *L'Express* « les bourreaux » qui, « déshonorant » la France, la « désarment ». Mais un sondage d'opinion de l'IFOP pour *Les Temps modernes* d'avril 1955 montre que les luttes de libération nationale restent secondaires. Dans la France de l'après-guerre et de la Guerre froide : « L'indépendance des peuples d'outre-mer est consi-dérée comme un droit [...], celle des Algériens est soumise à quantité de réserves[7]. »

Intellectuels et écrivains français d'Algérie mesurent avant ceux de Paris l'importance des événements en cours. En métropole, il faut attendre l'automne de 1955 pour que les clercs interviennent et que la guerre d'Algérie investisse revues et débats. La campagne de presse en faveur de la libération du catholique Robert Barrat, emprisonné après un article sur les maquis et des entretiens avec l'indépendantiste FLN Abane Ramdane dans le journal *France-Obervateur*, le 15 septembre; la création en novembre du Comité d'action contre la poursuite de la guerre en Afrique du Nord, autour de Robert Antelme, Dionys Mascolo, Louis-René des Forêts et Edgar Morin; la parution aux éditions du Seuil de *L'Algérie hors la loi*, violent réquisitoire contre la colonisation française écrit par Colette et Francis Jeanson; la publication dans *Les Temps modernes*, dont l'éditorial de novembre affirme que «l'Algérie n'est pas la France», d'un texte refusé par *Le Monde* contre la torture: autant de signes d'une soudaine mobilisation. Un an après les attentats de la Toussaint rouge, la France prend conscience qu'elle est en guerre. Ce rassemblement d'intellectuels «pour la Paix en Algérie» constitue bien, selon le mot de Jean Cassou, une «étrange nouveauté»[8]. Depuis les comités de vigilance antifascistes de 1934, en effet, c'est sans doute la première fois «que se regroupe une fraction aussi importante des intellectuels français». Les signataires, qui appellent à la «cessation de la répression», à l'absence de «discrimination raciale Outre-Mer et dans la métropole», et à «l'ouverture de négociations», sont de tendances diverses. Roger Martin du Gard, François Mauriac, André Breton, Jean-Paul Sartre, Claude Lévi-Strauss, Georges Bataille, Louis Massignon, Jean Dresch, Georges Canguilhem, Jean Rostand, Jean Cocteau, Jean-Louis Barrault sont quelques-unes des personnalités qui prennent l'engagement d'agir «en conscience» pour mettre fin à la guerre. Mais aucune ne se prononce encore sur le type de solution politique à apporter au conflit.

Les préoccupations morales scellent cette opposition composite à la guerre d'Algérie. Les considérations éthiques favorisent les prises de position collectives, affirmées en dehors de la mouvance communiste, et elles masquent les divergences, voire les antagonismes.

Au printemps de 1956, la guerre s'intensifie, l'intervention croissante des intellectuels commence à se bipolariser. Mais le recours à l'usuel clivage droite-gauche reflète mal la topographie des engagements. Les tensions entre partisans de Messali Hadj et ceux des indépendantistes du FLN au sein du Comité d'action contre la poursuite de la guerre en Afrique du Nord traduisent un durcissement des débats. À la tribune d'un meeting parisien du comité organisé le 27 janvier, salle Wagram, Sartre fustige les modérés qui souhaitent un statut nouveau «dans l'égalité d'une alliance consentie»: «Le colonialisme est en train de se détruire lui-même. Mais il empuantit encore l'atmosphère: il est notre honte [...]. La seule chose que nous puissions et devrions tenter – mais c'est aujourd'hui essentiel – c'est de lutter aux côtés [du peuple algérien] pour délivrer *à la fois* les Algériens et les Français de la tyrannie coloniale.» Le 5 avril, le professeur d'histoire ancienne Henri Marrou publie dans *Le Monde* un article intitulé: «France, ma patrie...», où il proteste contre les méthodes de la «pacification». Cette publication, émanant de l'Université, peu disposée à s'engager publiquement, est symptomatique de l'évolution en cours. Quelques semaines plus tard, de nombreux collègues de Marrou prennent leur distance. *Le Monde* du 23 mai 1956 titre, en page 3: «Des professeurs à la Sorbonne expriment leur adhésion à la politique gouvernementale». Réprouvant «l'injustice qu'il y aurait à renier, par ignorance ou par passion, les bienfaits d'une œuvre poursuivie depuis 125 ans», ils dénoncent «la disposition d'esprit qui [...] dispense parfois aux crimes des fellagas une indulgence inadmissible» et s'engagent à tout faire «pour que les jeunes Français chargés de ramener la paix en

Algérie trouvent dans le respect de leurs aînés le soutien moral auquel ils ont droit ».

L'appel « pour le salut et le renouveau de l'Algérie française », qui paraît le 21 avril, annonce la recomposition progressive des opinions. Les pétitionnaires n'appartiennent pas, « pour la plupart, à la droite du paysage politique ». La présence de Paul Rivet est exemplaire de cette porosité. Grande figure de la gauche républicaine, premier élu du Front populaire et fondateur du Comité de vigilance des intellectuels antifascistes, Rivet partage avec les signataires Jacques Soustelle, Georges Duhamel, le cardinal Saliège ou Albert Bayet, la conception d'une France émancipatrice qui dénonce en Algérie « les instruments d'un impérialisme théocratique, fanatique et raciste » et qui prône « la solution démocratique du problème algérien dans la légalité républicaine ».

Les trajectoires des uns et des autres étonneront donc parfois, rétrospectivement. Le clivage des générations est un élément important d'explication. Ce n'est pas le seul, puisque l'héritage de la Résistance sera revendiqué aussi bien par un mouvement de jeunes appelés réfractaires comme Jeune Résistance que par le Conseil national de la Résistance, qui succède au Comité de Vincennes pour la défense de l'Algérie française en mai 1962.

Les événements, aussi, contribuent à remodeler les motivations et les convictions. À gauche, l'invasion soviétique de la Hongrie, en novembre 1956, entraîne de nouvelles dissensions et d'irrémédiables séparations. « L'Algérie est une Super-Hongrie », écrit Edgar Morin le 22 novembre à Franco Fortini. « Les massacres de Budapest nous ont rendus adultes [...]. La dernière "démystification" aura été l'œuvre des chars staliniens. [...] Nous sommes désormais plusieurs à ne plus dissocier les deux combats. Nous rompons avec ceux qui pleurent sur Budapest et sourient de l'Algérie, ceux qui pleurent sur l'Algérie et applaudissent les chars russes. » Nouvelle gauche, non-communistes, catholiques progressistes et communistes dissidents : le problème de la collaboration avec le PCF se pose alors avec netteté pour celles et ceux qui, comme Jean-Marie Domenach, directeur de la revue *Esprit*, qui consacrera deux cent onze articles à la guerre d'Algérie, sont « désireux d'engager [leur] liberté au service des opprimés[9] ».

1957-1960 : combats, fractures, déchirements

Agir certes, de part et d'autre réclamer la paix. Mais sous quelle forme, selon quelle formule et avec quels moyens ? Les propositions ne manquent pas. « Union », « pacte », « fédération », « pacification », « association », « assimilation », « indépendance » : ces mots, âprement disputés, traduisent des oppositions tranchées ou des divergences majeures ; ils signalent des fractures et des combats ; indiquent des alliances, des rapprochements et des ralliements. L'énonciation de solutions pratiques réunit, éloigne ou divise les protestataires. Les exemples sont nombreux de ces déchirements passagers, durables ou définitifs, où les amitiés intellectuelles et les familles – idéologiques, confessionnelles, biologiques – tantôt se renforcent tantôt se défont : naissance du PSU en marge de la SFIO ; dissensions entre *La Nation française* de Pierre Boutang et *L'Esprit public* de Roland Laudenbach ; différends après une commune équipée entre Dionys Mascolo et Edgar Morin ; dissonances politiques entre François et Pierre Mauriac, entre Georges et Laure Bataille, entre Jacques Heurgon, Anne Heurgon-Desjardins et Marc Heurgon ; désaccords parmi les catholiques, entre les associations (progressistes), l'assemblée des cardinaux et des archevêques (partagée et prudente), et le Centre catholique des intellectuels français, dont le président Henri Bédarida soutient l'appel « pour le salut et le renouveau de l'Algérie française » ;

malentendus et suspicions entre sympathisants du MNA et du FLN; dissensions et rivalités entre Sartre, symbole d'une radicalité minoritaire, et plusieurs signataires du Manifeste des 121; suspension des relations entre Kateb ou Sénac et Camus...

Les débats sont vifs, souvent violents. Les clercs parlent ou témoignent, écrivent, se lisent et se répondent. Aux pétitions font écho d'autres pétitions; aux livres, d'autres livres. Ainsi, à peine trois mois après la parution de *La Tragédie algérienne* de Raymond Aron, en juin 1957, Jacques Soustelle publie-t-il *Le Drame algérien et la décadence française*, «réponse», à la fois invective et réparation, dans laquelle il accuse Aron, qui préconisait par réalisme économique une politique d'indépendance de l'Algérie, d'«abaisser» et de «trahir» la France, et de se faire ainsi le héraut d'une «nouvelle droite» capitaliste, convergeant dans le défaitisme avec la «nouvelle gauche».

Certains ouvrages font grand bruit, tel celui que publie Jérôme Lindon en février 1958, aux Éditions de Minuit: *La Question* d'Henri Alleg. Jamais, depuis l'Occupation, l'édition française ne s'était engagée «à ce point dans une lutte circonstancielle[10]». L'auteur, membre du Parti communiste algérien, ancien directeur du journal *Alger républicain*, y rend compte des tortures par lui subies au centre des Parachutistes à El Biar. Successivement intitulé «Torture en Algérie», «Interrogatoires sous la torture», *La Question* fait l'objet d'une vaste campagne de presse, lancée par *Le Monde*. Le 27 février, *France-Observateur* est saisi; le 6 mars, c'est au tour de *L'Express*, pour un article décisif de Jean-Paul Sartre, intitulé «Une victoire». Cinq semaines après sa sortie, alors que 65 000 exemplaires ont été vendus, le gouvernement en décide le retrait. Cette censure administrative, la première du conflit, conduit Lindon, qui bénéficie de l'appui de la Ligue des droits de l'homme, à mobiliser certaines personnalités éminentes sur les positions qu'il défend: Martin du Gard, Malraux, Mauriac et Sartre signent une «Adresse solennelle à M. le Président de la République», protestant contre cette saisie et sommant les pouvoirs publics «au nom de la Déclaration des Droits de l'Homme et du citoyen de condamner sans équivoque l'usage de la torture»[11].

Mais il arrive aussi que le mutisme supplante la fureur. *L'Algérie hors-la-loi* de Colette et de Francis Jeanson, «écrit avec le regard des Algériens eux-mêmes», se heurte à un «mur de silence».

La production éditoriale, conséquente dès 1956, s'amplifie au printemps de 1957. Concomitante à l'apparition de la guerre d'Algérie dans le champ culturel, elle porte «une certaine édition française à l'avant-garde du combat des intellectuels[12]». Outre les Éditions de Minuit, soixante-dix-huit maisons publient pendant le déroulement du conflit, de manière circonstancielle ou par conviction, des livres concernant spécifiquement l'Algérie. Plus de deux cent cinquante ont été recensés, certains éditeurs se détachant nettement: Plon (33 ouvrages), Minuit (23), Maspero, fondée en février 1959 (19), Le Seuil, Julliard, France-Empire, Flammarion, mais aussi les Éditions de la Table ronde (9), L'Esprit Nouveau ou les maisons d'un seul livre, comme les Éditions de l'Alma[13]. Minuit et Maspero apparaîtront comme les symboles de la résistance intellectuelle à la guerre d'Algérie; La Table ronde sera le «refuge» et la voix de l'Algérie française: les catalogues diffèrent radicalement, mais toutes trois seront victimes de censures et de représailles.

L'année éditoriale 1956, «année décisive du basculement dans la guerre avec le vote des "Pouvoirs spéciaux" (qui envoie le contingent)», est dominée par le «vibrant plaidoyer» de Soustelle pour l'Algérie française: *Aimée et Souffrante Algérie*, publié chez Plon. Les ouvrages qui sortent alors vont, « avec des nuances », « dans le même sens »[14]. Minoritaire, la voix des partisans de l'indépendance n'est guère audible. La sensible augmentation en 1957 des ouvrages sur l'Algérie (34 paraissent) reflète l'intensification du conflit. La réalité de la guerre est dépeinte, les militaires s'expriment, des hommes politiques prennent position : François Mitterrand[15], Edmond Michelet[16]. La « Bataille d'Alger », conduite par le général Massu, annonce une grave crise morale. Le terrorisme justifie le recours à tous les moyens ; la pratique de la torture s'étend et se systématise. L'écrivain catholique Pierre-Henri Simon dénonce ces faits dans *Contre la torture* ; Georges Arnaud et Jacques Vergès condamnent les méthodes policières et militaires dans *Pour Djamila Bouhired* ; après *La Question d'Alleg*, *L'Affaire Audin*, en mars 1958, marque les esprits. Pointant, dans la version officielle des faits, « contradictions » et « invraisemblances », l'historien Pierre Vidal-Naquet impose la vérité : le jeune mathématicien communiste arrêté et torturé à Alger en juin 1957 a été assassiné.

L'épisode du 13 mai 1958, ressenti par la gauche comme une tentative de coup d'État « fasciste », la naissance de la Ve République, l'arrivée au pouvoir du général de Gaulle, appelé dès le 14 mai, constituent un tournant politique. Ces événements sont la matière de plusieurs livres. Pour les « activistes » comme pour de larges secteurs de l'opinion intellectuelle et publique, la guerre d'Algérie commence à être interprétée « par surimposition à la mémoire de la Seconde Guerre mondiale et de ses conflits entre obéissance et devoir[17] ». Le référendum constitutionnel du 28 septembre (presque 80% de « oui »), les élections législatives de novembre (198 élus gaullistes sur 465) plébiscitent le Général et les partis qui ont accepté son retour. Mais ses déclarations sur l'autodétermination, l'année suivante, séparent profondément les droites ; elles divisent les gaullistes de la première heure (Soustelle), confortent l'antigaullisme des partisans de l'Algérie française. Les gauches, au contraire, d'abord en grande partie hostiles ou méfiantes envers les intentions du Général, se rallient « au moins au principe de sa politique algérienne (à l'exception d'une minorité persistant à demander le "maintien de l'Algérie dans la République")[18] ». Dans « Algérie 1958 », Camus, de plus en plus isolé, esquisse une dernière fois les contours d'une Algérie fraternelle, respectueuse des « particularismes », « associant sans les fondre », sur le même territoire, des populations différentes invitées à gérer « leur intérêt commun »[19].

En février 1959 apparaît une nouvelle maison d'édition, lancée par François Maspero. Dénonçant l'oppression coloniale, elle conquiert très vite, par sa collection « Cahiers libres », qui accueille *L'An V de la révolution algérienne* et *Les Damnés de la terre* de Frantz Fanon, une « position d'extrême avant-garde politique[20] ». Après le discours du Général du 16 septembre 1959 sur l'autodétermination, « l'affrontement franco-français » s'amplifie et se radicalise. La constitution de l'OAS, en février 1961, manifestera toute la violence des antagonismes.

Vers une « Algérie algérienne »

Les dernières années du conflit voient se multiplier les textes et les études consacrés à la guerre : récits de vie, plaidoyers, témoignages, enquêtes[21]. Mais la censure se fait aussi plus pesante. En Algérie comme en métropole, les saisies de journaux vont croissant et frappent tous azimuts : 154 en 1960, 127 en 1961, 120 en 1962[22]. Sous différents chefs d'accusation, l'édition est touchée : saisie du *Déserteur* de Maurienne (Jean-Louis Hurst) pour provocation publique de militaires à la désobéissance (avril 1960) ; saisie de *Notre Guerre* de Francis Jeanson pour provocation à la désobéissance (juin 1960) ; saisie du *Désert à l'aube* de Noël Favrelière (septembre 1960) et de *Sans commen-*

taire du Comité Maurice-Audin pour atteinte à la sûreté de l'État (janvier 1961), etc.

Vitalité éditoriale, en dépit des obstacles et des interdictions ; diversité politique des revues, des feuilles, des journaux : *Arguments*, *Socialisme ou barbarie*, *Preuves*, *Le 14 Juillet*, *Vérité-Liberté*, *Témoignage chrétien*, *Esprit*, *Les Temps Modernes*, *Partisans*, *L'Esprit public*, *La Nation française*, *Témoignages et documents*... À côté des grands titres de la presse quotidienne et hebdomadaire, *L'Express*, *France-Observateur*, *Le Monde*, *L'Aurore*, *Carrefour*, *Libération*, *L'Humanité*, une presse parallèle se développe, clandestine parfois, comme *Jeune Résistance*, *Vérités pour*, *Vérités anticolonialistes*. La diffusion de ces titres est variable. Certaines campagnes d'opinion ont un impact réel. C'est le cas des pétitions, appels et lettres ouvertes, publiés et commentés dans la presse nationale, qui offre un espace de parole aux intellectuels et relaie leur engagement.

Les procès deviennent des tribunes : l'avocate Gisèle Halimi, défendant Djamila Boupacha, reçoit le soutien de Simone de Beauvoir, qui dénonce dans *Le Monde* les tortures dont la jeune femme a été la victime. Les poursuites menées contre les porteurs de valise attirent sur ceux qui refusent de faire la guerre – insoumis, réfractaires, objecteurs de conscience – l'attention d'une population mal informée. Ainsi en est-il du procès Jeanson, qui débute le 6 septembre 1960, alors qu'un entrefilet de dernière page signale dans *Le Monde* que « 121 écrivains, universitaires et artistes ont signé une pétition sur le droit à l'insoumission dans la guerre d'Algérie » et reproduit les propositions finales de l'appel :

> *– Nous respectons et jugeons justifié le refus de prendre les armes contre le peuple algérien.*
>
> *– Nous respectons et jugeons justifié la conduite des Français qui estiment de leur devoir d'apporter aide et protection aux Algériens opprimés au nom du peuple français.*
>
> *– La cause du peuple algérien, qui contribue de façon décisive à ruiner le système colonial, est la cause de tous les hommes libres.*

L'ouverture d'une information contre X, l'inculpation arbitraire de vingt-neuf signataires, l'arrestation de l'un d'entre eux, Robert Barrat, dans les bureaux d'*Esprit*, lors d'une réunion du journal *Vérité-Liberté*, les sanctions et les mesures de suspension prises contre les pétitionnaires assureront à ce Manifeste une actualité et une postérité inattendues.

Par la presse encore, les intellectuels de droite fustigent les « apologistes de la désertion » auxquels ils dénient « le droit de se poser en représentants de l'intelligence française ». Universitaires ou écrivains, les signataires du « manifeste des intellectuels français » sont nombreux et souvent connus. Antoine Blondin, Roger Nimier, Michel Déon et Jacques Laurent côtoient Jacques Heurgon, Pierre Chaunu ou Raoul Girardet. *L'Esprit public* et *La Nation française* dénoncent l'abandon par le pouvoir des Français d'Algérie, s'inquiètent de leur rapatriement, condamnent la trahison par la France des harkis.

L'audience des clercs est cependant difficile à mesurer. En termes de diffusion, les constats sont très inégaux. Les tirages élevés de certains titres contrastent avec la relative discrétion de leurs concurrents. La situation des revues est similaire : moins de 15 000 exemplaires pour *Esprit*, moins de 10 000 pour *Les Temps modernes*. Mais l'impact est réel. Non seulement chaque titre circule entre plusieurs lecteurs, mais il donne à entendre des témoignages, révèle des informations que les pouvoirs politique et militaire occultent volontiers. Impossible de dire à quel point l'opinion publique en fut affectée. Il reste que la vigilance du pouvoir, qui usa largement de la censure et n'hésita pas à incarcérer, les violences des commandos Delta de l'OAS, qui prirent pour cible journaux, librairies, maisons d'édition, intellectuels et écrivains, montrent que les écrits et les propos des intellectuels n'étaient pas anodins, qu'ils recélaient un danger qu'il a paru bon de contrôler ou d'annihiler par la saisie légale ou par le feu. Répressions, inculpations, arrestations (Barrat, Bourdet, Girardet, Vidal-Naquet, Lindon...), saisies innombrables, assassinats ou attentats contre des personnalités politiques et intellectuelles ainsi que des institutions (Me Popie, De Gaulle, Sartre, Malraux, Pozner, Feraoun, *Le Monde, Les Temps modernes*, Le Seuil, Maspero...), exil ou clandestinité (Dib, Fanon, Mandouze, Mammeri, Soustelle, Brune...) : la France semble devenir, à partir de 1961, « le nom d'une névrose[23] ».

La reconnaissance officielle de l'indépendance de l'Algérie, le 3 juillet 1962, met un terme à près de huit années de guerre. « Espérance trahie » (Soustelle), « paix du reniement » (Héduy) : les intellectuels antigaullistes s'indignent. De nombreux plaidoyers pour l'Algérie française, des pamphlets et des réquisitoires contre ses ennemis paraîtront après 1962. Le sort des harkis, celui des Européens d'Algérie subitement transformés en « rapatriés » émeut. Demeure également ouverte la question de l'amnistie.

Mais il s'agit aussi de s'interroger sur l'efficacité du combat intellectuel, de tirer les leçons du drame algérien, de penser l'après-guerre. Des comités d'aide, de coopération, de reconstruction ou d'amitié se constituent. Le coup d'État de Houari Boumedienne, le 19 juin 1965, malmène les espoirs des « Amis de l'Algérie ». Le « nouveau monde[24] » reste à naître.

Notes

1. Jean-François Sirinelli, « Les intellectuels français en guerre d'Algérie », in *La Guerre d'Algérie et les intellectuels français*, Jean-Pierre Rioux et Jean-François Sirinelli (dir.), Éditions Complexe, 1991, p. 11-32.
2. Michel Crouzet, « La bataille des intellectuels français », *La Nef*, Cahier n° 12-13, octobre 1962-janvier 1963, p. 51.
3. Guy Pervillé, « L'Algérie dans la mémoire des droites », in *Histoire des droites en France*, Jean-François Sirinelli (dir.), t. 2, « Cultures », Gallimard, 1992, « Tel », 2006, p. 621.
4. Jean Amrouche, « Pour un dialogue entre Algériens et Français », *France-Observateur*, 16 janvier 1958.
5. Pierre Bourdieu et Abdelmalek Sayad, *Le déracinement, la crise de l'agriculture traditionnelle en Algérie*, Minuit, 1964.
6. Jean-Pierre Rioux, « La guerre d'Algérie dans l'histoire des intellectuels », in *La Guerre d'Algérie et les intellectuels français*, op. cit., p. 39.
7. Claude Liauzu, *Histoire de l'anticolonialisme en France du XVIe siècle à nos jours*, Armand Colin, 2007, p. 243.
8. Jean Cassou, *Une vie pour la liberté*, Robert Laffont, 1981, p. 237.
9. Jean-Marie Domenach, Lettre à E. d'Astier de la Vigerie, 5 octobre 1956, Fonds Esprit/IMEC.
10. Anne Simonin, « Les Éditions de Minuit et les Éditions du Seuil. Deux stratégies éditoriales face à la guerre d'Algérie », in *La Guerre d'Algérie et les intellectuels français*, op. cit., p. 219.
11. *Ibid.*, p. 227-228.
12. *Ibid.*, p. 221.
13. Benjamin Stora, « La guerre en librairie (1955-1962) », in *La France en guerre d'Algérie*, sous la direction de Laurent Gervereau, Jean-Pierre-Roux et Benjamin Stora, Musée d'Histoire contemporaine-BDIC, 1992, p. 237.
14. *Ibid.*, p. 237.
15. François Mitterrand, *Présence française et abandon*, Plon, 1957.
16. Edmond Michelet, *Contre la guerre civile*, Plon, 1957.
17. Guy Pervillé, « L'Algérie dans la mémoire des droites », *op. cit.*, p. 639.
18. *Ibid.* p. 640.
19. Albert Camus, « Algérie 1958 », in *Chroniques algériennes, Actuelles III (1939-1958)*, Gallimard, 1958, p. 207-208.
20. Anne Simonin, *op. cit.*, p. 220.
21. Benjamin Stora signale que près de la moitié de ce qui a été édité depuis 1955 sur cette question paraît en 1961 et en 1962 (« La guerre en librairie [1955-1962] », in *La France en guerre d'Algérie*, op. cit., p. 238).
22. Entre 1955 et 1957, à quelques rares exceptions près, ce sont uniquement des journaux de gauche et d'extrême gauche qui sont saisis ; à partir de 1958, des journaux de droite, puis à partir de 1959, d'extrême droite le sont aussi. Voir Christophe Barthélémy, « Les saisies de journaux en 1958 », in *La France en guerre d'Algérie*, op. cit., p. 122 et 125.
23. La formule est de Jean-Paul Sartre, dans sa « Préface » au livre de Frantz Fanon *Les Damnés de la terre*, Maspero, 1961.
24. Assia Djebar intitule *Les Enfants du nouveau monde* un roman qu'elle publie en mai 1962.

1945-1954 • PRÉMICES

PRÉVENIR LA GUERRE EN AFRIQUE DU NORD ?

1

L'Algérie restera-t-elle française ?

8 Déc

Il y a un problème algérien. L'opinion française commence à peine à s'en aviser, maintenant que la crise du monde contemporain remet en question l'existence des empires. Pour le moment il s'agit d'un problème intérieur, mais la situation peut se modifier rapidement. La souveraineté française fondée sur la conquête doit être confirmée par le libre consentement des populations algériennes. Si les revendications politiques raisonnables formulées par les députés algériens n'étaient pas prises en considération par l'Assemblée constituante et par le Gouvernement, il y aurait lieu de craindre une aggravation très sensible de la situation. Les élus musulmans, sous la pression des masses pour lesquelles la prise de conscience politique s'accomplit à l'intérieur d'une prise de conscience nationale, seraient sans doute contraints de revendiquer la reconnaissance de l'indépendance de l'Algérie. Le problème se trouverait alors porté sur un autre plan.

x x
x

1 PA

◄ Jean Amrouche, « L'Algérie restera-t-elle française ? », feuillet manuscrit, 1943.

Fonds Jean Amrouche/IMEC

Si la date officielle du début de l'insurrection indépendantiste en Algérie est connue, quand situer ses prémices ? Avec le discours de Messali Hadj au congrès anticolonial de Bruxelles, en février 1927 ? Avec l'échec du projet Blum-Viollette, en 1937 ? Avec les massacres du Constantinois, en mai 1945, ou plus loin encore, dès la conquête de l'Algérie par la France, en 1830 ?

À quelques exceptions près, les intellectuels ne se mobilisent véritablement pour « prévenir la guerre en Afrique du Nord », selon la formule rendue célèbre par la livraison d'avril 1947 de la revue *Esprit*, qu'à partir des années 1940 en Algérie et de 1947 en France. Les anticolonialistes d'avant-guerre, souvent disqualifiés par leur attentisme, demeurent discrets et les Français sont mobilisés au premier chef par l'épuration et la reconstruction ; de leur côté, les partis de la gauche parlementaire n'imaginent pas une égalité de traitement qui mettrait « les Français de France » en minorité à Paris. L'initiative est donc d'abord celle des « intellectuels algériens », c'est-à-dire, selon la terminologie en usage à ce moment, des intellectuels vivant en Algérie. Des revues sont créées, plus ou moins radicales, avec la volonté de réunir, sinon de synthétiser, des « consciences algériennes » (Mandouze) riches de leur diversité et de participer au nécessaire « progrès » de « l'Afrique du Nord en marche » (Charles-André Julien).

La répression sanglante des manifestations dans le Constantinois, en mai 1945, signe « la mort de l'assimilation » (Marcel Reggui) et ravive les interrogations d'Amrouche : « L'Algérie vivra-t-elle ? » Plusieurs, alors, mettent en garde. En vain. Les progrès promis par le nouveau statut de 1947, en deçà des attentes des musulmans d'Algérie, ne seront pas réalisés. En février 1948, le gouverneur général Naegelen truque les élections législatives. En août, un Comité d'action des intellectuels algériens pour la Démocratie, la Liberté et la Paix invite à combattre ensemble le fascisme, le colonialisme, l'impérialisme et le racisme. Moins de deux ans plus tard, des Algériens accusés d'avoir fomenté un soulèvement sont soumis à une police et une justice arbitraires : « Y a-t-il une Gestapo algérienne ? », s'indigne Claude Bourdet en 1951, lui-même résistant, déporté, directeur de *Combat* puis de *L'Observateur*. Les écrivains algériens, eux, à l'instar de Sénac, de Kateb et de Mohamed Dib dépeignent déjà un peuple qui se lève.

Jeune Méditerranée, n° 2, mai 1937 : « Manifeste des intellectuels d'Algérie en faveur du projet Viollette ».

La victoire du Front Populaire (1936) fit espérer ceux qui souhaitaient des réformes démocratiques en Algérie. Albert Camus fut parmi les initiateurs du Manifeste des intellectuels d'Algérie en faveur du Projet Blum-Viollette, qui prévoyait la concession des droits civils et politiques à une élite arabo-musulmane d'environ 20 000 personnes. Perçue alors comme « une étape dans l'émancipation parlementaire intégrale des Musulmans », cette réforme, où Jean-François Lyotard vit plus tard « la consolidation de l'impérialisme en Algérie », fut cependant enterrée par les lobbies coloniaux.

Département Droit Économie Politique H-1757-U1/BnF

N° 2. — MAI 1937 PRÉFECTURE D'ALGER DÉPÔT LÉGAL PRIX : 1 Fr.

JEUNE MEDITERRANÉE

BULLETIN MENSUEL
DE LA "MAISON DE LA CULTURE" D'ALGER
8, rue Charras - Alger

MANIFESTE
DES INTELLECTUELS D'ALGÉRIE
EN FAVEUR DU
PROJET VIOLETTE

Sur l'initiative de la Maison de la Culture d'Alger, les intellectuels d'Algérie dont les noms suivent :

Devant les attaques répétées dont est l'objet le projet Viollette ; devant la campagne systématique menée par ceux-là mêmes dont on pouvait attendre compréhension et humanité ; devant les équivoques suscitées par calcul et laissant croire que tout ce que l'Algérie compte d'intelligence consciente et désintéressée s'oppose à ce même projet ;

Considérant que le seul rôle de l'intellectuel est de défendre la culture et résolus à se tenir sur ce seul plan ;

Considérant que la culture ne saurait vivre là où meurt la dignité et qu'une civilisation ne saurait prospérer sous des lois qui l'écrasent ; qu'on ne saurait par exemple parler de culture dans un pays où 900.000 habitants sont privés d'écoles et de civilisation quand il s'agit d'un peuple diminué par une misère sans précédent et brimé par des lois d'exception et des codes inhumains ;

Considérant, d'autre part, que le seul moyen de restituer aux masses musulmanes leur dignité est de leur permettre de s'exprimer ; qu'à cet égard le projet Viollette marque une étape dans l'obtention pour ces masses d'un droit à la vie qui est de tous les droits le plus élémentaire ;

Considérant enfin que loin de nuire aux intérêts de la France ce projet les sert de la façon la plus actuelle, dans la mesure où il fera paraître aux yeux du peuple arabe le visage d'humanité qui doit être celui de la France ; que lorsque les capitalistes de ce pays attaquent le projet Viollette ils font œuvre de mauvais français ; que lorsque sous prétexte de libéralisme et de respect pour un idéal français mal compris, les républicains repoussent ce même projet, c'est ce même idéal qu'ils desservent ; considérant en dernier lieu que les objections tendancieuses tirées du statut personnel et des considérations d'élite ont fait leur temps dans le nouvel état d'esprit issu du gouvernement Front Populaire ;

Pour toutes ces raisons, pour le bien de la culture et des masses populaires auquel le sort de la culture musulmane est étroitement lié, persuadés que sur ce terrain toutes les opinions et toutes les confessions sincères se trouvent en accord ;

Ont décidé d'adresser un appel aux intellectuels de ce pays pour appuyer de leur signature le projet Viollette considéré comme une étape dans l'émancipation parlementaire intégrale des musulmans, et se déclarer de toutes leurs forces et de toute leur conscience pour un projet qu'ils regardent comme un minimum dans l'œuvre de civilisation et d'humanité qui doit être celle de la nouvelle France.

Suivent 50 signatures qui seront communiquées par voie de presse.

Le Gérant : LAVINA. Anc. Imp. V. Heintz.

Ferhat Abbas, ➤ **« L'Algérie devant le conflit mondial, Manifeste du peuple algérien », feuillet tapuscrit, 10 février 1943.**

Le 10 février 1943, Ferhat Abbas lance le Manifeste du peuple algérien. Il s'autorise de « la tradition [...] de liberté du peuple français » pour « revendiquer devant toutes les nations unies son droit à la vie ». La politique d'assimilation est un échec. Sont exigées « l'abolition de la colonisation », la reconnaissance du français et de l'arabe comme langues officielles, la liberté du culte. Le 10 juin, un projet de réformes faisant suite à ce manifeste est remis au général de Gaulle. Il inspire le premier discours de Constantine, le 12 décembre 1943, qui promet, avec des réformes, l'octroi de la citoyenneté française à plusieurs dizaines de milliers de musulmans.

Fonds Paul Tubert/BDIC

Marcel Reggui, « Enquête sur les massacres de Guelma », cahier.

Quand les Français fêtent la Libération, en mai 1945, la répression de manifestations dans le Constantinois coûte la vie de près de 7 500 musulmans. Dès janvier, en écho au discours de Constantine, Jean Amrouche avait tenté, dans ses « Chroniques de l'Afrique du Nord », de faire reconnaître « l'évangile de la fraternité des peuples et de l'égalité des chances ». De l'été de 1945 à septembre 1946, Marcel Reggui, musulman converti au catholicisme, proche de la revue *Esprit*, et dont deux frères et une sœur sont morts à Guelma, mène l'enquête. Il s'interroge : « L'Algérie vivra-t-elle ? », mais espère encore un gouvernement capable d'instituer le dialogue. Ses cahiers demeureront inédits jusqu'en 2006.

Fonds Jean Amrouche/IMEC

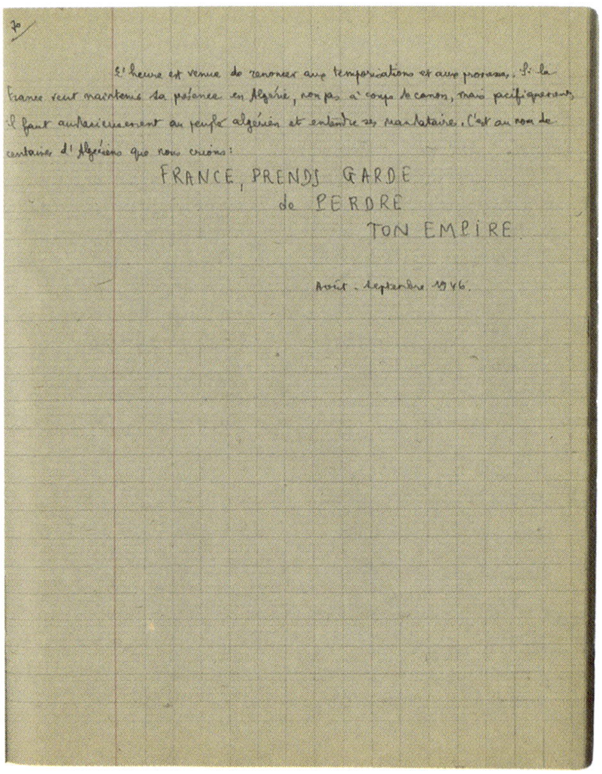

70/

L'heure est venue de renoncer aux temporisations et aux promesses. Si la France veut maintenir sa présence en Algérie, non pas à coups de canon, mais pacifiquement, il faut [illegible] au peuple algérien et entendre ses mandataires. C'est au nom de centaines d'Algériens que nous crions :

FRANCE, PRENDS GARDE
de PERDRE
TON EMPIRE.

Août - septembre 1946.

texte primitif.

(I)

10 - 2 - 4

L'ALGERIE DEVANT LE CONFIT MONDIAL

Manifeste du peuple algérien

L'Algérie est depuis le 8 Novembre dernier sous l'occupation des forces anglo-américaines.

Cette occupation, en isolant la Colonie de la Métropole, a provoqué p les Français d'Algérie une véritable course au pouvoir. Républicains, Gaulli tes, Royalistes, chaque groupe de son côté essaie de faire valoir sa collabo ration aux yeux des alliés et veille à la défense de ses intérêts particulie

Devant cette agitation, chacun semble ignorer jusqu'à l'existence même de 8 millions I/2 d'indigènes.

Cependant l'Algérie musulmane, quoiqu'indifférente à ces rivalités, re vigilante et attentive à son destin.

Aujourd'hui, les représentants de cette Algérie, répondant au nom de leurs populations, ne peuvent se soustraire à l'impérieux devoir de poser devant toutes les nations unies, le problème de leur avenir.

Ce faisant, ils entendent de ne rien renier de la culture française et occidentale qu'ils ont reçue et qui leur reste chère. C'est au contraire en puisant dans l'histoire de la France et dans la tradition de générosité et d liberté du peuple français qu'ils trouvent la force et la justification de leur action présente.

Conscients de leurs responsabilités devant Dieu et devant l'histoire, ces représentants traduisent ici, sincèrement et fidèlement les aspirations profondes de tout le peuple algérien. musulman,

Ce manifeste plus qu'un plaidoyer est un témoignage et un acte de foi.

Pour la 2ème fois au cours du 20ème siècle, le monde entier combat pour triomphe de la Justice et du droit pour la libération du peuple.

Mais pour la seconde fois, le monde assiste à ce spectacle désolant et tragique, derrière le soldat qui meurt pour la liberté des hommes et le bonheur de l'humanité, les conférences diplomatiques et les accords interna naux entrent en jeux. Quelle part sera réservée, dans ces conversations, aux droits des gens?

La paix de 1918 a été chèrement acquise. Le sacrifice des combattants toutes nationalités et toutes religions a été vain. Les convoitises des peu forts et l'injustice qu'elles engendrent ont survécu aux suprêmes sacrifices des morts.

Aujourd'hui, les déclarations de certains hommes d'état sont si pleine de contradictions et d'ambiguités, qu'il est à craindre que la paix de demai ne contienne, par l'égoïsme et l'impérialisme des grandes nations, la faible et la lacheté des petits peuples, les germes d'une guerre future.

Aussi bien les responsabilités qui pèsent sur les grandes nations pès elles sur les petits peuples et les individus. Conscient de cette responsabi té, le peuple algérien, dans un désir de servir à la fois la paix et la lib élève sa voix pour dénoncer le régime colonial qui lui est imposé, rappeler protestations antérieures et revendiquer, devant toutes les nations unies so droit à la vie.

La colonisation de l'Algérie par la France, héritière pourtant des pr cipes de 1789, dure depuis plus d'un siècle. Cette colonisation "démocrati a pu évoluer librement, sans entrave depuis 70 ans; l'expérience a été longu Elle suffit à juger l'oeuvre dans ses résultats.

...

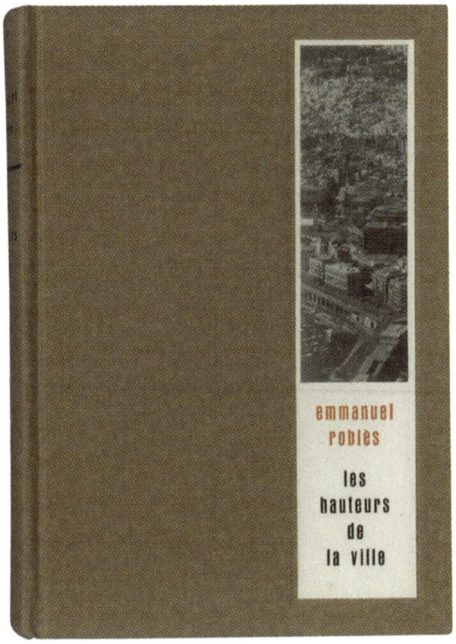

**Emmanuel Roblès,
Les Hauteurs de la ville,
1948 (édition de 1960).**

Quand il écrit *Les Hauteurs de la ville*, en 1946-1947, Emmanuel Roblès sait que « le brasier noyé un an plus tôt dans le sang de milliers de victimes reprendra, plus dévorant » et que « la conscience de l'homme forge sa résistance à la plus grande défaite qui la menace et qui est sa négation même ». Il veut « témoigner » du désarroi des jeunes Algériens. Le livre, d'abord publié en feuilleton dans *Le Populaire* puis aux éditions Charlot, obtient le prix Fémina en 1948. Quand, six ans plus tard, l'Algérie « prend son visage de guerre », Roblès reconnaît « ses propres créatures » dans ceux qui surgissent, « décidés à conquérir leur liberté ».

Collection privée

Amitiés franco-algériennes (revues, comités...)

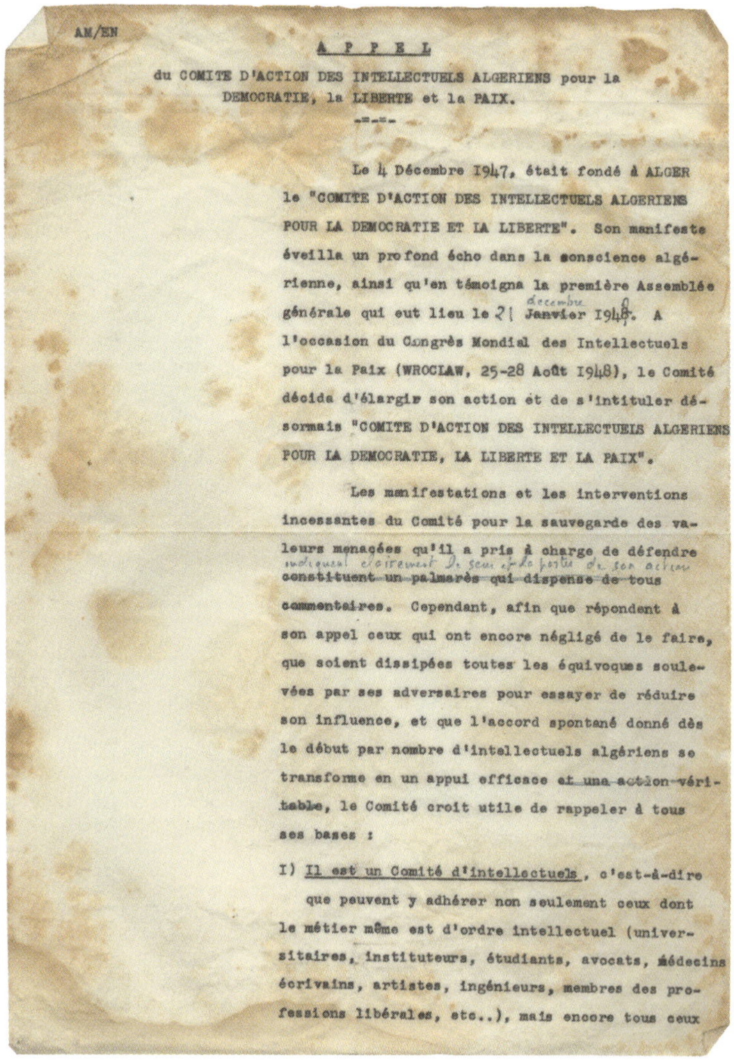

AM/EN

A P P E L

du COMITE D'ACTION DES INTELLECTUELS ALGERIENS pour la DEMOCRATIE, la LIBERTE et la PAIX.

-=-=-

Le 4 Décembre 1947, était fondé à ALGER le "COMITE D'ACTION DES INTELLECTUELS ALGERIENS POUR LA DEMOCRATIE ET LA LIBERTE". Son manifeste éveilla un profond écho dans la conscience algérienne, ainsi qu'en témoigna la première Assemblée générale qui eut lieu le 21 ~~Janvier~~ décembre 1948. A l'occasion du Congrès Mondial des Intellectuels pour la Paix (WROCLAW, 25-28 Août 1948), le Comité décida d'élargir son action et de s'intituler désormais "COMITE D'ACTION DES INTELLECTUELS ALGERIENS POUR LA DEMOCRATIE, LA LIBERTE ET LA PAIX".

Les manifestations et les interventions incessantes du Comité pour la sauvegarde des valeurs menacées qu'il a pris à charge de défendre indiquent clairement le sens et la portée de son action ~~constituent un palmarès qui dispense de tous commentaires~~. Cependant, afin que répondent à son appel ceux qui ont encore négligé de le faire, que soient dissipées toutes les équivoques soulevées par ses adversaires pour essayer de réduire son influence, et que l'accord spontané donné dès le début par nombre d'intellectuels algériens se transforme en un appui efficace ~~et une action véritable~~, le Comité croit utile de rappeler à tous ses bases :

I) Il est un Comité d'intellectuels, c'est-à-dire que peuvent y adhérer non seulement ceux dont le métier même est d'ordre intellectuel (universitaires, instituteurs, étudiants, avocats, médecins écrivains, artistes, ingénieurs, membres des professions libérales, etc..), mais encore tous ceux

Appel du Comité d'action des intellectuels algériens pour la Démocratie, la Liberté et la Paix, feuillet tapuscrit, 1948.

Fondé comme tel en août 1948, le Comité d'action des intellectuels algériens pour la Démocratie, la Liberté et la Paix se définit à la fois par ses composantes – tous ceux, Arabes, Berbères, Européens, musulmans, juifs, chrétiens ou athées, qui s'attachent à défendre les valeurs de l'esprit sans oublier « leurs devoirs à l'égard des masses opprimées » – et par ses objectifs : la Démocratie, la Liberté, la Paix. Il invite tous les hommes de bonne volonté d'Algérie « à combattre résolument contre le fascisme, le colonialisme, l'impérialisme », que le racisme renforce en Algérie.

Fonds André Mandouze/ CHRD/Ville de Lyon

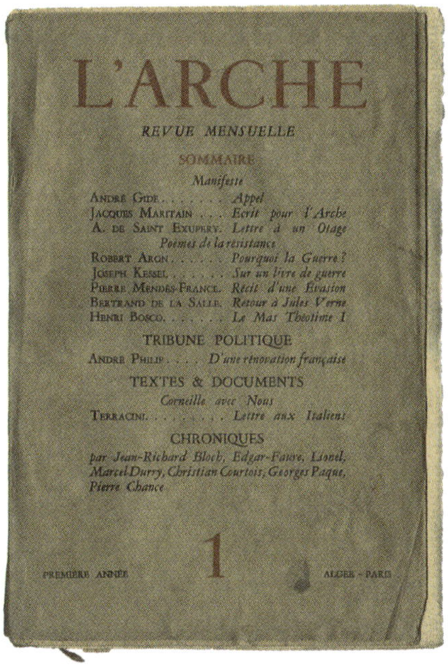

Forge, nº 1, décembre 1946.

L'adresse aux lecteurs de ce premier numéro justifie le titre de la revue : il s'agit d'y « forger de toniques amitiés », de rapprocher « le plus généreux de la pensée islamique d'hier et d'aujourd'hui [...] du plus noble de la pensée française d'hier et d'aujourd'hui », de réunir « les meilleurs écrivains d'expression française » et « en traduction les meilleurs auteurs de langue arabe », pour œuvrer « à la libération des esprits que trop d'ignorances et de préjugés emprisonnent ». Et de fait, les sommaires de cette revue littéraire voient cohabiter jusqu'en novembre 1947 Louis Julia, Emmanuel Roblès, Gabriel Audisio, Edmond Brua, Jean Sénac, Kateb Yacine, Mohammed Dib, Mohammed al' Id Hammou Ali...

Archives Jacqueline Roblès-Macek

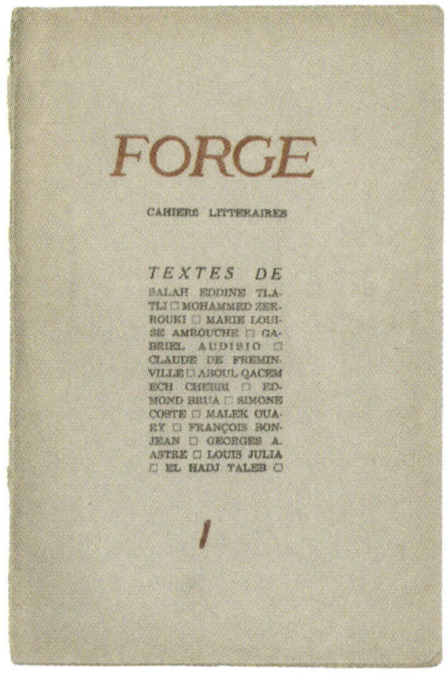

L'Arche, nº 1, 1944.

Publiée sous le patronage d'André Gide, par les soins de Jean Amrouche et Jacques Lassaigne, *L'Arche* commence à paraître à Alger. Le Manifeste qui ouvre son premier numéro affiche la haute ambition de la revue : contribuer à ce que la France accomplisse « une révolution exemplaire » et « invente, conformément à son génie, des formes politiques et sociales applicables non seulement au peuple français, mais aussi à tous les peuples de la terre ». « Combattre à l'avant-garde [...] pour l'affranchissement de l'homme », telle est la devise de « l'humanisme moderne » que prône *L'Arche*.

Fonds Jean Amrouche/IMEC

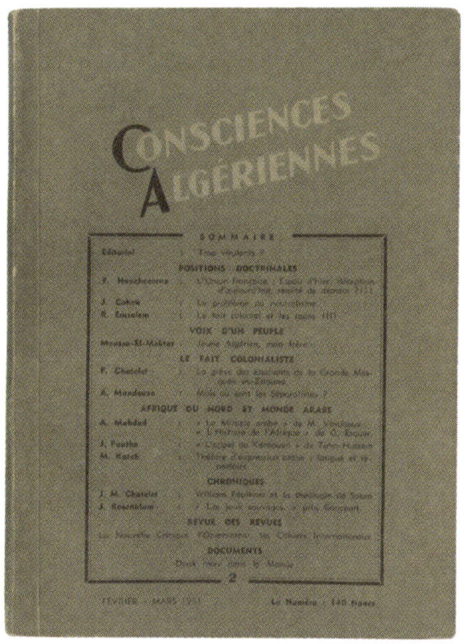

Consciences algériennes, nº 2, mars 1951.

Le premier numéro de *Consciences algériennes* paraît en décembre 1950, sous la direction d'André Mandouze, Abdelkader Mimouni et Abdelkader Mahdad. Sa mission : récuser la légitimité de la répartition des Algériens en exploiteurs et exploités, et, pour ce faire, ne reculer ni devant la virulence, ni devant les mises en cause directes. Mandouze renchérit dans l'éditorial du numéro : « Nous sommes pour le troupeau, contre les loups, et à fond. » *Consciences maghribines* lui succèdera à partir de 1954.

Collection privée

Progrès, nº 1, mars 1953.

Progrès entend se démarquer des revues culturelles souvent éphémères qui l'ont précédée par la quête des « voies concrètes » de l'émancipation des Algériens « dans la paix et le bien-être ». Elle se veut « un trait d'union entre la culture algérienne et tous les courants progressistes de la culture internationale ». Parce que, comme l'a montré Charles-André Julien, « l'Afrique du Nord est en marche », il faut, selon la formule d'Ibn Toumert, « affirmer et promouvoir l'idée lointaine qui se rapproche ».

Fonds André Mandouze/CHRD/Ville de Lyon

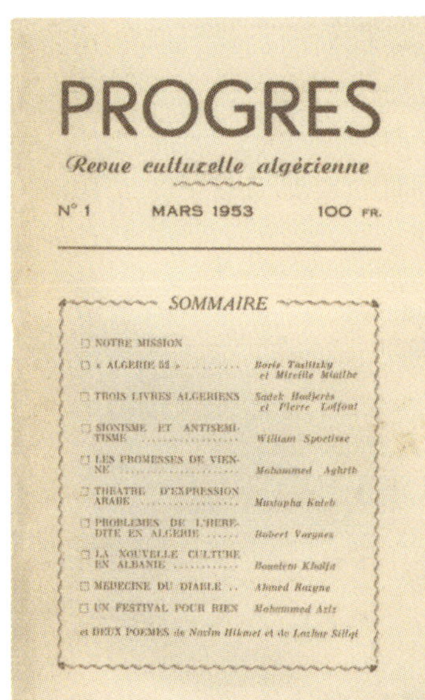

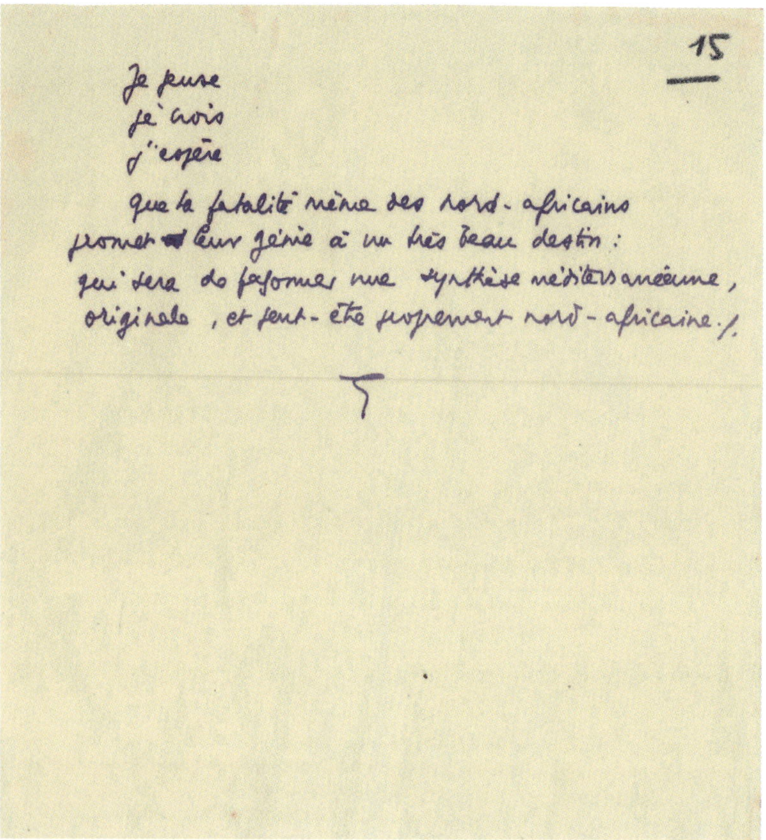

15

Je pense
je crois
j'espère
que la fatalité même des nord-africains
promet leur génie à un très beau destin :
qui sera de façonner une synthèse méditerranéenne,
originale, et peut-être proprement nord-africaine./

Gabriel Audisio, « Conférence sur l'œuvre de la France en Algérie », feuillet manuscrit, Stockholm, 1948.

Après avoir posé que « la clé des destins nord-africains est dans le génie des peuples qui souffrent ou qui prospèrent côte à côte sur ce terroir qu'ils ont déjà façonné ensemble, [...] où ils ont pris déjà une âme qui les rassemble dans des aspirations communes, quelles que soient leurs oppositions présentes et encore leurs dissemblances », Audisio conclut sur l'espérance « que la fatalité même des Nord-Africains promet leur génie à un très beau destin : qui sera de façonner une synthèse méditerranéenne, originale, et peut-être proprement nord-africaine ».

Fonds Gabriel Audisio, GA 49/
BMVR, Marseille

***Terrasses*, n° 1, juin 1953.**

Dirigée par Jean Sénac, à qui il semblait « urgent de donner enfin aux intellectuels parisiens [...] le vrai visage » de l'Algérie (lettre à M. Dib du 30 décembre 1952), et malgré le soutien de Mouloud Mammeri, Jean-Pierre Millecam, Jean de Maisonseul, Maurice-Robert Bataille, Sauveur Galliéro, José Pierre, Albert Camus, Mohamed Dib, la revue *Terrasses* ne connut qu'une livraison. Elle voulait exprimer une réalité algérienne spécifique, au carrefour du « message oriental » et du « message romain », des structures européennes et islamiques, et plus largement se mettre « au service de l'Espoir ».

Fonds Gabriel Audisio GA 49/
BMVR, Marseille

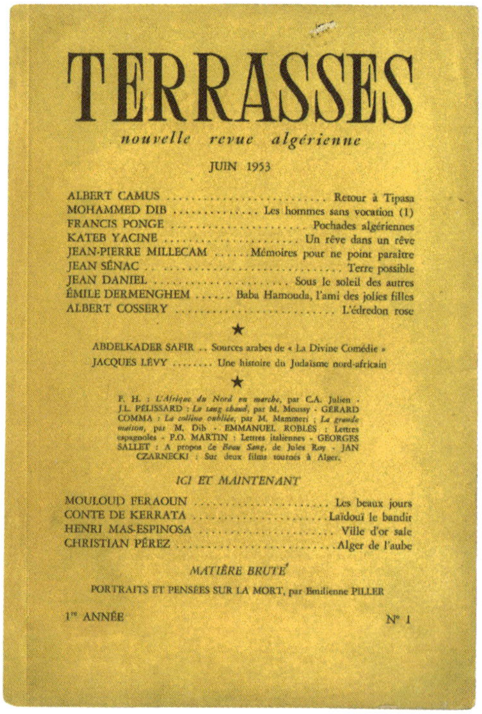

TERRASSES

nouvelle revue algérienne

JUIN 1953

ALBERT CAMUS .... Retour à Tipasa
MOHAMMED DIB .... Les hommes sans vocation (1)
FRANCIS PONGE .... Pochades algériennes
KATEB YACINE .... Un rêve dans un rêve
JEAN-PIERRE MILLECAM ...... Mémoires pour ne point paraître
JEAN SÉNAC .... Terre possible
JEAN DANIEL .... Sous le soleil des autres
ÉMILE DERMENGHEM ...... Baba Hamouda, l'ami des jolies filles
ALBERT COSSERY .... L'édredon rose

★

ABDELKADER SAFIR ... Sources arabes de « La Divine Comédie »
JACQUES LÉVY .... Une histoire du Judaïsme nord-africain

★

F. H. : *L'Afrique du Nord en marche*, par C.A. Julien - J.L. PÉLISSARD : *Le sang chaud*, par M. Moussy - GÉRARD COMMA : *La colline oubliée*, par M. Mammeri ; *La grande maison*, par M. Dib - EMMANUEL ROBLÈS : Lettres espagnoles - P.O. MARTIN : Lettres italiennes - GEORGES SALLET : A propos de *Beau Sang*, de Jules Roy - JAN CZARNECKI : Sur deux films tournés à Alger.

ICI ET MAINTENANT

MOULOUD FERAOUN .... Les beaux jours
CONTE DE KERRATA .... Laïdouï le bandit
HENRI MAS-ESPINOSA .... Ville d'or sale
CHRISTIAN PÉREZ .... Alger de l'aube

MATIÈRE BRUTE

PORTRAITS ET PENSÉES SUR LA MORT, par Emilienne PILLER

1re ANNÉE — N° 1

***Simoun*, n° 3, juin 1952.** ➤

Revue littéraire et artistique fondée par Jean-Michel Guirao, *Simoun* est aussi une revue militante, publiée à Oran entre 1952 et 1961. Comme *Forge*, elle cherche, surtout à partir des nos 6-7 et 8 (1953) consacrés aux « Algériens écrivains », à promouvoir la diversité culturelle en publiant côte à côte des textes d'écrivains français et algériens contemporains, qu'ils soient écrits en français ou traduits de l'arabe. « N'appartenir à rien de ce qui divise les hommes » résume son projet.

Fonds Bibliothèque de revues/IMEC

Ferhat Abbas, « “L’esprit” de l’*Écho d’Alger* », *République algérienne*, 3 décembre 1948.

En opposant André Mandouze, universitaire et ancien résistant, qui incarne ici la figure du démocrate chrétien éclairé, et Alain de Sérigny, directeur de l’*Écho d’Alger*, dont les amis sont accusés d’avoir fait couler le sang en novembre 1942 contre les soldats de la Libération et en mai 1945 « pour le plus grand profit du Colonialisme », Ferhat Abbas entend distinguer les tenants de la liberté et ceux du régime colonial. Et il choisit son camp : contre la prétendue « association de deux grandes collectivités algériennes » emblématisées par Sérigny et Abdelkader Sayah, président de l’Assemblée algérienne, le « chemin de la concorde et de la réconciliation » que travaillent à frayer des démocrates chrétiens tels que Mandouze.

Fonds André Mandouze/CHRD/Ville de Lyon

DES « PAROLES FRANÇAISES » AUX ACTES...

« L’esprit » de l’Echo d’Alger

Des démocrates chrétiens, avec une volonté égale à la nôtre, s’acharnent à trouver le chemin de la concorde et de la réconciliation entre le christianisme et l’Islam.

Deux civilisations et deux religions, issues de la terre asiatique qui a donné une « âme » au reste du monde, ont modelé à travers les siècles deux humanités différentes.

Le problème se pose, aujourd’hui, de savoir si une association est possible entre ces deux humanités et quelles sont les conditions de sa réalisation. Et comme il y va de la paix du monde et des relations futures des peuples méditerranéens, cette question passionne tous les hommes de cœur à quelque confession qu’ils appartiennent.

M. André Mandouze, professeur de Lettres à l’Université d’Alger, représente magnifiquement la culture occidentale et les traditions chrétiennes les plus pures. Il est en Algérie, depuis peu de temps. Il a condamné définitivement et sans appel le colonialisme. Dans ses rapports avec les musulmans il est resté lui-même : un démocrate français, venu de la Résistance, qui accepte, avec tous les risques que cette position entraîne, la difficile mission de libérer l’homme de la peur, de la faim et de l’ignorance.

Cette position ne plait pas à tout le monde. On pouvait s’en douter. Et c’est l’occasion pour « L’Echo d’Alger » de crier son indignation et d’opposer, aux belles pages de M. le Professeur Mandouze, ce que le journal de M. de Sérigny appelle des « paroles françaises ».

Il s’agit, en l’occurrence, du discours que M. le Bachagha Zitouni a prononcé à Burdeau à l’occasion du dernier voyage de M. le Gouverneur général de l’Algérie. Ces paroles sont, au demeurant, pleines de bon sens, mais pour aussi françaises qu’elles soient, elles ne sont que des paroles. Elles ne changent rien aux actes. Ceux-là mêmes que M. Mandouze a dénoncés, en des formules étincelantes qui troublent le sommeil des Junkers de l’Atlas.

Le sang de nos soldats, mêlé à celui des jeunes soldats français, pour la libération de la France et de l’Europe ; c’est notre créance. C’est aussi la créance des hommes libres de la trempe de M. le Professeur Mandouze et leur revanche contre ceux qui se sont vautrés dans la collaboration par esprit de lucre et de domination.

Quant à « L’Echo d’Alger », il faut qu’il se taise en la circonstance. Car il ne doit pas oublier que ses amis et commanditaires ont fait verser le sang de milliers d’innocentes victimes le 8 novembre 1942 contre les soldats de la Libération et le 5 mai 1945 à Sétif, pour le plus grand profit du Colonialisme.

En réalité, « l’esprit » de M. de Sérigny se traduit par la balance entre le gain et le profit. Et l’« association des deux grandes collectivités algériennes » dont il se réclame, n’est autre que celle qu’il a réalisée avec Sayah Abdelkader et consorts.

C’est dire qu’entre M. de Sérigny et le Professeur Mandouze il n’y a pas de commune mesure possible. De la même manière qu’il n’y a pas de compromis possible entre la liberté et le régime colonial.

A chacun les siens. M. de Sérigny est avec les Sayah. Nous, nous sommes avec M. le Professeur Mandouze jusqu’au terme final de son combat qui est aussi le nôtre.

Ferhat ABBAS

100, RUE REAUMUR PARIS (2e) GUT. 80-60
DIMANCHE 13 et LUNDI 14 mai 1945
5e année. — N° 291
Le n° : 1 fr. 50

DERNIERE EDITION

COMBAT

DE LA RESISTANCE A LA REVOLUTION

Les Alliés semblent tolérer que Dœnitz dispose encore d'une certaine autorité

Un maréchal allemand assurerait actuellement le maintien de l'ordre dans les régions occupées par l'armée Montgomery

Londres, 12 mai. — Le maréchal von Busch a fait la déclaration suivante à la radio de Flensburg :

« Par ordre du Grand Amiral, et en accord avec les autorités d'occupation britanniques, j'ai pris le commandement du Schleswig-Holstein et des régions occupées par les troupes du maréchal Montgomery, afin de maintenir l'ordre et la discipline, et assurer le ravitaillement de l'armée et de la population civile. »

COMBAT

DARNAND serait pris. De tous ceux qui nous reviennent d'Allemagne pour être incarcérés et jugés c'est sans doute celui qui recueillera le moins de sympathie. Chef de la Milice qui dénonçait et torturait les patriotes français, Waffen S.S. ayant prêté serment à Hitler, peu de voix s'élèveront pour plaider sa cause.

Et pourtant, Joseph Darnand pourra faire valoir ses services militaires qui sont brillants : ses citations pendant la guerre de 1914, sa conduite aux corps francs pendant celle de 1940. Sa bravoure paraît aussi incontestable que sa sottise.

Qu'il ait été aveuglé par Pétain et les gens de Vichy ou bien simplement animé par un tempérament fasciste, peu importe. En acceptant la place qui fut la sienne, la responsabilité de tous les crimes, de toutes les atrocités commises par la Milice lui incombe. Mais, disons-le tout net, s'il est condamné — ce qui est probable — la justice veut que tous ceux qui furent ses complices ou qui bénirent ses forfaits le soient aussi. Quoi qu'ils puissent prétendre, ceux qui ont donné l'appui de leur nom et de leur autorité au gouvernement de Vichy ont accepté et couvert la Milice. Ils sont tous solidaires.

CRISE EN ALGERIE

par Albert CAMUS

Devant les événements qui agitent aujourd'hui l'Afrique du Nord, il convient d'éviter deux attitudes extrêmes. L'une consisterait à présenter comme tragique une situation qui est seulement sérieuse. L'autre reviendrait à ignorer les graves difficultés où se débat aujourd'hui l'Algérie.

La première ferait le jeu des intérêts qui désirent pousser le Gouvernement à des mesures répressives non seulement inhumaines, mais encore impolitiques. L'autre continuerait d'agrandir le fossé qui, depuis tant d'années, sépare la métropole de ses territoires africains. Dans les deux cas, on servirait une politique à courte vue, aussi contraire aux intérêts français qu'aux intérêts arabes.

L'enquête que je rapporte d'un séjour de trois semaines en Algérie n'a pas d'autre ambition que de diminuer un peu l'incroyable ignorance de la métropole en ce qui concerne l'Afrique du Nord. Elle a été menée aussi objectivement que je le pouvais, à la suite d'une randonnée de 2.500 kilomètres sur les côtes et à l'intérieur de l'Algérie, jusqu'à la limite des territoires du Sud.

Des problèmes particuliers

L'éveil politique des Musulmans

SUITE EN PAGE 2

Le général de Gaulle présidera ce matin la cérémonie annuelle en l'honneur de Jeanne d'Arc

Varsovie se réserve de poursuivre les Polonais déjà poursuivis par l'U.R.S.S.

Pas de kolkhozes en Pologne

A propos d'une lettre de Staline à Churchill

M. Léon Meyer est libéré

DARNAND ARRÊTÉ ?

Himmler aux mains des troupes britanniques ?

Les zones d'occupation française en Allemagne et en Autriche

La France a demandé...

Le Haut-Danube

La zone d'occupation russe sera la plus importante

La censure doit être amendée

HOMMES, IDÉES ET FAITS DU JOUR

Franco n'est démocrate qu'à l'extérieur

Le nouveau chancelier d'Autriche

La France, tigresse ou chien battu ?

L'U.R.S.S. et le Japon

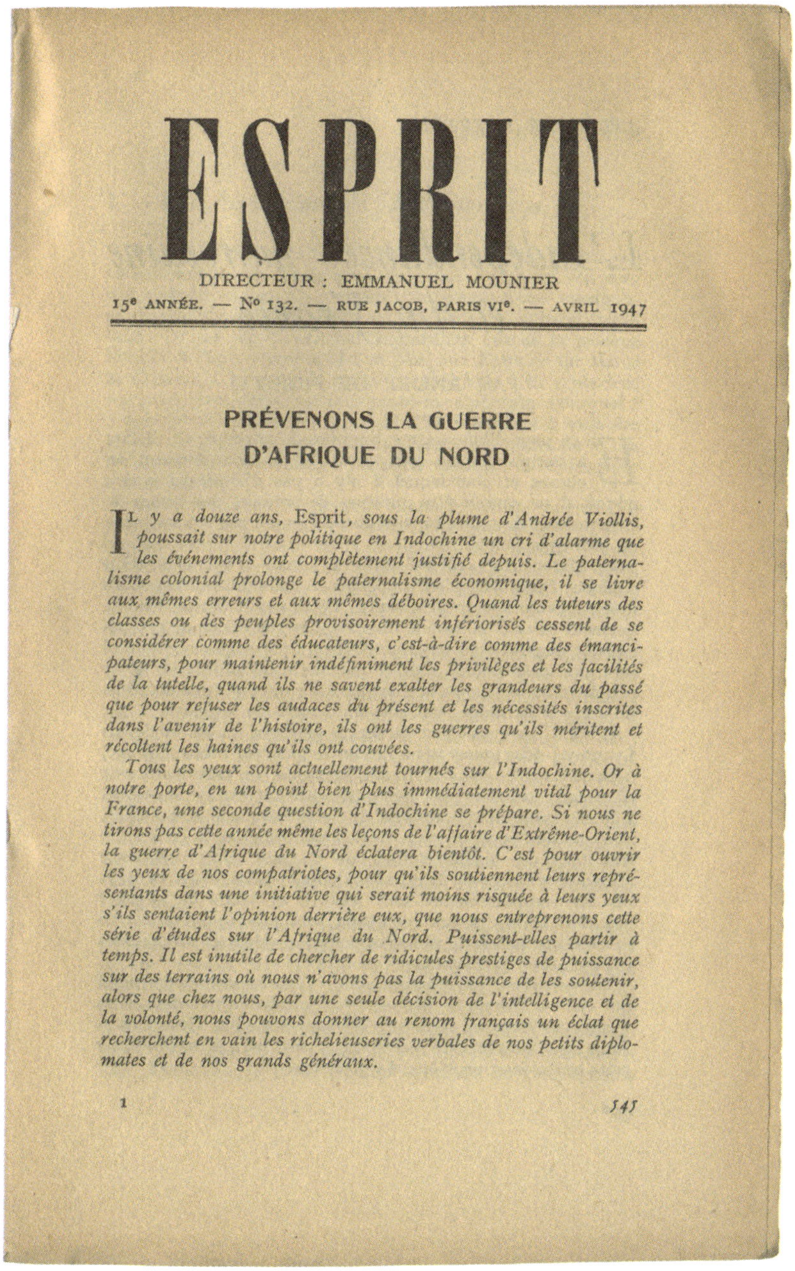

ESPRIT

DIRECTEUR : EMMANUEL MOUNIER

15e ANNÉE. — No 132. — RUE JACOB, PARIS VIe. — AVRIL 1947

PRÉVENONS LA GUERRE D'AFRIQUE DU NORD

Il y a douze ans, Esprit, *sous la plume d'Andrée Viollis, poussait sur notre politique en Indochine un cri d'alarme que les événements ont complètement justifié depuis. Le paternalisme colonial prolonge le paternalisme économique, il se livre aux mêmes erreurs et aux mêmes déboires. Quand les tuteurs des classes ou des peuples provisoirement infériorisés cessent de se considérer comme des éducateurs, c'est-à-dire comme des émancipateurs, pour maintenir indéfiniment les privilèges et les facilités de la tutelle, quand ils ne savent exalter les grandeurs du passé que pour refuser les audaces du présent et les nécessités inscrites dans l'avenir de l'histoire, ils ont les guerres qu'ils méritent et récoltent les haines qu'ils ont couvées.*

Tous les yeux sont actuellement tournés sur l'Indochine. Or à notre porte, en un point bien plus immédiatement vital pour la France, une seconde question d'Indochine se prépare. Si nous ne tirons pas cette année même les leçons de l'affaire d'Extrême-Orient, la guerre d'Afrique du Nord éclatera bientôt. C'est pour ouvrir les yeux de nos compatriotes, pour qu'ils soutiennent leurs représentants dans une initiative qui serait moins risquée à leurs yeux s'ils sentaient l'opinion derrière eux, que nous entreprenons cette série d'études sur l'Afrique du Nord. Puissent-elles partir à temps. Il est inutile de chercher de ridicules prestiges de puissance sur des terrains où nous n'avons pas la puissance de les soutenir, alors que chez nous, par une seule décision de l'intelligence et de la volonté, nous pouvons donner au renom français un éclat que recherchent en vain les richelieuseries verbales de nos petits diplomates et de nos grands généraux.

1 545

Emmanuel Mounier, « Prévenons la guerre en Afrique du Nord », *Esprit*, no 132, avril 1947.

En 1947, *Esprit* est la première revue métropolitaine à tenter d'alerter l'opinion sur la question algérienne. En intitulant son éditorial « Prévenons la guerre en Afrique du Nord », Emmanuel Mounier lance un « cri d'alarme » : si ne sont pas aussitôt tirées « les leçons de l'affaire d'Extrême-Orient, la guerre d'Afrique du Nord éclatera bientôt ». En cause, « les tuteurs des classes ou des peuples provisoirement infériorisés » qui « ne savent exalter les grandeurs du passé que pour refuser les audaces du présent et les nécessités inscrites dans l'avenir de l'histoire ».

Fonds Bibliothèque de revues/IMEC

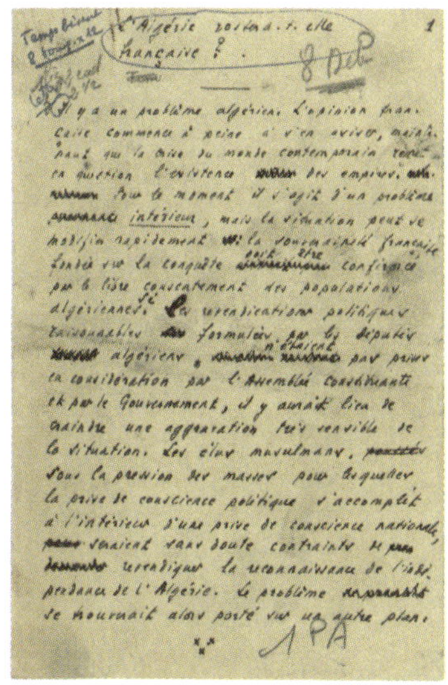

L'Algérie restera-t-elle française ?

1

Il y a un problème algérien. L'opinion française commence à peine à s'en aviser, maintenant que la crise du monde contemporain remet en question l'existence des empires. Pour le moment il s'agit d'un problème intérieur, mais la situation peut se modifier rapidement si la souveraineté française fondée sur la conquête doit être confirmée par le libre consentement des populations algériennes. Si les revendications politiques raisonnables formulées par les députés algériens n'étaient pas prises en considération par l'Assemblée Constituante et par le Gouvernement, il y aurait lieu de craindre une aggravation très sensible de la situation. Les élus musulmans, sous la pression des masses pour lesquelles la prise de conscience politique s'accomplit à l'intérieur d'une prise de conscience nationale, seraient sans doute contraints de revendiquer la reconnaissance de l'indépendance de l'Algérie. Le problème se trouverait alors porté sur un autre plan.

Jean Amrouche, « L'Algérie restera-t-elle française ? », feuillet manuscrit, 1943.

Dans ce texte paru sous le titre « L'Afrique restera-t-elle française ? » en 1946, Jean Amrouche pose l'existence d'un « problème algérien » qui deviendra revendication d'indépendance s'il n'est pas pris en considération par le gouvernement. Il entérine l'échec de la politique d'assimilation, dit les responsabilités de bon nombre de Français d'Algérie, et note combien, meurtris par une France « marâtre », ils se sentent abandonnés. « Le problème algérien, conclut-il, n'est pas seulement un problème politique, économique et social, mais un problème humain où, plus encore que les doctrines et que les intérêts, se trouvent affrontées de grandes passions. »

Fonds Jean Amrouche/IMEC

◂ Albert Camus, « Crise en Algérie », *Combat*, 13-14 mai 1945.

Six ans après « Misère de la Kabylie » (1939), dans la semaine qui suit les événements sanglants du Constantinois, Camus publie dans *Combat* une série d'articles rapportés d'un séjour de trois semaines en Algérie. Avec « Crise en Algérie », le premier d'entre eux, il fait d'emblée figure à la fois de modérateur et de vigie. Alors qu'il refuse de juger « tragique » une situation « sérieuse », il rappelle que l'Algérie existe en dehors de la France et que des Arabes viennent de se battre pour la libération de la métropole. Puis il signale que dans l'Algérie de 1945 « des hommes souffrent de faim et demandent la justice », si bien que « les Français ont à conquérir l'Algérie une deuxième fois », par des méthodes nouvelles, s'ils souhaitent « que l'avenir ait encore un sens » pour eux. Les articles suivants, de « La Famine en Algérie » à « C'est la justice qui sauvera l'Algérie de la haine », approfondiront le constat.

Fonds Jean Amrouche/IMEC

Documents populaires, nº 2, numéro spécial, « Vers une République algérienne ? », août 1947.

Alors que le statut organique de l'Algérie doit être examiné par l'Assemblée nationale le 20 septembre, la revue socialiste *Documents populaires* sollicite l'avis de personnalités. La première d'entre elles, Ferhat Abbas, invoque l'enthousiasme universel que soulève la « guerre de Libération » française pour souligner l'urgence d'un monde nouveau, « débarrassé de la violence et de l'esprit de domination ». Le statut promulgué demeurera très en deçà de ces attentes : l'égalité citoyenne affichée est contredite par l'existence d'un double collège électoral qui assure la sous-représentation des « Français musulmans d'Algérie ». Les progrès promis ne seront jamais validés par l'Assemblée algérienne.

Fonds Emmanuel Roblès/Archives-Limoges. Déposé par Jacqueline Roblès-Macek

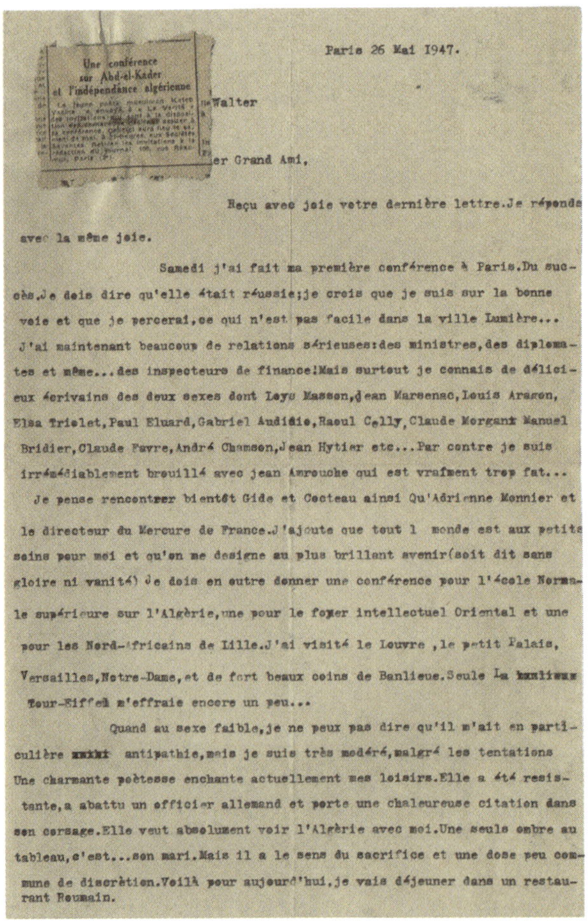
Une conférence sur Abd-el-Kader et l'indépendance algérienne

Paris 26 Mai 1947.

...Walter

...er Grand Ami,

Reçu avec joie votre dernière lettre.Je réponds avec la même joie.

Samedi j'ai fait ma première conférence à Paris.Du succès.Je dois dire qu'elle était réussie;je crois que je suis sur la bonne voie et que je percerai,ce qui n'est pas facile dans la ville Lumière... J'ai maintenant beaucoup de relations sérieuses:des ministres,des diplomates et même...des inspecteurs de finance!Mais surtout je connais de délicieux écrivains des deux sexes dont Loys Masson,Jean Marcenac,Louis Aragon, Elsa Triolet,Paul Eluard,Gabriel Audisio,Raoul Celly,Claude Morgan Manuel Bridier,Claude Favre,André Chamson,Jean Hytier etc...Par contre je suis irrémédiablement brouillé avec jean Amrouche qui est vraiment trop fat... Je pense rencontrer bientôt Gide et Cocteau ainsi Qu'Adrienne Monnier et le directeur du Mercure de France.J'ajoute que tout l monde est aux petits soins pour moi et qu'on me designe au plus brillant avenir(soit dit sans gloire ni vanité) Je dois en outre donner une conférence pour l'école Normale supérieure sur l'Algèrie,une pour le foyer intellectuel Oriental et une pour les Nord-Africains de Lille.J'ai visité le Louvre ,le petit Palais, Versailles,Notre-Dame,et de fort beaux coins de Banlieue.Seule La Tour-Eiffel m'effraie encore un peu...

Quand au sexe faible,je ne peux pas dire qu'il m'ait en particulière antipathie,mais je suis très modéré,malgré les tentations Une charmante poètesse enchante actuellement mes loisirs.Elle a été resistante,a abattu un officier allemand et porte une chaleureuse citation dans son corsage.Elle veut absolument voir l'Algèrie avec moi.Une seule ombre au tableau,c'est...son mari.Mais il a le sens du sacrifice et une dose peu commune de discrètion.Voilà pour aujourd'hui,je vais déjeuner dans un restaurant Roumain.

Lettre tapuscrite de Kateb Yacine à André Walter, le 26 mai 1947.

Dédicataire du premier recueil de Kateb, *Soliloques* (1946), le magistrat André Walter avait ouvert sa bibliothèque au jeune poète et l'avait aidé à obtenir une bourse d'études à Paris. Kateb est ici fier de lui annoncer – il n'a pas dix-huit ans – la tenue de sa « première conférence à Paris » : une conférence sur l'émir Abd-el-Kader (1808-1883) et l'indépendance algérienne, le 24 mai, aux Sociétés savantes. Son seul regret : apparaître sur l'affiche en tant que « jeune musulman » plutôt que comme « jeune poète ».

Fonds Kateb Yacine/IMEC

Y A-T-IL UNE GESTAPO ALGÉRIENNE ?

Les faits dont je suis amené à parler aujourd'hui sont d'une exceptionnelle gravité ; les inquiétudes et, hélas, certaines certitudes que je rapporte d'Algérie, bouleversent à un tel point le système moral sur lequel est fondé notre civilisation et notre régime politique, que beaucoup de lecteurs auront de la peine à me croire.

J'espère surtout qu'il se trouvera, au Parlement, quelques hommes encore suffisamment convaincus de la dignité du nom de citoyen français pour aller soulever eux-mêmes l'épais manteau dont toute information véridique sur l'Algérie est étouffée. En 1948, les révélations publiées sur la comédie des « élections algériennes » avaient trouvé nombre de Français incrédules. Un an plus tard pourtant, un député M.R.P., M. Fonlupt-Esperaber, écrivait au ministre de l'intérieur, après un voyage en Algérie, une lettre indignée où il confirmait l'existence des truquages algériens. Il terminait sa lettre par ces mots : « *Croyez, M. le Ministre, que ce n'est pas sans un sentiment d'humiliation profonde, que je me suis vu contraint de faire les constatations regrettables que je vous ai communiquées verbalement, et qu'à votre demande, je viens de vous répéter par écrit* ».

Or, comme on va le voir, il s'agit ici de quelque chose d'encore plus effrayant et humiliant, que le truquage électoral. Si le journaliste que je suis peut obtenir qu'il y ait encore un Fonlupt-Esperaber pour aller sur place regarder, interroger, rechercher, sans pitié pour les coupables, et sans faux préjugé de « silence patriotique », je penserai que, pour une fois au moins, mon activité d'informateur n'aura pas été inutile.

Le « complot algérien »

Ces jours derniers s'ouvrait à Blida, petite ville de la plaine de la Mitidja, à 40 kilomètres d'Alger, le procès d'une soixantaine de militants du mouvement nationaliste algérien, le M.T.L.D. (Mouvement pour le triomphe des libertés démocratiques, ex-parti populaire algérien de Messali Hadj). Cette affaire fait partie d'une série de procès analogues (il y en eut un l'an dernier à Bône, un autre à Bougie, un autre à Oran, et d'autres suivront). Ils sont intentés à des militants nationalistes accusés d'avoir voulu former des organisations para-militaires, par cellules de trois ou de quatre, en vue d'un futur soulèvement. Je ne veux pas m'étendre longuement sur la réalité de ce « complot » véritable ou supposé, qui a provoqué en Algérie des milliers d'arrestations au printemps de 1950. Si, en effet, la notion de « droits de l'homme » a un sens, la gravité et la réalité des charges pesant sur les accusés ne saurait en aucun cas excuser les entourses aux procédés normaux de la justice.

Toutefois, il convient de donner les précisions suivantes : la découverte du « complot » algérien coïncida avec une campagne de presse des colons d'Algérie, dont l'élément principal fut un article extrêmement violent de M. Jacques Chevalier, député d'Alger, paru le 11 avril 1950 dans *L'Echo d'Alger*. Dans un discours prononcé quelques mois plus tard, M. Naegelen, gouverneur de l'Algérie à cette époque, assura que « l'affaire du complot » avait été exagérément grossie. Dans une déposition effectuée le 26 novembre au procès de Blida, M. Mandouze, professeur à l'université d'Alger, collaborateur d'*Esprit*, et directeur de la revue *Consciences algériennes*, a affirmé que M. Ciosi, directeur du cabinet de M. Naegelen, l'avait assuré que « *le montage de cette affaire par* L'Echo d'Alger, *organe de M. Chevalier, était une manœuvre de la haute colonisation, dirigée contre l'œuvre de M. Naegelen* ». C'est un peu la même impression que l'on retire de la lecture des articles parues dans la *Gazette de Lausanne* et signés de son correspondant algérien. Le journal helvétique a pris soin de titrer le mot : « complot » entre guillemets.

Il se serait donc apparemment agi, le brutal et obéissant M. Naegelen paraissant encore aux colons trop doux et pas assez docile, d'une tentative destinée à le discréditer à Paris et à l'obliger à se montrer encore plus brutal, ou à s'en aller : peut-être les deux. Ce genre de méthode a été souvent utilisé en Afrique du Nord par la grande colonisation et par la police qui lui est dévouée, à la barbe des gouverneurs théoriquement au pouvoir.

Les faits, *autres que les aveux*, retenus à la charge des inculpés dans cette série de procès, semblent assez légers à un observateur impartial. Dans le procès des 56 de Blida, on a découvert, après d'innombrables perquisitions effectuées tant chez les inculpés que chez beaucoup d'autres suspects, deux ou trois fusils de chasse, un peu de cheddite, deux mitraillettes Sten, quatre ou cinq revolvers et un sabre de cavalerie ; on en trouverait plus en fouillant n'importe quel immeuble parisien. Mais comme le fit remarquer le président du tribunal à l'audience, ces armes « *ne seraient que des armes d'instruction, certains inculpés ayant déclaré qu'ils allaient en recevoir d'autres en cas de soulèvement* ». Cette déduction, toutefois, se fonde sur les aveux dont je parlerai plus loin. Outre ce matériel peu impressionnant, les futurs « para-militaires » possédaient, paraît-il, quelques exemplaires du manuel Lavauzelle sur le service en campagne, élément respectable de l'enseignement donné dans les casernes françaises... mais dont on voit mal l'utilité qu'il pourrait avoir dans la clandestinité ou le maquis. Dans d'autres procès, des manuels d'histoire de la Révolution française ont également figuré comme pièces à conviction importantes.

L'impression qui se dégage de ces différents procès — tout au moins des documents et renseignements dont le public a pu avoir connaissance et des séances au cours desquelles un huis clos impitoyable n'a pas été appliqué — c'est que si « conspiration » il y avait, c'était un complot assez enfantin, ressemblant davantage aux groupes clandestins de collégiens en France sous l'occupation allemande qu'à quoi que ce soit de sérieux et d'organisé — même pas au « Plan Bleu ». Pendant le passage en cour d'appel à Alger du procès de Bône (seul cas où l'ensemble d'un procès s'est déroulé sans huis clos), le président du tribunal n'a-t-il pas « *regretté qu'une loi prescrivant les châtiments corporels ne permette pas de donner la fessée à ces gosses...* » ? Or, dans chaque cas, les tribunaux de première instance infligent sans hésiter de 2 à [illegible] années de prison ferme, pour des délits qui, en France, valurent 6 mois de prison avec sursis au général Duseigneur.

Le huis clos

Avant toute autre constatation, cette utilisation abusive du huis clos vient déjà donner à ces procès un côté inquiétant. La presse étrangère s'est plainte à plusieurs reprises. Le 7 juillet 1951, le correspondant de la *Gazette de Lausanne* à Alger écrit à propos du procès de Bône, dans un article intitulé *Du procès de Bône aux élections « préfabriquées »* : « *On estime en général que le jugement est sévère, et on se plaint surtout de l'ignorance dans laquelle le public et la presse*

— 5 —

Claude Bourdet, « Y a-t-il une gestapo algérienne ? », *L'Observateur*, n° 82, 6 décembre 1951.

Dans ce texte qui fit date, Claude Bourdet, ancien résistant et déporté, dénonce deux arbitraires: le trucage, sous couvert du gouverneur Naegelen, des élections à l'Assemblée algérienne d'avril 1948; le sort réservé aux Algériens arrêtés au printemps de 1950, accusés d'avoir voulu organiser «un futur soulèvement», jugés à huis clos à Alger, à Bône ou à Blida, privés d'avocats et torturés – coups, électricité, pendaison, bouteille – selon des méthodes rappelant celles de la Gestapo. Il en appelle au nouveau gouverneur Léonard et aux députés français «désireux d'éviter qu'un fossé irrémédiable [...] ne se creuse entre les musulmans d'Algérie et la France», pour que nul ne puisse dire: «je ne savais pas».

Fonds Bibliothèque de revues/IMEC

LA QUESTION COLONIALE

par Paul RICŒUR

La lecture du « Mémorandum colonial remis aux représentants d'Asie et d'Afrique par la délégation française à Oslo » m'a fait battre les mains : maintenant que la révolte indigène est ouverte, on se demandait si l'Eglise avait encore assez de force spirituelle pour dire une parole libératrice. Il est vrai que l'examen soigneux des études et des documents publiés dans « les Temps Modernes » et dans « Esprit » laisse chez le lecteur une impression suffocante que l'un des correspondants d' « Esprit » résume dans cette phrase accablante : « Il est trop tard... ». Quand un redressement spirituel s'opère trop tard, ne risque-t-il pas de travailler dans le sens d'une démission qui n'aurait aucun des caractères d'imagination et d'audace que l'on attendait d'une attitude chrétienne en face des problèmes actuels ? Mais peut-être qu'une parole libératrice doit être d'abord une volonté de liquidation, une sorte d'autodafé cruel des préjugés et des erreurs du passé.

Cet article n'a pas d'autres prétentions que de mesurer avec nos amis lecteurs, l'ampleur des *responsabilités* de celui-là même qui n'est pas spécialiste des questions coloniales et de trouver le *climat* pour un examen technique qui soit de notre compétence. C'est précisément la responsabilité d'un non spécialiste, de l'homme par delà le technicien, que je veux réveiller chaque jour en moi devant la question coloniale, malgré les voix intéressées qui me soufflent : « Vous ne connaissez rien à la question : si vous aviez vécu en Indochine, au Maroc, en Algérie, à Madagascar, vous n'accorderiez plus aucun crédit aux prédications sentimentales des utopistes de la Métropole ». Mais je sais bien que mon incompétence ne me délie pas de ma responsablité totale de citoyen français ; c'est moi qui envoie le corps expéditionnaire en Indochine ; et je n'ai pas le droit d'abdiquer mon jugement au profit des colons : aussi bien les Musulmans et les Annamites vivent aussi, et si l'on peut dire par priorité, outremer. Or leur revendication me bouleverse, quand elle retourne contre nous, les thèmes pathétiques de la libération nationale qu'a amenés notre lutte contre le nazisme. Je crains d'être nazi sans le savoir. J'entends ces Allemands protester lamentablement quand on leur parle d'Auschwitz : « Nous ne savions pas ». Et nous les accablons victorieusement : « Votre faute est de n'avoir pas su ». Je ne sais pas beaucoup de choses sur l'oppression française aux colonies et je redoute que ma faute ne soit, principalement, faute d'omission dans mon information.

Face à nos responsabilités, je sais, du moins, que le spécialiste est moins que l'homme moyennement éclairé, car à chaque situation originale (Maroc, Indochine, etc.), il adapte des moyens dont les fins sont posées par l'*homme* en chacun de nous, en chaque citoyen non spécialiste des affaires coloniales. Et c'est ici qu'il n'est pas indifférent que cet homme soit chrétien ou non, quand il cherche à s'orienter parmi les principes et les buts de la politique métropolitaine. Dans le dédale des questions locales et des difficultés tactiques — comme dans la difficile négociation avec le Viet-Nam, où il serait bien difficile de dire, a priori, s'il faut traiter avec Ho Chi Minh ou avec un autre, il y a quelques grandes lignes qu'il ne faut pas perdre de vue, quelques gros arbres que la forêt ne doit pas cacher :

1° Le but de la colonisation est de se supprimer elle-même. Ceci ne sera jamais dit assez fortement. Le rythme et le procédé, selon lesquels la souveraineté de la France (à l'origine, et encore dans bien des cas, sans nuances), devra céder le pas à la liberté politique des peuples, est une question technique subordonnée qui exige de la compétence. Mais la plus belle œuvre civilisatrice est *destinée* à équiper, pour la liberté, des zones d'humanité toujours plus vastes.

2° L'usage de la violence par les peuples qui aspirent à la liberté n'augmente pas notre bon droit : l'entreprise coloniale est viciée à l'origine par la ruse et la violence. Même si nous ne sommes pas actuellement les agresseurs — ce qui est souvent indiscutable — il reste que comme occupants nous avons depuis le commencement une priorité ineffaçable dans la violence. Ce fut, le plus souvent, une violence pacificatrice, une sorte de paix romaine, mais elle a amoncelé pour un avenir plus ou moins lointain des réserves de violence libératrice. Ce mouvement impérieux qui entraine l'histoire coloniale de la violence pacificatrice à la violence libératrice nous interdit d'opposer *notre* droit à *leur* culpabilité.

3° Le piège de l'esprit colonial est le racisme ; la base du droit des indigènes et l'universalisme. Ceci est bien abstrait, mais partage deux neutralités. Un des correspondants algériens d' « *Esprit* » a réussi à rester scandalisé parce que « en Algérie » le racisme — j'entends le racisme quotidien, celui du tram et du marché — n'est pas un droit mais un devoir... Je n'ai pas encore compris que, dans un trolleybus, la position debout est moins fatigante pour une Mauresque enceinte que pour une Européenne dans la même situation... Je ne suis pas encore scandalisé qu'on ait pensé à accorder aux enfants musulmans le même lait qu'aux enfants européens. Je n'ai pas la sagesse de me laisser persuader que l'extension du plan de sécurité sociale aux travailleurs indigènes serait pour eux, en particulier, une catastrophe. Je ne crois pas encore que les seules caractéristiques de l'Arabe, c'est qu'il soit dégénéré, paresseux et voleur. Je crois encore que les Arabes sont des hommes, je crois encore qu'ils sont nos frères et, imbécile que je suis, au lieu de ne voir en eux que des « pinscus », des « ratons », j'ai encore du mal à les tutoyer... »

4° L'appétit forcené et souvent prématuré de liberté qui anime les mouvements séparatistes est la même passion qui est à l'origine de notre histoire de 1789 et de Valmy, de 1848 et de juin 1940, il ne sert à rien de dire que cet appétit est forcené et prématuré. La liberté est une passion amère et dangereuse qui compte bien des souffrances et des déceptions. Mais c'est ainsi que les peuples accèdent à leur propre existence : en faisant d'abord la catastrophique expérience de leur impuissance quand les maitres pleins d'expérience s'en vont, emportant leur arbitrage avec leurs exactions. Aujourd'hui, les Anglais s'en vont des Indes, et le 15 août est à la fois une grande date spirituelle et le début d'une effroyable aventure. Quand un adolescent exige la liberté pour laquelle il n'est pas mûr, il n'y a plus de raisons paternelles à opposer à cette fureur d'indépendance. La liberté prématurée est toujours plus grande que le paternalisme. Tout ce que l'on peut dire c'est qu'il y a quelque chose de plus grand encore que le nationalisme, c'est la communauté humaine. Mais dans cet autre passage nous sommes aussi démunis qu'eux. L'Europe a déjà péri par les excès

CHAPEAU

Si vous prenez la plume entre le pouce et l'index et que vous la balanciez légèrement d'arrière en avant, vous avez un encensoir. Si vous la serrez au contraire et que vous la dirigiez fermement sur le papier, vous avez un scalpel. Ce sont deux façons notables de se servir d'une plume : la méthode apologétique et la méthode chirurgicale. Il convient au journaliste de pratiquer la seconde - et de se figurer, si modeste qu'il se veuille, que telle ou telle partie blessée du corps social réclame de lui l'inspection rigoureuse du praticien.

C'est ce que nous avons tâché de faire ici, sans indifférence comme sans passion, sur l'un des plus délicats problèmes "intérieurs" : celui des Nord-Africains. Rarement aurons-nous trouvé réalité plus fondamentalement ignorée que celle-là. C'est moins du reportage que du déblayage qu'il nous fallut faire. Nous l'avons fait. Quatre mois d'une enquête qui nous conduisit de Gennevilliers à Marseille, d'Alger aux communes mixtes du Sud, de Constantine à Paris - quatre mois de regards braqués sur l'Afrique en France et la France en Afrique - voilà ce que nous avons à présenter dans les articles qui vont suivre.

Ajoutons un mot : si les conditions d'existence des 400.000 Nord-Africains arrivés dans la Métropole depuis la guerre (et le flot continue) nous importent extrêmement sur le plan de la simple solidarité, il eût été fallacieux cependant d'en rester là. Tout est lié. L'Islam, immobile depuis le Moyen-Age, commence à bouger. L'Afrique du Nord entre en transes. Le social, l'économique, la politique forment une seule réalité. Tout ce qui veut le cacher est une erreur - une erreur inutile : les manuels d'histoire, finalement ne tiennent pas compte des bilans faussés.

Et si l'on nous objectait qu'il vaudrait mieux jeter sur certaines déficiences le manteau de Noé, nous pourrions répondre que la France n'est pas encore une si petite nation qu'elle doive cacher ses fautes. Grandeur oblige.

Armand Gatti et Pierre Joffroy, « chapeau » d'un ensemble de dix articles inédits consacrés au « problème des Nord-Africains », feuillet tapuscrit, novembre 1951.

En août 1951, Armand Gatti et Pierre Joffroy alertent le président Auriol sur les conditions d'existence des Nord-Africains et l'incitent à porter rapidement « le fer [...] dans la plaie », faute de quoi la réputation de la « France, puissance arabe » s'en trouverait ternie. En novembre, ils proposent une enquête au *Parisien libéré* : « Quatre mois de regards braqués sur l'Afrique en France et la France en Afrique ». Leur mise en garde est ferme : « Ne laissons pas durer le scandale des immigrés en France et celui de la misère en Algérie. [...] Qu'on laisse les choses aller leur train en France et l'on devra un jour poser la question algérienne. »

Fonds Armand Gatti/
Documentation La Parole errante

◂ Paul Ricœur, « La Question coloniale », *Réforme*, 20 septembre 1947.

C'est en chrétien non spécialiste de la question coloniale plus qu'en philosophe que Paul Ricœur s'adresse aux lecteurs de l'hebdomadaire protestant *Réforme*. S'il faut « dire oui à un mouvement de l'histoire qui crée de la liberté », c'est au nom de quelques lignes de force : « le but de la colonisation est de se supprimer elle-même » ; la violence des colonisés est retournement en violence libératrice de la violence pacificatrice subie ; le racisme doit céder à l'universalisme ; l'appétit prématuré de liberté et la foi nationaliste furent nôtres, en 1789 ; les prises de conscience sont toujours le fait d'une avant-garde revendicative minoritaire.

Fonds Paul Ricœur/
Bibliothèque de l'IPT, Paris

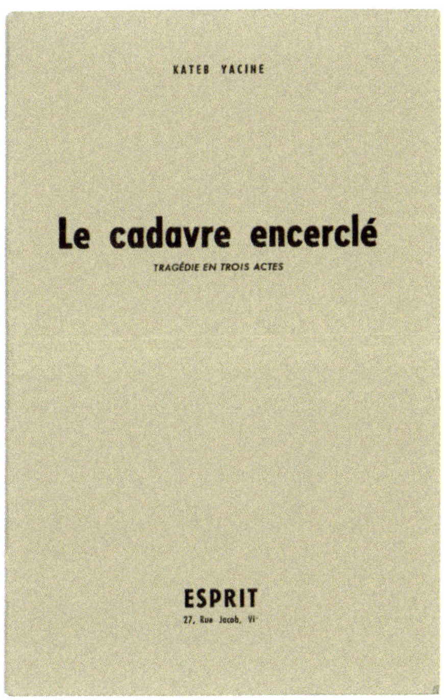

Kateb Yacine, *Le Cadavre encerclé*, *Esprit*, 1955.

En décembre 1954 et en janvier 1955, *Esprit* fait paraître en deux livraisons *Le Cadavre encerclé* – tragédie aussitôt reprise en plaquette. Le texte, en lequel Édouard Glissant verra un « cas exemplaire » du « Chant profond contemporain » qui campe « l'Homme en face des peuples », pose poétiquement le constat de l'inéluctable : « elle a tant tardé », la Parisienne, « à rejoindre le camp des victimes » que « dès l'enfance », tous ont su « qu'il faudrait l[a] battre ». Le rideau tombe sur le jeune Ali, faisant pleuvoir sur le public des oranges amères. La pièce, que Jean-Marie Serreau tenta d'abord de créer au théâtre du Vieux-Colombier, dut s'exiler à Bruxelles, où le théâtre Molière l'accueillit en novembre 1958.

Collection privée

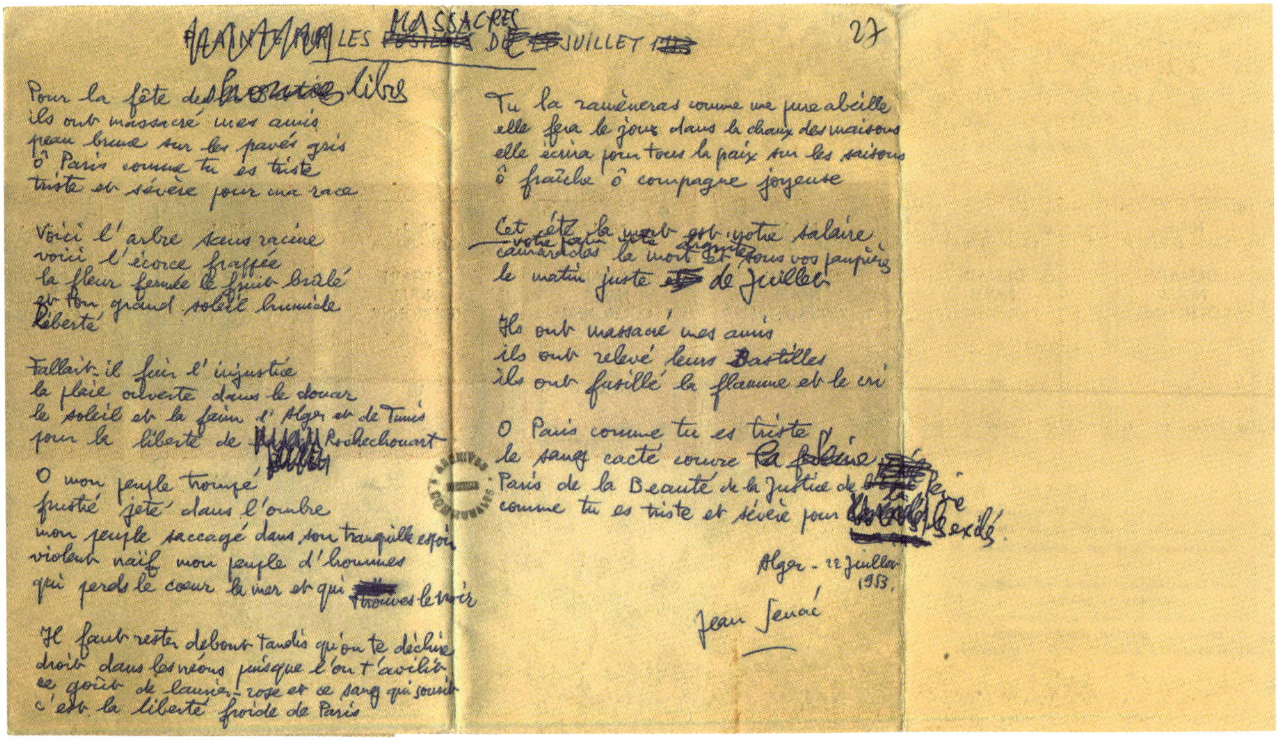
LES MASSACRES DE JUILLET 27

Pour la fête des hommes libres
ils ont massacré mes amis
peau brune sur les pavés gris
ô Paris comme tu es triste
triste et sévère pour ma race

Voici l'arbre sans racine
voici l'écorce frappée
la fleur fermée le fruit brûlé
et ton grand soleil humide
Liberté

Fallait-il fuir l'injustice
la plaie ouverte dans le douar
le soleil et la faim d'Alger et de Tunis
pour la liberté de ... Rochechouart

O mon peuple trompé
frustré jeté dans l'ombre
mon peuple saccagé dans son tranquille espoir
violent naïf mon peuple d'hommes
qui perds le cœur la mer et qui trouves le noir

Il faut rester debout tandis qu'on te déchire
droit dans les néons puisque l'on t'avilit
ce goût de laurier-rose et ce sang qui sourit
c'est la liberté froide de Paris

Tu la ramèneras comme une pure abeille
elle fera le jour dans la chaux des maisons
elle écrira pour tous la paix sur les saisons
ô fraîche ô compagne joyeuse

Cet été la mort fut votre salaire
camarades la mort ... sous vos paupières
le matin juste de juillet

Ils ont massacré mes amis
ils ont relevé leurs Bastilles
ils ont fusillé la flamme et le cri

O Paris comme tu es triste
le sang cacté couvre la Seine
Paris de la Beauté de la Justice de ...
comme tu es triste et sévère pour ... exilé

Alger - 22 juillet 1953.

Jean Sénac

Jean Sénac, « Les massacres de juillet », manuscrit du poème, 22 juillet 1953.

Le 14 juillet 1953, place de la Nation, à Paris, six ouvriers algériens et un français sont abattus par les forces de l'ordre. Ils scandaient divers mots d'ordre, dont la libération de Messali Hadj, récemment incarcéré ; leurs pancartes réclamaient l'indépendance de l'Algérie, et ils refusaient de se disperser. En région parisienne, les armes à feu n'avaient plus été utilisées contre des manifestants depuis 1937. Jean Sénac écrit un hommage « aux martyres de cette Fête sanglante de la Liberté ». À l'instar des poèmes rassemblés dans *Matinale de mon peuple*, ce texte se veut avant tout un « document lyrique au fronton d'une lutte ».

Fonds Jean Sénac, JS6/ BMVR, Marseille

Mohamed Dib, *L'Incendie*, Seuil, « Méditerranée », 1954.

« Je marche, je marche :/Les mots que je porte / Sur la langue sont / Une étrange annonce », écrit Mohamed Dib dans « Poème d'Algérie ». *L'Incendie*, deuxième volume de sa trilogie algérienne, pourrait bien être cette annonce, « premier grand roman de l'Algérie », selon Aragon, « roman national » de contenu algérien et de langue française, entrepris « comme si tout déjà était résolu », comme si la décision de mourir pour se donner la chance de « vivre autrement » avait été prise. Livre scandaleux, donc, puisque le scandale, comme l'écrit ailleurs Dib, tient à la teneur de la vérité plus qu'à ceux qui la montrent.

Collection privée

1954-1956

ALGÉRIE, NOTRE CONSCIENCE

2

Un Document
CONNAISSANCE DE L'ALGÉRIE

Lettre d'un intellectuel à quelques autres

par Jacques SOUSTELLE

Normalien, agrégé de philosophie, docteur ès-lettres, professeur à l'Ecole des Hautes-Etudes et Directeur de Recherches au Centre National de la Recherche Scientifique, Jacques SOUSTELLE est hautement apprécié dans les milieux universitaires pour son œuvre d'ethnologue et de sociologue. Le rôle important qu'il a tenu dans la Résistance, puis dans la vie politique depuis la Libération, lui a permis de montrer qu'un intellectuel pouvait être aussi un homme d'action. Il en apporte une nouvelle preuve dans ses actuelles fonctions de Gouverneur Général de l'Algérie.

Cependant la politique qu'il y mène vient d'être vivement critiquée par un groupe d'universitaires et de publicistes réunis sous la dénomination de « Comité d'action des intellectuels contre la poursuite de la guerre en Algérie ». C'est pour mettre les choses au point que Jacques SOUSTELLE a rendu publique la lettre que nous diffusons aujourd'hui. Nos lecteurs pourront ainsi connaître avec précision sur quelles réalités se fonde l'action de la France en Algérie.

J'AI eu connaissance d'un manifeste « contre la guerre en Algérie », signé par beaucoup d'hommes que je respecte et dont certains sont de mes proches amis. C'est dire que j'apporte à ce texte la plus sérieuse attention. Même engagé dans l'action, je demeure un universitaire, un enseignant et un écrivain. Je crois à la valeur intrinsèque de la pensée, de la recherche et de la réflexion. Je suis persuadé que nous avons un rôle à jouer dans la vie publique, ne serait-ce qu'en essayant de substituer aux vagues images passionnelles qui sont l'instrument habituel de la politique les notions de probité, de précision et de rigueur auxquelles nous tenons par profession.

Il me parait évident que si des intellectuels se manifestent *en tant que tels* dans le domaine politique — comme certains viennent de le faire par cet appel — *ils ne sont justifiés que s'ils se comportent en la circonstance et plus que jamais en intellectuels, c'est-à-dire avec le souci d'honnêteté et de clarté qui est en quelque sorte notre marque.* Autrement, leur intervention n'aurait pas plus de valeur que celle des plombiers-zingueurs ou des ordonnateurs de pompes funèbres, professions aussi respectables en elles-mêmes que les nôtres.

L'opinion attache plus de poids à la parole d'un professeur en Sorbonne qu'à celle du plus estimable des épiciers ou des ajusteurs : c'est évidem-

◄ **Jacques Soustelle, « Lettre d'un intellectuel à quelques autres », *Connaissance de l'Algérie*, Collectif militaire, Service psychologique, 1956.**

Fonds Georges Dumézil/IMEC

Le déclenchement de l'insurrection par le tout jeune Front de libération nationale (FLN), le 1er novembre 1954, comme la fondation du Mouvement national algérien (MNA), par Messali Hadj, ont d'abord peu d'échos en métropole. Il faut attendre 1955 et les effets conjugués de l'instauration de l'état d'urgence et de la conférence de Bandoeng, qui aboutit au non-alignement de vingt-neuf pays d'Afrique et d'Asie, en avril, pour qu'une mobilisation s'amorce. Des divergences apparaissent entre écrivains et intellectuels « algériens ». Tandis que certains comme Camus, Aziz Kessous, Kateb, Sénac, Maisonseul, veulent encore croire à un avenir commun possible, d'autres, tel Jules Roy, prennent déjà acte de la mort de l'Algérie française. En métropole, en novembre, un Comité des intellectuels contre la poursuite de la guerre en Afrique du Nord voit le jour à l'initiative de Mascolo, Antelme, Des Forêts et Morin. Après avoir envisagé un appel maximaliste exigeant de ses signataires d'« agir de toutes les façons et dans tous les domaines pour mettre fin [...] à une guerre qui est une menace contre la République en même temps qu'un crime contre le genre humain », il s'en tient à agir de toutes les façons jugées bonnes « en *conscience* », et dans tous les domaines « *accessibles* » pour défendre « une paix fraternelle dans le respect des nationalités ».

Les réactions n'en sont pas moins vives, y compris de la part d'hommes de gauche comme Rivet, premier élu du Front populaire, ou Soustelle, devenu gouverneur général de l'Algérie mais intervenant en qualité d'intellectuel dans le débat. Jean Paulhan, de son côté, dénonce l'éclectisme et l'amateurisme du Comité. Selon André Wurmser, avec la parution de *L'Algérie hors la loi*, Colette et Francis Jeanson renoncent ouvertement à l'objectivité pour mettre à nu le colonialisme et se situer aux côtés du FLN. En novembre, *Les Temps modernes* titraient « L'Algérie n'est pas la France » ; en janvier 1956, salle Wagram, Daniel Guérin surenchérit en déclarant : « L'Algérie n'a jamais été la France. » Mais cette communion n'est qu'apparente : quand la revue de Sartre prend fait et cause pour le FLN, Guérin est partisan de Messali Hadj ; quand Sartre insiste sur le caractère systémique du colonialisme et l'impossibilité de le réformer, des ethnologues proches du Comité souhaitent « une coopération loyale [...] entre les éléments européens et non européens ». De même, la position officielle du PCF, toujours favorable à l'Union française et adepte de la théorie de la « nation en formation », est combattue de l'intérieur par des communistes critiques comme Jean-Pierre Vernant. C'est dire que rien n'est simple et que les alliances constituées ne résistent guère à la pression du cycle sanglant des massacres et des représailles, comme dans le Constantinois en août 1955. L'une des tâches que se fixe le Comité est d'ailleurs d'alerter sur les abus et les exactions commis par la France en Algérie.

L'Appel explicitement apolitique, et donc décalé, de Camus à la trêve civile, en janvier 1956, signale une urgence et un désespoir. Les attentes qu'il fait naître chez les « Libéraux » d'Algérie buteront sur la « tomate algéroise[1] » reçue par le nouveau président du Conseil, Guy Mollet, ancien résistant et secrétaire général SFIO, et qui eut raison de ses velléités de réformes. Robert Lacoste remplace le général Catroux, pressenti aux fonctions de ministre résidant, et les pouvoirs spéciaux sont votés le 12 mars. De part et d'autre, la question algérienne est perçue et présentée comme une question de conscience. En cause, déjà, en même temps que l'avenir du territoire algérien, celui de ses populations et de leur éventuelle cohabitation.

Notes

1. Jacques Perret, *Salades de saison*, Gallimard, 1957, p. 30.

Ébranlements et dissidences

***L'Écho d'Alger*, le 7 novembre 1954.**

Les indépendantistes algériens voient dans la défaite française en Indochine un encouragement à se lancer dans la lutte armée. Le 10 octobre, le Front de libération nationale (FLN) naît du Comité révolutionnaire d'unité et d'action. Le 1er novembre, une trentaine d'actions coordonnées déclenchent l'insurrection. Parmi les dix morts, celle d'un instituteur métropolitain, fauché par une rafale destinée à un *caïd,* émeut particulièrement. Mais la presse métropolitaine en fait à peine écho et la Toussaint rouge a très peu de retentissement dans l'opinion française. Le 7 novembre, François Mitterrand, ministre de l'Intérieur, annonce toutefois solennellement : « L'Algérie c'est la France et la France ne reconnaîtra pas chez elle d'autre autorité que la sienne. »

FR ANOM, Aix-en-Provence, BIB 30156.

4 PAGES DE SPORTS
Echo Sport...
UNE PAGE ILLUSTRÉE

L'ÉCHO D'ALGER

15 FRANCS

7-8 Novembre 1954

VERNICIRE

M. MITTERRAND dans une déclaration radiodiffusée :

L'ALGÉRIE C'EST LA FRANCE ET LA FRANCE NE RECONNAITRA PAS CHEZ ELLE D'AUTRE AUTORITÉ QUE LA SIENNE

LES TROUPES ÉTANT SOLIDEMENT INSTALLÉES

La véritable opération de nettoyage de l'Aurès va commencer dans quelques jours

Chaque jour verra l'autorité de l'Etat s'affirmer d'avantage et le statut de l'Algérie entrera de plus en plus dans les faits

Investissements et grands travaux, formation professionnelle, fonction publique, décentralisation administrative seront l'objet de prochaines mesures

Le seul responsable de l'ordre c'est l'Etat

A L'EST D'HOKKAIDO (Japon)

Un appareil U.S. est abattu par des "Mig"

Quatre morts - Huit rescapés

Washington proteste énergiquement

PAR M. VINOGRADOV

M. Le Troquer et une délégation de parlementaires invités à se rendre en U.R.S.S.

Europe-U.S.A. sans escale en "Piper Apache"

Sœur Maria Assunta Pallotta est béatifiée

Si tous ceux qui ont de l'initiative dans le domaine économique avaient le souci d'une parfaite équité

LES AGITATIONS N'AURAIENT PLUS GUÈRE DE RAISON D'ÊTRE

a déclaré S. Em. le cardinal Tisserant dans son homélie hier à la cathédrale d'Alger

L'allocution de Mgr Duval

L'EMPEREUR D'ETHIOPIE A BONN

- Des bataillons de parachutistes ont été mis en place à Arris et à Bouhamama.
- De sérieux accrochages se sont produits

(De notre envoyé spécial R.-G. SOULE)

DU VRAI... DU FAUX

LUEURS SUR LES SOUCOUPES

VII – OPÉRATION SKYHOOK ?

PAR AIMÉ MICHEL

◄ Siné, « La Boucherie », dessin, 1954.

Siné traduit immédiatement par un dessin ce que signifient à ses yeux les opérations « de pacification » diligentées en Algérie : un parachutiste en boucher sanguinolent jubile devant son étal garni de viande et de têtes fraîches de « bicot », d'« intellectuel » et de « juif »...

Fonds Siné/BDIC

LETTRE OUVERTE
du Groupement d'action des intellectuels algériens à M. Jacques Soustelle
gouverneur général de l'Algérie

Monsieur le Gouverneur général,

Il y a environ six semaines, nous pensions avoir des raisons légitimes d'espérer en un achèvement raisonnable de la question algérienne. C'était quelques jours avant la proclamation de l'état d'urgence. Trois des nôtres avaient été reçus par vous : vous leur aviez fait part de vos projets de réorganisation territoriale ; vous leur aviez exposé, à propos de la culture arabe, du Culte musulman dans ses rapports avec l'administration, des vues qui correspondaient aux nôtres ; vous aviez — et le premier — prononcé les mots de « problème politique algérien », ce qui témoignait d'un sens de la situation assez précis et d'une indépendance assez grande pour être rares chez un gouverneur général. Certains d'entre nous pensent que les actions de tous les gouverneurs généraux doivent se ressembler, la fonction important plus que l'homme : d'autres pensent au contraire que la personnalité de chacun a son importance et qu'un gouverneur général ne conforme pas nécessairement ses propres opinions à la tradition administrative qu'il hérite : ces derniers étaient, à la suite de cette visite, corroborés dans cette opinion. Notre délégation vous avait quitté, persuadée que l'atmosphère de ce pays allait changer ; nommé par un gouvernement qui était tombé pour avoir essayé d'assainir la politique française en Afrique du Nord, vous alliez, pensions-nous, en réaliser les intentions : votre passé prouvait à nos yeux une vue claire des choses et une volonté animée par un esprit de justice : vous alliez réaliser le paradoxe d'une gestion positive des affaires algériennes dans un contexte politique caractérisé par la puissance des intérêts à courte vue qui s'y opposent.

Pour qu'une situation se prolonge, il ne suffit pas qu'elle soit paradoxale. Nous ne nous demandons pas si vous-même avez changé, cela ne nous regarde pas ; nous voulons même penser que vous êtes resté le même, sans quoi cette lettre serait sans objet. Ce qui a changé en tous cas, c'est l'état des choses : ce qui nous frappe, c'est la distance qui sépare nos espoirs de la réalité.

L'état d'urgence a été voté, décrété, proclamé.

Nous ne chercherons pas à savoir s'il a été efficace sur le plan militaire : remarquons seulement que si dans une guerre le vainqueur est celui qui impose sa volonté à l'adversaire, on ne saurait affirmer sans exagération que les « forces de l'ordre » soient bien près de la victoire. Mais sur le plan civil, le tableau est, hélas ! facile à dresser : la répression n'a pas diminué, l'insécurité est partout : le durcissement administratif et militaire a provoqué une recrudescence des attentats, comme pouvait s'y attendre tout esprit non prévenu : les expulsions individuelles amènent, comme c'était à prévoir, l'établissement de camps : les prétendues nécessités de la défense font expulser des instituteurs dont le seul crime est d'avoir des opinions contraires aux doctrines officielles ; les publications sont soumises à une censure qui ne dit pas son nom, mais qui n'empêchera sûrement jamais les journaux de la colonisation de poursuivre leur néfaste propagande ; enfin, les libertés les plus fondamentales sont en danger : le 7 mai, une manifestation de sympathie à l'égard de victimes de la répression était interdite par la préfecture d'Alger : le 10 mai, un journal métropolitain, « L'Information », était saisi à son arrivée en Algérie. Quant aux élections, il serait cruel d'y insister.

Que conclure de tout cela ? Dira-t-on que l'état d'urgence est un moindre mal que l'état de siège, et qu'un gouverneur au passé libéral est préférable à un gouverneur à l'esprit totalitaire ? C'est vrai dans l'immédiat, peut-être ; c'est faux à long-terme, sûrement. A vouloir empêcher le pire, on compromet avec le mal et l'erreur des forces saines et des idées justes. Quelques maux sont peut-être évités dans le présent, mais l'avenir en est hypothéqué, et les bonnes intentions, au bout du compte, vont se noyer dans les résultats mauvais.

Dira-t-on que les circonstances sont là, et que la sagesse consiste à composer avec elles pour les changer plus sûrement ? Calcul dangereux encore, quand les circonstances sont animées par des intérêts et des préjugés bornés, mais terriblement attentifs. Toutes les répressions ont été, en leur temps, « justifiées » par les circonstances : toutes se sont également révélées par la suite des erreurs historiques. Les progrès et les solutions hardies empruntent rarement des itinéraires contournés : jamais, en tous cas, ils ne se compromettent avec la stagnation.

Peut-être jugerez-vous utopiques, M. le Gouverneur général, les solutions positives d'apaisement dans la confiance et l'instauration des véritables libertés. Mais inversement ne trouvez-vous pas inquiétante cette « motion de censure » du conseil général d'Alger qui, « considérant que les moyens de rétablir l'autorité de l'Etat et la paix sont divers et que, dans un passé récent, on a pu, avec autorité et fermeté, rétablir l'ordre, la paix et l'apaisement des esprits, demande le redressement d'urgence d'une situation dont la très grande majorité de nos populations s'indigne » ?

Vous laisserez-vous entraîner dans le cycle infernal de la peur et de la violence ? Accepterez-vous de cautionner la politique de force ou choisirez-vous la porte ? Si vous choisissez la porte, claquez-la en partant, claquez-la si fort que ceux qui déjà tentent de vous l'ouvrir s'y coincent un peu les doigts ! Vous n'aurez pas démérité : vous aurez seulement montré que, suivant vos propres paroles, vous avez voulu « être ici le garant de la justice, l'arbitre impartial », mais que la tâche était, non au-dessus de vos forces, mais au-dessus de l'intelligence de ceux qui étaient tentés de sourire lorsque vous leur disiez : « L'homme ne vit pas de textes et d'institutions, il vit aussi de dignité. L'aspiration à la dignité humaine est une force immense, elle est au cœur même de toute démocratie ».

Si vous choisissez de rester, ayant foi en « la mission qui vous a été confiée par la France de restaurer l'ordre et la paix dans l'équité, car l'injustice est le pire des désordres », nous serons en droit de vous demander : « La foi qui n'agit point, est-ce une foi sincère ? ».

Le Groupement d'action des intellectuels algériens.

« Lettre ouverte du Groupement d'action des intellectuels algériens à M. Jacques Soustelle, gouverneur général de l'Algérie », *Alger républicain*, 18 mai 1955.

Nommé gouverneur général le 26 janvier 1955, Jacques Soustelle arrive à Alger en février avec la réputation d'un « passé libéral » (sous-directeur du musée de l'Homme, il a été membre du Comité de vigilance des intellectuels antifascistes puis secrétaire général de l'Union des intellectuels français contre le fascisme et la guerre). C'est à ce titre qu'il est interpellé. Car, depuis la promulgation de l'état d'urgence, le 1er avril, le « durcissement administratif et militaire » a provoqué, outre l'augmentation des expulsions, des camps, des faits de censure et de répression, une recrudescence des attentats. On le somme de choisir : « cautionner la politique de force » ou claquer la porte.

Fonds André Mandouze/
CHRD/Ville de Lyon

Des risques qu'il faut accepter

Par PAUL RIVET

Je viens de retrouver dans la collection de « Vigilance », à la date du 31 juillet 1936, un article où Marcel Bataillon, alors professeur à la faculté des lettres d'Alger, aujourd'hui administrateur du Collège de France, examinait avec une remarquable lucidité les problèmes algériens et proposait les solutions les plus urgentes au gouvernement du Front populaire. Problème économique, problème de l'indigénat, problème de la représentation parlementaire des indigènes musulmans, problème de l'école, etc. Hélas ! ces pages, qui datent de vingt ans, ont gardé toute leur actualité, attestant par là même que ces conseils judicieux n'ont été que très partiellement entendus, et qu'aucune tentative de réalisation d'ensemble n'a été faite par aucun des gouvernements qui se sont succédé, pendant un cinquième de siècle. L'incroyable inertie des hommes d'Etat de la IIIe et de la IVe République est à l'origine même de la situation lamentable devant laquelle nous nous trouvons aujourd'hui. La responsabilité française est sans aucun doute engagée dans le drame qui ensanglante actuellement l'Algérie, et mon propos n'est pas de la dissimuler et encore moins de la discuter.

Cela dit, il convient de chercher, de trouver et de mettre en œuvre les moyens de rétablir le calme parmi les populations indigènes, et de promouvoir une collaboration fraternelle entre elles et les Français d'Algérie. Pour si tardive qu'elle soit, pour si ardue qu'elle puisse apparaître, cette tâche doit être entreprise sans retard et sans hésitation. Il semble bien que M. Jacques Soustelle ait conscience de cette nécessité et de l'urgence d'une action efficace, radicale, toute hésitation, toute tergiversation, ne pouvant qu'aggraver le malentendu qui actuellement sépare et oppose Français et musulmans.

Je ne connais pas les détails du programme de réformes qu'il a soumis au gouvernement. Il me semble toutefois que son plan contient toutes les têtes de chapitre de l'article de Marcel Bataillon que je rappelais plus haut. Il faut toutefois se rendre compte qu'un miracle n'est pas possible et qu'une telle politique ne peut donner ses fruits que dans un avenir assez éloigné. Et c'est là que réside tout le drame. L'apaisement ne pouvant être instantané, on peut redouter que, pendant des mois, la rancœur des indigènes et leur méfiance légitime ne les conduisent à persévérer dans des attitudes de violence et dans des actes de terrorisme que l'on peut expliquer, mais qu'un gouvernement, si compréhensif soit-il, ne peut tolérer. Je sais bien que cette phrase, dont je pèse tous les termes, va soulever chez mes amis les plus chers un sursaut de colère et un sentiment de réprobation ; j'aurai cependant le courage de leur dire toute ma pensée.

Dans l'appréciation des événements d'Algérie je retrouve chez certains d'entre eux comme une renaissance de la thèse du « bon sauvage » qui a influencé si grandement la pensée des hommes du XVIIIe siècle. Instinctivement, ils donnent aux témoignages des indigènes un poids qu'ils n'accordent pas aux témoignages des Français. *A priori*, ils sont prêts à accepter toutes les thèses que les premiers leur proposent et à suspecter celles que les seconds soutiennent. Il est cependant évident qu'il y a chez les Algériens, comme chez les Vietnamiens, comme chez les Malgaches, à côté de beaucoup d'honnêtes et de courageux individus, des hommes mauvais, menteurs ou criminels. De même, si parmi les douze cent mille Français installés en Algérie il y a des hommes qui par leur attitude, par leurs préjugés, par leur égoïsme, par leur incompréhension, ont déterminé les troubles actuels, la grande majorité n'y a aucune responsabilité. Il y a aussi un grand nombre de musulmans qui ont loyalement accepté la collaboration avec la France, qui représentent les éléments les plus assimilés de la population algérienne, et qu'une partie de leurs compatriotes considèrent de ce fait comme des traîtres. *Les uns et les autres ont le droit d'être protégés*, et la France a le devoir d'assurer cette protection, en même temps qu'elle a le devoir de promouvoir une politique de compréhension et de collaboration qui, en calmant les révoltes rendra le plus rapidement possible cette protection inutile.

Je sais combien il est difficile de faire le départ entre les mesures de protection que je juge indispensables et les mesures de répression que je réprouve. Notre histoire coloniale offre trop d'exemples de la confusion que les agents d'exécution ont tendance à établir entre les unes et les autres pour que la méfiance et le refus de nombreux Français ne trouvent pas leur justification dans ces précédents tragiques.

C'est ici qu'intervient un facteur essentiellement subjectif, dont je reconnais toute la précarité, voire le danger, c'est la confiance à l'homme qui assume la lourde charge de manier l'instrument de force et en même temps et parallèlement la politique d'apaisement. J'entends bien que pour beaucoup cette délégation de pouvoir apparaît intolérable et dangereuse. J'en reconnais tous les risques, et cependant je crois qu'il faut les accepter. Ou bien il faut avoir le courage de proclamer que la France n'a plus rien à faire en Algérie et qu'elle abandonne à leur sort ceux de ses enfants qui s'y sont installés.

Je voudrais que ceux qui sont prêts à adopter cette tragique solution comprennent que cet abandon n'apporterait probablement aux indigènes ni l'indépendance ni le bonheur auxquels ils ont droit, car en Algérie, comme au Vietnam, il y a des candidats à notre succession, et je ne suis pas sûr que ces nouveaux maîtres, qui ne se font pas faute de nous critiquer, auraient un comportement meilleur que ne le fut le nôtre.

Lettre tapuscrite de Jean Amrouche à Jules Roy, le 6 août 1955.

Dès ce moment, Jean Amrouche se démarque d'Albert Camus. Pour lui, il n'est plus temps de proposer des «solutions». Impossible de croire encore à une Algérie française: «Il y aura un peuple algérien parlant arabe, alimentant sa pensée, ses songes, aux sources de l'islam, ou il n'y aura rien. Ceux qui pensent autrement retardent d'une centaine d'années. Le peuple algérien se trompe sans doute, mais ce qu'il veut, obscurément, c'est constituer une vraie nation, qui puisse être pour chacun de ses fils une patrie naturelle, et non pas une patrie d'adoption.»

Fonds Jules Roy, JR169/
BMVR, Marseille

Mais qui, parmi mes anciens amis, a jamais songé à mesurer combien ma vie, en raison de mes origines et de ma situation de famille, était plus difficile à conduire que beaucoup d'autres. Mais je n'ai pas mis ma vie dans la littérature. J'en crève un peu plus chaque jour. Il va falloir s'y mettre maintenant, ou renoncer tout à fait. Et je sais que je n'ai pas le droit de renoncer, n'étant pas seul en cause.

Je compte aller voir mes parents dans une semaine. Je suis pour eux le Messie incarné. Je pars sans joie. Le plaisir de mes parents sera de si courte durée qu'il rendra leur solitude plus poignante après mon départ. Et je suis si gorgé de pathétique que j'aspire à la quiétude sans éclat du boeuf à l'étable.

Tu me dis un mot de Camus. Nous ne nous rencontrerons plus jamais. Il y a 4 ans une explication entre nous, portant sur des faits très précis, aurait eu chance de produire un résultat positif. Il s'y est refusé. N'en parlons plus.

J'ai lu les deux articles sur l'Algérie qu'il a donnés à

JRMs. 2-233

- 18 -

L'Express. Il y a de justes remarques. Mais quant aux solutions qu'il préconise, je n'y crois pas. Le mal est beaucoup plus profond à mon avis. Il n'y a pas d'accord possible entre autochtones et Français d'Algérie. Il serait trop long de l'exposer ici : un volume y suffirait à peine. En un mot je ne crois plus à une Algérie française. Les hommes de mon espèce sont des monstres, des erreurs de l'histoire.

Il y aura un peuple algérien parlant arabe, alimentant sa pensée, ses songes, aux sources de l'Islam, ou il n'y aura rien. Ceux qui pensent autrement retardent d'une centaine d'années. Le peuple algérien se trompe sans doute, mais ce qu'il veut, obscurément, c'est constituer une vraie nation, qui puisse être pour chacun de ses fils une patrie naturelle, et non pas une patrie d'adoption.

Bonne fin de vacances.

Je t'embrasse.

Jean

◂ Paul Rivet, «Des risques qu'il faut accepter», *Le Monde*, 12-13 juin 1955.

Fondateur du Comité de vigilance des intellectuels antifascistes, premier élu du Front populaire, Paul Rivet démissionne du groupe parlementaire socialiste en mars 1948, en désaccord sur la question coloniale. Sa position sur le drame algérien étonne donc. Récusant l'angélisme mâtiné de paternalisme de ses amis, il fait confiance à son disciple Jacques Soustelle. Le gouvernement devra avoir raison des violences inévitables tant que la promotion d'«une collaboration fraternelle» entre «populations indigènes» et Français d'Algérie n'aura pu porter ses fruits, sans confondre protection des populations (Français d'Algérie et indigènes «assimilés») et répression. «Abandonner» l'Algérie ne serait que la soumettre à de «nouveaux maîtres».

Fonds André Mandouze/
CHRD/Ville de Lyon

Albert Camus, «Terrorisme et répression», *L'Express*, 9 juillet 1955.

Dans cet article, où il pose son «perpétuel déchirement» – ni avec les acharnés de la domination, ni pour le déracinement des Français d'Algérie –, Albert Camus tente de secouer la résignation: «la séparation définitive du Français et de l'Arabe» n'est pas inéluctable. Certes, le désespoir algérien se nourrit des promesses non tenues et des répressions subies. Certes, action terroriste et principe de répression collective créent un cercle sanglant. Mais il est encore temps de réunir les protagonistes du drame pour «arrêter l'effusion de sang».

Fonds Emmanuel Roblès/Archives, Limoges. Déposé par Jacqueline Roblès-Macek

XIe ANNEE — N° 55 — NOUVELLE SERIE VENDREDI 4 MARS 1955 30 frs

EGALITE DES HOMMES DES PEUPLES ET DES RACES

LA RÉPUBLIQUE algérienne

Directeur politique : FERHAT ABBAS

ORGANE DU MANIFESTE DU PEUPLE ALGERIEN

En page 4 — A la veille de la conférence de Bandung

Liquider le colonialisme ou périr

PAR Ferhat ABBAS

Les Amitiés Algériennes

La République algérienne, n° 55, 4 mars 1955.

À la une de l'organe du Manifeste du Peuple algérien, un éditorial de son directeur politique, Ferhat Abbas, énonce les termes de l'alternative si une « communauté algérienne » veut encore s'édifier : « liquider le colonialisme » ou « périr ». Parallèlement, « Les amitiés algériennes » dénoncent les « illégalités graves », jusqu'à la torture, commises à l'encontre des inculpés du 1er novembre. L'association, patronnée par des personnalités du mouvement national comme Ali Boumendjel et des Européens « progressistes » comme André Mandouze, se propose d'aider les familles des militants nationalistes. Un encart annonce la conférence de Bandoeng : en avril, vingt-neuf pays africains et asiatiques, en choisissant le non-alignement, marqueront l'entrée des pays du Tiers-Monde sur la scène internationale.

Fonds André Mandouze/
CHRD/Ville de Lyon

DOCUMENTATION - CONFRONTATION - SYNTHÈSE

COMMUNAUTÉ ALGÉRIENNE

Justice sociale démocratie politique

BI-MENSUEL — Directeur : M.-A. KESSOUS

Administration et rédaction, Boîte postale 693, Recette principale - ALGER

LE NUMERO : 30 FRANCS — PREMIERE ANNEE — NUMERO 1 — 1er Octobre 1955

Message d'Albert Camus

TRISTESSE MAIS ESPOIR QUAND MÊME | par Maurice VIOLLETTE

Communauté algérienne, n° 1, 1er octobre 1955.

Bi-mensuel d'expression franco-algérienne, *Communauté algérienne* entend « être surtout la tribune où s'instaurera un dialogue, où se réalisera une synthèse, où se forgeront de toniques amitiés entre les différents éléments ethniques ». Aziz Kessous, socialiste algérien, souhaite selon Albert Camus y dépasser « le double fanatisme dont souffre aujourd'hui l'Algérie [pour] aider à la constitution d'une communauté vraiment libre ». C'est d'ailleurs sous le double patronage de Camus et de Maurice Viollette que se place la revue, le premier rappelant ici une fois de plus, malgré la « tempête de morts », son désir d'un « vivre ensemble » apaisé et juste.

Fonds Gabriel Audisio, GA62/
BMVR, Marseille

Jean de Maisonseul, Kateb Yacine et Jean Sénac, « Conscience française, Section algérienne », feuillet manuscrit, 3 et 4 octobre 1955.

Au début d'octobre 1955, Jean de Maisonseul, Kateb Yacine et Jean Sénac croient encore possible de créer un mouvement qui surmonte « l'idéologie et la révolte » pour « fonder une communauté réelle dans la paix ». Cette « Section algérienne » de la « Conscience française » devra non seulement « étudier les causes de discordance », mais « dégager les solutions proposées par toute la population » et « agir » avec les groupements libéraux auprès des pouvoirs publics.

Fonds Jean Sénac, JS10/
BMVR, Marseille

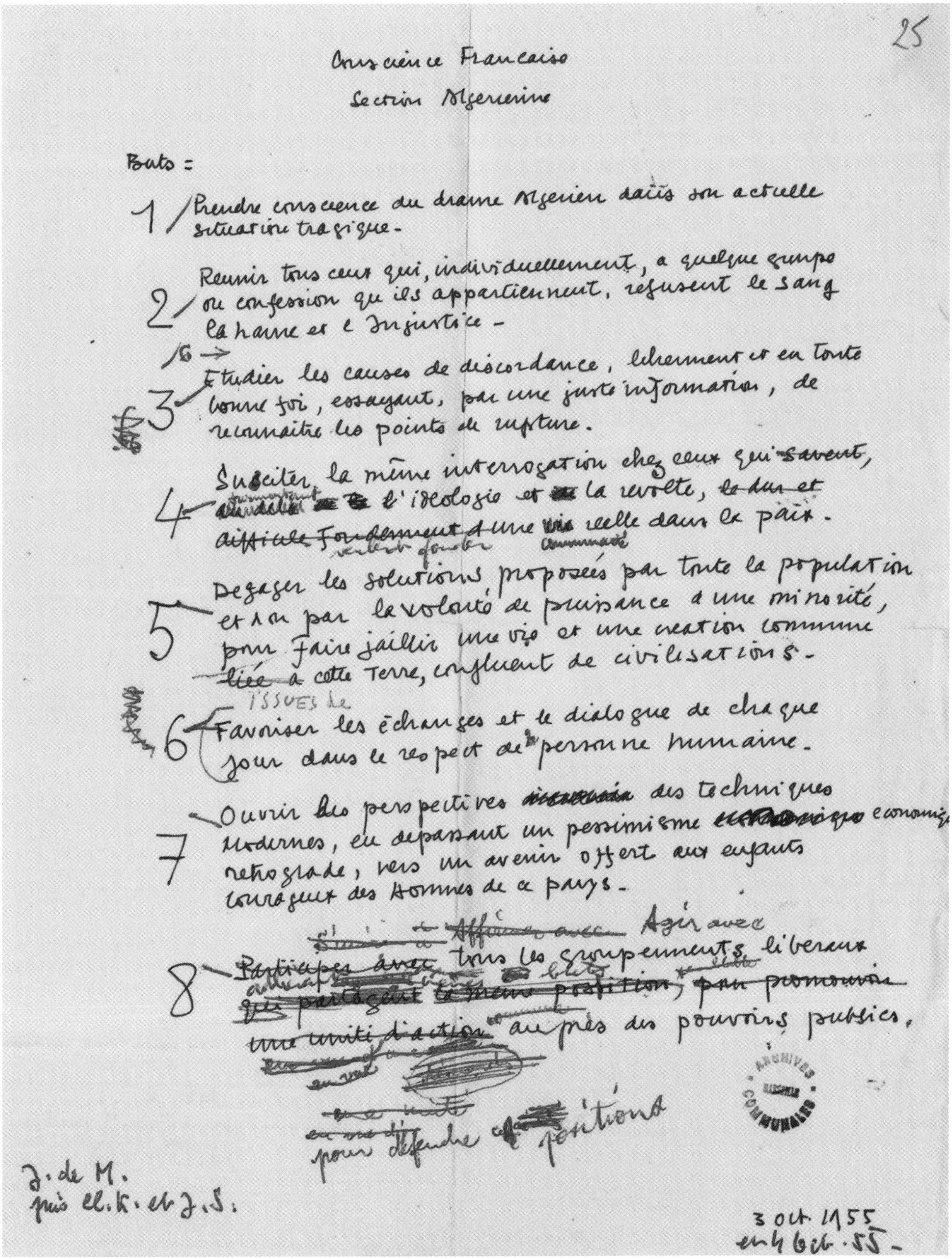

25

Conscience Française

Section Algérienne

Buts :

1/ Prendre conscience du drame Algérien dans son actuelle situation tragique.

2/ Réunir tous ceux qui, individuellement, à quelque groupe ou confession qu'ils appartiennent, refusent le sang la haine et l'injustice.

/6 →

3/ Étudier les causes de discordance, librement et en toute bonne foi, essayant, par une juste information, de reconnaître les points de rupture.

4/ Susciter la même interrogation chez ceux qui ~~savent~~, l'idéologie et la révolte, ~~le dur et difficile Fondement d'une vie~~ réelle dans la paix.

vertement fondée commune

5/ Dégager les solutions proposées par toute la population et non par la volonté de puissance d'une minorité, pour faire jaillir une vie et une création commune ~~liée~~ à cette Terre, confluent de civilisations.

ISSUES de

6/ Favoriser les échanges et le dialogue de chaque jour dans le respect de la personne humaine.

7/ Ouvrir les perspectives des techniques modernes, en dépassant un pessimisme économique rétrograde, vers un avenir offert aux enfants courageux des Hommes de ce pays.

8/ ~~Participer avec~~ Agir avec tous les groupements libéraux ~~qui partagent la même position, pour promouvoir une unité d'action~~ commune auprès des pouvoirs publics, pour défendre ces positions

J. de M.
puis Ch. K. et J. S.

3 oct. 1955
en 4 oct. 55 –

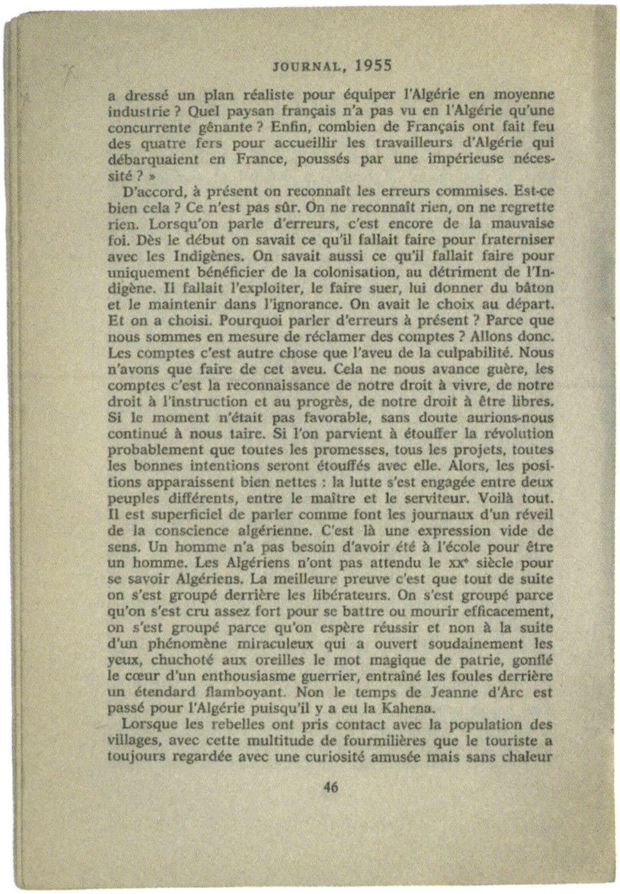

JOURNAL, 1955

a dressé un plan réaliste pour équiper l'Algérie en moyenne industrie ? Quel paysan français n'a pas vu en l'Algérie qu'une concurrente gênante ? Enfin, combien de Français ont fait feu des quatre fers pour accueillir les travailleurs d'Algérie qui débarquaient en France, poussés par une impérieuse nécessité ? »

D'accord, à présent on reconnaît les erreurs commises. Est-ce bien cela ? Ce n'est pas sûr. On ne reconnaît rien, on ne regrette rien. Lorsqu'on parle d'erreurs, c'est encore de la mauvaise foi. Dès le début on savait ce qu'il fallait faire pour fraterniser avec les Indigènes. On savait aussi ce qu'il fallait faire pour uniquement bénéficier de la colonisation, au détriment de l'Indigène. Il fallait l'exploiter, le faire suer, lui donner du bâton et le maintenir dans l'ignorance. On avait le choix au départ. Et on a choisi. Pourquoi parler d'erreurs à présent ? Parce que nous sommes en mesure de réclamer des comptes ? Allons donc. Les comptes c'est autre chose que l'aveu de la culpabilité. Nous n'avons que faire de cet aveu. Cela ne nous avance guère, les comptes c'est la reconnaissance de notre droit à vivre, de notre droit à l'instruction et au progrès, de notre droit à être libres. Si le moment n'était pas favorable, sans doute aurions-nous continué à nous taire. Si l'on parvient à étouffer la révolution probablement que toutes les promesses, tous les projets, toutes les bonnes intentions seront étouffés avec elle. Alors, les positions apparaissent bien nettes : la lutte s'est engagée entre deux peuples différents, entre le maître et le serviteur. Voilà tout. Il est superficiel de parler comme font les journaux d'un réveil de la conscience algérienne. C'est là une expression vide de sens. Un homme n'a pas besoin d'avoir été à l'école pour être un homme. Les Algériens n'ont pas attendu le XXe siècle pour se savoir Algériens. La meilleure preuve c'est que tout de suite on s'est groupé derrière les libérateurs. On s'est groupé parce qu'on s'est cru assez fort pour se battre ou mourir efficacement, on s'est groupé parce qu'on espère réussir et non à la suite d'un phénomène miraculeux qui a ouvert soudainement les yeux, chuchoté aux oreilles le mot magique de patrie, gonflé le cœur d'un enthousiasme guerrier, entraîné les foules derrière un étendard flamboyant. Non le temps de Jeanne d'Arc est passé pour l'Algérie puisqu'il y a eu la Kahena.

Lorsque les rebelles ont pris contact avec la population des villages, avec cette multitude de fourmilières que le touriste a toujours regardée avec une curiosité amusée mais sans chaleur

46

Mouloud Feraoun,
***Journal 1955-1962*, Seuil,**
« Méditerranée », 1962.

Tenu du 1er novembre 1955 au 14 mars 1962 (si l'on tient compte des feuillets ajoutés par son ami et éditeur Emmanuel Roblès à la veille de sa mort), le *Journal* de Feraoun est celui d'un « observateur attentif qui souffre toutes les souffrances des hommes ». Souvent déchiré entre des postulations contradictoires et des craintes multiples, il fait preuve dans ces pages de novembre-décembre 1955 d'une étonnante lucidité : « La lutte s'est engagée entre deux peuples différents, entre le maître et le serviteur. Voilà tout. Il est superficiel de parler [...] d'un réveil de la conscience algérienne. [...] Les Algériens n'ont pas attendu le XXe siècle pour se savoir Algériens. »

Collection privée

Colette et Francis Jeanson,
***L'Algérie hors la loi*,**
Seuil, 1955.

En optant pour « le parti pris des faits », Colette et Francis Jeanson affirment ne plus prétendre à l'objectivité « par souci de réalisme et d'honnêteté ». Présenter l'œuvre française en Algérie du point de vue du peuple qui a subi et ressenti misère et humiliations implique de faire retour sur l'histoire avant d'indiquer des issues. Le « pessimisme distingué » et veule n'est plus de saison. Il faut « céder à la violence parce que nous ne ferons ainsi que mettre fin à celle dont nous sommes tous responsables », sauver « les Français d'Algérie » et puis, sans tarder, travailler à « libérer la France ». Après avoir rencontré des difficultés éditoriales, le livre, qui ne recule pas devant les attaques *ad hominem*, sera ignoré par la presse. Enfin, malgré un tirage cumulé de 14 000 exemplaires à l'hiver de 1960, Paul Flamand refusera de le rééditer.

Collection privée

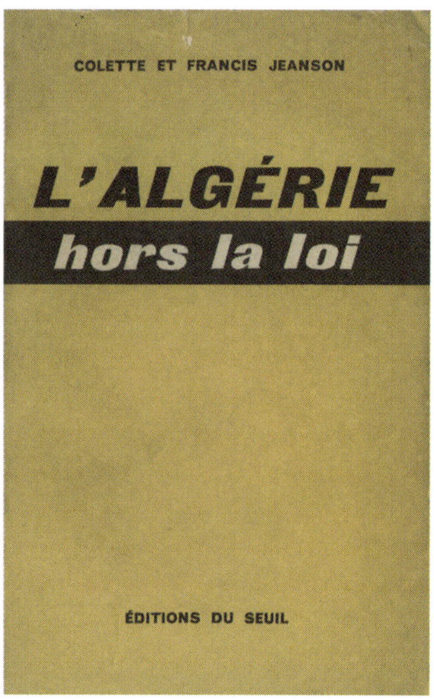

Maurice Thorez,
Jacques Duclos,
François Billoux,
***La France et l'Afrique du Nord*, Éditions de France nouvelle, 1955.**

Une allocution de Maurice Thorez sur « Le parti communiste et les luttes des peuples coloniaux » ouvre cette plaquette qui réunit les discours de François Billoux et de Jacques Duclos à l'Assemblée nationale (7 et 11 octobre) sur le Maroc et l'Algérie. « Le droit au divorce [...] ne s'identifie pas avec l'obligation du divorce », note Thorez. Duclos reprend la formule à son compte en précisant qu'il y a « de grands changements à effectuer pour créer entre les peuples de l'Union française des rapports nouveaux fondés sur la répudiation du colonialisme » – « rapports nouveaux » mais pas forcément « divorce », donc.

Fonds Vladimir Pozner/IMEC

Courrier des lecteurs

Une lettre à l'"Étincelle" à propos de son article sur

LE PARTI ET L'ALGÉRIE

La Direction du Parti a raison de dire que l'Algérie est la question décisive. Elle aurait pu s'en apercevoir plus tôt. Elle devrait en tirer toutes les conséquences sur le plan de sa propagande, de sa tactique parlementaire et de son action dans les masses. Pour les militants communistes, l'Algérie est encore la question décisive à un autre point de vue : elle est la pierre de touche qui leur permet de juger la capacité politique, ou mieux l'incapacité politique, de leur Direction. A cet égard l'article que vous avez publié dans le numéro 2 de l'« Étincelle » aura été utile. Votre analyse rejoint les sentiments des communistes; elle les éclaire en montrant que nos difficultés dans ce domaine ne résultent pas d'erreurs occasionnelles, mais d'un ensemble d'appréciations erronées, de fautes durables et continues qui plongent leurs racines loin dans le passé. Il me semble pourtant, qu'il faut aller plus loin et rechercher les déviations théoriques qui expliquent cette suite d'erreurs. On nous demandera si nous ne risquons pas ainsi de mettre en cause la ligne politique du Parti. Je réponds qu'en effet je mets cette ligne en cause. Je crois nécessaire de le faire si l'on veut rétablir une situation, déjà très compromise.

Dans ces dernières semaines la Direction du Parti a mis beaucoup de vin dans son eau. Elle a durci ses positions, rectifié certaines formules, lancé une semaine d'action contre la guerre. Nous nous en réjouirions sans arrière-pensée si nous pouvions croire à un tournant véritable. Mais tout indique que notre Direction n'est pas prête à faire son autocritique, à tirer, de l'analyse des fautes passées, les moyens d'un redressement réel dans l'avenir. Il y a, dans cette incapacité à reconnaître ses erreurs, qui caractérise notre Direction, dans son entêtement à nier l'évidence et à célébrer sa clairvoyance infaillible dans le moment où son erreur éclate et où elle la reconnait elle-même implicitement, un singulier aveu d'impuissance, quelque chose de pitoyable. Mais c'est aussi l'expression d'une ferme volonté de s'accrocher, en dépit de tout, à une ligne politique dont elle se sent, du fait de sa responsabilité, entièrement solidaire. De tous les problèmes c'est l'Algérie qui tourmente le plus la Direction. Elle sait que, sur ce point, l'analyse théorique de l'opposition a perdu son caractère un peu abstrait et lointain; elle rejoint l'expérience des masses; la critique surgit directement des conditions concrètes; de la lutte ouvrière en France. Nos dirigeants prêtent donc attention à ces critiques; ils en tiennent compte et ils en tiendront compte encore. Mais il suffit de lire le discours de Maurice Thorez au dernier C. C. pour constater qu'il ne s'agit pas de susciter, mais d'éviter cette discussion sur le fond qui peut seule faire progresser le Parti, et lui permettre de rompre entièrement avec les conceptions qui ont conduit le mouvement dans une impasse.

L.S. [pseudonyme de Jean-Pierre Vernant], « Le Parti et l'Algérie », *L'Étincelle*, n° 3, mars 1957.

En rupture avec la ligne politique du Parti, l'opposition interne du PCF se prononcera contre la condamnation des attentats FLN en 1954, contre le vote des pouvoirs spéciaux en 1956 et soutiendra les mouvements de protestation des rappelés. Dans *L'Étincelle*, Jean-Pierre Vernant fustige la théorie de la « nation en formation », dénonce le refus communiste de proclamer le « droit absolu » des colonies françaises à l'indépendance et la propension de la direction française à se promouvoir en guide des partis communistes des colonies. Il ne suffit pas de se dire solidaire du peuple algérien réprimé : il faut aussi soutenir le mouvement national.

Archives Régis Le Mer

LETTRE OUVERTE

A

Francis et Colette JEANSON *

par Me Yves Dechezelles

J'attendais votre livre avec impatience.

Nous manquions d'un ouvrage mettant en lumière les causes de l'insurrection algérienne. Au moment où l'opinion française porte un intérêt croissant au problème algérien, l'on vous était par avance reconnaissant d'avoir rassemblé une moisson de faits et de documents permettant de mieux faire comprendre les événements.

Mais tandis que je parcourais "L'Algérie hors la loi", ma joie se mêla rapidement de stupeur.

Que vous ayez pris parti dans le drame algérien, c'était votre droit, c'était même votre devoir. Voici plus de dix ans que je vis quotidiennement ce drame du côté de ceux qui luttent pour l'affranchissement d'un peuple abominablement exploité et humilié. Mais autant j'estime qu'en tant que démocrates ou révolutionnaires français nous nous devons de prendre résolument parti en faveur de ceux qu'opprime le colonialisme français, autant je pense que nous devons nous garder de nous immiscer dans les débats et querelles qui opposent entre elles les diverses organisations nationales algériennes. Appuyer de nos efforts l'action de tous ceux qui combattent effectivement le colonialisme, chacun selon sa propre méthode, je me suis fait de ce principe une règle.

Je crois avoir sur beaucoup d'autres une certaine priorit dans la prise de conscience du fait que la méthode révoluti

Yves Dechezelles, « Lettre ouverte à Francis et Colette Jeanson », feuillet tapuscrit, [fin de 1955].

Yves Dechezelles fut l'avocat d'Algériens nationalistes de toutes tendances devant les tribunaux militaires et civils en France et en Algérie, dont Messali Hadj ; en outre, il coordonna un collectif d'avocats (Henri Leclerc, Abdelkader Ougouag, Jacques Vergès, Gisèle Halimi...). Après avoir salué la « moisson de faits et de documents » rassemblés par les Jeanson, il regrette qu'ils se soient « immisc[és] dans les débats et querelles qui opposent entre elles les diverses organisations nationales algériennes » ; en clair : qu'ils aient pris fait et cause pour le FLN. « Critiquer ne veut pas dire calomnier ».

Fonds Daniel Guérin/BDIC

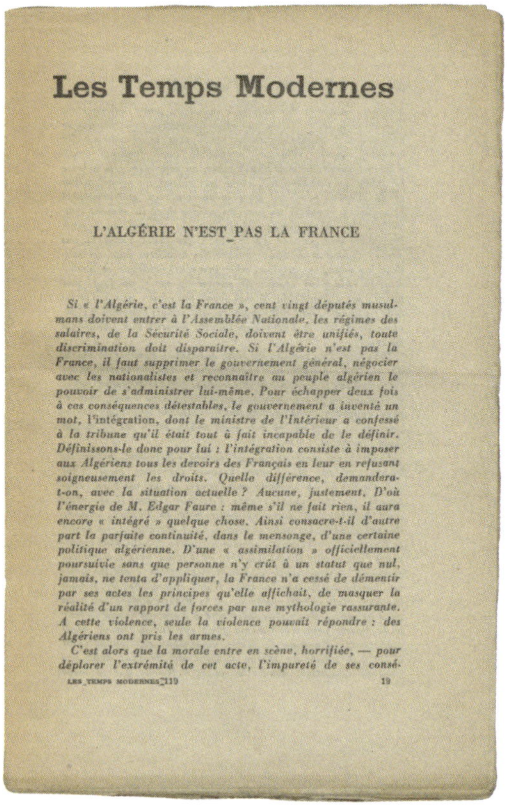

Les Temps Modernes

L'ALGÉRIE N'EST PAS LA FRANCE

Si « l'Algérie, c'est la France », cent vingt députés musulmans doivent entrer à l'Assemblée Nationale, les régimes des salaires, de la Sécurité Sociale, doivent être unifiés, toute discrimination doit disparaître. Si l'Algérie n'est pas la France, il faut supprimer le gouvernement général, négocier avec les nationalistes et reconnaître au peuple algérien le pouvoir de s'administrer lui-même. Pour échapper deux fois à ces conséquences détestables, le gouvernement a inventé un mot, l'intégration, *dont le ministre de l'Intérieur a confessé à la tribune qu'il était tout à fait incapable de le définir. Définissons-le donc pour lui : l'intégration consiste à imposer aux Algériens tous les devoirs des Français en leur en refusant soigneusement les droits. Quelle différence, demandera-t-on, avec la situation actuelle ? Aucune, justement. D'où l'énergie de M. Edgar Faure : même s'il ne fait rien, il aura encore « intégré » quelque chose. Ainsi consacre-t-il d'autre part la parfaite continuité, dans le mensonge, d'une certaine politique algérienne. D'une « assimilation » officiellement poursuivie sans que personne n'y crût à un statut que nul, jamais, ne tenta d'appliquer, la France n'a cessé de démentir par ses actes les principes qu'elle affichait, de masquer la réalité d'un rapport de forces par une mythologie rassurante. A cette violence, seule la violence pouvait répondre : des Algériens ont pris les armes.*

C'est alors que la morale entre en scène, horrifiée, — pour déplorer l'extrémité de cet acte, l'impureté de ses consé-

LES TEMPS MODERNES 119 19

***Les Temps modernes*, nº 119, novembre 1955.**

Sous le titre « L'Algérie n'est pas la France », l'éditorial des *Temps modernes* de novembre 1955, un an après la Toussaint rouge, entérine un état de fait : la violence faite aux Algériens, à qui ont été imposés tous les devoirs des Français et refusés tous leurs droits, a logiquement entraîné l'insurrection armée. Toute condamnation morale est inepte. La révolte algérienne n'a rien empêché, elle a crevé le « rideau [colonial] de mystification et de silence ». Le programme de la revue sartrienne est clair : « dénoncer l'imposture » de la politique française, « rechercher [...] les solutions possibles » pour que les Barrat de demain ne soient plus arrêtés pour avoir rencontré des « rebelles ».

Fonds Jean-José Marchand/IMEC

Autour du « Comité d'action des intellectuels français contre la poursuite de la guerre en Afrique du Nord »

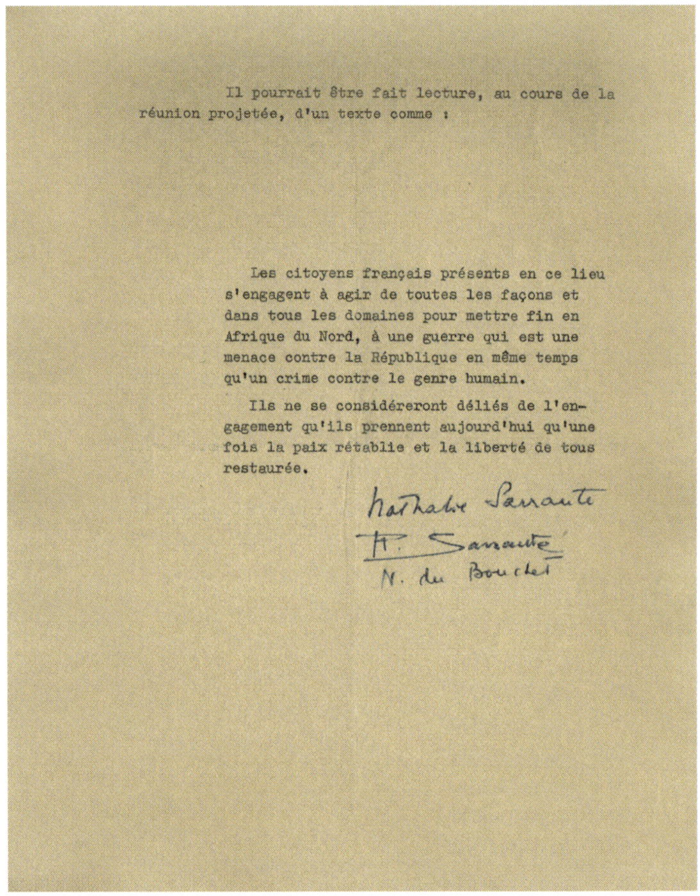

Il pourrait être fait lecture, au cours de la réunion projetée, d'un texte comme :

Les citoyens français présents en ce lieu s'engagent à agir de toutes les façons et dans tous les domaines pour mettre fin en Afrique du Nord, à une guerre qui est une menace contre la République en même temps qu'un crime contre le genre humain.

Ils ne se considéreront déliés de l'engagement qu'ils prennent aujourd'hui qu'une fois la paix rétablie et la liberté de tous restaurée.

Nathalie Sarraute
R. Sarraute
N. du Bouchet

Appel du Comité d'action des intellectuels français contre la poursuite de la guerre en Afrique du Nord, feuillet tapuscrit, octobre 1955.

À l'automne de 1955, à l'initiative de Robert Antelme, Dionys Mascolo, Louis-René des Forêts et Edgar Morin, un Appel est adressé « à tous ceux qui font profession de s'adresser à un public, et par là [...] portent [...] la responsabilité de la tragique inertie » qui pèse sur la France. Il les invite à constituer un Comité d'action contre la poursuite de la guerre en Afrique du Nord et à s'engager « à agir de toutes les façons et dans tous les domaines pour mettre fin [...] à une guerre qui est une menace contre la République en même temps qu'un crime contre le genre humain ».

Fonds Dionys Mascolo/IMEC

Lettre manuscrite de Jean Rostand à Dionys Mascolo, le 22 octobre 1955.

Après avoir approuvé l'esprit de l'Appel, Jean Rostand en désapprouve les termes. Il n'est pas prêt à « signer *honnêtement* » une phrase qui le contraint à agir « de toutes les façons possibles et par toutes les manières ». Il regrette également qu'aucune mention des Français d'Algérie n'apparaisse. Comme Albert Camus dans *L'Express* du 21 octobre, il pense que si « une éclatante réparation doit être faite [...] au peuple arabe », c'est « par la France tout entière et non avec le sang des Français d'Algérie ». Il sera tenu compte de ses remarques, et son nom figurera dans la liste des signataires.

Fonds Dionys Mascolo/IMEC

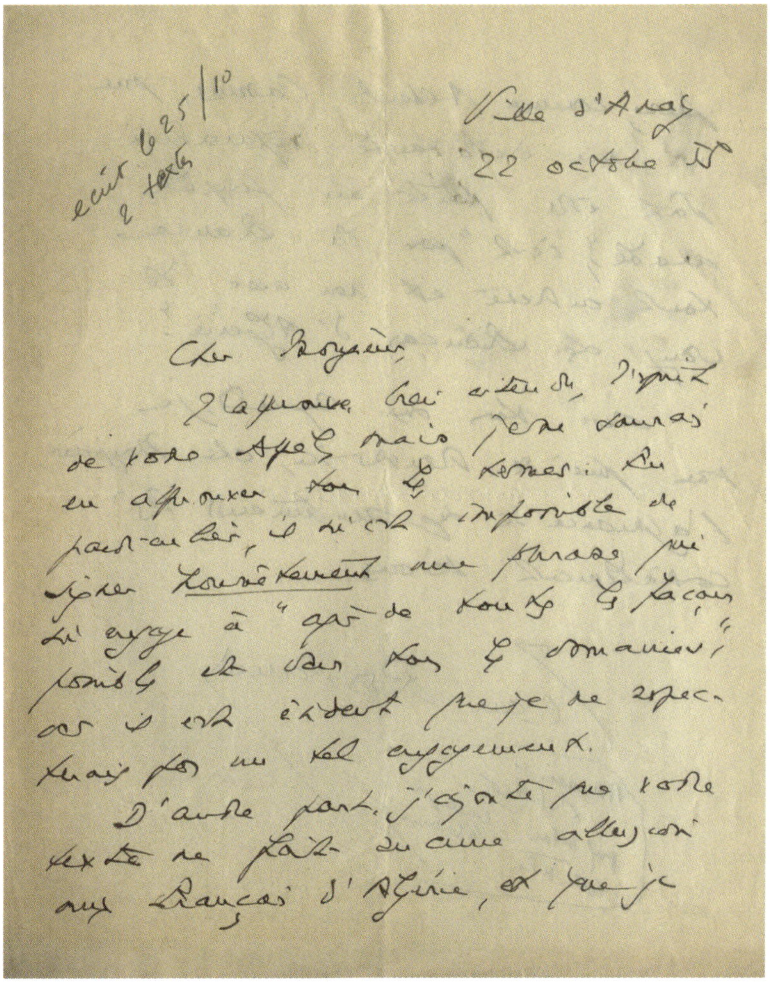

écrit le 25/10
2 textes

Ville d'Avray
22 octobre 55

Cher Monsieur,

J'approuve, bien entendu, l'esprit de votre Appel, mais je ne saurais en approuver tous les termes. En particulier, il m'est impossible de signer <u>honnêtement</u> une phrase qui m'engage à « agir de toutes les façons possibles et par toutes les manières », car il est évident que je ne respecterais pas un tel engagement.

D'autre part, j'ajoute que votre texte ne fait aucune allusion aux Français d'Algérie, et que je

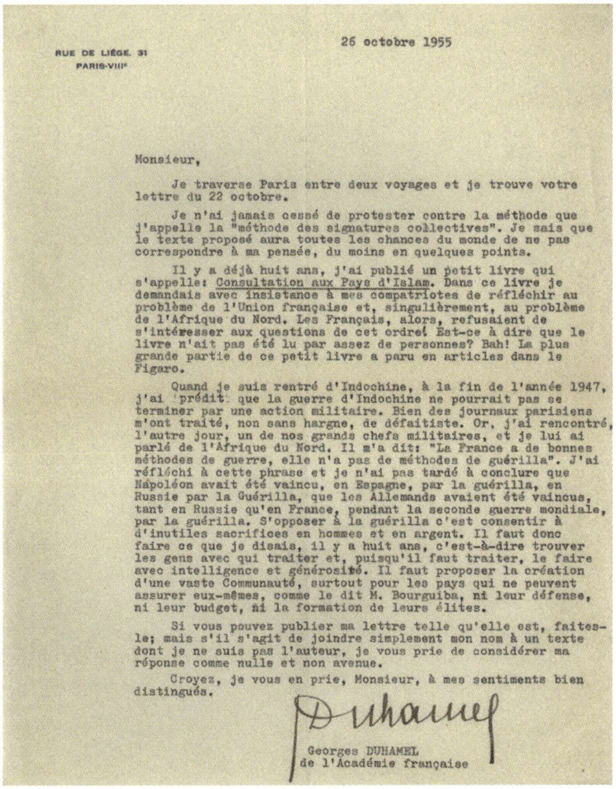

RUE DE LIÈGE, 31
PARIS-VIIIe

26 octobre 1955

Monsieur,

Je traverse Paris entre deux voyages et je trouve votre lettre du 22 octobre.

Je n'ai jamais cessé de protester contre la méthode que j'appelle la "méthode des signatures collectives". Je sais que le texte proposé aura toutes les chances du monde de ne pas correspondre à ma pensée, du moins en quelques points.

Il y a déjà huit ans, j'ai publié un petit livre qui s'appelle: <u>Consultation aux Pays d'Islam</u>. Dans ce livre je demandais avec insistance à mes compatriotes de réfléchir au problème de l'Union française et, singulièrement, au problème de l'Afrique du Nord. Les Français, alors, refusaient de s'intéresser aux questions de cet ordre! Est-ce à dire que le livre n'ait pas été lu par assez de personnes? Bah! La plus grande partie de ce petit livre a paru en articles dans le Figaro.

Quand je suis rentré d'Indochine, à la fin de l'année 1947, j'ai prédit que la guerre d'Indochine ne pourrait pas se terminer par une action militaire. Bien des journaux parisiens m'ont traité, non sans hargne, de défaitiste. Or, j'ai rencontré, l'autre jour, un de nos grands chefs militaires, et je lui ai parlé de l'Afrique du Nord. Il m'a dit: "La France a de bonnes méthodes de guerre, elle n'a pas de méthodes de guérilla". J'ai réfléchi à cette phrase et je n'ai pas tardé à conclure que Napoléon avait été vaincu, en Espagne, par la guérilla, en Russie par la Guérilla, que les Allemands avaient été vaincus, tant en Russie qu'en France, pendant la seconde guerre mondiale, par la guérilla. S'opposer à la guérilla c'est consentir à d'inutiles sacrifices en hommes et en argent. Il faut donc faire ce que je disais, il y a huit ans, c'est-à-dire trouver les gens avec qui traiter et, puisqu'il faut traiter, le faire avec intelligence et générosité. Il faut proposer la création d'une vaste Communauté, surtout pour les pays qui ne peuvent assurer eux-mêmes, comme le dit M. Bourguiba, ni leur défense, ni leur budget, ni la formation de leurs élites.

Si vous pouvez publier ma lettre telle qu'elle est, faites-le; mais s'il s'agit de joindre simplement mon nom à un texte dont je ne suis pas l'auteur, je vous prie de considérer ma réponse comme nulle et non avenue.

Croyez, je vous en prie, Monsieur, à mes sentiments bien distingués.

Duhamel

Georges DUHAMEL
de l'Académie française

Lettre tapuscrite de Georges Duhamel à Dionys Mascolo, le 26 octobre 1955.

Contacté pour signer l'Appel, Georges Duhamel refuse de « joindre [son] nom à un texte dont [il n'est] pas l'auteur » alors même que dès 1947, en publiant *Consultation aux Pays d'Islam*, il avait invité ses compatriotes à « réfléchir au problème de l'Union française ». Alors encore, il croit « qu'il faut traiter [la question] avec intelligence et générosité », et « proposer la création d'une vaste Communauté ».

Fonds Dionys Mascolo/IMEC

26/X/55

Cher Mandouze

Je viens de voir, en compagnie d'Edgar Morin, Robert Barrat. Je vais vous dire de quoi il s'agit.

Tout d'abord il faut que je vous dise où en est l'action que nous avons entreprise, et à laquelle vous avez, l'un des premiers, donné votre accord de principe.

Notre intention était de mobiliser l'<u>intelligentsia</u> française dans une protestation solennelle contre la poursuite du carnage. L'idée, naïve, non "réaliste", plus réaliste peut-être que toute autre, a été de les inviter à prendre un <u>engagement</u> que l'état des esprits (les circonstances aidant) permet d'imaginer possible, pour la première fois, non pas depuis dix ans, ni depuis 1936, mais plutôt depuis l'Affaire Dreyfus, il me semble.

(quelques uns — D. Mascolo le premier ont parlé de <u>serment</u>)

Cette réunion, ou manifestation-cérémonie, sera l'acte de naissance du Comité — qui deviendra ensuite ce qu'il pourra : le lieu de discussions, études, rapports, <u>Adresses</u> ou <u>Cahiers</u> — ou même l'origine de manifestations nouvelles. L'important, pour le moment, ou le premier objectif, c'est le coup d'arrêt qu'il est possible de porter à la politique française actuelle, par la manifestation inaugurale d'ensemble. Dores et déjà, nous sommes avertis que cela doit avoir au moins la portée d'un acte diplomatique d'importance, modificateur.

La présence de chacun de ceux qui ont approuvé l'appel est demandée. Ceux qui n'auront pu être là seront signataires du "serment", avec le regret de n'avoir pu être présents. Le texte de ce "serment", accompagné des signatures, sera remis à l'Assemblée

Un Document
CONNAISSANCE DE L'ALGÉRIE

Lettre d'un intellectuel à quelques autres

par Jacques SOUSTELLE

Normalien, agrégé de philosophie, docteur ès-lettres, professeur à l'Ecole des Hautes-Etudes et Directeur de Recherches au Centre National de la Recherche Scientifique, Jacques SOUSTELLE est hautement apprécié dans les milieux universitaires pour son œuvre d'ethnologue et de sociologue. Le rôle important qu'il a tenu dans la Résistance, puis dans la vie politique depuis la Libération, lui a permis de montrer qu'un intellectuel pouvait être aussi un homme d'action. Il en apporte une nouvelle preuve dans ses actuelles fonctions de Gouverneur Général de l'Algérie.

Cependant la politique qu'il y mène vient d'être vivement critiquée par un groupe d'universitaires et de publicistes réunis sous la dénomination de « Comité d'action des intellectuels contre la poursuite de la guerre en Algérie ». C'est pour mettre les choses au point que Jacques SOUSTELLE a rendu publique la lettre que nous diffusons aujourd'hui. Nos lecteurs pourront ainsi connaître avec précision sur quelles réalités se fonde l'action de la France en Algérie.

J'AI eu connaissance d'un manifeste « contre la guerre en Algérie », signé par beaucoup d'hommes que je respecte et dont certains sont de mes proches amis. C'est dire que j'apporte à ce texte la plus sérieuse attention. Même engagé dans l'action, je demeure un universitaire, un enseignant et un écrivain. Je crois à la valeur intrinsèque de la pensée, de la recherche et de la réflexion. Je suis persuadé que nous avons un rôle à jouer dans la vie publique, ne serait-ce qu'en essayant de substituer aux vagues images passionnelles qui sont l'instrument habituel de la politique les notions de probité, de précision et de rigueur auxquelles nous tenons par profession.

Il me paraît évident que si des intellectuels se manifestent *en tant que tels* dans le domaine politique — comme certains viennent de le faire par cet appel — *ils ne sont justifiés que s'ils se comportent en la circonstance et plus que jamais en intellectuels, c'est-à-dire avec le souci d'honnêteté et de clarté qui est en quelque sorte notre marque.* Autrement, leur intervention n'aurait pas plus de valeur que celle des plombiers-zingueurs ou des ordonnateurs de pompes funèbres, professions aussi respectables en elles-mêmes que les nôtres.

L'opinion attache plus de poids à la parole d'un professeur en Sorbonne qu'à celle du plus estimable des épiciers ou des ajusteurs ; c'est évidem-

Jacques Soustelle, « Lettre d'un intellectuel à quelques autres », *Connaissance de l'Algérie*, Collectif militaire, Service psychologique, 1956.

D'abord publiée dans *Combat* (26-27 novembre 1955), cette « Lettre d'un intellectuel à quelques autres » à propos de l'Algérie est écrite en réponse au manifeste du Comité d'action[1]. Alors gouverneur général de l'Algérie, Soustelle dénonce en « intellectuel » une proclamation « riche en affirmations péremptoires mais aussi en équivoques ». Selon lui, il n'y aurait pas guerre mais « longue suite d'attentats », « fureur raciste » et « fanatisme ». Et si la France risque de « perdre l'honneur », c'est moins par les méthodes employées que par l'abandon programmé d'Européens et de Musulmans.

1. Comité d'action des intellectuels contre la poursuite de la guerre en Afrique du Nord.

Fonds Georges Dumézil/IMEC

Comité d'action contre la poursuite de la guerre en Afrique du Nord, novembre 1955.

La réunion inaugurale du Comité a finalement lieu le 5 novembre à Paris sous la présidence de Jean Cassou. Le texte diffusé, pour tenir compte des réticences formulées, est plus modéré que l'Appel initial, d'où une liste de signataires composite : de Roger Martin du Gard à Jean-Paul Sartre, de Georges Bataille à André Mandouze ou Jean-Pierre Vernant, de François Mauriac à Aimé Césaire. Après avoir posé le caractère honteux et vain de la guerre en cours, il exige que soit établie en Afrique du Nord, à l'issue « d'une négociation libre avec [des] représentants qualifiés », « une paix fraternelle dans le respect des nationalités ». Aucune solution politique n'est indiquée. Surtout, l'engagement est modulé. Il s'agit désormais d'agir « de toutes les façons [que les signataires] jugeront bonnes en *conscience*, et dans tous les domaines *qui leur sont accessibles* ».

Fonds Dionys Mascolo/IMEC

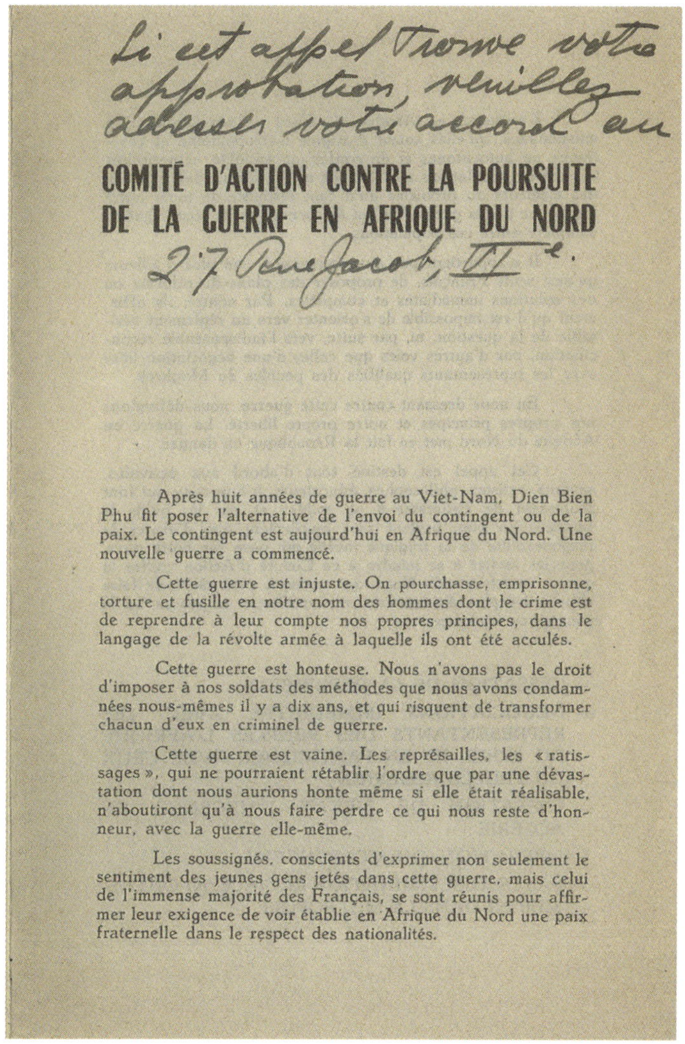

Si cet appel trouve votre approbation, veuillez adresser votre accord au

COMITÉ D'ACTION CONTRE LA POURSUITE DE LA GUERRE EN AFRIQUE DU NORD

27 Rue Jacob, VIe.

Après huit années de guerre au Viet-Nam, Dien Bien Phu fit poser l'alternative de l'envoi du contingent ou de la paix. Le contingent est aujourd'hui en Afrique du Nord. Une nouvelle guerre a commencé.

Cette guerre est injuste. On pourchasse, emprisonne, torture et fusille en notre nom des hommes dont le crime est de reprendre à leur compte nos propres principes, dans le langage de la révolte armée à laquelle ils ont été acculés.

Cette guerre est honteuse. Nous n'avons pas le droit d'imposer à nos soldats des méthodes que nous avons condamnées nous-mêmes il y a dix ans, et qui risquent de transformer chacun d'eux en criminel de guerre.

Cette guerre est vaine. Les représailles, les « ratissages », qui ne pourraient rétablir l'ordre que par une dévastation dont nous aurions honte même si elle était réalisable, n'aboutiront qu'à nous faire perdre ce qui nous reste d'honneur, avec la guerre elle-même.

Les soussignés, conscients d'exprimer non seulement le sentiment des jeunes gens jetés dans cette guerre, mais celui de l'immense majorité des Français, se sont réunis pour affirmer leur exigence de voir établie en Afrique du Nord une paix fraternelle dans le respect des nationalités.

◂ Lettre manuscrite de Dionys Mascolo à André Mandouze, le 26 octobre 1955.

Dans cette lettre décisive, Mascolo revient sur la nature de l'Appel (à la fois « protestation solennelle contre la poursuite du carnage » et « engagement » pris), dont le succès est déjà acquis avec plus de deux cents signatures obtenues, pour insister sur la nécessité « que l'intelligentsia française d'Algérie se joigne au mouvement ». Albert Camus a refusé, réservant sa signature à ses articles de *L'Express* ; or, souligne Mascolo, il s'agit de prouver que « ces Français [intellectuels] d'Algérie sont menacés plus par les Français d'Algérie [conservateurs] que par les Algériens ». « La haine entre Français d'Algérie et Algériens » apparaîtrait ainsi « déjà résolue pour un certain nombre ».

Fonds André Mandouze/CHRD/Ville de Lyon

La « Lettre des ethnologues », 12 mars 1956.

Au printemps de 1956, le Comité d'action relaie auprès de l'opinion la « Lettre » qu'un groupe d'ethnologues français a adressée au président du Conseil Guy Mollet. Pour Georges Balandier, André Leroi-Gourhan, Louis Massignon, Théodore Monod, Maxime Rodinson, Michel Leiris, Claude Lévi-Strauss et bien d'autres, l'ampleur du mouvement algérien prend sa source dans les rapports coloniaux. Il convient donc de négocier pour permettre « une coopération loyale non seulement entre la France et l'Algérie mais, sur place, entre les éléments européens et non européens. »

Fonds Esprit/IMEC

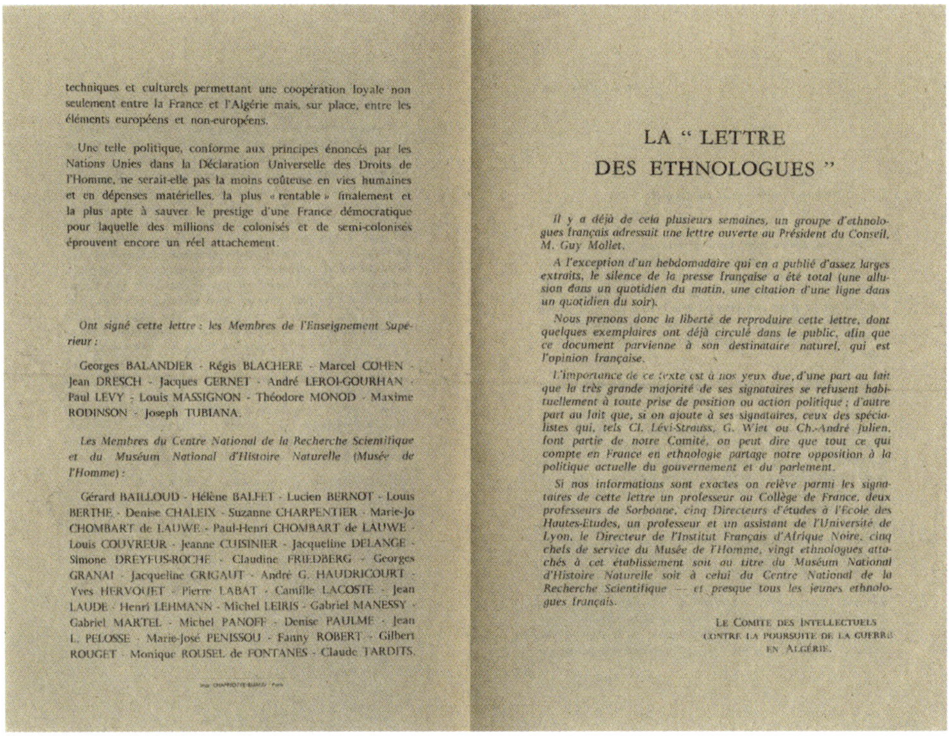

techniques et culturels permettant une coopération loyale non seulement entre la France et l'Algérie mais, sur place, entre les éléments européens et non-européens.

Une telle politique, conforme aux principes énoncés par les Nations Unies dans la Déclaration Universelle des Droits de l'Homme, ne serait-elle pas la moins coûteuse en vies humaines et en dépenses matérielles, la plus « rentable » finalement et la plus apte à sauver le prestige d'une France démocratique pour laquelle des millions de colonisés et de semi-colonisés éprouvent encore un réel attachement.

Ont signé cette lettre : les Membres de l'Enseignement Supérieur :

Georges BALANDIER - Régis BLACHERE - Marcel COHEN - Jean DRESCH - Jacques GERNET - André LEROI-GOURHAN - Paul LEVY - Louis MASSIGNON - Théodore MONOD - Maxime RODINSON - Joseph TUBIANA.

Les Membres du Centre National de la Recherche Scientifique et du Muséum National d'Histoire Naturelle (Musée de l'Homme) :

Gérard BAILLOUD - Hélène BALFET - Lucien BERNOT - Louis BERTHE - Denise CHALEIX - Suzanne CHARPENTIER - Marie-Jo CHOMBART de LAUWE - Paul-Henri CHOMBART de LAUWE - Louis COUVREUR - Jeanne CUISINIER - Jacqueline DELANGE - Simone DREYFUS-ROCHE - Claudine FRIEDBERG - Georges GRANAI - Jacqueline GRIGAUT - André G. HAUDRICOURT - Yves HERVOUET - Pierre LABAT - Camille LACOSTE - Jean LAUDE - Henri LEHMANN - Michel LEIRIS - Gabriel MANESSY - Gabriel MARTEL - Michel PANOFF - Denise PAULME - Jean L. PELOSSE - Marie-José PENISSOU - Fanny ROBERT - Gilbert ROUGET - Monique ROUSEL de FONTANES - Claude TARDITS.

LA " LETTRE DES ETHNOLOGUES "

Il y a déjà de cela plusieurs semaines, un groupe d'ethnologues français adressait une lettre ouverte au Président du Conseil, M. Guy Mollet.

A l'exception d'un hebdomadaire qui en a publié d'assez larges extraits, le silence de la presse française a été total (une allusion dans un quotidien du matin, une citation d'une ligne dans un quotidien du soir).

Nous prenons donc la liberté de reproduire cette lettre, dont quelques exemplaires ont déjà circulé dans le public, afin que ce document parvienne à son destinataire naturel, qui est l'opinion française.

L'importance de ce texte est à nos yeux due, d'une part au fait que la très grande majorité de ses signataires se refusent habituellement à toute prise de position ou action politique ; d'autre part au fait que, si on ajoute à ses signataires, ceux des spécialistes qui, tels Cl. Lévi-Strauss, G. Wiet ou Ch.-André Julien, font partie de notre Comité, on peut dire que tout ce qui compte en France en ethnologie partage notre opposition à la politique actuelle du gouvernement et du parlement.

Si nos informations sont exactes on relève parmi les signataires de cette lettre un professeur au Collège de France, deux professeurs de Sorbonne, cinq Directeurs d'études à l'Ecole des Hautes-Etudes, un professeur et un assistant de l'Université de Lyon, le Directeur de l'Institut Français d'Afrique Noire, cinq chefs de service du Musée de l'Homme, vingt ethnologues attachés à cet établissement soit au titre du Muséum National d'Histoire Naturelle soit à celui du Centre National de la Recherche Scientifique — et presque tous les jeunes ethnologues français.

LE COMITE DES INTELLECTUELS CONTRE LA POURSUITE DE LA GUERRE EN ALGÉRIE.

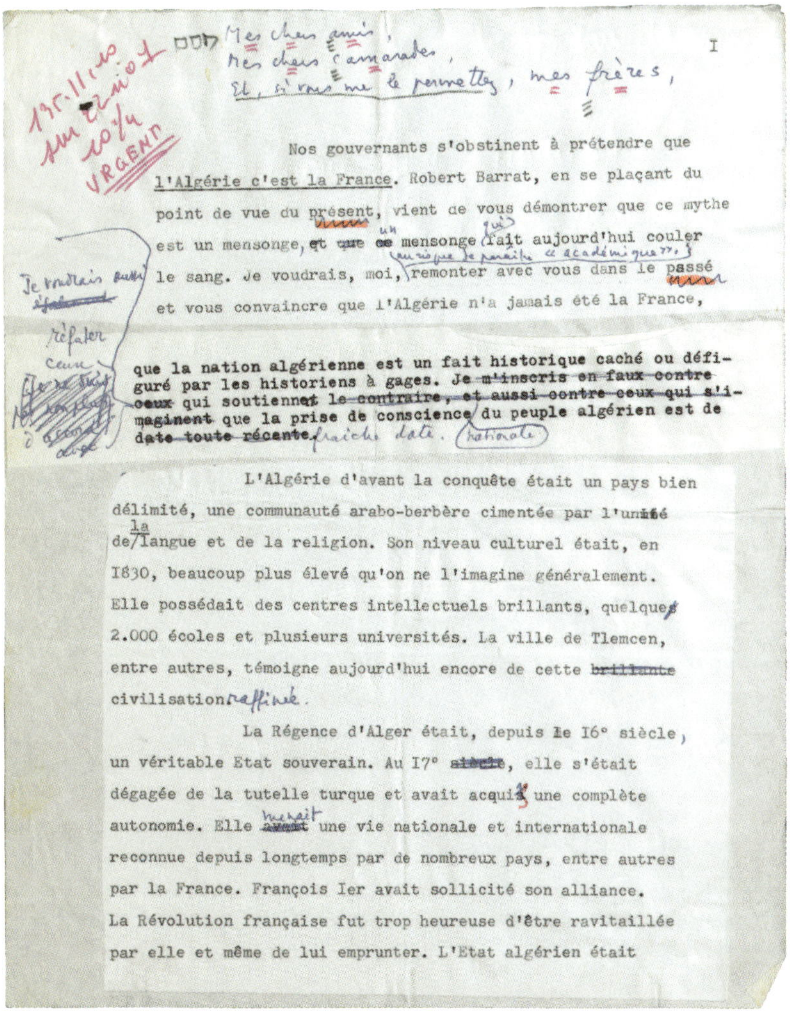

Mes chers amis, mes chers camarades, Et, si vous me le permettez, mes frères,

URGENT

I

Nos gouvernants s'obstinent à prétendre que l'Algérie c'est la France. Robert Barrat, en se plaçant du point de vue du présent, vient de vous démontrer que ce mythe est un mensonge, ~~et que ce~~ un mensonge qui fait aujourd'hui couler le sang. Je voudrais, moi, remonter avec vous dans le passé et vous convaincre que l'Algérie n'a jamais été la France,

que la nation algérienne est un fait historique caché ou défiguré par les historiens à gages. ~~Je m'inscris en faux contre ceux~~ qui soutiennent ~~le contraire, et aussi contre ceux qui s'imaginent~~ que la prise de conscience du peuple algérien est de ~~date toute récente~~ fraîche date. (nationale)

L'Algérie d'avant la conquête était un pays bien délimité, une communauté arabo-berbère cimentée par l'unité de la langue et de la religion. Son niveau culturel était, en 1830, beaucoup plus élevé qu'on ne l'imagine généralement. Elle possédait des centres intellectuels brillants, quelque 2.000 écoles et plusieurs universités. La ville de Tlemcen, entre autres, témoigne aujourd'hui encore de cette ~~brillante~~ civilisation raffinée.

La Régence d'Alger était, depuis le 16° siècle, un véritable Etat souverain. Au 17° ~~siècle~~, elle s'était dégagée de la tutelle turque et avait acquis une complète autonomie. Elle ~~avait~~ menait une vie nationale et internationale reconnue depuis longtemps par de nombreux pays, entre autres par la France. François Ier avait sollicité son alliance. La Révolution française fut trop heureuse d'être ravitaillée par elle et même de lui emprunter. L'Etat algérien était

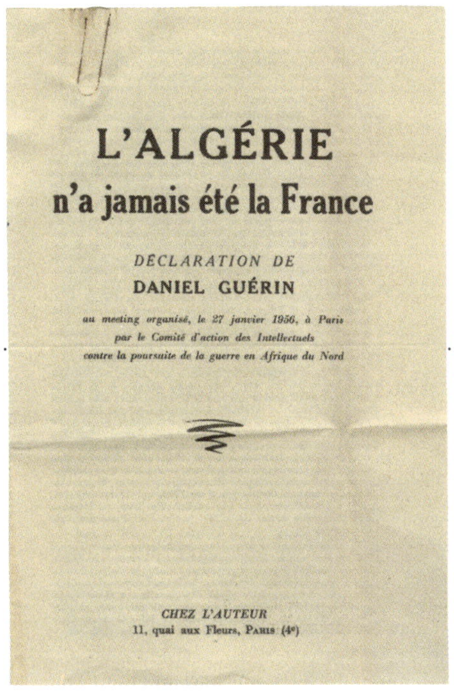

L'ALGÉRIE n'a jamais été la France

DÉCLARATION DE

DANIEL GUÉRIN

au meeting organisé, le 27 janvier 1956, à Paris par le Comité d'action des Intellectuels contre la poursuite de la guerre en Afrique du Nord

CHEZ L'AUTEUR

11, quai aux Fleurs, PARIS (4e)

Jean Paulhan, « Correspondance, Problèmes de l'Algérie », note manuscrite, janvier 1956.

Sous le pseudonyme de Jean Guérin, Jean Paulhan répond ici à une lettre adressée à la *NRF* par le Comité d'action – lettre elle-même conçue en réponse à un article publié par Jacques Ellul dans *Réforme* et repris dans la *NRF* de décembre 1955. Selon Ellul, accuser les colons pour des raisons de classe serait une monstruosité pour un chrétien. De plus, alors qu'il lui semble impossible de donner raison à quiconque, il récuse la facilité d'« avoir des idées sans les appliquer ». Mais, selon le Comité, Ellul tend à faire « de l'intellectuel honnête le meilleur complice du gendarme raciste ». Il suffirait de cesser d'opprimer pour que les opprimés cessent de se révolter. Guérin/Paulhan proteste et contre-attaque : les membres du Comité connaissent mal la question dont ils s'emparent, et leur union apparente recouvre des positions bien divergentes.

Fonds Jean Paulhan/IMEC

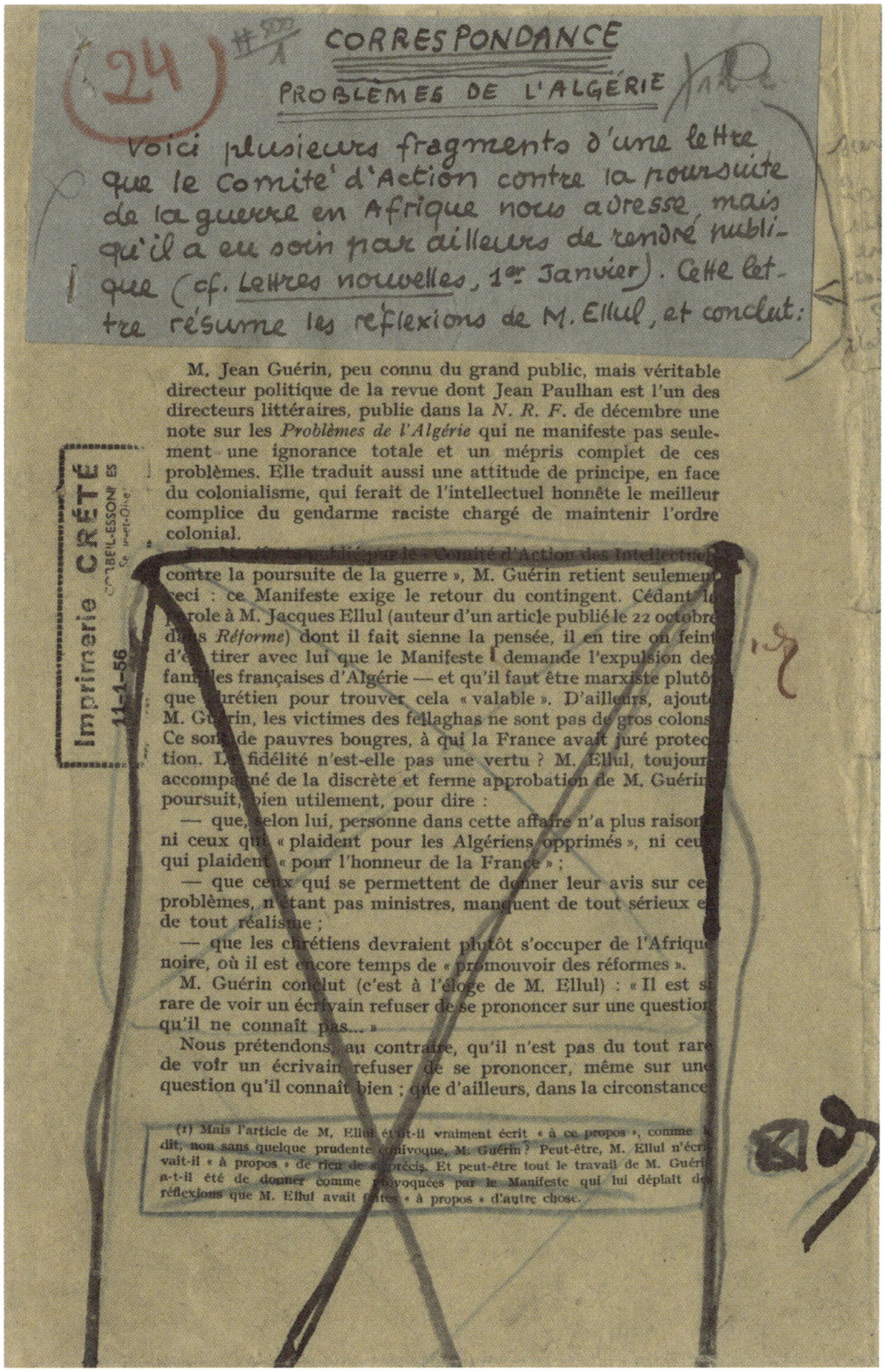
24

CORRESPONDANCE

PROBLÈMES DE L'ALGÉRIE

Voici plusieurs fragments d'une lettre que le Comité d'Action contre la poursuite de la guerre en Afrique nous adresse, mais qu'il a eu soin par ailleurs de rendre publique (cf. Lettres nouvelles, 1er Janvier). Cette lettre résume les réflexions de M. Ellul, et conclut :

M. Jean Guérin, peu connu du grand public, mais véritable directeur politique de la revue dont Jean Paulhan est l'un des directeurs littéraires, publie dans la *N. R. F.* de décembre une note sur les *Problèmes de l'Algérie* qui ne manifeste pas seulement une ignorance totale et un mépris complet de ces problèmes. Elle traduit aussi une attitude de principe, en face du colonialisme, qui ferait de l'intellectuel honnête le meilleur complice du gendarme raciste chargé de maintenir l'ordre colonial.

Du Manifeste publié par le Comité d'Action des Intellectuels contre la poursuite de la guerre », M. Guérin retient seulement ceci : ce Manifeste exige le retour du contingent. Cédant la parole à M. Jacques Ellul (auteur d'un article publié le 22 octobre dans *Réforme*) dont il fait sienne la pensée, il en tire ou feint d'en tirer avec lui que le Manifeste [1] demande l'expulsion des familles françaises d'Algérie — et qu'il faut être marxiste plutôt que chrétien pour trouver cela « valable ». D'ailleurs, ajoute M. Guérin, les victimes des fellaghas ne sont pas de gros colons. Ce sont de pauvres bougres, à qui la France avait juré protection. La fidélité n'est-elle pas une vertu ? M. Ellul, toujours accompagné de la discrète et ferme approbation de M. Guérin poursuit, bien utilement, pour dire :

— que, selon lui, personne dans cette affaire n'a plus raison ni ceux qui « plaident pour les Algériens opprimés », ni ceux qui plaident « pour l'honneur de la France » ;

— que ceux qui se permettent de donner leur avis sur ces problèmes, n'étant pas ministres, manquent de tout sérieux et de tout réalisme ;

— que les chrétiens devraient plutôt s'occuper de l'Afrique noire, où il est encore temps de « promouvoir des réformes ».

M. Guérin conclut (c'est à l'éloge de M. Ellul) : « Il est si rare de voir un écrivain refuser de se prononcer sur une question qu'il ne connaît pas... »

Nous prétendons, au contraire, qu'il n'est pas du tout rare de voir un écrivain refuser de se prononcer, même sur une question qu'il connaît bien ; que d'ailleurs, dans la circonstance

(1) Mais l'article de M. Ellul est-il vraiment écrit « à ce propos », comme le dit, non sans quelque prudente équivoque, M. Guérin ? Peut-être, M. Ellul n'écrivait-il « à propos » de rien de précis. Et peut-être tout le travail de M. Guérin a-t-il été de donner comme provoquées par le Manifeste qui lui déplaît des réflexions que M. Ellul avait faites « à propos » d'autre chose.

Imprimerie CRÉTÉ CORBEIL-ESSONNES
11-1-56

◄ Daniel Guérin, « L'Algérie n'a jamais été la France », feuillet tapuscrit et couverture, 27 janvier 1956.

Le 27 janvier 1956, un meeting est organisé à Paris, salle Wagram, par le Comité d'action. Après que Robert Barrat a dénoncé le mythe de l'Algérie française et alors que l'éditorial des *Temps m≤odernes* de novembre 1955 se contentait d'affirmer que « l'Algérie n'est pas la France », Daniel Guérin va plus loin encore dans la postulation d'une identité algérienne en affirmant que, dès avant la conquête, « L'Algérie n'a jamais été la France » – fait dont le peuple algérien a une connaissance ancienne et que tous connaîtraient sans les manipulations d'« historiens à gages ».

Fonds André Mandouze/
CHRD/Ville de Lyon
Fonds Daniel Guérin/BDIC

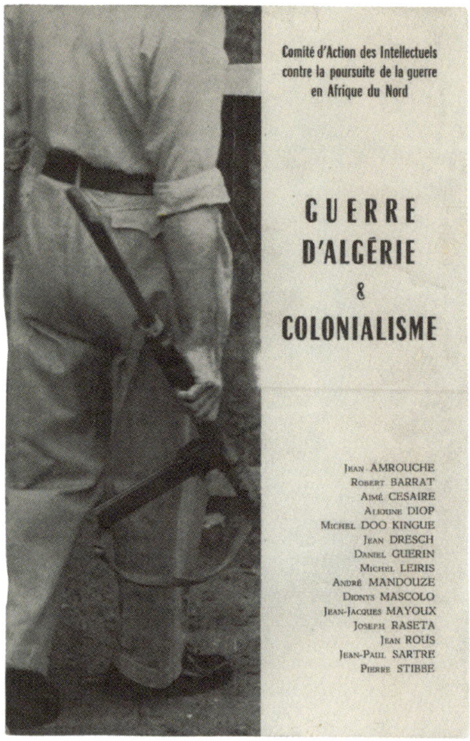

Comité d'action des intellectuels contre la poursuite de la guerre en Afrique du Nord, *Guerre d'Algérie & colonialisme*, 1956.

Ici se trouvent réunis les interventions et messages prononcés au cours du meeting parisien du 27 janvier 1956, salle Wagram. Outre le texte de Daniel Guérin, et les interventions de Mascolo, Amrouche, Barrat, Mandouze, Jean Dresch, Pierre Stibbe, Michel Leiris, Jean Rous, Michel Doo Kingue, citons les réflexions d'Aimé Césaire et de Jean-Paul Sartre. Césaire revient sur la véritable nature du drame colonial, «drame de la confiance trahie» et sur la révélation de la conférence de Bandoeng: «L'époque de l'empire européen est révolue»; Sartre démontre que le caractère systémique du fait colonial invalide toute réforme: «La seule chose que nous puissions et devions tenter, c'est de lutter [aux] côtés [du peuple algérien] pour délivrer *à la fois* les Algériens et les Français de la tyrannie coloniale.»

Fonds André Mandouze/
CHRD/Ville de Lyon

Vers une trêve civile?

Puissent les Français d'Afrique du Nord ne pas avoir à maudire un jour une Patrie ingrate.

MARÉCHAL ALPHONSE JUIN.

Les Français d'Algérie ne maudiront jamais leur Patrie asservie, mais ils maudissent déjà les associations de malfaiteurs, les usurpateurs, et les apatrides qui les ont trahis.

ADHEREZ, MILITEZ au sein de l'**UNION FRANÇAISE NORD-AFRICAINE**

LISEZ, DIFFUSEZ : **PRESTIGE FRANÇAIS**, 49, rue Sadi-Carnot, ALGER

Union française nord-africaine, *Le Martyre de l'Algérie française, le massacre d'El Alia, 20 août 1955*, Le Prestige français, 1955.

Les 20 et 21 août 1955, Youssef Zigout, responsable FLN du Nord-Constantinois, orchestre le massacre de civils (Européens d'Algérie, musulmans loyalistes et notables algériens modérés, dont le neveu de Ferhat Abbas) pour relancer un mouvement qui s'essouffle, contrecarrer les avances faites par Soustelle et mobiliser, aux côtés des soldats de l'Armée de libération nationale (ANL), des milliers d'Algériens, fellahs essentiellement. À El Alia, trente-quatre civils européens seront tués, souvent atrocement, plus d'une centaine pour l'opération tout entière. La répression fera des milliers de morts. Les massacres, dont les photographies seront diffusées notamment par *Prestige français*, le journal de l'Union française nord-africaine que dirigent Louis Boyer-Banse et Robert Martel, choqueront Jacques Soustelle, qui les évoquera dans *Aimée et Souffrante Algérie* et en conclura à l'impossibilité de discuter avec l'ALN, qualifiée de «terroriste».

Fonds André Mandouze/
CHRD/Ville de Lyon

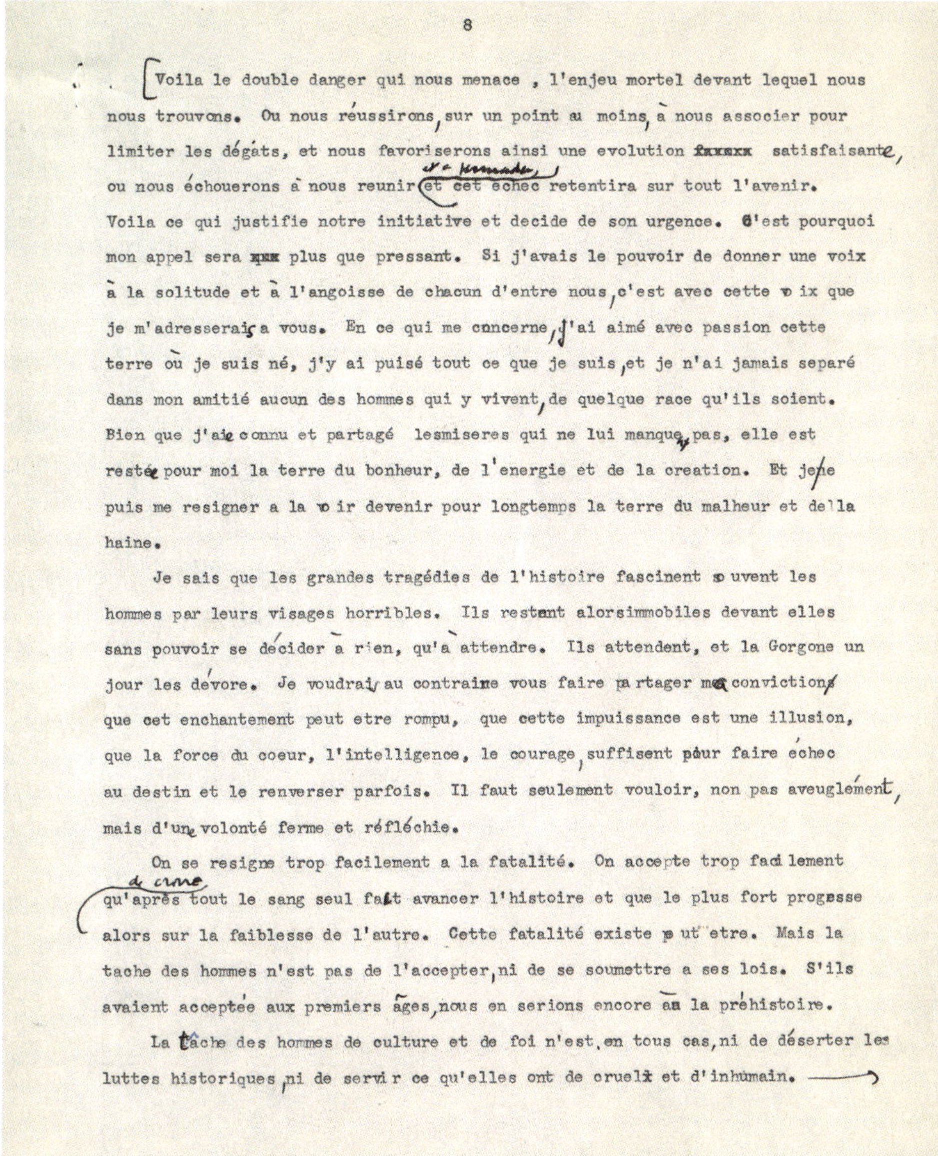
8

Voila le double danger qui nous menace , l'enjeu mortel devant lequel nous nous trouvons. Ou nous réussirons, sur un point au moins, à nous associer pour limiter les dégâts, et nous favoriserons ainsi une evolution xxxxxx satisfaisante, ou nous échouerons à nous reunir et cet echec retentira sur tout l'avenir. Voila ce qui justifie notre initiative et decide de son urgence. C'est pourquoi mon appel sera xxx plus que pressant. Si j'avais le pouvoir de donner une voix à la solitude et à l'angoisse de chacun d'entre nous, c'est avec cette voix que je m'adresserais à vous. En ce qui me concerne, j'ai aimé avec passion cette terre où je suis né, j'y ai puisé tout ce que je suis, et je n'ai jamais separé dans mon amitié aucun des hommes qui y vivent, de quelque race qu'ils soient. Bien que j'aie connu et partagé les miseres qui ne lui manquent pas, elle est restée pour moi la terre du bonheur, de l'energie et de la creation. Et je ne puis me resigner a la voir devenir pour longtemps la terre du malheur et de la haine.

Je sais que les grandes tragédies de l'histoire fascinent souvent les hommes par leurs visages horribles. Ils restent alors immobiles devant elles sans pouvoir se décider à rien, qu'à attendre. Ils attendent, et la Gorgone un jour les dévore. Je voudrais au contraire vous faire partager ma conviction que cet enchantement peut etre rompu, que cette impuissance est une illusion, que la force du coeur, l'intelligence, le courage, suffisent pour faire échec au destin et le renverser parfois. Il faut seulement vouloir, non pas aveuglément, mais d'une volonté ferme et réfléchie.

On se resigne trop facilement a la fatalité. On accepte trop facilement qu'après tout le sang seul fait avancer l'histoire et que le plus fort progresse alors sur la faiblesse de l'autre. Cette fatalité existe peut etre. Mais la tache des hommes n'est pas de l'accepter, ni de se soumettre a ses lois. S'ils avaient accepté aux premiers âges, nous en serions encore à la préhistoire.

La tâche des hommes de culture et de foi n'est, en tous cas, ni de déserter les luttes historiques, ni de servir ce qu'elles ont de cruel et d'inhumain. →

Appel d'Albert Camus « Pour une trêve civile en Algérie », feuillet tapuscrit, 22 janvier 1956.

Après avoir tenu à situer son appel « en dehors de toute politique » et s'être reconnu pour « seule qualification » le fait « d'avoir vécu le malheur algérien comme une tragédie personnelle », Albert Camus veut croire en la possibilité de préparer « un climat plus favorable à une discussion enfin raisonnable ». Il s'agit de favoriser la liberté de l'homme « contre les fatalités qui le cernent » pour balayer l'illusion de l'impuissance.

Fonds Emmanuel Roblès/Archives, Limoges. Déposé par Jacqueline Roblès-Macek

Appel d'Albert Camus « Pour une trêve civile en Algérie », 22 janvier 1956.

Au tout début de l'année 1956, Camus accepte le principe d'une conférence sur le thème de la trêve civile et de la protection des innocents. Emmanuel Roblès présidera la séance. La salle des fêtes de la mairie, d'abord accordée, est refusée. La conférence aura lieu au Cercle du Progrès, place du Gouvernement. Le directeur de la police des Renseignements généraux, ancien condisciple de Roblès, l'alerte : de fausses invitations circulent et des provocations sont à craindre. C'est sous protection, et au son des slogans vengeurs « Mendès au poteau », « Camus à mort », que l'orateur tente de « rassembler la plupart des Algériens, français ou arabes, sans qu'ils aient rien à abandonner de leurs convictions » pour demander « aux deux camps » d'accepter « une trêve qui concernerait uniquement les civils innocents ».

Fonds Emmanuel Roblès/Archives, Limoges. Déposé par Jacqueline Roblès-Macek

Albert Camus en Alger pour une trêve civile

Dialogue pour la Paix en Algérie

Le texte qui suit a été élaboré par le comité qui a préparé la venue d'Albert CAMUS en Alger et organisé la manifestation dont nous rendons compte.

L'INCOMPREHENSION et la haine séparent chaque jour plus tragiquement les populations de l'Algérie — l'angoisse risque bientôt d'être notre dernier sentiment commun.

Des solutions politiques doivent inéluctablement s'imposer pour que les hommes de ce pays vivent en paix, chacun de nous doit s'efforcer selon sa conscience et ses convictions de hâter le temps de leur maturité.

Un groupe d'Algériens, différents par l'origine, la religion ou les idées, mais animés d'une même volonté de concorde se sont rencontrés. Ils pensent qu'il est encore possible de résoudre le problème algérien autrement que par la violence, et que l'efficacité de l'ouverture de ce dialogue implique une totale adhésion des esprits et des coeurs.

Se définissant en cela apolitiques, ils croient à un rapprochement fraternel des différentes communautés de ce pays.

Il convient à cette tâche tous ceux qui veulent apporter leur concours à une action basée sur ces principes :

DOCUMENTATION - CONFRONTATION - SYNTHESE

COMMUNAUTE algérienne

JUSTICE SOCIALE - DEMOCRATIE POLITIQUE

30 Frs — N° 8 — Première année — 20 Janvier 1956

BI-MENSUEL — Directeur : M.-A. KESSOUS — Adm. - Réd. : Boîte Postale 693 R.P. - ALGER

A son appel, 800 Algériens de toutes les origines, rassemblés malgré d'odieuses provocations, déclarent :

« Nous demandons qu'en dehors de toute position politique, et sans que cela entraîne aucune interprétation de la situation actuelle dans un sens ou dans l'autre, un engagement soit pris pour assurer la protection des civils innocents. »

« Albert Camus en Alger pour une trêve civile », *Communauté algérienne*, n° 8, 20 janvier 1956.

Le numéro de *Communauté algérienne* daté 20 janvier (mais forcément postérieur) reproduit la motion adoptée par le comité organisateur de la conférence du 22. « Apolitique », cette motion prône « un rapprochement fraternel des différentes communautés », « dans le respect de la personne humaine » et avec les groupements libéraux. Elle fut sans efficace. De même, la lettre qui invitait Guy Mollet, après qu'il eut reçu les membres du Comité d'action, à une négociation « avec tous les représentants, sans exclusive », ne suffit pas à compenser, auprès du nouveau président du Conseil, les effets de l'accueil houleux que lui réservèrent le 6 février les Européens partisans de l'Algérie française.

Fonds André Mandouze/
CHRD/Ville de Lyon

Paris-Match, n° 358, samedi 18 février 1956.

« Tumulte à Alger » titre à la une *Paris-Match*, rendant compte des troubles survenus alors que le nouveau président du Conseil, Guy Mollet, déposait une gerbe au monument aux morts le 6 février 1956. Pour les Français d'Algérie, Mollet est celui qui prétend organiser des élections au collège unique. Ils accusent aussi le général Catroux, dont Mollet veut faire le successeur de Jacques Soustelle, d'avoir œuvré à la « capitulation » de la France au Maroc. Des balcons, tombe sur le cortège une pluie de légumes et de tomates mûres, avant que l'émeute ne s'étende aux alentours du palais d'Été, où s'est réfugié le président du Conseil.

Fonds André Mandouze/
CHRD/Ville de Lyon

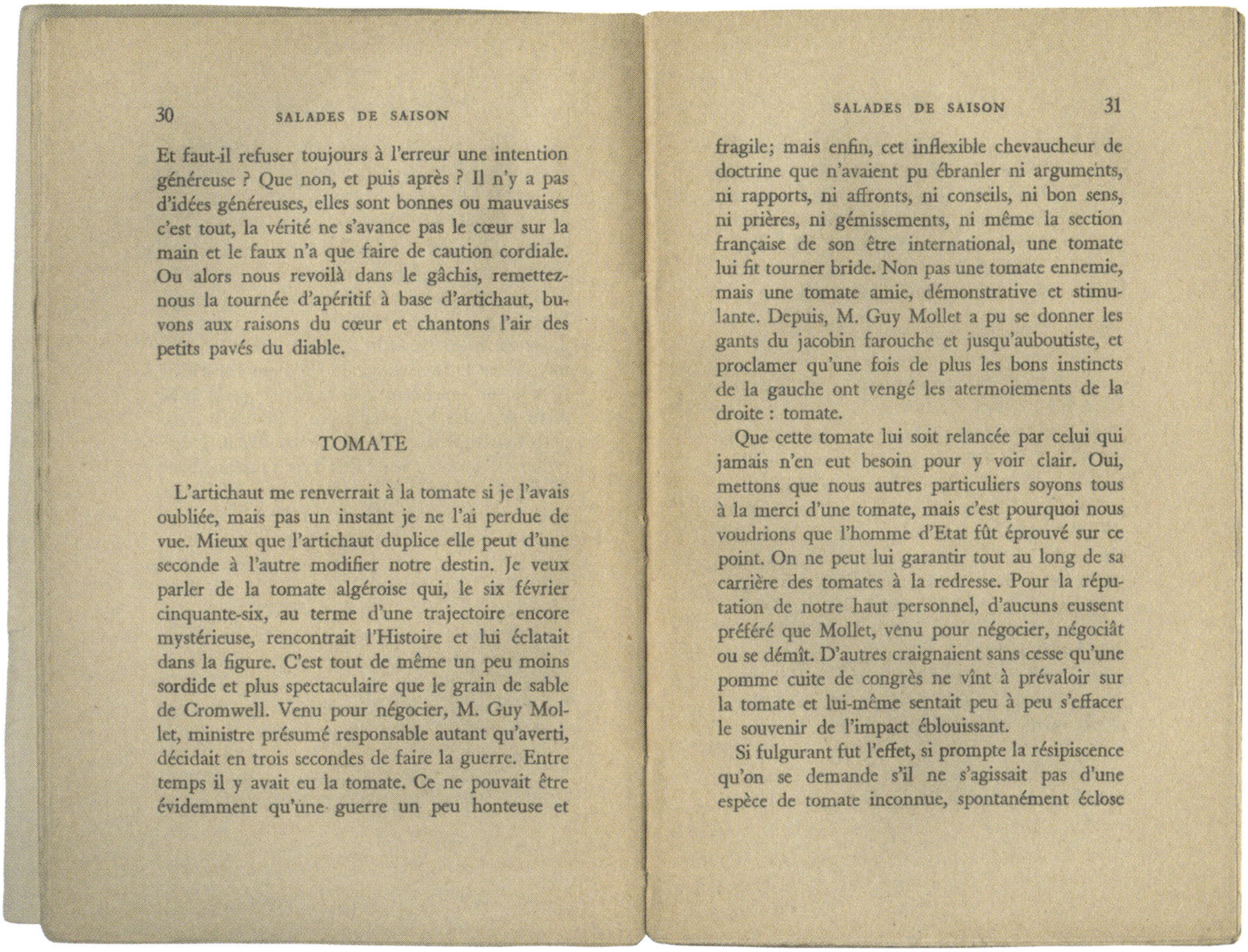

30 SALADES DE SAISON

Et faut-il refuser toujours à l'erreur une intention généreuse ? Que non, et puis après ? Il n'y a pas d'idées généreuses, elles sont bonnes ou mauvaises c'est tout, la vérité ne s'avance pas le cœur sur la main et le faux n'a que faire de caution cordiale. Ou alors nous revoilà dans le gâchis, remettez-nous la tournée d'apéritif à base d'artichaut, buvons aux raisons du cœur et chantons l'air des petits pavés du diable.

TOMATE

L'artichaut me renverrait à la tomate si je l'avais oubliée, mais pas un instant je ne l'ai perdue de vue. Mieux que l'artichaut duplice elle peut d'une seconde à l'autre modifier notre destin. Je veux parler de la tomate algéroise qui, le six février cinquante-six, au terme d'une trajectoire encore mystérieuse, rencontrait l'Histoire et lui éclatait dans la figure. C'est tout de même un peu moins sordide et plus spectaculaire que le grain de sable de Cromwell. Venu pour négocier, M. Guy Mollet, ministre présumé responsable autant qu'averti, décidait en trois secondes de faire la guerre. Entre temps il y avait eu la tomate. Ce ne pouvait être évidemment qu'une guerre un peu honteuse et

SALADES DE SAISON 31

fragile; mais enfin, cet inflexible chevaucheur de doctrine que n'avaient pu ébranler ni arguments, ni rapports, ni affronts, ni conseils, ni bon sens, ni prières, ni gémissements, ni même la section française de son être international, une tomate lui fit tourner bride. Non pas une tomate ennemie, mais une tomate amie, démonstrative et stimulante. Depuis, M. Guy Mollet a pu se donner les gants du jacobin farouche et jusqu'auboutiste, et proclamer qu'une fois de plus les bons instincts de la gauche ont vengé les atermoiements de la droite : tomate.

Que cette tomate lui soit relancée par celui qui jamais n'en eut besoin pour y voir clair. Oui, mettons que nous autres particuliers soyons tous à la merci d'une tomate, mais c'est pourquoi nous voudrions que l'homme d'Etat fût éprouvé sur ce point. On ne peut lui garantir tout au long de sa carrière des tomates à la redresse. Pour la réputation de notre haut personnel, d'aucuns eussent préféré que Mollet, venu pour négocier, négociât ou se démît. D'autres craignaient sans cesse qu'une pomme cuite de congrès ne vînt à prévaloir sur la tomate et lui-même sentait peu à peu s'effacer le souvenir de l'impact éblouissant.

Si fulgurant fut l'effet, si prompte la résipiscence qu'on se demande s'il ne s'agissait pas d'une espèce de tomate inconnue, spontanément éclose

Jacques Perret, *Salades de saison*, Gallimard, 1957.

Dans ses *Salades de saison*, Jacques Perret n'omet pas de mentionner « la tomate algéroise » qui, « en trois secondes », « fit tourner bride » à celui qui, « venu pour négocier », décida « de faire la guerre ». Il ironise brillamment sur les qualités du « plant miraculeux » qui eut raison de l'homme d'État. De fait, Guy Mollet, bouleversé par la révolte des Algérois, durcit sa politique. Il substitua Robert Lacoste au général Catroux et, de retour à Paris, proclama « l'inébranlable volonté française à la fois de présence en Algérie et d'évolution », avant d'obtenir, le 12 mars, le vote de la loi sur les pouvoirs spéciaux.

Collection privée

Max-Pol Fouchet, « Algérie, notre conscience », *Le Fil de la vie*, Robert Laffont, 1957.

À partir d'octobre 1954, Max-Pol Fouchet improvise en direct, devant les caméras de la RTF, une émission hebdomadaire de dix minutes, « Le Fil de la vie », destinée à relier les « vies quotidiennes à de grandes vies exemplaires » et à susciter « des prises de conscience ». Le 1er mars 1956, il choisit d'évoquer Alger, où il fut écolier, désormais promue « capitale de l'inquiétude ». Sauver la présence française, affirme-t-il, exige de « libérer ceux qui le souhaitent de la terreur que font peser sur eux leurs coreligionnaires à la solde de l'étranger ou aveuglés par le fanatisme ». Car si nous sommes « responsables du million de Français d'Algérie », nous sommes « aussi responsables des huit millions de Musulmans » : « L'Algérie doit se confondre avec ce que nous appelons la conscience. »

Collection privée

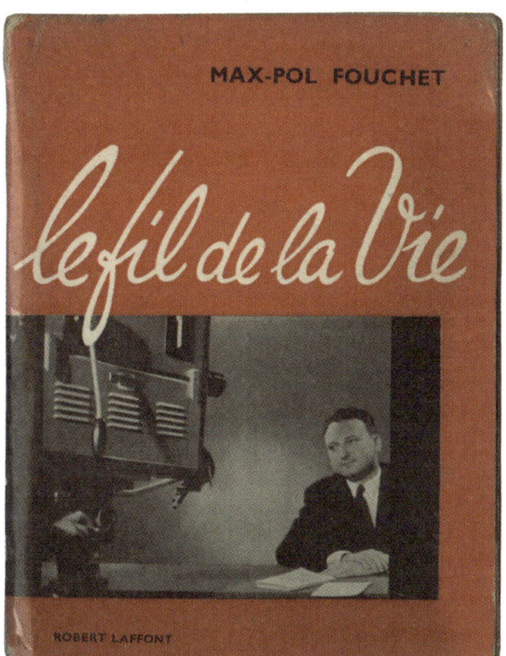

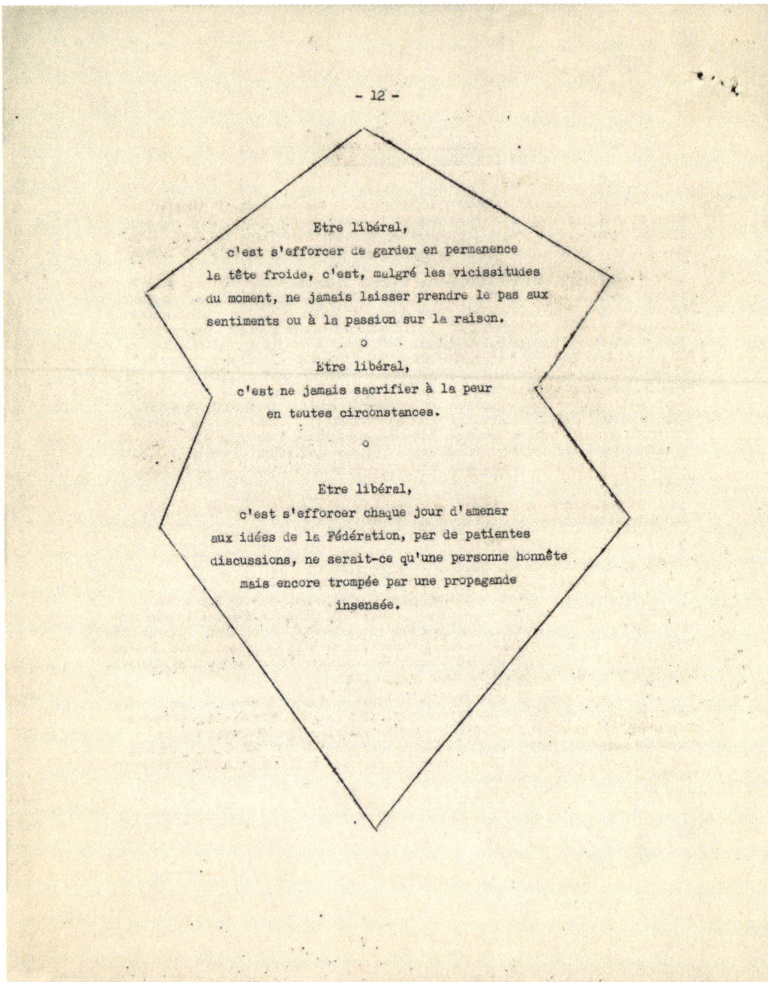

- 12 -

Etre libéral,
c'est s'efforcer de garder en permanence
la tête froide, c'est, malgré les vicissitudes
du moment, ne jamais laisser prendre le pas aux
sentiments ou à la passion sur la raison.

o

Etre libéral,
c'est ne jamais sacrifier à la peur
en toutes circonstances.

o

Etre libéral,
c'est s'efforcer chaque jour d'amener
aux idées de la Fédération, par de patientes
discussions, ne serait-ce qu'une personne honnête
mais encore trompée par une propagande
insensée.

Fédération des Libéraux d'Algérie, *Libéraux d'Algérie*, n° 1, bulletin interne, feuillet tapuscrit, 10 avril 1956.

Pour prévenir les effets négatifs de la dispersion et pour contrer plus efficacement les « agitateurs » du 6 février, onze groupes libéraux décident de se fédérer le 27 mars 1956. La Fédération des Libéraux d'Algérie est née. Elle regroupe Algériens et Métropolitains qui croient encore possible « la refonte totale de la structure politique de l'Algérie » dans la perspective d'une « entente [...] entre les différentes populations algériennes, sans distinction d'origine et de religion ».

Fonds Emmanuel Roblès/Archives, Limoges. Déposé par Jacqueline Roblès-Macek

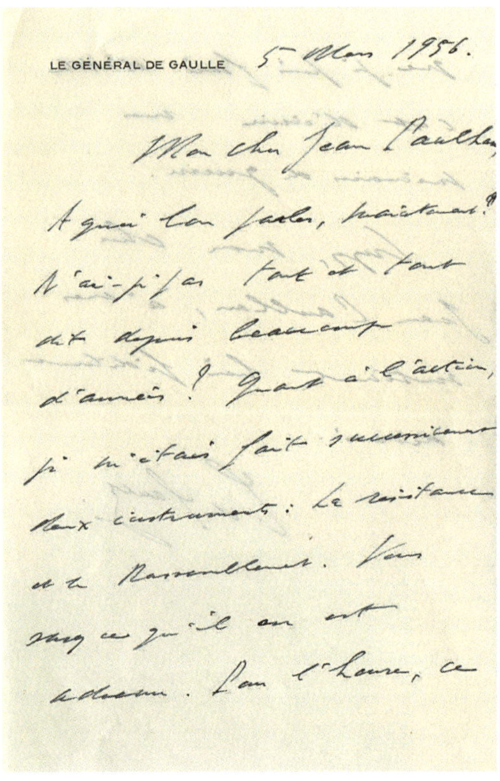

LE GÉNÉRAL DE GAULLE 5 Mars 1956.

Mon cher Jean Paulhan,

A quoi bon parler, maintenant ? N'ai-je pas tant et tant dit depuis beaucoup d'années ? Quant à l'action, je m'étais fait successivement deux instruments : la résistance et le Rassemblement. Vous savez ce qu'il en est advenu. Pour l'heure, ce

Lettre manuscrite du général de Gaulle à Jean Paulhan, le 5 mars 1956.

Le 5 mars, le général de Gaulle répond à Jean Paulhan, qui espérait son intervention : « À quoi bon parler, maintenant ? N'ai-je pas tant et tant dit depuis beaucoup d'années ? Quant à l'action, je m'étais fait successivement deux instruments : la résistance et le rassemblement. Vous savez ce qu'il en est advenu. Pour l'heure, ce que je puis faire d'utile c'est d'écrire mes mémoires de guerre. »

Fonds Jean Paulhan/IMEC

« Combattre pour la paix en Algérie est-il devenu un délit ? », tract, avril 1956.

Les pouvoirs spéciaux autorisant la police et l'armée à prendre en Algérie « toute mesure exceptionnelle commandée par les circonstances » ont été votés le 12 mars par 455 voix (voix communistes comprises) contre 76. À la fin de mars, pour avoir réclamé une solution négociée en Algérie et avoir protesté contre un éventuel rappel des disponibles, Claude Bourdet fait l'objet de poursuites devant la justice militaire. Des poursuites sont par ailleurs engagées contre plusieurs journaux tandis que perquisitions, inculpations et arrestations se multiplient. Craignant que le gouvernement n'étende à la métropole elle-même la portée répressive des pouvoirs spéciaux, des intellectuels invitent la population parisienne à se mobiliser. La « trêve civile » a fait long feu.

Fonds Daniel Guérin/BDIC

Combattre pour la paix en Algérie est-il devenu UN DELIT ?

CONTRE

— les inculpations, les perquisitions et les arrestations d'anticolonialistes
— les poursuites engagées contre « France Observateur », « LA VERITE », « Le LIBERTAIRE » et les journaux démocratiques
— LA REPRESSION

POUR

— Le respect des libertés démocratiques
— l'arrêt des poursuites
— la libération de tous les condamnés politiques
— LA LIBERTE DE LA PRESSE

Peuple de Paris

Participe en masse au meeting du

Vendredi 20 avril 1956 à 20 h. 30

Salle des Horticulteurs
84, Rue de Grenelle — PARIS 7e
(métro : BAC)

sous la présidence de Pierre LAMBERT,

avec la participation de

Claude BOURDET, directeur de « France Observateur »
André BRETON, écrivain
Jean CASSOU, Président du comité Messali Hadj
Pierre DERCOURT, militant syndicaliste F. O.
Georges FONTENIS, directeur du « Libertaire »
Charles LEMOINE, délégué mineur C. G. T.
Louis LETONTURIER, militant syndicaliste F. E. N.
Daniel MARTINET, du Cercle Zimmerwald
Pierre de MASSOT, du Parti Communiste Français
Pierre MATHIEU, du Parti Socialiste (S. F. I. O.)
Edgar MORIN, du Comité d'action des Intellectuels
Daniel RENARD, directeur de « La Vérité »
Paul RUFF, syndicaliste, du Syndicat de l'enseignement de la Région Parisienne
Un orateur du comité « Justice et Liberté »
Message de Jacques CHATAIGNER

Société Parisienne d'Impressions, 4, rue Saulnier - Paris (9e)

INTELLECTUELS FRANÇAIS ET INDÉPENDANTISTES ALGÉRIENS

3

Dans la nuit du 31 octobre au 1er novembre 1954, une organisation clandestine nouvellement créée, le FLN, sort de l'anonymat et déclenche l'insurrection. Le 5 novembre, le Mouvement pour le triomphe des libertés démocratiques (MTLD) est dissous par les autorités françaises. Le 9, le PCF condamne l'action armée du FLN. Le 3 décembre, Messali Hadj proclame la création du MNA. Entre les deux courants indépendantistes des tractations s'ouvrent très vite. Pendant plusieurs mois, l'union des différentes fractions de l'ancien MTLD paraît envisageable; messalistes et frontistes se retrouvent au Caire, à Alger, et se parlent. Mais la proximité des « programmes » n'empêche pas l'échec des négociations. Dès juin 1955, les contacts sont rompus et l'affrontement algéro-algérien entre les deux organisations prend « un tour terriblement meurtrier ». Il culmine avec l'expédition punitive connue sous le nom de « massacre de Melouza », menée par le FLN contre le *douar*, acquis aux troupes du MNA dirigées localement par le « général » Bellounis. Tous les hommes du *douar* de plus de quinze ans (environ trois cents) sont atrocement tués. Le FLN, qui soupçonnait Bellounis de vouloir conclure un accord avec les militaires français contre le Front, tente de faire endosser la responsabilité de la tuerie à l'armée française. Fanon y accordera foi (*Le Monde*, 5 juin 1957). Malgré l'appel de Messali Hadj à une trêve avec le FLN en septembre 1957, la guerre fratricide continue et le MNA est décapité par l'assassinat de ses principaux dirigeants.

En France, les intellectuels se mobilisent peu à peu. La fondation du Comité des intellectuels français contre la poursuite de la guerre en Afrique du Nord, à l'automne de 1955, un article de Robert Barrat (« Un journaliste français chez les hors-la-loi algériens », *France-Observateur*, 15 septembre), *L'Algérie hors la loi* de Colette et Francis Jeanson contribuent à la prise de conscience progressive de la radicalisation du problème algérien.

Le Comité de libération pour Messali Hadj, fondé en novembre 1954, rappelle l'attachement des minorités de gauche (communistes dissidents, trotskistes, anarchistes) à cette figure historique de la lutte anticolonialiste. Mais la mobilisation « pour la paix en Algérie » est plus large, diverse et composite, tantôt modérée, tantôt radicale. Elle rassemble plusieurs générations et des sensibilités souvent divergentes, parfois opposées. Le 5 novembre 1955, à Paris, engagement est pris par une « fraction importante » d'intellectuels d'agir « de toutes les façons qu'ils jugeront bonnes en conscience » pour arrêter ce conflit illégitime. Certains évoquent la nécessité d'un « statut nouveau » , d'une « alliance » renouvelée dans l'égalité ; d'autres, plus audacieux, saluent la « résistance » algérienne et dénoncent la « tyrannie coloniale ».

Mais deux éléments partagent opinions, débats et déclarations : les règlements de comptes et les assassinats entre messalistes et frontistes ; l'extrémisme violent du FLN, qui n'épargne pas les victimes civiles, européennes et musulmanes. Les rivalités sanglantes entre nationalistes tendent à discréditer le nationalisme algérien et nourrissent les tensions entre anticolonialistes français. Apportant un soutien inconditionnel au FLN, l'ouvrage de Jeanson se veut représentatif d'un anticolonialisme sans compromis, à l'instar du Front, qui se pose comme la seule voix du peuple algérien. Indisposés par la question du nationalisme, les surréalistes apportent à l'inverse leur appui à Messali, qui, très influent auprès des travailleurs algériens de métropole, organisés syndicalement, leur semble plus « internationaliste » et plus « révolutionnaire ». Le 27 janvier 1956, un meeting du Comité des intellectuels français, salle Wagram, traduira ces tensions. Le congrès de la Soummam, qui affirme en août 1956 la primauté du politique sur le militaire, rassure provisoirement. Après 1957, la domination du FLN établie, ces disputes s'estompent peu à peu. Cependant, dans la quatrième version du Manifeste des 121, le surréaliste Gérard Legrand ajoute une précision, non retenue dans le texte final, qui traduit la persistance d'un malaise à propos du nationalisme algérien. Donnant au mot de nationalisme un « contenu inhabituel », il note : « La résistance à une occupation étrangère [...] constitue un mouvement de reconquête d'une dignité élémentaire qui n'a rien à voir avec le nationalisme. Le droit des peuples à disposer d'eux-mêmes n'est pas un principe nationaliste. »

Mais la violence militaire du Front, qui croît dans les villes et dans les campagnes, attise les critiques. Signé en autres par Daniel Guérin, Michel Leiris, Pierre de Massot, André Breton, Benjamin Péret, Edgar Morin, Maurice Nadeau et Jean Cassou, un tract du 20 septembre 1957 refuse, tout en se défendant d'ingérence, la forme « pernicieuse » de paternalisme « qui consiste à approuver tout ce que font les Nationalistes », « même si leurs actes visent à des fins et usent de méthodes antidémocratiques ». Face à de tels actes qui « portent un tort immense à la cause algérienne » et ne peuvent réjouir que « les ultra-colonialistes », le « silence deviendrait complice. »

Le FLN et les intellectuels français les plus radicaux répondront avec la même fermeté pour justifier leur engagement clandestin ou armé. Le FLN cherchera en outre à faire reconnaître son combat pour l'Algérie indépendante à l'ONU ou lors de conférences internationales comme celle des Peuples africains, à Accra, au Ghana, en décembre 1958.

N° 2 Prix : 20 Francs FÉVRIER 1955

BULLETIN D'INFORMATION DU

COMITE POUR LA LIBERATION DE MESSALI HADJ ET DES VICTIMES DE LA REPRESSION

Ecrire à : E. BOISSELIER, 87 bis, avenue du Général-Leclerc, Paris (14e) — C.C.P. : Paris 4507-56.

La répression tente de s'installer aussi en France

LE CALVAIRE DU PEUPLE ALGERIEN SOUS LE REGIME COLONIAL

N° 2 — 26 Novembre 1955 Prix : 20 francs

RESISTANCE algérienne

« Résistance algérienne » est l'organe officiel du Front de Libération Nationale

DÉCLARATION de la DÉLÉGATION ALGÉRIENNE DU FRONT DE LIBERATION NATIONALE

Hommage à BEN BOULAID

MESSAGE

Bulletin d'information du Comité pour la libération de Messali Hadj et des victimes de la répression, février 1955.

«Si aujourd'hui des millions d'hommes luttent avec acharnement pour se libérer des servitudes coloniales, c'est parce que les régimes qu'ils subissent sont devenus intenables. [...] j'adresse un appel pressant au peuple français pour qu'il tende une main fraternelle au peuple algérien qui veut vivre libre. Cela nous permettra de préparer d'un côté comme de l'autre de la Méditerranée un avenir de justice, de liberté et de solidarité entre les hommes et les peuples.» Ce message de Messali Hadj, fondateur du MNA, «proscrit politique séquestré à Belle-Ile», devait être lu par Daniel Guérin le 21 décembre 1954, lors d'un meeting organisé par le Comité de lutte contre la répression colonialiste. Ce meeting fut interdit par «le gouvernement colonialiste Mendès-Mitterrand».

Fonds Daniel Guérin/BDIC

***Résistance algérienne*, nº 2, 26 novembre 1955.**

Le journal *Résistance algérienne* est l'organe officiel du FLN. Dans cette «déclaration» de la fin de novembre 1955, la Délégation algérienne du FLN rappelle que «le problème algérien est avant tout un problème politique, c'est-à-dire un problème de souveraineté». Par conséquent, l'application du Statut de l'Algérie (rejeté par les Européens d'Algérie en 1947), la mise en œuvre de réformes économiques et sociales, ou encore l'adoption d'un «programme général plus ambitieux» ne sont que de «grossières manœuvres de l'impérialisme» dont les signataires entendent prévenir la population algérienne: «Le changement de méthodes est loin de signifier un changement de politique.»

Fonds Daniel Guérin/BDIC

L'EXPRESS

MERCREDI 4 JANVIER

DIRECTION — RÉDACTION

DERNIÈRE HEURE

La guerre d'Algérie

UN POSTE MILITAIRE FRANÇAIS ATTAQUÉ PAR LES REBELLES

onze disparus

Rien ne justifie cela

Le massacre d'une famille française

Initiatives pour la paix

Démission du Conseil général de Constantine

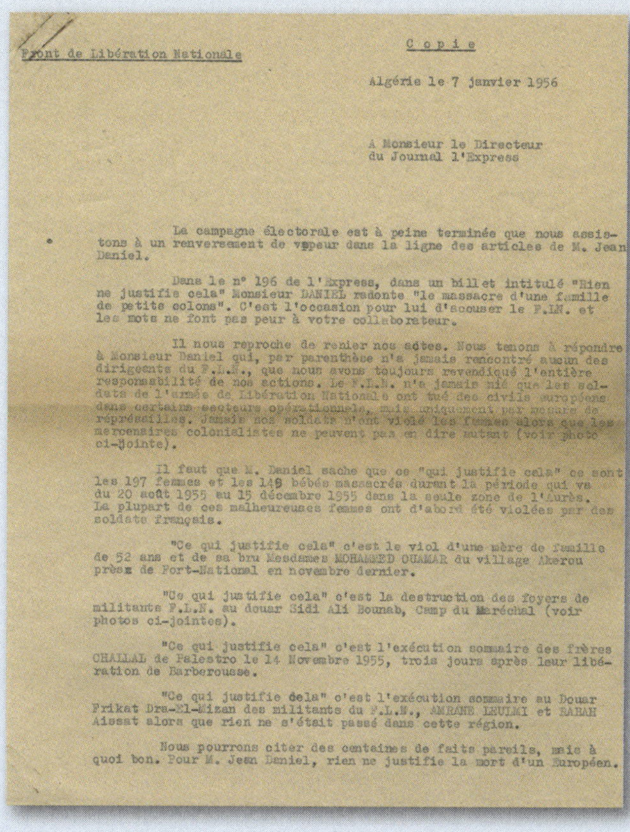

Front de Libération Nationale

Copie

Algérie le 7 janvier 1956

A Monsieur le Directeur
du Journal l'Express

La campagne électorale est à peine terminée que nous assistons à un renversement de vapeur dans la ligne des articles de M. Jean Daniel.

Dans le n° 196 de l'Express, dans un billet intitulé "Rien ne justifie cela" Monsieur DANIEL raconte "le massacre d'une famille de petits colons". C'est l'occasion pour lui d'accuser le F.LN. et les mots ne font pas peur à votre collaborateur.

Il nous reproche de renier nos actes. Nous tenons à répondre à Monsieur Daniel qui, par parenthèse n'a jamais rencontré aucun des dirigeants du F.L.N., que nous avons toujours revendiqué l'entière responsabilité de nos actions. Le F.L.N. n'a jamais nié que les soldats de l'armée de Libération Nationale ont tué des civils européens dans certains secteurs opérationnels, mais uniquement par mesure de représailles. Jamais nos soldats n'ont violé les femmes alors que les mercenaires colonialistes ne peuvent pas en dire autant (voir photo ci-jointe).

Il faut que M. Daniel sache que ce "qui justifie cela" ce sont les 197 femmes et les 148 bébés massacrés durant la période qui va du 20 août 1955 au 15 décembre 1955 dans la seule zone de l'Aurès. La plupart de ces malheureuses femmes ont d'abord été violées par des soldats français.

"Ce qui justifie cela" c'est le viol d'une mère de famille de 52 ans et de sa bru Mesdames MOHAMMED OUAMAR du village Akerou près de Fort-National en novembre dernier.

"Ce qui justifie cela" c'est la destruction des foyers de militants F.L.N. au douar Sidi Ali Bounab, Camp du Maréchal (voir photos ci-jointes).

"Ce qui justifie cela" c'est l'exécution sommaire des frères CHALLAL de Palestro le 14 Novembre 1955, trois jours après leur libération de Barberousse.

"Ce qui justifie cela" c'est l'exécution sommaire au Douar Frikat Dra-El-Mizan des militants du F.L.N., AMRANE LAULMI et RABAH Aissat alors que rien ne s'était passé dans cette région.

Nous pourrons citer des centaines de faits pareils, mais à quoi bon. Pour M. Jean Daniel, rien ne justifie la mort d'un Européen.

Jean Daniel,
« Rien ne justifie cela »,
***L'Express*, 4 janvier 1956.**

Le « massacre » d'une famille de petits colons du Constantinois suscite un vif émoi en France et inquiète profondément les défenseurs de la « cause algérienne », soudain « paralysés par de telles scènes » contre des civils isolés, hommes, femmes et enfants innocents. « Rien ne peut et ne pourra jamais justifier la bestialité », écrit ainsi Jean Daniel dans les colonnes de *L'Express*. « Aucune révolution n'a jamais été servie par les injustices de la rébellion. [...] nous aurions peu confiance dans une révolution où le divorce entre la fin et les moyens serait si odieusement éclatant. »

Archives de *L'Express*

Front de Libération nationale, copie d'une lettre tapuscrite « à Monsieur le Directeur du journal l'*Express* », le 7 janvier 1956.

Le FLN ne tarde pas à répondre à Jean Daniel à travers cette lettre à Jean-Jacques Servan-Schreiber, directeur de l'hebdomadaire. Rappelant les massacres, les exécutions sommaires et les viols commis par les soldats français, le Front y déclare assumer « l'entière responsabilité » de ses actes : « Le FLN n'a jamais nié que les soldats de l'armée de Libération Nationale ont tué des civils européens dans certains secteurs opérationnels, mais uniquement par mesure de représailles. » Si Jean Daniel s'indigne, conclut-il, c'est que pour lui « rien ne justifie la mort d'un Européen ».

Fonds André Mandouze/ CHRD/Ville de Lyon

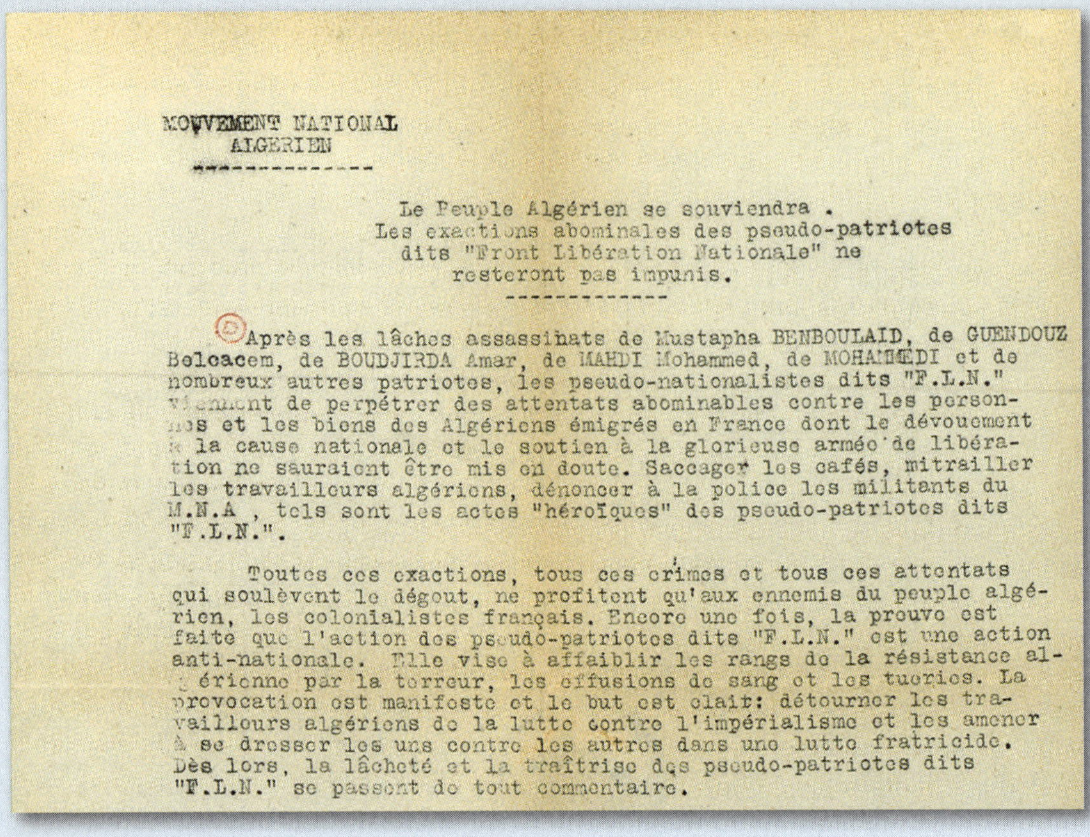

MOUVEMENT NATIONAL
ALGERIEN

Le Peuple Algérien se souviendra .
Les exactions abominales des pseudo-patriotes
dits "Front Libération Nationale" ne
resteront pas impunis.

Après les lâches assassinats de Mustapha BENBOULAID, de GUENDOUZ Belcacem, de BOUDJIRDA Amar, de MAHDI Mohammed, de MOHAMMEDI et de nombreux autres patriotes, les pseudo-nationalistes dits "F.L.N." viennent de perpétrer des attentats abominables contre les personnes et les biens des Algériens émigrés en France dont le dévouement à la cause nationale et le soutien à la glorieuse armée de libération ne sauraient être mis en doute. Saccager les cafés, mitrailler les travailleurs algériens, dénoncer à la police les militants du M.N.A , tels sont les actes "héroïques" des pseudo-patriotes dits "F.L.N.".

Toutes ces exactions, tous ces crimes et tous ces attentats qui soulèvent le dégout, ne profitent qu'aux ennemis du peuple algérien, les colonialistes français. Encore une fois, la preuve est faite que l'action des pseudo-patriotes dits "F.L.N." est une action anti-nationale. Elle vise à affaiblir les rangs de la résistance algérienne par la terreur, les effusions de sang et les tueries. La provocation est manifeste et le but est clair: détourner les travailleurs algériens de la lutte contre l'impérialisme et les amener à se dresser les uns contre les autres dans une lutte fratricide. Dès lors, la lâcheté et la traîtrise des pseudo-patriotes dits "F.L.N." se passent de tout commentaire.

MNA, « Le peuple algérien se souviendra des exactions abominables. Les pseudo-patriotes dits "Front Libération Nationale" ne resteront pas impunies », tract, 1956.

On découvre dans les archives Breton un ensemble de documents sur le MNA, parmi lesquels ce tract. Avec la guerre d'Algérie, les surréalistes retrouvent le débat politique et intellectuel. Anticolonialistes, mobilisés dès l'automne de 1954, ils sont plus messalistes que frontistes. Lors du procès de Mohammed Maroc, responsable de la propagande du MNA en France, André Breton déclare : « Messali Hadj m'inspire le respect que m'ont inspiré tous les autres grands proscrits. » En 1957, Breton et Benjamin Péret co-signent un tract avec, entre autres, Daniel Guérin, Michel Leiris, Edgar Morin et Maurice Nadeau, appelant les nationalistes algériens à se rassembler derrière la bannière unique de l'anticolonialisme et de l'indépendance, et condamnant l'usage de « méthodes antidémocratiques ». Une note manuscrite de Breton, datée 1956, était plus tranchée : « Le peuple algérien se souviendra. Les exactions abominables des pseudo-patriotes dits "FLN" ne resteront pas impunies. »

Fonds André Breton/Bibliothèque littéraire Jacques-Doucet

Tract « Les chacals se mangent entre eux ».

Au cours des mois de janvier et de février 1955, des tractations entre représentants du FLN et du MNA se déroulent au Caire et à Alger. Abane Ramdane, dont le rôle à la tête du FLN s'affirme, durcit la position de son organisation. En avril, le FLN participe à la conférence afro-asiatique de Bandoeng, qui voit la naissance du « tiers-monde politique ». En juin, il dénonce dans un tract les nationalistes modérés; rejette, en février 1956, toute alliance avec le MNA. Durant l'été, des affrontements entre maquis du MNA et troupes du FLN tournent à l'avantage de ces dernières. Le FLN s'impose en Algérie; à l'extérieur, il s'arroge rapidement un quasi-monopole, à la fois en Égypte (alors le pays arabe le plus en vue) et sur le plan international. À l'automne de 1957, la direction du MNA est décapitée par l'assassinat de ses principaux dirigeants. Le FLN prend alors le dessus en France, où son rival dominait encore. Le 26 décembre, Abane Ramdane est assassiné au Maroc par d'autres responsables du FLN. Cet affrontement « algéro-algérien » provoque les réactions inquiètes ou indignées des anticolonialistes français, et conforte les partisans de la « pacification ».

Fonds Guerre d'Algérie/BDIC

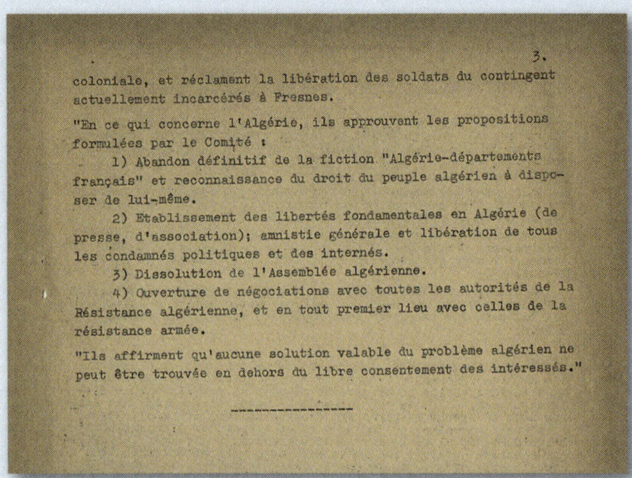

3.

coloniale, et réclament la libération des soldats du contingent actuellement incarcérés à Fresnes.

"En ce qui concerne l'Algérie, ils approuvent les propositions formulées par le Comité :

1) Abandon définitif de la fiction "Algérie-départements français" et reconnaissance du droit du peuple algérien à disposer de lui-même.

2) Etablissement des libertés fondamentales en Algérie (de presse, d'association); amnistie générale et libération de tous les condamnés politiques et des internés.

3) Dissolution de l'Assemblée algérienne.

4) Ouverture de négociations avec toutes les autorités de la Résistance algérienne, et en tout premier lieu avec celles de la résistance armée.

"Ils affirment qu'aucune solution valable du problème algérien ne peut être trouvée en dehors du libre consentement des intéressés."

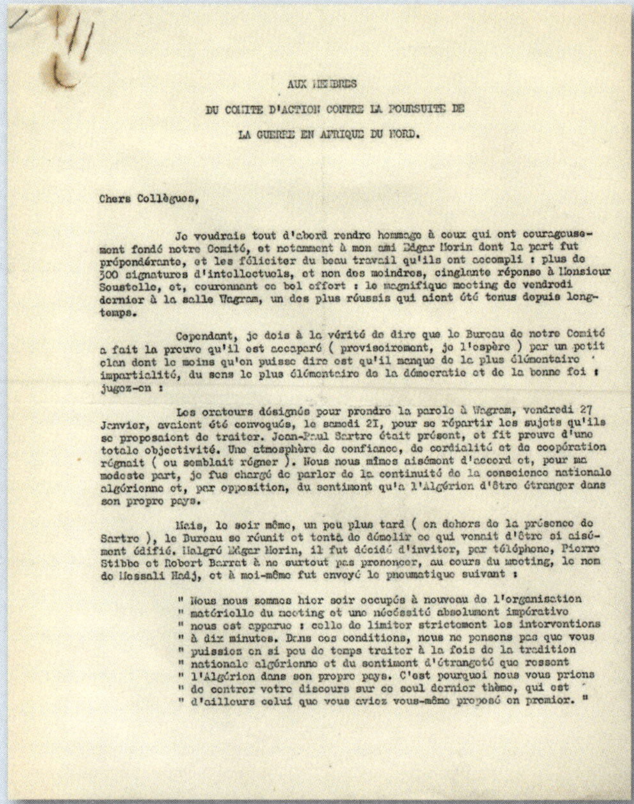

AUX MEMBRES

DU COMITE D'ACTION CONTRE LA POURSUITE DE

LA GUERRE EN AFRIQUE DU NORD.

Chers Collègues,

Je voudrais tout d'abord rendre hommage à ceux qui ont courageusement fondé notre Comité, et notamment à mon ami Edgar Morin dont la part fut prépondérante, et les féliciter du beau travail qu'ils ont accompli : plus de 300 signatures d'intellectuels, et non des moindres, cinglante réponse à Monsieur Soustelle, et, couronnant ce bel effort : le magnifique meeting de vendredi dernier à la salle Wagram, un des plus réussis qui aient été tenus depuis longtemps.

Cependant, je dois à la vérité de dire que le Bureau de notre Comité a fait la preuve qu'il est accaparé (provisoirement, je l'espère) par un petit clan dont le moins qu'on puisse dire est qu'il manque de la plus élémentaire impartialité, du sens le plus élémentaire de la démocratie et de la bonne foi : jugez-en :

Les orateurs désignés pour prendre la parole à Wagram, vendredi 27 Janvier, avaient été convoqués, le samedi 21, pour se répartir les sujets qu'ils se proposaient de traiter. Jean-Paul Sartre était présent, et fit preuve d'une totale objectivité. Une atmosphère de confiance, de cordialité et de coopération régnait (ou semblait régner). Nous nous mîmes aisément d'accord et, pour ma modeste part, je fus chargé de parler de la continuité de la conscience nationale algérienne et, par opposition, du sentiment qu'a l'Algérien d'être étranger dans son propre pays.

Mais, le soir même, un peu plus tard (en dehors de la présence de Sartre), le Bureau se réunit et tenta de démolir ce qui venait d'être si aisément édifié. Malgré Edgar Morin, il fut décidé d'inviter, par téléphone, Pierre Stibbe et Robert Barrat à ne surtout pas prononcer, au cours du meeting, le nom de Messali Hadj, et à moi-même fut envoyé le pneumatique suivant :

" Nous nous sommes hier soir occupés à nouveau de l'organisation
" matérielle du meeting et une nécessité absolument impérative
" nous est apparue : celle de limiter strictement les interventions
" à dix minutes. Dans ces conditions, nous ne pensons pas que vous
" puissiez en si peu de temps traiter à la fois de la tradition
" nationale algérienne et du sentiment d'étrangeté que ressent
" l'Algérien dans son propre pays. C'est pourquoi nous vous prions
" de centrer votre discours sur ce seul dernier thème, qui est
" d'ailleurs celui que vous aviez vous-même proposé en premier. "

Comité d'action des intellectuels contre la poursuite de la guerre en Afrique du Nord, bulletin d'activité n° 3, 18 février 1956.

Trois cents signatures d'intellectuels appuient l'action de ce Comité qui s'est assigné pour mission de relayer l'information sur l'Algérie, organiser des meetings d'information ou de protestation, dénoncer la répression des anticolonialistes, combattre la censure... La tenue, salle Wagram, le 27 janvier 1956, d'un meeting « contre la guerre d'Algérie et pour l'abolition du régime colonial », fit date. Jean-Paul Sartre, André Mandouze, Jean Amrouche, Pierre Stibbe, Aimé Césaire et quelques autres prirent la parole. Plusieurs propositions furent formulées, parmi lesquelles « l'abandon définitif de la fiction « Algérie-départements français » » et « la reconnaissance du droit du peuple algérien à disposer de lui-même ».

Fonds Dionys Mascolo/IMEC

Daniel Guérin, lettre tapuscrite circulaire « aux membres du Comité d'action contre la poursuite de la guerre en Afrique du Nord », le 29 janvier 1956.

La guerre fratricide entre le FLN et le MNA n'est pas sans conséquences sur les débats qui animent ce Comité. Daniel Guérin, proche de Messali Hadj, soupçonne l'influence au sein du Bureau du Comité d'un « clan » frontiste dont les « intrigues déloyales » et la « partialité » menacent selon lui d'encaserner la « pensée libre ». Une « stricte impartialité » à l'égard des différentes tendances de la « résistance algérienne, victimes de la même répression », est de ce fait exigée.

Fonds André Mandouze/CHRD/Ville de Lyon

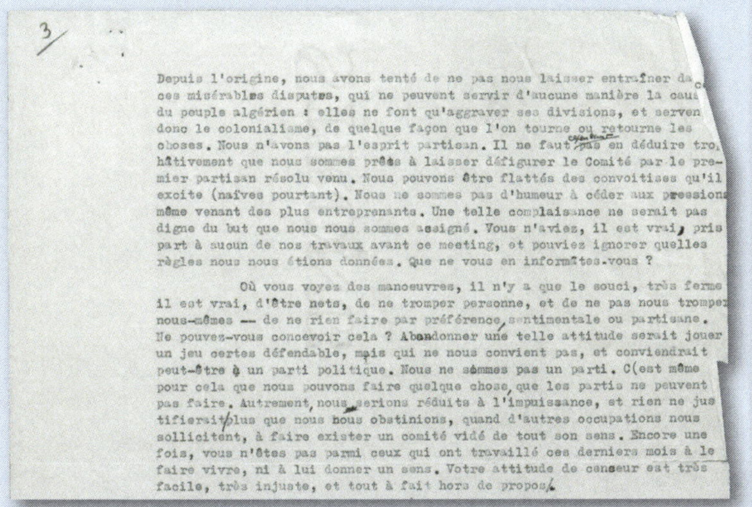

3/

Depuis l'origine, nous avons tenté de ne pas nous laisser entraîner dans ces misérables disputes, qui ne peuvent servir d'aucune manière la cause du peuple algérien : elles ne font qu'aggraver ses divisions, et servent donc le colonialisme, de quelque façon que l'on tourne ou retourne les choses. Nous n'avons pas l'esprit partisan. Il ne faut pas en déduire trop hâtivement que nous sommes prêts à laisser défigurer le Comité par le premier partisan résolu venu. Nous pouvons être flattés des convoitises qu'il excite (naïves pourtant). Nous ne sommes pas d'humeur à céder aux pressions même venant des plus entreprenants. Une telle complaisance ne serait pas digne du but que nous nous sommes assigné. Vous n'aviez, il est vrai, pris part à aucun de nos travaux avant ce meeting, et pouviez ignorer quelles règles nous nous étions données. Que ne vous en informâtes-vous ?

Où vous voyez des manoeuvres, il n'y a que le souci, très ferme il est vrai, d'être nets, de ne tromper personne, et de ne pas nous tromper nous-mêmes — de ne rien faire par préférence, sentimentale ou partisane. Ne pouvez-vous concevoir cela ? Abandonner une telle attitude serait jouer un jeu certes défendable, mais qui ne nous convient pas, et conviendrait peut-être à un parti politique. Nous ne sommes pas un parti. C(est même pour cela que nous pouvons faire quelque chose, que les partis ne peuvent pas faire. Autrement, nous serions réduits à l'impuissance, et rien ne justifierait plus que nous nous obstinions, quand d'autres occupations nous sollicitent, à faire exister un comité vidé de tout son sens. Encore une fois, vous n'êtes pas parmi ceux qui ont travaillé ces derniers mois à le faire vivre, ni à lui donner un sens. Votre attitude de censeur est très facile, très injuste, et tout à fait hors de propos.

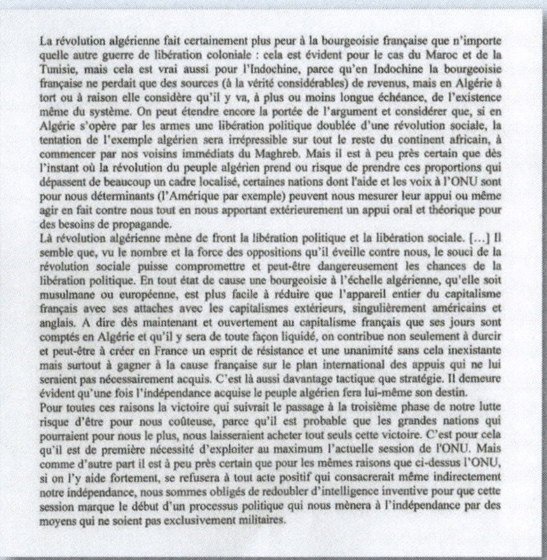

La révolution algérienne fait certainement plus peur à la bourgeoisie française que n'importe quelle autre guerre de libération coloniale : cela est évident pour le cas du Maroc et de la Tunisie, mais cela est vrai aussi pour l'Indochine, parce qu'en Indochine la bourgeoisie française ne perdait que des sources (à la vérité considérables) de revenus, mais en Algérie à tort ou à raison elle considère qu'il y va, à plus ou moins longue échéance, de l'existence même du système. On peut étendre encore la portée de l'argument et considérer que, si en Algérie s'opère par les armes une libération politique doublée d'une révolution sociale, la tentation de l'exemple algérien sera irrépressible sur tout le reste du continent africain, à commencer par nos voisins immédiats du Maghreb. Mais il est à peu près certain que dès l'instant où la révolution du peuple algérien prend ou risque de prendre ces proportions qui dépassent de beaucoup un cadre localisé, certaines nations dont l'aide et les voix à l'ONU sont pour nous déterminants (l'Amérique par exemple) peuvent nous mesurer leur appui ou même agir en fait contre nous tout en nous apportant extérieurement un appui oral et théorique pour des besoins de propagande.

Là révolution algérienne mène de front la libération politique et la libération sociale. [...] Il semble que, vu le nombre et la force des oppositions qu'il éveille contre nous, le souci de la révolution sociale puisse compromettre et peut-être dangereusement les chances de la libération politique. En tout état de cause une bourgeoisie à l'échelle algérienne, qu'elle soit musulmane ou européenne, est plus facile à réduire que l'appareil entier du capitalisme français avec ses attaches avec les capitalismes extérieurs, singulièrement américains et anglais. A dire dès maintenant et ouvertement au capitalisme français que ses jours sont comptés en Algérie et qu'il y sera de toute façon liquidé, on contribue non seulement à durcir et peut-être à créer en France un esprit de résistance et une unanimité sans cela inexistante mais surtout à gagner à la cause française sur le plan international des appuis qui ne lui seraient pas nécessairement acquis. C'est là aussi davantage tactique que stratégie. Il demeure évident qu'une fois l'indépendance acquise le peuple algérien fera lui-même son destin.

Pour toutes ces raisons la victoire qui suivrait le passage à la troisième phase de notre lutte risque d'être pour nous coûteuse, parce qu'il est probable que les grandes nations qui pourraient pour nous le plus, nous laisseraient acheter tout seuls cette victoire. C'est pour cela qu'il est de première nécessité d'exploiter au maximum l'actuelle session de l'ONU. Mais comme d'autre part il est à peu près certain que pour les mêmes raisons que ci-dessus l'ONU, si on l'y aide fortement, se refusera à tout acte positif qui consacrerait même indirectement notre indépendance, nous sommes obligés de redoubler d'intelligence inventive pour que cette session marque le début d'un processus politique qui nous mènera à l'indépendance par des moyens qui ne soient pas exclusivement militaires.

Lettre tapuscrite de Dionys Mascolo à Daniel Guérin, le 3 février 1956.

Cinq jours après la lettre circulaire de Daniel Guérin, Dionys Mascolo lui fait une réponse « attristée ». Reprenant une à une des allégations qu'il juge litigieuses, inexactes ou tendancieuses, il écarte tout soupçon de partialité (« ne parler ni du MNA ni du FLN, mais seulement de la Résistance algérienne »), mais laisse paraître les dissensions du Comité : « Où vous voyez des manœuvres, il n'y a que le souci, très ferme il est vrai, d'être nets, de ne tromper personne, et de ne pas nous tromper nous-mêmes – de ne rien faire par préférence, sentimentale ou partisane. [...] Votre attitude de censeur est très facile, très injuste, et tout à fait hors de propos. » Le bulletin d'activité du Comité redira, dans une « mise au point » incisive, cette règle de non-préférence « en faveur de tel ou tel interlocuteur valable ».

Fonds Daniel Guérin/BDIC

Mouloud Mammeri, texte à destination de la délégation extérieure du FLN, septembre 1957.

Le 20 septembre 1957, l'ONU inscrit la question algérienne à son ordre du jour. Dans cette perspective, Mouloud Mammeri, sous le pseudonyme de Kaddour, envoie à M'Hamed Yazid, membre du Conseil national révolutionnaire algérien (CNRA) et de la délégation extérieure du FLN, un texte qui résume sa position. Stratégiquement, dit-il en substance, puisque seule compte l'indépendance à atteindre il serait habile de dissimuler à l'ONU la dimension socialement révolutionnaire de la lutte pour ne pas effaroucher des soutiens potentiels. Il faut « redoubler d'intelligence inventive pour que cette session marque le début d'un processus politique qui nous mènera à l'indépendance par des moyens qui ne soient pas exclusivement militaires ».

Extrait tiré d'*Awal*, n° 6/7, Spécial « Hommage à Mouloud Mammeri », Tassadit Yacine (dir.), 1990

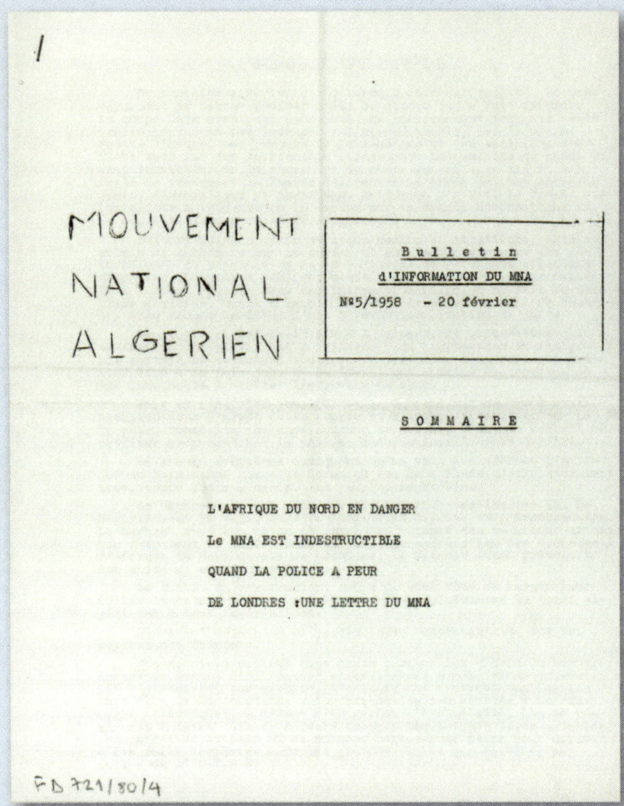

/

MOUVEMENT
NATIONAL
ALGERIEN

Bulletin
d'INFORMATION DU MNA
N°5/1958 - 20 février

SOMMAIRE

L'AFRIQUE DU NORD EN DANGER
Le MNA EST INDESTRUCTIBLE
QUAND LA POLICE A PEUR
DE LONDRES :UNE LETTRE DU MNA

FD 721/80/4

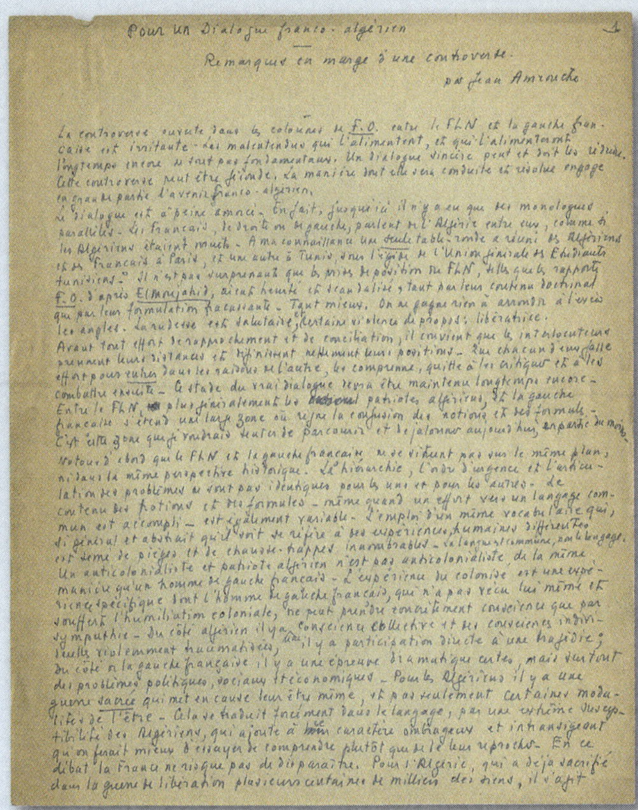

Pour un Dialogue franco-algérien

Remarques en marge d'une controverse.

par Jean Amrouche

1

La controverse ouverte dans les colonnes de F.O. entre le FLN et la gauche française est irritante - les malentendus qui l'alimentent, et qui l'alimenteront longtemps encore ne sont pas fondamentaux. Un dialogue sincère peut et doit les réduire. Cette controverse peut être féconde. La manière dont elle sera conduite et résolue engage en grande partie l'avenir franco-algérien.
Le dialogue est à peine amorcé. En fait, jusqu'ici il n'y a eu que des monologues parallèles. Les Français, de droite ou de gauche, parlent de l'Algérie entre eux, comme si les Algériens étaient muets. À ma connaissance une seule table-ronde a réuni des Algériens et des Français à Paris, et une autre à Tunis, sous l'égide de l'Union générale des Étudiants tunisiens. Il n'est pas surprenant que les prises de position du FLN, telles que les rapporte F.O. d'après El Moudjahid, aient heurté et scandalisé, tant par leur contenu doctrinal que par leur formulation fracassante. Tant mieux. On ne gagne rien à arrondir à l'excès les angles. La rudesse est salutaire, et certaine violence de propos : libératrice.
Avant tout effort de rapprochement et de conciliation, il convient que les interlocuteurs prennent leurs distances et définissent nettement leurs positions. Que chacun d'eux fasse effort pour entrer dans les raisons de l'autre, les comprenne, quitte à les critiquer et à les combattre ensuite. Le stade du vrai dialogue devra être maintenu longtemps encore.
Entre le FLN, plus généralement les [illegible] patriotes algériens, et la gauche française s'étend une large zone où règne la confusion des notions et des formules. C'est cette zone que je voudrais tenter de parcourir et de jalonner aujourd'hui, en partie du moins.
Notons d'abord que le FLN et la gauche française ne se situent pas sur le même plan, ni dans la même perspective historique. La hiérarchie, l'ordre d'urgence et l'articulation des problèmes ne sont pas identiques pour les uns et pour les autres. Le contenu des notions et des formules - même quand un effort vers un langage commun est accompli - est également variable. L'emploi d'un même vocabulaire qui, si général et abstrait qu'il soit se réfère à des expériences humaines différentes est semé de pièges et de chausse-trappes innombrables. La langue est commune, non le langage.
Un anticolonialiste et patriote algérien n'est pas anticolonialiste de la même manière qu'un homme de gauche français. L'expérience du colonisé est une expérience spécifique dont l'homme de gauche français, qui n'a pas vécu lui-même et souffert l'humiliation coloniale, ne peut prendre concrètement conscience que par sympathie. Du côté algérien il y a conscience collective et des consciences individuelles violemment traumatisées, il y a participation directe à une tragédie ; du côté de la gauche française il y a une épreuve dramatique certes, mais surtout des problèmes politiques, sociaux et économiques. Pour les Algériens il y a une guerre sacrée qui met en cause leur être même, et pas seulement certaines modalités de l'être. Cela se traduit forcément dans le langage, par une extrême susceptibilité des Algériens, qui ajoute à ce caractère ombrageux et intransigeant qu'on ferait mieux d'essayer de comprendre plutôt que de le leur reprocher. En ce débat la France ne risque pas de disparaître. Pour l'Algérie, qui a déjà sacrifié dans la guerre de libération plusieurs centaines de milliers des siens, il s'agit

Mouvement national algérien, *Bulletin d'information*, n° 5, 20 février 1958.

Dès 1937, Messali Hadj réclame l'indépendance de l'Algérie. Il fonde d'abord le PPA (Parti du peuple algérien), puis en 1947 le MTLD (Mouvement pour le triomphe des libertés démocratiques), et enfin, en 1954, le MNA pour contourner l'interdiction du MTLD. « Même converti de gré ou de force à la lutte armée », Messali « privilégiera toujours les solutions politiques » (Renaud de Rochebrune, Benjamin Stora[1]) et refusera la dissolution du MNA dans le FLN, plus « militaire ». Le Bulletin d'information du MNA est concurrencé par *El Moudjahid*, organe du FLN.

1. Renaud de Rochebrune et Benjamin Stora, *La Guerre d'Algérie vue par les Algériens*, Denoël, 2011, p. 197.

Fonds Daniel Guérin/BDIC

Jean Amrouche, manuscrit de « Pour un dialogue franco-algérien. Remarques en marge d'une controverse », feuillet manuscrit, janvier 1958.

Jean Amrouche se mêle à la controverse. « Le FLN, et plus généralement les patriotes algériens, et la gauche française, ne se situent pas sur le même plan, ni dans la même perspective. [...] Entre Algériens francophones et Français, la langue est commune, non le langage », écrit-il dans ce texte que publie *France-Observateur* le 16 janvier 1958, sous le titre « Pour un dialogue franco-algérien ». Sans doute, poursuit-il, des tendances différentes, les unes dures les autres plus souples, traversent-elles le FLN. Mais sur « l'essentiel » – « la reconnaissance d'une nation algérienne indépendante et souveraine » – il n'existe pas « la moindre divergence ». Nul « durcissement » donc, sinon « dans l'imagination de ceux qui espéraient un assouplissement ». Aux intellectuels et à la gauche de prendre enfin conscience des illusions qu'ils nourrissaient : le FLN ne troquera pas « la chose contre le mot ».

Fonds Jean Amrouche/IMEC

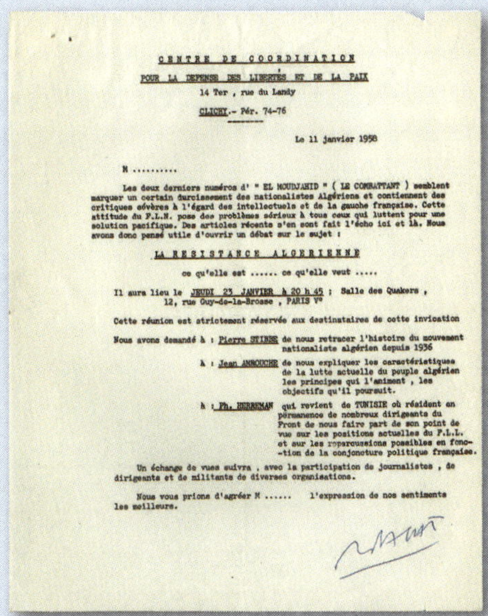

CENTRE DE COORDINATION

POUR LA DEFENSE DES LIBERTÉS ET DE LA PAIX

14 Ter, rue du Landy

CLICHY.- Pér. 74-76

Le 11 janvier 1958

M ....

Les deux derniers numéros d' " EL MOUDJAHID " (LE COMBATTANT) semblent marquer un certain durcissement des nationalistes Algériens et contiennent des critiques sévères à l'égard des intellectuels et de la gauche française. Cette attitude du F.L.N. pose des problèmes sérieux à tous ceux qui luttent pour une solution pacifique. Des articles récents s'en sont fait l'écho ici et là. Nous avons donc pensé utile d'ouvrir un débat sur le sujet :

LA RESISTANCE ALGERIENNE

ce qu'elle est ...... ce qu'elle veut .....

Il aura lieu le JEUDI 23 JANVIER à 20 h 45 : Salle des Quakers, 12, rue Guy-de-la-Brosse, PARIS V°

Cette réunion est strictement réservée aux destinataires de cette invication

Nous avons demandé à : Pierre STIBBE de nous retracer l'histoire du mouvement nationaliste algérien depuis 1936

à : Jean AMROUCHE de nous expliquer les caractéristiques de la lutte actuelle du peuple algérien les principes qui l'animent, les objectifs qu'il poursuit.

à : Ph. HERREMAN qui revient de TUNISIE où résident en permanence de nombreux dirigeants du Front de nous faire part de son point de vue sur les positions actuelles du F.L.L. et sur les réparcussions possibles en fonction de la conjoncture politique française.

Un échange de vues suivra, avec la participation de journalistes, de dirigeants et de militants de diverses organisations.

Nous vous prions d'agréer M ...... l'expression de nos sentiments les meilleurs.

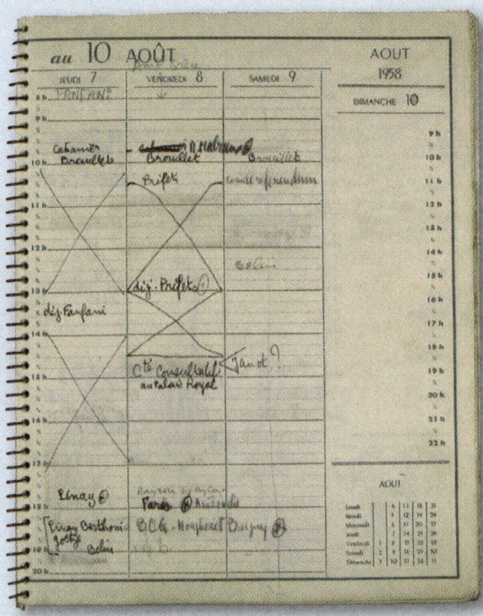

Centre de coordination pour la défense des libertés et de la paix, lettre tapuscrite d'invitation à un débat sur « la résistance algérienne » signée par Robert Barrat, 11 janvier 1958.

Deux articles publiés dans le journal *El Moudjahid* contiennent de sévères critiques à l'égard des intellectuels et de la gauche française. En France, le durcissement des nationalistes algériens inquiète « tous ceux qui luttent pour une solution pacifique ». Ce qu'est et ce que veut la « résistance algérienne » devient l'objet d'interrogations et le sujet de vives discussions. Le Centre de coordination pour la défense des libertés et de la paix, animé par le journaliste Robert Barrat, sera l'un des lieux de ces débats.

Fonds Esprit/IMEC

Photographie de Jean Amrouche à Tunis, lors d'une réunion avec des dirigeants du FLN, 1958.

Pour Jean Amrouche, acquis à la cause algérienne et fidèle au Père de la France mythique, qui l'a reçu pour la première fois en novembre 1943 et n'a pas oublié ce « compagnon [...] méritoire » (lettre du 22 mars 1957), l'arrivée de De Gaulle au pouvoir restaure l'espoir. Il veut croire à un dialogue fécond entre le Général et le FLN. L'été de 1958 est une période de négociations secrètes, de consultations en Suisse, à Rome, à Florence, à Tunis, sous le couvert de rencontres culturelles. « Auto-émissaire », Amrouche rêve de faire aboutir les négociations, mais sa confiance en la sincérité du Général ne parvient pas à emporter l'adhésion du Comité de coordination et d'exécution du gouvernement provisoire de la République algérienne (GPRA) à Tunis, qui n'accepte qu'une « négociation en territoire neutre de gouvernement à gouvernement », c'est-à-dire une capitulation politique et militaire de la France.

Fonds Jean Amrouche/IMEC

Charles de Gaulle, page d'agenda, 8 août 1958.

Du 22 juillet au 9 octobre 1958, cinq rencontres mettent en présence Jean Amrouche et le Général, mais jamais seuls. Le 8 août 1958, comme l'atteste cet agenda, c'est Abderrahmane Farès, futur président de l'Exécutif provisoire algérien, qui participe au rendez-vous. Le jour même, Amrouche note dans son journal : « Voilà ce que j'ai voulu faire savoir aux dirigeants du FLN. Je n'attendais pas d'eux qu'ils criassent aussitôt vive de Gaulle. Seulement ceci : qu'ils prissent acte d'abord d'un changement de langage, dans l'esprit, le ton et les mots. » Pris à partie dans *El Moudjahid*, disqualifié par un hebdomadaire parisien qui le désigne comme « un Algérien francisé et rallié à la politique du général », Amrouche est isolé.

Archives nationales, AG/5(1)/1468

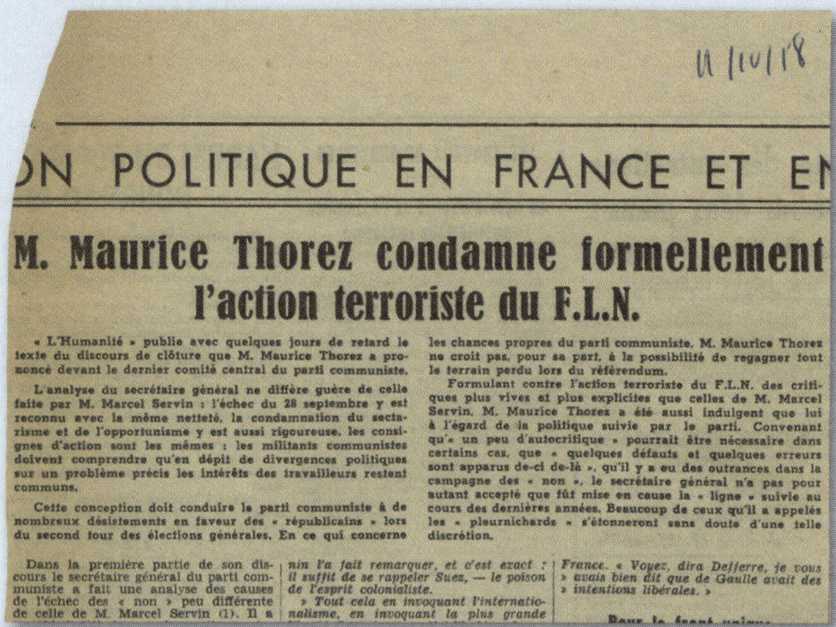

11/10/58

…ON POLITIQUE EN FRANCE ET EN…

M. Maurice Thorez condamne formellement l'action terroriste du F.L.N.

« L'Humanité » publie avec quelques jours de retard le texte du discours de clôture que M. Maurice Thorez a prononcé devant le dernier comité central du parti communiste.

L'analyse du secrétaire général ne diffère guère de celle faite par M. Marcel Servin : l'échec du 28 septembre y est reconnu avec la même netteté, la condamnation du sectarisme et de l'opportunisme y est aussi rigoureuse, les consignes d'action sont les mêmes : les militants communistes doivent comprendre qu'en dépit de divergences politiques sur un problème précis les intérêts des travailleurs restent communs.

Cette conception doit conduire le parti communiste à de nombreux désistements en faveur des « républicains » lors du second tour des élections générales. En ce qui concerne les chances propres du parti communiste, M. Maurice Thorez ne croit pas, pour sa part, à la possibilité de regagner tout le terrain perdu lors du référendum.

Formulant contre l'action terroriste du F.L.N. des critiques plus vives et plus explicites que celles de M. Marcel Servin, M. Maurice Thorez a été aussi indulgent que lui à l'égard de la politique suivie par le parti. Convenant qu'« un peu d'autocritique » pourrait être nécessaire dans certains cas, que « quelques défauts et quelques erreurs sont apparus de-ci de-là », qu'il y a eu des outrances dans la campagne des « non », le secrétaire général n'a pas pour autant accepté que fût mise en cause la « ligne » suivie au cours des dernières années. Beaucoup de ceux qu'il a appelés les « pleurnichards » s'étonneront sans doute d'une telle discrétion.

Dans la première partie de son discours le secrétaire général du parti communiste a fait une analyse des causes de l'échec des « non » peu différente de celle de M. Marcel Servin (1). Il a

nin l'a fait remarquer, et c'est exact : il suffit de se rappeler Suez, — le poison de l'esprit colonialiste.

» Tout cela en invoquant l'internationalisme, en invoquant la plus grande

France. « Voyez, dira Defferre, je vous » avais bien dit que de Gaulle avait des » intentions libérales. »

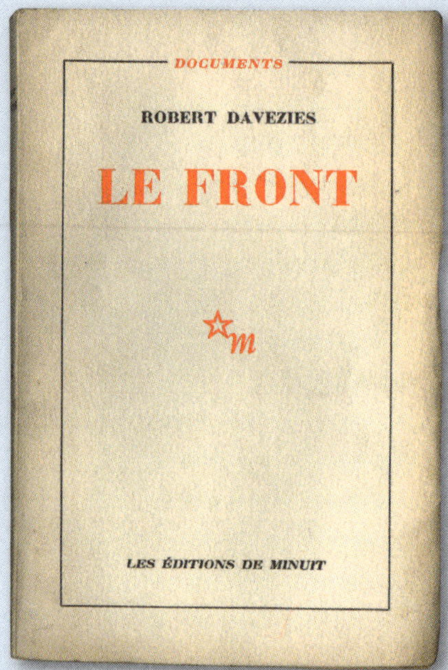

« Maurice Thorez condamne formellement l'action terroriste du FLN », *L'Humanité*, 11 octobre 1958.

Dans son discours de clôture devant le comité central du PCF, Maurice Thorez dénonce les actions violentes des frontistes sur le sol français : « Les méthodes employées par le FLN en France n'ont pas servi, il faut le dire très nettement, la juste cause du peuple algérien, qui toujours bénéficie de la compréhension et de l'appui politique des ouvriers révolutionnaires français. […] Ces méthodes donnent une prise trop facile contre les Algériens. »

Fonds André Mandouze/CHRD/Ville de Lyon

Robert Davezies, *Le Front*, Minuit, 1959.

Membre de la Mission de France devenu prêtre-ouvrier, rallié au FLN, Robert Davezies se rend en Tunisie en novembre 1958. Il y rencontre des Algériens exilés dont la détermination, « sur les chemins de la révolution et de la liberté », l'impressionne. Interrogeant réfugiés, soldats, syndicalistes ou militants, Davezies retranscrit leurs paroles pour que le lecteur puisse « expérimenter la réalité même de l'Algérie en guerre ». Cette authenticité revendiquée n'empêche pas l'auteur, également engagé dans le soutien aux réfractaires, d'appeler les « vrais patriotes français », soucieux de l'avenir de leur pays, à reconnaître le « patriotisme algérien » et à « tout faire pour que la France cesse enfin de porter la guerre en Algérie ».

Fonds Vladimir Pozner/IMEC

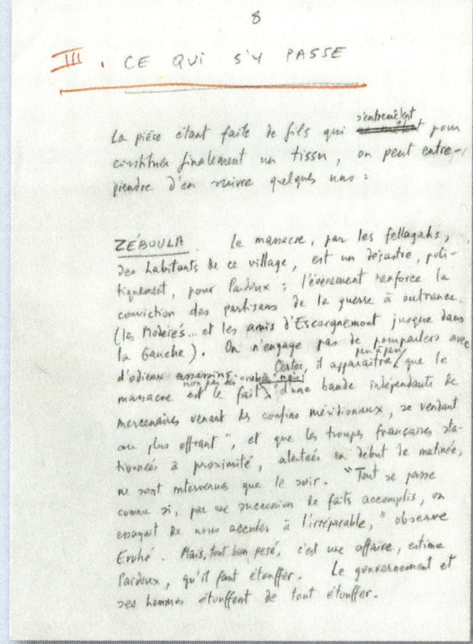

8

III. CE QUI S'Y PASSE

La pièce étant faite de fils qui s'entremêlent pour constituer finalement un tissu, on peut entreprendre d'en suivre quelques uns :

ZÉBOULA. Le massacre, par les fellagahs, des habitants de ce village, est un désastre, politiquement, pour Laidoux : l'événement renforce la conviction des partisans de la guerre à outrance (les Modérés... et les amis d'Escargnemont jusque dans la Gauche). On n'engage pas de pourparlers avec d'odieux assassins. Certes, il apparaîtra peu à peu que le massacre est le fait non pas des rebelles mais d'une bande indépendante de mercenaires venant des confins méridionaux, se vendant au plus offrant", et que les troupes françaises stationnées à proximité, alertées en début de matinée, ne sont intervenues que le soir. "Tout se passe comme si, par une succession de faits accomplis, on essayait de nous acculer à l'irréparable," observe Erché. Mais, tout bien pesé, c'est une affaire, estime Laidoux, qu'il faut étouffer. Le gouvernement et ses hommes étouffent de tout étouffer.

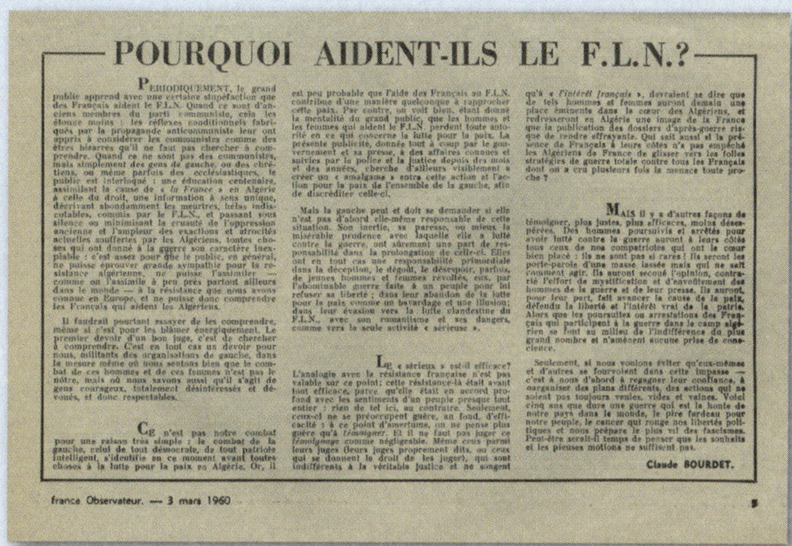

POURQUOI AIDENT-ILS LE F.L.N.?

PÉRIODIQUEMENT, le grand public apprend avec une certaine stupéfaction que des Français aident le F.L.N. Quand ce sont d'anciens membres du parti communiste, cela les étonne moins : les réflexes conditionnels fabriqués par la propagande anticommuniste leur ont appris à considérer les communistes comme des êtres bizarres qu'il ne faut pas chercher à comprendre. Quand ce ne sont pas des communistes, mais simplement des gens de gauche, ou des chrétiens, ou même parfois des ecclésiastiques, le public est interloqué : une éducation centenaire, assimilant la cause de « *la France* » en Algérie à celle du droit, une information à sens unique, décrivant abondamment les meurtres, hélas indiscutables, commis par le F.L.N., et passant sous silence ou minimisant la cruauté de l'oppression ancienne et l'ampleur des exactions et atrocités actuelles souffertes par les Algériens, toutes choses qui ont donné à la guerre son caractère inexpiable : c'est assez pour que le public, en général, ne puisse éprouver grande sympathie pour la résistance algérienne, ne puisse l'assimiler — comme on l'assimile à peu près partout ailleurs dans le monde — à la résistance que nous avons connue en Europe, et ne puisse donc comprendre les Français qui aident les Algériens.

Il faudrait pourtant essayer de les comprendre, même si c'est pour les blâmer énergiquement. Le premier devoir d'un bon juge, c'est de chercher à comprendre. C'est en tout cas un devoir pour nous, militants des organisations de gauche, dans la mesure même où nous sentons bien que le combat de ces hommes et de ces femmes n'est pas le nôtre, mais où nous savons aussi qu'il s'agit de gens courageux, totalement désintéressés et dévoués, et donc respectables.

CE n'est pas notre combat pour une raison très simple : le combat de la gauche, celui de tout démocrate, de tout patriote intelligent, s'identifie en ce moment avant toutes choses à la lutte pour la paix en Algérie. Or, il est peu probable que l'aide des Français au F.L.N. contribue d'une manière quelconque à rapprocher cette paix. Par contre, on voit bien, étant donné la mentalité du grand public, que les hommes et les femmes qui aident le F.L.N. perdent toute autorité en ce qui concerne la lutte pour la paix. La présente publicité, donnée tout à coup par le gouvernement et sa presse, à des affaires connues et suivies par la police et la justice depuis des mois et des années, cherche d'ailleurs visiblement à créer un « amalgame » entre cette action et l'action pour la paix de l'ensemble de la gauche, afin de discréditer celle-ci.

Mais la gauche peut et doit se demander si elle n'est pas d'abord elle-même responsable de cette situation. Son inertie, sa paresse, ou mieux la misérable prudence avec laquelle elle a lutté contre la guerre, ont sûrement une part de responsabilité dans la prolongation de celle-ci. Elles ont en tout cas une responsabilité primordiale dans la déception, le dégoût, le désespoir, parfois, de jeunes hommes et femmes révoltés, eux, par l'abominable guerre faite à un peuple pour lui refuser sa liberté ; dans leur abandon de la lutte pour la paix comme un bavardage et une illusion; dans leur évasion vers la lutte clandestine du F.L.N., avec son romantisme et ses dangers, comme vers la seule activité « sérieuse ».

LE « sérieux » est-il efficace? L'analogie avec la résistance française n'est pas valable sur ce point; cette résistance-là était avant tout efficace, parce qu'elle était en accord profond avec les sentiments d'un peuple presque tout entier : rien de tel ici, au contraire. Seulement, ceux-ci ne se préoccupent guère, au fond, d'efficacité : à ce point d'amertume, on ne pense plus guère qu'à *témoigner*. Et il ne faut pas juger ce *témoignage* comme négligeable. Même ceux parmi leurs juges (leurs juges proprement dits, ou ceux qui se donnent le droit de les juger), qui sont indifférents à la véritable justice et ne songent qu'à « *l'intérêt français* », devraient se dire que de tels hommes et femmes auront demain une place éminente dans le cœur des Algériens, et redresseront en Algérie une image de la France que la publication des dossiers d'après-guerre risque de rendre effrayante. Qui sait aussi si la présence de Français à leurs côtés n'a pas empêché les Algériens de France de glisser vers les folles stratégies de guerre totale contre tous les Français dont on a cru plusieurs fois la menace toute proche ?

MAIS il y a d'autres façons de témoigner, plus justes, plus efficaces, moins désespérées. Des hommes poursuivis et arrêtés pour avoir lutté contre la guerre auront à leurs côtés tous ceux de nos compatriotes qui ont le cœur bien placé : ils ne sont pas si rares ! Ils seront les porte-parole d'une masse lassée mais qui ne sait comment agir. Ils auront secoué l'opinion, contrarié l'effort de mystification et d'envoûtement des hommes de la guerre et de leur presse. Ils auront, pour leur part, fait avancer la cause de la paix, défendu la liberté et l'intérêt vrai de la patrie. Alors que les poursuites ou arrestations des Français qui participent à la guerre dans le camp algérien se font au milieu de l'indifférence du plus grand nombre et n'amènent aucune prise de conscience.

Seulement, si nous voulons éviter qu'eux-mêmes et d'autres se fourvoient dans cette impasse — c'est à nous d'abord à regagner leur confiance, à organiser des plans différents, des actions qui ne soient pas toujours veules, vides et vaines. Voici cinq ans que dure une guerre qui est la honte de notre pays dans le monde, le pire fardeau pour notre peuple, le cancer qui ronge nos libertés politiques et nous prépare le plus vil des fascismes. Peut-être serait-il temps de penser que les souhaits et les pieuses motions ne suffisent pas.

Claude BOURDET.

France Observateur. — 3 mars 1960 5

Michel Vinaver,
***Les Huissiers*,**
note manuscrite,
juillet-août 1979.

Vingt-deux ans plus tard, alors que la pièce va être créée à Lyon par Gilles Chavassieux, Michel Vinaver revient sur l'écriture des *Huissiers*, pendant l'automne de 1957. La pièce, note-t-il, n'avait d'autre visée que « rendre compte de l'actualité sans le moindre recul, on plutôt *saisir*, comme il se dit en cuisine ». Guerre des coiffeurs et guerre d'Algérie, petites manœuvres et grands massacres s'y entremêlent, dans une IVe République à l'agonie, aussi émoussée que l'héroïsme de ses politiques. Ici, Zéboula est la transposition fictionnelle du massacre de Melouza.

Fonds Michel Vinaver/IMEC

Claude Bourdet,
« Pourquoi aident-ils le FLN ? »,
***France-Observateur*,**
3 mars 1960.

« Périodiquement, le grand public apprend avec une certaine stupéfaction que des Français [communistes, gens de gauche, chrétiens, et « même parfois des ecclésiastiques »] aident le FLN », constate Claude Bourdet. Sans partager cet engagement (une « impasse » selon lui), Bourdet cherche à en comprendre les raisons. L'« inertie » de la gauche, dont la « misérable prudence » a soulevé « déception » et « désespoir », a précipité vers la lutte clandestine celles et ceux que révolte « l'abominable guerre faite à un peuple pour lui refuser sa liberté ». Leur soutien désespéré discrédite pourtant les démocrates qui luttent pour la paix. D'autres façons de témoigner, « plus justes, plus efficaces », existent: secouer l'opinion, contrarier « l'effort de mystification et d'envoûtement des hommes de la guerre et de leur presse », être les porte-parole d'une « masse lassée mais qui ne sait pas comment agir »...

Fonds Bibliothèque de revues/IMEC

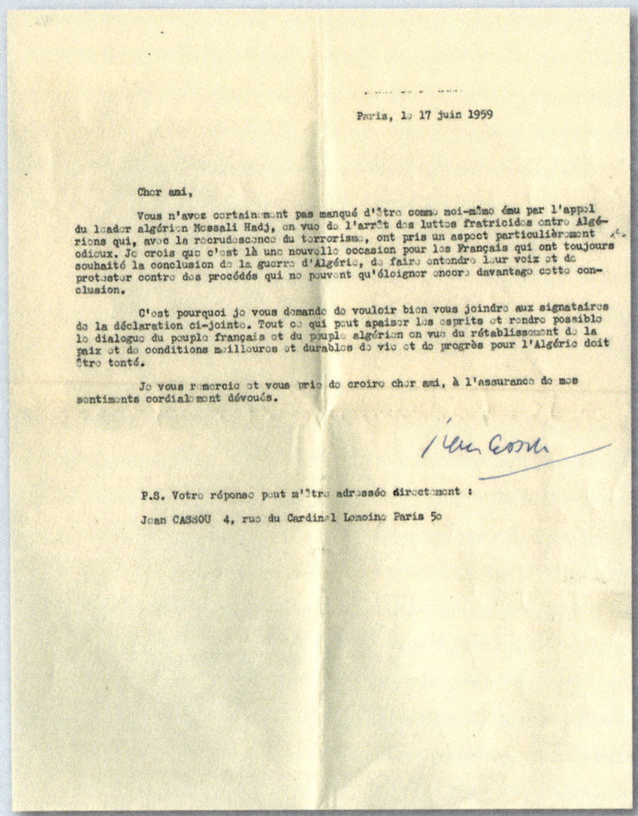

Paris, le 17 juin 1959

Cher ami,

Vous n'avez certainement pas manqué d'être comme moi-même ému par l'appel du leader algérien Messali Hadj, en vue de l'arrêt des luttes fratricides entre Algériens qui, avec la recrudescence du terrorisme, ont pris un aspect particulièrement odieux. Je crois que c'est là une nouvelle occasion pour les Français qui ont toujours souhaité la conclusion de la guerre d'Algérie, de faire entendre leur voix et de protester contre des procédés qui ne peuvent qu'éloigner encore davantage cette conclusion.

C'est pourquoi je vous demande de vouloir bien vous joindre aux signataires de la déclaration ci-jointe. Tout ce qui peut apaiser les esprits et rendre possible le dialogue du peuple français et du peuple algérien en vue du rétablissement de la paix et de conditions meilleures et durables de vie et de progrès pour l'Algérie doit être tenté.

Je vous remercie et vous prie de croire cher ami, à l'assurance de mes sentiments cordialement dévoués.

Jean Cassou

P.S. Votre réponse peut m'être adressée directement :

Jean CASSOU 4, rue du Cardinal Lemoine Paris 5e

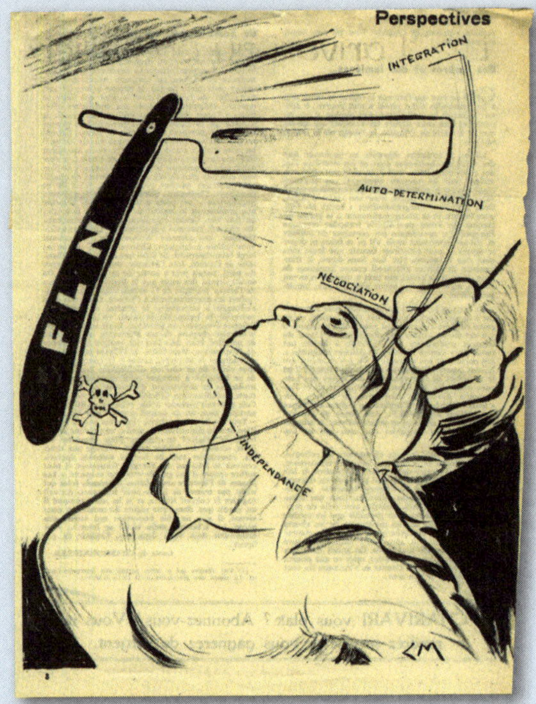

Lettre tapuscrite circulaire de Jean Cassou appelant à soutenir Messali Hadj « en vue de l'arrêt des luttes fratricides entre Algériens », le 17 juin 1959.

Devant la recrudescence des « actes de terrorisme » et des « règlements de compte » fratricides en France, le chef indépendantiste Messali Hadj lance au printemps de 1959 un nouvel appel à la réconciliation : « Nous désirons absolument que cette situation cesse et nous appelons les démocrates français à nous aider à mettre fin à ce fléau qui salit la révolution algérienne. » La « Déclaration » que Jean Cassou fait circuler en juin prolonge ce propos : « Les Français soussignés [...] se joignent à cet appel et protestent contre des procédés qui éloignent chaque jour davantage la conclusion de la guerre d'Algérie. »

Fonds Alain Robbe-Grillet/IMEC

« FLN Perspectives », dessin publié en juillet 1960 dans le « pamphlet mensuel » *Le Charivari*.

Fonds Jules Roy, JR43/BMVR, Marseille

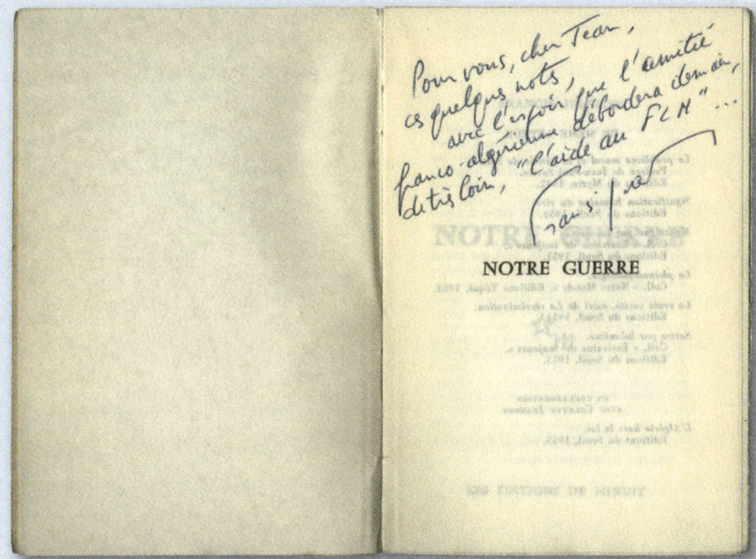

Pour vous, cher Jean,
ces quelques notes,
avec l'espoir que l'amitié
franco-algérienne débordera demain,
de très loin, "l'aide au FLN"...

NOTRE GUERRE

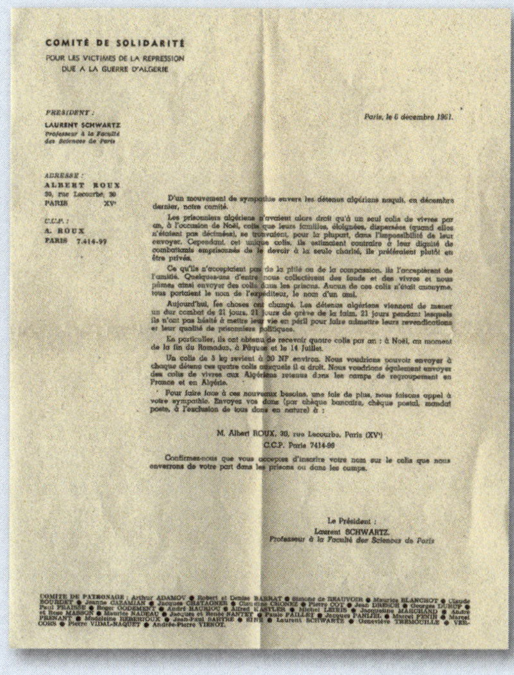

COMITÉ DE SOLIDARITÉ
POUR LES VICTIMES DE LA REPRESSION
DUE A LA GUERRE D'ALGERIE

PRESIDENT :
LAURENT SCHWARTZ
Professeur à la Faculté des Sciences de Paris

ADRESSE :
ALBERT ROUX
30, rue Lecourbe, 30
PARIS XVe

C.C.P. :
A. ROUX
PARIS 7.414-99

Paris, le 6 décembre 1961.

D'un mouvement de sympathie envers les détenus algériens naquit, en décembre dernier, notre comité.

Les prisonniers algériens n'avaient alors droit qu'à un seul colis de vivres par an, à l'occasion de Noël, colis que leurs familles, éloignées, dispersées (quand elles n'étaient pas décimées), se trouvaient, pour la plupart, dans l'impossibilité de leur envoyer. Cependant, cet unique colis, ils estimaient contraire à leur dignité de combattants emprisonnés de le devoir à la seule charité, ils préféraient plutôt en être privés.

Ce qu'ils n'acceptaient pas de la pitié ou de la compassion, ils l'acceptèrent de l'amitié. Quelques-uns d'entre nous collectèrent des fonds et des vivres et nous pûmes ainsi envoyer des colis dans les prisons. Aucun de ces colis n'était anonyme, tous portaient le nom de l'expéditeur, le nom d'un ami.

Aujourd'hui, les choses ont changé. Les détenus algériens viennent de mener un dur combat de 21 jours, 21 jours de grève de la faim, 21 jours pendant lesquels ils n'ont pas hésité à mettre leur vie en péril pour faire admettre leurs revendications et leur qualité de prisonniers politiques.

En particulier, ils ont obtenu de recevoir quatre colis par an : à Noël, au moment de la fin du Ramadan, à Pâques et le 14 Juillet.

Un colis de 5 kg revient à 30 NF environ. Nous voudrions pouvoir envoyer à chaque détenu ces quatre colis auxquels il a droit. Nous voudrions également envoyer des colis de vivres aux Algériens retenus dans les camps de regroupement en France et en Algérie.

Pour faire face à ces nouveaux besoins, une fois de plus, nous faisons appel à votre sympathie. Envoyez vos dons (par chèque bancaire, chèque postal, mandat poste, à l'exclusion de tous dons en nature) à :

M. Albert ROUX, 30, rue Lecourbe, Paris (XVe)
C.C.P. Paris 7414-99

Confirmez-nous que vous acceptez d'inscrire votre nom sur le colis que nous enverrons de votre part dans les prisons ou dans les camps.

Le Président :
Laurent SCHWARTZ.
Professeur à la Faculté des Sciences de Paris

COMITE DE PATRONAGE : Arthur ADAMOV ● Robert et Denise BARRAT ● Simone de BEAUVOIR ● Maurice BLANCHOT ● Claude BOURDET ● Jeanne CAZAMIAN ● Jacques CHATAGNER ● Claudine CHONEZ ● Pierre COT ● Jean DRESCH ● [illegible] ● Paul FRAISSE ● Roger GODEMENT ● André HAURIOU ● Alfred KASTLER ● Michel LEIRIS ● [illegible] MARCHAND ● André et Rose MASSON ● Maurice NADEAU ● Jacques et Renée NANTET ● [illegible] ● Marcel PRENANT ● Madeleine REBERIOUX ● Jean-Paul SARTRE ● SINÉ ● Laurent SCHWARTZ ● Geneviève TREMOUILLE ● VERCORS ● Pierre VIDAL-NAQUET ● Andrée-Pierre VIENOT.

Francis Jeanson,
***Notre Guerre*, Minuit,**
1960, avec envoi
à Jean Amrouche.

Le 24 février 1960, le réseau Jeanson de soutien au FLN est découvert. Au printemps paraît le nouveau livre de Francis Jeanson. Le Seuil, qui a édité *L'Algérie hors la loi* en 1955, ne veut pas publier ce texte qui fait du combat algérien « notre guerre ». Jérôme Lindon, directeur des éditions de Minuit, l'accepte et fait composer le livre dans le plus grand secret. Il fera des clichés séparés du nom de l'auteur (« Henri Jeanson », « Francis Dupont »), passé dans la clandestinité depuis le printemps de 1958. Mis en vente le 22, le livre sera saisi le 29 juin. L'exemplaire de Jean Amrouche contient cette dédicace : « Pour vous, cher Jean, ces quelques notes, avec l'espoir que l'amitié franco-algérienne débordera demain, de très loin, "aide au FLN"... »

Fonds Jean Amrouche/IMEC

Laurent Schwartz,
pour le Comité
de solidarité pour les
victimes de la répression
due à la guerre d'Algérie,
lettre tapuscrite,
appel de fonds pour
les prisonniers algériens,
6 décembre 1961.

Sous la présidence de Laurent Schwartz, et sous le patronage d'Arthur Adamov, Simone de Beauvoir, Maurice Blanchot, André Masson, Jean-Paul Sartre, Siné, Vercors ou Pierre Vidal-Naquet, ce Comité de solidarité s'est donné pour mission de collecter « par amitié » des fonds et des vivres pour les détenus algériens. Mission élargie, en cette fin d'année 1961, aux Algériens retenus dans les camps de regroupement en France et en Algérie.

Fonds Alain Robbe-Grillet/IMEC

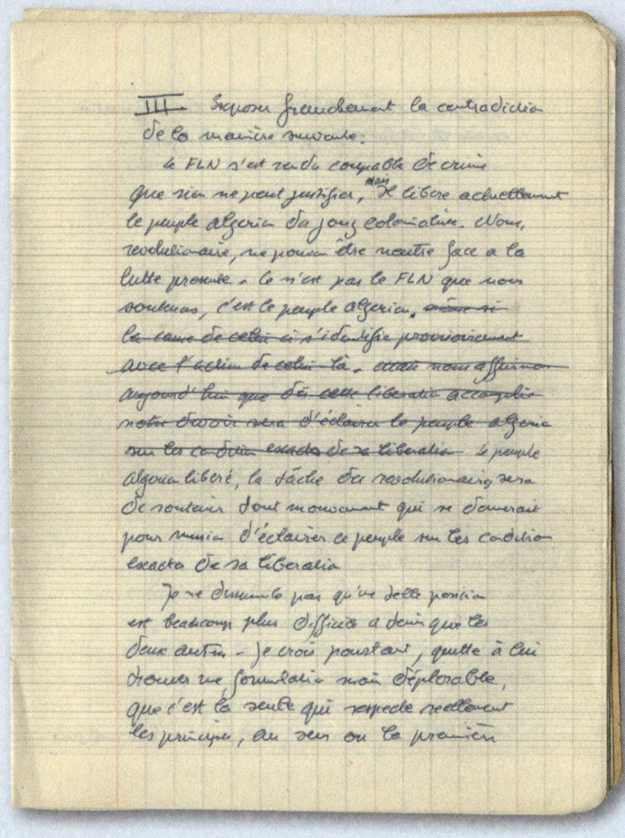
III Exposer franchement la contradiction de la manière suivante :
le FLN s'est rendu coupable de crimes que rien ne peut justifier, mais il libère actuellement le peuple algérien du joug colonialiste. Nous, révolutionnaires, ne pouvons être neutres face à la lutte présente. Ce n'est pas le FLN que nous soutenons, c'est le peuple algérien, ~~même si la cause de celui-ci s'identifie provisoirement avec l'action de celui-là. Certes nous affirmons aujourd'hui que dès cette libération accomplie notre devoir sera d'éclairer le peuple algérien sur les conditions exactes de sa libération~~. Le peuple algérien libéré, la tâche des révolutionnaires sera de soutenir tout mouvement qui se donnerait pour mission d'éclairer ce peuple sur les conditions exactes de sa libération.
Je ne dissimule pas que cette position est beaucoup plus difficile à tenir que les deux autres. Je crois pourtant, quitte à lui trouver une formulation moins déplorable, que c'est la seule qui respecte réellement les principes, au sens où le premier

Jean Schuster, cahier « Texte lu au café ».

Un cahier de Jean Schuster signale la permanence de « très graves réserves » des surréalistes vis-à-vis du FLN après 1960. Lui sont reprochés sa prétention à représenter à lui seul tout le peuple algérien, l'assassinat de chefs messalistes et le nationalisme qui l'anime. Toutefois, note Schuster, « le FLN [...] libère actuellement le peuple algérien du joug colonialiste. Nous, révolutionnaires, ne pouvons être neutres face à la lutte présente. Ce n'est pas le FLN que nous soutenons, c'est le peuple algérien ». Hostiles *a priori* à tout nationalisme, les surréalistes veulent distinguer le « nationalisme colonisé » et le « nationalisme colonisateur » qui l'engendre. D'un côté, la « reconquête d'une dignité élémentaire » que traduisent « le droit des peuples à disposer d'eux-mêmes » et « la résistance à une occupation étrangère » ; de l'autre, le nationalisme honni (Gérard Legrand, avant-texte du Manifeste des 121).

Fonds Jean Schuster/IMEC

André Mandouze, *La Révolution algérienne par les textes*, Maspero, « Cahiers libres », n° 16, 1961.

Chrétien progressiste, exégète de saint Augustin, ancien résistant, professeur à l'université d'Alger, Mandouze n'a cessé de dénoncer les méfaits du colonialisme. S'étonnant que la « question algérienne » soit débattue sans que l'on éprouve « de ce côté-ci de la Méditerranée le souci de connaître l'identité du peuple d'en face », il livre au public français les textes fondamentaux du FLN. Paul Thibaud lui reprochera *a posteriori* d'avoir « gommé considérablement l'importance de l'islam dans la conscience nationaliste ». Menacé de mort, Mandouze quittera l'Algérie avec sa famille, ce qui n'empêchera pas son nouveau domicile d'être plastiqué par l'OAS.

Collection privée

1956-1958

LES PRINCIPES À L'ÉPREUVE

4

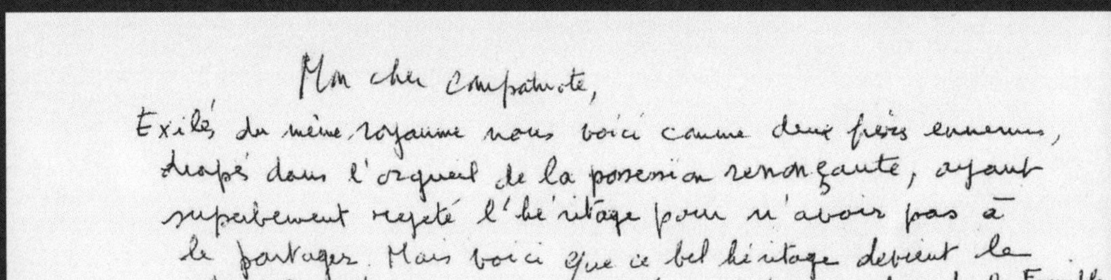

Mon cher compatriote,

Exilés du même royaume nous voici comme deux frères ennemis, drapés dans l'orgueil de la possession renonçante, ayant superbement rejeté l'héritage pour n'avoir pas à le partager. Mais voici que ce bel héritage devient le lieu hanté où sont assassinées jusqu'aux ombres de la Famille ou de la Tribu – selon les deux tranchants de notre Verbe pourtant unique. On crie dans les ruines de Tipasa et du Nadhor. Irons-nous ensemble apaiser le spectre de la discorde, ou bien est-il trop tard ? Verrons-nous à Tipasa et au Nadhor les fossoyeurs de l'O.N.U. déguisés en juges – puis en commissaires priseurs ? Je n'attends pas de réponse précise et ne désire surtout pas que la publicité fasse de notre hypothétique co-existence des échos attendus dans les quotidiens. S'il devait un jour se réunir un Conseil de Famille, ce serait certainement sans nous. Mais il est (peut-être) urgent de remettre en mouvement les ondes de la Communication, avec l'air de ne pas y toucher qui caractérise les orphelins devant la mère jamais tout à fait morte.

Fraternellement Kateb Y.

Nasolo
qui est-il ? Ne sait pas
peut-être Kateb Yacine ?

◄ Lettre manuscrite de Kateb Yacine à Albert Camus, le 16 octobre 1957.

Collection C. et J. Camus, fonds A. Camus/Bibliothèque Méjanes, Aix-en-Provence

Au printemps de 1956, pour rassembler les nationalistes français de tous horizons politiques favorables au « maintien de l'Algérie dans la République », Jacques Soustelle fonde l'Union pour le salut et le renouveau de l'Algérie française (USRAF). Si des intellectuels s'y retrouvent – Paul Rivet, Georges Duhamel, Jean Paulhan, Armand Petitjean… –, l'USRAF, déplaçant le clivage, a surtout vocation à s'adresser à des « Français de chair et de sang », nourris « de christianisme [et] des principes de 89 », et susceptibles de combattre la « théocratie raciste » indépendantiste (Petitjean).

Du côté des opposants à la guerre, les facteurs de dissension se multiplient. Le vote des pouvoirs spéciaux, le 12 mars, creuse les divergences. Tandis qu'il semble urgent à certains de « négocier », tant la poursuite de la guerre ne cesse d'éloigner toute possibilité d'inventer des rapports réajustés aux peuples ex-colonisés (Ricœur), d'autres dénoncent la « persévération morbide » dans l'espoir, qui n'est plus que « maintien illogique d'une attitude sujective en rupture organisée avec le réel » (Fanon). L'invasion soviétique de la Hongrie, en novembre, crée de nouveaux écarts. En posant à des non-communistes et à des communistes dissidents le problème de leur collaboration avec le PCF, elle sème le trouble dans les rangs du Comité d'action des intellectuels contre la poursuite de la guerre en Afrique du Nord, comme au sein du Mouvement de la Paix, dont démissionnent Jean-Marie Domenach et Jean Cassou.

Alors que « réclamer seulement la paix sans en indiquer quelque moyen » (Domenach) devient de plus en plus intenable, les options varient aussi sur les « solutions » : une « formule d'association » (Tillion), une « solution fédérale » qui protège les Français d'Algérie du FLN (Camus), un « pacte librement discuté entre des partenaires égaux » (Berque, Massignon, Schwartz…), la fidélité au « peuple algérien de civilisation française » (Soustelle), l'indépendance pour que le peuple algérien accède à lui-même (Amrouche), l'indépendance comme seule issue économiquement viable (Aron).

Les débats sont d'autant plus douloureux que l'Algérie, pour ceux qu'elle touche, est bien souvent « un drame intime » (Audisio). Tandis que des écrivains algériens, tels des « orphelins devant la mère jamais tout à fait morte » (Kateb), s'obstinent à lutter « contre la pacification de la poésie », une phrase de Camus, après qu'il eut reçu le Nobel en décembre 1957, devient légendaire : « Si j'avais à choisir entre [la] justice [des indépendantistes qui ne reculent pas devant les attentats terroristes] et ma mère, je choisirais encore ma mère. » Jacques Perret applaudit, Jules Roy rectifiera : « Il s'agit d'aimer la justice autant que sa propre mère » (*La Guerre d'Algérie*, 1960). De ces déchirements, certains meurent ou manquent de mourir, tel Fernand Iveton, exécuté par ses compatriotes pour avoir tenté de faire exploser une usine de gaz, ou le général Salan, soupçonné de vouloir « brader » l'Algérie comme l'Indochine, qui échappe de peu à un attentat au bazooka.

Fait national algérien et Algérie française

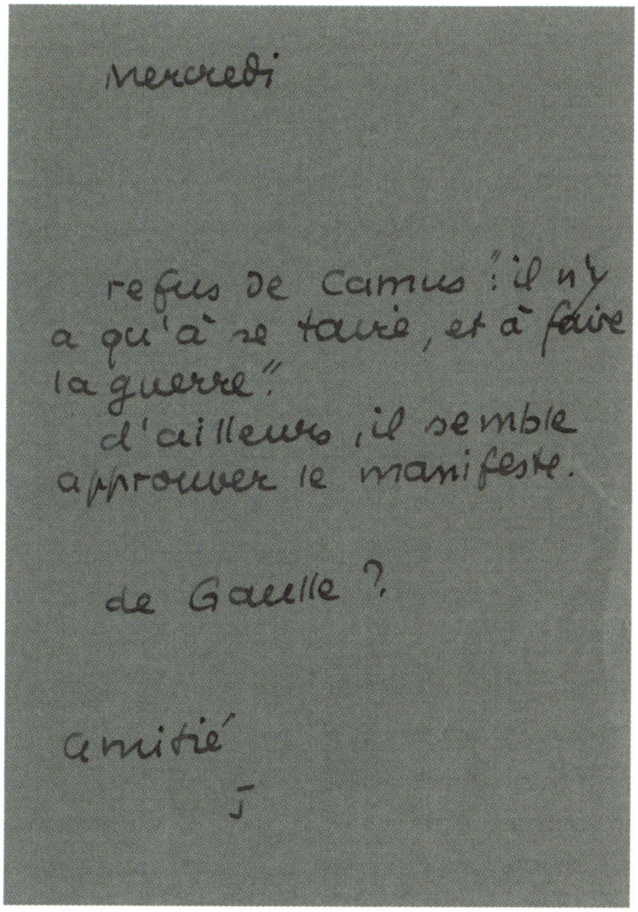
Mercredi

refus de Camus : "il n'y a qu'à se taire, et à faire la guerre".
d'ailleurs, il semble approuver le manifeste.

de Gaulle ?

amitié

J

Lettre manuscrite de Jean Paulhan à Armand Petitjean, le 18 avril 1956.

Parmi « les 15 ou 20 directeurs de conscience qui comptent », selon Armand Petitjean, s'impose le nom d'Albert Camus. « Camus nous manquerait cruellement. […] Croyez-vous qu'il serait vain de tenter de le convaincre ? », demande-t-il à Jean Paulhan en mars 1956. Tout en semblant « approuver le manifeste », l'auteur de *L'Étranger* refuse sa signature : « Il n'y a qu'à se taire, et à faire la guerre », déclare-t-il. De même, contacté par ses compagnons de la première heure et déjà pressenti comme « celui qui tient entre ses mains le signal du Salut Public » (Petitjean), De Gaulle déclinera la sollicitation.

Fonds Armand Petitjean/IMEC

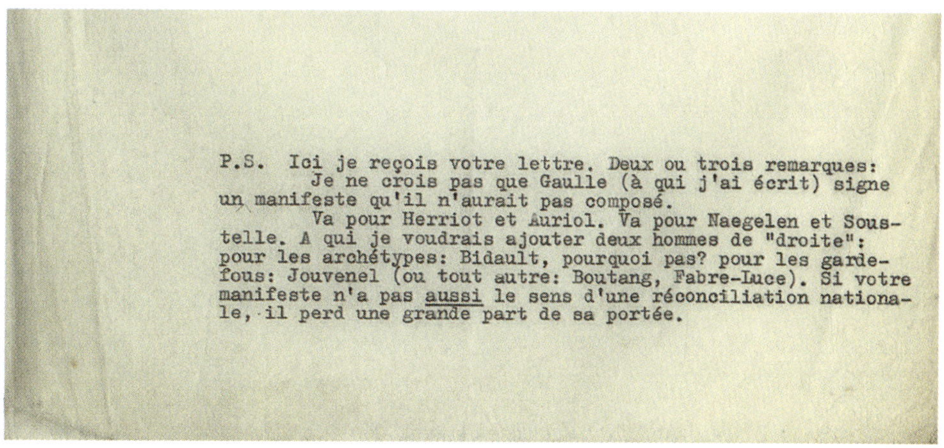
P.S. Ici je reçois votre lettre. Deux ou trois remarques:
Je ne crois pas que Gaulle (à qui j'ai écrit) signe un manifeste qu'il n'aurait pas composé.
Va pour Herriot et Auriol. Va pour Naegelen et Soustelle. A qui je voudrais ajouter deux hommes de "droite": pour les archétypes: Bidault, pourquoi pas? pour les gardefous: Jouvenel (ou tout autre: Boutang, Fabre-Luce). Si votre manifeste n'a pas aussi le sens d'une réconciliation nationale, il perd une grande part de sa portée.

◄ « Union pour le salut et le renouveau de l'Algérie française », affiche, 1957.

Fondée par Jacques Soustelle en 1956, l'USRAF rassemble des « patriotes de droite et de gauche », de l'indépendant Roger Duchet au socialiste Marcel-Edmond Naegelen. Le nationalisme français n'est pas alors « le monopole des droites ligueuses »[1]. Ce rassemblement d'opinions diverses, transcendé par le patriotisme et « pour le maintien de l'Algérie dans la République », se perpétue jusqu'en 1961.

1. Guy Pervillé, « L'Algérie dans la mémoire des droites », in *Histoire des droites en France*, Jean-François Sirinelli (dir.), t. 2, « Cultures », Gallimard, 1992, « Tel », 2006, p. 645.

Fonds Affiches/BDIC

Lettre tapuscrite (extrait) **de Jean Paulhan à Armand Petitjean, le 21 février 1956.**

Le 21 février 1956, alors que « le salut de l'Algérie » constitue désormais « la grande question nationale dont tout dépend », Armand Petitjean adresse à Jean Paulhan un « projet d'appel » pour l'Algérie française, inspiré par Jacques Soustelle. « Il s'agit bien d'un appel au peuple, aux gens simples de ce pays », lui précise-t-il peu après, un appel dont la tâche première est d'éclairer l'opinion, jugée mal informée, et de combattre certaines propagandes. Paulhan ne refuse pas sa collaboration et conseille à son interlocuteur d'élargir l'intention de ce projet : « Si votre manifeste n'a pas *aussi* le sens d'une réconciliation nationale, il perd une grande part de sa portée. »

Fonds Armand Petitjean/IMEC

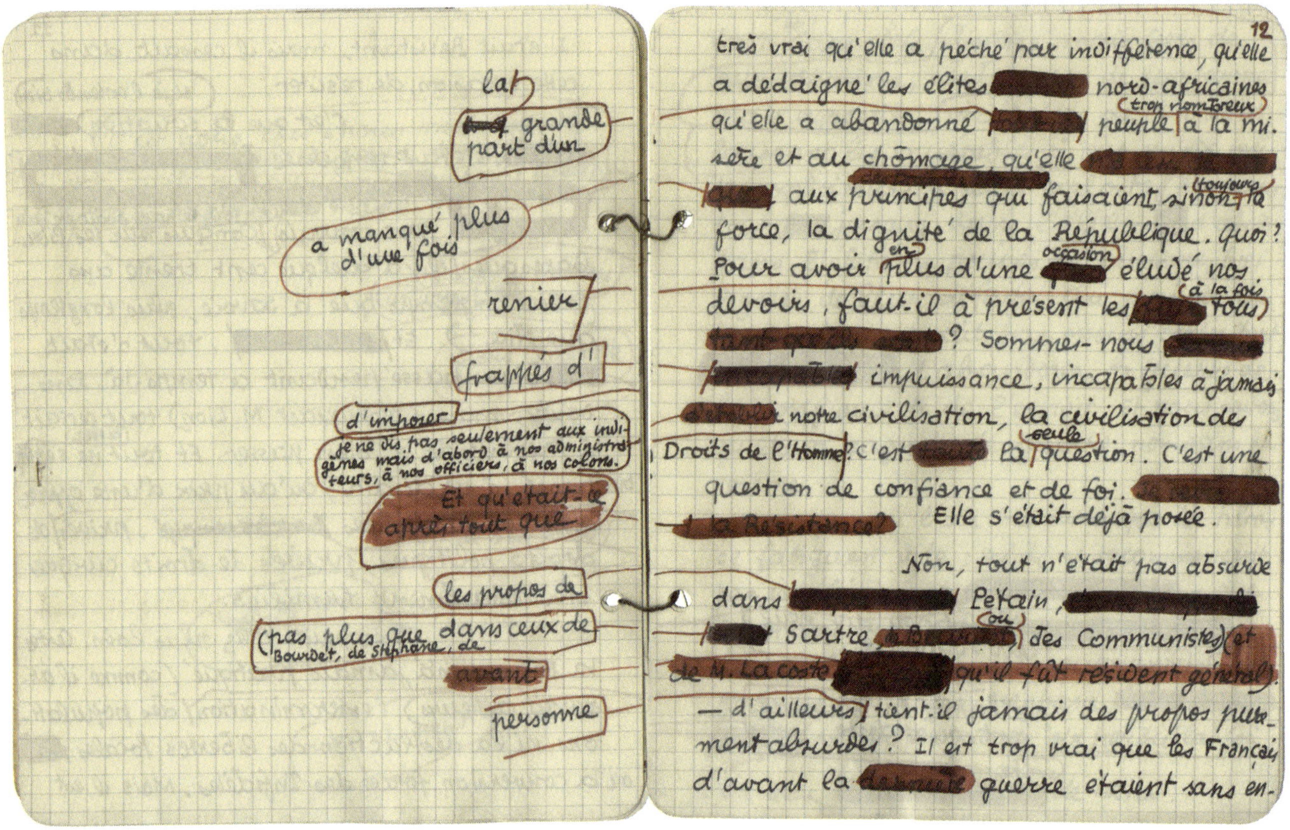

Jean Paulhan,
feuillets manuscrits
de *Barbaresques*, 1956.

Ce manuscrit, constitué à droite, du texte principal et, à gauche, de ses corrections, sera publié dans *Le Temps de Paris* le 25 mai 1956 sous le double titre « Barbaresques » – le seul à rester – et « Quand on a la chance d'être Français ». Entre apologue, essai et pamphlet contre le Comité d'action des intellectuels, où figurent nombre de proches de Paulhan, il défend une France capable de mener « la guerre de la confiance et de l'espoir ». Certes, elle « a péché par indifférence » ; elle « a dédaigné les élites nord-africaines », « abandonné la plus grande part d'un peuple trop nombreux à la misère », « manqué plus d'une fois aux principes qui faisaient la dignité de la République ». Mais « pour avoir en plus d'une occasion éludé nos devoirs, faut-il à présent les renier tous à la fois ? Sommes-nous frappés d'impuissance, incapables à jamais d'imposer notre civilisation, la civilisation des Droits de l'Homme ? C'est la seule question ».

Fonds Jean Paulhan/IMEC

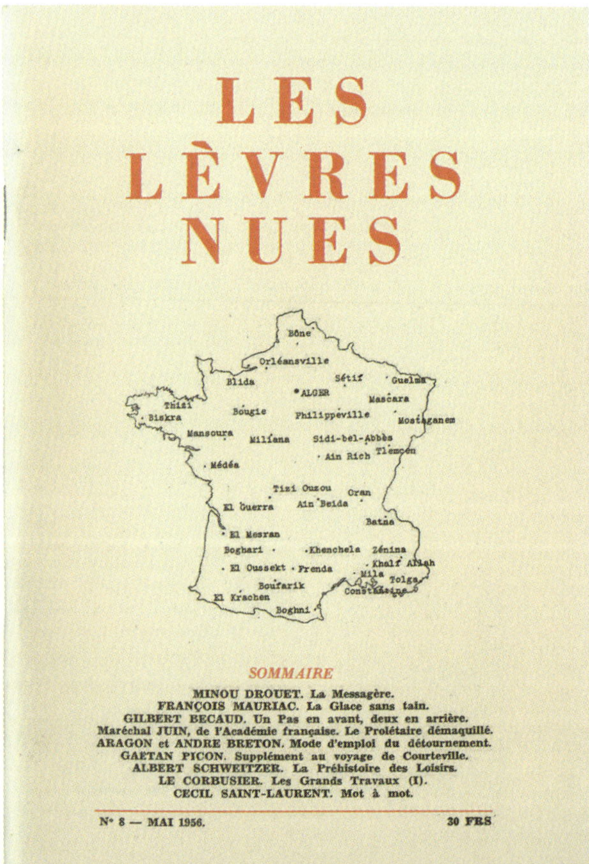
LES
LÈVRES
NUES

SOMMAIRE

MINOU DROUET. La Messagère.
FRANÇOIS MAURIAC. La Glace sans tain.
GILBERT BECAUD. Un Pas en avant, deux en arrière.
Maréchal JUIN, de l'Académie française. Le Prolétaire démaquillé.
ARAGON et ANDRE BRETON. Mode d'emploi du détournement.
GAETAN PICON. Supplément au voyage de Courteville.
ALBERT SCHWEITZER. La Préhistoire des Loisirs.
LE CORBUSIER. Les Grands Travaux (I).
CECIL SAINT-LAURENT. Mot à mot.

N° 8 — MAI 1956. 30 FRS

Marcel Marïen,
« La dernière carte »,
***Les Lèvres nues*, n° 8,**
mai 1956.

La revue surréaliste belge *Les Lèvres nues* publie en mai 1956 un numéro 8 au sommaire fantaisiste, qui présente sur sa page de couverture une carte de la France revue et corrigée. Cette France algérienne, pendant de l'Algérie française, substitue aux villes françaises des villes algériennes : Alger pour Paris, Sétif pour Reims, Oran pour Lyon, Constantine pour Marseille…

Fonds Bibliothèques de revues/IMEC

***Appel pour le salut et le renouveau de l'Algérie française*, avril 1956.**

Rassemblant des personnalités venant de divers horizons politiques, philosophiques et confessionnels, l'Union pour le salut et le renouveau de l'Algérie française (USRAF) publie, dans *Le Monde* du 21 avril 1956, un « appel solennel à l'opinion » contre les « instruments d'un impérialisme théocratique, fanatique et raciste ». Signé, entre autres, par Paul Rivet, Jacques Soustelle, Georges Duhamel, le cardinal Saliège ou le secrétaire confédéral de Force ouvrière (FO) André Lafond, cet appel convie l'opinion à un « élan de salut Public » : « *Oui, le déploiement de la force française est juste* pour protéger les uns et les autres contre la Terreur. Et il faut que cette force juste aille jusqu'à la vraie victoire : la pacification des cœurs. [...] *Unissons-nous et, sauvant l'Algérie, nous continuerons la France*. »

Fonds Jean Paulhan/IMEC

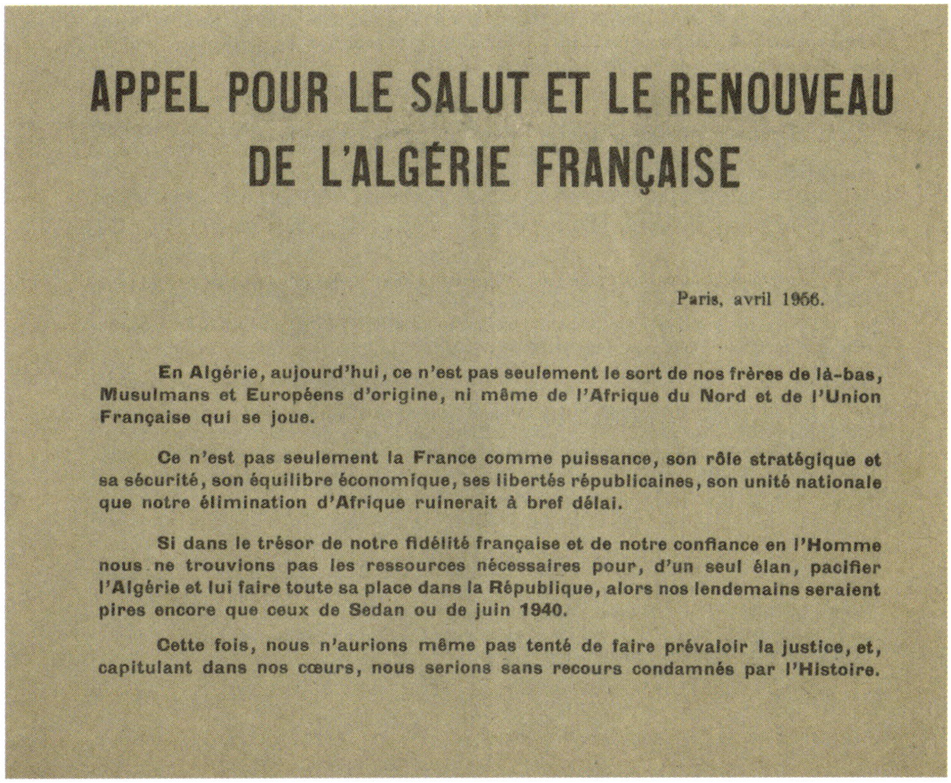

APPEL POUR LE SALUT ET LE RENOUVEAU DE L'ALGÉRIE FRANÇAISE

Paris, avril 1956.

En Algérie, aujourd'hui, ce n'est pas seulement le sort de nos frères de là-bas, Musulmans et Européens d'origine, ni même de l'Afrique du Nord et de l'Union Française qui se joue.

Ce n'est pas seulement la France comme puissance, son rôle stratégique et sa sécurité, son équilibre économique, ses libertés républicaines, son unité nationale que notre élimination d'Afrique ruinerait à bref délai.

Si dans le trésor de notre fidélité française et de notre confiance en l'Homme nous ne trouvions pas les ressources nécessaires pour, d'un seul élan, pacifier l'Algérie et lui faire toute sa place dans la République, alors nos lendemains seraient pires encore que ceux de Sedan ou de juin 1940.

Cette fois, nous n'aurions même pas tenté de faire prévaloir la justice, et, capitulant dans nos cœurs, nous serions sans recours condamnés par l'Histoire.

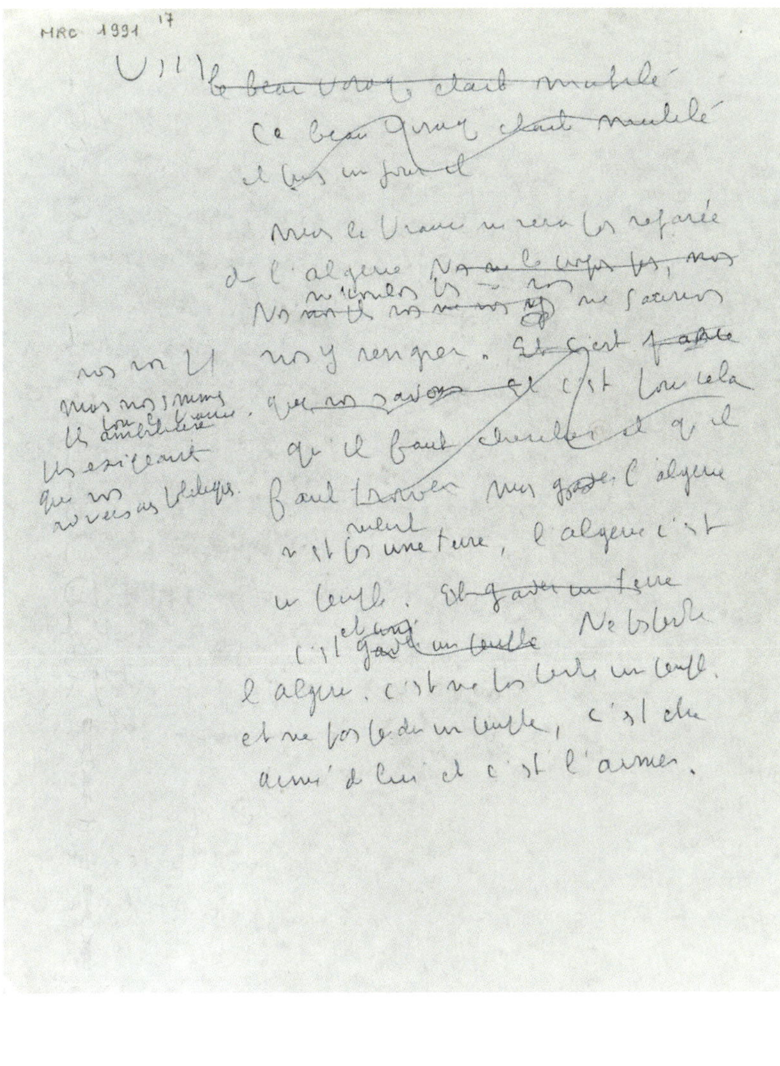

François Mauriac, « Le Moral de la Nation », *L'Express*, feuillet manuscrit, 18 mai 1956.

Le 12 mars 1956, le gouvernement Guy Mollet obtient le vote de la loi sur les pouvoirs spéciaux en Algérie autorisant la police et l'armée à prendre « toute mesure exceptionnelle commandée par les circonstances ». Cette loi est adoptée par 455 voix (voix communistes comprises) contre 76. Quelques semaines plus tard, François Mauriac traduit dans *L'Express* un sentiment alors largement partagé : « Les journaux ont prêté ce mot à Monsieur le Président du Conseil : "Que serait la France sans l'Algérie ?" [...] Mais la France ne sera pas séparée de l'Algérie. Nous ne le voulons pas. Nous ne saurions nous y résigner. »

Fonds François Mauriac/Bibliothèque littéraire Jacques-Doucet

TEMOIGNAGE

La déshumanisation en Algérie

FRANTZ FANON, médecin et philosophe, est connu par son livre, paru voici quelques années aux Editions du Seuil, « Peaux noirs et Masques blancs ».
L'auteur y traduisait, avec un remarquable talent d'essayiste et non sans une belle véhémence d'expression le drame du racisme, d'un racisme que Frantz Fanon, originaire des Antilles, a lui-même éprouvé et subi.
Médecin psychiâtre à Blida, il devait naturellement ressentir la profondeur du drame qui se déroulait aux portes de son hôpital. D'où sa démission, et la lettre qu'il a adressée à M. Lacoste.

A Monsieur le Ministre Résidant
Gouverneur Général de l'Algérie
A L G E R.

Monsieur le Ministre,

Sur ma demande et par arrêté en date du 22 Octobre 1953, Monsieur le Ministre de la Santé Publique et de la Population a bien voulu me mettre à la disposition de Monsieur le Gouverneur Général de l'Algérie pour être affecté à un Hôpital Psychiâtrique de l'Algérie.

Installé à l'Hôpital Psychiâtrique de Blida-Joinville le 23 Novembre 1953, j'y exerce depuis cette date les fonctions de Médecin Chef de service.

Bien que les conditions objectives de la pratique psychiâtrique en Algérie fussent déjà un défi au bon sens, il m'était apparu que des efforts devaient être entrepris pour rendre moins vicieux un système dont les bases doctrinales s'opposaient quotidiennement à une perspective humaine authentique.

Pendant près de trois ans je me suis mis totalement au service de ce pays et des hommes qui l'habitent. Je n'ai ménagé ni mes efforts, ni mon enthousiasme. Pas un morceau de mon action qui n'ait exigé comme horizon l'émergence unanimement souhaitée d'un monde valable.

Mais que sont l'enthousiasme et le souci de l'homme si journellement la réalité est tissée de mensonges, de lâchetés, du mépris de l'homme ?

Que sont les intentions si leur incarnation est rendue impossible par l'indigence du cœur, la stérilité de l'esprit, la haine des autochtones de ce pays ?

La Folie est l'un des moyens qu'a l'homme de perdre la liberté. Et je puis dire, que placé à cette intersection, j'ai mesuré avec effroi l'ampleur de l'aliénation des habitants de ce pays.

Si la Psychiâtrie est la technique médicale qui se propose de permettre à l'homme de ne plus être étranger à son environnement, je me dois d'affirmer que l'Arabe, aliéné permanent dans son pays, vit dans un état de dépersonnalisation absolue.

Le statut de l'Algérie ? Une déshumanisation systématisée.

Or, le pari absurde était de vouloir coûte que coûte faire exister quelques valeurs alors que le non-droit, l'inégalité, le meurtre multi-quotidien de l'homme étaient érigés en principes législatifs.

La structure sociale existant en Algérie s'opposait à toute tentative de remettre l'individu à sa place.

Monsieur le Ministre, il arrive un moment où la ténacité devient persévération morbide. L'espoir n'est plus alors la porte ouverte sur l'avenir mais le maintien illogique d'une attitude subjective en rupture organisée avec le réel.

Monsieur le Ministre, les événements actuels qui ensanglantent l'Algérie ne constituent pas aux yeux de l'observateur un scandale. Ce n'est ni un accident, ni une panne du mécanisme.

Les événements d'Algérie sont la conséquence logique d'une tentative avortée de décérébraliser un peuple.

Il n'était point exigé d'être psychologue pour deviner sous la bonhomie apparente de l'Algérien, derrière son humilité dépouillée, une exigence fondamentale de dignité. Et rien ne sert, à l'occasion de manifestations non simplifiables, de faire appel à un quelconque civisme.

La fonction d'une structure sociale est de mettre en place des institutions traversées par le souci de l'homme. Une société qui accule ses membres à des solutions de désespoir est une société non viable, une société à remplacer.

Le devoir du citoyen est de le dire. Aucune morale professionnelle, aucune solidarité de classe, aucun désir de laver le linge en famille ne prévaut ici. Nulle mystification pseudo-nationale ne trouve grâce devant l'exigence de la pensée.

Monsieur le Ministre,, la décision de sanctionner les grévistes du 5 Juillet 1956 est une mesure qui littéralement, me paraît irrationnelle.

Ou les grévistes ont été terrorisés dans leur chair et celle de leur famille, alors il fallait comprendre leur attitude, la juger normale, compte tenu de l'atmosphère.

Ou leur abstention traduisait un courant d'opinion unanime, une conviction inébranlable, alors toute attitude sanctionniste était superflue, gratuite, inopérante.

Je dois à la vérité de dire que la peur ne m'a pas paru être le trait dominant des grévistes. Bien plutôt il y avait le vœu inéluctable de susciter dans le calme et le silence une ère nouvelle toute de paix et de dignité.

Le travailleur dans la cité doit collaborer à la manifestation sociale. Mais il faut qu'il soit convaincu de l'excellence de cette société vécue. Il arrive un moment où le silence devient mensonge.

Les intentions maîtresses de l'existence personnelle s'accommodent mal des atteintes permanentes aux valeurs les plus banales.

Depuis de longs mois, ma conscience est le siège de débats impardonnables. Et leur conclusion est la volonté de ne pas désespérer de l'homme, c'est-à-dire de moi-même.

Ma décision est de ne pas assumer une responsabilité coûte que coûte, sous le fallacieux prétexte qu'il n'y a rien d'autre à faire.

Pour toutes ces raisons, j'ai l'honneur, Monsieur le Ministre, de vous demander de bien vouloir accepter ma démission et de mettre fin à ma mission en Algérie avec l'assurance de ma considération distinguée.

Action - 30 juillet. 56

Kateb Yacine, « Quand je pense à Zabana », poème manuscrit, 1956.

Combattant indépendantiste, Ahmed Zabana est, avec Abdelkader Ferradj, le premier condamné à mort exécuté de la guerre d'Algérie, malgré les appels à la clémence « humanitaire » et les risques de représailles. Arrêté le 8 novembre à la tête d'un groupe de l'ALN par une unité parachutiste, il est grièvement blessé. Devant l'échafaud, le 19 juin 1956, Zabana lança à ses camarades, aux fenêtres : « Je suis fier de monter le premier à l'échafaud. Avec nous ou sans nous l'Algérie vivra. » Il avait trente ans et laissait une lettre à ses parents, qui fut publiée dans le premier numéro d'*El Moudjhahid*. Le poème de Kateb Yacine chante le courage du combattant, auquel il prête ces derniers mots : « Je vais mourir et l'Algérie vivra. »

Fonds Kateb Yacine/IMEC

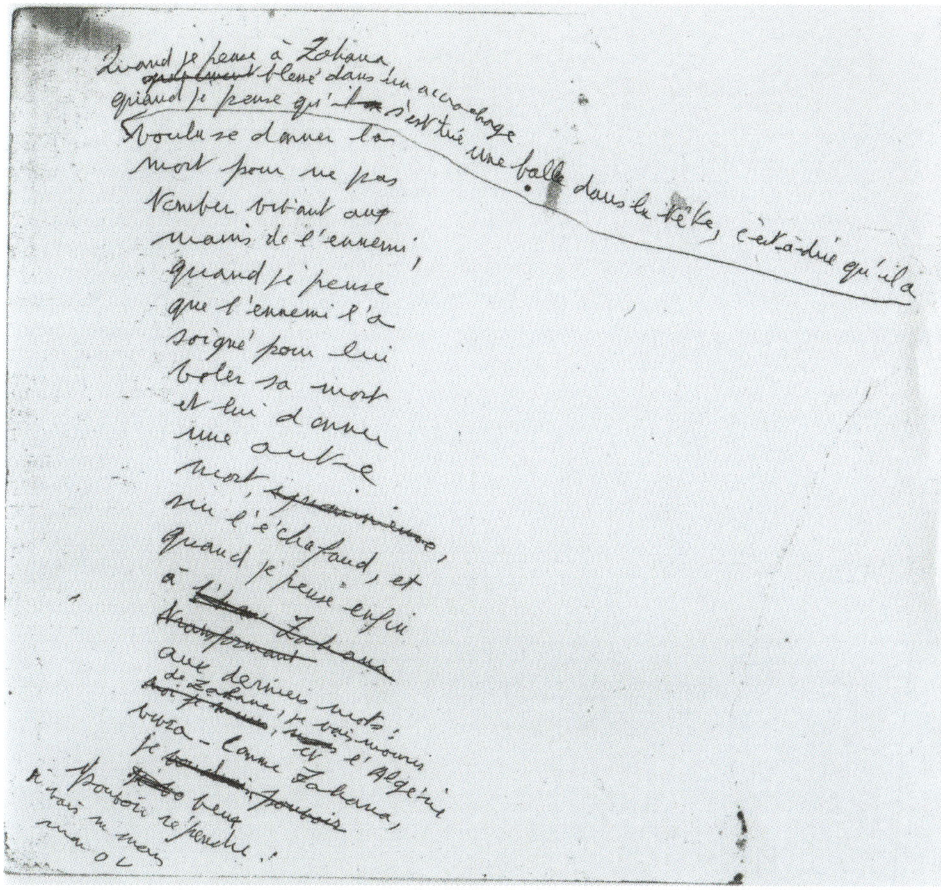
Quand je pense à Zabana
blessé dans un accrochage
quand je pense qu'il s'est tué une balle dans la tête, c'est-à-dire qu'il a
voulu se donner la
mort pour ne pas
tomber vivant aux
mains de l'ennemi,
quand je pense
que l'ennemi l'a
soigné pour lui
voler sa mort
et lui donner
une autre
mort
sur l'échafaud, et
quand je pense enfin
à
aux derniers mots
de Zabana, je vais mourir
et l'Algérie
vivra — Comme Zabana,
je
beau
pouvoir se pendre..

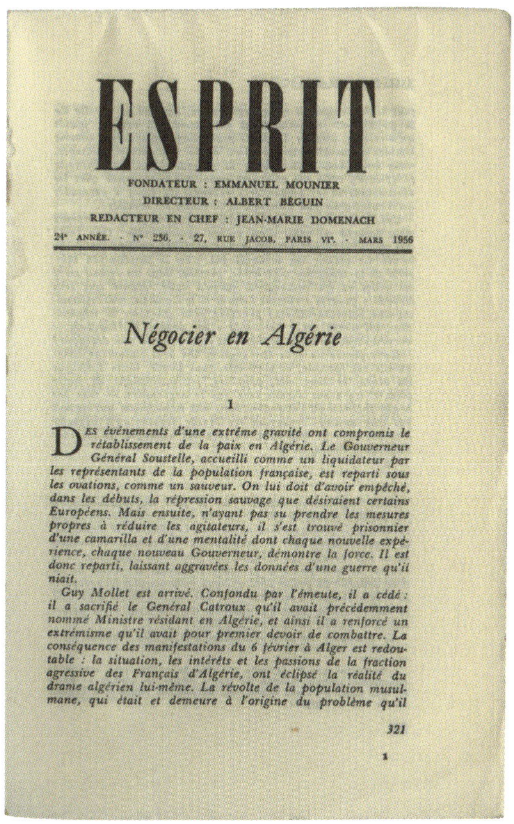
ESPRIT

FONDATEUR : EMMANUEL MOUNIER
DIRECTEUR : ALBERT BÉGUIN
REDACTEUR EN CHEF : JEAN-MARIE DOMENACH

24e ANNÉE. - No 256. - 27, RUE JACOB, PARIS VIe. - MARS 1956

Négocier en Algérie

I

Des événements d'une extrême gravité ont compromis le rétablissement de la paix en Algérie. Le Gouverneur Général Soustelle, accueilli comme un liquidateur par les représentants de la population française, est reparti sous les ovations, comme un sauveur. On lui doit d'avoir empêché, dans les débuts, la répression sauvage que désiraient certains Européens. Mais ensuite, n'ayant pas su prendre les mesures propres à réduire les agitateurs, il s'est trouvé prisonnier d'une camarilla et d'une mentalité dont chaque nouvelle expérience, chaque nouveau Gouverneur, démontre la force. Il est donc reparti, laissant aggravées les données d'une guerre qu'il niait.

Guy Mollet est arrivé. Confondu par l'émeute, il a cédé : il a sacrifié le Général Catroux qu'il avait précédemment nommé Ministre résidant en Algérie, et ainsi il a renforcé un extrémisme qu'il avait pour premier devoir de combattre. La conséquence des manifestations du 6 février à Alger est redoutable : la situation, les intérêts et les passions de la fraction agressive des Français d'Algérie, ont éclipsé la réalité du drame algérien lui-même. La révolte de la population musulmane, qui était et demeure à l'origine du problème qu'il

321

1

Jean-Marie Domenach, « Négocier en Algérie », éditorial, *Esprit*, no 3, mars 1956.

Pour le directeur d'*Esprit*, l'accueil houleux réservé à Guy Mollet le 6 février 1956 a pour conséquence « redoutable » la révolte de « la fraction agressive des Français d'Algérie », qui éclipse « la réalité du drame algérien lui-même ». Pour arrêter la confrontation sanglante des populations, pour « éviter que cette guerre soit perdue, et avec elle, sans doute, toute l'Afrique du Nord », il n'est d'autre voie que la négociation. Mais négocier, observe Jean-Marie Domenach, suppose « la reconnaissance de la *personnalité* algérienne » : « L'Algérie est une entité différente de la France, et non pas une province française. »

Fonds Bibliothèques de revues/IMEC

◄ Frantz Fanon, **« La déshumanisation en Algérie », *Action*, 30 juillet 1956.**

Psychiatre martiniquais, Frantz Fanon est affecté à sa demande à l'hôpital de Blida-Joinville en novembre 1953. Trois ans plus tard, il envoie à Robert Lacoste, ministre résidant et gouverneur général de l'Algérie, sa lettre de démission de médecin-psychiatre : « Je me dois d'affirmer que l'Arabe, aliéné permanent dans son pays, vit dans un état de dépersonnalisation absolue. Le statut de l'Algérie ? Une déshumanisation systématique. » Ces mots lui valent d'être expulsé d'Algérie. Il rejoint alors Tunis et s'engage totalement dans le combat de la résistance algérienne.

Fonds André Mandouze/ CHRD/Ville de Lyon

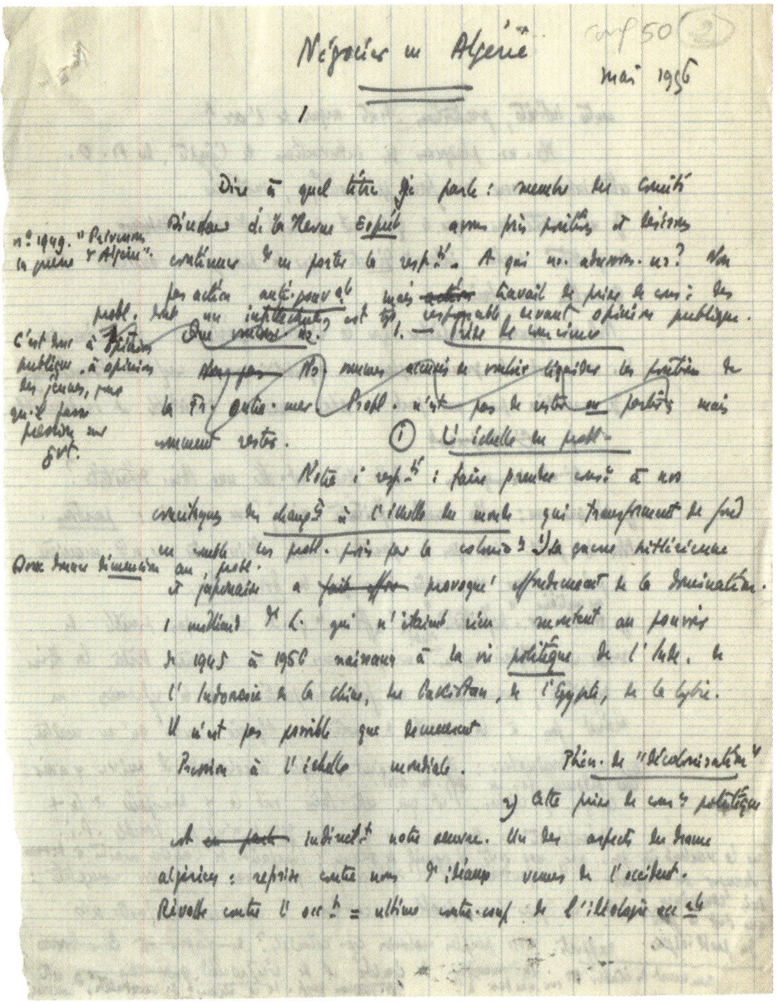

Négocier en Algérie

mai 1956

Paul Ricœur, « Négocier en Algérie », feuillet manuscrit, mai 1956.

Dans un ensemble de notes rédigées en tant que « membre du Comité directeur de la revue *Esprit* », Paul Ricœur précise son analyse du drame algérien. Est-ce soutenir une « thèse défaitiste » qu'écrire que la décolonisation est un phénomène « inévitable », « irréversible » ? Nullement, remarque l'auteur : « [E]lle serait défaitiste si j'en concluais : *partons*. [Or] le problème n'est pas de partir mais d'inventer une nouvelle manière de présence, avec une autre base que la *domination*. » Obscurcie par la guerre, la solution ne viendra donc que de « la convergence de ce qui reste d'opinion libérale et modérée de part et d'autre ».

Fonds Paul Ricœur/
Bibliothèque de l'IPT, Paris

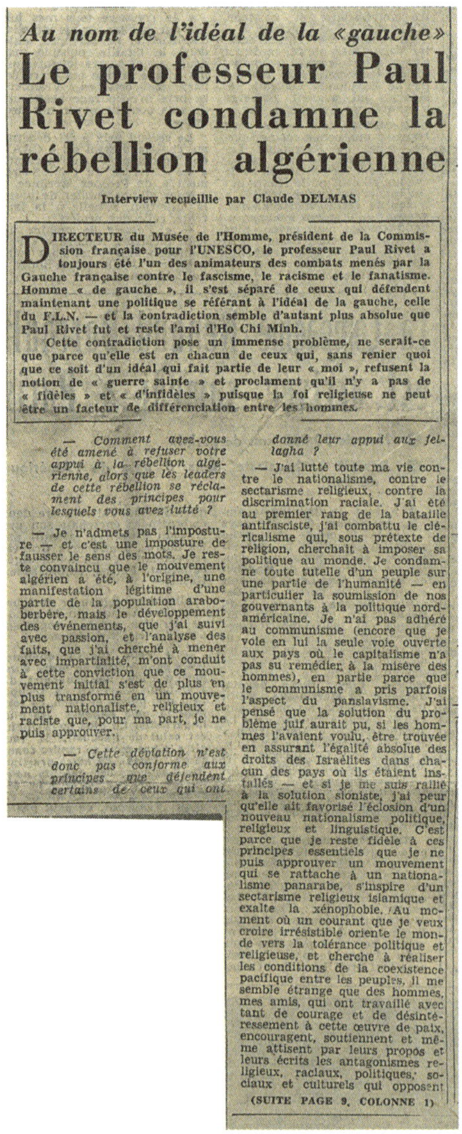

Au nom de l'idéal de la « gauche »

Le professeur Paul Rivet condamne la rébellion algérienne

Interview recueillie par Claude DELMAS

DIRECTEUR du Musée de l'Homme, président de la Commission française pour l'UNESCO, le professeur Paul Rivet a toujours été l'un des animateurs des combats menés par la Gauche française contre le fascisme, le racisme et le fanatisme. Homme « de gauche », il s'est séparé de ceux qui défendent maintenant une politique se référant à l'idéal de la gauche, celle du F.L.N. — et la contradiction semble d'autant plus absolue que Paul Rivet fut et reste l'ami d'Ho Chi Minh.

Cette contradiction pose un immense problème, ne serait-ce que parce qu'elle est en chacun de ceux qui, sans renier quoi que ce soit d'un idéal qui fait partie de leur « moi », refusent la notion de « guerre sainte » et proclament qu'il n'y a pas de « fidèles » et « d'infidèles » puisque la foi religieuse ne peut être un facteur de différenciation entre les hommes.

— Comment avez-vous été amené à refuser votre appui à la rébellion algérienne, alors que les leaders de cette rébellion se réclament des principes pour lesquels vous avez lutté ?

— Je n'admets pas l'imposture — et c'est une imposture de fausser le sens des mots. Je reste convaincu que le mouvement algérien a été, à l'origine, une manifestation légitime d'une partie de la population arabo-berbère, mais le développement des événements, que j'ai suivi avec passion, et l'analyse des faits, que j'ai cherché à mener avec impartialité, m'ont conduit à cette conviction que ce mouvement initial s'est de plus en plus transformé en un mouvement nationaliste, religieux et raciste que, pour ma part, je ne puis approuver.

— Cette déviation n'est donc pas conforme aux principes que défendent certains de ceux qui ont donné leur appui aux fellagha ?

— J'ai lutté toute ma vie contre le nationalisme, contre le sectarisme religieux, contre la discrimination raciale. J'ai été au premier rang de la bataille antifasciste, j'ai combattu le cléricalisme qui, sous prétexte de religion, cherchait à imposer sa politique au monde. Je condamne toute tutelle d'un peuple sur une partie de l'humanité — en particulier la soumission de nos gouvernants à la politique nord-américaine. Je n'ai pas adhéré au communisme (encore que je voie en lui la seule voie ouverte aux pays où le capitalisme n'a pas su remédier à la misère des hommes), en partie parce que le communisme a pris parfois l'aspect du panslavisme. J'ai pensé que la solution du problème juif aurait pu, si les hommes l'avaient voulu, être trouvée en assurant l'égalité absolue des droits des Israélites dans chacun des pays où ils étaient installés — et si je me suis rallié à la solution sioniste, j'ai peur qu'elle ait favorisé l'éclosion d'un nouveau nationalisme politique, religieux et linguistique. C'est parce que je reste fidèle à ces principes essentiels que je ne puis approuver un mouvement qui se rattache à un nationalisme panarabe, s'inspire d'un sectarisme religieux islamique et exalte la xénophobie. Au moment où un courant que je veux croire irrésistible oriente le monde vers la tolérance politique et religieuse, et cherche à réaliser les conditions de la coexistence pacifique entre les peuples, il me semble étrange que des hommes, mes amis, qui ont travaillé avec tant de courage et de désintéressement à cette œuvre de paix, encouragent, soutiennent et même attisent par leurs propos et leurs écrits les antagonismes religieux, raciaux, politiques, sociaux et culturels qui opposent

(SUITE PAGE 9, COLONNE 1)

Claude Delmas, « Au nom de l'idéal de la "gauche", le Pr Rivet condamne la rébellion algérienne », *Combat*, 9 juillet 1956.

Figure du Comité de vigilance des intellectuels antifascistes en 1934, fondateur du musée de l'Homme, président de la Commission française pour l'UNESCO, Paul Rivet dénonce dans *Combat*, au nom des principes de la gauche française, la dégradation d'une manifestation « patriotique » légitime de la population arabo-berbère en « un mouvement nationaliste, religieux et raciste » : « J'ai lutté toute ma vie contre le nationalisme, contre le sectarisme religieux, contre la discrimination raciale. [...] C'est parce que je reste fidèle à ces principes essentiels que je ne puis approuver un mouvement qui se rattache à un nationalisme panarabe, s'inspire d'un sectarisme religieux islamique et exalte la xénophobie. » Bien que lié à Rivet, Jean Cassou déplorera qu'« une des plus hautes consciences républicaines de ce temps » appuie les partisans de la poursuite de la guerre (*France-Observateur*, 11 juillet 1956).

BDIC,GFP 3181

Jacques Berque, « La France doit construire la nation algérienne », *Le Monde*, 12 décembre 1956.

Professeur au Collège de France, Jacques Berque s'interroge sur l'organisation à trouver pour « ce pays qui *se veut* ». Trois solutions sont examinées : celle d'un statut décentralisé, dépassée par l'aspiration nationale d'une partie des Algériens ; celle d'une « partition », inacceptable pour les deux communautés ; celle, viable, d'une reconnaissance de « la *nationalité* algérienne », non plus seulement comme un « fait », mais comme un « droit ». Il appartient à la France d'accompagner l'Algérie sur cette voie qui lui permettra « un jour » d'aller « seule ». Les relations franco-algériennes prendront-elles la forme d'une « confédération », d'une « fédération », d'une « union » ? « L'Afrique du Nord restera française, écrit Berque, dans la mesure où ses structures d'une part, ses sentiments de l'autre, la lieront à la France. »

Fonds André Mandouze/
CHRD/Ville de Lyon

Libres opinions

La France doit construire la nation algérienne

Par **JACQUES BERQUE**, professeur au Collège de France

QUE l'Algérie existe en tant que pays, qu'elle ne soit pas seulement le champ clos et l'enjeu de deux colères rivales, je n'en veux qu'une preuve, c'est qu'à travers tant d'années de législation française et sous l'enseigne triomphante alors de l' « assimilation », une personnalité lui était depuis longtemps reconnue, cette personnalité même dont la reconnaissance légale constituerait aujourd'hui aux yeux de certains le *nec plus ultra* des réformés.

Tous les législateurs, et mieux encore l'instinct diffus des Français à l'égard des réalités algériennes, avaient posé plus ou moins nettement une étape au delà de laquelle ils entrevoyaient, les uns l'assimilation totale, les autres un libéralisme plus prononcé et la liquidation des vieilles « spécialités » coloniales.

Avant la seconde guerre une sorte de fascination des uns et des autres empêchait Français comme musulmans de s'interroger et sur ce que serait le stade définitif et sur la durée de l'étape intermédiaire. La fin s'enveloppait dans l'utopie. Le délai tendait à l'infini. Au mieux, l'assimilation qui aurait peuplé notre Chambre d'un cinquième de députés arabes était conçue comme asymptote : progrès exaltant, certes, justificatif en tout cas, mais qui ne serait guère jamais atteint !

Le statut de 1947, avec sa notion de double collège conditionnée par des définitions culturelles et sociales, reposait encore sur l'espoir qu'une phase d'évolution et d'éducation française serait nécessaire et suffisante pour transformer les « indigènes » en citoyens pléniers. Chaque année les seuls succès universitaires augmenteraient le nombre des élus. Sans doute le privilège n'était-il pas héréditaire et restait-il soumis, en fait, à de pudiques entraves. Il n'en introduisait pas moins l'idée utile d'un laps délimitable. Et l'on pourrait imaginer un statisticien calculant, d'après l'évolution démographique et les plans d'équipement, en combien de temps, le premier collège s'étant peuplé d'une majorité musulmane, l'Algérie serait gérée, sinon gouvernée, surtout par des autochtones. Perspective inéluctable *pour peu que le système eût fonctionné.*

En fait donc, le dilemme entre la souveraineté française et la gestion indigène ne présente pas la netteté dont le dote la polémique. Sans doute le droit éminent de la métropole était-il vigoureusement préservé : à la fois par un patriotisme très valable sur le plan local ; par des précautions juridiques qui tendaient même à le renforcer en tant que facteur arbitral ; et par la bonne volonté des musulmans eux-mêmes, qui longtemps ont affectivement opposé le « Français de France » au « Français local ». Et l'on peut affirmer qu'en d'autres temps un réformateur avisé eût pu, sans grande difficulté, transformer ce droit éminent en droit d'impulsion, de conseil ou de tutelle, dans un système rigoureusement centralisé.

Cette solution était sans doute possible vers 1945, date à laquelle la soutenait Ferhat Abbas, de même qu'avait été possible, une dizaine d'années auparavant, la solution « assimilationniste » du projet Blum-Viollette. *Nous sommes à ce moment-là passés tout près d'une grande synthèse historique.* Elle n'aurait certes pas aboli les difficultés supprimé les antinomies. Mais elle les aurait peut-être apaisées pour longtemps. Surtout elle aurait, aux partisans arabes de la France — il y en avait beaucoup, il en existe encore — fourni un argument, une légitimité, qui font aujourd'hui cruellement défaut.

N'épiloguons pas sur les responsabilités encourues depuis 1936. Vingt ans après force nous est de constater que la révolte algérienne n'est plus seulement réformiste, mais nationale. Elle l'est formellement par l'adhésion presque unanime de l'ancien personnel politique, issu de l'opposition et même de la majorité gouvernementale. Elle l'est par l'affreux courage qui l'anime et qui nous oblige à utiliser contre elle un demi-million d'hommes. La question qui se pose est donc de savoir dans quelle mesure cet aspect national peut se composer avec la vitalité des parties en présence et l'intérêt bien entendu de la France et de l'Algérie.

Que doit être ce pays qui *se veut ?* Quelle organisation trouver qui épouse ses faits fondamentaux, respecte le droit à la vie de chacune de ses deux communautés, et, mieux encore, garantisse leur droit à l'œuvre commune ? Trois solutions se proposent.

La première, sous le nom de « personnalité algérienne », de « fait algérien », reconnaît l'existence et même l'aspiration de ces huit millions de musulmans. On n'ambitionne plus de les fondre dans l'identité et presque dans la race française. On les incorpore pourtant, mais en reconnaissant dans une mesure non précisée leur droit à être eux-mêmes. D'où un statut décentralisé et des réformes qui rétablissent, par exemple, quelques-uns des droits jadis arrachés à la langue arabe ou à la religion musulmane. Une telle solution semble désormais récusée par les Algériens arabes ou berbères, dont des voix autorisées proclament le ralliement à une volonté qui n'est plus communautaire ni provinciale, mais nationale.

Si nous allons jusqu'au bout de leur tendance, que trouvons-nous ? Un pays arabe et islamique comportant une importante minorité d'allogènes devenus citoyens, ou bien d'étrangers qui restent des hôtes. Sans doute la notion d'hospitalité est-elle vivace en Islam. Mais la jurisprudence des minoritaires y est également inquiétante. On imagine mal ce million d'Européens, armés par la technique, enracinés pour la plupart dans le sol du pays et qui consentiraient à n'y rester que comme métèques ou minoritaires noyés dans la masse.

Certains, dès lors, suggèrent une solution de désespoir, celle de la « par-

Tract bilingue (recto en français et verso en arabe), **diffusé par le Bureau psychologique de l'Armée et publié par le journal *France-Observateur*, 16 août 1956.**

Fonds André Mandouze/
CHRD/Ville de Lyon

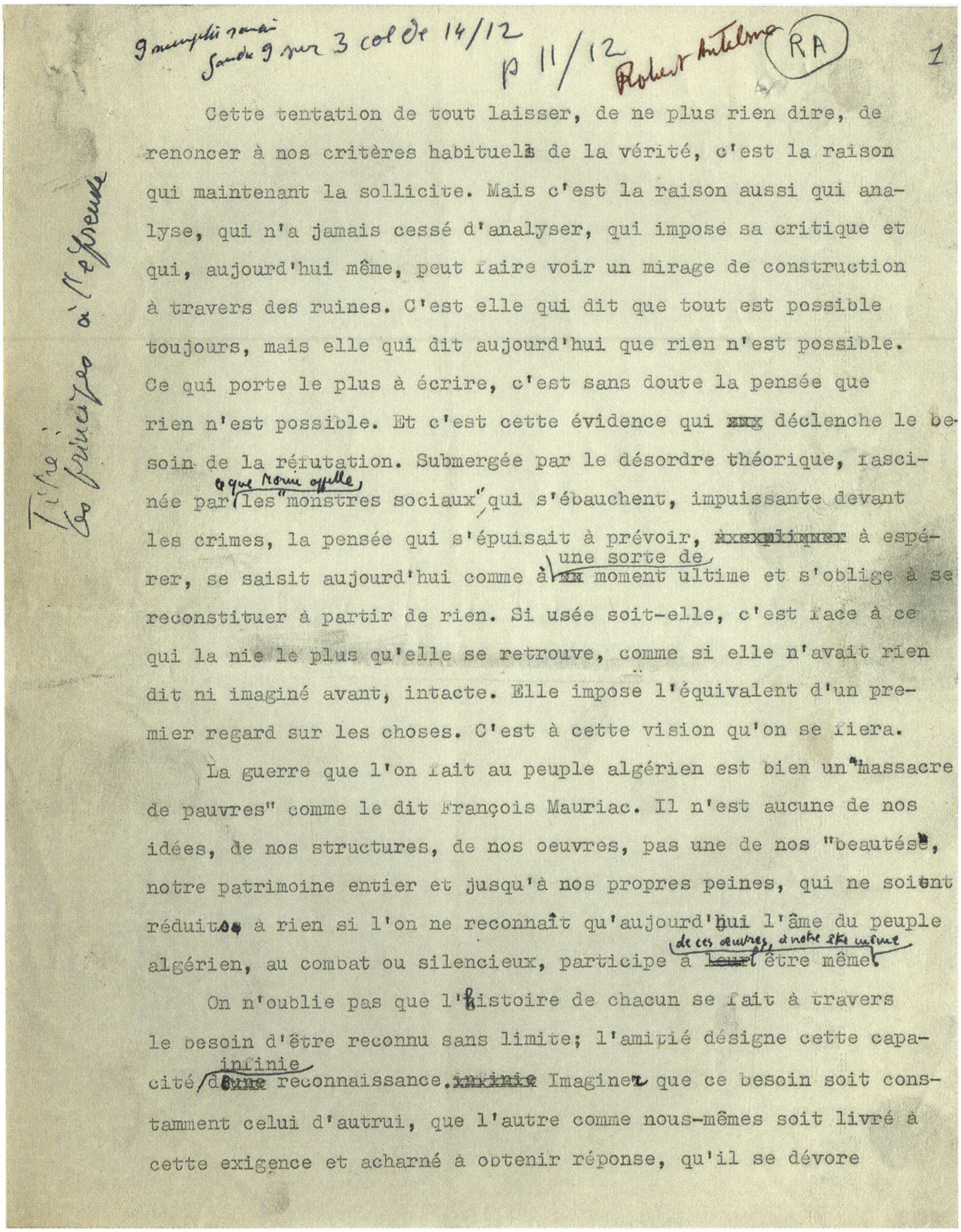

p 11/12 Robert Antelme (RA) 1

Titre : Les principes à l'épreuve

Cette tentation de tout laisser, de ne plus rien dire, de renoncer à nos critères habituels de la vérité, c'est la raison qui maintenant la sollicite. Mais c'est la raison aussi qui analyse, qui n'a jamais cessé d'analyser, qui impose sa critique et qui, aujourd'hui même, peut faire voir un mirage de construction à travers des ruines. C'est elle qui dit que tout est possible toujours, mais elle qui dit aujourd'hui que rien n'est possible. Ce qui porte le plus à écrire, c'est sans doute la pensée que rien n'est possible. Et c'est cette évidence qui déclenche le besoin de la réfutation. Submergée par le désordre théorique, fascinée par ce que Mauriac appelle "les monstres sociaux" qui s'ébauchent, impuissante devant les crimes, la pensée qui s'épuisait à prévoir, à espérer, se saisit aujourd'hui comme à une sorte de moment ultime et s'oblige à se reconstituer à partir de rien. Si usée soit-elle, c'est face à ce qui la nie le plus qu'elle se retrouve, comme si elle n'avait rien dit ni imaginé avant, intacte. Elle impose l'équivalent d'un premier regard sur les choses. C'est à cette vision qu'on se fiera.

La guerre que l'on fait au peuple algérien est bien un "massacre de pauvres" comme le dit François Mauriac. Il n'est aucune de nos idées, de nos structures, de nos oeuvres, pas une de nos "beautés", notre patrimoine entier et jusqu'à nos propres peines, qui ne soit réduit à rien si l'on ne reconnaît qu'aujourd'hui l'âme du peuple algérien, au combat ou silencieux, participe de ces oeuvres, de notre être même.

On n'oublie pas que l'histoire de chacun se fait à travers le besoin d'être reconnu sans limite; l'amitié désigne cette capacité infinie de reconnaissance. Imaginez que ce besoin soit constamment celui d'autrui, que l'autre comme nous-mêmes soit livré à cette exigence et acharné à obtenir réponse, qu'il se dévore

Robert Antelme, « Les principes à l'épreuve », feuillet tapuscrit, juillet 1958.

Dans ce texte paru dans le numéro 1 du journal *14 Juillet*, l'auteur constate la faillite en Algérie des principes fondateurs de la France (idées, structures, œuvres, beautés, patrimoine, « et jusqu'à nos propres peines »). Il s'agit désormais de « prendre au mot » la France et, au-delà, le monde entier. « Cette guerre est la réponse de la violence à la violence. [...] Aux travailleurs du monde qui ne sont pas écrasés par les polices, les Algériens [...] montrent qu'un peuple peut toujours prendre ses affaires en main. Cette guerre a cette vertu. La leçon ne sera pas perdue. »

Fonds Dionys Mascolo/IMEC

« L'Algérie, une Super-Hongrie » selon Edgar Morin

23 Novembre 1956.

Comité d'Action des
Intellectuels
7, Quai Voltaire
Paris. VII.

Cher Monsieur,

Je vous remercie de votre lettre du 21 novembre. Je suis malheureusement retenu lundi soir par une réunion à Esprit, et ne pourrai être présent à la réunion du bureau. Je le regrette vivement étant donné son importance.

Je crois que l'objectif de notre comité est et doit rester une négociation et une paix véritable en Algérie.

Toutefois il se pose une question de logique, de cohérence morale. Personnellement il m'est impossible de dénoncer l'intervention militaire, la répression des aspirations nationales aux côtés de ceux qui les approuvent dans d'autres pays. Pour l'efficacité même de notre action, je crois donc avec mes amis d'Esprit qu'elle ne peut être poursuivie que par des hommes dont on ne puisse mettre en doute la sincérité lorsqu'ils condamnent l'oppression d'un peuple par un autre.

Tant pour moi-même qu'aux yeux du public auquel nous nous adressons, je crois impossible de continuer la collaboration au sein d'un comité de ce genre avec ceux qui ne condamneraient pas publiquement l'intervention de l'armée soviétique en Hongrie. Je crois donc que la question doit être posée non pas comme relevant de la compétence de notre comité, mais comme question préalable à l'authenticité de notre action, à la sincérité de notre collaboration.

En m'excusant encore une fois de vous communiquer par lettre cette opinion, je vous prie de croire, cher Monsieur, à mes sentiments les meilleurs.

J.M. Domenach.

Jean-Marie Domenach, « Lettre au Comité d'action des intellectuels », le 23 novembre 1956.

« Les massacres de Budapest nous ont rendus adultes », écrit Edgar Morin à Franco Fortini le 22 novembre 1956. « Nous sommes désormais plusieurs à ne plus dissocier les deux combats [colonialisme français et stalinisme]. Nous rompons avec ceux qui pleurent sur Budapest et sourient de l'Algérie, ceux qui pleurent sur l'Algérie et applaudissent les chars russes. » Question de « cohérence morale », observe Jean-Marie Domenach, qui, au nom de la revue *Esprit*, demande une condamnation publique de l'intervention de l'armée soviétique en Hongrie par le Comité d'action des intellectuels.

Fonds Esprit/IMEC

COMITE D'ACTION DES
INTELLECTUELS

(1)

Paris, le 2I novembre I956

Au cours de la réunion de bureau qui s'est tenue lundi dernier, les membres présents se sont opposés à propos de l'incidence des évènements de Hongrie sur l'avenir et l'existence même de notre Comité. En gros, trois thèses ont été développées :

1) le Comité rassemble des intellectuels, dont les désaccords politiques ont toujours été nombreux, mais qui se sont réunis pour un objectif commun : lutter contre la politique de "pacification" en Algérie, exiger la négociation. Cet objectif demeure plus que jamais valable. Quelles que soient les divergences d'appréciation de la "question hongroise", nous devons faire front contre la guerre en Algérie.

2) D'autres camarades jugent que notre Comité abandonnerait les principes anti-colonialistes sur lesquels il s'est fondé, s'il n'associait dans un même refus la pacification à Budapest et la pacification en Algérie. On ne saurait selon eux appartenir au Comité si l'on ne condamne pas absolument l'une et l'autre.

3) Enfin, certains d'entre nous qui condamnent sans aucune réserve et publiquement l'intervention de l'armée soviétique en Hongrie n'estiment pas pour autant que le Comité en tant que tel ait à exiger de tous ses membres une pareille condamnation.

Nous avons pensé qu'il était indispensable que tous les membres du Bureau se prononcent sur cette question. Une autre réunion aura donc lieu le lundi 26 novembre à 2I heures, I64 boulevard du Montparnasse chez Olga Wormser.

S'il vous était impossible d'y participer, voulez-vous m'envoyer une lettre indiquant quelles conséquences doivent avoir à vos yeux les évènements de Hongrie sur l'organisation et le travail du Comité. Au cours de cette réunion nous déciderons si une assemblée générale doit être tenue ou non.

Cordialement à vous.

Pour le Bureau : Pontalis, 7 quai Voltaire.
(Paris, 7ème)

Lettre circulaire tapuscrite de Jean-Bertrand Pontalis pour le Bureau du Comité d'action des intellectuels, le 21 novembre 1956.

Faut-il associer dans un même refus la « pacification » soviétique à Budapest et la « pacification » française en Algérie » ? Cette question exacerbe les débats du Comité d'action des intellectuels. La tenue, le 15 décembre, de son assemblée générale, n'apaise pas les oppositions qui l'agitent. Un Comité des intellectuels révolutionnaires se forme alors sur des bases non équivoques : « lutte contre le colonialisme français et, plus généralement contre tous les impérialismes, y compris l'impérialisme russe ». Y participent activement Claude Lefort, Dionys Mascolo, Marguerite Duras, Robert Antelme, Kostas Axelos, Edgar Morin ou encore Jean Schuster.

Fonds Esprit/IMEC

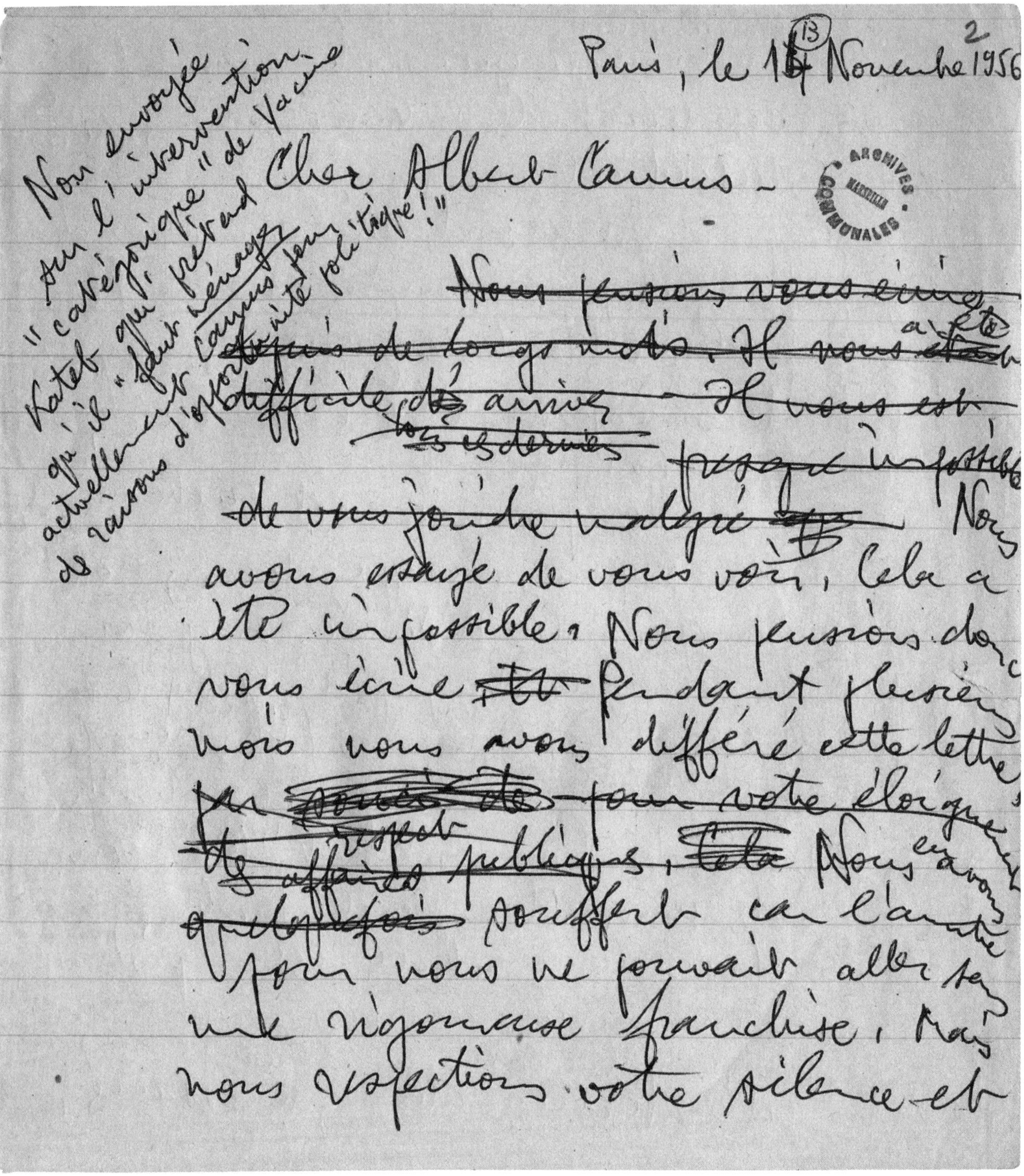

Paris, le 14 Novembre 1956

Cher Albert Camus —

~~Nous pensions vous écrire depuis de longs mois. Il vous a été difficile de~~ ~~[illegible]~~ ~~Il vous est presque impossible de vous joindre malgré~~ Nous avons essayé de vous voir. Cela a été impossible. Nous pensions donc vous écrire ~~[illegible]~~ pendant plusieurs mois nous avons différé cette lettre ~~par [illegible]~~ ~~pour votre éloignement des affaires publiques.~~ ~~[illegible]~~ Nous en avons ~~quelquefois~~ souffert car l'amitié pour vous ne pouvait aller sans une rigoureuse franchise. Mais nous respections votre silence et

Non envoyée sur l'intervention "catégorique" de Kateb qui prétend qu'il "faut ménager actuellement Camus pour des raisons d'opportunité politique!"

Brouillon de lettre manuscrite de Jean Sénac à Albert Camus, le 14 novembre 1956.

« L'Algérie est une Super-Hongrie ». Cette formule d'Edgar Morin, Jean Sénac l'aurait sans doute faite sienne. Dans ce brouillon de lettre d'inspiration collective, il enjoint Camus, qui ne répugne pas à s'exprimer sur l'affaire hongroise, à parler pour tous les opprimés. Il évoque le sang versé, arabe et français, les « tortures quotidiennes » subies dans ce qu'il désigne comme « de véritables camps d'extermination », le « devoir » d'élever sa voix et de « dresser [ses] barricades » quand

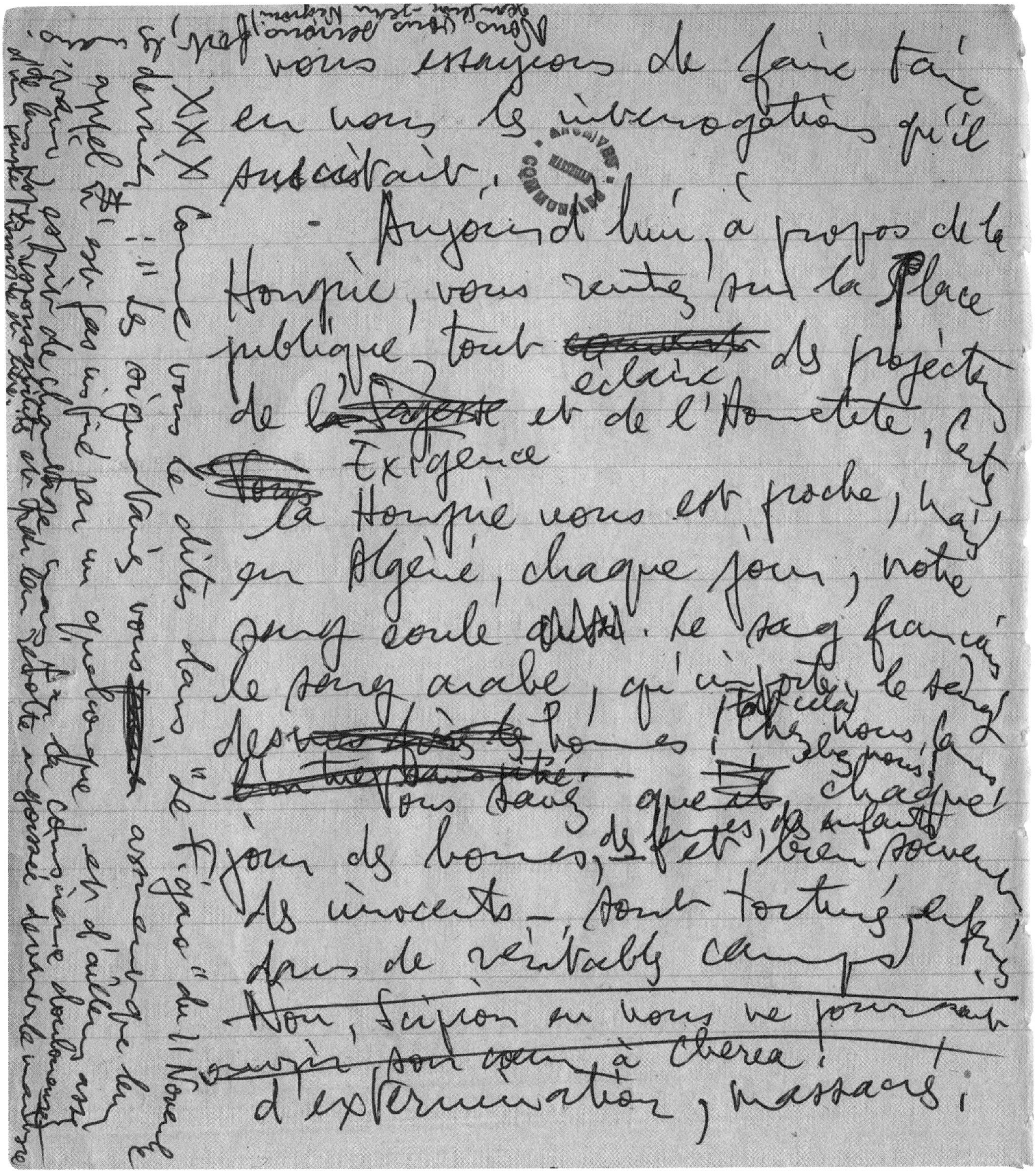

vous essayions de faire taire
en nous les interrogations qu'il
suscitait.
– Aujourd'hui, à propos de la
Hongrie, vous rentrez sur la place
publique tout éclairé des projecteurs
de l'Exigence et de l'Honnêteté. Certes
la Hongrie vous est proche, mais
en Algérie, chaque jour, notre
sang coule. Le sang français
le sang arabe, qu'importe, le sang
des hommes ! Chez nous, là-bas, chaque
jour des hommes, des femmes, des enfants et bien souvent
des innocents – sont torturés, enfermés
dans de véritables camps
d'extermination, massacrés.

on peut prétendre à une audience comme celle de l'auteur de *Caligula* et que l'on ne veut pas condamner l'espérance d'amis comme le peintre Jean de Maisonseul. Kateb Yacine, qui voulait « ménager Camus pour des raisons d'opportunité politique », s'opposera « catégoriquement » à l'envoi de cette lettre.

Fonds Jean Sénac, JS7/
BMVR, Marseille

POUR LA PAIX EN ALGÉRIE

les personnalites et organisations :

Louis ALVERGNAT
Dr Louis AUJOULAT
Robert BARRAT
François-Régis BASTIDE
Robert BEZ
Claude BOURDET
Jacques CHATAGNER
Paul-Henri CHOMBART DE LAUWE
Roger COLAS
André CRUIZIAT
Roger DAUFHIN
Henri DESHAYES
Albert DETRAZ (du groupe "RECONSTRUCTION"
Jean-Marie DOMENACH
Pierre DREYFUS-SCHMIDT
Marguerite DURAS
Jean DURIX
Luc ESTANG

Gilles FERRY
Paul FRAISSE
Maurice de GANDILLAC
Louis GERNET
Yves GOUSSAULT
Pierre GOUTET
Daniel GUERIN
Louis GUERY
Louis HOUDEVILLE
Léon HOVNANIAN
Francis JEANSON
Maurice LACROIX
Antoine LEJAY
André MANDOUZE
Henri MARROU
Gilles MARTINET
François MAURIAC
Jean-Jacques MAYOUX
Marcel MOIROUD

Edgar MORIN
Maurice NADEAU
André PHILIP
René PUCHEU
Paul RICOEUR
Jacques-Francis ROLLAND
Pasteur ROSER
Claude ROY
Robert RUHLMANN
Georges SUFFERT
Max STERN
Pierre STIBBE
Pasteur TROCME
Camille VAL
VERCORS
Jean VERLHAC
Mme A. VIENNOT
Pasteur VOGE

Louis MASSIGNON

MOUVEMENT DE LIBERATION DU PEUPLE
NOUVELLE GAUCHE
JEUNE REPUBLIQUE
MOUVEMENT DE LIBERATION OUVRIERE

lancent un appel à la conscience française

Le 2 Janvier 1956, la majorité du peuple français s'est prononcée en faveur d'une politique de paix en Algérie. Un an s'est écoulé, et ce but apparaît plus éloigné que jamais. La guerre se prolonge et s'aggrave. Le sang, la violence et la haine séparent et opposent chaque jour davantage les deux populations, musulmane et européenne, de l'Algérie.

Au moment où s'ouvre devant l'Organisation des NATIONS UNIES un débat où la France, patrie du droit, de l'honneur et de la liberté, va se trouver, une fois de plus, en posture d'accusée, nous estimons nécessaire que se manifeste une protestation de la conscience nationale, contre la situation dans laquelle l'action gouvernementale a placé le pays.

Nous adressons cet appel à tous ceux, Français et Françaises, qui ne peuvent plus supporter sans réagir l'aggravation du drame algérien et le poids des responsabilités que la politique suivie par le gouvernement impose, avec légèreté, au peuple français.

Nous qui avons dénoncé en tous lieux et toutes circonstances, notamment lors des évènements de Hongrie et du Moyen-Orient, l'emploi de la force contre le droit des peuples à disposer d'eux-mêmes, nous adressons cet APPEL à tous ceux qui ont compris que, dans le monde d'aujourd'hui, on ne peut refuser plus longtemps au peuple algérien, le respect de sa dignité et la reconnaissance de ses légitimes aspirations nationales ;

– à tous ceux qui constatent que la continuation d'une politique de force ne peut que compromettre l'avenir de l'Algérie et de tous ses habitants, ainsi que celui de la France;

Jean Effel, « Les élites dans l'angoisse », dessin, *L'Express*, 1er octobre 1959.

Fonds Alain Robbe-Grillet/IMEC

◂ Appel « Pour la paix en Algérie », janvier 1957.

Alors qu'à l'ONU s'ouvre un débat sur la « Question algérienne », où la France, en posture d'accusée, est malmenée, un certain nombre de personnalités et d'organisations appellent à manifester le 2 février pour l'ouverture de négociations et contre la « politique de force », la torture et l'enfermement concentrationnaire en Algérie.

Fonds Daniel Guérin/BDIC

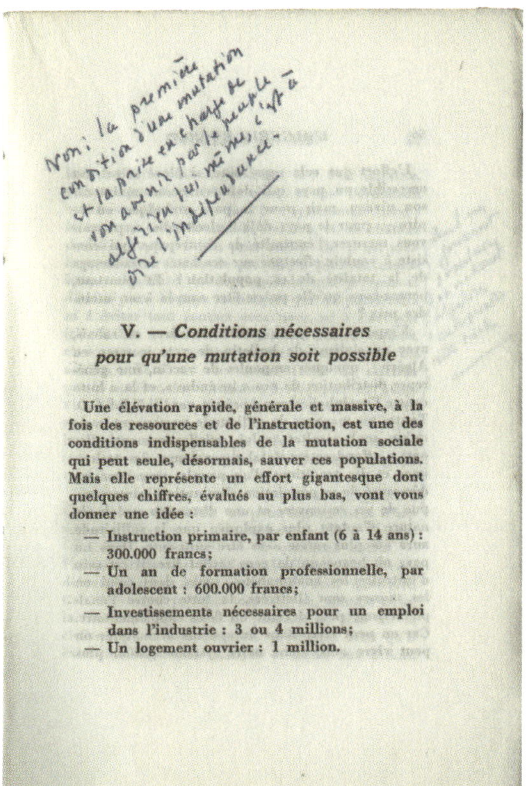

Non : la première condition d'une mutation est la prise en charge de son avenir par le peuple algérien lui-même, c'est-à-dire l'indépendance.

V. — *Conditions nécessaires pour qu'une mutation soit possible*

Une élévation rapide, générale et massive, à la fois des ressources et de l'instruction, est une des conditions indispensables de la mutation sociale qui peut seule, désormais, sauver ces populations. Mais elle représente un effort gigantesque dont quelques chiffres, évalués au plus bas, vont vous donner une idée :

— Instruction primaire, par enfant (6 à 14 ans) : 300.000 francs;
— Un an de formation professionnelle, par adolescent : 600.000 francs;
— Investissements nécessaires pour un emploi dans l'industrie : 3 ou 4 millions;
— Un logement ouvrier : 1 million.

Germaine Tillion, *L'Algérie en 1957*, Minuit, 1957. Exemplaire annoté par Jean Amrouche.

Germaine Tillion, qui a accompli plusieurs missions scientifiques dans l'Aurès, publie ici à la fois une étude et un témoignage. À l'aide d'arguments économiques et humains, elle montre que l'Algérie indépendante serait une Algérie livrée à la misère. Cet ouvrage connaît une fortune singulière : par ses conclusions, il trouble la gauche et séduit la droite. Imposture ? Mystification dont l'auteur serait la première victime ? Dans *Témoignage chrétien*, Jean Amrouche dénonce les silences, les erreurs et les simplifications du livre. Né à Ighil-Ali mais de nationalité française, toujours écartelé, « Jean El-Mouhoub » met son verbe au service des « Muets », dont il se sent solidaire. Dans les marges du chapitre 5, il note : « Non, la première condition d'une mutation est la prise en charge de son avenir par le peuple algérien lui-même, c'est-à-dire l'indépendance. »

Fonds Jean Amrouche/IMEC

3. — LE MONDE. — 20 mars 1958.

…ION PUBLIQUE FRANÇAISE

UN COLLOQUE D'UNIVERSITAIRES
formule des propositions pour une solution politique en Algérie

Il serait vain de penser que la conclusion du processus actuel « puisse être autre que l'indépendance »

Un groupe de membres de l'enseignement supérieur, comprenant deux professeurs au Collège de France, vient de tenir deux colloques consacrés à l'étude du problème algérien, et va convoquer une troisième réunion au mois d'avril, ouverte à tous les membres des autres ordres d'enseignement.

A l'issue des deux premières rencontres a été rédigé un texte qui servira de base aux discussions ultérieures, et qui est signé de MM. Albert Chatelet, ancien doyen de la faculté des sciences ; Louis Massignon et Jacques Berque, professeurs au Collège de France ; André Philip, André Hauriou, Maurice Duverger, professeurs à la faculté de droit de Paris ; Henri Laugier, ancien secrétaire général adjoint de l'O.N.U., professeur à la faculté des sciences ; Laurent Schwartz, J.-P. Mathieu et Lennuier, professeurs à la faculté des sciences ; Régis Blachère, J.-J. Mayoux, Henri Marrou, Jean Dresch et Roger Portal, professeurs à la faculté des lettres ; J.-P. Vernant, chargé de cours à l'Ecole des hautes études ; Vigier et François Châtelet, attachés au C.N.R.S.

« Un colloque universitaire formule des propositions pour une solution politique en Algérie », *Le Monde*, 20 mars 1958.

Un rapport universitaire, signé entre autres par André Châtelet, Louis Massignon, Jacques Berque, Maurice Duverger et Laurent Schwartz, souligne l'impossibilité de réaliser l'intégration et souhaite l'ouverture de négociations. Il serait vain en effet « de penser que la conclusion du processus actuel puisse être autre que l'indépendance ». Le changement « progressif » de régime renouvellera les liens politiques, économiques et culturels entre la France et l'Algérie. « Nous pensons même, observent les signataires, qu'ils ne feront que se resserrer quand le "pacte" colonial imposé par l'un des partenaires sera remplacé par un pacte librement discuté et librement conclu entre des partenaires égaux. »

Fonds André Mandouze/CHRD/Ville de Lyon

Albert Camus, *Actuelles, III. Chroniques algériennes (1939-1958)*, Gallimard, 1958.

Alors qu'il a renoncé à intervenir comme intellectuel pour « désintoxiquer les esprits et apaiser les fanatismes », Albert Camus publie un choix de « chroniques algériennes ». Valant comme autant d'avertissements, elles plaident « pour la réconciliation » et contribuent à définir l'avenir de l'Algérie. En dépit d'éventuelles insuffisances ou « erreurs de jugement », l'essentiel demeure intangible : les tortures et le terrorisme aveugle doivent être également condamnés ; l'universel et le particulier ont à être sauvés ensemble ; « il n'y aura pas d'avenir qui ne rende justice en même temps aux deux communautés d'Algérie ». Camus espère une « Algérie constituée par des peuplements fédérés, et reliés à la France » ; mais, si elle n'advient pas, son livre pourra « se porter témoin de ce qu'il a fait et de ce qu'il a dit ».

Collection privée

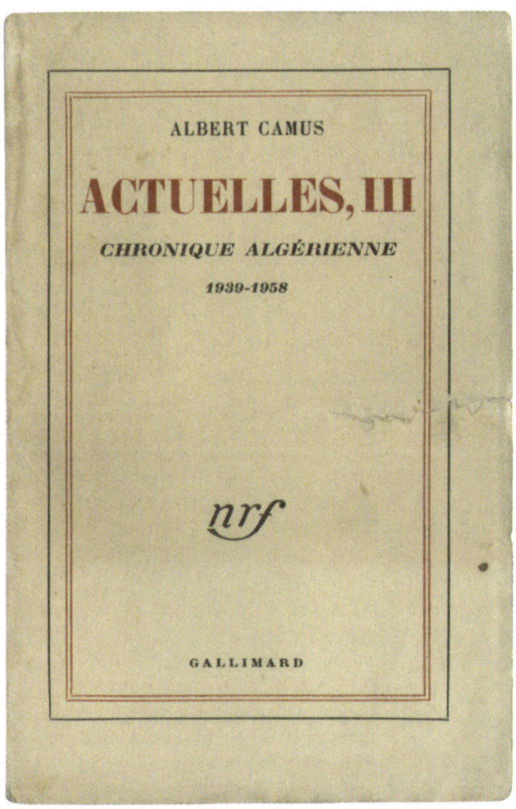

Lettre tapuscrite d'Albert Camus à Jean Amrouche, le 6 janvier 1958.

Espérant toujours un « apaisement futur », mais se sachant désormais isolé, Albert Camus défend devant son ami pro-indépendantiste Amrouche une solution fédérale : « Tu me confirmes que tu es partisan de l'indépendance d'une nation algérienne. Je crois que j'en comprends bien toutes les raisons. Cependant, dans le contexte historique actuel, cela reviendrait à remettre l'Algérie et ses habitants à la discrétion du FLN. Selon moi, et pour le moment, ce serait livrer les Français d'Algérie et un grand nombre d'Arabes à une pure aventure. La solution pour moi ne peut être que fédérale, comme je l'ai déjà dit, il y a longtemps. »

Fonds Jean Amrouche/IMEC

4

LIBRAIRIE nrf GALLIMARD

Soc. Anonyme - Capital 162.000.000 de frs
Chèque Postal : PARIS N° 169-33
Registre du Commerce Seine N° 35.807

Téléphone : LITTRÉ 28-91 à 28-94
Adresse Télégraphique : ENEREFENE-PARIS
N° d'Entreprise 553-75.107-0041

5, rue Sébastien-Bottin, Paris (VIIe)

Monsieur Jean Amrouche
90 Bd Malesherbes
Paris

Paris, le 6 janvier 1958.

Mon cher Amrouche,

je ne t'ai pas lu distraitement. J'ai encore en mémoire les phrases auxquelles je faisais allusion. Tu me confirmes que tu es partisan de l'indépendance d'une nation algérienne. Je crois que j'en comprends bien toutes les raisons. Cependant, dans le contexte historique actuel, cela reviendrait à remettre l'Algérie et ses habitants à la discrétion du F.L.N. Selon moi, et pour le moment, ce serait livrer les Français d'Algérie et un grand nombre d'arabes à une pure et simple aventure. La solution pour moi ne peut être que fédérale, comme je l'ai déjà dit, il y a longtemps, et à condition que tous les éléments de la communauté algérienne connaissent à la fois justice et liberté. Je crois cela réalisable dès l'instant où l'hystérie réciproque pourra s'apaiser. Autrement dit, et provisoirement, il ne faut désigner aucune collectivité, en tant que telle, à la vindicte de l'autre. C'est ainsi que j'ai imaginé ma tâche. Et c'est ce qui m'a séparé d'à peu près tout le monde en France. Cette séparation vient de s'accuser encore plus profondément, avec l'accueil qui m'a été fait à mon retour en France. J'ai donc décidé d'accepter cette solitude, de ne plus répondre à rien, et de continuer à témoigner, en tant qu'écrivain, par le livre. Garde seulement de cet échange le souvenir de ce que je t'ai dit. J'espère qu'il pourra t'aider à tempérer quelques positions et à aider, si peu que ce soit, à un apaisement futur dont je ne doute pas.

A toi,

Albert Camus

Albert Camus.

La Société décline toute responsabilité pour la perte des livres ou des manuscrits qui lui sont confiés.

Jean Amrouche, « De quelques vérités amères. La France comme mythe et comme réalité », feuillet manuscrit d'un article publié dans *Le Monde*, le 11 janvier 1958.

D'abord refusé par *L'Express* et dédié à François Mauriac, cet article d'Amrouche est un réquisitoire violent et déchiré. Avec la guerre d'Algérie, constate l'auteur, le charme mensonger de la « mythologie française » cesse brutalement. La décolonisation oppose deux figures trop longtemps mêlées de la France : l'une coloniale, raciste, oppressive et inhumaine ; l'autre émancipatrice, universaliste et salvatrice. L'équivoque usuelle « entre le dire libéral et humaniste et le faire raciste et colonialiste » ne tient plus. Désormais, « la France réelle est plus petite et moins belle que la France légendaire et poétique ».

Fonds Jean Amrouche/IMEC

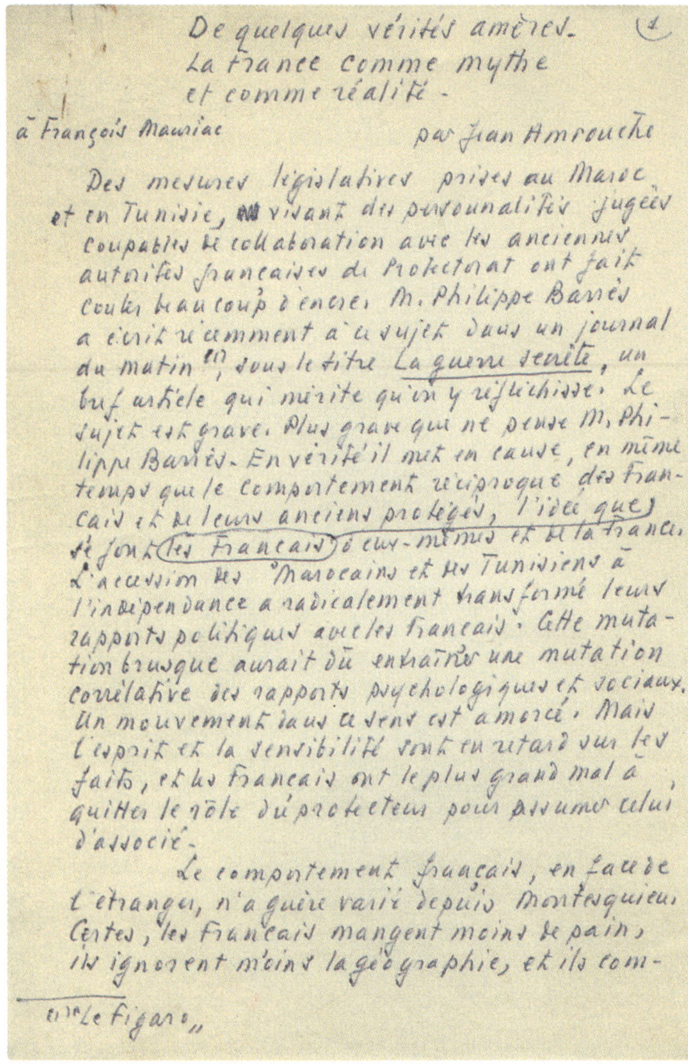

De quelques vérités amères.
La France comme mythe
et comme réalité - (1)

à François Mauriac

par Jean Amrouche

Des mesures législatives prises au Maroc et en Tunisie, visant des personnalités jugées coupables de collaboration avec les anciennes autorités françaises du Protectorat ont fait couler beaucoup d'encre. M. Philippe Barrès a écrit récemment à ce sujet dans un journal du matin (1), sous le titre La guerre secrète, un bref article qui mérite qu'on y réfléchisse. Le sujet est grave. Plus grave que ne pense M. Philippe Barrès. En vérité il met en cause, en même temps que le comportement réciproque des Français et de leurs anciens protégés, l'idée que se font les Français d'eux-mêmes et de la France. L'accession des Marocains et des Tunisiens à l'indépendance a radicalement transformé leurs rapports politiques avec les Français. Cette mutation brusque aurait dû entraîner une mutation corrélative des rapports psychologiques et sociaux. Un mouvement dans ce sens est amorcé. Mais l'esprit et la sensibilité sont en retard sur les faits, et les Français ont le plus grand mal à quitter le rôle de protecteur pour assumer celui d'associé.

Le comportement français, en face de l'étranger, n'a guère varié depuis Montesquieu. Certes, les Français mangent moins de pain, ils ignorent moins la géographie, et ils com-

(1) Le Figaro

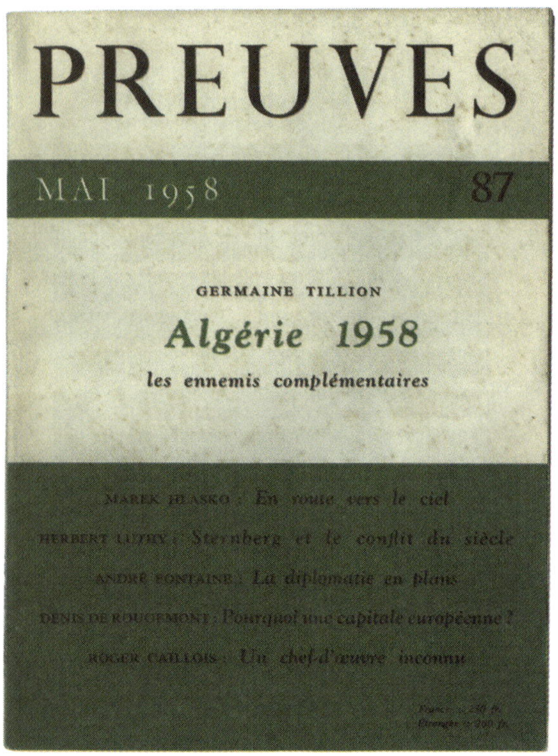

Germaine Tillion, « Algérie 1958, les ennemis complémentaires », *Preuves*, n° 87, mai 1958.

L'Algérie en 1957 avait suscité diversement admiration, trouble, enthousiasme ou déception. Une équivoque demeurait sur l'intention de son auteur : avoir laissé supposer que des « recettes exclusivement économiques » suffiraient à « soigner le grand ulcère qu'est devenue l'Algérie ». Ce nouveau texte, édité ensuite chez Minuit, se veut plus politique. En face de « l'Algérie algérienne », écrit Germaine Tillion, il en existe une autre, « aussi vivace, aussi dangereuse, aussi exposée : l'Algérie française. Effacer l'une au profit de l'autre est inhumain – mais impossible ; effacer l'autre au profit de l'une est tout aussi féroce – mais tout aussi impraticable ». Comment dès lors résoudre ce dilemme, sinon par une « formule d'association ». Mais laquelle ?

Fonds Bibliothèque de revues/IMEC

Comité « Défense des libertés et de la paix », tract « Comment arrêter la guerre d'Algérie », février 1958.

Fonds Jean Sénac, JS12/ BMVR, Marseille

Raymond Aron,
***La Tragédie algérienne*,**
Plon, juin 1957.

Raymond Aron est, à droite, le premier intellectuel à préconiser ouvertement une politique tendant par réalisme à l'indépendance de l'Algérie : l'empire n'est pas une bonne affaire économique, l'intégration n'est plus démographiquement viable. Parce que « la guerre d'Algérie prend de jour en jour le caractère d'une tragédie », « l'épreuve […] décisive » réside dans « les efforts et les amertumes d'une réadaptation à un monde qui a changé de face ». Il convient donc d'affronter cette « épreuve dans la lucidité », de refuser une « guerre sans terme » et, dans ce nouveau monde qui marque la fin de l'Algérie coloniale, de chercher la paix avec les nationalistes. François Mauriac l'attaque dans *L'Express*, Jacques Soustelle le traite de « Mauriac de la sidérurgie », Michel Debré proclame le devoir de révolte contre le gouvernement qui accepterait que soit mise en cause la souveraineté de la France en Algérie.

Collection privée

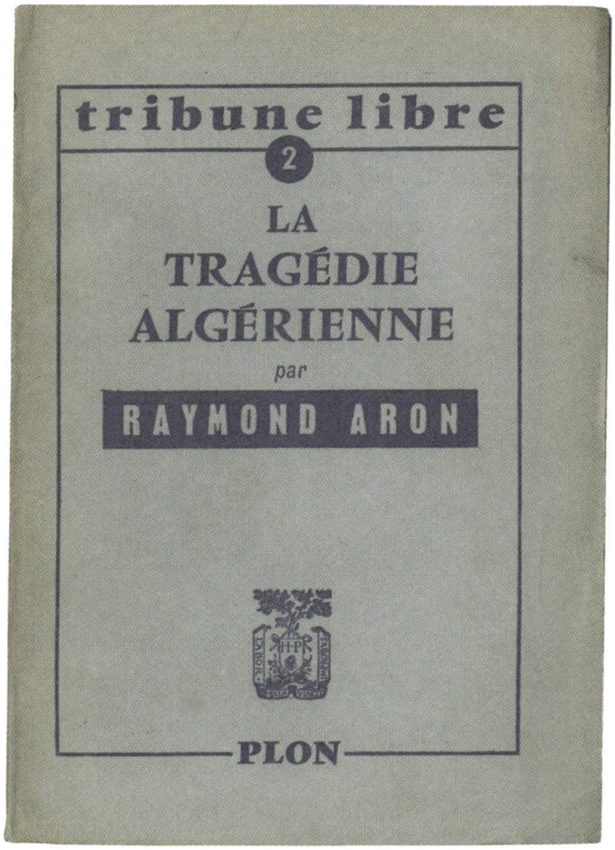

Jacques Soustelle,
***Le Drame algérien et la décadence française. Réponse à Raymond Aron*,**
Plon, août 1957.

Jacques Soustelle répond avec virulence à l'essai de Raymond Aron. Ouvrage du clan défaitiste, abaissant la France, exaltant la solution de l'abandon : selon l'auteur, Aron a donné à la « bourgeoisie modérée » le bréviaire qui lui manquait. « Rien de commun entre les apôtres de la Nouvelle gauche et de *Témoignage chrétien* et les pères tranquilles que rallie M. Aron, écrit-il. Mais […] on les mène au même but, pour ne pas dire au même abattoir. […] Qu'on le veuille ou non, il existe un "peuple algérien de civilisation française", de citoyenneté française, de volonté française. Nous n'avons pas le droit de le trahir. »

Collection privée

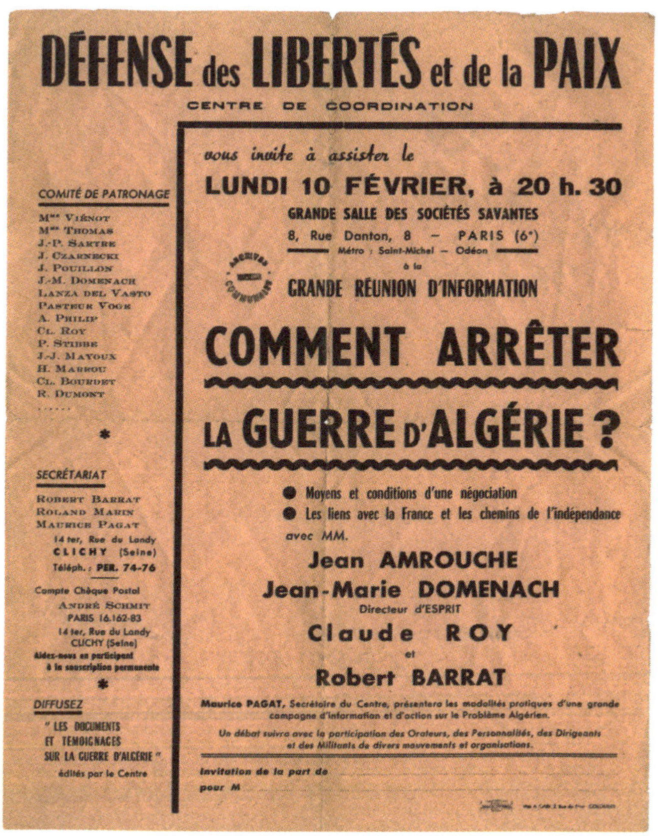

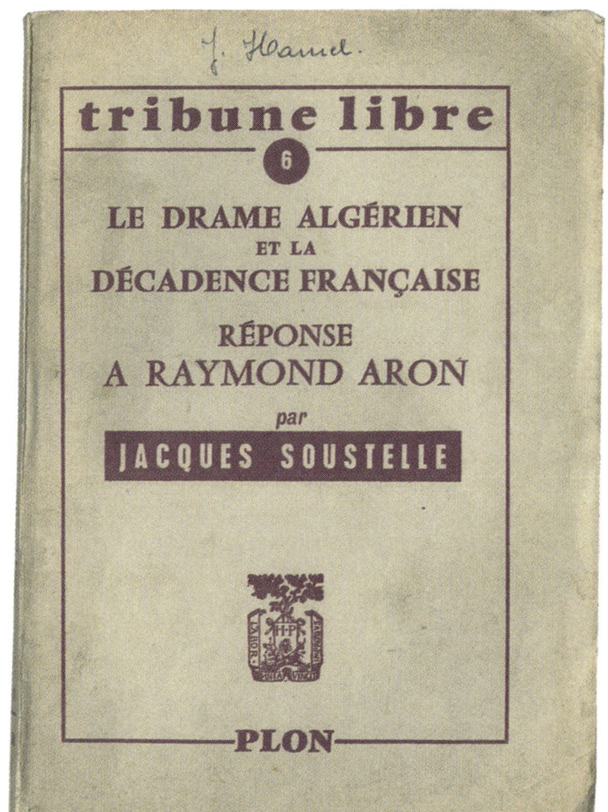

L'Algérie, un « drame intime »

Jean Rigot, Jean Subervie, *Entretiens sur les lettres et les arts*, février 1957.

En février 1957 paraît un numéro spécial d'une revue trimestrielle toulousaine consacré à l'Algérie, avec, en bandeau : « Écorcher les ténèbres ». Des textes de Mostefa Lacheraf, Kateb Yacine, Malek Haddad, Jean Sénac, Mouloud Mammeri, Mohamed Dib, Nordine Tidafi, Henri Krea et Mohammad-Al-Id y sont publiés. Les directeurs, Jean Rigot et Jean Subervie, se défendent néanmoins de prendre position dans le « débat partisan ». « Nous ne pensons pas que ce soit faire acte politique que de s'intéresser aux manifestations intellectuelles d'un groupe ethnique différent du nôtre », souligne l'éditorial.

Collection privée

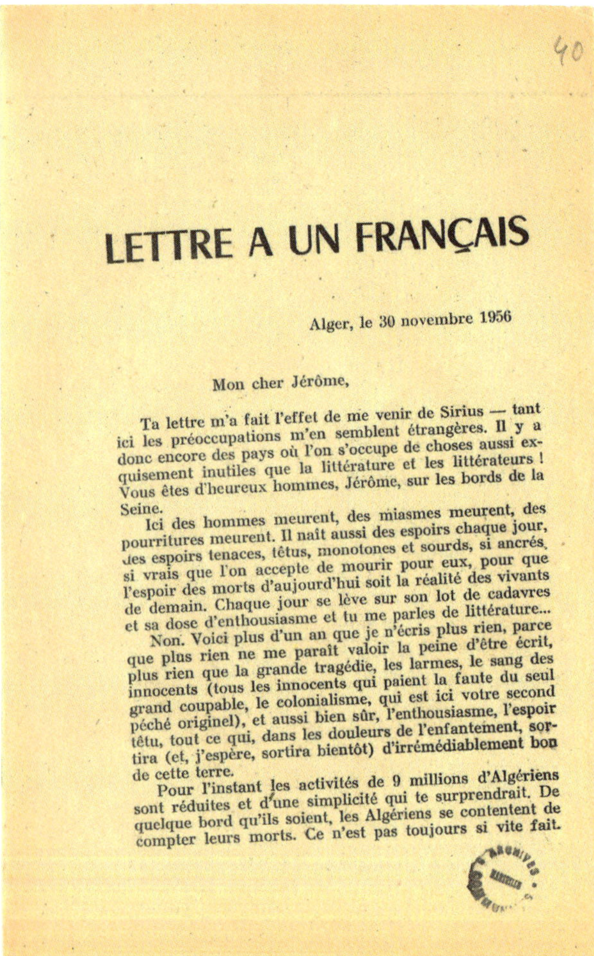

40

LETTRE A UN FRANÇAIS

Alger, le 30 novembre 1956

Mon cher Jérôme,

Ta lettre m'a fait l'effet de me venir de Sirius — tant ici les préoccupations m'en semblent étrangères. Il y a donc encore des pays où l'on s'occupe de choses aussi exquisement inutiles que la littérature et les littérateurs ! Vous êtes d'heureux hommes, Jérôme, sur les bords de la Seine.

Ici des hommes meurent, des miasmes meurent, des pourritures meurent. Il naît aussi des espoirs chaque jour, des espoirs tenaces, têtus, monotones et sourds, si ancrés si vrais que l'on accepte de mourir pour eux, pour que l'espoir des morts d'aujourd'hui soit la réalité des vivants de demain. Chaque jour se lève sur son lot de cadavres et sa dose d'enthousiasme et tu me parles de littérature...

Non. Voici plus d'un an que je n'écris plus rien, parce que plus rien ne me paraît valoir la peine d'être écrit, plus rien que la grande tragédie, les larmes, le sang des innocents (tous les innocents qui paient la faute du seul grand coupable, le colonialisme, qui est ici votre second péché originel), et aussi bien sûr, l'enthousiasme, l'espoir têtu, tout ce qui, dans les douleurs de l'enfantement, sortira (et, j'espère, sortira bientôt) d'irrémédiablement bon de cette terre.

Pour l'instant les activités de 9 millions d'Algériens sont réduites et d'une simplicité qui te surprendrait. De quelque bord qu'ils soient, les Algériens se contentent de compter leurs morts. Ce n'est pas toujours si vite fait.

Mouloud Mammeri, « Lettre à un Français », *Entretiens sur les lettres et les arts*, février 1957.

Dans le numéro spécial des *Entretiens*... figure la « Lettre à un Français » de Mouloud Mammeri. Daté 30 novembre 1956, ce texte rappelle aux Français les mots fondateurs qu'ils ont dévoyés : « la fraternité, l'humanité, la libération, plus belle encore que la liberté », que l'on ne peut plus « citer sans honte ». L'auteur, né en Grande Kabylie, exilé au Maroc de 1957 à 1962, mettra sa plume au service de la résistance armée sous divers pseudonymes.

Fonds Jean Sénac, JS12/ BMVR, Marseille

Fédération de France ➤ du FLN, tract et feuillet manuscrit d'un brouillon de poème de Jean Sénac, 27 mai 1957.

Des tracts émanant de la Fédération française du FLN deviennent parfois les matériaux d'autres textes militants. Le feuillet manuscrit de ce brouillon de poème de Jean Sénac montre le détournement poétique de slogans politiques : « C'est un printemps de déchirures, /de papillons sur les masures : / *Pacification = extermination* ! »

Fonds Jean Sénac, JS7/ BMVR, Marseille

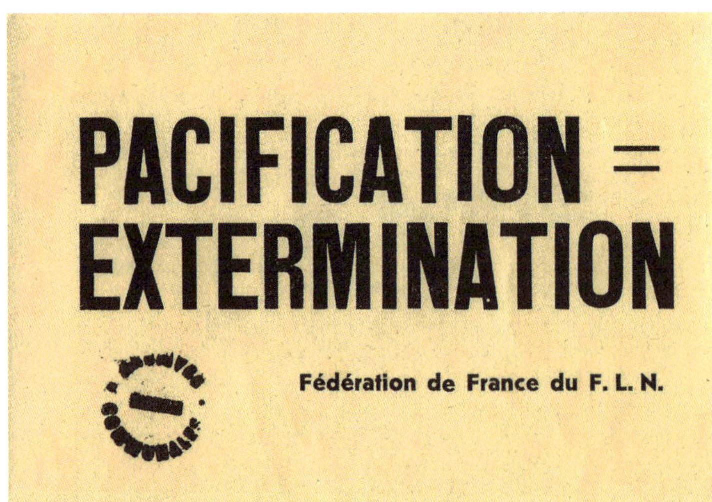

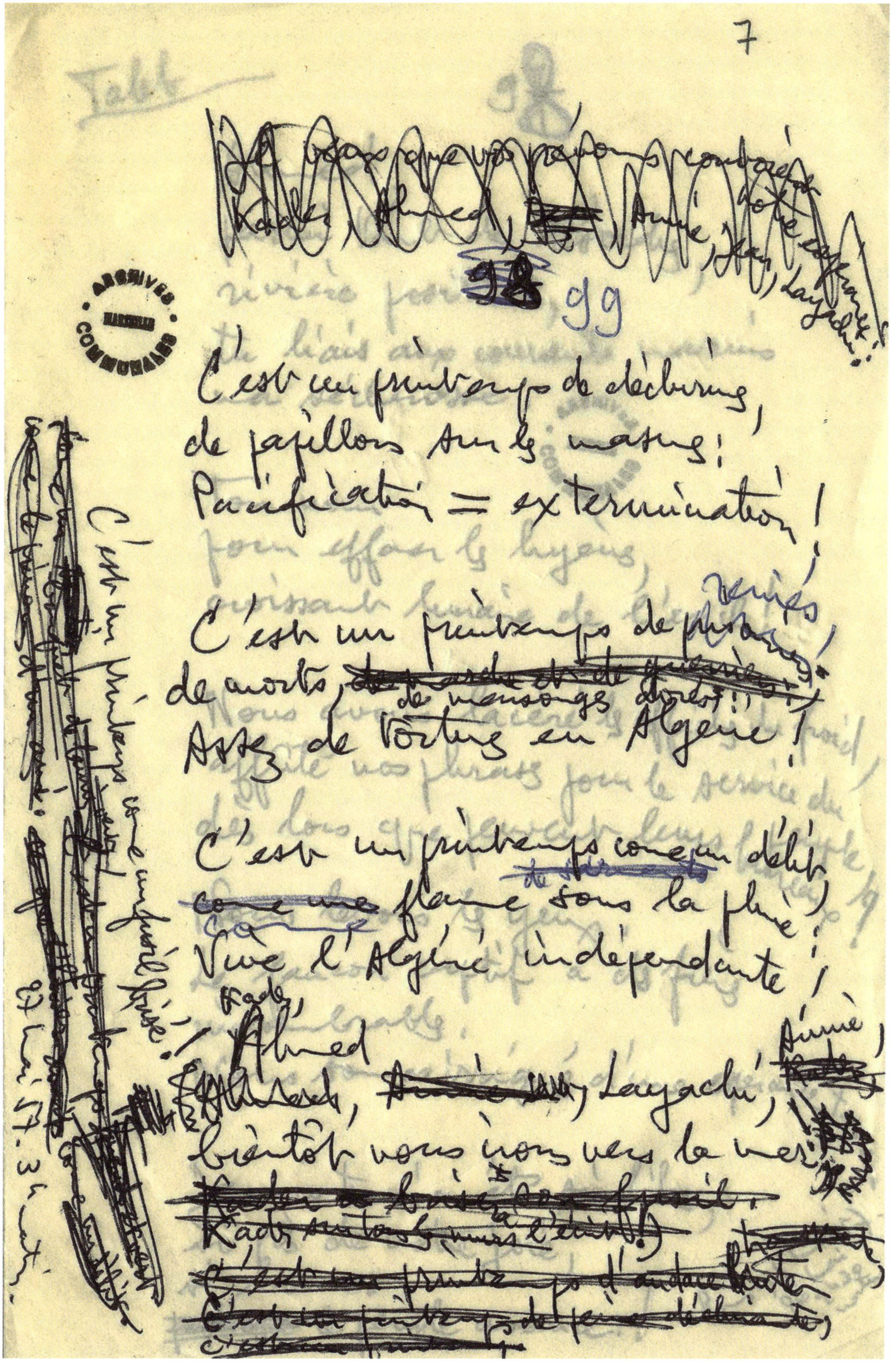
7

99

C'est un printemps de déchirures,
de papillons sur les masures !
Pacification = extermination !

C'est un printemps de veuves,
de morts, de mensonges dorés !
Assez de tortures en Algérie !

C'est un printemps comme un délit
de flamme sous la pluie,
Vive l'Algérie indépendante !
Kader,
Ahmed
Aimé, Layachi,
bientôt nous irons vers la mer.

C'est un printemps comme un fusil brisé !

27 mai 57. 3 h matin.

Où l'Orient et l'Occident se rencontrent

La Méditerranée sera la grande conciliatrice

pour peu que le sel de la mer ait gardé ses vertus

par Gabriel AUDISIO

L'UNIVERS spirituel est jalonné par les phares mystérieux de quelques images poétiques. On peut apprendre à connaître le chemin des idées avec la complicité des oiseaux migrateurs et des poissons errants (1).

La cigogne et le thon nous enseignent les routes millénaires qui dessinent la croix maritime des allées et venues, entre le nord, le sud, le nord et le sud encore, entre l'ouest et l'est, et l'ouest encore de cette « entre-les-terres » qu'est la Méditerranée, la Mésogée.

Les cigognes m'ont conduit de Numidie en Castille. J'ai rejoint sous le Stromboli les troupeaux de thons qui s'étaient engouffrés dans le passage de Gibraltar. Et j'ai retrouvé en Crète, sur les ruines du Minotaure, l'alouette des Syrtes que j'avais inoubliablement saluée dans la joie d'un pur matin d'oasis, à Gabès.

Animaux vivants, ils perpétuent les grands mythes et les symboles de cette migration des pensées, de cette fécondation, de cet enfantement qui a fait naître les civilisations, comme Vénus Anadyomène naquit à la crête

1. Voir « Combat » depuis le 5 décembre.

Gabriel Audisio,
« La Méditerranée sera
la grande conciliatrice »,
***Combat*, 7 décembre 1957.**

« On imagine aisément que le drame algérien, avant de devenir le drame national qu'il est désormais, a d'abord été un drame intime pour ceux que mille attaches physiques, mentales et sentimentales lient à l'Algérie », écrit Gabriel Audisio dans *Combat*. « L'esprit méditerranéen », qui a formé et qui unit « ces millions d'êtres, musulmans, juifs ou chrétiens », peut-il guérir « cette plaie de nos cœurs » qu'est l'Algérie? « Le Génie de la Méditerranée » sera-t-il conciliateur? C'est du moins le vœu exprimé à nouveau par Audisio dans *Feux vivants*, un court essai paru chez Rougerie la même année.

Fonds Gabriel Audisio, GA26/
BMVR, Marseille

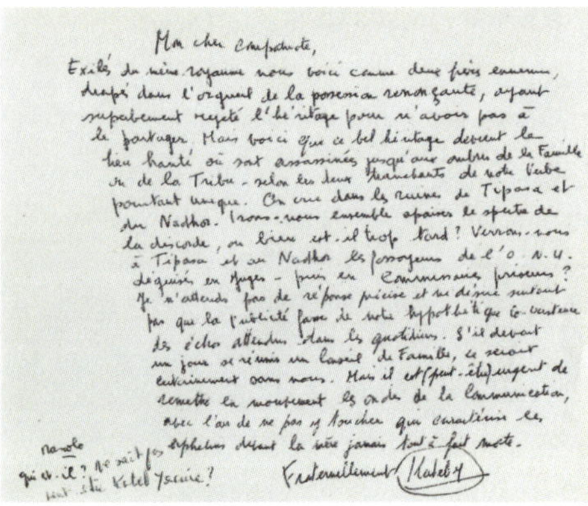

Mon cher compatriote,

Exilés du même royaume nous voici comme deux frères ennemis, drapés dans l'orgueil de la possession renonçante, ayant superbement rejeté l'héritage pour n'avoir pas à le partager. Mais voici que ce bel héritage devient le lieu hanté où sont assassinés jusqu'aux ombres de la Famille ou de la Tribu – selon les deux tranchants de notre verbe pourtant unique. On crie dans les ruines de Tipasa et du Nadhor. Irons-nous ensemble apaiser le spectre de la discorde, ou bien est-il trop tard? Verrons-nous à Tipasa et au Nadhor les fossoyeurs de l'O.N.U. déguisés en Anges – puis en Commissaires priseurs? Je n'attends pas de réponse précise et ne désire surtout pas que la publicité fasse de notre hypothétique conciliation des échos attendus dans les quotidiens. S'il devait un jour se réunir un Conseil de Famille, ce serait certainement sans nous. Mais il est (peut-être) urgent de remettre en mouvement les ondes de la Communication, avec l'air de ne pas y toucher qui caractérise les orphelins devant la mère jamais tout à fait morte.

Fraternellement Kateb Y

Lettre de Kateb Yacine
à Albert Camus,
le 16 octobre 1957.

Deux mois avant que Camus ne reçoive le Nobel, Kateb lui adresse une lettre fraternelle en même temps que vibrante d'inquiétude: « Exilés du même royaume nous voici comme deux frères ennemis, drapés dans l'orgueil de la possession renonçante, ayant superbement rejeté l'héritage pour n'avoir pas à le partager. [...] Irons-nous ensemble apaiser le spectre de la discorde, ou bien est-il trop tard? [...] S'il devait un jour se réunir un Conseil de Famille, ce serait certainement sans nous. Mais il est (peut-être) urgent de remettre en mouvement les ondes de la Communication, avec l'air de ne pas y toucher qui caractérise les orphelins devant la mère jamais tout à fait morte. Fraternellement. »

Collection C. et J. Camus,
fonds A. Camus/Bibliothèque
Méjanes, Aix-en-Provence

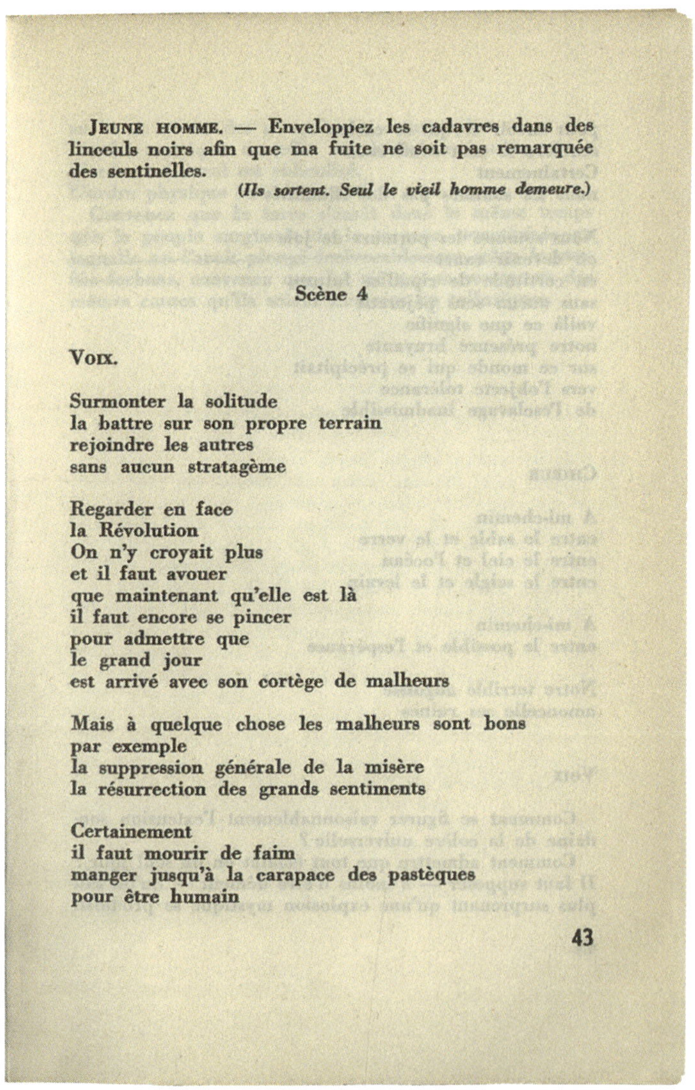

JEUNE HOMME. — Enveloppez les cadavres dans des linceuls noirs afin que ma fuite ne soit pas remarquée des sentinelles.

(Ils sortent. Seul le vieil homme demeure.)

Scène 4

VOIX.

Surmonter la solitude
la battre sur son propre terrain
rejoindre les autres
sans aucun stratagème

Regarder en face
la Révolution
On n'y croyait plus
et il faut avouer
que maintenant qu'elle est là
il faut encore se pincer
pour admettre que
le grand jour
est arrivé avec son cortège de malheurs

Mais à quelque chose les malheurs sont bons
par exemple
la suppression générale de la misère
la résurrection des grands sentiments

Certainement
il faut mourir de faim
manger jusqu'à la carapace des pastèques
pour être humain

43

Les « ultras » voulaient-ils créer un pouvoir insurrectionnel à Alger ?

« L'attentat manqué contre le général Salan risque de déclencher la plus grosse affaire que la France ait connue depuis la fin de la guerre. » Cette déclaration, faite cette semaine par un haut fonctionnaire du ministère de l'Intérieur, explique la nervosité qui règne actuellement dans les milieux gouvernementaux.

Exagération ? Manœuvre politique ? En tout cas, l'affaire a déjà pris des proportions singulièrement plus importantes que celles que l'on pouvait prévoir lorsque fut arrêté le 28 janvier l'instigateur de l'attentat, René Kovacs.

REPORTONS-NOUS ce jour-là à Alger. Il faudra du temps aux inspecteurs qui interrogent sans relâche l'ancien champion de natation pour que Kovacs, ancien résistant, se décide à ouvrir la bouche. Mais alors il parlera d'abondance. La police d'Alger n'y va pas de main morte, certes. Mais Kovacs a également réalisé que le mythe est devenu réalité ; qu'il se retrouve seul devant la police, et que son cas est très grave : il est passible de la même peine que Fernand Yveton, qu'une procédure d'urgence a permis de condamner à mort, et dont les policiers ne se privent pas de lui dire qu'il sera très bientôt exécuté. Alors, Kovacs parle. Il « lâche » tout ce qu'il sait, tout ce qu'il devine, peut-être aussi tout ce qu'il invente. Il cite des faits, des noms, il dévoile des objectifs.

Quels objectifs ? D'abord, la liquidation du général Salan, coupable non pas tellement d'être franc-maçon et d'avoir « perdu l'Indochine », mais surtout d'être à Alger le représentant militaire d'une politique que les ultras considèrent comme celle de la faiblesse ; son remplacement par un véritable chef militaire ayant la confiance de l'armée : ce serait le général Cogny, qui commande au Maroc à 80.000 hommes, dont les cadres, exaspérés par les vexations marocaines, sont pour la plupart tout prêts à entreprendre une reconquête de l'Algérie. Cogny et son état-major à Alger, c'est un pouvoir de fait qui s'y trouverait installé, ce serait aussi un coup de fouet donné à l'opinion française. Un comité de salut public pourrait être constitué à Paris, dont Kovacs précise le chef : M. Jacques Soustelle. Les policiers algérois s'étonnent, mais Kovacs accumule des précisions, fournit des détails. Déjà, un comité dit « des Six » [...]

[...] nalistes algériens, qui réprime « toute tentative de soustraire à l'autorité de la France une partie des territoires sur lesquels elle s'exerce ». C'est la confirmation que l'objectif du complot est une sécession de l'Algérie. Le même jour, une perquisition est opérée au domicile du troisième homme indiqué par Kovacs : Alain Griotteray. Celui-ci, devançant son rappel au début de 1956, avait demandé à être affecté au commandement des troupes françaises au Maroc, dont depuis longtemps, il connaissait personnellement le chef, le général Cogny. La semaine dernière, celui-ci était invité à démobiliser son collaborateur : la police espérait que le commandant Griotteray, rendu à la vie civile, reviendrait à Paris. Il semble qu'il ait quitté le Maroc, mais on a perdu sa trace.

Alain Griotteray, que l'on veut présenter comme l'un des principaux personnages de l'affaire, est commandant de réserve. Fondateur, en septembre 1940 — sous le nom de Brayance — du réseau de résistance « Orion », il quitta la France pour l'Afrique du Nord en 1942, fut interné six mois en Espagne et parvint ensuite à Alger où il devint l'adjoint du commandant Henri d'Astier de la Vigerie, l'un des artisans du débarquement des Alliés en Afrique du Nord le 8 novembre 1942. Le commandant, alors lieutenant, fut parachuté en France en décembre 1943. Chevalier de la Légion d'honneur à 22 ans, officier à 28 ans, il s'intéressa après la Libération à la politique et milita activement au R.P.F.

Chargé de mission au cabinet de M. Jacquet, ministre des Etats Associés dans le cabinet Laniel, il fit un court séjour en Indochine où il retrouva le général Cogny, qu'il avait connu dans la résistance et qu'il avait contribué à faire nommer à la tête des armées du Nord-Vietnam. En 1954, Alain Griotteray, qui avait fait paraître un livre intitulé : « Anatomie du parti communiste français », prépara sa candidature pour les élections de 1956 dans le département de la Dordogne. Il fut amené à y rencontrer M. Robert Lacoste et envisagea un moment de se présenter aux élections sur une liste commune, groupant M. Peron, candidat communiste ; M. Lacoste, candidat socialiste, et lui-même, candidat de l'ancien R.P.F. C'est sur les instances du général de Gaulle lui-même, dit-on, qu'Alain Griotteray renonça à se présenter, finalement, sur une telle liste.

Depuis qu'il était au Maroc, le commandant Griotteray semble avoir joué surtout le rôle de conseiller politique à l'état-major du général Cogny. Il semble exact en tout cas qu'il fit plusieurs voyages à Alger, où il fut reçu par M. Robert Lacoste avec lequel il avait conservé d'excellentes relations.

Grand, blond, François Knecht est également un héros de guerre, et un brillant résistant. Comme Alain Griotteray, il fit partie de l'équipe du commandant Henri d'Astier de la Vigerie, débarqua en Provence avec le groupe des commandos de France. Il fut blessé trois fois au cours de la campagne — perdant deux doigts de sa main droite. Après la guerre, il fut professeur à Alger puis attaché à deux reprises au Cabinet de M. Henri Longchambon. En dernier lieu, il était chargé de mission au Centre National de la Recherche Scientifique.

Jacques Sauvage, garçon de maintien effacé et modeste, fut jusqu'en 1954 le secrétaire particulier d'Alain Griotteray.

Ancien officier du 2e Bureau, il a à son actif de brillants états de service

— *Avant de faire un rapport, vérifiez si le terroriste n'est pas un des nôtres !*

Maurice Henry, dessin de presse « Avant de faire votre rapport, vérifiez si le terroriste n'est pas un des nôtres », printemps de 1957.

L'attentat manqué au bazooka contre le général Salan, « considéré par les ultras et les "franquistes" comme suspect », « bradeur de l'Indochine » et donc de l'Algérie, constitue un « grave avertissement sur l'état d'esprit régnant chez les officiers de l'armée d'Afrique et chez les ultras d'Algérie »[1]. Fomenté le 16 janvier 1957 par l'ORAF (parfois nommée Organisation de la résistance de l'Afrique française ou Organisation pour le renouveau de l'Algérie française), cet attentat, connu sous le nom d'« affaire du bazooka », donnera lieu à une enquête mettant en cause, sans aboutir, des personnalités de premier plan (Michel Debré, Jacques Soustelle).

1. Claude Bourdet, « Vrai complot, vrai danger », *France-Observateur*, [après le 22 février 1957.

Fonds André Mandouze/CHRD/Ville de Lyon

◄ Henri Kréa, *Le Séisme*, P. J. Oswald, 1958.

La pièce *Le Séisme* a été créée au théâtre de Lutèce à Paris, le 17 janvier 1959, par la Compagnie Jean-Marie Serreau, sur une « musique concrète » de Pierre Henry. « C'est l'anathème de ce pays qui crie vengeance à ses fils », clame un protagoniste. « Notre vie a été un long exil sur notre glèbe engourdie. Et c'est la mort qui ranime notre liberté », lui répond un vieil homme. « Regarder en face / la Révolution », entonne une voix, à la scène 4.

Collection privée

Pierre BOUTANG N° 115. — 18 DECEMBRE 1957

« Notre mère, avant la justice »

par Jacques Perret

Enfin Camus existe. Peu importe qu'il ait dû faire le voyage de Stockholm pour se trouver mis en demeure de dire quelque chose ; il n'est plus décent de moquer le jury Nobel pour un choix qui nous vaut aujourd'hui, du silencieux et scrupuleux Camus, l'apostrophe dont je le remercie du fond du cœur.

Je rappelle l'incident. On sait que l'intelligenzia du terrorisme algérien a su exploiter contre nous la conscience démocratique boréale, une des plus jobardes qui soient. Un orateur de choc avait reçu mission de faire un éclat à la Conférence donnée à Stockholm par le lauréat tout fraîchement couronné. Interruption véhémente. Quand le délégué de la guerre sainte eut débité l'habituelle rengaine sur la France indigne, son joug et ses tortures, Camus riposta. Les circonstances ne permettant pas qu'il riposte en penseur, il riposta tout simplement, tout spontanément, comme un homme attaqué dans sa bonne nature d'homme. Il rappela, tout crûment, le fabuleux tableau de chasse des égorgeurs, et l'idée lui venant que sa propre mère pouvait être, demain, éventrée par les héros de la démocratie arabe, il déclara enfin : « Je crois à la justice, mais je défendrai ma mère avant la justice. » Merci, Camus. Ce cri-là est bien le nôtre quand nous pensons que la France est notre mère, et c'est du même élan que nous voulons d'abord secourir nos frères avant de savoir où est la justice. Et nous savons trop quels imposteurs et quels coquins sont impatients d'accabler leurs frères pour se glorifier d'une justice qui n'est pas de ce monde.

Encore une fois, merci, Camus, d'avoir lâché ce cri, publiquement, là-haut, dans le rayonnement propice de votre gloire. Vos lauriers en ont fleuri. Sans doute, une grâce a-t-elle fait la conjoncture car le même jour, au même instant peut-être, une délégation de sentencieux guignols, de paillassons philosophes et des pistoleros métaphysiques, littéralement ivres de justice, volait au secours de la terreur, exquise, accoucheuse de l'Histoire.

Jacques Perret, « Notre mère, avant la justice, *La Nation française*, n° 115, 18 décembre 1957.

Le 10 décembre 1957, Albert Camus reçoit le prix Nobel de littérature. Le 12, un étudiant musulman originaire d'Algérie l'interroge sur le caractère juste de la lutte pour l'indépendance menée par le FLN, en dépit des attentats terroristes frappant les populations civiles. « Si j'avais à choisir entre cette justice et ma mère, répond-il, je choisirais encore ma mère. » Dans *La Nation française*, Jacques Perret s'approprie le mot « litigieux » de Camus : « Merci, Camus. Ce cri-là est bien le nôtre quand nous pensons que la France est notre mère, et c'est du même élan que nous voulons d'abord secourir nos frères avant de savoir où est la justice. »

Archives privées Pierre Boutang

Plaquette « Les Guerroudj › et Taleb ne doivent pas mourir », février 1958.

Un an après l'exécution de Fernand Iveton, des intellectuels parmi lesquels Simone de Beauvoir, Claude Bourdet, Pierre Emmanuel, Michel Leiris, François Mauriac, Paul Ricœur balaient leurs divergences pour se mobiliser. Les époux Jacqueline et Abdelkhader Guerroudj et Abderrahmane Taleb ont été condamnés à mort par le tribunal militaire d'Alger pour « complicité de tentative » d'attentat à l'explosif dans l'affaire Iveton. Pour « empêcher que l'irréparable soit accompli », ils reviennent dans une plaquette sur le verdict, les visages des accusés, le couple Guerroudj, les faits, les irrégularités de procédure, et conjurent le président de la République. Les Guerroudj seront graciés, Taleb sera exécuté.

Fonds Vladimir Pozner/IMEC

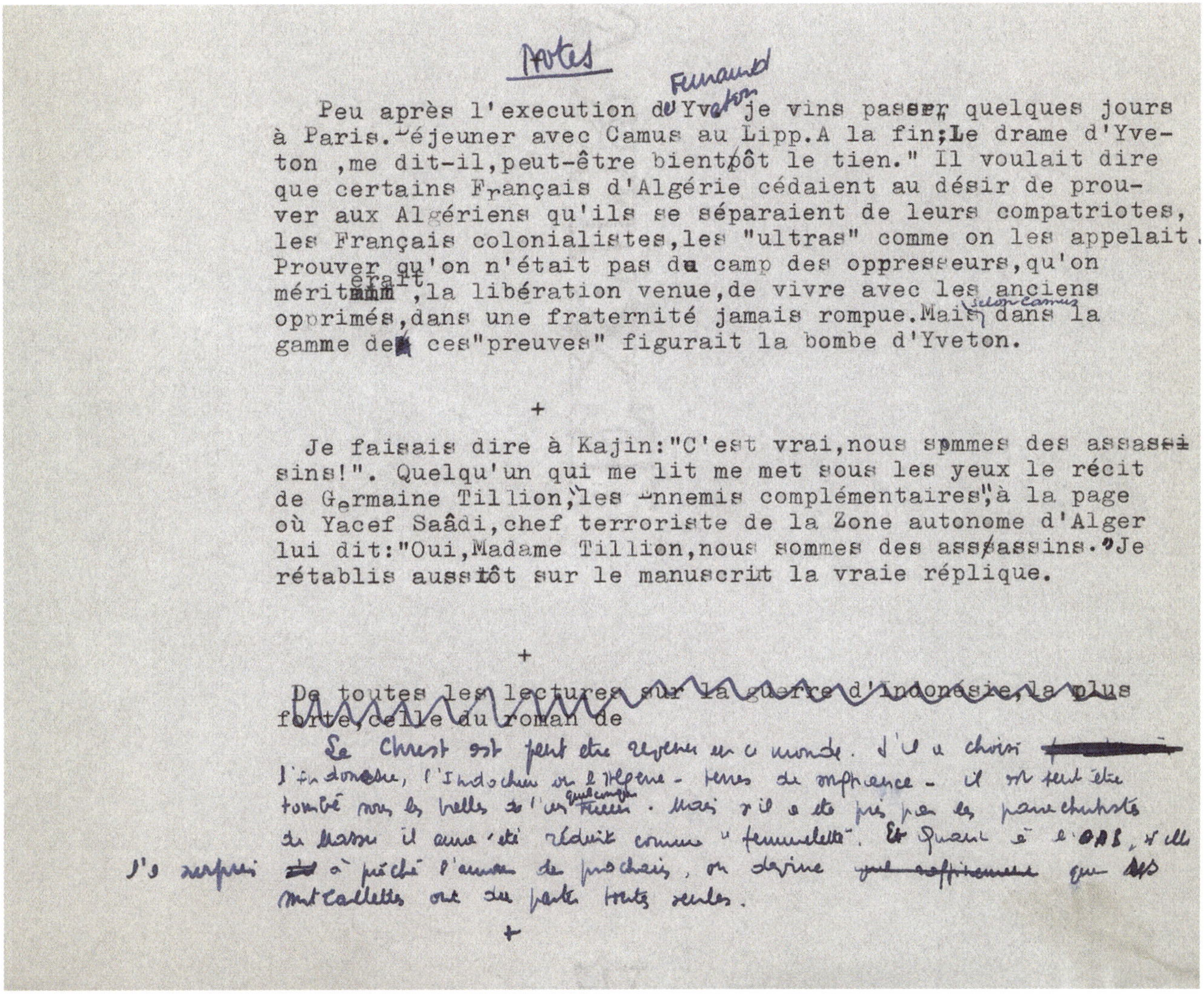

Notes

Peu après l'execution de Fernand Yveton je vins passer quelques jours à Paris. Déjeuner avec Camus au Lipp. A la fin: "Le drame d'Yveton, me dit-il, peut-être bientôt le tien." Il voulait dire que certains Français d'Algérie cédaient au désir de prouver aux Algériens qu'ils se séparaient de leurs compatriotes, les Français colonialistes, les "ultras" comme on les appelait. Prouver qu'on n'était pas du camp des oppresseurs, qu'on méritait, la libération venue, de vivre avec les anciens opprimés, dans une fraternité jamais rompue. Mais selon Camus dans la gamme de ces "preuves" figurait la bombe d'Yveton.

+

Je faisais dire à Kajin: "C'est vrai, nous sommes des assassins!". Quelqu'un qui me lit me met sous les yeux le récit de Germaine Tillion, "les Ennemis complémentaires", à la page où Yacef Saâdi, chef terroriste de la Zone autonome d'Alger lui dit: "Oui, Madame Tillion, nous sommes des assassins." Je rétablis aussitôt sur le manuscrit la vraie réplique.

+

~~De toutes les lectures sur la guerre d'Indonésie, la plus forte, celle du roman de~~

Le Christ est peut-être revenu en ce monde. S'il a choisi l'Indonésie, l'Indochine ou l'Algérie – terres de souffrance – il est peut-être tombé sous les balles de l'un quelconque [illegible]. Mais s'il a été pris par les parachutistes de Massu il aura été réduit comme "femmelette". Et quant à l'OAS, s'il s'est surpris à prêcher l'amour du prochain, on devine ~~[illegible]~~ que les mitraillettes ont dû partir toutes seules.

+

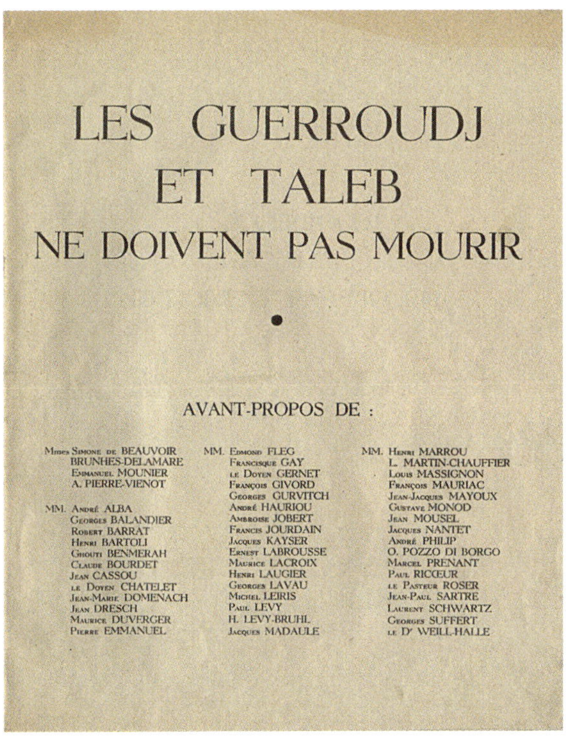

LES GUERROUDJ
ET TALEB
NE DOIVENT PAS MOURIR

AVANT-PROPOS DE :

Mmes Simone de BEAUVOIR
BRUNHES-DELAMARE
Emmanuel MOUNIER
A. PIERRE-VIENOT

MM. André ALBA
Georges BALANDIER
Robert BARRAT
Henri BARTOLI
Ghouti BENMERAH
Claude BOURDET
Jean CASSOU
le Doyen CHATELET
Jean-Marie DOMENACH
Jean DRESCH
Maurice DUVERGER
Pierre EMMANUEL

MM. Edmond FLEG
Francisque GAY
le Doyen GERNET
François GIVORD
Georges GURVITCH
André HAURIOU
Ambroise JOBERT
Francis JOURDAIN
Jacques KAYSER
Ernest LABROUSSE
Maurice LACROIX
Henri LAUGIER
Georges LAVAU
Michel LEIRIS
Paul LEVY
H. LEVY-BRUHL
Jacques MADAULE

MM. Henri MARROU
L. MARTIN-CHAUFFIER
Louis MASSIGNON
François MAURIAC
Jean-Jacques MAYOUX
Gustave MONOD
Jean MOUSEL
Jacques NANTET
André PHILIP
O. POZZO DI BORGO
Marcel PRENANT
Paul RICŒUR
le Pasteur ROSER
Jean-Paul SARTRE
Laurent SCHWARTZ
Georges SUFFERT
le Dr WEILL-HALLE

Emmanuel Roblès, « Notes et ébauches de *Plaidoyer pour un rebelle* », feuillet tapuscrit avec annotations manuscrites, 1959.

Fernand Iveton, membre du Parti communiste algérien interdit et du FLN, dépose le 14 novembre 1956 une bombe à l'usine EGA (Électricité et Gaz d'Alger). Découverte, la bombe prévue pour exploser après le départ des ouvriers est désamorcée. Torturé, condamné à mort, Iveton est exécuté le 11 février 1957. Dans ses Cahiers, Emmanuel Roblès rapporte un propos d'Albert Camus après cette exécution : «"Le drame d'Yveton, me dit-il, peut-être bientôt le tien." Il voulait dire que certains Français d'Algérie cédaient au désir de prouver aux Algériens qu'ils se séparaient de leurs compatriotes, les Français colonialistes, les "ultras" comme on les appelait.» *Plaidoyer pour un rebelle* (1961) transpose la tragédie d'Iveton «aux Indes néerlandaises dans le temps d'une même insurrection contre la tutelle coloniale».

Fonds Emmanuel Roblès/Archives, Limoges. Déposé par Jacqueline Roblès-Macek

« LA GANGRÈNE »

5

« Coûte que coûte, il faut empêcher la police de torturer », écrit François Mauriac le 2 novembre 1954 dans son « Bloc-notes ». Quelques semaines plus tard, la presse communiste, *France-Observateur* ou *L'Express* font état de sévices infligés à des suspects et à des détenus musulmans. À l'Assemblée nationale, le 4 février 1955, François Mitterrand, ministre de l'Intérieur du gouvernement Mendès France, annonce la conduite d'une enquête en Algérie. Roger Wuillaume, qui en est chargé, remet le 2 mars à Jacques Soustelle, nouveau gouverneur général de l'Algérie, un rapport qui reconnaît le « caractère de véritables tortures » des violences subies par des détenus de plusieurs prisons pendant leur interrogatoire. Neuf mois plus tard, Jean Mairey, directeur général de la Sûreté nationale, rédige un nouveau rapport, « très détaillé et tout aussi alarmant »[1].

Un terrible engrenage de violences contribue à répéter ces pratiques. Le massacre de 123 Européens et musulmans, le 20 août 1955 dans le Nord-Constantinois, et sa « répression sans discernement[2] » par l'armée française et des milices privées exacerbent les haines. La tension monte encore quand le FLN ouvre la « phase finale » de l'insurrection en renforçant son action terroriste. À l'automne, « l'Algérie tout entière tressaille au rythme de 3 000 attentats mensuels ». Une étape supplémentaire est franchie avec la « bataille d'Alger », qui, pour démanteler le « terrorisme » urbain, légitime l'usage de la torture. Une directive du général Allard, en mars 1957, recommande d'utiliser dans toute l'Algérie « les procédés employés à Alger et qui ont fait preuve de leur efficacité ». À partir de la fin de 1957, des centres « de triage et de transit », purement militaires, et des centres « de renseignement et d'action », les DOP (Dispositif opérationnel de protection), qui relèvent du Centre de coordination interarmées et jouissent d'une large autonomie, fonctionnent en différents lieux d'Algérie. De « dérapage », la torture y est devenue « système », produit de la « guerre contre-révolutionnaire » chère au général Salan[3].

En Algérie et à Paris, les autorités militaires et civiles savent que l'on torture. Mais leurs réactions diffèrent, allant « de la sanction ou de la mutation d'exécutants, de la circulaire impérieuse, du refus indigné ou de la dénonciation impuissante, à la dénégation outragée, au silence protecteur, à l'acceptation tacite ou même l'encouragement à une justification au nom de l'efficacité[4] ».

« Comment condamner les excès de la répression si l'on ignore ou l'on tait les débordements de la rébellion ? [...] Chacun s'autorise des crimes de l'autre pour aller plus avant. Mais, à cette logique, il n'est pas d'autre terme qu'une interminable destruction », écrit Albert Camus le 10 janvier 1956. Il appartiendra aux citoyens d'essayer de briser cette « logique ». Des campagnes d'information dans la presse ou les revues, des comités spécialisés, des collectifs de juristes et d'avocats, des intellectuels pétitionnaires, des témoignages dénonceront la pratique de la torture, les camps de regroupement, les arrestations arbitraires et les « disparitions ». Ainsi, *Témoignage chrétien* fait paraître le « Dossier Jean Le Meur » en février 1957 ; en mars, le Comité de résistance spirituelle publie un recueil de dépositions et de documents sur les méthodes de « pacification », et Le Seuil sort l'appel de Pierre-Henri Simon *Contre la torture* ; en décembre, se constitue à Paris le Comité Maurice-Audin ; en février 1958, Minuit publie *La Question* d'Henri Alleg, dont l'écho est grand ; en 1959, paraît *La Gangrène*, immédiatement saisie et rééditée en Suisse ; en 1960 est fondé le Comité Djamila-Boupacha ; à l'automne de 1961, *La Nation française* et *L'Esprit public* publient un dossier accablant sur les violences faites à des Français proches de l'OAS.

« Nous savons, nous, ce qu'est la gangrène », écrit Pierre Vidal-Naquet dans *Le Monde* du 6 mai 1961. La torture, si elle ne fut pas généralisée, fut bien pratiquée jusqu'au bout, de 1954 à 1962, les uns s'autorisant des crimes des autres...

Notes

1. Jean-Pierre Rioux, « La Torture », in *La France en guerre d'Algérie*, sous la direction de Laurent Gervereau, Jean-Pierre-Roux et Benjamin Stora, Musée d'Histoire contemporaine–BDIC, 1992, p. 92.
2. Rapport de Jean Mairey relatif au fonctionnement des services de police en Algérie, 13 décembre 1955, publié par Pierre Vidal-Naquet, *La Raison d'État*, Minuit, 1962, p. 79.
3. Raphaëlle Branche, *La Torture et l'Armée pendant la guerre d'Algérie*, 1954-1962, Gallimard, 2001, p. 108.
4. Jean-Pierre Rioux, « La Torture », *op. cit.*, p. 97.

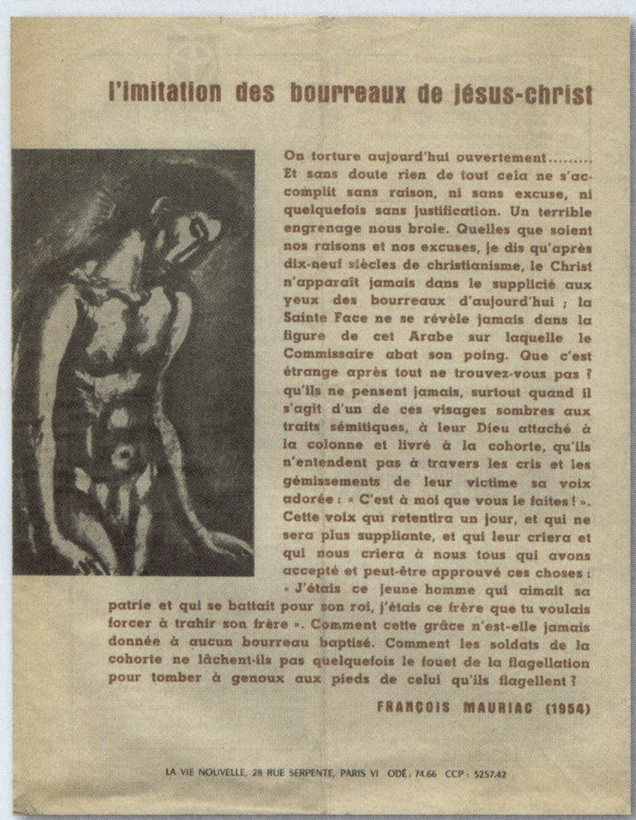

l'imitation des bourreaux de jésus-christ

On torture aujourd'hui ouvertement......... Et sans doute rien de tout cela ne s'accomplit sans raison, ni sans excuse, ni quelquefois sans justification. Un terrible engrenage nous broie. Quelles que soient nos raisons et nos excuses, je dis qu'après dix-neuf siècles de christianisme, le Christ n'apparaît jamais dans le supplicié aux yeux des bourreaux d'aujourd'hui ; la Sainte Face ne se révèle jamais dans la figure de cet Arabe sur laquelle le Commissaire abat son poing. Que c'est étrange après tout ne trouvez-vous pas ? qu'ils ne pensent jamais, surtout quand il s'agit d'un de ces visages sombres aux traits sémitiques, à leur Dieu attaché à la colonne et livré à la cohorte, qu'ils n'entendent pas à travers les cris et les gémissements de leur victime sa voix adorée : « C'est à moi que vous le faites ! ». Cette voix qui retentira un jour, et qui ne sera plus suppliante, et qui leur criera et qui nous criera à nous tous qui avons accepté et peut-être approuvé ces choses : « J'étais ce jeune homme qui aimait sa patrie et qui se battait pour son roi, j'étais ce frère que tu voulais forcer à trahir son frère ». Comment cette grâce n'est-elle jamais donnée à aucun bourreau baptisé. Comment les soldats de la cohorte ne lâchent-ils pas quelquefois le fouet de la flagellation pour tomber à genoux aux pieds de celui qu'ils flagellent ?

FRANÇOIS MAURIAC (1954)

LA VIE NOUVELLE, 28 RUE SERPENTE, PARIS VI ODÉ : 74.66 CCP : 5257.42

Les idées et les faits

VOTRE GESTAPO D'ALGÉRIE

Nos lecteurs se souviendront que le 6 décembre 1951, dans un article intitulé « Y a-t-il une Gestapo algérienne ? », je dénonçais les méthodes d'interrogation qu'utilisait la police d'Algérie. Je concluais cet article : « J'avertis aussi l'administration d'Algérie que si elle veut nous attaquer pour le présent article, je la remercie d'avance, car même si elle parvenait à engager contre nous un procès dans les commodes conditions algériennes, nous nous arrangerions pour qu'il se termine ou recommence en France, devant la presse du monde entier ».

Nous n'avons pas été poursuivis, encore que j'aie prié à l'époque plusieurs ministres de nous aider ainsi à faire connaître la vérité. Mais pendant trois ans, les abominations de la nouvelle Gestapo ont été interrompues, du moins en Algérie, car l'usage de la torture contre les nationalistes marocains et tunisiens n'a pratiquement jamais cessé.

Depuis le début de l'agitation fellagha en Algérie, la Gestapo algérienne s'est remise au travail avec ardeur. A l'heure actuelle, nous savons, par une série de témoignages concordants et dignes de foi, que les sévices de 1950-51 sont répétés et dépassés. Le supplice de la baignoire, le gonflage à l'eau par l'anus, le courant électrique sur les muqueuses, les aisselles ou la colonne vertébrale, sont les procédés préférés, car « bien appliqués » ils ne laissent pas de trace visible. Le supplice de la faim est également constant. Mais l'empalement sur une bouteille ou un bâton, les coups de poing, de pied, de nerf de bœuf ne sont pas non plus épargnés.

— 6 —

François Mauriac,
« L'Imitation des bourreaux de Jésus-Christ » (1954),
***La Vie nouvelle*, n° 5, 1955.**

Le 13 novembre 1954, François Mauriac intitule la conférence qu'il prononce devant les participants à la Semaine du Centre catholique des intellectuels français « Le Christ aussi est un homme ». C'est sous le titre « L'imitation des bourreaux de Jésus-Christ » qu'elle est publiée en 1954, dans un tirage limité à 560 exemplaires. En 1955, *La Vie nouvelle*, journal du mouvement humaniste chrétien du même nom, en reproduit un extrait en quatrième de couverture, assorti d'un *Christ* de Georges Rouault. « On torture aujourd'hui ouvertement », déplore dès ce moment Mauriac, avant de se désoler que les bourreaux de l'époque ne reconnaissent pas, « dans la figure de[s] Arabe[s] sur l[es]quelle[s] » ils abattent leur poing, « ces visages sombres aux traits sémitiques », la Sainte Face gémissant : « C'est à moi que vous le faites ! »

Fonds André Mandouze/
CHRD/Ville de Lyon

Claude Bourdet,
« Votre Gestapo d'Algérie »,
***France-Observateur*,**
13 janvier 1955.

Après avoir signé, dans *L'Observateur* du 6 décembre 1951, un article intitulé « Y a-t-il une gestapo algérienne ? », Bourdet enfonce le clou. Il dénonce les pratiques inventives des tortionnaires et les séquestrations illicites, et met en cause la complicité de la « justice » d'Algérie et de la police. Éthiquement scandaleuses, ces exactions sont politiquement perverses : en brisant les structures légales des mouvements indépendantistes, elles alimentent les maquis et les rangs du Comité révolutionnaire d'unité algérienne, clandestin. Il faut en sanctionner les auteurs de sorte « que l'on craigne davantage, à Alger, la colère de la France, que la terreur fasciste d'Algérie ».

Fonds André Mandouze/
CHRD/Ville de Lyon

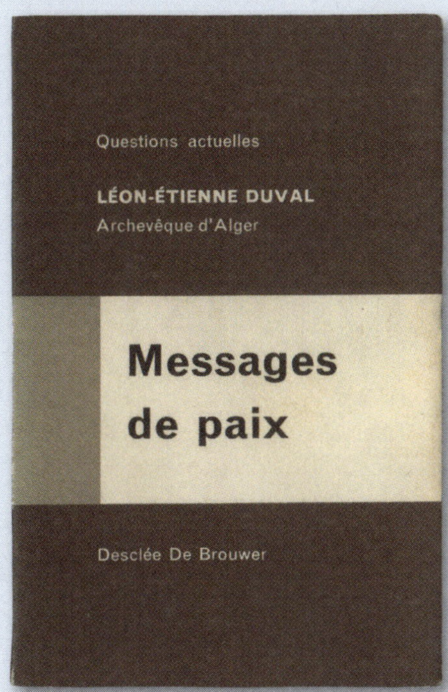

Léon-Étienne Duval, « Construire l'Algérie nouvelle », radiomessage du 1er janvier 1956, *Messages de paix*, Desclée De Bouwer, 1962.

Dans le message qu'il adresse au seuil de l'année 1956 à la population d'Algérie, qui connaît des difficultés « d'une gravité exceptionnelle », l'archevêque d'Alger Mgr Duval « demande de croire à la force rénovatrice de l'amour ». Il cite longuement le discours du pape Pie XII au congrès international de droit pénal du 3 octobre 1953 contre les arrestations arbitraires, les tortures physiques et psychiques au nom de « l'absolue souveraineté du droit ». Ses positions lui vaudront le surnom « Mohamed Ben Duval ».

Bibliothèque de revues/IMEC

Comité résistance spirituelle, *Des rappelés témoignent*, 1er trimestre 1957.

Des chrétiens rappelés témoignent ici de la gangrène qui gagne les méthodes françaises de pacification : pillages, viols, représailles contre la population civile, exécutions sommaires, tortures... Dans *Les Temps modernes* de mai, Jean-Paul Sartre applaudit à cette publication et dénonce la fausse ignorance dans laquelle se complaisent les Français. Il est encore temps, estime-t-il, de regarder la vérité qui « mettra chacun de nous en demeure ou de condamner publiquement les crimes accomplis ou de les endosser en pleine connaissance de cause ».

Fonds André Mandouze/
CHRD/Ville de Lyon

Balle adressée à Jacques Delpueche des Éditions du Seuil, le 21 juin 1955.

Pierre-Henri Simon pressentait que si l'opinion publique était atteinte par son livre, il serait dénoncé comme « un acte de trahison ». Sans doute ne soupçonnait-il pas qu'il vaudrait à son éditeur, au Seuil, de recevoir une lettre anonyme, accompagnée d'une balle réelle, le condamnant à être « abattu comme un chien » pour « traîtr[is]e à la France »...

Fonds Le Seuil/IMEC

JUSTICE

L'histoire de Djamila Bouhired

Dans la prison de Barberousse, une jeune fille de vingt-deux ans attend la guillotine.

La torture

DJAMILA BOUHIRED
Il n'est pas trop tard.

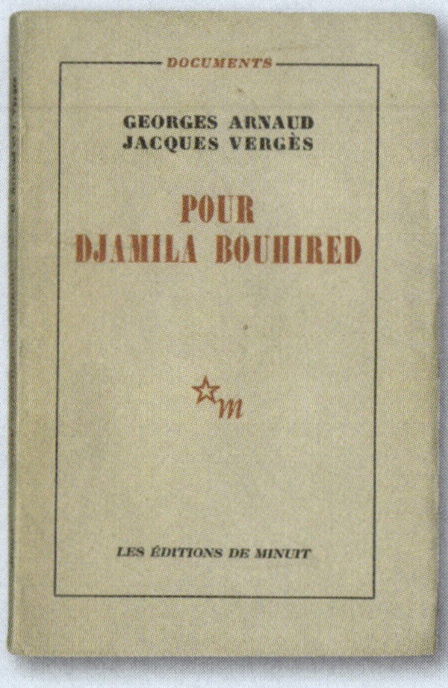

Pierre-Henri Simon, *Contre la torture*, Seuil, mars 1957.

C'est au nom du «respect» et de l'«amour» que lui inspire l'uniforme français, «pour l'honneur et pour l'intérêt de la patrie» que Pierre-Henri Simon s'insurge contre la «conversion à un immoralisme brutal». Il rappelle les principes, énonce les faits, souligne les responsabilités, espère une réaction qui permette de «maintenir une présence française en Afrique». Le 13 mars, Sirius (Hubert Beuve-Méry) surenchérit à la une du *Monde*: «Dès maintenant, les Français doivent savoir qu'ils n'ont plus tout à fait le droit de condamner dans les mêmes termes qu'il y a dix ans les destructeurs d'Oradour et les tortionnaires de la Gestapo.» Le 5 avril, une Commission de sauvegarde des droits et des libertés individuelles est créée.

Collection privée

«L'histoire de Djamila Bouhired», *L'Express*, 14 novembre 1957.

Le 9 avril 1957, Djamila Bouhired est blessée dans une fusillade et capturée par l'armée française, qui trouve sur elle une importante correspondance FLN destinée principalement à Yacef Saadi et Ali la Pointe. Soupçonnée d'être une poseuse de bombes, elle est interrogée et torturée du 9 au 26 avril à l'hôpital militaire Maillot d'abord, puis dans des villas tenues par des parachutistes. Selon un procès-verbal, elle y aurait «avoué» avoir posé une bombe. Ce qu'elle nie. Le 15 juillet, sur la base d'un dossier de police, elle est condamnée à mort. Graciée par Vincent Auriol le 8 mars 1958, elle est libérée en 1962.

Fonds Michel Vinaver/IMEC

Georges Arnaud, Jacques Vergès, *Pour Djamila Bouhired*, Minuit, 1957.

En novembre 1957, Jacques Vergès et Georges Arnaud déplacent le terrain de la défense. Ils publient chez Minuit, dans la collection «Documents», un *Pour Djamila Bouhired*, auquel la presse de droite comme de gauche fait un large écho, de *France-Soir* au *Monde*, en passant par *L'Aurore*. En cause, les méthodes policières et militaires et le fonctionnement judiciaire. La nature du combat transcende les clivages politiques. François Mauriac, dans son «Bloc-notes», s'insurge contre le code de procédure pénale qui autorisera en décembre un officier de police à retenir jusqu'à quarante-huit heures «un suspect qui n'est que suspect». «L'histoire dira que la torture a été rétablie en France par ceux qui se sont tus», conclut-il.

Collection privée

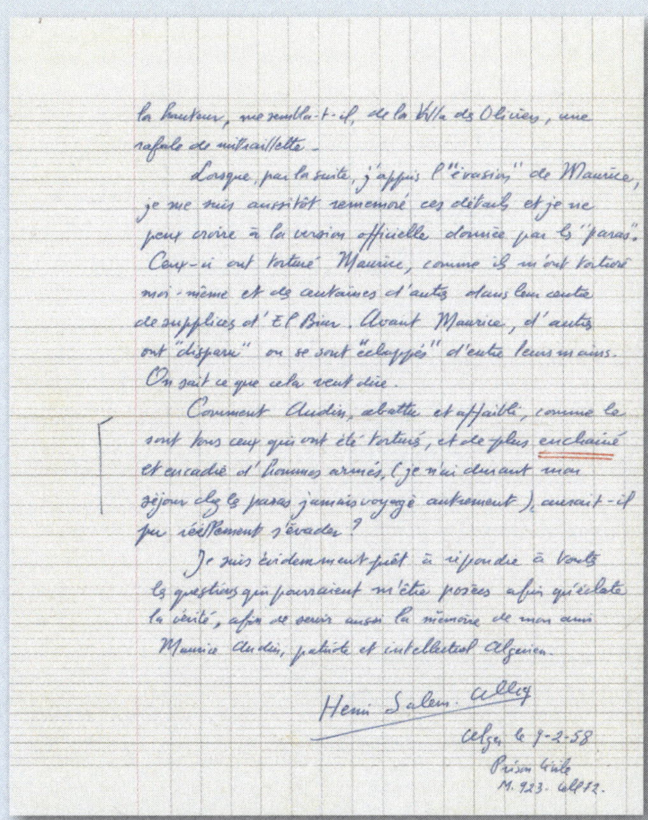

la hauteur, me semble-t-il, de la Villa des Oliviers, une rafale de mitraillette.

Lorsque, par la suite, j'appris l'"évasion" de Maurice, je me suis aussitôt remémoré ces détails et je ne peux croire à la version officielle donnée par les "paras". Ceux-ci ont torturé Maurice, comme ils m'ont torturé moi-même et des centaines d'autres dans leur centre de supplices d'El Biar. Avant Maurice, d'autres ont "disparu" ou se sont "échappés" d'entre leurs mains. On sait ce que cela veut dire.

Comment Audin, abattu et affaibli, comme le sont tous ceux qui ont été torturés, et de plus enchaîné et encadré d'hommes armés, (je n'ai durant mon séjour chez les paras jamais voyagé autrement), aurait-il pu réellement s'évader ?

Je suis évidemment prêt à répondre à toutes les questions qui pourraient m'être posées afin qu'éclate la vérité, afin de servir aussi la mémoire de mon ami Maurice Audin, patriote et intellectuel Algérien.

Henri Salem Alleg

Alger le 9-2-58
Prison Civile
M. 923 - cell 72.

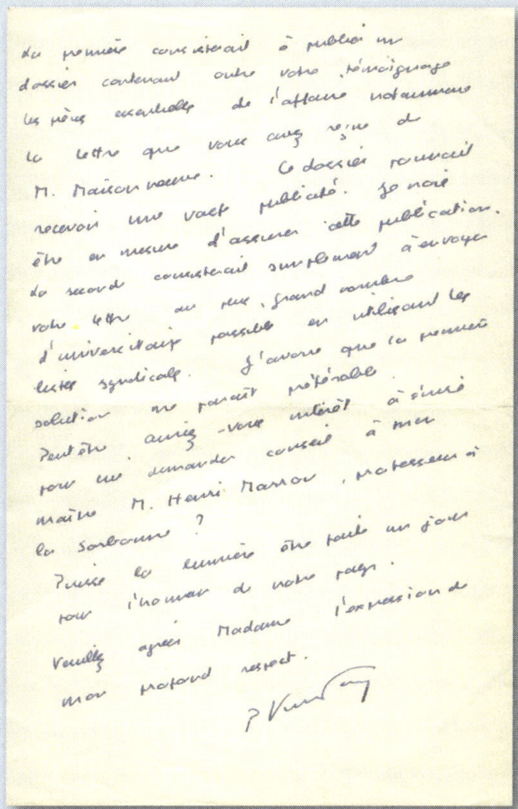

La première consisterait à publier un dossier contenant outre votre témoignage les pièces essentielles de l'affaire notamment la lettre que vous avez reçue de M. Maisonneuve. Ce dossier pourrait recevoir une vaste publicité. Je crois être en mesure d'assurer cette publication. La seconde consisterait simplement à envoyer votre lettre au plus grand nombre d'universitaires possible en utilisant les listes syndicales. J'avoue que la première solution me paraît préférable. Peut-être auriez-vous intérêt à venir pour me demander conseil à mon maître M. Henri Marrou, professeur à la Sorbonne ?

Puisse la lumière être faite un jour pour l'honneur de notre pays.

Veuillez agréer Madame l'expression de mon profond respect.

P V[illegible]

Témoignage d'Henri Salem Alleg, feuillet manuscrit, 9 février 1958, prison civile M 923 – cell. 72.

Le 9 février 1958, alors qu'il est incarcéré à la prison civile d'Alger, Henri Alleg témoigne de la dernière fois qu'il a vu son camarade Maurice Audin, au centre de tri de la Bouzaréah, à El Biar, le 12 juin 1957. Le mathématicien avait, comme le directeur d'*Alger républicain*, été torturé par le lieutenant Charbonnier, avant que l'on ne simule son évasion.

Fonds Pierre Vidal-Naquet/
Archives EHESS

Lettre de Pierre Vidal-Naquet à Josette Audin, le 9 septembre 1957.

Scandalisés par la disparition de leur confrère, des universitaires et chercheurs, au premier rang desquels Jacques Panijel, Laurent Schwartz et Pierre Vidal-Naquet, se mobilisent et créent un Comité Maurice-Audin pour que la vérité soit connue et les coupables punis. Vidal-Naquet, conformément à la proposition faite ici à Josette Audin, assumera la publication d'un dossier, *L'Affaire Audin*, en mai 1958 chez Minuit, qui fut son premier travail historique. Audin ne fut jamais retrouvé, tandis que ses assassins bénéficiaient d'un non-lieu.

Collection famille Audin

Siné, « Accusé Audin, levez-vous !... », dessin.

Le 2 décembre 1957 est soutenue *in absentia* la thèse de doctorat d'État de mathématiques de Maurice Audin sur les « équations linéaires dans un espace vectoriel » et les « cycles limites dans les systèmes différentiels ». Conformément au vœu de Laurent Schwartz, il s'agit là « d'une manifestation solennelle ayant à la fois le caractère scientifique de toute thèse, et le caractère de protestation adapté aux circonstances ». La presse et la communauté universitaire sont prévenues, Mme Josette Audin est présente. Seul manque, comme le signifie ici Siné, l'« accusé ». En 1961, *Action poétique* rendra à sa mémoire « l'hommage déchiré de [sa] colère ».

Fonds Pierre Vidal-Naquet/
Archives EHESS

Témoignages et Documents sur **PRIX : 25 frs**

la GUERRE en ALGÉRIE

publiés par le CENTRE D'INFORMATIONS ET DE COORDINATION POUR LA DÉFENSE DES LIBERTÉS ET DE LA PAIX
14 ter, Rue du Landy – CLICHY (Seine)

UNE VICTOIRE, par J.-P. SARTRE

En 1943, rue Lauriston, des Français criaient d'angoisse et de douleur ; la France entière les entendait. L'issue de la guerre n'était pas certaine et nous ne voulions pas penser à l'avenir ; une seule chose nous paraissait en tout cas impossible : qu'on pût faire crier un jour des hommes en notre nom.

Impossible n'est pas français : en 1958, à Alger, on torture régulièrement, systématiquement, tout le monde le sait, de M. Lacoste aux cultivateurs de l'Aveyron, personne n'en parle. Ou presque : des filets de voix s'effilochent dans le silence. La France n'était guère plus muette sous l'occupation : encore avait-elle l'excuse de porter un bâillon. A l'étranger, on a déjà conclu : nous n'avons pas cessé de nous dégrader. Depuis 39, selon les uns ; selon les autres, depuis 1918. C'est vite dit : je ne crois pas si facilement à la dégradation d'un peuple ; je crois à ses marasmes et à ses stupeurs. Pendant la guerre, quand la radio anglaise ou la presse clandestine nous avaient parlé d'Oradour, nous regardions les soldats allemands qui se promenaient dans les rues d'un air inoffensif et nous nous disions parfois : « *Ce sont pourtant des hommes qui nous ressemblent. Comment peuvent-ils* » lieux. Victime et bourreau ne font plus qu'une seule image : et c'est notre image. Dans les cas extrêmes, en effet, la seule façon de refuser l'un des deux rôles, c'est de revendiquer l'autre.

Ce choix ne s'impose pas — ou pas encore — aux Français de France ; mais cette indétermination nous pèse : à cause d'elle nous sommes « la plaie et le couteau » : l'horreur d'être celui-ci, la peur de devenir celle-là se commandent et se renforcent mutuellement. Des souvenirs se réveillent ; il y a quinze ans, les meilleurs Résistants craignaient moins de souffrir que de céder à la souffrance ; ils disaient : quand elle se tait, la victime sauve tout ; quand elle parle, personne n'a le droit de la juger, pas même ceux qui n'ont pas parlé : mais elle s'accouple avec son bourreau, c'est sa femme et ce couple enlacé s'abîme dans la nuit de l'abjection. La nuit de l'abjection est revenue : à El Biar, elle revient toutes les nuits ; en France, c'est la suie de nos cœurs. Justement, une propagande chuchotée nous laisse entendre que « tout le monde parle » : voilà les tortures justifiées par l'ignorance humaine ; puisque chacun de nous est un traître en puissance, le bourreau qui est en chacun aurait tort de se gêner. D'au-

lui avaient promis eux-mêmes, l'ont « soigné » : téléphone de campagne, supplice de l'eau, comme au temps de la Brinvilliers, mais avec les perfectionnements techniques qui s'imposent à notre époque, supplice du feu, de la soif, etc. Un livre à déconseiller aux âmes sensibles. Or, la première édition — vingt mille — est déjà épuisée ; en dépit d'un second tirage fait à la hâte, on ne peut pas satisfaire à la demande : certains libraires vendent cinquante à cent exemplaires par jour.

Jusqu'ici, ceux qui osaient porter témoignage, c'étaient des rappelés, des prêtres surtout, ils avaient vécu au milieu des tortionnaires, leurs frères, nos frères ; des victimes, ils ne connaissaient le plus souvent que les cris, les blessures, les souffrances. Ils nous montraient des sadiques courbés sur des loques de chair. Et qu'est-ce qui nous distinguait de ces sadiques ? Rien, puisque nous nous taisions : notre indignation nous paraissait sincère, mais l'aurions-nous gardée si nous avions vécu là-bas ? N'aurait-elle pas fait place au dégoût universel, à une morne résignation ? Pour ma part, je lisais par devoir, je publiais parfois et je détestais ces récits qui nous mettaient en cause impitoyablement et qui ne laissaient pas un espoir.

Jean-Paul Sartre, « Une victoire », *Témoignages et Documents sur la guerre en Algérie*, mars 1958.

Membre du parti communiste algérien et directeur d'*Alger républicain*, journal interdit en septembre 1955, Henri Alleg est arrêté le 12 juin 1957 par les parachutistes de la 10e division parachutiste, qui le séquestrent à El Biar, dans la banlieue d'Alger, durant un mois. Le 18 février 1958, les Éditions de Minuit, de Jérôme Lindon, publient *La Question*, où Alleg raconte les sévices subis jusqu'à son transfert au « centre d'hébergement » de Lodi. Les remous sont d'autant plus importants que ce témoignage direct dit la torture plus qu'il ne la dénonce. Une série de saisies s'ensuivent, touchant notamment *France-Observateur* puis *L'Express* le 6 mars, pour cet article de Jean-Paul Sartre Sartre intitulé « Une victoire ». « Obstiné à faire son métier d'homme », écrit-il, Alleg « a vaincu la torture ».

Fonds Vladimir Pozner/IMEC

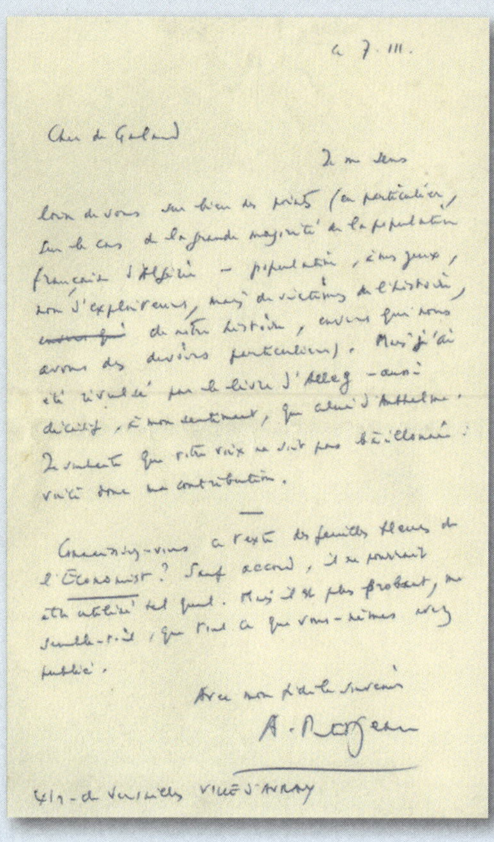

le 7. III.

Cher de Galard

Je me sens loin de vous sur bien des points (en particulier, sur le cas de la grande majorité de la population française d'Algérie – population, à mes yeux, non d'exploiteurs, mais de victimes de l'histoire, de notre histoire, envers qui nous avons des devoirs particuliers). Mais j'ai été bouleversé par le livre d'Alleg – aussi décisif, à mon sentiment, que celui d'Antelme. Je souhaite que votre voix ne soit pas bâillonnée : voici donc ma contribution.

Connaissez-vous le texte des feuilles blanches de l'Économist ? Sauf accord, il ne pourrait être utilisé tel quel. Mais il est plus probant, me semble-t-il, que tout ce que vous-mêmes avez publié.

Avec mon fidèle souvenir

A. Petitjean

41 r. de Versailles Ville d'Avray

PRIX : 50 Francs

Texte intégral du livre

LA QUESTION

par **Henri ALLEG**

PARU AUX ÉDITIONS DE MINUIT

Henri ALLEG

« En attaquant les Français corrompus, c'est la France que je défends ».
« JEAN-CHRISTOPHE »

Henri Alleg a été, de 1950 à 1955, directeur d'Alger Républicain. Ce journal qui était, en Algérie le seul quotidien ouvrant ses colonnes à toutes les tendances de l'opinion démocratique et nationale algérienne, fut interdit en septembre 1955.

A partir de cette date, Henri Alleg multiplie les démarches pour obtenir que soit levée cette mesure d'interdiction. Celle-ci est bientôt reconnue illégale par le Tribunal administratif d'Alger, ce qui n'empêche pas les autorités de s'opposer à la reparution du journal.

En novembre 1956, pour échapper à la mesure d'internement qui frappe la plupart des collaborateurs du journal, Alleg est contraint de passer dans la clandestinité.

Il est arrivé le 12 juin 1957 par les parachutistes de la 10e D.P., qui le séquestrent à El-Biar, dans la banlieue d'Alger, pendant un mois entier.

C'est le récit de cette détention qu'il fait ici. Le livre s'achève au moment où Henri Alleg est transféré au « centre d'hébergement » de Lodi. (On sait qu'il existe en Algérie de nombreux camps : Bossuet, Paul-Cazelles, Berrouaghia..., où sont internés, sur simple décision administrative, des gens contre lesquels aucune charge n'a été retenue.)

Du camp, Alleg fait parvenir en France une copie de la plainte qu'il a déposée fin juillet entre les mains du procureur général d'Alger : il y dénonce les tortures

DANS cette immense prison surpeuplée, dont chaque cellule abrite une souffrance, parler de soi est comme une indécence. Au rez-de-chaussée, c'est la « division » des condamnés à mort. Ils sont là quatre-vingts, les chevilles enchaînées, qui attendent leur grâce ou leur fin. Et c'est à leur rythme que nous vivons tous. Pas un détenu qui ne se retourne le soir sur sa paillasse à l'idée que l'aube peut être sinistre, qui ne s'endort sans souhaiter de toute sa force qu'il ne se passe rien. Mais c'est pourtant de leur quartier que montent chaque jour des chants interdits, les chants magnifiques qui jaillissent toujours du cœur des peuples en lutte pour leur liberté.

Les tortures ? Depuis longtemps le mot nous est à tous devenu familier. Rares sont ici ceux qui y ont échappé. Aux « entrants » à qui l'on peut adresser la parole, les questions que l'on pose sont, dans l'ordre : « Arrêté depuis longtemps ? Torturé ? Paras ou policiers ? » Mon affaire est exceptionnelle par le retentissement qu'elle a eu. Elle n'est en rien unique. Ce que j'ai dit dans ma plainte, ce que je dirai ici illustre d'un seul exemple ce qui est la pratique courante dans cette guerre atroce et sanglante.

Il y a maintenant plus de trois mois que j'ai été

Tout cela, je le sais, je l'ai vu, je l'ai entendu. Mais qui dira tout le reste ?

C'est aux « disparus » et à ceux qui, sûrs de leur cause, attendent sans frayeur la mort, à tous ceux qui ont connu les bourreaux et ne les ont pas craints, à tous ceux qui, face à la haine et la torture, répondent par la certitude de la paix prochaine et de l'amitié entre nos deux peuples qu'il faut que l'on pense en lisant mon récit, car il pourrait être celui de chacun d'eux.

◆ ◆ ◆

IL était 16 heures lorsque le lieutenant de parachutiste Charbonnier, accompagné d'un de ses hommes et d'un gendarme, arriva chez Audin pour me prendre en charge. La veille de ce mercredi 12 juin, mon ami Maurice Audin, assistant à la Faculté des Sciences d'Alger, avait été arrêté à son domicile et la police y avait laissé un inspecteur. C'est lui qui m'ouvrit la porte lorsque je tombai dans la souricière. J'avais tenté, sans succès, de m'échapper, mais le policier, revolver au poing, m'avait rattrapé au premier étage et nous étions remontés dans l'appartement. Très nerveux, l'inspecteur, tout en me surveillant du coin de l'œil, avait téléphoné au centre des paras pour

Lettre manuscrite d'Armand Petitjean à Hector de Galard, le 7 mars 1958.

Dans cette lettre à Hector de Galard, l'un des directeurs de *France-Observateur*, Armand Petitjean, quoique farouchement attaché à la défense de l'Algérie française et de la population française d'Algérie, victime «de notre histoire, envers qui nous avons des devoirs particuliers», se dit bouleversé par le livre d'Henri Alleg, «aussi décisif», estime-t-il, que *L'Espèce humaine*, (1949) de Robert Antelme.

Fonds Armand Petitjean/IMEC

Henri Alleg, «Texte intégral du livre *La Question*», défense des libertés et de la paix.

Finalement, le gouvernement saisit le livre le 27 mars pour «participation à une entreprise de démolition de l'armée ayant pour objet de nuire à la défense nationale», alors qu'il a déjà été vendu à 65000 exemplaires. «Une fois le principe admis qu'il faut poursuivre non les auteurs d'un crime, mais ceux qui le dénoncent, il eût été plus sage de ne pas attendre que des milliers d'exemplaires fussent vendus et lus dans le monde entier», commente François Mauriac dans son «Bloc-notes» du 28 mars. Le livre, réédité aux éditions de La Cité, à Lausanne, continuera de circuler sous le manteau et reparaîtra en France en 1961.

Fonds Pierre Vidal-Naquet/ Archives EHESS

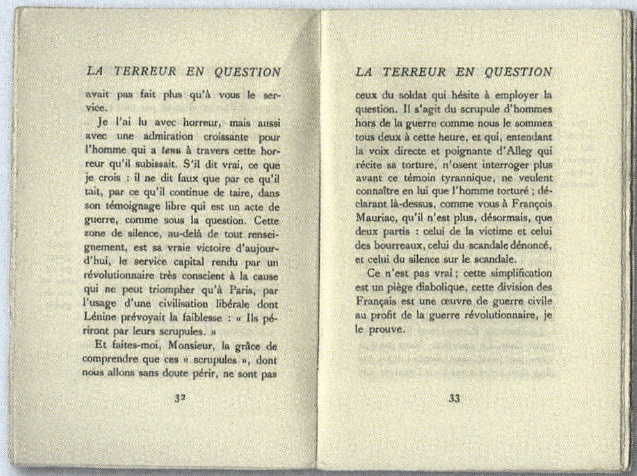

LA TERREUR EN QUESTION

avait pas fait plus qu'à vous le service.

Je l'ai lu avec horreur, mais aussi avec une admiration croissante pour l'homme qui a *tenu* à travers cette horreur qu'il subissait. S'il dit vrai, ce que je crois : il ne dit faux que par ce qu'il tait, par ce qu'il continue de taire, dans son témoignage libre qui est un acte de guerre, comme sous la question. Cette zone de silence, au-delà de tout renseignement, est sa vraie victoire d'aujourd'hui, le service capital rendu par un révolutionnaire très conscient à la cause qui ne peut triompher qu'à Paris, par l'usage d'une civilisation libérale dont Lénine prévoyait la faiblesse : « Ils périront par leurs scrupules. »

Et faites-moi, Monsieur, la grâce de comprendre que ces « scrupules », dont nous allons sans doute périr, ne sont pas

32

LA TERREUR EN QUESTION

ceux du soldat qui hésite à employer la question. Il s'agit du scrupule d'hommes hors de la guerre comme nous le sommes tous deux à cette heure, et qui, entendant la voix directe et poignante d'Alleg qui récite sa torture, n'osent interroger plus avant ce témoin tyrannique, ne veulent connaître en lui que l'homme torturé ; déclarant là-dessus, comme vous à François Mauriac, qu'il n'est plus, désormais, que deux partis : celui de la victime et celui des bourreaux, celui du scandale dénoncé, et celui du silence sur le scandale.

Ce n'est pas vrai ; cette simplification est un piège diabolique, cette division des Français est une œuvre de guerre civile au profit de la guerre révolutionnaire, je le prouve.

33

POUR LA DÉFENSE DES LIBERTÉS RÉPUBLICAINES !

André MALRAUX, Roger MARTIN DU GARD
François MAURIAC et Jean-Paul SARTRE
écrivent au Président de la République

A la suite de la saisie du livre d'Henri Alleg : « La Question », la Ligue des Droits de l'Homme a pris l'initiative d'un mouvement national de protestation qu'André Malraux, Roger Martin du Gard, François Mauriac et Jean-Paul Sartre ont accepté d'animer en signant une « Adresse solennelle à M. le président de la République » dont voici le texte :

« Les soussignés :

— protestent contre la saisie de l'ouvrage d'Henri Alleg : « La Question » et contre toutes les saisies et atteintes à la liberté d'opinion et d'expression qui l'ont récemment précédée,

— demandent que la lumière soit faite, dans des conditions d'impartialité et de publicité absolues, sur les faits rapportés par Henri Alleg,

— somment les pouvoirs publics au nom de la Déclaration des droits de l'homme et du citoyen, de condamner sans équivoque l'usage de la torture, qui déshonore la cause qu'elle prétend servir,

— et appellent tous les Français à se joindre à eux en signant la présente « adresse personnelle » et en l'envoyant à la Ligue des Droits de l'Homme.

André MALRAUX,
Roger MARTIN DU GARD,
François MAURIAC,
Jean-Paul SARTRE. »

JOIGNEZ-VOUS A EUX !

Faites circuler cette « adresse personnelle » et faites signer au verso.
Envoyez-là ensuite à la *Ligue des Droits de l'Homme*, 11, rue Berlioz, à Strasbourg.

(SIGNATURES AU VERSO)

Pierre Boutang, *La Terreur en question, Lettre à Gabriel Marcel*, Fasquelle, mai 1958.

Pierre Boutang, s'il dit son admiration «pour l'homme qui a *tenu* à travers cette horreur qu'il subissait», dénonce la simplification induite par *La Question*. Le témoignage d'Henri Alleg, souligne-t-il, «est un acte de guerre» qui fait oublier que son auteur est aussi «un révolutionnaire très conscient». Taire une partie de la vérité – la nature de son engagement, le terrorisme indépendantiste – revient à conforter le sentiment qu'il n'est plus désormais «que deux partis: [...] celui du scandale dénoncé et celui du silence sur ce scandale». Il refuse que les scrupules d'hommes hors de la guerre fassent triompher la cause révolutionnaire à Paris. Le 23 juillet, dans l'hebdomadaire monarchiste et néo-nationaliste *La Nation française*, que dirige Pierre Boutang, Gustave Thibon tirera une autre leçon de l'affaire Alleg: légale, la torture pourrait être contrôlée et limitée...

Collection privée

André Malraux, Roger Martin du Gard, François Mauriac et Jean-Paul Sartre, «Adresse solennelle à M. le président de la République», avril 1958.

Pour soutenir l'initiative de la Ligue des droits de l'homme à l'origine d'un mouvement national de protestation contre la saisie du livre d'Henri Alleg, André Malraux, Roger Martin du Gard, François Mauriac et Jean-Paul Sartre signent en avril une «Adresse solennelle à M. le président de la République», René Coty. Ils invitent les Français à protester avec eux contre cette saisie, à exiger une enquête sur les faits et à condamner la torture.

Fonds André Mandouze/
CHRD/Ville de Lyon

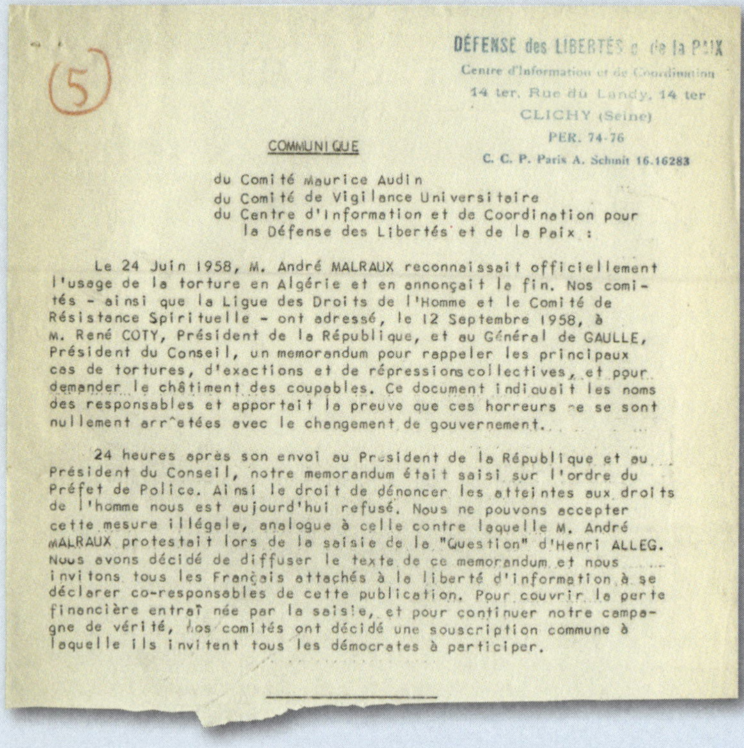

(5)

DÉFENSE des LIBERTÉS et de la PAIX
Centre d'Information et de Coordination
14 ter, Rue du Landy, 14 ter
CLICHY (Seine)
PER. 74-76
C. C. P. Paris A. Schmit 16.16283

COMMUNIQUE

du Comité Maurice Audin
du Comité de Vigilance Universitaire
du Centre d'Information et de Coordination pour
la Défense des Libertés et de la Paix :

Le 24 Juin 1958, M. André MALRAUX reconnaissait officiellement l'usage de la torture en Algérie et en annonçait la fin. Nos comités - ainsi que la Ligue des Droits de l'Homme et le Comité de Résistance Spirituelle - ont adressé, le 12 Septembre 1958, à M. René COTY, Président de la République, et au Général de GAULLE, Président du Conseil, un memorandum pour rappeler les principaux cas de tortures, d'exactions et de répressions collectives, et pour demander le châtiment des coupables. Ce document indiquait les noms des responsables et apportait la preuve que ces horreurs ne se sont nullement arr^etées avec le changement de gouvernement.

24 heures après son envoi au Président de la République et au Président du Conseil, notre memorandum était saisi sur l'ordre du Préfet de Police. Ainsi le droit de dénoncer les atteintes aux droits de l'homme nous est aujourd'hui refusé. Nous ne pouvons accepter cette mesure illégale, analogue à celle contre laquelle M. André MALRAUX protestait lors de la saisie de la "Question" d'Henri ALLEG. Nous avons décidé de diffuser le texte de ce memorandum et nous invitons tous les Français attachés à la liberté d'information à se déclarer co-responsables de cette publication. Pour couvrir la perte financière entraînée par la saisie, et pour continuer notre campagne de vérité, nos comités ont décidé une souscription commune à laquelle ils invitent tous les démocrates à participer.

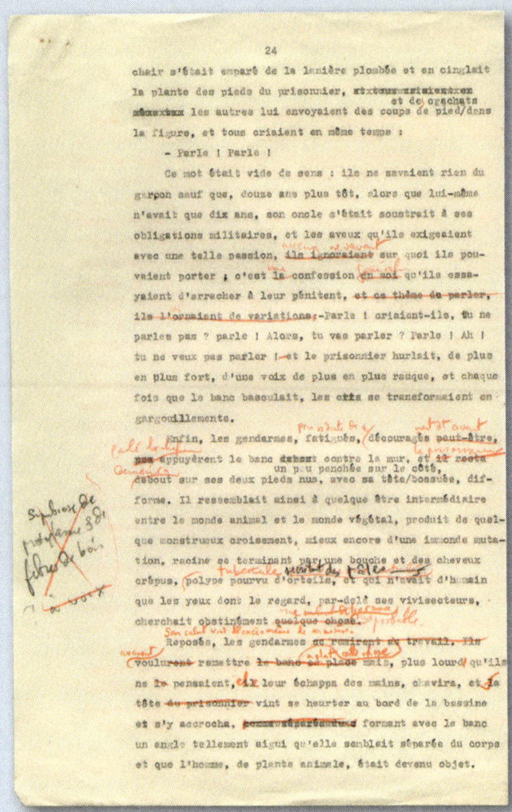

24

chair s'était emparé de la lanière plombée et en cinglait la plante des pieds du prisonnier, les autres lui envoyaient des coups de pied et de crachats dans la figure, et tous criaient en même temps :

- Parle ! Parle !

Ce mot était vide de sens : ils ne savaient rien du garçon sauf que, douze ans plus tôt, alors que lui-même n'avait que dix ans, son oncle s'était soustrait à ses obligations militaires, et les aveux qu'ils exigeaient avec une telle passion, ils ignoraient sur quoi ils pouvaient porter ; c'est la confession en soi qu'ils essayaient d'arracher à leur pénitent, et ce thème de parler, ils l'ornaient de variations ; -Parle ! criaient-ils, tu ne parles pas ? parle ! Alors, tu vas parler ? Parle ! Ah ! tu ne veux pas parler ! et le prisonnier hurlait, de plus en plus fort, d'une voix de plus en plus rauque, et chaque fois que le banc basculait, les cris se transformaient en gargouillements.

Enfin, les gendarmes, fatigués, découragés peut-être, appuyèrent le banc debout contre le mur, et il resta debout sur ses deux pieds nus, avec sa tête un peu penchée sur le côté, bossuée, difforme. Il ressemblait ainsi à quelque être intermédiaire entre le monde animal et le monde végétal, produit de quelque monstrueux croisement, mieux encore d'une immonde mutation, racine se terminant par une bouche et des cheveux crépus, polype pourvu d'orteils, et qui n'avait d'humain que les yeux dont le regard, par-delà ses vivisecteurs, cherchait obstinément quelque chose.

Reposés, les gendarmes se remirent au travail. Ils voulurent remettre le banc en place mais, plus lourd qu'ils ne le pensaient, il leur échappa des mains, chavira, et la tête du prisonnier vint se heurter au bord de la bassine et s'y accrocha, formant avec le banc un angle tellement aigu qu'elle semblait séparée du corps et que l'homme, de plante animale, était devenu objet.

Comité Maurice-Audin, Comité de vigilance universitaire et Centre d'information et de coordination pour la défense des libertés et de la paix, communiqué, septembre 1958.

Devenu ministre délégué à la présidence du Conseil, André Malraux s'est engagé à ce qu'aucune torture ne se produise plus (*Le Monde*, 26 juin 1958). Or, le mémorandum adressé au président de la République et au nouveau président du Conseil, De Gaulle, rappelant les «principaux cas de tortures, d'exactions, de répressions collectives» et demandant le châtiment des coupables, est saisi. Plusieurs comités s'insurgent et s'étonnent que la police se préoccupe davantage des responsables de cette publication que des coupables d'exactions.

Fonds Esprit/IMEC

Vladimir Pozner, feuillet tapuscrit avec annotations manuscrites, «La Patrouille», [1958-1959].

D'abord intitulée «La Patrouille», cette nouvelle deviendra «Le Manteau bleu» dans *Le Lieu du supplice* (Julliard, juin 1959). Vladimir Pozner y montre une séance de tortures. Immersions dans une bassine, coups divers et crachats métamorphosent un jeune villageois, «au-delà de tout rafistolage» en un «être intermédiaire entre le monde animal et le monde végétal, produit de quelque monstrueux croisement[,] d'une immonde mutation, racine se terminant par une bouche et des cheveux crépus, tubercule sécrétant des râles, polype pourvu d'orteils, et qui n'avait d'humain que les yeux».

Fonds Vladimir Pozner/IMEC

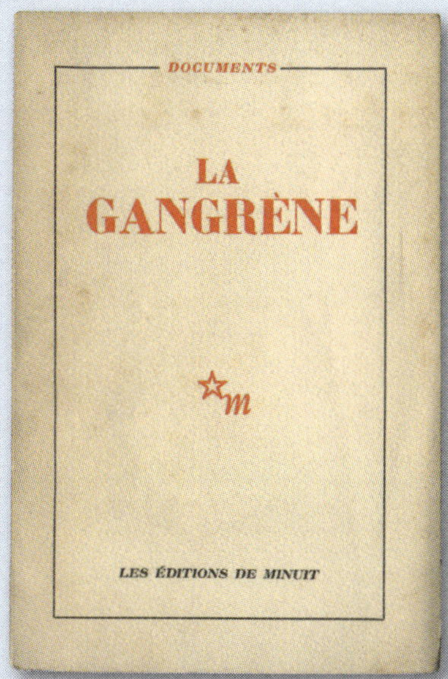

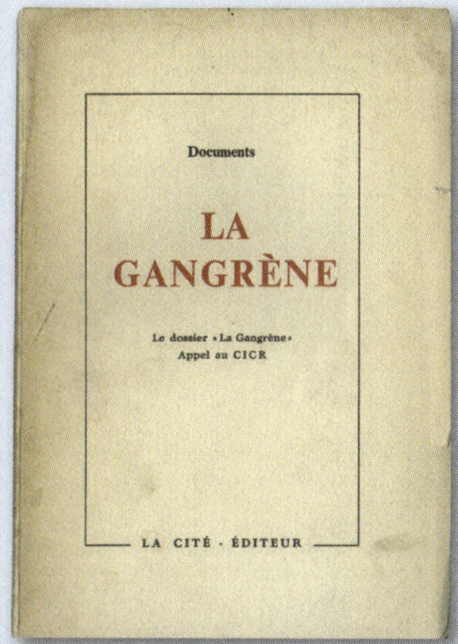

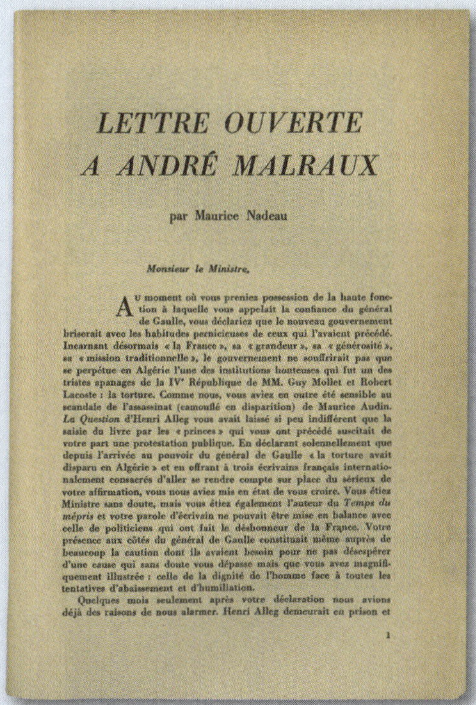

LETTRE OUVERTE
A ANDRÉ MALRAUX

par Maurice Nadeau

Monsieur le Ministre,

Au moment où vous preniez possession de la haute fonction à laquelle vous appelait la confiance du général de Gaulle, vous déclariez que le nouveau gouvernement briserait avec les habitudes pernicieuses de ceux qui l'avaient précédé. Incarnant désormais « la France », sa « grandeur », sa « générosité », sa « mission traditionnelle », le gouvernement ne souffrirait pas que se perpétue en Algérie l'une des institutions honteuses qui fut un des tristes apanages de la IVe République de MM. Guy Mollet et Robert Lacoste : la torture. Comme nous, vous aviez en outre été sensible au scandale de l'assassinat (camouflé en disparition) de Maurice Audin. *La Question* d'Henri Alleg vous avait laissé si peu indifférent que la saisie du livre par les « princes » qui vous ont précédé suscitait de votre part une protestation publique. En déclarant solennellement que depuis l'arrivée au pouvoir du général de Gaulle « la torture avait disparu en Algérie » et en offrant à trois écrivains français internationalement consacrés d'aller se rendre compte sur place du sérieux de votre affirmation, vous nous aviez mis en état de vous croire. Vous étiez Ministre sans doute, mais vous étiez également l'auteur du *Temps du mépris* et votre parole d'écrivain ne pouvait être mise en balance avec celle de politiciens qui ont fait le déshonneur de la France. Votre présence aux côtés du général de Gaulle constituait même auprès de beaucoup la caution dont ils avaient besoin pour ne pas désespérer d'une cause qui sans doute vous dépasse mais que vous avez magnifiquement illustrée : celle de la dignité de l'homme face à toutes les tentatives d'abaissement et d'humiliation.

Quelques mois seulement après votre déclaration nous avions déjà des raisons de nous alarmer. Henri Alleg demeurait en prison et

1

***La Gangrène*, Minuit, juin 1959.**

Le 16 juin 1959, les Éditions de Minuit publient *La Gangrène*. Le livre, qui s'ouvre sur une citation d'Edmond Michelet, garde des Sceaux – « Il s'agit là de séquelles de la vérole, du totalitarisme nazi » –, témoigne des tortures subies par des étudiants algériens membres du FLN détenus dans les locaux de la DST, rue des Saussaies, à Paris, en décembre 1958. Successivement Bachir Boumaza, Mustapha Francis, Benaïssa Souami, Abdelkader Belhadj et Moussa Kebaïli racontent les sévices subis : coups, gégène, brûlures, bassine… et les menaces entendues : « Si t'es trop abîmé, on te foutra dans la flotte avec une étiquette : "traître au FLN". »

Fonds Vladimir Pozner/IMEC

***La Gangrène*, Lausanne, La Cité, juillet 1959.**

En librairie le 18 juin, *La Gangrène* fait aussitôt du bruit. Le 19, on en parle sur Europe no 1 et Jacques Fauvet se demande, à la une du *Monde*, « ce qui fait le plus horreur de la cruauté des actes ou de la bassesse d'esprit de ceux qui ajoutent l'insulte à la torture ». À 16h30, le livre est saisi. Aussitôt, il est réédité à Lausanne avec une préface des éditeurs mettant en cause la loi sur les pouvoirs spéciaux, et un « Appel » au Comité international de la Croix-Rouge de Niels Andersson. Les cas établis de tortures, exécutions sommaires, décès, disparitions, sont trop nombreux et trop graves, la situation dans les camps de regroupement est trop terrible pour que le CICR n'intervienne pas.

Collection privée

Maurice Nadeau, « Lettre ouverte à André Malraux », *Les Lettres Nouvelles*, nouvelle série, no 18, 1er juillet 1959.

Maurice Nadeau réagit aussitôt à la saisie de *La Gangrène* par une « Lettre ouverte à André Malraux ». Il lui rappelle ses indignations (affaire Audin, saisie de *La Question*), ses engagements (disparition de la torture en Algérie), sa parole d'écrivain, avant de dire ses doutes face à la permanence des symptômes. La parution de *La Gangrène*, sa saisie sont des scandales supplémentaires. Du ministre des Affaires culturelles, il attend qu'il parle « en faveur de ce qu'il a élevé dans son œuvre au rang d'entité universelle […] et qu'il ne pourrait faire autrement qu'incarner aujourd'hui dans le corps et l'âme d'un Algérien torturé et qui demande justice ».

Fonds Bibliothèque de revues/IMEC

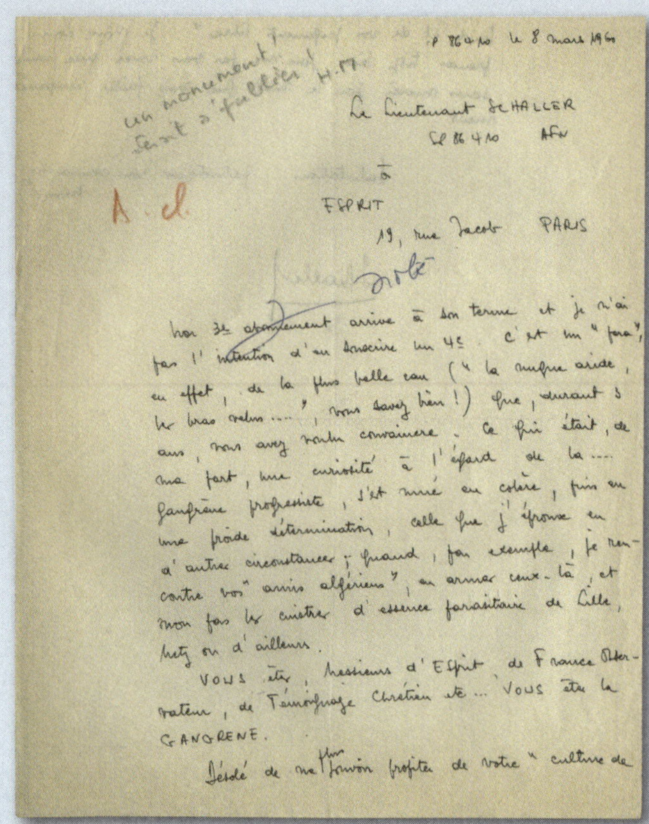
P 86410 le 8 mars 1960

un monument ! Serait à publier ! H.M.

Le Lieutenant SCHALLER
SP 86410 AFN

à

ESPRIT
19, rue Jacob PARIS

Mon 3e abonnement arrive à son terme et je n'ai pas l'intention d'en souscrire un 4e. C'est un « para », en effet, de la plus belle eau (« la rugueuse aide, les bras croisés... », vous savez bien !) que, durant 3 ans, vous avez voulu convaincre. Ce qui était, de ma part, une curiosité à l'égard de la ... gangrène progressiste, s'est mué en colère, puis en une froide détermination, celle que j'éprouve en d'autres circonstances ; quand, par exemple, je rencontre vos « amis algériens », en armes ceux-là, et non pas les cuistres d'essence parasitaire de Lille, Metz ou d'ailleurs.

VOUS êtes, Messieurs d'Esprit, de France Observateur, de Témoignage Chrétien etc... VOUS êtes la GANGRENE.

Désolé de ne plus pouvoir profiter de votre « culture de

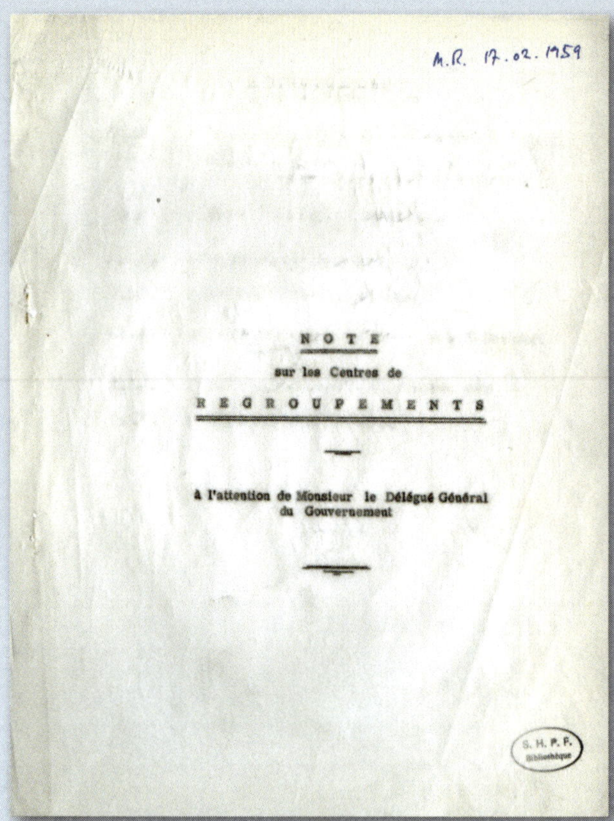
M.R. 17.02.1959

NOTE

sur les Centres de

REGROUPEMENTS

à l'attention de Monsieur le Délégué Général du Gouvernement

Lettre manuscrite du Lieutenant Schaller à la revue *Esprit*, le 8 mars 1960.

Après avoir été abonné trois ans à *Esprit*, un lieutenant qui se présente comme un «para» annonce qu'il ne va pas renouveler son abonnement. En cause: «le mal [fait] impunément» par «la... gangrène progressiste», qui a mué sa curiosité en «une haine sans merci». «Vous êtes, Messieurs d'*Esprit*, de *France-Observateur*, de *Témoignage Chrétien* etc. VOUS êtes la GANGRÈNE».

Fonds Esprit/IMEC

Michel Rocard, note sur les Centres de regroupement à l'attention de monsieur le délégué général du gouvernement en Algérie, le 17 février 1959.

En décembre 1958, Paul Delouvrier est nommé délégué général en remplacement du général Salan. En février 1959, Michel Rocard, alors inspecteur des Finances, lui remet, au terme de trois mois d'enquête, un rapport qui ne lui a été qu'officieusement demandé sur les camps de regroupement en Algérie. Plus d'un million de villageois dont une bonne moitié d'enfants y sont retenus, «menacés de famine». Le cabinet du garde des Sceaux, Edmond Michelet, organise la fuite: des extraits du rapport sont publiés entre les 16 et 18 avril dans *France-Observateur* et *Le Monde*. L'opinion alertée, une aide d'urgence est débloquée et Michel Debré demande la révocation de Rocard, qui n'a pourtant pas signé le rapport. La revendication de la fuite par Michelet désarmera Debré.

Fonds Eric Westphal/Société de l'Histoire du protestantisme français à Paris (SHPF)

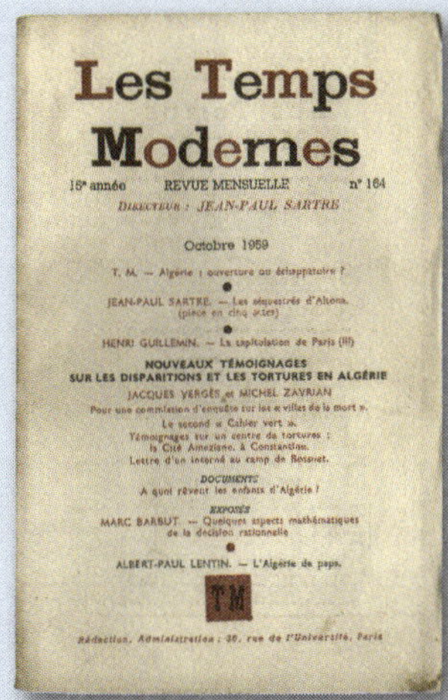
Les Temps Modernes
15e année REVUE MENSUELLE n° 164
DIRECTEUR : JEAN-PAUL SARTRE
Octobre 1959
T. M. — Algérie : ouverture ou échappatoire ?
JEAN-PAUL SARTRE. — Les séquestrés d'Altona. (pièce en cinq actes)
HENRI GUILLEMIN. — La capitulation de Paris (III)
NOUVEAUX TÉMOIGNAGES SUR LES DISPARITIONS ET LES TORTURES EN ALGÉRIE
JACQUES VERGÈS et MICHEL ZAVRIAN
Pour une commission d'enquête sur les « villes de la mort ».
Le second « Cahier vert ».
Témoignages sur un centre de tortures : la Cité Ameziane, à Constantine.
Lettre d'un interné au camp de Bossuet.
DOCUMENTS
A quoi rêvent les enfants d'Algérie ?
EXPOSÉS
MARC BARBUT. — Quelques aspects mathématiques de la décision rationnelle
ALBERT-PAUL LENTIN. — L'Algérie de papa.
TM
Rédaction, Administration : 30, rue de l'Université, Paris

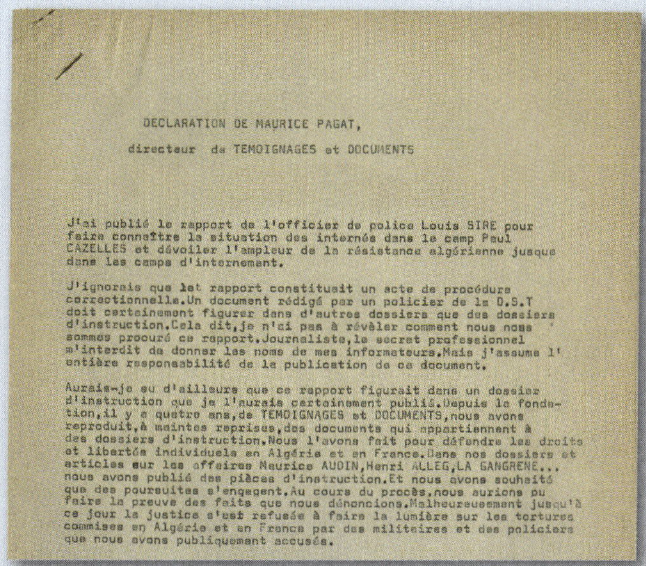
DECLARATION DE MAURICE PAGAT,

directeur de TEMOIGNAGES et DOCUMENTS

J'ai publié le rapport de l'officier de police Louis SIRE pour faire connaître la situation des internés dans le camp Paul CAZELLES et dévoiler l'ampleur de la résistance algérienne jusque dans les camps d'internement.

J'ignorais que let rapport constituait un acte de procédure correctionnelle.Un document rédigé par un policier de la D.S.T doit certainement figurer dans d'autres dossiers que des dossiers d'instruction.Cela dit,je n'ai pas à révèler comment nous noss sommes procuré ce rapport.Journaliste,le secret professionnel m'interdit de donner les noms de mes informateurs.Mais j'assume l' entière responsabilité de la publication de ce document.

Aurais-je su d'ailleurs que ce rapport figurait dans un dossier d'instruction que je l'aurais certainement publié.Depuis la fondation,il y a quatre ans,de TEMOIGNAGES et DOCUMENTS,nous avons reproduit,à maintes reprises,des documents qui appartiennent à des dossiers d'instruction.Nous l'avons fait pour défendre les droits et libertés individuels en Algérie et en France.Dans nos dossiers et articles sur les affaires Maurice AUDIN,Henri ALLEG,LA GANGRENE... nous avons publié des pièces d'instruction.Et nous avons souhaité que des poursuites s'engagent.Au cours du procès,nous aurions pu faire la preuve des faits que nous dénoncions.Malheureusement jusqu'à ce jour la justice s'est refusée à faire la lumière sur les tortures commises en Algérie et en France par des militaires et des policiers que nous avons publiquement accusés.

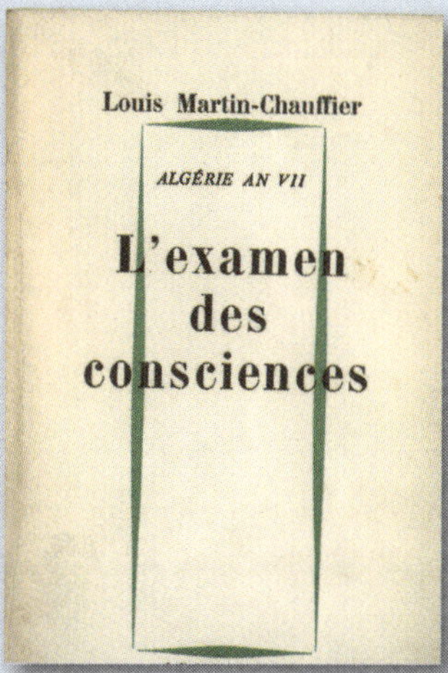
Louis Martin-Chauffier
ALGÉRIE AN VII
L'examen des consciences

***Les Temps modernes*, n° 164, octobre 1959.**

En septembre 1959, trois avocats du Barreau de Paris, Jacques Vergès, Michel Zavrian et Maurice Courrégé, adressent au président de la Croix-Rouge internationale un « cahier vert » sur les disparitions en Algérie. Un deuxième suit en octobre, contenant de « Nouveaux témoignages sur les disparitions et les tortures en Algérie ». Sont recensées 175 « disparitions » dans ces cahiers que publieront les éditions de La Cité sous le titre *Les Disparus. Le Cahier vert*. Pierre Vidal-Naquet, en post-face, dénonce un « désordre tragique », des assignations à résidence et transferts sans trace, la banalisation des disparitions. Jacques Vergès sera menacé et banni des prétoires d'Alger.

Fonds Bibliothèque de revues/IMEC

Maurice Pagat, directeur de *Témoignages et documents*, déclaration au président du tribunal correctionnel.

Inculpé d'atteinte à la sûreté extérieure de l'État pour avoir publié le rapport d'un officier de police sur le camp d'internement de Paul-Cazelles (24 août 1959), Maurice Pagat avoue ne pas comprendre « pourquoi, dans certains cas, la justice garde le silence sur les faits » dénoncés, et dans d'autres traduit les journalistes en correctionnelle... Le rapport montrait comment, dans un camp qui aurait dû être fermé conformément à une promesse faite à la Croix-Rouge internationale et au CICRC, les militants nationalistes algériens avaient organisé une administration clandestine, semblable à celles des « déportés [...] dans les camps nazis ».

Fonds Esprit/IMEC

Louis Martin-Chauffier, *L'Examen des consciences, Algérie An VII*, Julliard, janvier 1961.

De juin à juillet 1957, une commission d'enquête diligentée par la Commission internationale contre le régime concentrationnaire (CICRC) est envoyée en Algérie. Elle compte cinq anciens déportés, dont Germaine Tillion et Louis Martin-Chauffier, chargés de reconnaître si les camps d'internement répondent à la définition du régime concentrationnaire. Bouleversé par « le terrible engrenage des tortures et du terrorisme » observé, Martin-Chauffier se sent le devoir moral de « dire la vérité » entière, non pour faire scandale, mais pour que cessent tortures et attentats, obstacles selon lui à toute négociation.

Fonds Vladimir Pozner/IMEC

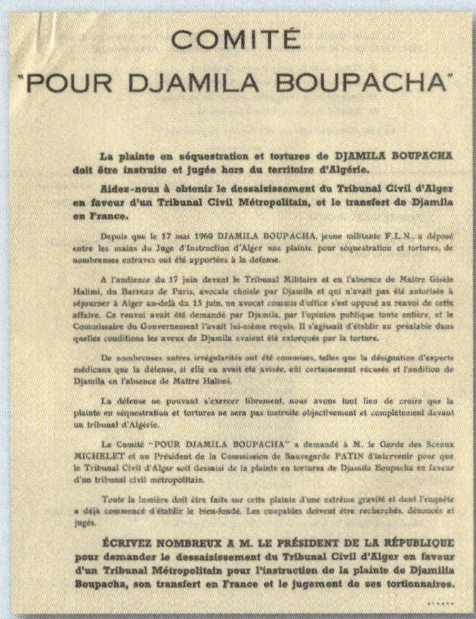

COMITÉ
"POUR DJAMILA BOUPACHA"

La plainte en séquestration et tortures de DJAMILA BOUPACHA doit être instruite et jugée hors du territoire d'Algérie.

Aidez-nous à obtenir le dessaisissement du Tribunal Civil d'Alger en faveur d'un Tribunal Civil Métropolitain, et le transfert de Djamila en France.

Depuis que le 17 mai 1960 DJAMILA BOUPACHA, jeune militante F.L.N., a déposé entre les mains du Juge d'Instruction d'Alger une plainte pour séquestration et tortures, de nombreuses entraves ont été apportées à la défense.

A l'audience du 17 juin devant le Tribunal Militaire et en l'absence de Maître Gisèle Halimi, du Barreau de Paris, avocate choisie par Djamila et qui n'avait pas été autorisée à séjourner à Alger au-delà du 15 juin, un avocat commis d'office s'est opposé au renvoi de cette affaire. Ce renvoi avait été demandé par Djamila, par l'opinion publique toute entière, et le Commissaire du Gouvernement l'avait lui-même requis. Il s'agissait d'établir au préalable dans quelles conditions les aveux de Djamila avaient été extorqués par la torture.

De nombreuses autres irrégularités ont été commises, telles que la désignation d'experts médicaux que la défense, si elle en avait été avisée, eût certainement récusés et l'audition de Djamila en l'absence de Maître Halimi.

La défense ne pouvant s'exercer librement, nous avons tout lieu de croire que la plainte en séquestration et tortures ne sera pas instruite objectivement et complètement devant un tribunal d'Algérie.

Le Comité "POUR DJAMILA BOUPACHA" a demandé à M. le Garde des Sceaux MICHELET et au Président de la Commission de Sauvegarde PATIN d'intervenir pour que le Tribunal Civil d'Alger soit dessaisi de la plainte en tortures de Djamila Boupacha en faveur d'un tribunal civil métropolitain.

Toute la lumière doit être faite sur cette plainte d'une extrême gravité et dont l'enquête a déjà commencé d'établir le bien-fondé. Les coupables doivent être recherchés, dénoncés et jugés.

ÉCRIVEZ NOMBREUX A M. LE PRÉSIDENT DE LA RÉPUBLIQUE pour demander le dessaisissement du Tribunal Civil d'Alger en faveur d'un Tribunal Métropolitain pour l'instruction de la plainte de Djamilia Boupacha, son transfert en France et le jugement de ses tortionnaires.

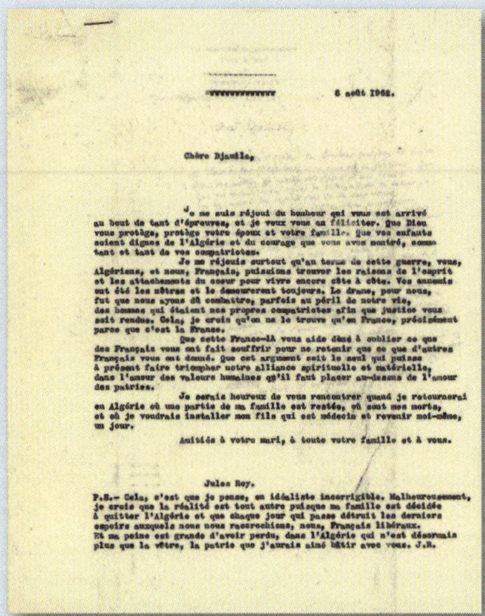

8 août 1962.

Chère Djamila,

Je me suis réjoui du bonheur qui vous est arrivé au bout de tant d'épreuves, et je veux vous en féliciter. Que Dieu vous protège, protège votre époux et votre famille. Que vos enfants soient dignes de l'Algérie et du courage que vous avez montré, comme tant et tant de vos compatriotes.

Je me réjouis surtout qu'au terme de cette guerre, vous, Algériens, et nous, Français, puissions trouver les raisons de l'esprit et les attachements du coeur pour vivre encore côte à côte. Vos ennemis ont été les nôtres et le demeurent toujours. Le drame, pour nous, fut que nous ayons dû combattre, parfois au péril de notre vie, des hommes qui étaient nos propres compatriotes afin que justice vous soit rendue. Cela, je crois qu'on ne le trouve qu'en France, précisément parce que c'est la France.

Que cette France-là vous aide donc à oublier ce que des Français vous ont fait souffrir pour ne retenir que ce que d'autres Français vous ont donné. Que cet argument soit le seul qui puisse à présent faire triompher notre alliance spirituelle et matérielle, dans l'amour des valeurs humaines qu'il faut placer au-dessus de l'amour des patries.

Je serais heureux de vous rencontrer quand je retournerai en Algérie où une partie de ma famille est restée, où sont mes morts, et où je voudrais installer mon fils qui est médecin et revenir moi-même, un jour.

Amitiés à votre mari, à toute votre famille et à vous.

Jules Roy.

P.S.- Cela, c'est que je pense, en idéaliste incorrigible. Malheureusement, je crois que la réalité est tout autre puisque ma famille est décidée à quitter l'Algérie et que chaque jour qui passe détruit les derniers espoirs auxquels nous nous raccrochions, nous, Français libéraux. Et ma peine est grande d'avoir perdu, dans l'Algérie qui n'est désormais plus que la vôtre, la patrie que j'aurais aimé bâtir avec vous. J.R.

Comité « Pour Djamila Boupacha », juin 1960.

Arrêtée en février 1960 pour avoir déposé une bombe qui n'a pas explosé, Djamila Boupacha, frappée, mise en présence des corps suppliciés de ses familiers, brûlée, torturée à l'électricité, déflorée avec une bouteille, « avoue ». Gisèle Halimi porte plainte pour tortures et séquestration, tandis que Simone de Beauvoir, à la tête d'un Comité « Pour Djamila Boupacha » soutenu notamment par Jean Amrouche, Aimé Césaire, Édouard Glissant, Michel Leiris, Laurent Schwartz, Pierre-Henri Teitgen, Germaine Tillion et Pierre Vidal-Naquet, en appelle à l'opinion française (*Le Monde*, 3 juin). Il s'agit d'obtenir le dessaisissement du tribunal civil d'Alger en faveur d'un tribunal civil métropolitain.

Fonds Vladimir Pozner/IMEC

Simone de Beauvoir et Gisèle Halimi, *Djamila Boupacha*, Gallimard, 1962, avec en couverture la reproduction d'un fusain de Pablo Picasso du 8 décembre 1961.

Sous la pression publique, les tribunaux d'Algérie sont dessaisis : Djamila sera jugée à Caen. Naît l'idée d'un volume, à la fois « élément de lutte dans l'immédiat » et « témoignage pour l'avenir ». Simone de Beauvoir se charge de la présentation substantielle des faits, Gisèle Halimi fait le récit de l'affaire. Des photographies de Djamila, des études de Lapoujade et une vaste peinture de Matta en hommage à la suppliciée ouvrent le volume. En annexe, des documents sont produits, suivis de témoignages, parmi lesquels ceux d'Henri Alleg, Josette Audin, André Philip, Françoise Sagan, du général de Bollardière… Néanmoins, et bien qu'elle ait reconnu ses tortionnaires parmi de nombreuses photographies de militaires, Djamila n'est pas disculpée. Elle sera amnistiée en mars 1962.

Collection privée

Lettre tapuscrite de Jules Roy à Djamila Boupacha, le 8 août 1962

Après que l'indépendance algérienne a été proclamée, le 3 juillet, Jules Roy adresse à celle qui est devenue une icône une lettre d'amitié, se réjouissant « qu'au terme de cette sale guerre » Algériens et Français puissent « trouver les raisons de l'esprit et les attachements du cœur pour vivre encore côte à côte ». Mais, son post-scriptum l'admet, l'« idéaliste incorrigible » qu'il est doit désormais faire le deuil, dans une Algérie devenue étrangère, de la « patrie » commune qu'il aurait aimé contribuer à bâtir.

Fonds Jules Roy, JR43/ BMVR, Marseille

Robert Lapoujade,
***Triptyque sur la torture*,**
huile sur toile,
342 × 196 cm, 1960-1961

Au cours de l'année 1960, Robert Lapoujade, qui a déjà affronté la guerre d'Algérie dans sa peinture, travaille à un vaste *Triptyque sur la torture*, conçu en hommage à Djamila Boupacha et à Henri Alleg. Aux violets, verts, bleus et rouges qui cernent une silhouette blessée (Djamila, panneau de gauche) répondent des gris et des jaunes qui semblent supporter une figure brisée, comme intérieurement concassée (Alleg, panneau de droite). L'œuvre est exposée du 10 mars au 15 avril 1961 à Paris, à la galerie Pierre Domec. Jean-Paul Sartre, dans sa préface au catalogue, s'enthousiasme pour l'« unité lyrique » d'une peinture qui « montre » sans rien faire « voir » et « laisse l'horreur descendre » en nous. « C'est un événement assez considérable, estime-t-il, qu'un peintre ait su plaire si fort à nos yeux en nous montrant sans fard le deuil éclatant de nos consciences. »

D'autres peintres montrent la guerre, en témoignent ou en éclairent les désastres. Avant même le déclenchement des hostilités, Boris Taslitzky et Mireille Miailhe peignent la misère du peuple algérien. *Terre ensanglantée* de Jean de Maisonseul, *La Question* ou *Le Supplice de Djamila* de Matta, *Méridien zéro* ou *Hommage à Maurice Audin* de Mohamed Khadda, *Algérie en flamme* de Mesli, *Tête torturée* ou *Désarticulation de la guerre civile* de Cremonini, *La Visite au prisonnier*, *Le Parloir de la prison* ou *La Prison grise* d'André Masson, *La révolte et la poésie sont la même chose* ou *Manifeste contre la guerre d'Algérie* de Kijno, *Le Grand Tableau antifasciste collectif* de Lebel, Erró, Dova, Baj, Grippa et Recalcati, le portrait au fusain de Djamila Boupacha par Picasso en décembre 1961 sont quelques-unes des œuvres qui saisissent la violence de ce drame.

L'exposition internationale de 1964, « L'art et la révolution algérienne », à Paris et à Alger, rend compte de l'éclectisme des œuvres réunies sur le thème de la guerre d'Algérie. Plus de quatre-vingt-dix artistes de toutes nationalités y sont représentés.

Collection particulière

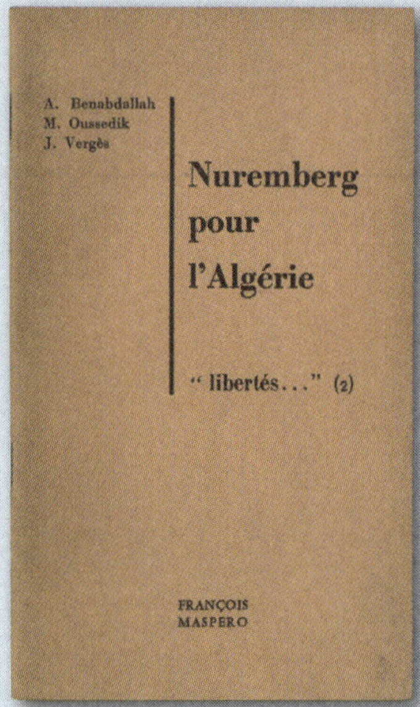

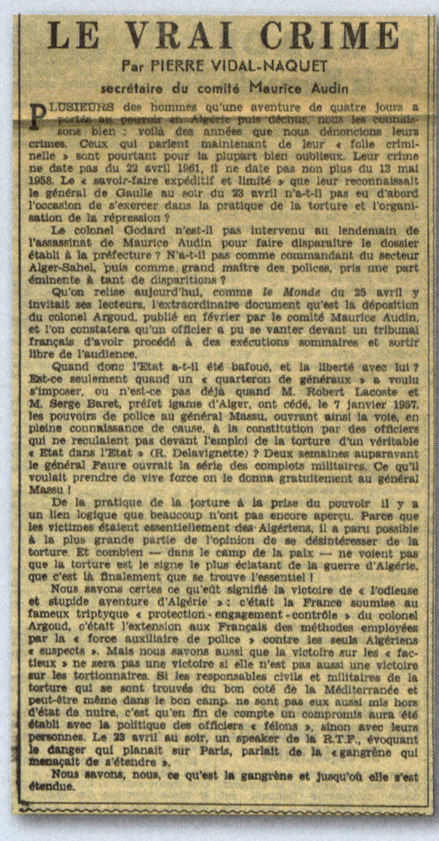

LE VRAI CRIME

Par PIERRE VIDAL-NAQUET

secrétaire du comité Maurice Audin

PLUSIEURS des hommes qu'une aventure de quatre jours a portés au pouvoir en Algérie puis déchus, nous les connaissons bien : voilà des années que nous dénoncions leurs crimes. Ceux qui parlent maintenant de leur « folle criminelle » sont pourtant pour la plupart bien oublieux. Leur crime ne date pas du 22 avril 1961, il ne date pas non plus du 13 mai 1958. Le « savoir-faire expéditif et limité » que leur reconnaissait le général de Gaulle au soir du 23 avril n'a-t-il pas eu d'abord l'occasion de s'exercer dans la pratique de la torture et l'organisation de la répression ?

Le colonel Godard n'est-il pas intervenu au lendemain de l'assassinat de Maurice Audin pour faire disparaître le dossier établi à la préfecture ? N'a-t-il pas comme commandant du secteur Alger-Sahel, puis comme grand maître des polices, pris une part éminente à tant de disparitions ?

Qu'on relise aujourd'hui, comme *le Monde* du 25 avril y invitait ses lecteurs, l'extraordinaire document qu'est la déposition du colonel Argoud, publié en février par le comité Maurice Audin, et l'on constatera qu'un officier a pu se vanter devant un tribunal français d'avoir procédé à des exécutions sommaires et sortir libre de l'audience.

Quand donc l'Etat a-t-il été bafoué, et la liberté avec lui ? Est-ce seulement quand un « quarteron de généraux » a voulu s'imposer, ou n'est-ce pas déjà quand M. Robert Lacoste et M. Serge Baret, préfet igame d'Alger, ont cédé, le 7 janvier 1957, les pouvoirs de police au général Massu, ouvrant ainsi la voie, en pleine connaissance de cause, à la constitution par des officiers qui ne reculaient pas devant l'emploi de la torture d'un véritable « Etat dans l'Etat » (R. Delavignette) ? Deux semaines auparavant le général Faure ouvrait la série des complots militaires. Ce qu'il voulait prendre de vive force on le donna gratuitement au général Massu !

De la pratique de la torture à la prise du pouvoir il y a un lien logique que beaucoup n'ont pas encore aperçu. Parce que les victimes étaient essentiellement des Algériens, il a paru possible à la plus grande partie de l'opinion de se désintéresser de la torture. Et combien — dans le camp de la paix — ne voient pas que la torture est le signe le plus éclatant de la guerre d'Algérie, que c'est là finalement que se trouve l'essentiel !

Nous savons certes ce qu'eût signifié la victoire de « l'odieuse et stupide aventure d'Algérie » : c'était la France soumise au fameux triptyque « protection - engagement - contrôle » du colonel Argoud, c'était l'extension aux Français des méthodes employées par la « force auxiliaire de police » contre les seuls Algériens « suspects ». Mais nous savons aussi que la victoire sur les « factieux » ne sera pas une victoire si elle n'est pas aussi une victoire sur les tortionnaires. Si les responsables civils et militaires de la torture qui se sont trouvés du bon coté de la Méditerranée et peut-être même dans le bon camp ne sont pas eux aussi mis hors d'état de nuire, c'est qu'en fin de compte un compromis aura été établi avec la politique des officiers « félons », sinon avec leurs personnes. Le 23 avril au soir, un speaker de la R.T.F., évoquant le danger qui planait sur Paris, parlait de la « gangrène qui menaçait de s'étendre ».

Nous savons, nous, ce qu'est la gangrène et jusqu'où elle s'est étendue.

Abdessamad Benabdallah, Mourad Oussedik, Jacques Vergès, *Nuremberg pour l'Algérie*, t. 2, François Maspero, « Libertés », 1961.

Dans deux fascicules parus en 1961 chez Maspero, tous deux intitulés *Nuremberg pour l'Algérie*, trois avocats s'interrogent : y a-t-il en Algérie crimes de guerre et crimes contre l'humanité ? C'est dire qu'il s'agit moins de révéler des faits que de chercher à construire un objet juridique. Pour les avoir édités, François Maspero est inculpé d'« atteinte à la sûreté du territoire ». Il s'insurge : à « pallier les timidités de la presse », à obéir à son devoir professionnel d'informer, ses inculpations et celles de certains de ses confrères se sont multipliées sans qu'aucun démenti soit apporté à leurs révélations ni aucune instruction diligentée sur le fond.

Fonds Vladimir Pozner/IMEC

Pierre Vidal-Naquet, « Le vrai crime », *Le Monde*, 6 mai 1961.

Au lendemain de l'échec du putsch d'avril 1961, Pierre Vidal-Naquet tient à rétablir quelques vérités utiles : les crimes des putschistes sont bien antérieurs au putsch et même au 13 mai 1958. Ils remontent au 7 janvier 1957, quand Robert Lacoste a cédé les pouvoirs de police au général Massu, ouvrant la voie à la constitution d'un « État dans l'État » et à la torture. Il ne saurait donc y avoir de victoire que si les tortionnaires de tous bords sont désarmés. « Nous savons, nous, ce qu'est la gangrène et jusqu'où elle s'est étendue », déclare-t-il.

Fonds Jules Roy, JR42/ BMVR, Marseille

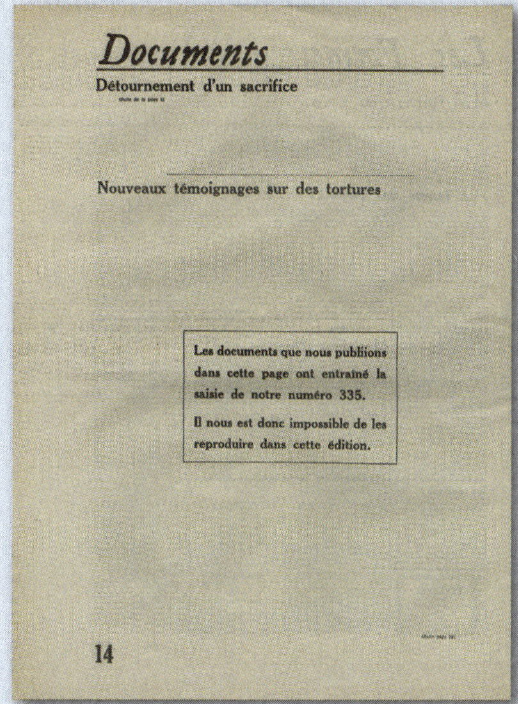

Documents

Détournement d'un sacrifice

Nouveaux témoignages sur des tortures

Les documents que nous publiions dans cette page ont entraîné la saisie de notre numéro 335.

Il nous est donc impossible de les reproduire dans cette édition.

14

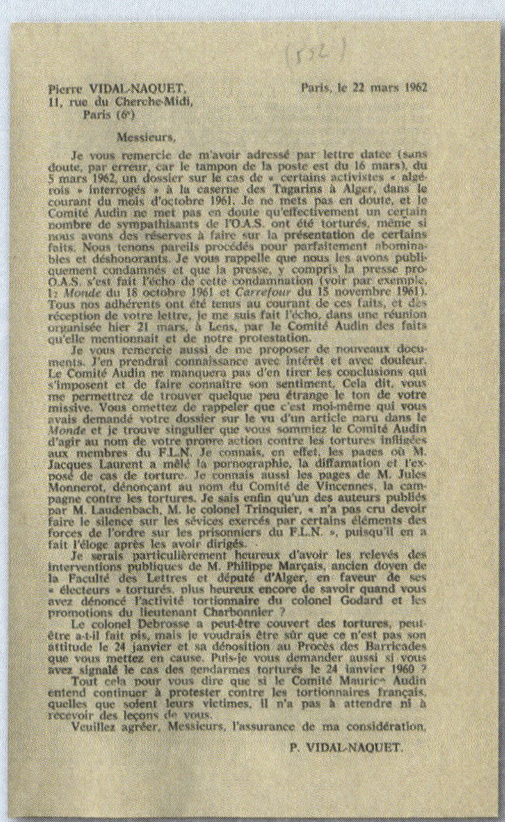

(552)

Pierre VIDAL-NAQUET,
11, rue du Cherche-Midi,
Paris (6e)

Paris, le 22 mars 1962

Messieurs,

Je vous remercie de m'avoir adressé par lettre datée (sans doute, par erreur, car le tampon de la poste est du 16 mars), du 5 mars 1962, un dossier sur le cas de « certains activistes « algérois » interrogés » à la caserne des Tagarins à Alger, dans le courant du mois d'octobre 1961. Je ne mets pas en doute, et le Comité Audin ne met pas en doute qu'effectivement un certain nombre de sympathisants de l'O.A.S. ont été torturés, même si nous avons des réserves à faire sur la présentation de certains faits. Nous tenons pareils procédés pour parfaitement abominables et déshonorants. Je vous rappelle que nous les avons publiquement condamnés et que la presse, y compris la presse pro-O.A.S. s'est fait l'écho de cette condamnation (voir par exemple, le *Monde* du 18 octobre 1961 et *Carrefour* du 15 novembre 1961). Tous nos adhérents ont été tenus au courant de ces faits, et dès réception de votre lettre, je me suis fait l'écho, dans une réunion organisée hier 21 mars, à Lens, par le Comité Audin des faits qu'elle mentionnait et de notre protestation.

Je vous remercie aussi de me proposer de nouveaux documents. J'en prendrai connaissance avec intérêt et avec douleur. Le Comité Audin ne manquera pas d'en tirer les conclusions qui s'imposent et de faire connaître son sentiment. Cela dit, vous me permettrez de trouver quelque peu étrange le ton de votre missive. Vous omettez de rappeler que c'est moi-même qui vous avais demandé votre dossier sur le vu d'un article paru dans le *Monde* et je trouve singulier que vous sommiez le Comité Audin d'agir au nom de votre propre action contre les tortures infligées aux membres du F.L.N. Je connais, en effet, les pages où M. Jacques Laurent a mêlé la pornographie, la diffamation et l'exposé de cas de torture. Je connais aussi les pages de M. Jules Monnerot, dénonçant au nom du Comité de Vincennes, la campagne contre les tortures. Je sais enfin qu'un des auteurs publiés par M. Laudenbach, M. le colonel Trinquier, « n'a pas cru devoir faire le silence sur les sévices exercés par certains éléments des forces de l'ordre sur les prisonniers du F.L.N. », puisqu'il en a fait l'éloge après les avoir dirigés.

Je serais particulièrement heureux d'avoir les relevés des interventions publiques de M. Philippe Marçais, ancien doyen de la Faculté des Lettres et député d'Alger, en faveur de ses « électeurs » torturés, plus heureux encore de savoir quand vous avez dénoncé l'activité tortionnaire du colonel Godard et les promotions du lieutenant Charbonnier ?

Le colonel Debrosse a peut-être couvert des tortures, peut-être a-t-il fait pis, mais je voudrais être sûr que ce n'est pas son attitude le 24 janvier et sa déposition au Procès des Barricades que vous mettez en cause. Puis-je vous demander aussi si vous avez signalé le cas des gendarmes torturés le 24 janvier 1960 ?

Tout cela pour vous dire que si le Comité Maurice Audin entend continuer à protester contre les tortionnaires français, quelles que soient leurs victimes, il n'a pas à attendre ni à recevoir des leçons de vous.

Veuillez agréer, Messieurs, l'assurance de ma considération.

P. VIDAL-NAQUET.

***La Nation française*, nº 335 bis, 7 mars 1962.**

Par ce nº 335 bis, *La Nation française* met en scène la saisie de son nº 335, dans la nuit du 6 au 7 mars, qui publiait de « nouveaux témoignages sur des tortures » et une partie d'un article de Philippe Ariès, « Détournement d'un sacrifice ». Dans le nº 336 de l'hebdomadaire, Ariès explique : scandalisé que le geste sacrificiel d'un gendarme, abattu alors qu'il donnait l'alerte, puisse être récupéré par un ancien tortionnaire devenu général et sous-directeur de la gendarmerie, la rédaction de *La Nation française* avait décidé de publier des documents attestant les supplices infligés par ce même général alors qu'il était encore le colonel Debrosse.

Archives privées Pierre Boutang

Lettre tapuscrite de Pierre Vidal-Naquet au Comité de rédaction de *L'Esprit public*, le 22 mars 1962.

En avril 1962, le Bulletin de liaison du Comité Maurice-Audin publie un échange de correspondance entre le Comité de rédaction de *L'Esprit public*, « dont les sympathies pour l'OAS sont connues », et Pierre Vidal-Naquet. *L'Esprit public* fait état de sévices perpétrés par le colonel Debrosse sur des activistes algérois et compte sur le Comité Maurice-Audin pour les porter à la connaissance publique. Ce à quoi Vidal-Naquet répond, fermement et en expliquant pourquoi, que si le Comité Maurice-Audin continuera à dénoncer tous les tortionnaires, il n'a pas à accepter de leçon d'« honnêteté intellectuelle et morale ».

Collection privée

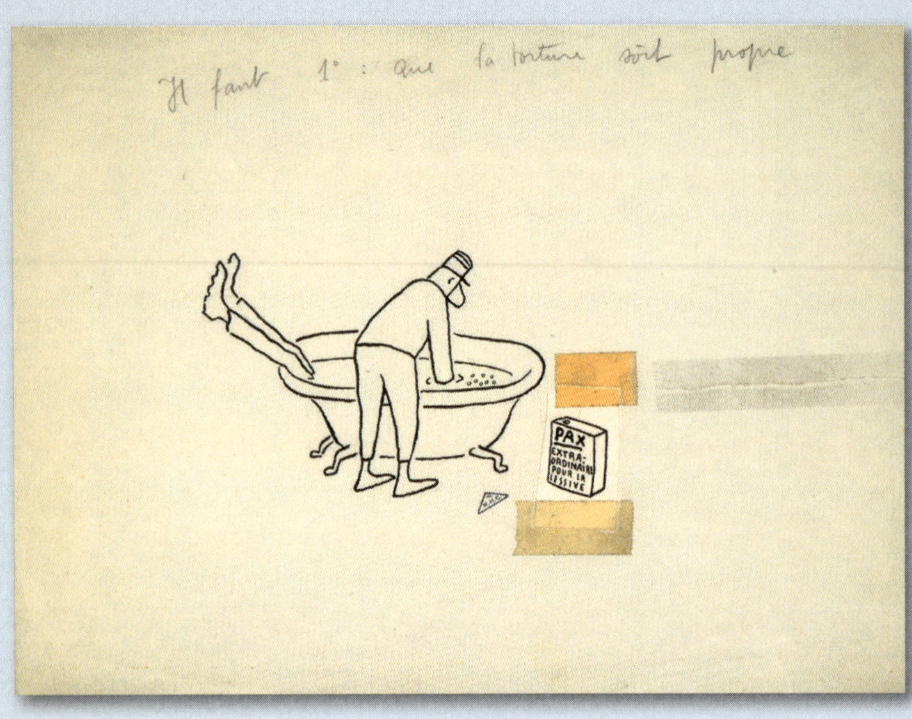

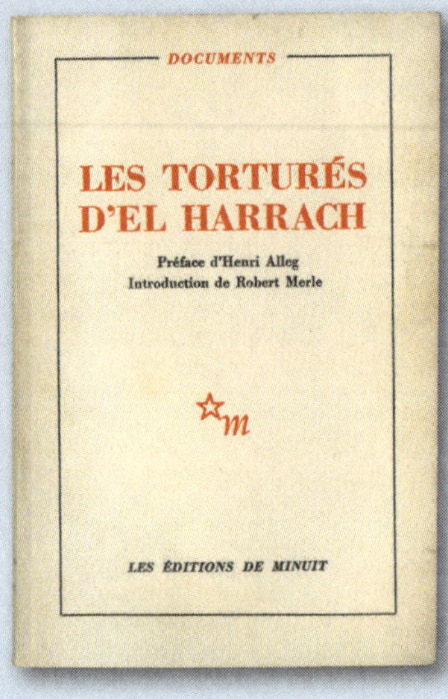

Bosc, « Pax torture plus propre », dessin.

Ce dessin de Bosc, qui dénonce les méthodes de la pacification, peut aussi être vu *a posteriori* comme une alerte : les sévices existent aussi en période de « Pax ».

Collection Alain Damman

***Les Torturés d'El Harrach*, Minuit, « Documents », 1966.**

De fait, l'indépendance n'a pas inauguré une ère de justice. Les dérives du conflit ont été occultées, et des comportements similaires reconduits. Le coup d'État du colonel Boumedienne, qui a renversé Ben Bella le 19 juin 1965, a été suivi d'arrestations et de tortures relatées dans des ouvrages comme *L'Arbitraire* de Bachir Hadj Ali, Hocine Zahouane et Mohammed Harbi, ou *Les Torturés d'El Harrach*. Dans ce dernier sont reproduites les plaintes déposées par des militants que les forces de sécurité algériennes ont suppliciés. Aucune d'elles n'a été instruite.

Fonds Vladimir Pozner/IMEC

1958-1960

ORDRE ET DÉSORDRES

6

Enquête
auprès
d'intellectuels
français

LE 14 JUILLET

10 AVRIL 1959.

Cette enquête est adressée à :

Arthur ADAMOV, Ferdinand ALQUIE, Robert ANTELME, Georges ARNAUD, Raymond ARON, Jacques AUDIBERTI, Gaston BACHELARD, Georges BALANDIER, Roland BARTHES, François-Régis BASTIDE, Georges BATAILLE, Jean BEAUFRET, Simone de BEAUVOIR, Jean-Louis BEDOUIN, Yvon BELAVAL, Paul BENICHOU, Maurice BLANCHARD, Jean BLANZAT, Yves BONNEFOY, Jean-Louis BORY, A. du BOUCHET, Marcel BRION, Michel BUTOR,

Roger CAILLOIS, Albert CAMUS, Jean CASSOU, Jean CAYROL, Aimé CESAIRE, René CHAR, Victor CRASTRE, Simone DEBOUT, Noël DEVAULX, Jean-Marie DOMENACH, Jacques DUPIN, Marguerite DURAS, Jean DUVIGNAUD,

Mircea ELIADE, René ETIEMBLE,

Dominique FERNANDEZ, Louis-René des FORETS, Max-Pol FOUCHET, Bernard FRANCK, André FRENAUD, Georges FRIEDMANN,

Maurice de GANDILLAC, Pierre GARRIGUES, Pierre GASCAR, Jean GENET, Edouard GLISSANT, Lucien GOLDMANN, Julien GRACQ, Jean GRENIER, Jean GROSJEAN, Jean GUEHENNO, Daniel GUERIN, Louis GUILLOUX.

Jean HYPPOLITE,

Philippe JACOTTET,

Pierre KLOSSOWSKI,

Jacques LACAN, Armand LANOUX, Henri LAUGIER, Henri LEFEBVRE, Claude LEFORT, Gérard LEGRAND, Michel LEIRIS, Claude LEVI-STRAUSS, Georges LIMBOUR, Clara MALRAUX, André Pieyre de MANDIARGUES, André MANDOUZE, François MAURIAC, Jean-Jacques MAYOUX, Maurice MERLEAU-PONTY, Pierre MONATTE, Edgar MORIN, Marcel MORE,

Maurice NADEAU, Pierre NAVILLE,

Brice PARAIN, Jean PAULHAN, Marcel PEJU, Benjamin PERET, Bernard PINGAUD, Francis PONGE,

Raymond QUENEAU,

Jean-François REVEL, Jean REVERZY, Georges RIBEMONT-DESSAIGNES, Alfred ROSMER, Jean ROSTAND, Claude ROY,

Nathalie SARRAUTE, Jean-Paul SARTRE, Marcel SCHNEIDER, Pierre-Henri SIMON,

Henri THOMAS,

Jean WAHL, Eric WEIL.

I. — Ce qui s'est passé le 13 mai 1958, ce qui s'est passé ensuite constitue un ensemble dont l'importance nous paraît avoir été généralement sous-estimée. Croyez-vous qu'il s'agisse d'événements relevant du seul jugement politique ? Ne s'agirait-il pas d'un changement de sens plus grave, représentant, notamment pour la pensée, d'une manière manifeste ou encore cachée, comme un changement d'horizon ?

II. — Si vous en jugez ainsi, ne trouvez-vous pas surprenante la passivité quasi unanime des écrivains en face de ces événements, en rupture avec la tradition intellectuelle la plus constante de ce pays ? Quelle explication donnez-vous d'une abstention si prolongée ?

III. — S'il est vrai que la pensée s'affirme comme contestation de ce qui est et en particulier comme contestation du Pouvoir, le sens profond de l'exigence démocratique n'est-il pas dans ce mouvement, mode fondamental de la recherche de la vérité, qui oppose la pensée au pouvoir, les exigences humaines à l'état de choses ?

IV. — A partir de là, le pouvoir issu du 13 mai n'est-il pas déjà en dehors de la démocratie, non parce qu'il lutterait ouvertement contre la pensée, mais parce que, se fondant sur une forme singulière de la souveraineté, mettant en jeu le destin privilégié d'un homme, la puissance d'un nom providentiel, le caractère religieux de son prestige, il se présente comme un Pouvoir échappant, par son origine et son essence, aux contestations de la pensée ?

V. — Un mouvement de résistance intellectuelle à un tel régime vous paraît-il souhaitable ? Possible ? Sous quelle forme ?

Maurice BLANCHOT, André BRETON,
Dionys MASCOLO, Jean SCHUSTER.

Les réponses à cette enquête, qui seront publiées dans le n° 3 du 14 Juillet, à paraître au mois de mai, devront parvenir avant le 30 avril à D. Mascolo, 5, rue Saint-Benoît, Paris (6e).

◄ ***Le 14 Juillet*, nº 3, avril 1959.**

Fonds Jean Duvignaud/IMEC

Le 8 février 1958, l'aviation française bombarde le village tunisien de Sakhiet Sidi Youcef. « Incident » (Jules Monnerot) ou « action détestable » (Louis Martin-Chauffier) ? « Un pays dont le gouvernement reprend fièrement à son compte ce que M. Mauriac appelait si bien, l'autre jour, un massacre de pauvres, est-il vraiment qualifié pour que ses représentants appliquent en son nom la peine de mort » à Fernand Iveton ou aux époux Guerroudj, alors jugés?, interroge Jean-Paul Sartre.

La crise du régime en mai 1958 conduit René Coty à faire appel au général de Gaulle. Investi par l'Assemblée nationale, qui lui vote les pleins pouvoirs, il apparaît, chargé d'Histoire, comme « l'homme providentiel ». Lorsque le 4 juin, acclamé par la foule du Forum à Alger, il lui lance son célèbre « Je vous ai compris », chacun entend que l'Algérie restera à la France et qu'il sera fait en sorte « qu'elle soit pour toujours de corps et d'âme » avec celle-ci. La formation du Gouvernement provisoire de la République algérienne (GPRA), le 9 septembre, n'infléchit nullement cette volonté, réaffirmée à Constantine le 3 octobre : « À quelles hécatombes condamnerions-nous ce pays si nous étions assez stupides et assez lâches pour l'abandonner ! »

La gauche intellectuelle réagit cependant avec vigueur contre ce retour au pouvoir. « Otage » des généraux rebelles et des ultras, De Gaulle fait peur. La menace « fasciste » est agitée. De brusques changements sont attendus et la résistance des clercs s'organise : création de comités de défense des libertés républicaines, appels à l'action antifasciste, débats sur les conséquences de cette « militarisation » d'un pouvoir dont on craint qu'il ne lutte « ouvertement contre la pensée ». Une enquête du journal *Le 14 Juillet* auprès d'intellectuels français, composée par Maurice Blanchot, André Breton, Dionys Mascolo et Jean Schuster, demande : « Un mouvement de résistance intellectuelle à un tel régime vous paraît-il souhaitable? Possible? Sous quelle forme? »

Les nombreuses saisies de journaux, de revues ou de livres accentuent ces craintes. Pour la seule année 1958, 111 seront recensées en métropole et en Algérie, et leur nombre ne diminuera pas (154 en 1960, 127 en 1961, 120 en 1962). « Un quart des saisies concerne des journaux ayant publié des articles sur des exactions militaires. [...] Les informations concernant le camp algérien représentent 26 % des saisies métropolitaines. La censure cherchait à éviter que l'on présente le FLN et l'ALN comme des mouvements crédibles sur le plan militaire ou sur le plan politique » (Barthélémy).

Le discours du 16 septembre 1959 sur l'autodétermination du peuple algérien marque un tournant. Il suppose la négociation ouverte avec le FLN et accorde à la population musulmane (au 9/10e majoritaire) le soin de trancher le sort de l'Algérie. Les partisans de l'Algérie française crient à la trahison. Dès le 19 septembre, Georges Bidault crée le Rassemblement pour l'Algérie française : « On y trouve aussi bien des démocrates-chrétiens que des gaullistes « soustelliens » ou des élus algériens favorables à l'intégration » (Benjamin Stora). Les lignes de partage bougent. Les champs partisans se morcellent, les affrontements à venir s'esquissent, des alliances inédites se dessinent. Quatre mois plus tard, le 24 janvier 1960, à Alger se dressent des barricades, « sous l'œil bienveillant d'officiers activistes ».

La droite intellectuelle se sépare en gaullistes et en antigaullistes, eux-mêmes fractionnés en tendances rivales. Dans l'ancienne gauche, la nouvelle gauche et l'extrême gauche, déplacements et repositionnements se produisent aussi. Les déclarations collectives de l'automne de 1960 le montrent nettement. L'appel à « une paix négociée », lancé par la FEN (Fédération de l'Éducation nationale) et l'UNEF (Union nationale des Étudiants de France) un mois après le Manifeste des 121 et cinq jours après le verdict du procès Jeanson, est rédigé sous « le signe de l'urgence ». Cet appel réunit des signatures aussi renommées (Jean Duvignaud, Edgar Morin, Roland Barthes, Paul Ricœur, Jacques Le Goff, Jean-Marie Domenach, Jacques Prévert, Jean Effel...) et plus nombreuses (35 000 à la mi-novembre) que le Manifeste des 121. « La guerre d'Algérie corrompt toute notre vie nationale et communautaire dans tous ses aspects démocratiques, économiques, sociaux, moraux. » Mais comment résoudre « cette affaire Dreyfus collective » ?, demandent les auteurs dans une conférence de presse, le 18 novembre 1960. Devant la « crise profonde du pays et des consciences », certains signataires du Manifeste des 121 exigeront une implication plus radicale.

Sakhiet

Louis Martin-Chauffier, message manuscrit pour un meeting salle Wagram, février 1958 (finalement interdit par la Préfecture).

Le 11 janvier 1958, des unités du FLN anéantissent une patrouille avec l'aide d'armes lourdes basées en Tunisie et se retranchent dans Sakhiet Sidi Youssef. Le 17 janvier et le 7 février, un avion français est abattu à partir de Sakhiet. Le 8 février, le commandement aérien de Constantine décide, avec l'accord du général Salan et du ministre de la Défense Jacques Chaban-Delmas, d'exercer un droit de suite sur la Tunisie. Sakhiet est bombardé par 25 avions, qui font 70 morts et 80 blessés. Louis Martin-Chauffier s'indigne d'un massacre de population civile « couvert par les pouvoirs », à la fois « crime injustifiable » et « faute militaire et politique » : « comment continuer à flétrir [...] les attentats terroristes » ensuite ?

Fonds Louis Martin-Chauffier/IMEC

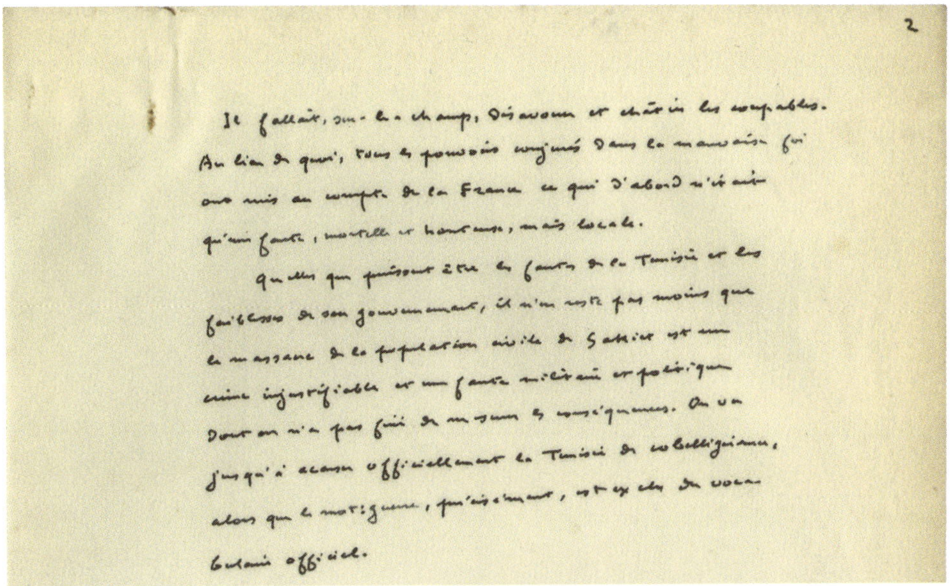

2

Il fallait, sur-le-champ, désavouer et châtier les coupables. Au lieu de quoi, tous les pouvoirs engagés dans la mauvaise foi ont mis au compte de la France ce qui d'abord n'était qu'une faute, mortelle et honteuse, mais locale.

Quelles que puissent être les fautes de la Tunisie et les faiblesses de son gouvernement, il n'en reste pas moins que le massacre de la population civile de Sakhiet est un crime injustifiable et une faute militaire et politique dont on n'a pas fini de mesurer les conséquences. On va jusqu'à accuser officiellement la Tunisie de cobelligérance, alors que le mot guerre, précisément, est exclu du vocabulaire officiel.

Jules Monnerot, « Sakhiet dans la guerre révolutionnaire », *La Nation française*, 19 février 1958.

Pour l'auteur de *Sociologie du communisme* (1949), « l'affaire de Sakhiet est un épisode typique de guerre révolutionnaire ». En livrant « aux hors-la-loi algériens en guerre avec la France » une portion de son territoire, en n'évacuant pas la population civile de la zone ainsi vouée à la guerre, en acceptant le mélange des forces tunisiennes et « rebelles », le président Bourguiba a prêté la main à un « scénario très au point » qui a provoqué la riposte et instrumentalisé des morts civils inévitables. Pour preuve : la présence de la Croix-Rouge sur place et la disponibilité de journalistes français « spécialistes [...] des "atrocités" françaises ». En mars, Jean-Paul Sartre signera dans *Les Temps modernes* un texte intitulé « Nous sommes tous des assassins ».

Archives privées Pierre Boutang

Pierre BOUTANG — N° 124. — 19 FEVRIER 1958

Sakhiet dans la guerre révolutionnaire

par Jules Monnerot

L'affaire de Sakhiet est un épisode typique de guerre révolutionnaire, digne de figurer dans les futurs manuels. A ce titre, il n'est pas inutile d'en signaler ici les aspects qui comportent le plus d'enseignements.

Contrairement aux notions juridiques, coutumières et morales de l'Occident, concernant la distinction territoriale des nations, l'étanchéité des frontières et le droit des gens, l'Etat tunisien, ou plus exactement ce qui aux yeux d'un occidental apparaît tel, livré aux hors-la-loi algériens en guerre avec la France, une zone à sa frontière. Le président de cet « Etat », M. Bourguiba, prétend — efficacement jusqu'à présent — que cette portion de territoire soit à la fois pour les fellaga une base d'attaque contre la France, et un inviolable asile. Cette prétention, irrecevable en droit, avait été pourtant pratiquement reçue en fait, jusqu'à l'incident de Sakhiet.

Un Etat conforme à la définition que donne à ce mot le droit constitutionnel de l'Occident, doit être conscient de ses devoirs de protection envers le peuple dont il est l'Etat, et il a, selon nos conceptions juridiques et morales, l'*obligation « d'évacuer » la population civile de la zone qu'il a vouée à la guerre*. De plus si cet Etat veut un jour plaider les circonstances atténuantes, il doit ne pas coordonner l'action de son armée régulière avec celle des bandes qu'il est incapable ou peu désireux d'écarter de son territoire.

L' « Etat bourguibiste » si nous osons nous exprimer ainsi, n'a empêché ni le maintien sur place de la population civile tunisienne, ni le mélange des forces tunisiennes et des fellaga — qui ont d'ailleurs une infrastructure logistique commune.

A ces signes d'ailleurs on reconnaît que l'adversaire à qui la France se heurte dans l'affaire de Sakhiet n'est pas principalement Bourguiba et ce qu'il prétend représenter à savoir un

(Suite page 12)

Dans ce numéro :

***Socialisme ou Barbarie*,**
n° 24, mai-juin 1958.

Entre 1956 et 1963, *Socialisme ou Barbarie* accueille douze articles sur la question algérienne. Sous le pseudonyme de François Laborde, Jean-François Lyotard y propose à chaud l'analyse d'une guerre révolutionnaire en situation coloniale. Ainsi, «le massacre de Sakhiet a[urait] porté au grand jour [...] les multiples contradictions internes de la situation algérienne». La reconquête des villes par l'armée française ayant achevé de couper «le pont entre la résistance et les Européens», «la fusion de l'armée avec la société coloniale» étant parachevée, le divorce est consommé entre les campagnes, sous administration FLN, et les villes, sous administration ultra. Dans cette lutte, les revendications de classe se trouvent désormais enfouies «sous les frontières nationales».

Fonds Bibliothèque de revues/IMEC

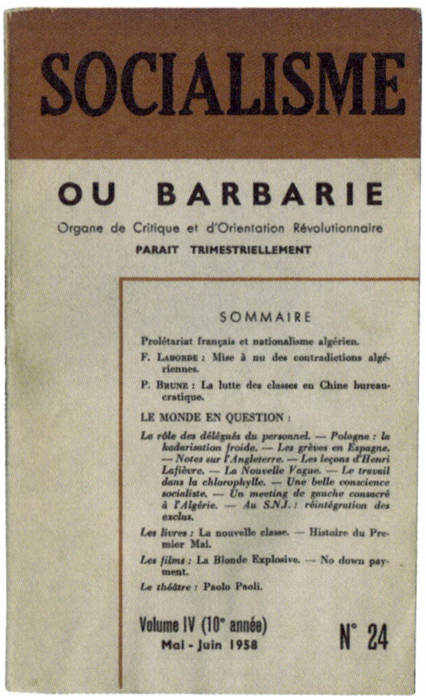
SOCIALISME

OU BARBARIE

Organe de Critique et d'Orientation Révolutionnaire

PARAIT TRIMESTRIELLEMENT

SOMMAIRE

Prolétariat français et nationalisme algérien.

F. Laborde : Mise à nu des contradictions algériennes.

P. Brune : La lutte des classes en Chine bureaucratique.

LE MONDE EN QUESTION :

Le rôle des délégués du personnel. — Pologne : la kadarisation froide. — Les grèves en Espagne. — Notes sur l'Angleterre. — Les leçons d'Henri Lefièvre. — La Nouvelle Vague. — Le travail dans la chlorophylle. — Une belle conscience socialiste. — Un meeting de gauche consacré à l'Algérie. — Au S.N.I. : réintégration des exclus.

Les livres : La nouvelle classe. — Histoire du Premier Mai.

Les films : La Blonde Explosive. — No down payment.

Le théâtre : Paolo Paoli.

Volume IV (10e année)
Mai - Juin 1958

N° 24

13 mai 1958

Un appel de M. SOUSTELLE aux Français de la métropole :

A VOUS MAINTENANT

mes compatriotes, de répondre au message fraternel de l'Algérie

Dix millions d'êtres humains tendent leurs mains vers vous

Ces mains tendues, allez-vous les laisser retomber dans le vide ?

FRANÇAISES, Français qui m'écoutez ce soir, ce n'est pas un chef ni même un porte-parole d'une faction rebelle qui vous parle, c'est un Français comme vous, bouleversé jusqu'au fond de son âme par le spectacle auquel il assiste depuis six jours sur cette terre d'Algérie et qui veut passionnément vous faire part de la vérité.

Depuis mon arrivée ici, j'ai vu chaque jour sur le Forum une marée humaine couronnée de drapeaux et de banderoles battre les murailles du palais du Gouvernement, non pour l'investir, mais pour clamer sa foi et sa confiance. A Oran, à Boufarik, à Mostaganem, les mêmes visions se sont présentées à moi. Partout, nos compatriotes musulmans, nos frères musulmans, comme on dit ici aujourd'hui, sont en nombre, souvent en majorité, mêlés à la foule des Français d'origine métropolitaine. Partout les mêmes clameurs s'élèvent en tempête :

Vive la France ! Vive l'Algérie française ! Vive de Gaulle !

En français et en arabe, les banderoles proclament l'attachement farouche de tous les Algériens à la mère patrie, aux chefs de l'armée, à tous ceux dont le nom symbolise le maintien de l'Algérie au sein de la France. La « Marseillaise » déploie ses ailes au-dessus de ces foules comme dans les plus grandes journées de notre histoire. Oui, en vérité, c'est la France qui est plébiscitée chaque jour et chaque heure dans toutes les villes et tous les villages d'Algérie. C'est un immense référendum spontané qui, de ce côté de la Méditerranée, répond à tous les doutes et dissipe toutes les incertitudes. L'Algérie française est une réalité.

Choc psychologique d'une portée incalculable

QUE s'est-il passé ? demandez-vous. Je me le demande moi-même. Ce qui est certain, c'est qu'un choc psychologique d'une portée incalculable vient de secouer le pays. Ce n'est pas seulement la communauté musulmane qui revient à la France, c'est la communauté européenne qui, dans un élan de nuit du 4 août, ouvre ses bras à nos frères arabes et berbères. Les barrières sont balayées, la fraternisation triomphe dans la rue et sur les places, la femme musulmane voit s'ouvrir la porte de son émancipation aux côtés de la femme européenne. Pourquoi ? Parce que la volonté inébranlable qui s'est affirmée de conserver à tout prix l'Algérie, parce que la prise de position ferme de l'armée ont enfin rassuré ceux qui doutaient, soulevé le poids écrasant de la terreur et fait planer sur cette terre torturée une immense espérance.

Peut-être la métropole n'a-t-elle pas suffisamment compris, au cours des derniers mois, l'angoisse des Algériens. Trop de propagandes facilitées par la faiblesse de l'Etat leur dépeignaient jour après jour des perspectives d'abandon. Trop de symptômes leur faisaient redouter que les souffrances et les sacrifices fussent rendus vains par des manœuvres politiques à Paris. Ils se sont vus acculés à ce que le ministre de l'Algérie dénonçait par avance comme « un Dien-Bien-Phu diplomatique ». Alors le peuple et l'armée se sont dressés pour infliger un coup d'arrêt à cette politique fatale d'abandons successifs, qui, d'humiliation en humiliation, conduisait l'Algérie à sa perte et la France au désastre.

M. Jacques Soustelle

L'histoire dira que c'est ici, en Algérie, que le coup d'arrêt a été donné. Les comités de salut public où s'associent Européens et musulmans, ont surgi des profondeurs du peuple pour exprimer son désespoir hier, aujourd'hui son espérance et sa volonté. L'armée, conduite par des chefs respectés comme le général Salan, le général Massu, les généraux Jouhaud, Allard et bien d'autres, est intervenue pour donner à ce soulèvement populaire une structure ordonnée et veiller à ce que sa mission primordiale de lutte contre l'ennemi F.L.N. ne fût pas compromise. Une grande voix française l'a dit, et je le répète : l'armée a bien fait.

Ah ! ne croyez pas ceux qui vous disent que ce peuple et cette armée se sont dressés contre la France ou contre la République ! La France ? C'est pour n'en être jamais séparés qu'ils ont mêlé leurs énergies dans le sursaut patriotique du 13 mai. La République ? J'ai fait acclamer son nom par des centaines de milliers d'Algériens. L'Algérie française revendique fièrement la devise républicaine : Liberté, car c'est pour elle que l'armée combat ici ; Egalité, car tous les Algériens ensemble ont décidé de mettre fin aux discriminations et aux injustices du passé ; Fraternité, car c'est elle qui, comme une vague, submerge d'une frontière à l'autre tout ce vaste morceau d'Afrique. Jamais depuis 130 ans l'Algérie n'a été plus proche du cœur de la France généreuse et humaine à qui elle adresse aujourd'hui un appel solennel et poignant.

Un message fraternel

CAR elle vous dit, cette Algérie française, à vous, Français de la métropole : « Dix millions d'êtres humains, de la Méditerranée au Sahara, ont enfin pris la résolution historique d'être à jamais Français membres à part entière d'une libre communauté, en effaçant d'un coup toutes les manœuvres et toutes les haines d'autrefois. Ils tendent leurs mains vers vous. Ces mains tendues, allez-vous les laisser retomber dans le vide ? »

Dites-vous bien que les événements qui se sont accomplis ici depuis le 13 mai sont irréversibles. La roue de l'histoire ne peut pas revenir en arrière. Rien ne peut effacer ce fait qu'en un éclair tout le peuple algérien a pris conscience de sa volonté, qui est de demeurer dans la France sans distinction d'origine ni de confession. On a beaucoup discuté depuis des années sur des notions un peu abstraites comme l'autonomie, la fédération, l'intégration. Aujourd'hui, il n'y a plus de discussion possible, car l'intégration est faite dans les cœurs et les âmes et il ne reste plus qu'à régler le passage dans la réalité de cette volonté communautaire qui s'est exprimée avec une force bouleversante.

Pour refaire l'unité entre les deux rives françaises de la Méditerranée

SI l'Algérie tout entière clame aujourd'hui sa foi dans le général de Gaulle, c'est parce que d'instinct elle fait appel à lui, symbole du pur souci national en dehors de toutes les factions, du rassemblement des territoires, du respect de toutes les communautés associées à la France, pour que, sous son arbitrage incontesté, l'unité se refasse au plus tôt entre les deux rives françaises de la Méditerranée.

Oui, toute l'Algérie, Européens et musulmans mêlés, fait appel à cet arbitrage. Elle a trop souffert pour croire encore qu'elle puisse confier ses destinées aux fluctuations et aux incertitudes que nous avons connues. Les mots de salut public ont ici la résonance qu'ils ont eue dans d'autres temps : volonté, résolution, unité. L'Algérie fait bloc, et se tourne maintenant vers vous en vous demandant si vous allez commettre l'erreur tragique de laisser passer ou de gâcher la chance miraculeuse que le destin vient d'offrir à la France. Dans ces journées décisives, si pleines à la fois de joie et d'alarmes, nous sommes tous ici pénétrés d'une profonde certitude : c'est que, grâce au sursaut de l'Algérie, la paix tant désirée apparaît à l'horizon comme, à l'aube, les premières lueurs du jour. A vous maintenant, mes compatriotes de la métropole, de vous joindre à nous dans le même élan, de faire appel avec nous à l'arbitrage du libérateur, et de répondre au message fraternel qui monte vers vous des montagnes et des plaines de l'Algérie plus que jamais et pour toujours française.

«Un appel de M. Soustelle aux Français de la métropole», discours du 22 mai 1958 à Radio-Alger.

Le 17 mai, Jacques Soustelle, fraîchement débarqué de Paris, se rend sur le Forum. Venu se mettre «à la disposition de l'Algérie française», qui vient de donner un exemple de fraternité, il acclame successivement la République, l'Algérie française, la France et De Gaulle. Le 22 mai, à Radio-Alger, il se fait le porte-parole de l'Algérie française auprès des Français de métropole. Il les appelle à se joindre aux dix millions d'êtres humains ayant «pris la résolution historique d'être à jamais Français», de répondre à leur message fraternel en sollicitant avec eux «l'arbitrage du libérateur».

Fonds Jacques Delarue/BDIC

Alain de Sérigny, *La Révolution du 13 mai*, Plon, 1958.

Après Sakhiet et la chute du gouvernement Gaillard, le 15 avril 1958, la perspective du choix de Pierre Pflimlin, partisan de la négociation avec le FLN, comme président du Conseil met le feu aux poudres. « La révolution du 13 mai », selon l'expression du directeur de *L'Écho d'Alger*, est le coup d'État mené par l'avocat et officier parachutiste de réserve Pierre Lagaillarde, les généraux Raoul Salan, Edmond Jouhaud, Jean Gracieux, l'amiral Auboyneau avec l'appui de la 10e division parachutiste du général Massu et la complicité active des amis de Jacques Soustelle. Le gouvernement général est pris d'assaut, un Comité de Salut public est créé, présidé par Salan. Le 15, De Gaulle se dit « prêt à assumer les pouvoirs de la République ».

Collection privée

Lettre tapuscrite de Maurice Nadeau à Georges Bataille, le 16 juin 1958.

Il en est toutefois que la situation inquiète. Le 16 juin, Nadeau adresse aux responsables de plusieurs revues de premier plan, dont *Arguments, Critique, Esprit, Europe, La Nef, Socialisme ou Barbarie, Les Temps modernes*, une invitation à se réunir pour définir en commun les moyens de défendre leur « liberté d'expression et de communication » dans une période présentée comme lourde de menaces. Georges Bataille décline la proposition : *Critique* n'est ni politique ni de gauche ; et rien, dans les circonstances actuelles, ne justifie pareille mobilisation.

Fonds Jean Piel/IMEC

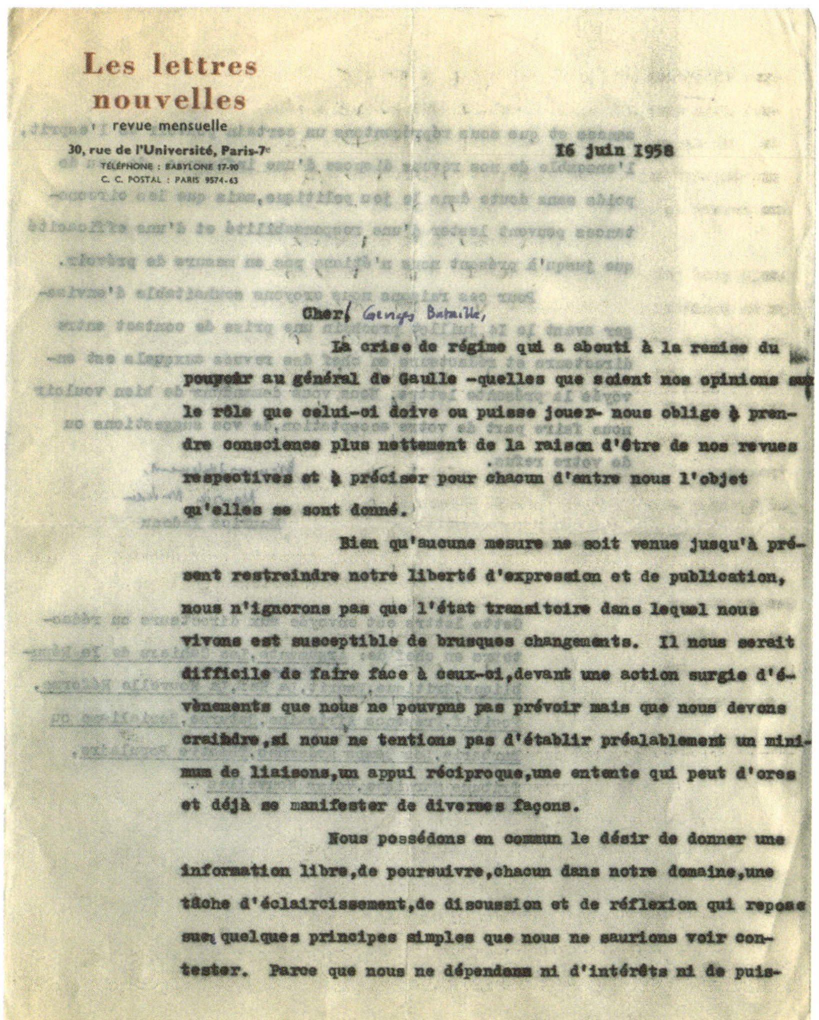

Les lettres nouvelles
revue mensuelle
30, rue de l'Université, Paris-7e
TÉLÉPHONE : BABYLONE 17-90
C. C. POSTAL : PARIS 9574-63

16 juin 1958

Cher Georges Bataille,

La crise de régime qui a abouti à la remise du pouvoir au général de Gaulle -quelles que soient nos opinions sur le rôle que celui-ci doive ou puisse jouer- nous oblige à prendre conscience plus nettement de la raison d'être de nos revues respectives et à préciser pour chacun d'entre nous l'objet qu'elles se sont donné.

Bien qu'aucune mesure ne soit venue jusqu'à présent restreindre notre liberté d'expression et de publication, nous n'ignorons pas que l'état transitoire dans lequel nous vivons est susceptible de brusques changements. Il nous serait difficile de faire face à ceux-ci, devant une action surgie d'événements que nous ne pouvons pas prévoir mais que nous devons craindre, si nous ne tentions pas d'établir préalablement un minimum de liaisons, un appui réciproque, une entente qui peut d'ores et déjà se manifester de diverses façons.

Nous possédons en commun le désir de donner une information libre, de poursuivre, chacun dans notre domaine, une tâche d'éclaircissement, de discussion et de réflexion qui repose sur quelques principes simples que nous ne saurions voir contester. Parce que nous ne dépendons ni d'intérêts ni de puis-

13 mai : Unité – Fraternité.

Le 29 mai, le Général, pressenti par René Coty, accepte de former un gouvernement. Il obtient les pleins pouvoirs le 2 juin. Le 3, l'Assemblée nationale lui donne mandat de préparer une nouvelle Constitution : la IVe République est morte. Le 4, depuis le balcon du Gouvernement général à Alger, De Gaulle, après avoir lancé à la foule réunie sur la place du Forum, un fulgurant « Je vous ai compris », ajoute : « Dans toute l'Algérie, il n'y a qu'une seule catégorie d'habitants : il n'y a que des Français à part entière. » Cette déclaration est emblématisée ici par un médaillon figurant au Nord la métropole, au Sud les départements algériens comme un seul pays traversé par la Méditerranée.

Fonds Jacques Delarue/BDIC

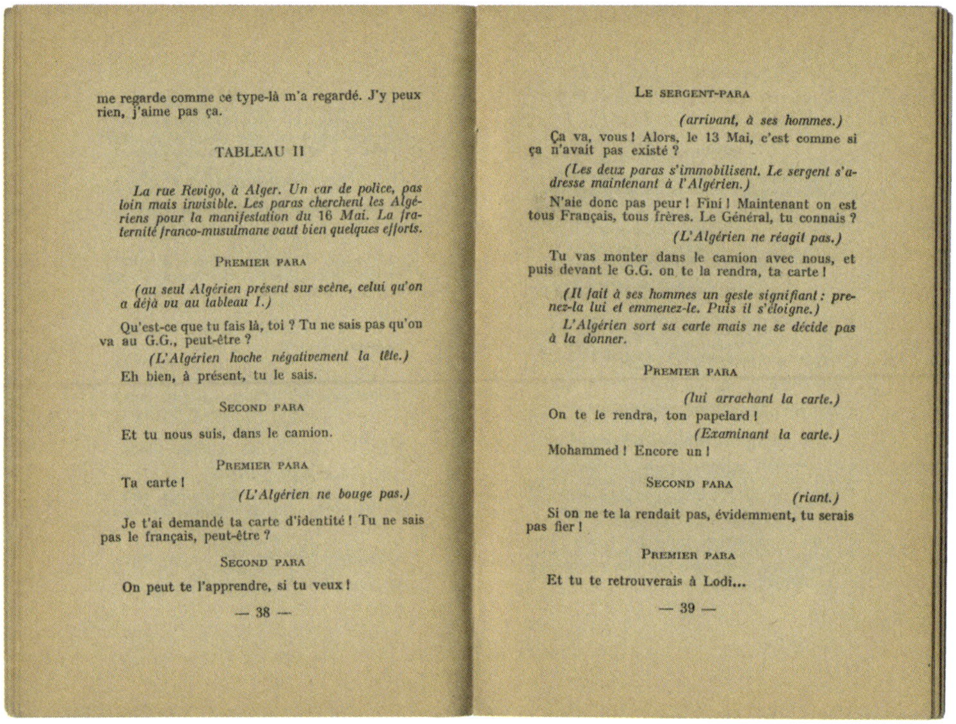

me regarde comme ce type-là m'a regardé. J'y peux rien, j'aime pas ça.

TABLEAU II

La rue Revigo, à Alger. Un car de police, pas loin mais invisible. Les paras cherchent les Algériens pour la manifestation du 16 Mai. La fraternité franco-musulmane vaut bien quelques efforts.

PREMIER PARA

(au seul Algérien présent sur scène, celui qu'on a déjà vu au tableau I.)

Qu'est-ce que tu fais là, toi ? Tu ne sais pas qu'on va au G.G., peut-être ?

(L'Algérien hoche négativement la tête.)

Eh bien, à présent, tu le sais.

SECOND PARA

Et tu nous suis, dans le camion.

PREMIER PARA

Ta carte !

(L'Algérien ne bouge pas.)

Je t'ai demandé ta carte d'identité ! Tu ne sais pas le français, peut-être ?

SECOND PARA

On peut te l'apprendre, si tu veux !

— 38 —

LE SERGENT-PARA

(arrivant, à ses hommes.)

Ça va, vous ! Alors, le 13 Mai, c'est comme si ça n'avait pas existé ?

(Les deux paras s'immobilisent. Le sergent s'adresse maintenant à l'Algérien.)

N'aie donc pas peur ! Fini ! Maintenant on est tous Français, tous frères. Le Général, tu connais ?

(L'Algérien ne réagit pas.)

Tu vas monter dans le camion avec nous, et puis devant le G.G. on te la rendra, ta carte !

(Il fait à ses hommes un geste signifiant : prenez-la lui et emmenez-le. Puis il s'éloigne.)

L'Algérien sort sa carte mais ne se décide pas à la donner.

PREMIER PARA

(lui arrachant la carte.)

On te le rendra, ton papelard !

(Examinant la carte.)

Mohammed ! Encore un !

SECOND PARA

(riant.)

Si on ne te la rendait pas, évidemment, tu serais pas fier !

PREMIER PARA

Et tu te retrouverais à Lodi...

— 39 —

Lettre manuscrite de Claude Lefort à Dionys Mascolo, le 3 novembre 1958.

Claude Lefort, sollicité se désolidarise des positions de Dionys Mascolo et plus largement du *14 Juillet*, typiques, selon lui, « d'un imaginaire anti-fasciste ». L'arrivée au pouvoir de De Gaulle n'a pas changé l'essence des rapports humains ni périmé les luttes de classe. Elle n'est qu'une « tentative [de] donner à la bourgeoisie un pouvoir et une idéologie ».

Fonds Dionys Mascolo/IMEC

Arthur Adamov, « Je ne suis pas français », *Théâtre de société (scènes d'actualité)*, Les Éditeurs français réunis, « Petite bibliothèque républicaine », 1958.

Pour le dramaturge communiste Arthur Adamov, à qui la « fraternisation franco-musulmane » semble une forfaiture, écrire des saynètes permet de conjurer « le dégoût » (lettre à Bernard Dort du 15 juillet). Ainsi, dans « Je ne suis pas français », cohabitent, sans échange possible, une famille « pied-noir » caricaturale et raciste, des paras acquis depuis le 13 mai à la « fraternisation », des Algériens enrôlés pour scander « Algérie française » et des journalistes libéraux surpris par l'obstination de ces mêmes Algériens à dire qu'ils ne sont pas français...

Collection privée

Michel Vinaver, notes manuscrites préparatoires pour *Iphigénie-Hôtel*.

L'écriture dramatique de Michel Vinaver, ou contemporaine des événements (*Iphigénie-Hôtel* paraît d'abord dans *Théâtre populaire*, en 1960), est à l'inverse de celle d'Arthur Adamov, délibérément oblique. Ce qui se passe dans un hôtel de Mycènes, en mai 1958, y entre en résonance avec « deux principales bandes d'harmoniques » : la Mycènes ancienne, la France du 13 mai. Les notes préparatoires de l'auteur témoignent du tissage serré entre la vie dans l'hôtel et les événements de mai.

Fonds Michel Vinaver/IMEC

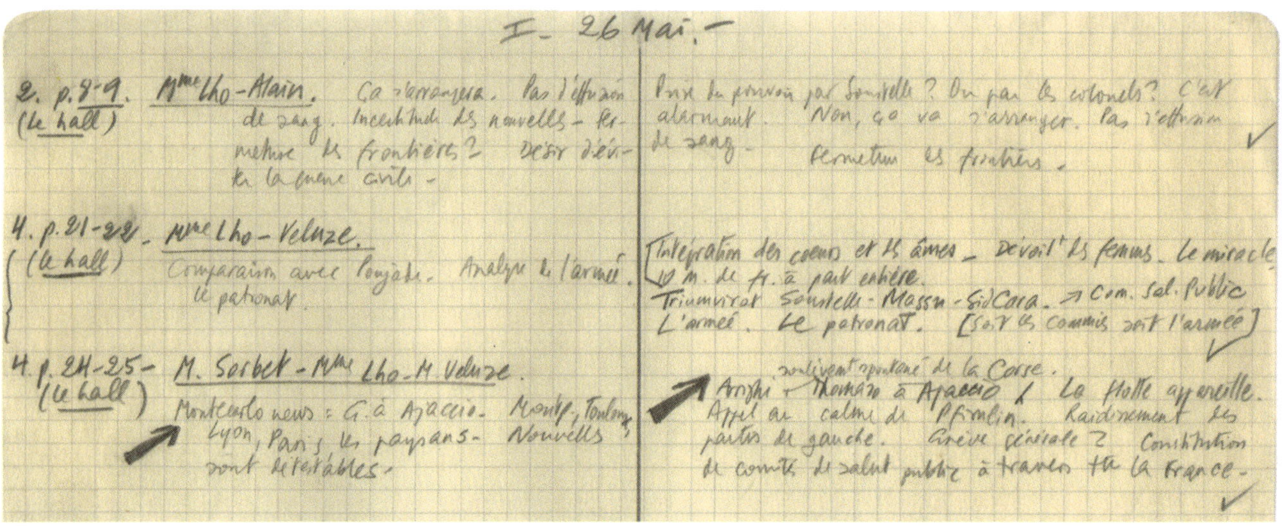

I_ 26 Mai. —

2. p. 8-9. (le hall) Mme Lho-Alain. Ça s'arrangera. Pas d'effusion de sang. Incertitude des nouvelles – fermeture des frontières ? Désir d'éviter la guerre civile –

Prise du pouvoir par Soustelle ? Ou par les colonels ? C'est alarmant. Non, ça va s'arranger. Pas d'effusion de sang. Fermeture des frontières.

4. p. 21-22. (le hall) Mme Lho-Veluze. Comparaison avec Poujade. Analyse de l'armée. Le patronat.

[Intégration des cœurs et des âmes – Dévoilt les femmes. Le miracle. 10 m. de fr. à part entière.
Triumvirat Soustelle-Massu-Sid Cara. → Com. Sal. Public
L'armée. Le patronat. [Soit les commis soit l'armée]

4. p. 24-25- (le hall) M. Sorbet - Mme Lho - M. Veluze. Montecarlo news : G. à Ajaccio. Montp., Toulouse, Lyon, Paris les paysans – Nouvelles sont détestables –

soulèvement spontané de la Corse.
Arrighi + Thomazo à Ajaccio / La flotte appareille. Appel au calme de Pflimlin. Raidissement des partis de gauche. Grève générale ? Constitution de comités de salut public à travers toute la France.

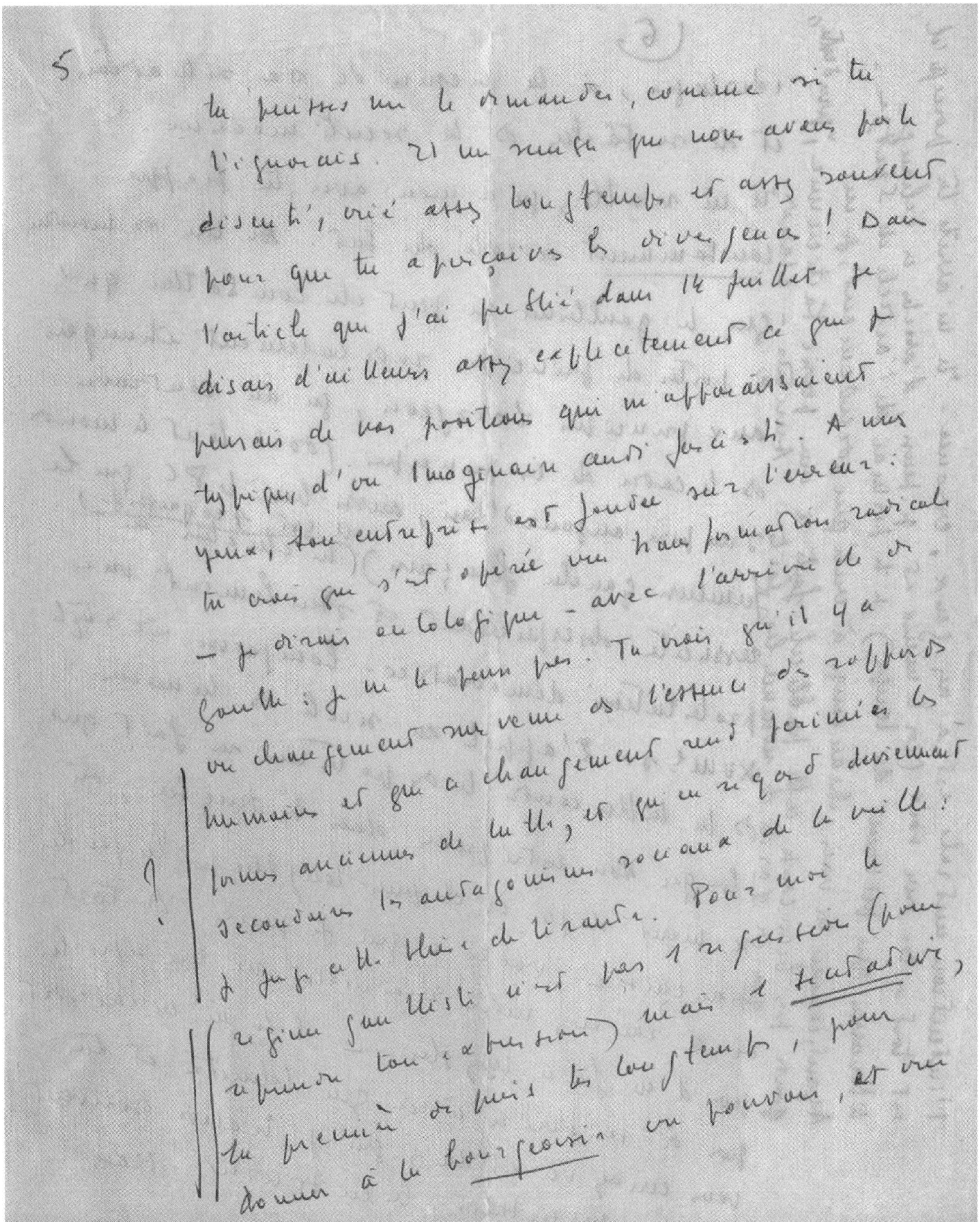
5

tu puisses me le demander, comme si tu
l'ignorais. Il me semble que nous avons parlé
discuté, crié assez longtemps et assez souvent
pour que tu aperçoives les divergences ! Dans
l'article que j'ai publié dans 14 juillet je
disais d'ailleurs assez explicitement ce que je
pensais de vos positions qui m'apparaissaient
typiques d'un imaginaire anti-fasciste. À mes
yeux, ton entreprise est fondée sur l'erreur :
tu crois que s'est opérée une transformation radicale
— je dirais ontologique — avec l'arrivée de de
Gaulle ; je ne le pense pas. Tu crois qu'il y a
eu changement au niveau de l'essence des rapports
humains et que ce changement rend périmées les
formes anciennes de lutte, et qui en regard deviennent
secondaires les antagonismes sociaux de la veille :
je juge cette thèse délirante. Pour moi le
régime gaulliste n'est pas 1 régression (pour
reprendre ton expression) mais 1 restauration,
la première depuis très longtemps, pour
donner à la bourgeoisie un pouvoir, et un

Les Fleurys, par
Subligny (Yonne),
le 11 septembre 58.

Cher Mascolo,

Votre insistance me touche et ne vous croyez pas importun (car j'aime à réfléchir sur toutes choses), ni trop opportun non plus (car je n'ai pas fini de réfléchir.)

Ce n'est pas d'aujourd'hui, je vous assure, que j'ai perdu toute confiance en mon opinion, sinon tout désir de m'en former une. Cette défiance a plusieurs causes, sans doute : certaines occasionnelles (je me suis tellement trompé autrefois !), d'autres plus profondes (mon inaptitude à manier les idées comme telles, mon goût pour les choses, comme s'opposant à l'esprit.)

Qu'en résulte-t-il, en ce qui concerne mon comportement politique ? Eh bien (assez nécessairement me semble-t-il), l'abstention. Et ne vous en plaignez pas trop, car il aurait bien pu se faire (je ne dis pas que cela ne se fera pas, quelque jour) que je conclue (ou mettons que je glisse) de cette défiance envers ma propre opinion à une défiance plus générale, contre tous régimes d'opinion.

Oui, actuellement, si l'on me forçait à conclure, je crois que je le ferais en faveur d'une monarchie de droit divin (franchement, je crois qu'on n'a pas trouvé mieux.) Je tiens que l'on me respecte davantage en attendant (tout naturellement) de moi un <u>service</u>, plutôt qu'une opinion (car alors on ne se moque pas de moi, on ne m'oblige pas —

Jean-Paul Sartre, « Le peuple ne doit compter que sur lui-même », juin 1958.

Dans ce texte lu par Serge Reggiani le 17 juin, lors d'une réunion du Comité de défense des libertés républicaines du VIe arrondissement constitué au lendemain du 13 mai, Jean-Paul Sartre tient d'abord à rappeler une vérité « masqu[ée] par le mythe de l'homme providentiel » : « Le peuple ne doit compter que sur lui-même. » Les ultras et les « officiers ambitieux et aigris » qui les soutiennent « veulent sacrifier la France pour garder l'Algérie ». Il faut donc prévenir « la contagion de la névrose algéroise » et rappeler aux jeunes soldats de la métropole que « l'armée, c'est eux ».

Fonds Vladimir Pozner/IMEC

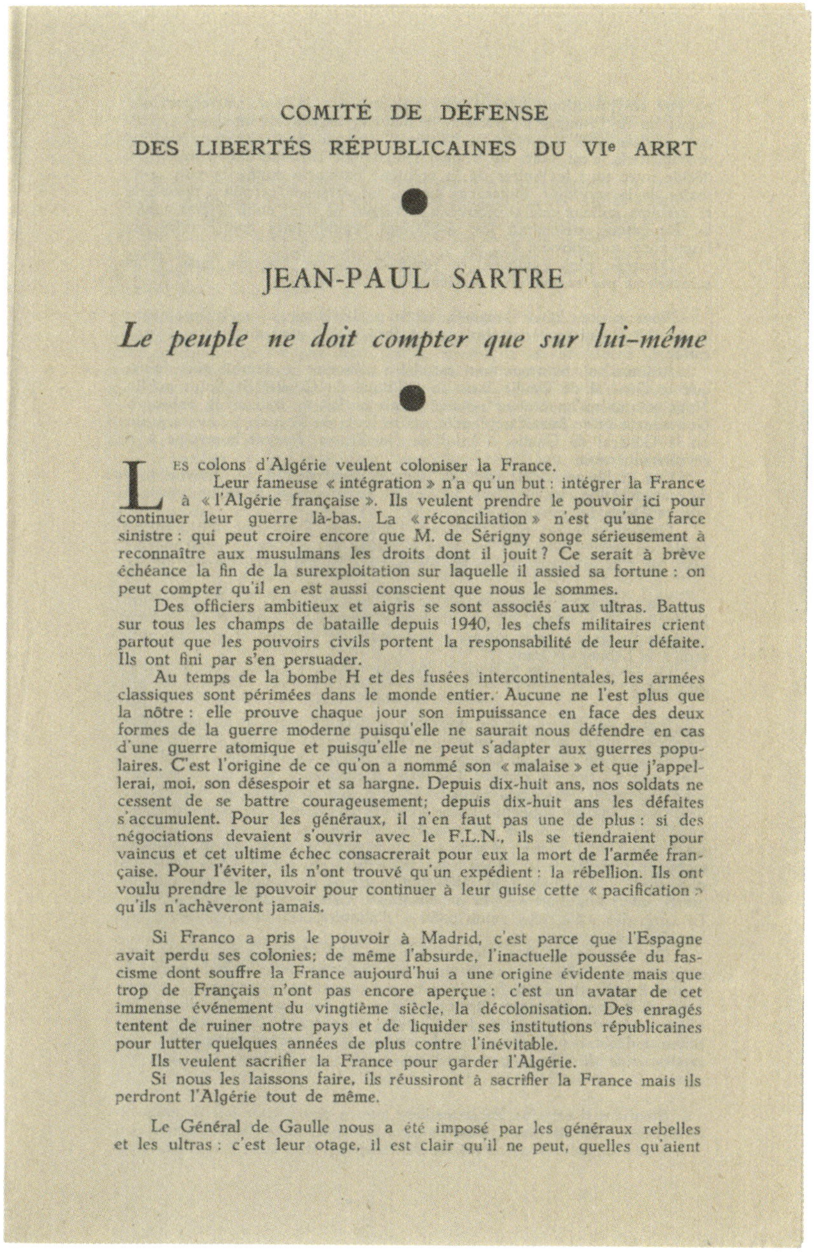

COMITÉ DE DÉFENSE
DES LIBERTÉS RÉPUBLICAINES DU VIe ARRT

JEAN-PAUL SARTRE

Le peuple ne doit compter que sur lui-même

Les colons d'Algérie veulent coloniser la France.

Leur fameuse « intégration » n'a qu'un but : intégrer la France à « l'Algérie française ». Ils veulent prendre le pouvoir ici pour continuer leur guerre là-bas. La « réconciliation » n'est qu'une farce sinistre : qui peut croire encore que M. de Sérigny songe sérieusement à reconnaître aux musulmans les droits dont il jouit ? Ce serait à brève échéance la fin de la surexploitation sur laquelle il assied sa fortune : on peut compter qu'il en est aussi conscient que nous le sommes.

Des officiers ambitieux et aigris se sont associés aux ultras. Battus sur tous les champs de bataille depuis 1940, les chefs militaires crient partout que les pouvoirs civils portent la responsabilité de leur défaite. Ils ont fini par s'en persuader.

Au temps de la bombe H et des fusées intercontinentales, les armées classiques sont périmées dans le monde entier. Aucune ne l'est plus que la nôtre : elle prouve chaque jour son impuissance en face des deux formes de la guerre moderne puisqu'elle ne saurait nous défendre en cas d'une guerre atomique et puisqu'elle ne peut s'adapter aux guerres populaires. C'est l'origine de ce qu'on a nommé son « malaise » et que j'appellerai, moi, son désespoir et sa hargne. Depuis dix-huit ans, nos soldats ne cessent de se battre courageusement; depuis dix-huit ans les défaites s'accumulent. Pour les généraux, il n'en faut pas une de plus : si des négociations devaient s'ouvrir avec le F.L.N., ils se tiendraient pour vaincus et cet ultime échec consacrerait pour eux la mort de l'armée française. Pour l'éviter, ils n'ont trouvé qu'un expédient : la rébellion. Ils ont voulu prendre le pouvoir pour continuer à leur guise cette « pacification » qu'ils n'achèveront jamais.

Si Franco a pris le pouvoir à Madrid, c'est parce que l'Espagne avait perdu ses colonies; de même l'absurde, l'inactuelle poussée du fascisme dont souffre la France aujourd'hui a une origine évidente mais que trop de Français n'ont pas encore aperçue : c'est un avatar de cet immense événement du vingtième siècle, la décolonisation. Des enragés tentent de ruiner notre pays et de liquider ses institutions républicaines pour lutter quelques années de plus contre l'inévitable.

Ils veulent sacrifier la France pour garder l'Algérie.

Si nous les laissons faire, ils réussiront à sacrifier la France mais ils perdront l'Algérie tout de même.

Le Général de Gaulle nous a été imposé par les généraux rebelles et les ultras : c'est leur otage, il est clair qu'il ne peut, quelles qu'aient

◂ Lettre manuscrite de Francis Ponge à Dionys Mascolo, 1958.

Francis Ponge, lui aussi, décline l'invitation au nom de la défiance que lui inspirent, au-delà de son propre jugement, « tous régimes d'opinion ». Il ne supporte pas que l'on s'obstine à vouloir le convaincre pour régner. Une demande de service ferait davantage justice à sa personne.

Fonds Dionys Mascolo/IMEC

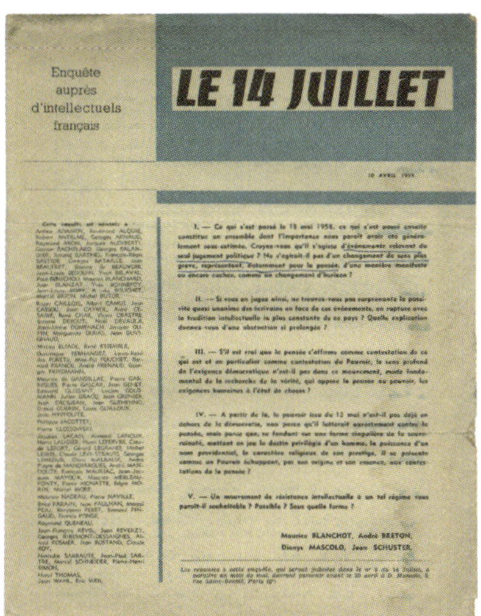

***Le 14 juillet*, n°3, avril 1959.**

En mai, Dionys Mascolo et Jean Schuster fondent la revue *Le 14 Juillet*. Il s'agit de préparer « la tâche révolutionnaire » et d'écarter la menace fasciste. Signent notamment André Breton, Robert Antelme, Marguerite Duras, Edgar Morin, Maurice Nadeau, rejoints par l'« accord résolu » de Maurice Blanchot. Le numéro 3, paru en avril 1959 mais conçu en décembre 1958 en pleine campagne électorale, alors que De Gaulle va accéder à la présidence de la Ve République, publie une enquête de Blanchot, Breton, Mascolo et Schuster, adressée à cent écrivains, sous forme de questions orientées. Il s'agit d'opposer au pouvoir issu du 13 mai « un mouvement de résistance intellectuelle ».

Fonds Jean Duvignaud/IMEC

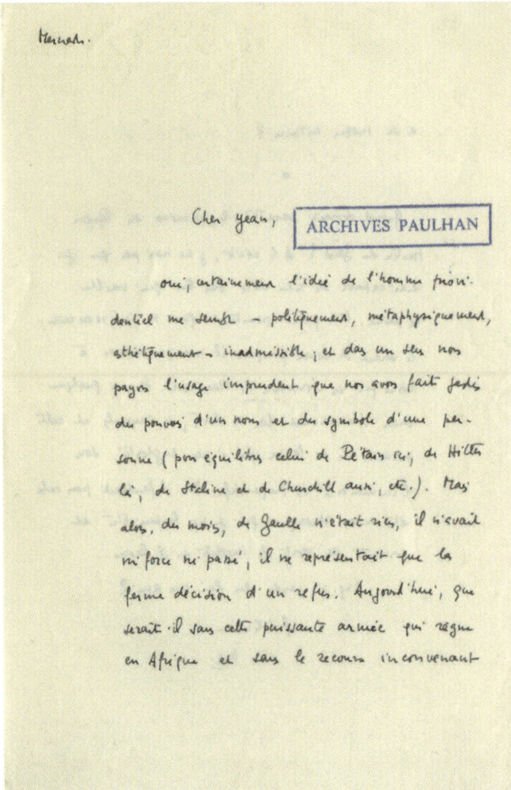

Mercredi.

Cher Jean, ARCHIVES PAULHAN

oui, certainement l'idée de l'homme providentiel me semble – politiquement, métaphysiquement, éthiquement – inadmissible ; et dans un sens nous payons l'usage imprudent que nous avons fait jadis du pouvoir d'un nom et du symbole d'une personne (pour équilibrer celui de Pétain ici, de Hitler là, de Staline et de Churchill aussi, etc.). Mais alors, du moins, de Gaulle n'était rien, il n'avait ni force ni passé, il ne représentait que la ferme décision d'un refus. Aujourd'hui, que serait-il sans cette puissante armée qui règne en Afrique et sans le recours inconvenant

Lettre manuscrite de Maurice Blanchot à Jean Paulhan, 1958.

Dans ce même numéro 3 du *14 Juillet*, Maurice Blanchot publie « La perversion essentielle ». Il y stigmatise « le pouvoir dont est investi un homme providentiel », qui transforme le pouvoir politique en « puissance de salut » et conduit à la dictature. En découle une correspondance avec Jean Paulhan. Blanchot récuse tout parallèle avec juin 1940. Alors, De Gaulle « ne représentait que la ferme décision d'un refus ». Aujourd'hui, il s'autorise du recours à sa propre histoire et s'appuie sur une puissante armée.

Fonds Jean Paulhan/IMEC

Lettre du Committee for French Democracy à Maurice Nadeau, *Les Lettres nouvelles*, n° 63, septembre 1958.

Le 30 mai, à l'appel du club Universities and Lef Review, un comité de solidarité en soutien à la démocratie française est créé par des intellectuels britanniques. Il adresse une lettre de soutien aux *Lettres nouvelles*, mais aussi à la Ligue des droits de l'homme, *L'Express*, *France-Observateur*, *Esprit*, *Témoignage chrétien*, *Les Temps modernes*. L'abandon « à la volonté d'un seul homme » fait craindre « l'instauration d'un régime arbitraire », et « les tentatives pour nier les légitimes aspirations du peuple algérien » ne doivent pas menacer la démocratie française. Jean Paulhan, alias Jean Guérin, ironise dans la *NRF* d'octobre sur ce manifeste « signé par quinze journalistes, douze professeurs, trois cinéastes, un dramaturge, un poète et un écrivain ».

Fonds Bibliothèque de revues/IMEC

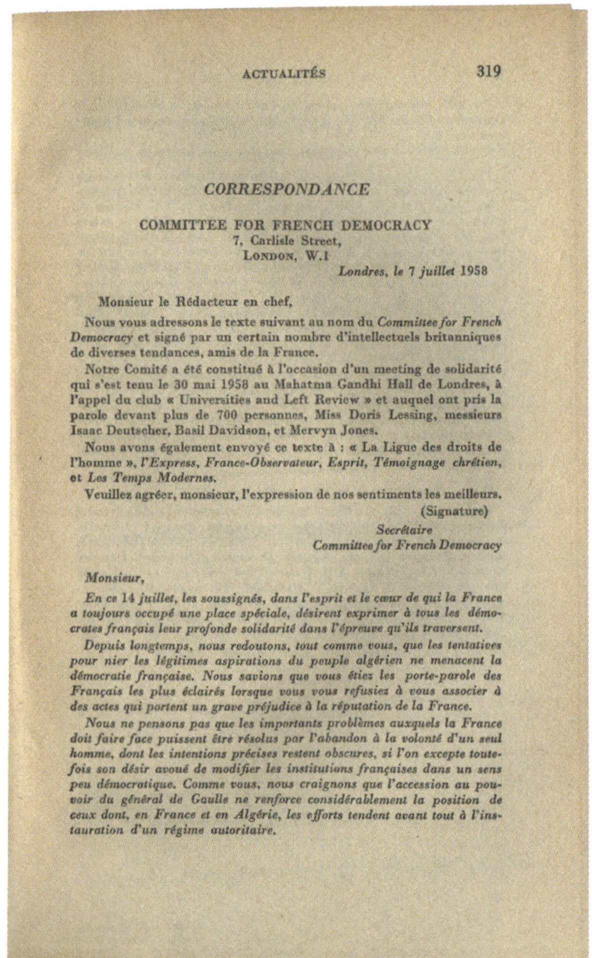

ACTUALITÉS 319

CORRESPONDANCE

COMMITTEE FOR FRENCH DEMOCRACY
7, Carlisle Street,
LONDON, W.1

Londres, le 7 juillet 1958

Monsieur le Rédacteur en chef,

Nous vous adressons le texte suivant au nom du *Committee for French Democracy* et signé par un certain nombre d'intellectuels britanniques de diverses tendances, amis de la France.

Notre Comité a été constitué à l'occasion d'un meeting de solidarité qui s'est tenu le 30 mai 1958 au Mahatma Gandhi Hall de Londres, à l'appel du club « Universities and Left Review » et auquel ont pris la parole devant plus de 700 personnes, Miss Doris Lessing, messieurs Isaac Deutscher, Basil Davidson, et Mervyn Jones.

Nous avons également envoyé ce texte à : « La Ligue des droits de l'homme », *l'Express*, *France-Observateur*, *Esprit*, *Témoignage chrétien*, et *Les Temps Modernes*.

Veuillez agréer, monsieur, l'expression de nos sentiments les meilleurs.

(Signature)
Secrétaire
Committee for French Democracy

Monsieur,

En ce 14 juillet, les soussignés, dans l'esprit et le cœur de qui la France a toujours occupé une place spéciale, désirent exprimer à tous les démocrates français leur profonde solidarité dans l'épreuve qu'ils traversent.

Depuis longtemps, nous redoutons, tout comme vous, que les tentatives pour nier les légitimes aspirations du peuple algérien ne menacent la démocratie française. Nous savions que vous étiez les porte-parole des Français les plus éclairés lorsque vous vous refusiez à vous associer à des actes qui portent un grave préjudice à la réputation de la France.

Nous ne pensons pas que les importants problèmes auxquels la France doit faire face puissent être résolus par l'abandon à la volonté d'un seul homme, dont les intentions précises restent obscures, si l'on excepte toutefois son désir avoué de modifier les institutions françaises dans un sens peu démocratique. Comme vous, nous craignons que l'accession au pouvoir du général de Gaulle ne renforce considérablement la position de ceux dont, en France et en Algérie, les efforts tendent avant tout à l'instauration d'un régime autoritaire.

Anonyme, « Un "Je vous ai compris" qui coûte cher ! », dessin.

Source de bien des malentendus, le discours gaullien du 4 juin fut aussi déjugé par les partisans de l'Algérie française, qui y virent *a posteriori* une forfaiture criminelle.

Collection privée

Comité national universitaire de la Défense de la République, « Appel pour le Contrat démocratique des “Non” », été de 1958.

Un référendum pour l'adoption ou le rejet de la nouvelle Constitution, d'abord prévu le 5 octobre, doit finalement se dérouler le 28 septembre 1958. Partisans et adversaires se mobilisent. Le Comité national universitaire de la Défense de la République, constitué au lendemain du 13 mai « contre le pouvoir personnel et la réaction », lance un « Appel pour le Contrat démocratique des “Non” ». S'il s'agit d'édifier une nouvelle République, c'est sur la base d'un élargissement démocratique, et non par la domination d'un homme, dans des délais de consultation et de réflexion excessivement courts. En Algérie, une solution devra être négociée « par un pacte librement discuté entre toutes les parties ». Signent, entre autres, Albert Chatelet, Paul Ricœur, Vladimir Jankélévitch, Laurent Schwartz, Jacques Madaule, Jehan Mayoux… D'*Esprit* à *La Nouvelle Critique*, le mot d'ordre est le même.

Fonds Vladimir Pozner/IMEC

Référendum du 28 septembre 1958

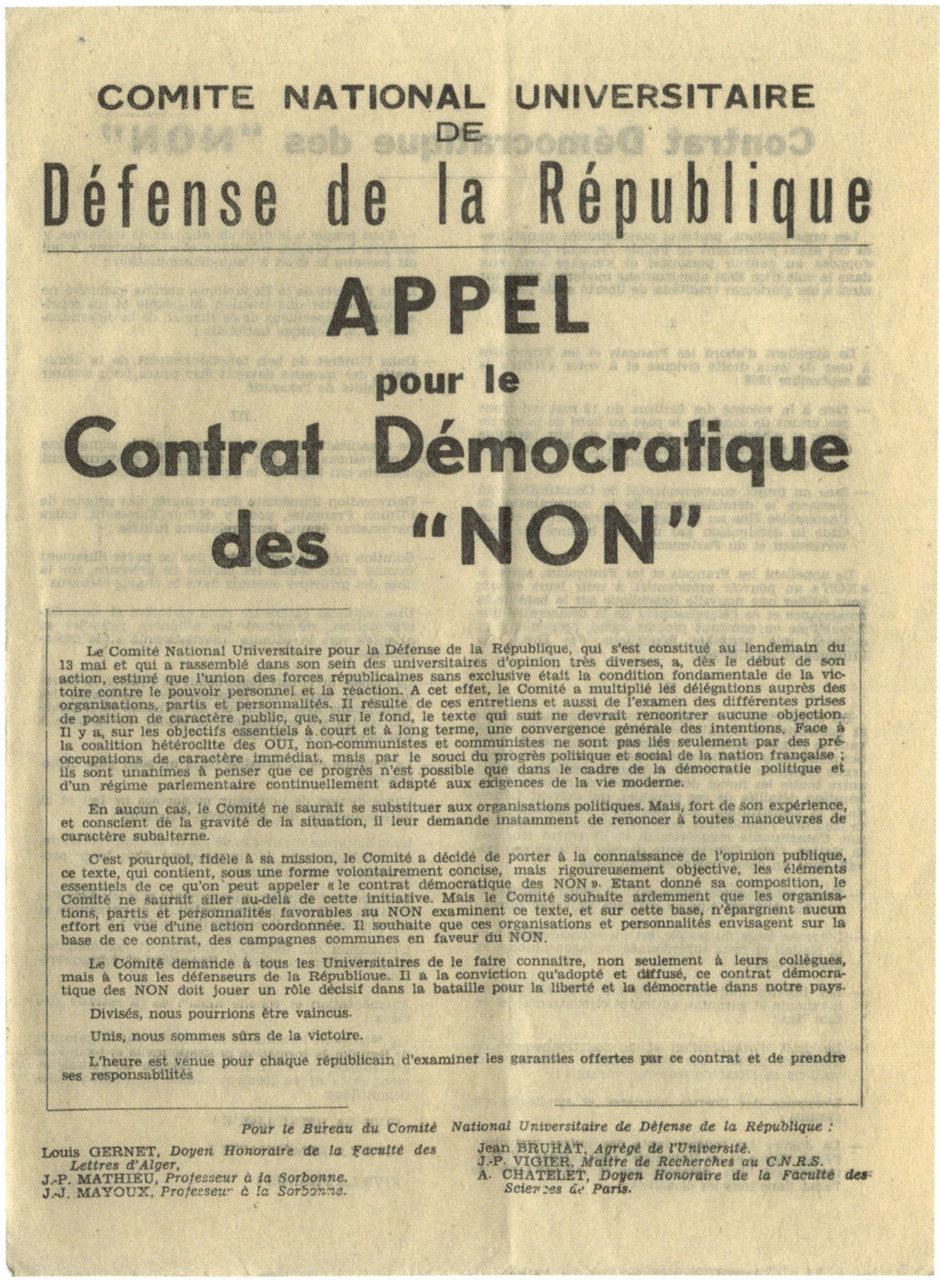

COMITE NATIONAL UNIVERSITAIRE DE

Défense de la République

APPEL pour le Contrat Démocratique des “NON”

Le Comité National Universitaire pour la Défense de la République, qui s'est constitué au lendemain du 13 mai et qui a rassemblé dans son sein des universitaires d'opinion très diverses, a, dès le début de son action, estimé que l'union des forces républicaines sans exclusive était la condition fondamentale de la victoire contre le pouvoir personnel et la réaction. A cet effet, le Comité a multiplié les délégations auprès des organisations, partis et personnalités. Il résulte de ces entretiens et aussi de l'examen des différentes prises de position de caractère public, que, sur le fond, le texte qui suit ne devrait rencontrer aucune objection. Il y a, sur les objectifs essentiels à court et à long terme, une convergence générale des intentions. Face à la coalition hétéroclite des OUI, non-communistes et communistes ne sont pas liés seulement par des préoccupations de caractère immédiat, mais par le souci du progrès politique et social de la nation française ; ils sont unanimes à penser que ce progrès n'est possible que dans le cadre de la démocratie politique et d'un régime parlementaire continuellement adapté aux exigences de la vie moderne.

En aucun cas, le Comité ne saurait se substituer aux organisations politiques. Mais, fort de son expérience, et conscient de la gravité de la situation, il leur demande instamment de renoncer à toutes manœuvres de caractère subalterne.

C'est pourquoi, fidèle à sa mission, le Comité a décidé de porter à la connaissance de l'opinion publique, ce texte, qui contient, sous une forme volontairement concise, mais rigoureusement objective, les éléments essentiels de ce qu'on peut appeler « le contrat démocratique des NON ». Etant donné sa composition, le Comité ne saurait aller au-delà de cette initiative. Mais le Comité souhaite ardemment que les organisations, partis et personnalités favorables au NON examinent ce texte, et sur cette base, n'épargnent aucun effort en vue d'une action coordonnée. Il souhaite que ces organisations et personnalités envisagent sur la base de ce contrat, des campagnes communes en faveur du NON.

Le Comité demande à tous les Universitaires de le faire connaitre, non seulement à leurs collègues, mais à tous les défenseurs de la République. Il a la conviction qu'adopté et diffusé, ce contrat démocratique des NON doit jouer un rôle décisif dans la bataille pour la liberté et la démocratie dans notre pays.

Divisés, nous pourrions être vaincus.

Unis, nous sommes sûrs de la victoire.

L'heure est venue pour chaque républicain d'examiner les garanties offertes par ce contrat et de prendre ses responsabilités

Pour le Bureau du Comité National Universitaire de Défense de la République :

Louis GERNET, *Doyen Honoraire de la Faculté des Lettres d'Alger,*
J.-P. MATHIEU, *Professeur à la Sorbonne.*
J.-J. MAYOUX, *Professeur à la Sorbonne.*
Jean BRUHAT, *Agrégé de l'Université.*
J.-P. VIGIER, *Maître de Recherches au C.N.R.S.*
A. CHATELET, *Doyen Honoraire de la Faculté des Sciences de Paris.*

Association nationale pour le soutien de l'action du général de Gaulle, tract « Oui, il faut que ça change ».

Les partisans de De Gaulle, de leur côté, éditent des tracts qui placent le « oui » au référendum sous le signe du changement républicain. La nature de ce changement demeure toutefois délibérément indéfinie. D'autres tracts annoncent : « Un Non de plus, un Français de moins », tandis que *La Voix de la France (pour le salut public, l'indépendance nationale, la justice sociale)* assimile le « Oui » à l'avenir et le « Non » au passé.

Fonds Jacques Delarue/BDIC

Lettre carte tapuscrite adressée au chef de l'État, novembre 1958.

Une fois la Constitution adoptée, le mouvement de la Paix revient à la charge sur la question algérienne. Des lettres-cartes adressées au président de la République en novembre 1958 le pressent d'ouvrir des « conversations » avec les représentants des combattants algériens de sorte que puisse intervenir un accord sur les conditions d'un cessez-le-feu et les garanties d'application de l'autodétermination.

Fonds André Mandouze/CHRD/Ville de Lyon

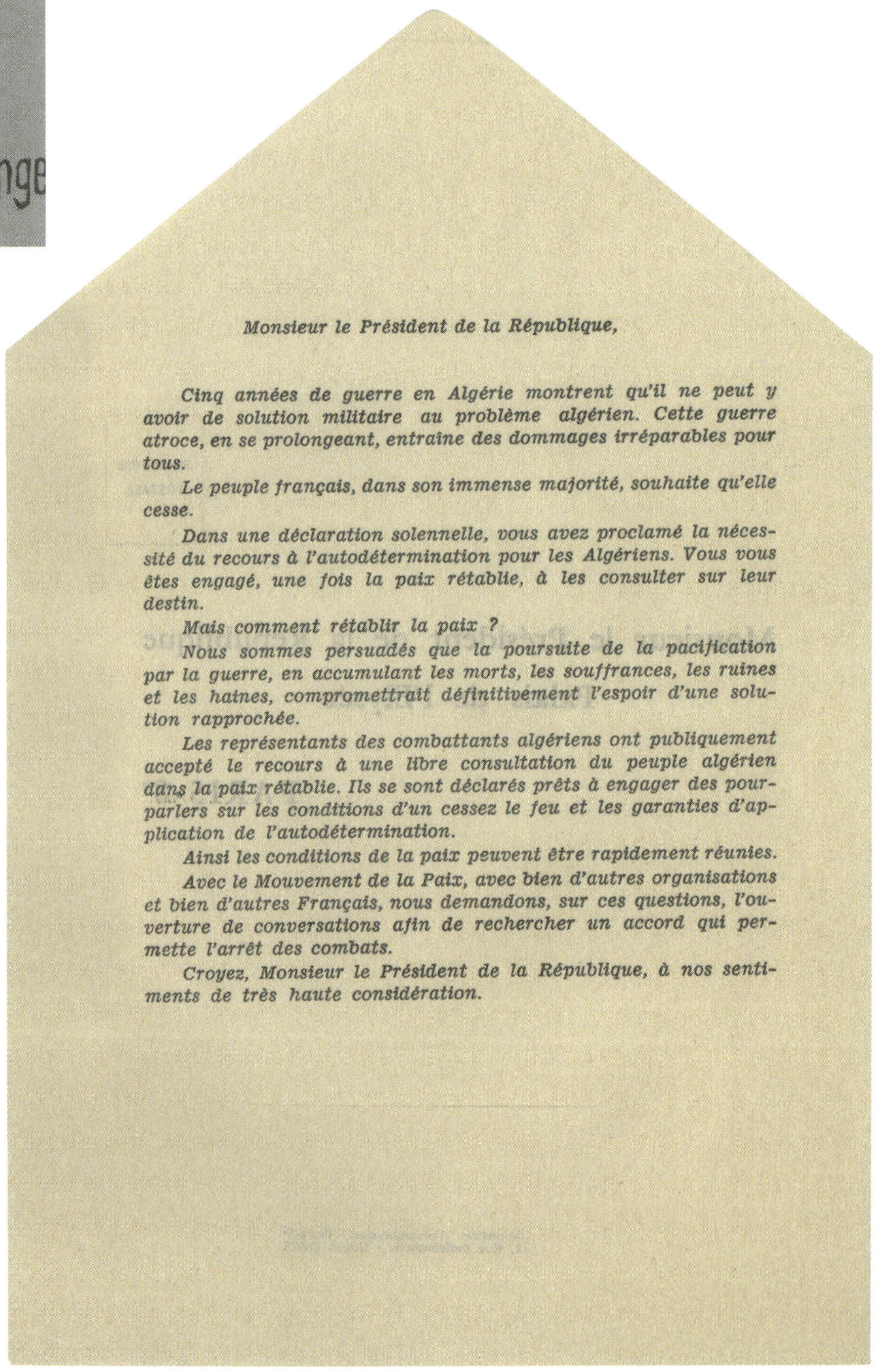

Monsieur le Président de la République,

Cinq années de guerre en Algérie montrent qu'il ne peut y avoir de solution militaire au problème algérien. Cette guerre atroce, en se prolongeant, entraine des dommages irréparables pour tous.

Le peuple français, dans son immense majorité, souhaite qu'elle cesse.

Dans une déclaration solennelle, vous avez proclamé la nécessité du recours à l'autodétermination pour les Algériens. Vous vous êtes engagé, une fois la paix rétablie, à les consulter sur leur destin.

Mais comment rétablir la paix ?

Nous sommes persuadés que la poursuite de la pacification par la guerre, en accumulant les morts, les souffrances, les ruines et les haines, compromettrait définitivement l'espoir d'une solution rapprochée.

Les représentants des combattants algériens ont publiquement accepté le recours à une libre consultation du peuple algérien dans la paix rétablie. Ils se sont déclarés prêts à engager des pourparlers sur les conditions d'un cessez le feu et les garanties d'application de l'autodétermination.

Ainsi les conditions de la paix peuvent être rapidement réunies.

Avec le Mouvement de la Paix, avec bien d'autres organisations et bien d'autres Français, nous demandons, sur ces questions, l'ouverture de conversations afin de rechercher un accord qui permette l'arrêt des combats.

Croyez, Monsieur le Président de la République, à nos sentiments de très haute considération.

« Le temps du mépris »

SAISI CINQ FO[is]

L'ESPOIR ALGÉRIE

Edité avec l'aide du Comité de Défense de l'Espoir : 27, rue Jacob, Paris-VIe C.C.P. Domenach 1.674.78 Paris

Numéro spécial hors série AVRIL 1957

REPREND LA PAROLE

Un parricide. Lithographie de Daumier

POURQUOI CE NUMÉRO ?

DANS l'Algérie ensanglantée, alors qu'un fossé se creuse, chaque jour plus large, plus profond, entre les deux communautés, une poignée d'hommes, européens pour la plupart, gardent solidement ancrée en eux, leur foi dans la possibilité d'une coopération fraternelle franco-musulmane.

Face à la haine ambiante, au fanatisme, au racisme croissant, à la fureur partisane, aux atrocités commises de part et d'autre, les Libéraux d'Algérie maintiennent un témoignage d'amitié et continuent de présenter au monde musulman l'image de la France traditionnelle, championne de l'émancipation des peuples et de la liberté, image que vient ternir la violence du conflit.

Il ne nous appartient pas de juger ici du conflit lui-même, mais de présenter ce témoignage que seuls des libéraux pouvaient porter valablement en Algérie parce que, seuls, ils conservent la confiance des milieux musulmans.

Ce témoignage, c'est en tout premier lieu par leur journal, l'Espoir que les Libéraux d'Algérie entendaient le donner. « Espoir-Algérie » ! Tout un programme contenu dans ce seul titre ! Maintenir l'espoir en Algérie, tel est bien le but essentiel que poursuivent les Libéraux, la mission qu'ils avaient impartie à leur organe. L'accueil reçu par le journal tant dans la métropole qu'en terre africaine, montre assez combien cet espoir est chevillé au cœur de tous ceux que déchire le drame algérien.

L'Espoir, c'était, pour ceux de France comme pour ceux d'Algérie, pour les musulmans comme pour les européens, la dernière chance de coopération, la dernière possibilité de ne pas s'abandonner à la violence, c'était le dernier *espoir* de sauver la confiance, l'amitié. En forçant le journal à disparaître, M. Lacoste a fait plus que violer le droit à l'expression inscrit au préambule de la Constitution de la République, plus que se déjuger en dénonçant par les faits la promesse qu'il fit au Congrès de son parti à Lille lorsqu'il brandit à la tribune un exemplaire du journal, comme preuve de son respect de la liberté. Il a tenté d'étouffer cette dernière étincelle, cet espoir si ténu, mais espoir quand même qu'au lendemain de la violence, lorsque la guerre terminée n'aura laissée place en Algérie qu'à la haine et à la rancœur, le dialogue ininterrompu, pourra s'amplifier de nouveau, la coopération reprendre, la France retrouver son vrai visage, dans l'esprit des musulmans, à cause de ces hommes et par eux, à cause du témoignage qu'ils auront maintenu, à cause des liens d'amitié qu'ils auront su conserver.

C'est pour maintenir cet espoir qu'un Comité de Défense, récemment constitué à Paris a voulu publier ce numéro-type du journal des Libéraux d'Algérie, numéro-type composé en majeure partie d'articles choisis dans la collection parce que caractéristiques de l'esprit et du combat mené.

Si elle veut être une protestation contre l'arbitraire, cette publication a surtout pour but de présenter les Libéraux d'Algérie à l'opinion publique métropolitaine, de lui faire connaître leur action, d'en appeler à elle contre la persécution injuste et stupide dont ils sont l'objet en Algérie.

LE COMITÉ.

— Nous demandons aux abonnés « d'Espoir-Algérie », à tous nos amis et à tous ceux qui liront ce journal et en approuveront la publication, de bien vouloir nous dire s'ils seraient favorables à la reprise de « l'Espoir » en France ou s'ils pensent qu'il est plus significatif de garder le silence jusqu'au rétablissement de la légalité républicaine en Algérie.

***L'Espoir, Algérie*, avril 1957.**

« Le Temps du mépris » sera le titre d'un dossier publié par *Les Temps modernes* en février-mars 1960. En cause : saisies, atteintes au droit de la défense, procès impossibles et exécutions sommaires. Dès avril 1957, *L'Espoir, Algérie*, organe des Libéraux saisi cinq fois, reprenait la parole pour marteler inlassablement sa foi en « une coopération fraternelle franco-musulmane », et son souci de défendre auprès du « monde musulman » l'image de la France traditionnelle, « championne de l'émancipation des peuples et de la liberté ».

Fonds Emmanuel Roblès/Archives, Limoges. Déposé par Jacqueline Roblès-Macek

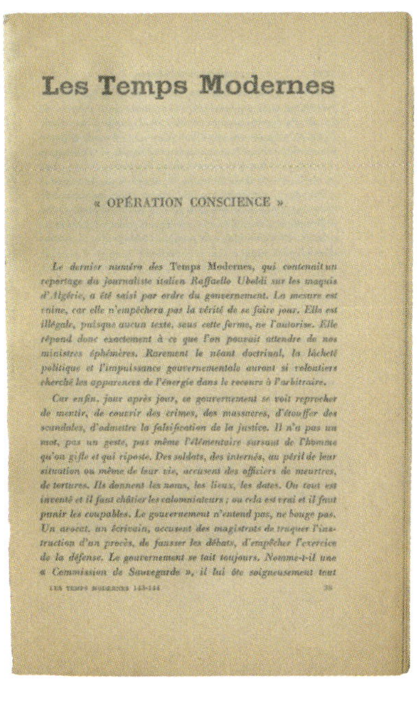

Les Temps Modernes

« OPÉRATION CONSCIENCE »

Le dernier numéro des Temps Modernes, qui contenait un reportage du journaliste italien Raffaello Uboldi sur les maquis d'Algérie, a été saisi par ordre du gouvernement. La mesure est vaine, car elle n'empêchera pas la vérité de se faire jour. Elle est illégale, puisque aucun texte, sous cette forme, ne l'autorise. Elle répond donc exactement à ce que l'on pouvait attendre de nos ministres éphémères. Rarement le néant doctrinal, la lâcheté politique et l'impuissance gouvernementale auront si volontiers cherché les apparences de l'énergie dans le recours à l'arbitraire.

Car enfin, jour après jour, ce gouvernement se voit reprocher de mentir, de couvrir des crimes, des massacres, d'étouffer des scandales, d'admettre la falsification de la justice. Il n'a pas un mot, pas un geste, pas même l'élémentaire sursaut de l'homme qu'on gifle et qui riposte. Des soldats, des internés, au péril de leur situation ou même de leur vie, accusent des officiers de meurtres, de tortures. Ils donnent les noms, les lieux, les dates. Ou tout est inventé et il faut châtier les calomniateurs ; ou cela est vrai et il faut punir les coupables. Le gouvernement n'entend pas, ne bouge pas. Un avocat, un écrivain, accusent des magistrats de truquer l'instruction d'un procès, de fausser les débats, d'empêcher l'exercice de la défense. Le gouvernement se tait toujours. Nomme-t-il une « Commission de Sauvegarde », il lui ôte soigneusement tout

LES TEMPS MODERNES 143-144 35

***Les Temps modernes*, n° 143-144, janvier-février 1958.**

Dans un éditorial intitulé « Opération conscience », *Les Temps modernes* dénoncent et analysent la lâcheté et l'arbitraire gouvernementaux. « Aux témoignages, aux accusations, aux faits qui s'accumulent », une seule « réponse : la saisie ». « Le mensonge [...] devient [...] un acte presque magique où se reflète toute la politique française. » Si bien que quand la métropole s'apprête aux « rancœurs d'un terrible réveil » : « On forge en Algérie [...] dans le mépris de l'homme, [...] les troupes de choc d'un nouveau fascisme. » « Qu'on ne s'étonne plus » d'entendre dénoncer les « intellectuels » et ironiser sur l'« opération conscience ».

Fonds Bibliothèque de revues/IMEC

TEXTE INTÉGRAL DU MANIFESTE DES 121

SEPT.-OCTOBRE 1960
NUMERO 4
MENSUEL
L'exemplaire : 1 NF
Abonnement : prix minimum : 10 NF
152, RUE DE RENNES
PARIS VIe — LIT 77-92

Vérité Liberté

CAHIERS D'INFORMATION SUR LA GUERRE D'ALGÉRIE

EN ARRETANT NOTRE AMI ROBERT BARRAT, SOUS UN PRETEXTE QUI NE RESISTE PAS A LA CRITIQUE, C'EST L'ENSEMBLE DE SON ACTIVITE QUE LE GOUVERNEMENT A VOULU VISER.

DEPUIS PLUS DE HUIT ANS, ROBERT BARRAT, ANCIEN ELEVE DE L'ECOLE NORMALE SUPERIEURE, ANCIEN SECRETAIRE GENERAL DU CENTRE CATHOLIQUE DES INTELLECTUELS FRANÇAIS, EST AU PREMIER RANG DANS LA LUTTE ANTI-COLONIALISTE. PERSONNE NE PEUT OUBLIER LE ROLE QU'IL A JOUE DANS L'INFORMATION DE L'OPINION TANT DANS LA CRISE MAROCAINE QUE SUR LA GUERRE D'ALGERIE.

MIS EN PRISON AU MOMENT OU SA FEMME ETAIT ACQUITTEE PAR LE TRIBUNAL MILITAIRE, ROBERT BARRAT EST L'UN DES MEILLEURS.

NOUS SOMMES TOUS SOLIDAIRES DE ROBERT BARRAT.

VERITE-LIBERTE.

Saisies... Perquisitions... Arrestation...

DIMANCHE 25 SEPTEMBRE

Longtemps épargné par les censeurs, VERITE-LIBERTE vient de voir plusieurs de ses numéros saisis coup sur coup. Le 2 septembre, sur commission rogatoire du Juge Monzein, des inspecteurs de la police judiciaire saisissaient le numéro 3 où se rencontrait la matière des délits suivants :

— Provocation de militaires à la désobéissance,
— Provocation à l'insoumission,
— Provocation à la désertion,
— Atteinte à la sûreté de l'Etat.

Les articles incriminés étaient :

— L'interview de Jean-Paul Sartre.
— La « mise au point » de Jean-Marie Domenach.
— Les récits de Noël F. et de Jean Carta,
— « Ceux qui méritent l'indulgence », signé VERITE-LIBERTE,
— La réflexion collective sur le problème de l'obéissance signée François II.
— Le communiqué de la Fédération de France du F.L.N.

Quelques jours plus tard, sur commission rogatoire du juge Bonnefoux notre numéro 1 était à son tour poursuivi à cause de l'article de Bernard Randon : « Le Grand Refus » pour des raisons semblables. Le 17 septembre enfin, on venait saisir le numéro 2 bis qui reproduisait le texte du livre de Francis Jeanson : « Notre Guerre ».

La saisie de L'EXPRESS de FRANCE-OBSERVATEUR et de TEMOIGNAGE CHRETIEN éclaire très bien la politique actuelle en matière d'information. A aucun prix, il ne sera admis que soient évoqués, discutés, éclairés les débats de conscience qui agitent nombre de jeunes Français lorsqu'on les mobilise afin d'en faire des soldats en Algérie. Les routines et les résignations résistent sans doute mal à une réflexion trop libre. Nous avons bien sûr sur ce point un avis diamétralement opposé. Aussi continuerons-nous, avec l'aide de nos lecteurs et de nos diffuseurs, à PRATIQUER la liberté d'information.

DIMANCHE 2 OCTOBRE

Le vendredi 29, devait se tenir à la revue ESPRIT une réunion, du comité de direction de Vérité-Liberté, au cours de laquelle on devait discuter de l'orientation de notre journal ainsi que du sommaire du présent numéro.

Mal informée, la police judiciaire s'était imaginé que cette réunion avait pour but une nouvelle diffusion du Manifeste des 121. Sur commission rogatoire du Juge Perez, des inspecteurs de la P.J. procédèrent donc simultanément à des perquisitions à la revue « ESPRIT », chez P. Vidal-Naquet et chez Paul Thibaud, directeur du journal.

Les personnes assistant à la réunion furent emmenées ensuite Quai des Orfèvres pour interrogatoire. Entre temps, la P.J. opérait chez notre ami Marcel Péju, secrétaire général des TEMPS MODERNES, et l'emmenait également au quai des Orfèvres. Jacques Panijel, était arrêté au siège de VERITE-LIBERTE où il venait déposer un article. Jérôme Lindon enfin, directeur des EDITIONS DE MINUIT qui accompagnait P. Vidal-Naquet, était aussi arrêté.

A 2 h. du matin, après interrogatoire, la police libérait la majorité des personnes interpellées, mais retenait Robert Barrat, Paul Thibaud, Jacques Panijel, Jérôme Lindon et Marcel Péju.

Le samedi, à 6 h., il était procédé à la perquisition des locaux de VERITE-LIBERTE ainsi qu'à celle des domiciles de Michel Crouzet et de Jacques Panijel.

Le samedi soir à 21 h., la police relâchait Paul Thibaud, Jacques Panijel, Jérôme Lindon et Marcel Péju. Seul, Robert Barrat, au domicile duquel la police avait procédé à une troisième perquisition, était inculpé et incarcéré à la prison de Fresnes. Et le lendemain, LIBERATION pouvait titrer : « Dans la guerre aux intellectuels, le gouvernement a fait un prisonnier : M. Robert Barrat... ».

Où en sommes-nous ?

ALGÉRIE : Echec du Gaullisme

L'interruption des pourparlers de Melun au mois de juin dernier a déconcerté beaucoup d'observateurs qui n'imaginaient pas que l'on pût mettre en avant tant de principes, débattre laborieusement du protocole, éveiller tant d'espoir pour en fin de compte refuser d'aborder le fond du problème. On crut alors les négociations suspendues et non rompues. Depuis, certains faits nouveaux, en particulier la conférence de presse du 5 septembre, sont venus préciser le sens de cette rupture, cependant que l'évolution du régime autant que la conjoncture internationale semblaient indiquer que, pour la première fois depuis 1958, l'affaire algérienne évoluait en dehors de la stratégie du gouvernement français et par conséquent menaçait directement nos structures politiques.

Les gaullistes de gauche, après la dernière conférence de presse, ont accroché leurs espoirs aux formules relatives à la nécessité de « lâcher le couteau » avant de parler ; ils ont vu là une proposition de trêve susceptible de relancer le dialogue entre le gouvernement français et le F.L.N. Cette interprétation semble hâtive ; aucune proposition n'a été clairement faite, le général de Gaulle s'est contenté de stigmatiser l'emploi du terrorisme par ses adversaires, unilatéralement. En condamnant les actes de terrorisme de la rébellion, de Gaulle voulait d'ailleurs, implicitement, donner les raisons de l'echec de Melun. Cette explication ne convainc pas : ou bien le gouvernement français demande, pour négocier, l'arrêt des actes de terrorisme (grenade, égorgement, mitraillades sur des plages, attentats contre des civils...) et des exécutions de soldats prisonniers - et en ce cas il faut faire remarquer que l'exécution des combattants algériens n'est pas plus justifiable (sans parler des méthodes de pacification) et que, pendant les pourparlers de Melun, le terrorisme avait pratiquement cessé, ou bien le gouvernement français exige un cessez-le-feu avant toute négociation, auquel cas on ne peut espérer que le F.L.N. fasse crédit au gouvernement français au point de stopper son action sans aucune garantie. Jusqu'à preuve du contraire, il y a tout lieu de penser que les paroles en question ne relèvent que d'une habile manœuvre psychologique : à travers la fin du terrorisme, les Français voient la paix et se persuadent de la bonne volonté de leur chef ; d'autre part, on attire ainsi l'attention sur les aspects les moins justifiables et les plus impopulaires de l'action du F.L.N.

Par contre, l'autre raison d'échec évoquée est certainement plus valable : « La France ne peut traiter avec les seuls insurgés... de tout l'avenir politique de l'Algérie ». L'opposition est un peu forcée (Il ne s'agit pas de **tout** l'avenir politique de l'Algérie), cependant, nous retrouvons ici les divergences que Ferhat Abbas mentionnait dans sa réponse positive du 14 juin entre ceux qui veulent une négociation purement militaire et ceux qui veulent aussi négocier des garanties politiques de l'autodétermination. La divergence étant posée, il importe d'en saisir le sens. Elle porte évidemment sur le rôle du F.L.N. dans l'Algérie de demain. De Gaulle accorde une légitimité initiale à l'insurrection de

(Suite page 2)

CENTRE D'INFORMATION VERITE ET LIBERTE

Comité de direction :
Robert Barrat - Claude Bourdet - Michel Crouzet - Jean-Marie Domenach - René Dumont - Louis Lalande - Henri Marrou - Paulette Mounier - Jacques Panijel - André Philip - Jean Pouillon - Paul Ricœur - Claude Roy - Jean-Paul Sartre - Laurent Schwartz - Pierre Stibbe - Paul Thibaud - Edith Thomas - Vercors - Pierre Vidal-Naquet - Andrée-Pierre Vienot - Pasteur Voge.

Comité de rédaction du journal
Robert Barrat - Michel Crouzet - Jacques Panijel - Paul Thibaud - Pierre Vidal-Naquet.

Trésorier :
Louis Lalande, 10, rue J.-Bart, Paris-6e - CCP Paris 6976-68.

◂ *Vérité Liberté, Cahiers d'information sur la guerre d'Algérie*, nº 4, septembre-octobre 1960.

À la fin de septembre 1960, comme a circulé la « Déclaration sur le droit à l'insoumission dans la guerre d'Algérie », le nombre de saisies et de perquisitions augmente, tandis que Robert Barrat, ancien secrétaire général du Centre catholique des intellectuels français et anticolonialiste convaincu est arrêté. *Vérité Liberté*, qui s'est donné pour mission de remplacer *Témoignages et Documents* et d'être « un journal de vérité » qui publie « tous les faits » et par priorité les textes saisis, parus notamment dans *L'Express*, *France-Observateur* et *Témoignage chrétien*, trois des « quatre grands de la contre-propagande française » (Jacques Soustelle), déplore qu'en deux semaines ses numéros 3, 1 et 2 bis aient eux-mêmes été successivement saisis alors qu'ils visaient à « éclair[er] les débats de conscience qui agitent nombre de jeunes Français lorsqu'on les mobilise ».

Fonds Daniel Guérin/BDIC

Tribunes libres

Vladimir Pozner, *Le Lieu du supplice*, Julliard, juin 1959.

Écrivain communiste en désaccord avec la ligne officielle du PCF sur la question algérienne, Vladimir Pozner publie chez Julliard un recueil de six « histoires [...] vraies », « aussi diverses que possible dans l'espoir que de leur rapprochement, un peu plus de lumière rejaillirait sur [le] conflit » algérien. Une citation de *La Chartreuse de Parme*, en bandeau, donne le ton : « Nous allons parler de fort vilaines choses ». Dans une écriture retenue, sans emphase ni pathos, sont présentées les trajectoires d'êtres ordinaires dont la guerre altère le cours jusqu'à l'inadmissible. Négligé par la censure, l'ouvrage sera interdit par les autorités militaires françaises et jamais réimprimé.

Fonds Vladimir Pozner/IMEC

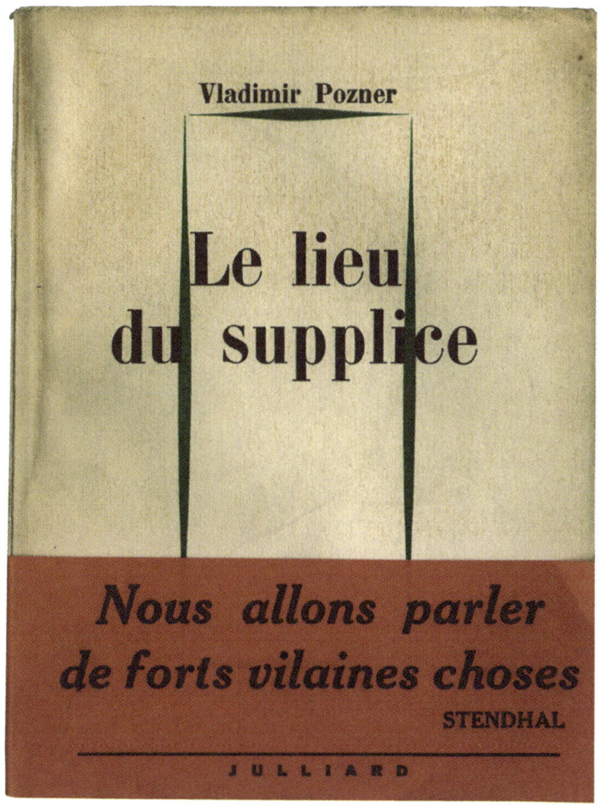

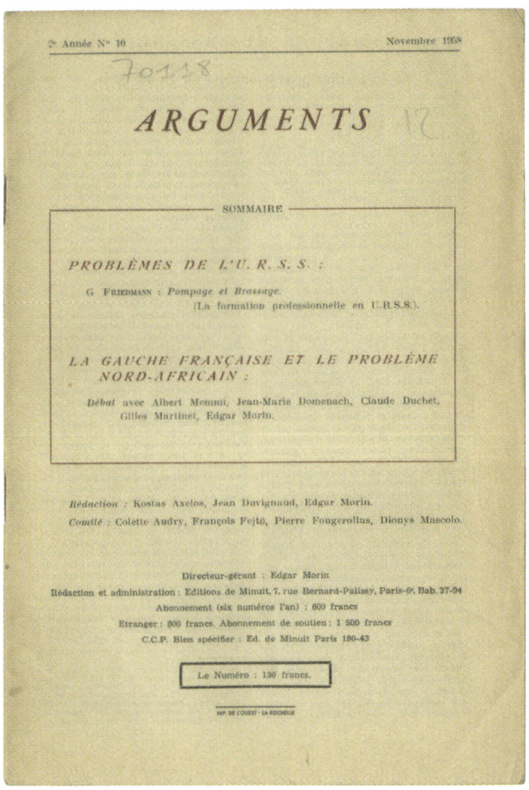

2e Année Nº 10 Novembre 1958

70118

ARGUMENTS

SOMMAIRE

PROBLÈMES DE L'U. R. S. S. :

G. Friedmann : *Pompage et Brassage.* (La formation professionnelle en U.R.S.S.).

LA GAUCHE FRANÇAISE ET LE PROBLÈME NORD-AFRICAIN :

Débat avec Albert Memmi, Jean-Marie Domenach, Claude Duchet, Gilles Martinet, Edgar Morin.

Rédaction : Kostas Axelos, Jean Duvignaud, Edgar Morin.
Comité : Colette Audry, François Fejtö, Pierre Fougerollas, Dionys Mascolo.

Directeur-gérant : Edgar Morin
Rédaction et administration : Editions de Minuit, 7, rue Bernard-Palissy, Paris-6e. Bab. 37-94
Abonnement (six numéros l'an) : 600 francs
Etranger : 800 francs. Abonnement de soutien : 1 500 francs
C.C.P. Bien spécifier : Ed. de Minuit Paris 180-43

Le Numéro : 130 francs.

IMP. DE L'OUEST · LA ROCHELLE

Arguments, nº 10, novembre 1958.

Fondée en 1956 autour de Kostas Axelos, Jean Duvignaud, Colette Audry, Pierre Fougerollas, Edgar Morin, François Fetjö et Dionys Mascolo, la revue *Arguments* esquisse les linéaments d'une « nouvelle gauche » : antistalinienne (« Le cadavre stalinien pue, mais ne se décompose pas »), anticolonialiste (loin des « nationalistes modérés de gauche qui vivaient sur les mythes de la vocation française libérale, fraternelle, humanitaire »), et internationaliste. « Si l'esprit de gauche est très répandu, il est en même temps très altéré, aliéné et mystifié. La conscience de gauche renaît à peine, en se dégageant aussi bien du stalinisme que de la social-démocratie », écrit Morin dans ce dossier sur « la gauche française et le problème nord-algérien ».

Collection privée

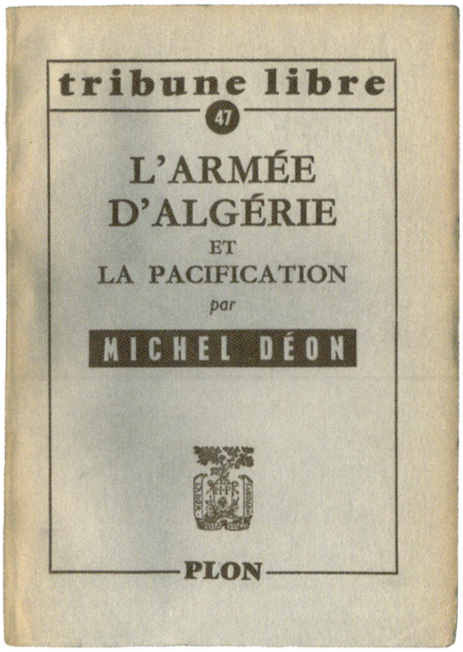

Michel Déon, *L'Armée d'Algérie et la pacification*, Plon, « Tribune libre », n° 47, mai 1959.

Invalidant ici l'image d'un romancier « dégagé » – image encore écornée par *La Carotte et le bâton* (1960) –, Michel Déon ironise sur « la mauvaise conscience » française et rappelle le caractère implacable d'une guerre des valeurs menée par un adversaire révolutionnaire pour lequel « la fin justifie les moyens ». S'il reconnaît la part de culpabilité française à l'origine du conflit, il insiste sur les réalisations et plaide pour la « pacification » – riposte à la fois militaire, sociale, économique et « humaine », notamment en ce qu'elle mobilise, au-delà de l'armée de métier, le contingent. Aux intellectuels « raisonneurs en rond », il préfère l'Armée, qui a su résister aux pressions des ultras sans pour autant accepter des négociations sans conditions.

Collection privée

Michel Leiris, appel d'Esprit au général de Gaulle, fin de janvier – début de février 1960.

Alors que les émeutes sont en cours, le groupe Esprit propose à des intellectuels de signer un appel au général de Gaulle. Les signataires, bouleversés « par le mouvement qui, en Algérie s'oppose [...] aux décisions du pouvoir légitime », prient le président de maintenir le principe de l'auto-détermination et de susciter « une manifestation civique massive » du peuple français, qui manifesterait « sa volonté de rester libre de sa propre destinée ». Michel Leiris signe aussitôt.

Fonds Esprit/IMEC

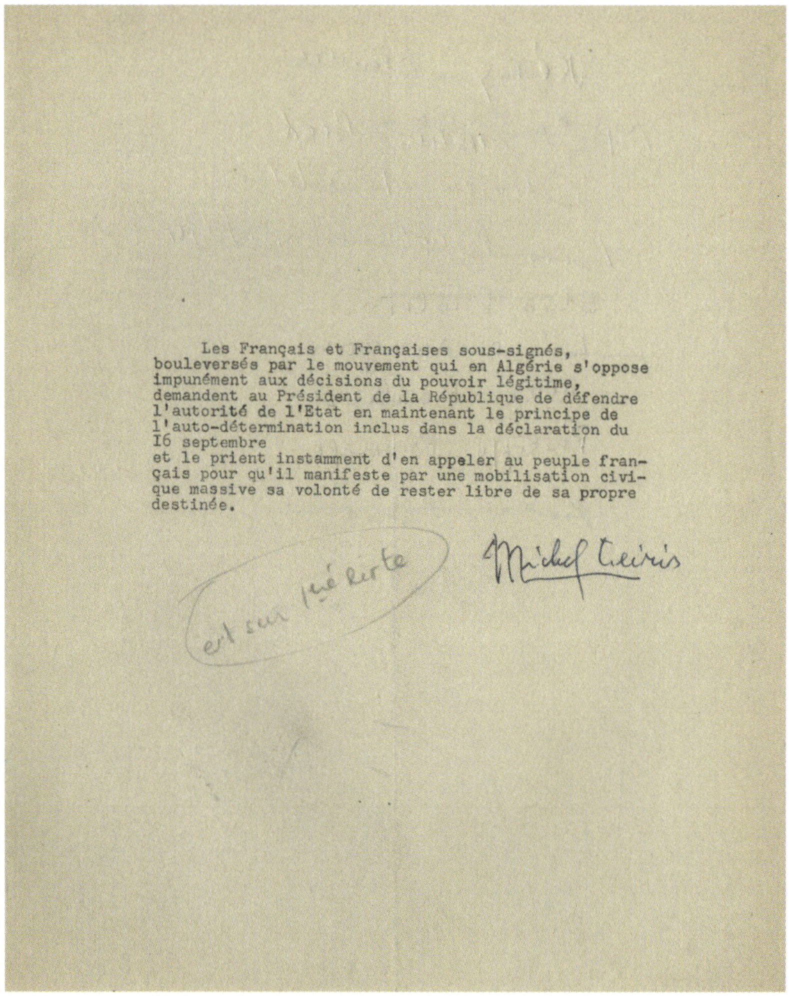

Les Français et Françaises sous-signés,
bouleversés par le mouvement qui en Algérie s'oppose impunément aux décisions du pouvoir légitime, demandent au Président de la République de défendre l'autorité de l'Etat en maintenant le principe de l'auto-détermination inclus dans la déclaration du 16 septembre
et le prient instamment d'en appeler au peuple français pour qu'il manifeste par une mobilisation civique massive sa volonté de rester libre de sa propre destinée.

est sur pré liste

Michel Leiris

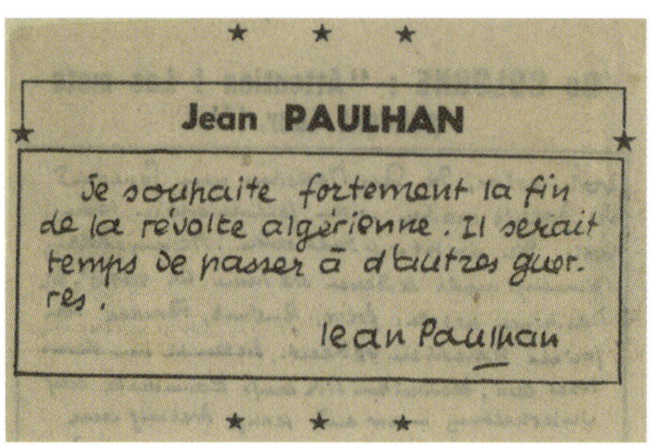

★ ★ ★

Jean PAULHAN

Je souhaite fortement la fin de la révolte algérienne. Il serait temps de passer à d'autres guerres.

Jean Paulhan

★ ★ ★

Jean Paulhan, *Figaro littéraire*, 1er janvier 1960.

Les vœux de Jean Paulhan au seuil de l'année 1960 sont à la fois lapidaires, cyniques et ambigus puisque la fin de la « révolte algérienne » n'est ironiquement souhaitée que pour autoriser le passage à « d'autres guerres », comme si révoltes et guerres étaient substituables, et à l'infini.

Fonds Jean Paulhan/IMEC

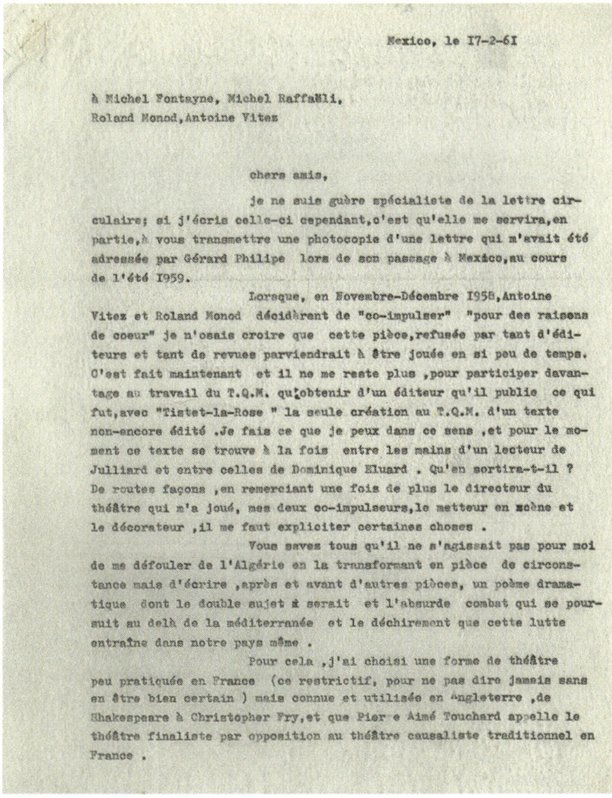

Mexico, le I7-2-6I

à Michel Fontayne, Michel Raffaëli,
Roland Monod,Antoine Vitez

chers amis,

je ne suis guère spécialiste de la lettre circulaire; si j'écris celle-ci cependant,c'est qu'elle me servira,en partie,à vous transmettre une photocopie d'une lettre qui m'avait été adressée par Gérard Philipe lors de son passage à Mexico,au cours de l'été I959.

Lorsque, en Novembre-Décembre I958,Antoine Vitez et Roland Monod décidèrent de "co-impulser" "pour des raisons de coeur" je n'osais croire que cette pièce,refusée par tant d'éditeurs et tant de revues parviendrait à être jouée en si peu de temps. C'est fait maintenant et il ne me reste plus ,pour participer davantage au travail du T.Q.M. qu'obtenir d'un éditeur qu'il publie ce qui fut,avec "Tistet-la-Rose " la seule création au T.Q.M. d'un texte non-encore édité .Je fais ce que je peux dans ce sens ,et pour le moment ce texte se trouve à la fois entre les mains d'un lecteur de Julliard et entre celles de Dominique Eluard . Qu'en sortira-t-il ? De routes façons ,en remerciant une fois de plus le directeur du théâtre qui m'a joué, mes deux co-impulseurs,le metteur en scène et le décorateur ,il me faut expliciter certaines choses .

Vous savez tous qu'il ne s'agissait pas pour moi de me défouler de l'Algérie en la transformant en pièce de circonstance mais d'écrire ,après et avant d'autres pièces, un poème dramatique dont le double sujet serait et l'absurde combat qui se poursuit au delà de la méditerranée et le déchirement que cette lutte entraîne dans notre pays même .

Pour cela ,j'ai choisi une forme de théâtre peu pratiquée en France (ce restrictif, pour ne pas dire jamais sans en être bien certain) mais connue et utilisée en Angleterre ,de Shakespeare à Christopher Fry,et que Pierre Aimé Touchard appelle le théâtre finaliste par opposition au théâtre causaliste traditionnel en France .

Lettre tapuscrite de Xavier Pommeret à Michel Fontayne, Michel Raffaëli, Roland Monod et Antoine Vitez, le 17 février 1961.

En 1958, sous la double impulsion d'Antoine Vitez et de Roland Monod, Xavier Pommeret écrit « un poème dramatique dont le double sujet serait et l'absurde combat qui se poursuit au-delà de la Méditerranée et le déchirement que cette lutte entraîne dans notre pays même » : *Pour des raisons de cœur*. Son objectif : faire prendre conscience aux Français – et au premier chef à « la partie du public qui n'est pas convaincue d'avance » – du caractère « interminable » de la guerre en cours, pour qu'il fasse « pression sur le gouvernement ». Lue en janvier 1959, la pièce est créée au théâtre Quotidien de Marseille en décembre 1960 dans une mise en scène de Roland Monod.

Fonds Antoine Vitez/IMEC

Frantz Fanon, *L'An V de la révolution algérienne*, Maspero, « Cahiers libres », n° 3, octobre 1959.

Après avoir rejoint le FLN à Tunis en 1956, Frantz Fanon travaille au département Information avec Abane Ramdane tout en continuant à officier comme médecin. Membre de la rédaction d'*El Moudjahid*, il veut, avec *L'An V de la révolution algérienne*, montrer à l'opinion française et internationale les transformations radicales et irréversibles survenues en cinq ans de guerre dans la société algérienne : rage colonialiste du dévoilement féminin et crispation réactionnelle, appropriation populaire de la radio pour faire corps avec « la Voix de l'Algérie combattante », mutations de la cellule familiale, statut de la médecine en situation coloniale, composition hétérogène de la minorité européenne d'Algérie. Pour Maspero, ce livre représente ce que doit être sa collection : « révolutionnaire et violente ».

Collection privée

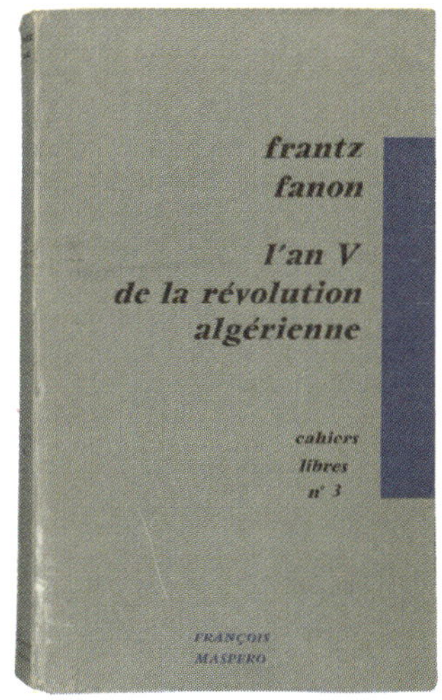

Paul Ribeaud, *Barricades pour un drapeau*, La Table ronde, mai 1960.

Collaborateur de *Paris-Match*, Paul Ribeaud entend témoigner des événements insurrectionnels qui ont agité Alger durant la « semaine des barricades », du 24 au 31 janvier 1960. Désespérée par la déclaration gaullienne du 16 septembre, qui posait le principe de l'auto-détermination, une partie de la population algéroise a tenté de faire basculer l'armée dans un nouveau 13 mai. Pour avoir prétendu dévoiler les agissements d'agents provocateurs internationaux à la solde des pays de l'Est qui seraient à l'origine des émeutes, Paul Ribeaud et Colette Duhamel, directrice générale de la société d'édition, font l'objet d'une plainte en diffamation.

Fonds La Table ronde/IMEC

REFUS, INSOUMISSIONS, DÉSERTIONS

7

Le rappel de plusieurs classes de disponibles (1952-1953-1954), l'envoi du contingent en Algérie et l'allongement de la durée du service militaire à 27 puis à 30 mois permettent d'augmenter rapidement les effectifs : de 200 000 hommes en janvier 1956 à près de 400 000 à la fin de l'année, et 450 000 à la fin de l'année 1957. Dans leur majorité, les appelés accomplissent leurs obligations. Les prises de position ouvertes contre la guerre sont rares. Sur les 12 000 réfractaires de la guerre d'Algérie (soit 1 % des appelés), environ 11 000 sont « insoumis » et ne se sont pas présentés, 900 déserteurs et 400 objecteurs de conscience. La première période de désobéissance, collective, concerne les rappelés (1955-1956) ; la deuxième est surtout liée au rejet de la torture (en 1957-1958) ; la dernière s'ouvre à l'automne de 1960 avec la mobilisation en faveur de l'insoumission[1], après la résiliation, en mars, de sursis pour études.

En 1956, le soldat Noël Favrelière déserte avec son prisonnier plutôt que d'accepter « la corvée de bois[2] » et *Témoignage chrétien* publie les premiers récits de soldats français faisant état d'exactions contre la population algérienne ; le 29 mars 1957, le général de Bollardière prend position contre la bataille d'Alger dans *L'Express*.

Quelques dizaines de jeunes hommes, communistes ou chrétiens appelés à servir en Algérie, sont condamnés et emprisonnés pour refus d'obéissance. Leurs cas sont portés à la connaissance de l'opinion publique. Ainsi, le journal *L'Avant-garde*, édité par l'Union des jeunesses communistes de France, publie en 1957 la lettre du soldat réfractaire Alban Liechti au président de la République ; en décembre 1959, *Esprit* donne le témoignage du sous-lieutenant catholique Jean Le Meur, « disciple de Péguy et de Bernanos » qui voulait « construire » et non « réprimer ». Rien n'est simple, toutefois, et Jean-Marie Domenach dit sa perplexité : « La guerre d'Algérie [...] est menée depuis cinq ans par les gouvernements français avec l'approbation des représentants élus de la nation. Il est facile à un intellectuel ou à un militant politique de la critiquer, de la "refuser". Pour un jeune enrôlé, "refuser" la guerre d'Algérie, cela signifie [...] se mettre en état de rébellion à l'égard du pouvoir. [...] De tels actes relèvent de ce que Paul Ricœur appelait une "éthique de la détresse" ; on ne saurait les généraliser sans compromettre leur justification même. » Témoigner donc, en diffusant les documents reçus, mais non « propager le refus d'obéissance », « une attitude [...] assez vile, de la part d'intellectuels qui risquent au plus quelques amendes », selon Domenach. Pour Francis Jeanson, au contraire, l'insoumission, l'objection ou la désertion s'imposent comme des « devoirs » – credo défendu par la feuille clandestine *Vérités pour* à partir de septembre 1958.

Une fois encore, les mots brandis revêtent des acceptions différentes selon les locuteurs. L'insoumission, comme « droit » ou « devoir », sera l'objet du Manifeste des 121. Après la guerre, une loi définira le statut de l'objection de conscience.

Notes

1. Tramor Quemeneur, « Ils ont dit "non" à la guerre sans nom », article publié le 21 janvier 2008 sur le site de la Ligue des droits de l'homme de Toulon : http://www.ldh-toulon.net/spip.php?article2479.

2. L'expression désigne les exécutions sommaires de prisonniers algériens par l'armée française. Sous couvert de corvées de bois, les prisonniers étaient entraînés à l'écart du camp, puis invités à partir, et pour finir abattus. Leur assassinat était justifié par une prétendue tentative de fuite. Parfois, il leur fallait eux-mêmes creuser leur tombe.

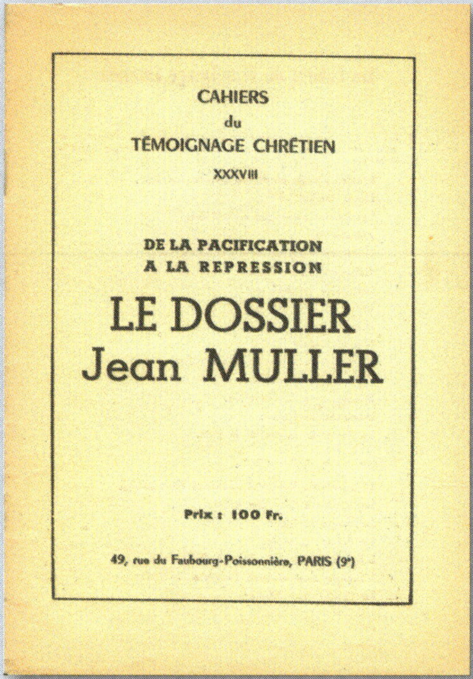

CAHIERS
du
TÉMOIGNAGE CHRÉTIEN
XXXVIII

DE LA PACIFICATION
A LA REPRESSION

LE DOSSIER
Jean MULLER

Prix : 100 Fr.

49, rue du Faubourg-Poissonnière, PARIS (9e)

Marc Garanger, photographie d'un appelé de garde au soleil levant, Aïn Terzin, 1960.

Marc Garanger a vingt-cinq ans en 1960 quand il est affecté dans un régiment d'infanterie au sud de la Kabylie. Déjà photographe professionnel, il parvient à devenir le photographe de son bataillon. À ce moment, l'armée française a besoin de clichés d'identité pour ficher la population indigène. Garanger doit faire défiler devant son appareil plus de 200 personnes par jour. D'emblée, il déborde la commande et conçoit ses photographies comme «une protestation contre la terreur» observée. On connaît ses portraits de femmes algériennes et une partie de ses clichés, repris dans *La guerre d'Algérie vue par un appelé du contingent*.

Collection privée

Le Dossier Jean Muller, «De la pacification à la répression», «Cahiers du Témoignage chrétien», XXXVIII, 15 février 1957.

En février 1957, *Témoignage chrétien* décide de publier «le témoignage le plus bouleversant» qui lui soit parvenu sur la guerre d'Algérie: la correspondance de Jean Muller, membre de l'équipe nationale La Route des Scouts de France, rappelé et mort en Algérie dans une embuscade en octobre 1956. C'est «la démarche intérieure d'un homme jeté dans l'univers de la violence», qui découvre ce qui sépare paix et «pacification», et craint de devenir complice des atrocités commises. Sans excuser «les crimes des fellaghas», Muller se place, au nom de l'Évangile, du côté des «plus déshérités».

Fonds Pierre Vidal-Naquet/ Archives EHESS

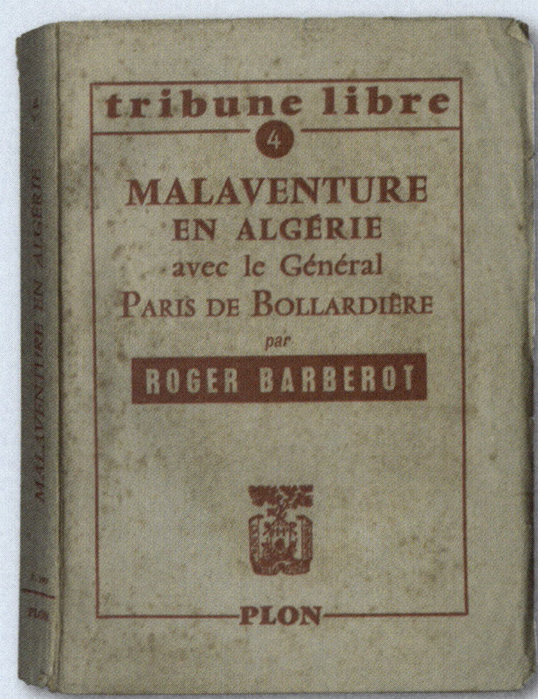

l'avant-garde

BOULEVERSANTS TÉMOIGNAGES DE CINQ SOLDATS RETOUR D'ALGÉRIE
(Pages 18, 19 et 20)

ÉDITÉ PAR L'UNION DES JEUNESSES COMMUNISTES DE FRANCE

Supplément gratuit au numéro 126

UN EXEMPLE POUR LA JEUNESSE : ALBAN LIECHTI

DEPUIS trois ans la guerre fait rage en Algérie. 4.750 soldats français y ont déjà trouvé la mort si l'on en croit un récent bilan officiel qui, par ailleurs, reste muet sur les dizaines de milliers d'Algériens qui connurent le même sort. Le nombre des blessés n'est pas divulgué, mais on peut affirmer sans crainte de se tromper, hélas, que de part et d'autre il atteint d'énormes et tragiques proportions.

Enfin, comme toute aventure coloniale, la guerre d'Algérie traîne derrière elle un cortège d'horreurs sans nom que plus personne ne songe à nier : tortures atroces, exécutions sommaires, représailles collectives, viols, pillages, etc...

[illegible]

104 soldats solidaires d'Alban LIECHTI

[illegible]

17

Roger Barberot,
***Malaventure en Algérie avec le général Pâris de Bollardière*, Plon, 1957.**

Compagnon de la Libération, condamné à mort par Vichy et décoré par De Gaulle en mai 1944, rappelé à sa demande dans l'armée en juin 1956, Roger Barberot prend la tête d'une unité de réservistes placée sous le commandement du général de Bollardière, qu'il connaît depuis 1941. Les prises de position de Bollardière contre la normalisation de procédures exceptionnelles de police et la torture, la mise aux arrêts de rigueur du général pour soixante jours entraînent la démobilisation de Barberot en avril 1957. Il rédige en un mois un ouvrage-témoignage qui, sans cesser de défendre l'espoir d'un avenir français en Algérie, s'attache avant tout à expliquer et justifier l'« acte d'indiscipline » de l'officier le plus décoré de la France Libre, grand officier de la Légion d'honneur et compagnon de la Libération.

Collection privée

***L'Avant-garde*, supplément gratuit au n° 126, 1957.**

Après un long silence embarrassé du PCF, *L'Avant-garde*, journal de l'Union des jeunesses communistes de France, érige Alban Liechti, jardinier et militant communiste qui a refusé « de prendre les armes contre le peuple algérien en lutte pour son indépendance » en « exemple pour la jeunesse ». Il publie des extraits de sa lettre au président de la République, marquant sa volonté de « contribuer à préserver la possibilité de rapports librement consentis, basés sur les intérêts réciproques et de respect des droits [des] deux peuples ». Incarcéré, condamné à deux ans de prison ferme, Liechti sera à nouveau affecté en Algérie en mars 1959 puis condamné une seconde fois pour insoumission à deux années supplémentaires d'emprisonnement.

Fonds Vladimir Pozner/IMEC

« LIEUTENANT EN ALGÉRIE »

Le récit de Jean-Jacques SERVAN-SCHREIBER

V. - LES SABOTEURS

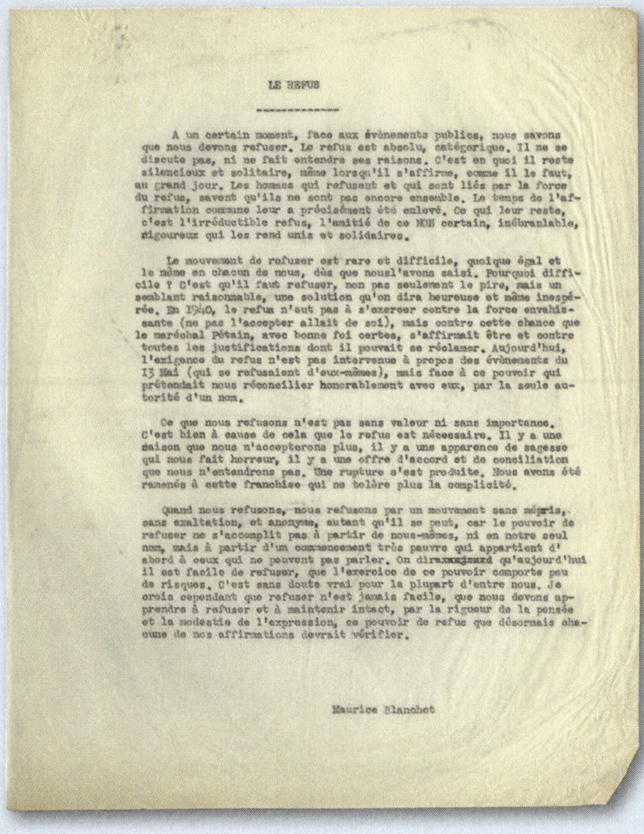

LE REFUS

A un certain moment, face aux évènements publics, nous savons que nous devons refuser. Le refus est absolu, catégorique. Il ne se discute pas, ni ne fait entendre ses raisons. C'est en quoi il reste silencieux et solitaire, même lorsqu'il s'affirme, comme il le faut, au grand jour. Les hommes qui refusent et qui sont liés par la force du refus, savent qu'ils ne sont pas encore ensemble. Le temps de l'affirmation commune leur a précisément été enlevé. Ce qui leur reste, c'est l'irréductible refus, l'amitié de ce NON certain, inébranlable, rigoureux qui les rend unis et solidaires.

Le mouvement de refuser est rare et difficile, quoique égal et le même en chacun de nous, dès que nousl'avons saisi. Pourquoi difficile ? C'est qu'il faut refuser, non pas seulement le pire, mais un semblant raisonnable, une solution qu'on dira heureuse et même inespérée. En 1940, le refus n'eut pas à s'exercer contre la force envahissante (ne pas l'accepter allait de soi), mais contre cette chance que le maréchal Pétain, avec bonne foi certes, s'affirmait être et contre toutes les justifications dont il pouvait se réclamer. Aujourd'hui, l'exigence du refus n'est pas intervenue à propos des évènements du 13 Mai (qui se refusaient d'eux-mêmes), mais face à ce pouvoir qui prétendait nous réconcilier honorablement avec eux, par la seule autorité d'un nom.

Ce que nous refusons n'est pas sans valeur ni sans importance. C'est bien à cause de cela que le refus est nécessaire. Il y a une raison que nous n'accepterons plus, il y a une apparence de sagesse qui nous fait horreur, il y a une offre d'accord et de conciliation que nous n'entendrons pas. Une rupture s'est produite. Nous avons été ramenés à cette franchise qui ne tolère plus la complicité.

Quand nous refusons, nous refusons par un mouvement sans mépris, sans exaltation, et anonyme, autant qu'il se peut, car le pouvoir de refuser ne s'accomplit pas à partir de nous-mêmes, ni en notre seul nom, mais à partir d'un commencement très pauvre qui appartient d'abord à ceux qui ne peuvent pas parler. On dira qu'aujourd'hui il est facile de refuser, que l'exercice de ce pouvoir comporte peu de risques. C'est sans doute vrai pour la plupart d'entre nous. Je crois cependant que refuser n'est jamais facile, que nous devons apprendre à refuser et à maintenir intact, par la rigueur de la pensée et la modestie de l'expression, ce pouvoir de refus que désormais chacune de nos affirmations devrait vérifier.

Maurice Blanchot

Jean-Jacques Servan-Schreiber, « Lieutenant en Algérie », *L'Express*, 12 avril 1957.

Mobilisé en août 1956 comme lieutenant réserviste dans l'unité commandée par Barberot, Jean-Jacques Servan-Schreiber, directeur de *L'Express* et partisan d'une politique libérale en Algérie, témoigne de son expérience dans son journal puis dans un volume publié chez Julliard. Bien qu'il ait pris soin de préciser que les « cas de tortures » ou les cruautés sont exceptionnels et ne rendent pas justice aux 700 000 Français qui se sont déjà succédé en Algérie, il est inculpé d'atteinte au moral de l'armée. Le général de Bollardière, qui accepte de le soutenir, souligne « l'effroyable danger qu'il y aurait [...] à perdre de vue, sous le prétexte fallacieux de l'efficacité immédiate, les valeurs morales qui, seules, ont fait jusqu'à maintenant la grandeur de notre civilisation et de notre armée » (lettre du 27 mai 1957).

Fonds André Mandouze/
CHRD/Ville de Lyon

Maurice Blanchot, « Le Refus », feuillet tapuscrit octobre 1958.

Dans ce texte publié dans le numéro 2 du *14 Juillet*, le 25 octobre 1958, Maurice Blanchot définit à la fois l'essence du refus, la communauté qu'il impulse et la nécessité qui le fonde. Écrit après les événements du 13 mai 1958, il insiste sur l'impératif de refuser « non pas seulement le pire, mais un semblant raisonnable, une solution qu'on dira heureuse et même inespérée » : un pouvoir qui prétend réconcilier les citoyens avec les événements de mai, « honorablement » et « par la seule autorité d'un nom ». En même temps qu'il dénonce les accommodements de la Ve République, Blanchot indique la voie de l'objection de conscience, « ce pouvoir de refus ».

Fonds Dionys Mascolo/IMEC

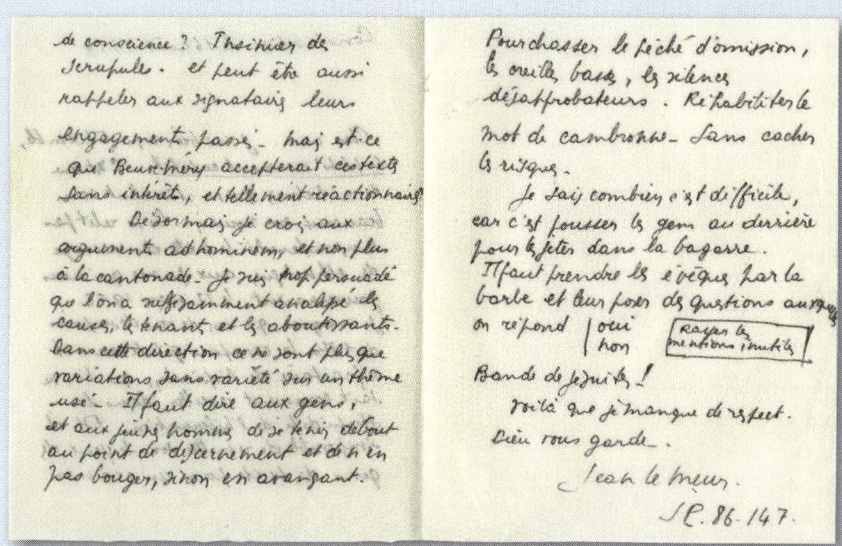

de conscience ? Pratiquer des scrupules. Et peut être aussi rappeler aux signataires leurs engagements passés. Mais est-ce que Beuve-Méry accepterait ces textes sans intérêt, et tellement réactionnaires ?

Désormais je crois aux arguments ad hominem, et non plus à la cantonade. Je suis trop persuadé que l'on a suffisamment analysé les causes, les tenants et les aboutissants. Dans cette direction ce ne sont plus que variations sans variété sur un thème usé. Il faut dire aux gens, et aux jeunes hommes de se tenir debout au point de discernement et de n'en pas bouger, sinon en avançant.

Pourchasser le péché d'omission, les oreilles basses, les silences désapprobateurs. Réhabiliter le mot de Cambronne. Sans cacher les risques.

Je sais combien c'est difficile, car c'est pousser les gens au derrière pour les jeter dans la bagarre. Il faut prendre les évêques par la barbe et leur poser des questions auxquelles on répond | oui / non | Rayer les mentions inutiles

Bande de jésuites !

Voilà que je manque de respect.

Dieu vous garde.

Jean Le Meur.

SC. 86. 147.

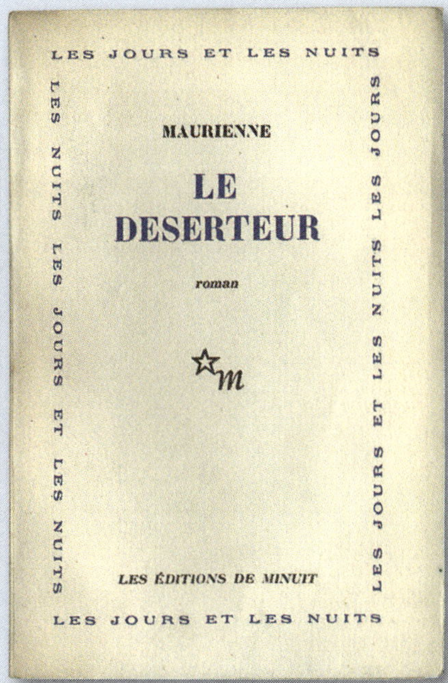

Lettre manuscrite de Jean Le Meur à Jean-Marie Domenach, de Constantine, le 16 août 1959.

Jean Le Meur est un sous-lieutenant catholique, disciple de Péguy et de Bernanos, parti en Algérie encadrer des chantiers, qui démissionne de son grade pour ne pas avoir à commander une section. Affecté dans une unité d'infanterie, l'hébétude morale générale le frappe. Exécutions sommaires, destructions de villages et sévices le poussent à « rester sur le plan d'une [...] protestation absolue ». Incarcéré à Constantine, il est condamné à deux ans de prison en juin 1959. Il écrit à Jean-Marie Domenach la nécessité de secouer « la carapace gélatineuse » de l'opinion, d'inviter les jeunes hommes à « se tenir debout au point de discernement et de n'en pas bouger, sinon en avançant [...] – sans cacher les risques ». *Esprit* publiera en décembre « Histoire d'un acte responsable. Le cas Jean Le Meur », en se défendant toutefois de « propager le refus d'obéissance ». C'est aux intellectuels, aux politiques et au peuple français qu'incombe « la lutte pour la paix ».

Fonds Esprit/IMEC

Maurienne, *Le Déserteur*, Minuit, avril 1960.

Le Déserteur est le premier texte sur la désertion écrit par un déserteur. Sous le pseudonyme Maurienne, Jean-Louis Hurst, instituteur communiste, fils de résistant, choqué par les événements de mai 1958, décide de déserter avant son départ pour l'Algérie. Parce qu'il n'est pas une victime, mais un criminel aux yeux de la loi, il tait sa décision à sa famille, envoie par la poste à Jérôme Lindon un texte présenté comme un roman et signé d'un pseudonyme, de façon à protéger les acteurs de l'histoire. Le livre, saisi le 20 avril 1960, vaudra à son éditeur de comparaître devant un tribunal le 6 décembre 1961 pour « provocation à la désobéissance ». Les pièces du dossier seront rassemblées par les éditions de Minuit dans *Provocation à la désobéissance. Le procès du Déserteur* (1962).

Collection privée

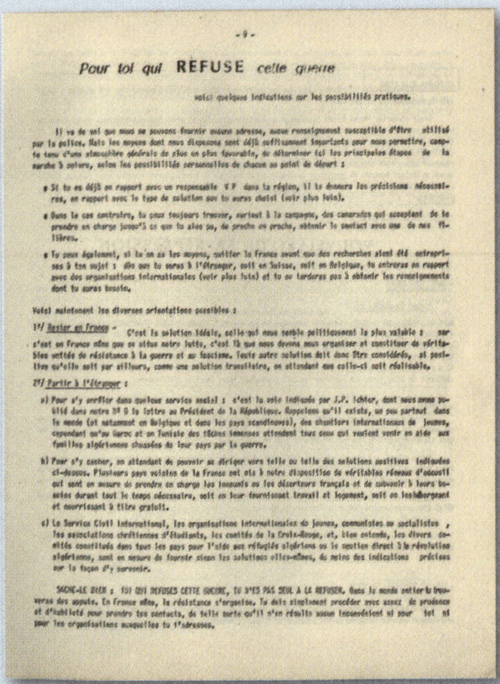

-9-

Pour toi qui REFUSE cette guerre

voici quelques indications sur les possibilités pratiques.

Il va de soi que nous ne pouvons fournir aucune adresse, aucun renseignement susceptible d'être utilisé par la police. Mais les moyens dont nous disposons sont déjà suffisamment importants pour nous permettre, compte tenu d'une atmosphère générale de plus en plus favorable, de déterminer ici les principales étapes de la marche à suivre, selon les possibilités personnelles de chacun au point de départ :

- Si tu es déjà en rapport avec un responsable V.P. dans ta région, il te donnera les précisions nécessaires, en rapport avec le type de solution que tu auras choisi (voir plus loin).
- Dans le cas contraire, tu peux toujours trouver, surtout à la campagne, des camarades qui acceptent de te prendre en charge jusqu'à ce que tu aies pu, de proche en proche, obtenir le contact avec une de nos filières.
- Tu peux également, si tu en as les moyens, quitter la France avant que des recherches aient été entreprises à ton sujet : dès que tu seras à l'étranger, soit en Suisse, soit en Belgique, tu entreras en rapport avec des organisations internationales (voir plus loin) et tu ne tarderas pas à obtenir les renseignements dont tu auras besoin.

Voici maintenant les diverses orientations possibles :

1°/ Rester en France - C'est la solution idéale, celle qui nous semble politiquement la plus valable : car c'est en France même que se situe notre lutte, c'est là que nous devons nous organiser et constituer de véritables unités de résistance à la guerre et au fascisme. Toute autre solution doit donc être considérée, si positive qu'elle soit par ailleurs, comme une solution transitoire, en attendant que celle-ci soit réalisable.

2°/ Partir à l'étranger :

a) Pour s'y enrôler dans quelque service social : c'est la voie indiquée par J.P. Ichter, dont nous avons publié dans notre N° 9 la lettre au Président de la République. Rappelons qu'il existe, un peu partout dans le monde (et notamment en Belgique et dans les pays scandinaves), des chantiers internationaux de jeunes, cependant qu'au Maroc et en Tunisie des tâches immenses attendent tous ceux qui veulent venir en aide aux familles algériennes chassées de leur pays par la guerre.

b) Pour s'y cacher, en attendant de pouvoir se diriger vers telle ou telle des solutions positives indiquées ci-dessus. Plusieurs pays voisins de la France ont mis à notre disposition de véritables réseaux d'accueil qui sont en mesure de prendre en charge les insoumis ou les déserteurs français et de subvenir à leurs besoins durant tout le temps nécessaire, soit en leur fournissant travail et logement, soit en les hébergeant et nourrissant à titre gratuit.

c) Le Service Civil International, les organisations internationales de jeunes, communistes ou socialistes, les associations chrétiennes d'étudiants, les comités de la Croix-Rouge, et, bien entendu, les divers comités constitués dans tous les pays pour l'aide aux réfugiés algériens ou le soutien direct à la révolution algérienne, sont en mesure de fournir sinon les solutions elles-mêmes, du moins des indications précises sur la façon d'y parvenir.

SACHE-LE BIEN : TOI QUI REFUSES CETTE GUERRE, TU N'ES PAS SEUL A LA REFUSER. Dans le monde entier tu trouveras des appuis. En France même, la résistance s'organise. Tu dois simplement procéder avec assez de prudence et d'habileté pour prendre tes contacts, de telle sorte qu'il n'en résulte aucun inconvénient ni pour toi ni pour les organisations auxquelles tu t'adresses.

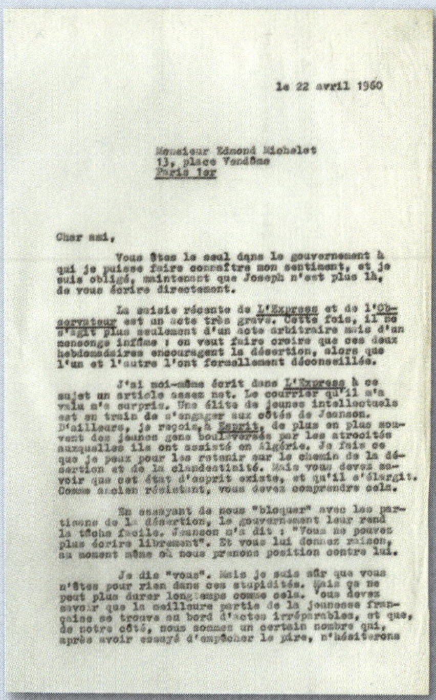

le 22 avril 1960

Monsieur Edmond Michelet
13, place Vendôme
Paris 1er

Cher ami,

Vous êtes le seul dans le gouvernement à qui je puisse faire connaître mon sentiment, et je suis obligé, maintenant que Joseph n'est plus là, de vous écrire directement.

La saisie récente de L'Express et de l'Observateur est un acte très grave. Cette fois, il ne s'agit plus seulement d'un acte arbitraire mais d'un mensonge infâme : on veut faire croire que ces deux hebdomadaires encouragent la désertion, alors que l'un et l'autre l'ont formellement déconseillée.

J'ai moi-même écrit dans L'Express à ce sujet un article assez net. Le courrier qu'il m'a valu m'a surpris. Une élite de jeunes intellectuels est en train de s'engager aux côtés de Jeanson. D'ailleurs, je reçois, à Esprit, de plus en plus souvent des jeunes gens bouleversés par les atrocités auxquelles ils ont assisté en Algérie. Je fais ce que je peux pour les retenir sur le chemin de la désertion et de la clandestinité. Mais vous devez savoir que cet état d'esprit existe, et qu'il s'élargit. Comme ancien résistant, vous devez comprendre cela.

En essayant de nous "bloquer" avec les partisans de la désertion, le gouvernement leur rend la tâche facile. Jeanson m'a dit : "Vous ne pouvez plus écrire librement". Et vous lui donnez raison, au moment même où nous prenons position contre lui.

Je dis "vous". Mais je suis sûr que vous n'êtes pour rien dans ces stupidités. Mais ça ne peut plus durer longtemps comme cela. Vous devez savoir que la meilleure partie de la jeunesse française se trouve au bord d'actes irréparables, et que, de notre côté, nous sommes un certain nombre qui, après avoir essayé d'empêcher le pire, n'hésiterons

Vérités pour, n° 11, 12 octobre 1959.

Le bulletin *Vérités pour* est l'organe des militants groupés autour de Francis Jeanson et Henri Curiel. Initié par le nécessaire passage de la théorie à la pratique signifié dans *L'Algérie hors la loi* et réalisé par la constitution du réseau Jeanson de soutien au FLN, il se veut essentiellement pragmatique. En octobre 1959, il publie notamment, à destination des réfractaires, un mémento des « possibilités pratiques » qui s'offrent à eux.

Archives privées Francis Jeanson

Lettre tapuscrite de Jean-Marie Domenach à Edmond Michelet, le 22 avril 1960.

En s'adressant à Edmond Michelet, ministre de la Justice, Domenach écrit au seul membre du gouvernement qui puisse l'entendre. Il proteste, non seulement contre les saisies d'hebdomadaires mais contre une campagne de désinformation qui tend à faire croire que les hebdomadaires saisis soutiennent la désertion. Selon Domenach, alors que « la meilleure partie de la jeunesse française est au bord de l'irréparable », saisir ces hebdomadaires, c'est bâillonner ceux qui tentent encore de retenir cette jeunesse « sur le chemin de la désertion et de la clandestinité » et faire le jeu de Jeanson.

Fonds Esprit/IMEC

Maurice Maschino, *Le Refus*, Maspero, « Cahiers libres », n° 7, 1960.

En dépit des saisies, Maspero persiste et publie en avril 1960 le témoignage d'un insoumis, professeur de français en Tunisie, qui a appris à connaître les peuples d'Afrique du Nord, et dont un premier texte également intitulé « Le Refus » a paru dans *Les Temps modernes* en octobre 1958. En d'autres temps, Maurice Maschino n'aurait pas refusé de faire son service militaire. C'est combattre en Algérie, contre ses « frères » qu'il refuse. Sans surprise, l'ouvrage est saisi.

Fonds Vladimir Pozner/IMEC

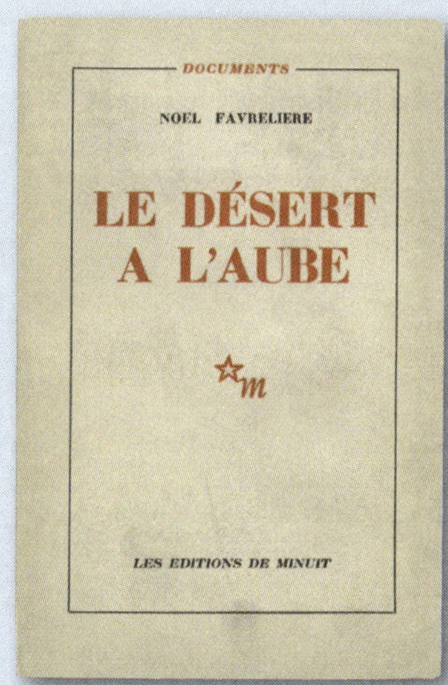

DOCUMENTS

NOËL FAVRELIERE

LE DÉSERT A L'AUBE

LES EDITIONS DE MINUIT

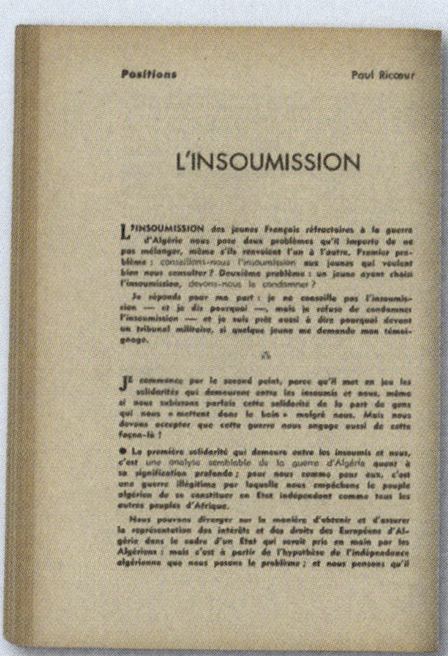

Positions — Paul Ricœur

L'INSOUMISSION

L'INSOUMISSION des jeunes Français réfractaires à la guerre d'Algérie nous pose deux problèmes qu'il importe de ne pas mélanger, même s'ils renvoient l'un à l'autre. Premier problème : conseillons-nous l'insoumission aux jeunes qui veulent bien nous consulter ? Deuxième problème : un jeune ayant choisi l'insoumission, devons-nous le condamner ?

Je réponds pour ma part : je ne conseille pas l'insoumission — et je dis pourquoi —, mais je refuse de condamner l'insoumission — et je suis prêt aussi à dire pourquoi devant un tribunal militaire, si quelque jeune me demande mon témoignage.

JE commence par le second point, parce qu'il met en jeu les solidarités qui demeurent entre les insoumis et nous, même si nous subissons parfois cette solidarité de la part de gens qui nous « mettent dans le bain » malgré nous. Mais nous devons accepter que cette guerre nous engage aussi de cette façon-là !

● La première solidarité qui demeure entre les insoumis et nous, c'est une analyse semblable de la guerre d'Algérie quant à sa signification profonde ; pour nous comme pour eux, c'est une guerre illégitime par laquelle nous empêchons le peuple algérien de se constituer en Etat indépendant comme tous les autres peuples d'Afrique.

Nous pouvons diverger sur la manière d'obtenir et d'assurer la représentation des intérêts et des droits des Européens d'Algérie dans le cadre d'un Etat qui serait pris en main par les Algériens : mais c'est à partir de l'hypothèse de l'indépendance algérienne que nous posons le problème ; et nous pensons qu'il

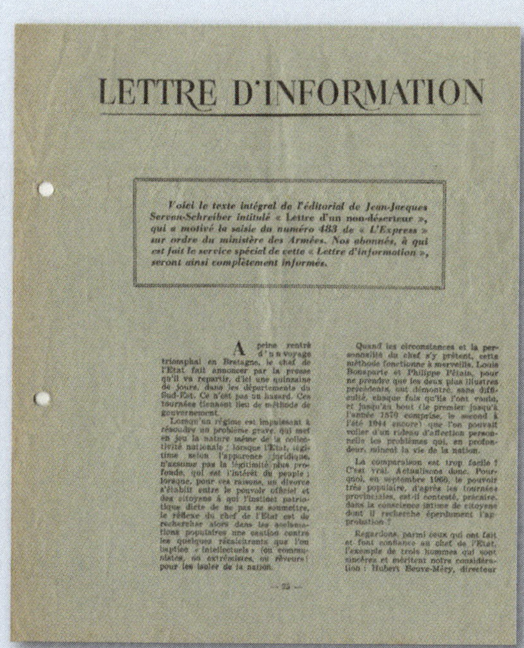

LETTRE D'INFORMATION

Voici le texte intégral de l'éditorial de Jean-Jacques Servan-Schreiber intitulé « Lettre d'un non-déserteur », qui a motivé la saisie du numéro 483 de « L'Express » sur ordre du ministère des Armées. Nos abonnés, à qui est fait le service spécial de cette « Lettre d'information », seront ainsi complètement informés.

A peine rentré d'un voyage triomphal en Bretagne, le chef de l'Etat fait annoncer par la presse qu'il va repartir, d'ici une quinzaine de jours, dans les départements du Sud-Est. Ce n'est pas un hasard. Ces tournées tiennent lieu de méthode de gouvernement.

Lorsqu'un régime est impuissant à résoudre un problème grave, qui met en jeu la nature même de la collectivité nationale ; lorsque l'Etat, légitime selon l'apparence juridique, n'assume pas la légitimité plus profonde, qui est l'intérêt du peuple ; lorsque, pour ces raisons, un divorce s'établit entre le pouvoir officiel et des citoyens à qui l'instinct patriotique dicte de ne pas se soumettre, le réflexe du chef de l'Etat est de rechercher alors dans les acclamations populaires une caution contre les quelques récalcitrants que l'on baptise « intellectuels » (ou communistes, ou extrémistes, ou rêveurs) pour les isoler de la nation.

Quand les circonstances et la personnalité du chef s'y prêtent, cette méthode fonctionne à merveille. Louis Bonaparte et Philippe Pétain, pour ne prendre que les deux plus illustres précédents, ont démontré, sans difficulté, chaque fois qu'ils l'ont voulu, et jusqu'au bout (le premier jusqu'à l'année 1870 comprise, le second à l'été 1944 encore) que l'on pouvait voiler d'un rideau d'affection personnelle les problèmes qui, en profondeur, minent la vie de la nation.

La comparaison est trop facile ? C'est vrai. Actualisons donc. Pourquoi, en septembre 1960, le pouvoir très populaire, d'après les tournées provinciales, est-il contesté, précaire, dans la conscience intime de citoyens dont il recherche éperdument l'approbation ?

Regardons, parmi ceux qui ont fait et font confiance au chef de l'Etat, l'exemple de trois hommes qui sont sincères et méritent notre considération : Hubert Beuve-Méry, directeur

Noël Favrelière,
***Le Désert à l'aube*,**
Minuit, « Documents »,
octobre 1960.

Sorti le 7 octobre 1960, *Le Désert à l'aube* est saisi le 17. Le soldat parachutiste Noël Favrelière, rappelé en 1955 en Algérie, y raconte comment, averti d'une prochaine « corvée de bois », il déserte en 1956 pour sauver un prisonnier. Tous deux sont recueillis par des hommes de l'ALN et partagent leur vie, jusqu'à ce que Favrelière puisse rejoindre Tunis, puis les États-Unis. Il inspirera le personnage de Nono dans *La Guerre des gusses*, de Georges Mattéi[1].

1. Georges Mattéi, *La Guerre des gusses*, Balland, 1982.

Collection privée

Paul Ricœur,
« L'Insoumission »,
***Christianisme social*,**
n° 7-9, juillet-septembre 1960.

La réflexion de Paul Ricœur sur l'insoumission est complexe. S'il refuse de condamner les insoumis dont il se sent solidaire – la guerre est illégitime, ne pas coopérer s'impose, le gouvernement ne négocie pas et la gauche est inerte –, Ricœur n'encourage pas positivement leur démarche. Selon lui, toutes les ressources de recours légales ne sont pas épuisées, l'aide au FLN outrepasse la mobilisation pour la paix et les initiatives personnelles ne sauraient remplacer une action de masse. L'insoumission, pour compréhensible qu'elle est, ne lui semble pas répondre aux exigences du temps. Le philosophe Théodore Ruyssen, dans la livraison suivante de la revue, reprochera à Ricœur la subtilité de sa position et niera que l'indépendance algérienne soit une option politique partagée.

Fonds Paul Ricœur/
Bibliothèque de l'IPT, Paris

Jean-Jacques Servan-Schreiber, « Lettre d'un non-déserteur », supplément spécial au n° 483 bis de *L'Express* du 15 septembre 1960.

Alors que la Déclaration sur le droit à l'insoumission a été diffusée, alors que chaque jour sont mis en cause tel prêtre de la Mission de France ou tel porteur de valises, être un « non-déserteur » peut être une forme de distinction. Jean-Jacques Servan-Schreiber en use pour déplorer la faiblesse et l'impuissance de l'État comme du régime, dominés par l'armée d'active. Même ceux qui ont fait confiance à De Gaulle – Hubert Beuve-Méry, Gaston Defferre et François Mauriac – en sont conscients : le désarroi et la fureur montent chez les hommes et les femmes « qui ne supportent plus d'assister, moins encore de participer à l'avilissement de la patrie ». Sur ordre du ministère des Armées, le numéro contenant cet éditorial est saisi.

Archives privées Francis Jeanson

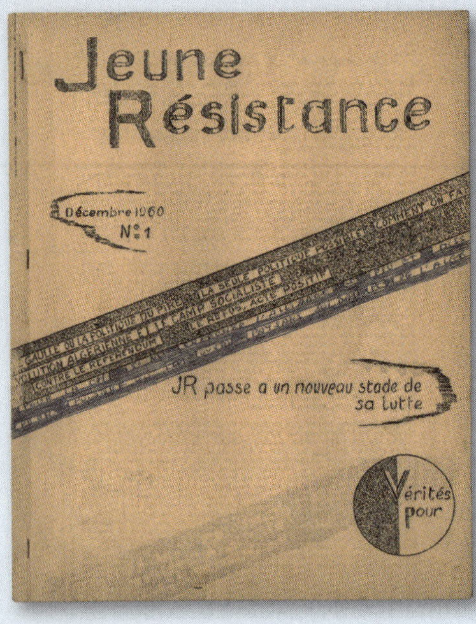

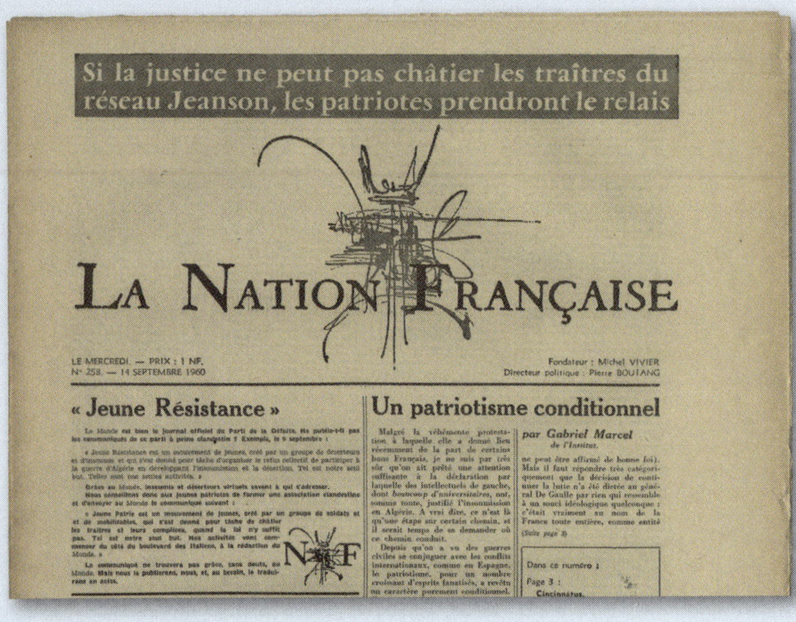

Jeune Résistance, n° 1, décembre 1960.

Le mouvement Jeune Résistance se crée en Suisse en 1958, autour de l'ancien séminariste Jacques Berthelet et de l'ouvrier communiste Louis Orhant, auxquels s'ajouteront deux nouveaux déserteurs – Jean-Louis Hurst et Gérard Meïer. Fondé par des jeunes pour des jeunes, il tient à sa différence et veut « organiser une résistance collective de la jeunesse française à la guerre ». Le débat sur la désobéissance lui est une occasion de diffuser ses idées, et d'imaginer passer « à un nouveau stade de la lutte ».

Archives privées Francis Jeanson

Éditorial, « Jeune Résistance », _La Nation française_, n° 258, 14 septembre 1960.

Quand, le 3 septembre, *Le Monde* publie un communiqué de *Jeune Résistance* sur ses objectifs et activités, *La Nation française* ironise : « Grâce au *Monde*, insoumis et déserteurs savent à qui s'adresser. » L'hebdomadaire invite les jeunes patriotes à constituer en réponse une organisation clandestine qui manifesterait son souhait « de châtier les traîtres et leurs complices, quand la loi n'y suffit pas ». La première victime désignée est la rédaction du *Monde* : la menace n'attend que d'être traduite « en actes ».

Archives privées Pierre Boutang

PARIS, le 26 septembre 1960

PRIX : 1 N. F.

NUMERO 18

Vérités pour.

Centrale d'information et d'action sur le fascisme et la guerre d'Algérie

Ce numéro est dédié aux camarades victimes de la répression, en témoignage d'affection et de solidarité.

Eux, qui sont à l'origine de notre action, qu'ils y voient la certitude que leur sacrifice ne sera pas vain.

SOMMAIRE

La désertion ?... ...un devoir !

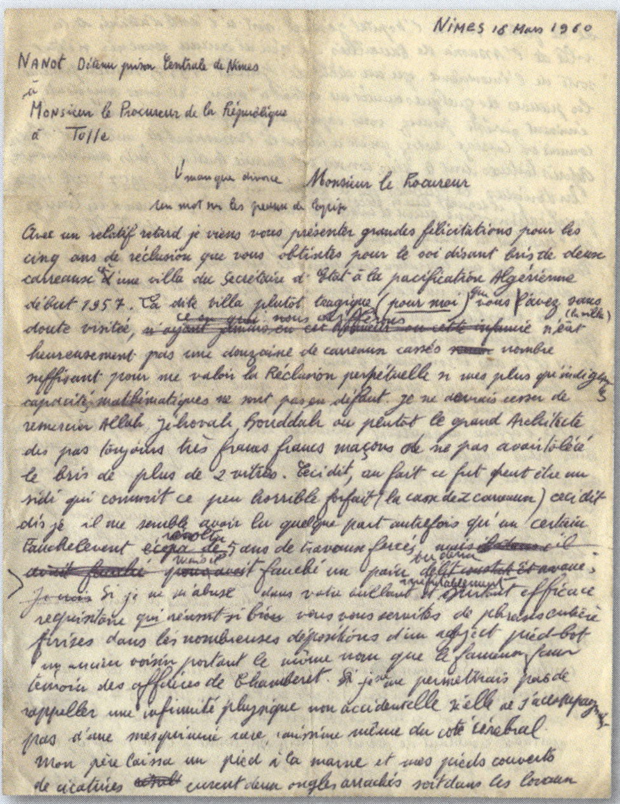

Nîmes 18 Mars 1960

NANOT Détenu prison Centrale de Nîmes

à

Monsieur le Procureur de la République

à Tulle

Monsieur le Procureur

Avec un relatif retard je viens vous présenter grandes félicitations pour les cinq ans de réclusion que vous obtîntes pour le soi disant bris de deux carreaux d'une villa du secrétaire d'État à la pacification Algérienne début 1957. La dite villa plutôt tragique (pour moi) que vous l'avez sans doute visitée, ~~n'ayant jamais on est affirmé ou cette infamie~~ n'eut heureusement pas une douzaine de carreaux cassés nombre suffisant pour me valoir la Réclusion perpétuelle si vos plus qu'indigentes capacités mathématiques ne sont pas en défaut. Je ne devrais cesser de remercier Allah, Jéhovah, Bouddah ou plutôt le grand Architecte des pas toujours très francs francs maçons de ne pas avoir toléré le bris de plus de 2 vitres. Ceci dit, au fait ce fut peut être un sidi qui commit ce peu horrible forfait (la casse de 2 carreaux) ceci dit dis je il me semble avoir lu quelque part autrefois qu'un certain Fauchelevent ~~écopa de~~ 5 ans de travaux forcés ~~mais~~ il ~~avait fauché~~ ~~pour avoir~~ fauché un pain ~~d'autre~~ ; ~~Je vois~~ Si je ne m'abuse dans votre brillant et surtout efficace réquisitoire qui réunit si bien vous vous servîtes de phrases entières prises dans les nombreuses dépositions d'un abject pied-bot un ancien voisin portant le même nom que le fameux faux témoin des affaires de Chamberet. Si je me permettrais pas de rappeler une infirmité physique non accidentelle si elle ne s'accompagnait pas d'une mesquinerie rare, mesquine même du côté cérébral.

Mon père laissa un pied à la marne et mes pieds couverts de cicatrices ~~ont~~ eurent deux ongles arrachés soit dans les bois...

***Vérités pour*, nº 18, 26 septembre 1960.**

Le procès du réseau Jeanson, qui s'est ouvert le 5 septembre, est encore en cours lorsque paraît un numéro de *Vérités pour* au titre provocant : « La désertion ?… un devoir ! ». Au « droit à l'insoumission » qu'ont fait valoir les signataires du Manifeste des 121 est ainsi préférée une position plus radicale, qui fait de l'insoumission et de la désertion en masse une obligation morale (ne pas être complices) et politique (impossibilité de préférer la réaction à la révolution). C'est l'ensemble de la population qui est appelée à soutenir la jeunesse française « dans sa volonté d'en finir avec son cauchemar ».

Archives privées Francis Jeanson

Lettre manuscrite d'Henri Nanot à M. le Procureur de la République à Tulle, le 18 mars 1960.

Paysan passionné de littérature et d'écriture, ancien des groupes FTP[1] de Guingouin, lié avec André Breton, qui publie plusieurs de ses textes, Henri Nanot est antimilitariste et anticolonialiste. Quand une bombe artisanale est posée devant la villa de Marcel Champeix, secrétaire d'État socialiste aux affaires algériennes, en décembre 1956, et casse deux carreaux, il est suspecté. Passé à tabac par les policiers à la fin de mai 1957, il ne recouvre la conscience qu'au début de juillet, dans l'asile de Naugeat à Limoges, où il passe six mois, traité aux électrochocs. Condamné à cinq ans de prison, en dépit du soutien de Breton, il écrit au procureur son indignation : ni sursis ni remise de peine mais des coups policiers et cinq ans d'incarcération pour deux carreaux quand les assassins de Maurice Audin sont décorés ! En prison, sa santé mentale se dégrade, et les séjours en asile se multiplient après sa mise en liberté conditionnelle, en juin 1960. Il meurt en 1962 dans des circonstances obscures.

1. Francs-tireurs et partisans, organisation de lutte armée créée à l'initiative du Parti communiste français en 1941.

Archives privées Henri Nanot

Objection !

Le tribunal militaire de Metz vient de condamner à des peines sévères — allant de dix-huit mois

à deux ans de prison — plusieurs objecteurs de conscience.

Mongénéral, fort de cette sentence, a tout aussitôt enjoint publiquement aux gradés et simples troupiers de ne pas accepter sans objection les ordres qui leur sont donnés, en Algérie.

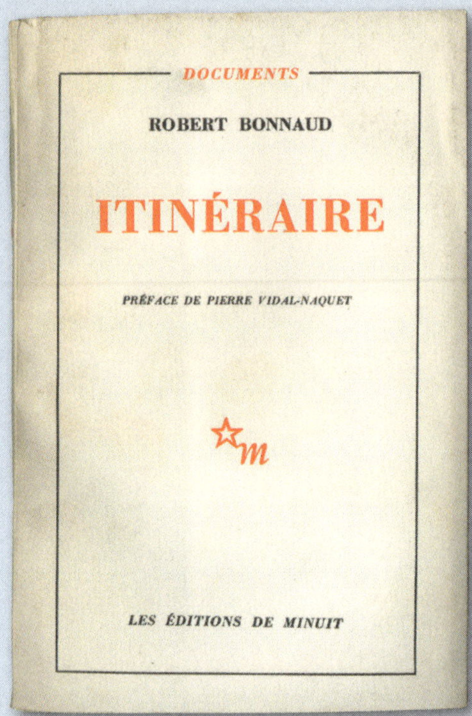

Anonyme, « Objection ! », « Sept ans de guerre d'Algérie par les dessinateurs du *Canard* », *Le Canard enchaîné*, 28 mars 1962.

Les peines prononcées par les tribunaux militaires oscillant souvent de dix-huit à vingt-quatre mois de prison – soit un temps inférieur à celui de l'incorporation – un dessinateur du *Canard enchaîné* s'en amuse et croque un appelé invité à la désobéissance par ses supérieurs mêmes.

Fonds Jules Roy, JR45/
BMVR, Marseille

Robert Bonnaud, *Itinéraire*, Minuit, « Documents », 1962.

Agrégé d'histoire, communiste ébranlé par le vote des pouvoirs spéciaux et Budapest, Robert Bonnaud, comme Georges Mattéi, est rappelé comme « disponible ». Il manifeste, mais le soutien des partis et des syndicats manque. En Algérie, il pratique les « refus de détail[1] ». Au retour, à l'initiative de son ami Pierre Vidal-Naquet, il publie « La Paix des Nementchas » dans *Esprit* (avril 1957), quelques mois avant que Mattéi ne signe « Jours kabyles » dans *Les Temps modernes* (juillet 1957). Le scandale, le procès attendus ne viennent pas. L'« opération conscience » (Robert Lacoste) est étouffée par l'« opération silence » (Vidal-Naquet). En juin 1961, il est incarcéré aux Baumettes, à Marseille, pour ses activités de soutien au FLN. Il sera libéré un an plus tard.

1. « Tirer à côté dans un engagement, passer *France-Observateur* aux suspects des prisons [...], abandonner son poste pendant un bouclage », *in* Robert Bonnaud, *La Cause du Sud. L'Algérie d'hier et d'aujourd'hui, la Palestine, les nations*, L'Harmattan, 2001, p. 43.

Fonds Vladimir Pozner/IMEC

1960

L'ANNÉE DES MANIFESTES

8

" ... nous nous laissons déchirer par des excités de part et d'autre ... "

◄ **Siné, « …nous nous laissons déchirer par des excités de part et d'autre… », dessin inédit, septembre-octobre 1960.**

Fonds Siné/BDIC

Un entrefilet en dernière page du *Monde*, le 6 septembre 1960, signale que « 121 écrivains, universitaires et artistes ont signé une pétition sur le droit à l'insoumission dans la guerre d'Algérie ». Les trois propositions finales de l'appel (« Nous respectons et jugeons justifié… ») sont reproduites. Au cours du mois de septembre, le quotidien indique les « nouvelles signatures » complétant la liste inaugurale.

Rendue publique le 1er septembre, cette *Déclaration* ronéotée a d'abord circulé sous le manteau, puis a été imprimée clandestinement. Le titre finalement retenu, proposé en août par Maurice Blanchot à Dionys Mascolo, semble n'avoir pas été discuté, les signataires étant dispersés en cette période estivale.

Malgré cette discrétion, le feuillet double qui sort en septembre suscite de nombreuses réactions. Le texte, pourtant, n'est publié dans aucun journal ni aucune revue. En France, le risque encouru est trop grand. Mais à l'étranger, on compte au moins deux diffusions du Manifeste : l'une en Belgique, assurée par *Coexistence* ; l'autre à New York en anglais, par les soins d'*Evergreen Review*.

De nombreuses personnalités en dénoncent cependant les termes. Le 7 octobre 1960, *Le Monde* publie intégralement le « Manifeste des intellectuels français » qui s'élèvent contre les « professeurs de trahison » et les « apologistes de la désertion », ainsi que la liste de ses 185 premiers signataires. Quelques jours plus tard, *Le Figaro* ajoute « environ 150 signatures » à celles initialement mentionnées, auxquelles répondent le 27 octobre les noms des 246 signataires de la seconde édition du tract du Manifeste des 121. La « guerre des pétitions » devient une bataille des chiffres.

Dans le même temps, le numéro d'octobre d'*Enseignement public*, organe mensuel de la FEN, rend publique une troisième pétition qui se présente comme un « Appel à l'opinion ». Reprise également *in extenso* par *Le Monde* le 6 octobre, soit la veille de la parution du « Manifeste des intellectuels français », elle affirme qu'« il n'y a d'autre dénouement qu'une paix négociée » en Algérie, mais ne proclame pas le droit à l'insoumission.

À l'automne de 1960, les clercs de tous bords interpellent donc l'opinion. Il est difficile de mesurer l'influence immédiate de leurs appels. La presse cependant les publie ou en rend compte, les pouvoirs publics réagissent et souvent sanctionnent. Le Manifeste des 121 provoque ainsi

« l'ouverture d'une information contre X, l'inculpation arbitraire de 29 signataires et l'arrestation arbitraire de l'un d'entre eux ». Ses signataires sont interdits d'antenne radio et de télévision, de théâtre et de cinéma subventionnés ; ils sont assignés à résidence en France, et certains, qui ont le statut de fonctionnaire, sont suspendus de leur poste comme Pierre Vidal-Naquet ou révoqués comme Laurent Schwartz, professeur de Polytechnique. Nul doute que la réprobation entraînée par une telle sévérité ait donné à ce texte un écho et un crédit déterminants.

Bientôt, les attentats de l'OAS en métropole n'épargneront pas les personnalités intellectuelles, identifiées par cet adversaire le plus radical comme véritables protagonistes de cette guerre, et non comme simples trublions inoffensifs.

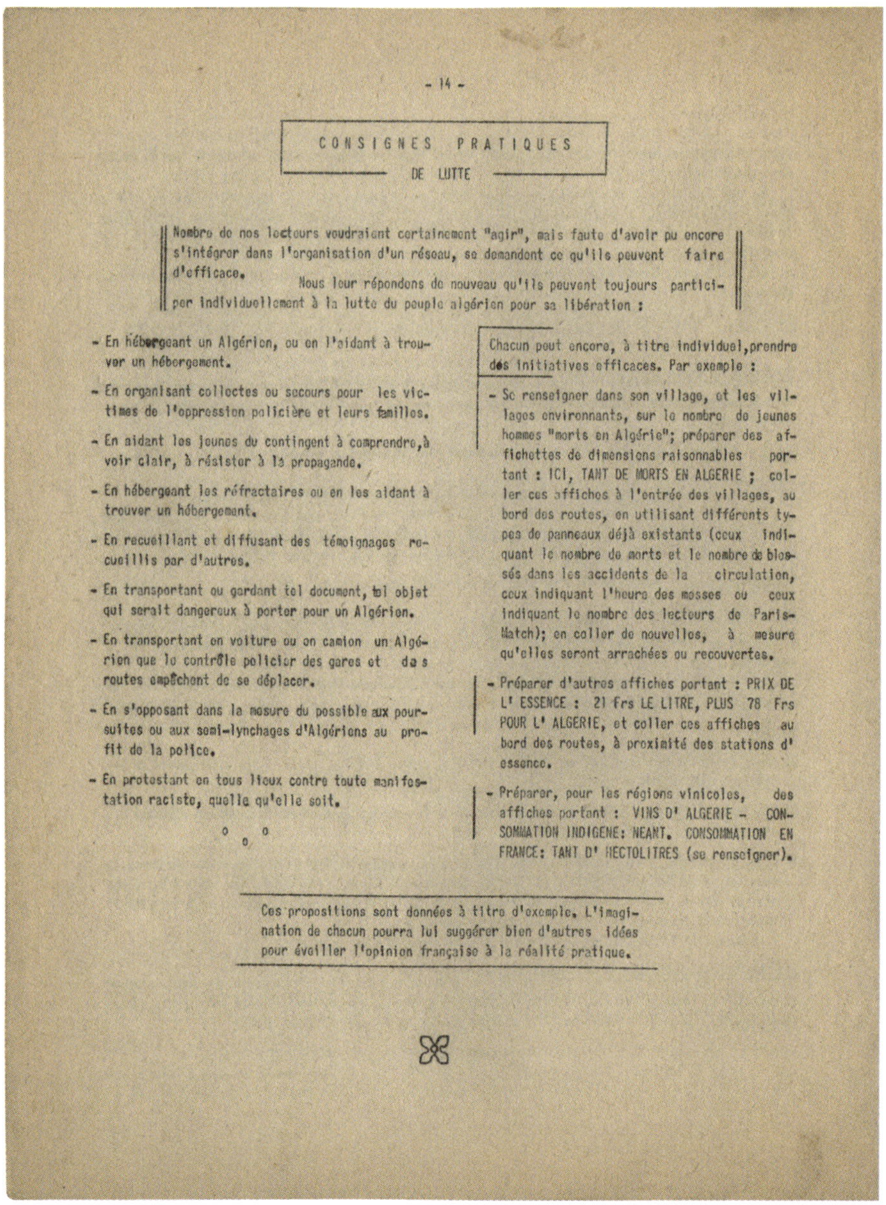

- 14 -

CONSIGNES PRATIQUES
DE LUTTE

Nombre de nos lecteurs voudraient certainement "agir", mais faute d'avoir pu encore s'intégrer dans l'organisation d'un réseau, se demandent ce qu'ils peuvent faire d'efficace.
Nous leur répondons de nouveau qu'ils peuvent toujours participer individuellement à la lutte du peuple algérien pour sa libération :

- En hébergeant un Algérien, ou en l'aidant à trouver un hébergement.
- En organisant collectes ou secours pour les victimes de l'oppression policière et leurs familles.
- En aidant les jeunes du contingent à comprendre, à voir clair, à résister à la propagande.
- En hébergeant les réfractaires ou en les aidant à trouver un hébergement.
- En recueillant et diffusant des témoignages recueillis par d'autres.
- En transportant ou gardant tel document, tel objet qui serait dangereux à porter pour un Algérien.
- En transportant en voiture ou en camion un Algérien que le contrôle policier des gares et des routes empêchent de se déplacer.
- En s'opposant dans la mesure du possible aux poursuites ou aux semi-lynchages d'Algériens au profit de la police.
- En protestant en tous lieux contre toute manifestation raciste, quelle qu'elle soit.

o o o

Chacun peut encore, à titre individuel, prendre des initiatives efficaces. Par exemple :

- Se renseigner dans son village, et les villages environnants, sur le nombre de jeunes hommes "morts en Algérie"; préparer des affichettes de dimensions raisonnables portant : ICI, TANT DE MORTS EN ALGERIE ; coller ces affiches à l'entrée des villages, au bord des routes, en utilisant différents types de panneaux déjà existants (ceux indiquant le nombre de morts et le nombre de blessés dans les accidents de la circulation, ceux indiquant l'heure des messes ou ceux indiquant le nombre des lecteurs de Paris-Match); en coller de nouvelles, à mesure qu'elles seront arrachées ou recouvertes.
- Préparer d'autres affiches portant : PRIX DE L' ESSENCE : 21 Frs LE LITRE, PLUS 78 Frs POUR L' ALGERIE, et coller ces affiches au bord des routes, à proximité des stations d' essence.
- Préparer, pour les régions vinicoles, des affiches portant : VINS D' ALGERIE - CONSOMMATION INDIGENE: NEANT. CONSOMMATION EN FRANCE: TANT D' HECTOLITRES (se renseigner).

Ces propositions sont données à titre d'exemple. L'imagination de chacun pourra lui suggérer bien d'autres idées pour éveiller l'opinion française à la réalité pratique.

***Vérités pour*, « Consignes pratiques de lutte », n° 12, 3 décembre 1959.**

Après l'arrestation de militants du réseau Jeanson à la frontière franco-suisse en février 1960, le grand public apprend l'existence de réseaux de « porteurs de valises » et de réfractaires. Des « feuilles » artisanales donnant des consignes de lutte circulent discrètement. Comment « agir » quand on n'appartient pas à un réseau ? *Vérités pour* apporte des réponses concrètes sur l'hébergement des militants FLN, l'organisation de collectes, la diffusion des témoignages, le transport de documents ou d'objets dangereux à porter pour un Algérien… Ce bulletin clandestin, qui fut l'organe d'expression des militants des réseaux Jeanson et Curiel, marque le passage, dès 1958, « de l'écriture ou de la théorie à la pratique ». Dix-huit numéros paraîtront (de septembre 1958 à septembre 1961).

Archives privées Francis Jeanson

Roger Pourteau, « Procès “Jeanson”, 148 ans et 8 mois de prison en 125 minutes », *L’Humanité*, 3 octobre 1960.

Dix-huit jeunes français et six Algériens comparaissent. Le 3 octobre, les juges du tribunal militaire de Paris condamnent quatorze des inculpés au maximum de la peine (10 ans de prison, 70 000 nouveaux francs d’amende, 5 ans d’interdiction de séjour et de privation des droits civiques). Pour la presse de gauche, la sentence est d’une « exorbitante sévérité ». À droite, Jacques Soustelle dénonce la « trahison » de ceux qui ont pris le « parti des ennemis de la France » sous le nom « Jeune Résistance », insultant de la sorte « ceux qui ont combattu et souffert pour la France sous l’Occupation » ; il fustige avec la même virulence les « distingués intellectuels » qui se lèvent pour défendre ces « néo-collabos ».

Archives privées Francis Jeanson

Le procès du réseau Jeanson

3.10.60
Huma

PROCÈS “Jeanson”

148 ans et 8 mois de prison en 125 minutes

148 ans et huit mois de prison pour dix-sept inculpés. Il n’a fallu, samedi soir, que 125 minutes de réflexion aux juges du Tribunal militaire de Paris pour rendre ce jugement sévère au procès du « réseau Jeanson ». Au terme des délibérations qui ont duré de 21 h. 10 à 23 h. 15, les juges militaires ont condamné quatorze des inculpés au maximum de la peine (10 ans de prison, 70.000 NF d’amende, 5 ans d’interdiction de séjour et privation des droits civiques).

Parmi ces quatorze condamnés se trouvent neuf Français dont quatre ont été jugés par défaut. Aux cinq Algériens, le jugement reproche d’avoir participé à « l’action d’un mouvement séparatiste ». En ce qui concerne les Français, il est précisé qu’ils ont « porté atteinte à l’intégrité d’une portion du territoire », selon une expression chère à Soustelle et à Salan.

Le tribunal militaire a donc infligé le maximum de la peine aux principaux inculpés. Il a fidèlement suivi, sur ce point, les réquisitoires du commissaire du gouvernement qui réclamait quinze condamnations à 10 ans de prison.

Deux inculpés seulement ont bénéficié de circonstances atténuantes : Jeanine Cahen et Jacqueline Carré. La première a été condamnée à 8 mois de prison, ce qui représente, à quelques jours près, son temps de détention préventive. Elle va être libérée, mais il n’en demeure pas moins que le tribunal a tenu à lui infliger une peine symbolique, entendant marquer ainsi qu’il la jugeait coupable, alors que ses défenseurs avaient manifestement fait la preuve de son innocence.

Bien sûr, on nous objectera, pour masquer l’exorbitante sévérité de cette sentence, que neuf des inculpés ont été acquittés. Mais sept d’entre eux n’étaient-ils pas déjà en liberté provisoire et n’a-t-il pas été démontré qu’ils n’appartenaient pas au « réseau Jeanson » ? Paul Crauchet, André Thorent, Jacques et Lise Trébouta, par exemple, étaient accusés d’avoir facilité l’hébergement d’un militant du F.L.N. dont ils ignoraient les activités.

Alors, qu’on ne vienne pas nous parler de mansuétude. Au terme de ces vingt-cinq jours de débats, la répression a été sévère. Elle frappe en particulier des Français dont le seul crime est d’avoir exprimé, à leur manière, leur volonté de voir cesser une guerre sanglante.

14 condamnations au maximum

■ France Binard (céramiste), Hélène Cuenat (professeur), Micheline Poutau (Professeur), Jean-Claude Paupert (libraire), Gérard Meier (géomètre) : 10 ans de prison, 70.000 NF d’amende, 5 ans d’interdiction de séjour et privation des droits civiques.

■ Haddad Hamada, Aliane Hamini, Saïd Hanoum, Allouah Daksi et Ould Younes, même peine que les précédents.

■ Francis Jeanson, Dominique Darbois, Cécile Marion et Philippe Vignes : même peine mais par défaut.

■ Jacqueline Carré (monitrice) : 5 ans de prison, 500 NF d’amende, 5 ans d’interdiction de séjour et privation des droits civiques.

■ Jacques Rispal (comédien) : 3 ans de prison, 10.000 NF d’amende.

Jeanine Cahen (institutrice) 8 mois de prison, 500 NF d’amende et privation de ses droits civiques.

■ Paul Crauchet (comédien), André Thorent (comédien), Georges Berger (écrivain), Yvonne Rispal (professeur), Jacques Trebouta (assistant réalisateur), Lise Trebouta (étudiante), Odette Hutellier (infirmière), Denise Barrat et Lounes Brahimi : acquittés.

Cette position, ils l’avaient réaffirmée une nouvelle fois samedi avant que les juges ne se retirent pour délibérer. Quant aux inculpés algériens, ils avaient affirmé, comme Allouha Daksi : « Que vous le vouliez ou non, la guerre existe et votre jugement n’aura aucune valeur morale et juridique à nos yeux. »

Mais cette 25e journée du procès n’avait pas seulement commencé à 21 h. 10 lorsque les juges se sont retirés pour délibérer. Auparavant, nous avions entendu les trois dernières plaidoiries (il y en eut vingt et une au total), et ce fut l’occasion d’un nouvel et grave incident. A 17 h. 30, en effet, le président Curbelier a retiré la parole à Me Vergès qui parlait depuis plus d’une heure. Pourquoi ? Il ne nous est pas permis de vous le dire car, quelques minutes plus tard, à la demande du commissaire du gouvernement, le tribunal prononçait un jugement interdisant de rendre compte de cette plaidoirie qu’il avait estimée « attentatoire à l’ordre public ». Plusieurs ultras rassemblés dans la salle d’audience et, parmi eux, le vice-président du Conseil municipal de Paris, Pierre Menuet, qui est également à ses heures le chauffeur de Salan, avaient approuvé bruyamment cette mesure.

Un second incident s’était produit au début de cette journée, Me Rolland Dumas ayant révélé qu’un lieutenant siégeant dans ce tribunal avait été nommé capitaine le matin même. Or, comme il faut obligatoirement qu’un des juges ait le grade de lieutenant, et qu’il n’en restait plus parmi les juges suppléants, la défense affirmait : « Vous ne pouvez plus siéger ainsi. » Réponse du tribunal : « Nous passons outre, car la nomination n’a pas encore paru au Journal officiel. » Une pièce de plus dans le dossier qui sera transmis à la Cour de cassation.

Enfin, signalons une révélation faite au passage par Me Rolland Dumas dans sa plaidoirie. « Le tribunal n’a pas été totalement éclairé sur cette affaire, a-t-il dit. Vous avez rejeté certains témoignages, celui de M. Malraux, par exemple, auquel je voulais demander de nous expliquer pourquoi son nom figure dans ce dossier, au scellé 31, sous la rubrique « envois ou dons ». Je lui aurais demandé également : « N’avez-vous pas, contrairement à ce que vous affirmez, rencontré Francis Jeanson en 1957 devant une tierce personne dont le nom figure au dossier ? »

Roger POURTEAU.

ces mois ont l’importance de plusieurs années – plusieurs choses nouvelles – être de plein pied avec l’actualité – vivre exactement ce qui se passe dans le monde – sans décalage – difficulté maintenant de redevenir spectateur –

ce qui a compté c’est l’immédiat – impossibilité de justification générale – de ce que je faisais – questions théoriques inutiles – quand je fais des théories pour les autres – je n’arrive pas à y croire – l’action immédiate justifiée immédiatement dans son ensemble – position inconfortable mais réelle –

rien écrit depuis des mois – impossibilité de concilier les deux –

Danielle Collobert, journal extrait d’une page tapuscrite, février-septembre 1961.

Née en juillet 1940, Danièle Collobert publie en avril 1961 un recueil de ses premiers poèmes, intitulé *Chant des guerres*. Depuis quelques mois, elle s’est engagée dans un réseau de soutien au FLN et effectue des missions clandestines. Elle note dans son Journal : « *Septembre* [1961]. Ce soir je recommence – après ces mois mis entre parenthèses – pour eux – aller très doucement – comme une première sortie dehors après avoir été longtemps bouclée. » En 1963, elle entre à la rédaction de l’hebdomadaire algérien *Révolution africaine*.

Fonds Danielle Collobert/IMEC

Le Manifeste des 121

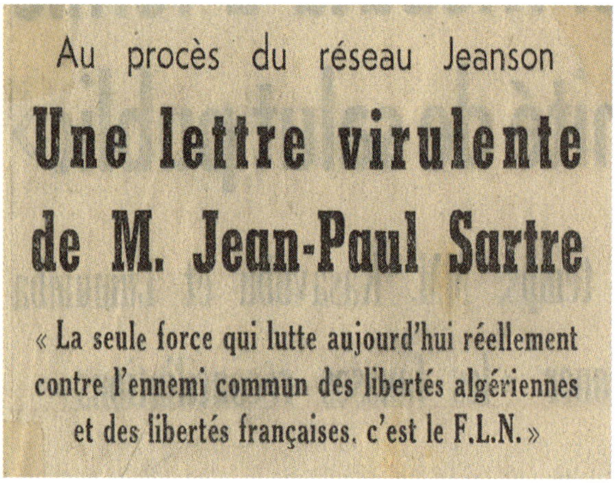
Au procès du réseau Jeanson

Une lettre virulente de M. Jean-Paul Sartre

« La seule force qui lutte aujourd'hui réellement contre l'ennemi commun des libertés algériennes et des libertés françaises, c'est le F.L.N. »

« Au procès du réseau Jeanson. Une lettre virulente de M. Jean-Paul Sartre », *Le Monde*, 21 septembre 1960.

Le 5 septembre 1960 s'ouvre, devant le tribunal permanent des Forces armées de Paris, le procès du réseau Jeanson. Le 20, Roland Dumas lit une lettre de Jean-Paul Sartre, « retenu au Brésil pour une tournée de conférences ». Rédigée par Marcel Péju, secrétaire général des *Temps modernes*, avec l'accord du philosophe, elle affirme une « solidarité totale » avec les accusés. L'action clandestine est justifiée par « l'impuissance de la gauche » devant le conflit algérien et l'évolution « que l'on peut sans exagération qualifier de fasciste » de la France. « Contre l'ennemi commun des libertés algériennes et des libertés françaises », il n'est qu'une seule force à laquelle s'unir, le FLN. Le 6 octobre, Dionys Mascolo exprime à Edgar Morin sa désapprobation : « Nous ne pouvons, devant le danger que représente pour nous la turbulence de Sartre (qui ne fera rien pour éviter la confusion établie entre la Déclaration [des 121] et sa lettre [...]) que doucement répéter ce que nous avons dit – sans nous "dresser contre Sartre" bien sûr, ni même le désavouer ouvertement (c'est *impossible*), mais pour affirmer avec la discrétion requise que ce que Sartre dit c'est Sartre qui le dit et que ce que nous disons, nous, c'est autre chose. »

Archives privées Francis Jeanson

Lettre manuscrite de René Char à Maurice Blanchot, le 23 juillet 1960.

En adressant au grand poète de la Résistance qu'est René Char le texte de la Déclaration, Maurice Blanchot s'attache à lui donner une portée plus vaste. Char, sensible au désarroi de la jeunesse, suspend toutefois son accord. Il espère une parole « aggravée » : « Il faut [...] condamner plus énergiquement le nationalisme (*tous* les nationalismes si légèrement criminels), augmenter un peu le poids de l'ensemble en aggravant notre parole. » Quelques jours plus tard, Blanchot écrit à Dionys Mascolo : « La certitude me vient que nous ne pouvons nous en tenir à ce seul texte et, les mots jetés, nous disperser comme si de rien n'avait été ; à cet avenir, il faut penser. Je suis presque sûr qu'un homme comme Char, un jour, sera présent. » Char cependant ne comptera pas au nombre des signataires du Manifeste.

Fonds Dionys Mascolo/IMEC

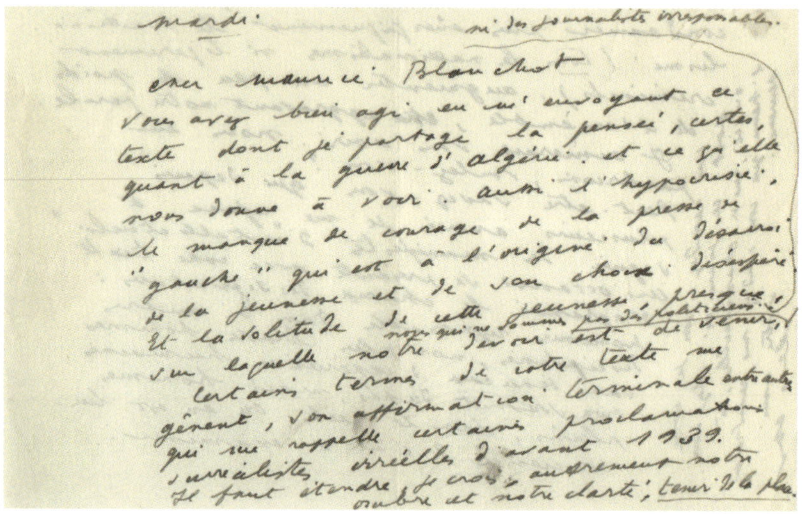
mardi. ni des journalistes irresponsables.

cher Maurice Blanchot

vous avez bien agi en m'envoyant ce texte dont je partage la pensée, certes, quant à la guerre d'Algérie et ce qu'elle nous donne à voir. aussi l'hypocrisie, le manque de courage de la presse de "gauche" qui est à l'origine du désarroi de la jeunesse et de son choix désespéré, et la solitude de cette jeunesse [illegible] [illegible] et la solitude de [illegible] sur laquelle notre devoir est de venir [illegible] certains termes de votre texte me gênent, son affirmation terminale entre autres qui me rappelle certaines proclamations surréalistes irréelles d'avant 1939. Il faut étendre je crois autrement notre ombre et notre clarté ; tenir le plus [illegible]

Lettre manuscrite ➤ **de Maurice Blanchot à Dionys Mascolo, août 1960.**

C'est Maurice Blanchot qui donnera à cet « appel », devenu « adresse à l'opinion », son titre définitif : « Déclaration sur le droit à l'insoumission dans la guerre d'Algérie » (juillet 1960) : « "Insoumission", ce mot, peut-être, vous paraîtra restrictif. On pourrait compléter et dire plus brutalement : Déclaration sur le droit à l'insoumission et à la désertion dans la guerre d'Algérie. » De même, Blanchot lui donnera quelques-unes de ses formulations décisives : « communauté indépendante », pour qualifier l'Algérie à venir, plutôt que « communauté autonome » ; « devoir » à la place de « droit » : « N'y a-t-il pas des cas où le refus de servir est un droit/devoir sacré [...] ? »

Fonds Dionys Mascolo/IMEC

on envoie la lettre, je vous l'envoie parce qu'elle critique le titre de notre texte, lequel continue de me gêner. A défaut d'un autre, meilleur, je suggérerai celui-ci :

Déclaration sur le droit à l'insoumission
dans la guerre d'Algérie.

"Insoumission", ce mot, peut-être, vous paraîtra restrictif. On pourrait compléter et dire plus brutalement :

Déclaration sur le droit à l'insoumission
et à la désertion
dans la guerre d'Algérie.

Mais insoumission me semble à la rigueur suffire : l'insoumission est le refus d'assumer le devoir militaire. A partir de là, cette attitude générale peut se spécifier en diverses conduites – désertion, désertion à l'intérieur, à l'étranger, désertion devant l'ennemi, désertion à l'ennemi. Le terme général d'insoumission n'exclut aucune de ces déterminations qu'elle rend, au contraire, possibles. Le titre aura, en outre, l'avantage de dire tout de suite de quoi il s'agit.

L'objection que J. D. développe au paragraphe 4 me paraît frappante. On pourrait croire, en effet, que les gens, convaincus confusément – ils le sont presque tous – que cette guerre

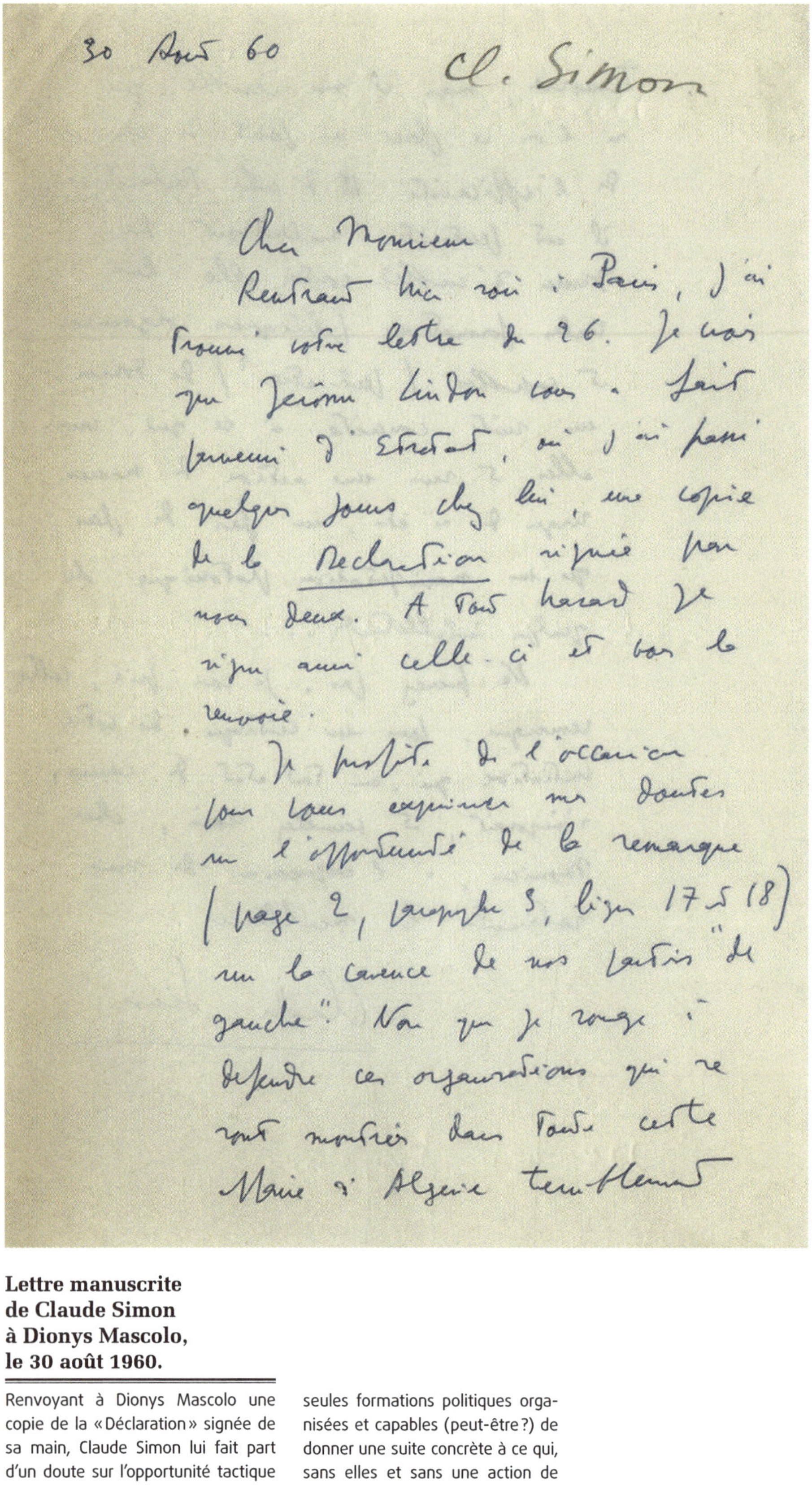
30 Août 60

Cl. Simon

Cher Monsieur

Rentrant hier soir à Paris, j'ai trouvé votre lettre du 26. Je vois que Jérôme Lindon vous a fait parvenir d'Etretat, où j'ai passé quelques jours chez lui, une copie de la Déclaration signée par nous deux. A tout hasard je signe aussi celle-ci et vous la renvoie.

Je profite de l'occasion pour vous exprimer mes doutes sur l'opportunité de la remarque (page 2, paragraphe 3, lignes 17 et 18) sur la carence de nos partis "de gauche". Non que je songe à défendre ces organisations qui se sont montrées dans toute cette affaire d'Algérie terriblement

Lettre manuscrite de Claude Simon à Dionys Mascolo, le 30 août 1960.

Renvoyant à Dionys Mascolo une copie de la « Déclaration » signée de sa main, Claude Simon lui fait part d'un doute sur l'opportunité tactique d'une remarque « sur la carence de nos partis "de gauche" » : « Il me semble que si l'on se place du point de vue de l'efficacité de cette *Déclaration*, il est peut-être maladroit de dresser d'emblée contre elle les seules formations politiques organisées et capables (peut-être ?) de donner une suite concrète à ce qui, sans elles et sans une action de masse, risque de n'être, une fois de plus, qu'une manifestation platonique de quelques intellectuels... »

Fonds Dionys Mascolo/IMEC

Dionys Mascolo, ➤ Jean Schuster, « Manifeste des 121 », feuillet tapuscrit avec annotations, version 1.

À l'initiative de Dionys Mascolo (mai-juin 1960), le Manifeste des 121 connaît plusieurs versions. La première, rédigée peu avant que ne se tienne le procès Jeanson, s'intitule « Appel à l'opinion internationale ». On reconnaît dans les marges du tapuscrit les initiales de Dionys Mascolo (DM), « homme de l'exigence communiste », et du surréaliste Jean Schuster (JS). Premières formulations : « De plus en plus nombreux, des Français se trouvent poursuivis, emprisonnés, condamnés, pour s'être refusés à participer à la guerre d'Algérie, et pour être venus en aide aux combattants algériens. [...] Cette résistance, nous ne disons pas seulement qu'elle est respectable. Elle est la protestation d'hommes atteints dans leur honneur, et le mouvement difficile de la reconnaissance du vrai. [...] Dans ces conditions, le civisme ne serait que soumission honteuse. La désertion n'est plus la désertion. L'insoumission devient un droit sacré. La trahison devient le respect courageux du vrai. »

Fonds Dionys Mascolo/IMEC

(incomplet)

(I)

ADRESSE A L'OPINION INTERNATIONALE

Un phénomène d'une extrême importance, dont il faut que l'opinion française et internationale soit informée, se développe actuellement en France.

DM

De plus en plus nombreux, des Français se trouvent poursuivis, emprisonnés, condamnés, pour s'être refusé à participer à la guerre d'Algérie, ou pour être venus en aide aux combattants algériens. Volontairement dénaturées par les uns, ou édulcorées par ceux-là même qui auraient le devoir de les justifier devant l'opinion, leurs raisons restent généralement incomprises.

Cette résistance, nous ne disons pas seulement qu'elle est respectable. Elle est la protestation d'hommes atteints dans leur honneur, et le mouvement difficile de la reconnaissance du vrai.

--*-*-*-*

Juridiquement parlant, ou vue de l'extérieur, la guerre d'Algérie peut apparaître comme une guerre de sécession. Encore faudrait-il négliger toute ~~consulter la~~ chronologie pour fonder en droit les prétentions françaises : dès lors que depuis 1789 la France a promulgué elle-même que la force cessait de primer le droit, tant dans les rapports de citoyen à citoyen que dans les rapports de peuple à peuple ; dès lors que c'est 40 ans plus tard, alors que ce principe libérateur commençait d'être universellement admis, que la France a jugé bon de s'emparer de l'Algérie par la force et continue depuis à imposer sa domination à un peuple qui l'avait catégoriquement refusée au départ, les droits de la France sur l'Algérie ne peuvent s'établir, juridiquement, que sur le reniement formel, public et officiel, par la France, de la Déclaration des Droits de l'Homme et du Citoyen, avec effet rétroactif depuis 1830.

JS

Les Algériens ont pris les armes en 1955 pour être enfin reconnus comme Algériens. De fait, ils ne sont pas français. Ni en principe, ni en pratique, les Français ne les ont d'ailleurs jamais considérés ni traités comme tels. Cette guerre est donc pour les Algériens, et sans nulle équivoque, non pas une guerre de sécession, mais une guerre d'indépendance nationale.

DM

Pour nous, Français, quelle est cependant la nature de cette guerre ? Elle n'est pas une guerre étrangère. Le territoire de la France n'est pas menacé. Bien plus : elle est menée contre des hommes que l'Etat considère comme français, du moins en devoirs. D'où l'équivoque, qui intimide, paralyse les esprits, obscurcit les consciences.

LE MANIFESTE DES 121

C'est pour la « Voie Communiste » un honneur et un devoir d'être le premier journal à prendre le risque de publier intégralement la déclaration de 121 personnaités françaises se prononçant sur le problème de l'insoumission.

On notera la notoriété et la diversité d'opinions des personnalitéssignataires. On notera aussi que certaines d'entre elles avaient pris une position toute différente avant les vacances. Cela manifeste qu'une évolution importante est en train de se produire. Nous sommes persuadés que non seulement d'autres personnalités s'associeront à cette déclaration, mais qu'elle sera le point de ralliement de toute une série de regroupements et d'actions en vue de contribuer par tous les moyens à la mobilisation des forces populaires pour imposer la paix par la négociation.

Un mouvement très important se développe en France, et il est nécessaire que l'opinion française et internationale en soit mieux informée, au moment où le nouveau tournant de la guerre d'Algérie doit nous conduire à voir, non à oublier, la profondeur de la crise qui s'est ouverte il y a six ans.

De plus en plus nombreux, des Français sont poursuivis, emprisonnés, condamnés, pour s'être refusés à participer à cette guerre ou pour être venus en aide aux combattants algériens. Dénaturées par leurs adversaires, mais aussi édulcorées par ceux-là mêmes qui auraient le devoir de les défendre, leurs raisons restent généralement incomprises. Il est pourtant insuffisant de dire que cette résistance aux pouvoirs publics est respectable. Protestation d'hommes atteints dans leur honneur et dans la juste idée qu'ils se font de la vérité, elle a une signification qui dépasse les circonstances dans lesquelles elle s'est affirmée et qu'il importe de ressaisir, quelle que soit l'issue des événements.

★

Pour les Algériens, la lutte, poursuivie, soit par des moyens militaires, soit par des moyens diplomatiques, ne comporte aucune équivoque. C'est une guerre d'indépendance nationale. Mais, pour les Français, quelle en est la nature ? Ce n'est pas une guerre étrangère. Jamais le territoire de la France n'a été menacé. Il y a plus : elle est menée contre des hommes que l'Etat affecte de considérer comme français, mais qui, eux, luttent précisément pour cesser de l'être. Il ne suffirait pas de dire qu'il s'agit d'une guerre de conquête, guerre impérialiste, accompagnée par surcroît de racisme. Il y a de cela dans toute guerre et l'équivoque persiste.

En fait, par une décision qui constituait un abus fondamental, l'Etat a d'abord mobilisé des classes entières de citoyens à seule fin d'accomplir ce qu'il désignait lui-même comme une besogne de police contre une population opprimée, laquelle ne s'est révoltée que par un souci de dignité élémentaire, puisqu'elle exige d'être enfin reconnue comme communauté indépendante.

Ni guerre de conquête, ni guerre de « défense nationale », ni guerre civile, la guerre d'Algérie est peu à peu devenue une action propre à l'armée et à une caste qui refusent de céder devant un soulèvement dont même le pouvoir civil, se rendant compte de l'effondrement général des empires coloniaux, semble prêt à reconnaître le sens.

C'est, aujourd'hui principalement la volonté de l'armée qui entretient ce combat criminel et absurde, et cette armée, par le rôle politique que plusieurs de ses hauts représentants lui font jouer, agissant parfois ouvertement et violemment en dehors de toute légalité, trahissant les fins que l'ensemble du pays lui confie, compromet et risque de pervertir la nation même, en forçant les citoyens sous ses ordres à se faire les complices d'une action factieuse ou avilissante. Faut-il rappeler que, quinze ans après la destruction de l'ordre hitlérien, le militarisme français, par suite des exigences d'une telle guerre, est parvenu à instaurer la torture et à en faire à nouveau comme une institution en Europe ?

★

C'est dans ces conditions que beaucoup de Français en sont venus à remettre en cause le sens de valeurs et d'obligations traditionnelles. Qu'est-ce que le civisme, lorsque, dans certaines circonstances, il devient soumission honteuse ? N'y a-t-il pas des cas où le refus de servir est un devoir sacré, où la « trahison » signifie le respect courageux du vrai ? Et lorsque, par la volonté de ceux qui l'utilisent comme instrument de domination raciste où idélogique, l'armée s'affirme en état de révolte ouverte ou latente contre les institutions démocratiques, la révolte contre l'armée ne prend-elle pas un sens nouveau ?

Le cas de conscience s'est trouvé posé dès le début de la guerre. Celle-ci se prolongeant, il est normal que ce cas de conscience se soit résolu concrètement par des actes toujours plus nombreux d'insoumission, de désertion, aussi bien que de protection et d'aide aux combattants algériens. Mouvements libres qui se sont développés en marge de tous les partis officiels, sans leur aide et, à la fin, malgré leur désaveu. Encore une fois, en dehors des cadres et des mots d'ordre préétablis une résistance est née, par une prise de conscience spontanée, cherchant et inventant des formes d'action et des moyens de lutte en rapport avec une situation nouvelle dont les groupements politiques et les journaux d'opinion se sont entendus, soit par inertie ou timidité doctrinale, soit par préjugés nationalistes ou moraux, à ne pas reconnaître le sens et les exigences véritables.

★

Les soussignés, considérant que chacun doit se prononcer sur des actes qu'il est désormais impossible de présenter comme des faits de l'aventure individuelle ; considérant qu'eux-mêmes, à leur place et selon leurs moyens, ont le devoir d'intervenir, non pas pour donner des conseils aux hommes qui ont à se décider personnellement face à des problèmes aussi graves, mais pour demander à ceux qui les jugent de ne pas se laisser prendre à l'équivoque des mots et des valeurs, déclarent :

— Nous respectons et jugeons justifié le refus de prendre les armes contre le peuple algérien.

— Nous respectons et jugeons justifiée la conduite des Français qui estiment de leur devoir d'apporter aide et protection aux Algériens opprimés au nom du peuple français.

— La cause du peuple algérien, qui contribue de façon décisive à ruiner le système colonial, est la cause de tous les hommes libres.

Arthur Adamov
Robert Antelme
Georges Auclair
Jean Baby
Hélène Balfet
Marc Barbut
Robert Barrat
Simone de Beauvoir
Jean-Louis Bédouin
Marc Begbeider
Robert Benayoun
Maurice Blanchot
Roger Blin
Geneviève Bonnefoi
Arsène Bonnafous-Murat
Raymond Borde
Jean-Louis Bory
Jacques-Laurent Bost
Pierre Boulez
Vincent Bounoure
André Breton
Guy Cabanel
Georges Condaminas
Alain Cuny
Dr. Jean Dalsace
Hubert Damisch
Adrien Dax
Bernard Dort
Jean Douassot
Jean Czarnecki
Simone Dreyfus
Marguerite Duras
Yves Elléouet
Dominique Eluard
Charles Estienne
Louis-René des Forêts
Dr. Théodore Fraenkel
André Frénaud
Jacques Gernet
Louis Gernet
Edouard Glissant
Anne Guérin
Daniel Guérin
Jacques Howlett
Edouard Jaguer
Pierre Jaouen
Gérard Jarlot
Robert Jaulin
Alain Joubert
Henri Kréa
Robert Lagarde
Monique Lange
Claude Lanzmann
Robert Lapoujade
Henri Lefebvre
Gérard Legrand
Michel Leiris
Paul Lévy
Jérôme Lindon
Eric Losfeld
Robert Louzon
Olivier de Magny
Florence Malraux
André Mandouze
Maud Mannoni
Jean Martin
René Marcel-Martinet
Jean-Daniel Martinet
Andrée Marty-Capgras
Dionys Mascolo
François Maspéro
André Masson
Pierre de Massot
Jean-Jacques Mayoux
Jehan Mayoux
Théodore Monod
Marie Moscovici
Georges Mounin
Maurice Nadeau
Georges Navel
Hélène Parmelin
Marcel Péju
José Pierre
A.-P. de Mandiargues
Edouard Pignon
Bernard Pingaud
Maurice Pons
J.-B. Pontalis
Jean Pouillon
Denise René
Alain Resnais
Jean-François Revel
Alain Robbe-Grillet
Christiane Rochefort
Jacques-Francis Rolland
Alfred Rosmer
Gilbert Rouget
Claude Roy
Marc Saint-Saens
Nathalie Sarraute
Jean-Paul Sartre
Renée Saurel
Claude Sautet
Jean Schuster
Robert Scipion
Louis Seguin
Geneviève Serreau
Simone Signoret
Jean-Claude Silbermann
Claude Simon
René de Solier
D. de la Souchère
Jean Thiercelin
Dr. René Tzanck
Vercors
J.-P. Vernant
Pierre Vidal-Naquet
J.-P. Vielfaure
Claude Viseux
Ylipe — René Zazzo

Lettre manuscrite d'Alain Robbe-Grillet à Dionys Mascolo, le 26 septembre 1960.

Depuis sa parution, le Manifeste des 121 a provoqué l'ouverture d'une information contre X. Chaque signataire est désormais invité à « revendiquer avec tous les autres [...] les responsabilités qu'impliquent sa rédaction, sa publication et sa diffusion ». Le 27 octobre, une seconde édition de la « Déclaration » est accompagnée de la liste complétée des signataires (246). Après avoir accordé son soutien, Alain Robbe-Grillet le retire à cause de la « confusion qui s'établit entre "insoumission" et "aide au FLN ", cela non seulement dans l'esprit de nos ennemis politiques, mais aussi dans les positions prises publiquement par beaucoup de nos amis ». « Je ne puis m'empêcher de regretter l'évidente imprécision qui règne là-dessus dans le manifeste, que j'avais approuvé de bonne foi *pour l'insoumission uniquement* », précise-t-il.

Fonds Dionys Mascolo/IMEC

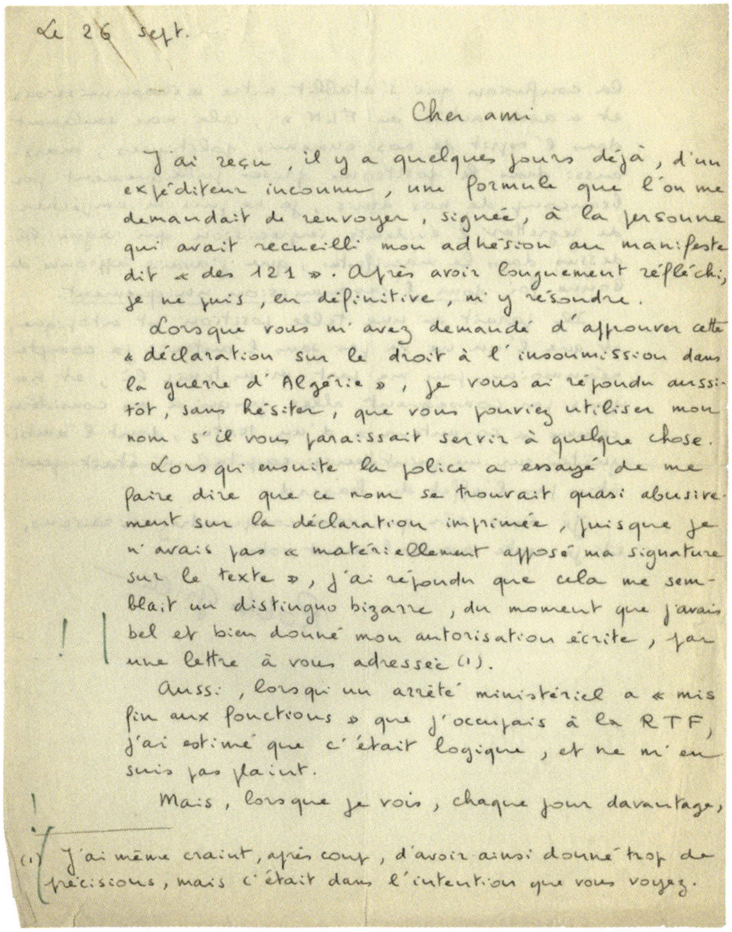
Le 26 sept.

Cher ami

J'ai reçu, il y a quelques jours déjà, d'un expéditeur inconnu, une formule que l'on me demandait de renvoyer, signée, à la personne qui avait recueilli mon adhésion au manifeste dit « des 121 ». Après avoir longuement réfléchi, je ne puis, en définitive, m'y résoudre.

Lorsque vous m'avez demandé d'approuver cette « déclaration sur le droit à l'insoumission dans la guerre d'Algérie », je vous ai répondu aussitôt, sans hésiter, que vous pouviez utiliser mon nom s'il vous paraissait servir à quelque chose.

Lorsqu'ensuite la police a essayé de me faire dire que ce nom se trouvait quasi abusivement sur la déclaration imprimée, puisque je n'avais pas « matériellement apposé ma signature sur le texte », j'ai répondu que cela me semblait un distinguo bizarre, du moment que j'avais bel et bien donné mon autorisation écrite, par une lettre à vous adressée (1).

Aussi, lorsqu'un arrêté ministériel a « mis fin aux fonctions » que j'occupais à la RTF, j'ai estimé que c'était logique, et ne m'en suis pas plaint.

Mais, lorsque je vois, chaque jour davantage,

(1) J'ai même craint, après coup, d'avoir ainsi donné trop de précisions, mais c'était dans l'intention que vous voyiez.

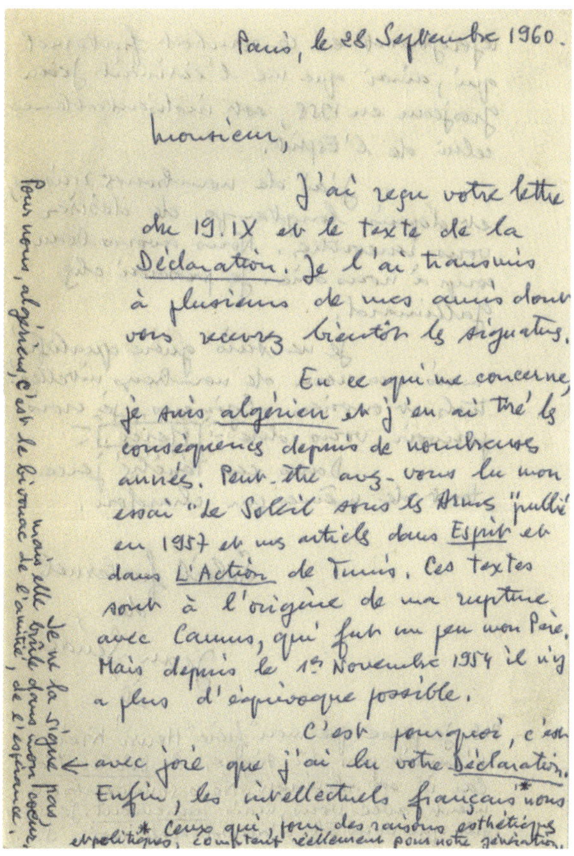
Paris, le 28 Septembre 1960.

Monsieur,

J'ai reçu votre lettre du 19.IX et le texte de la Déclaration. Je l'ai transmis à plusieurs de mes amis dont vous recevrez bientôt les signatures.

En ce qui me concerne, je suis algérien et j'en ai tiré les conséquences depuis de nombreuses années. Peut-être avez-vous lu mon essai « Le Soleil sous les Armes » publié en 1957 et mes articles dans Esprit et dans L'Action de Tunis. Ces textes sont à l'origine de ma rupture avec Camus, qui fut un peu mon Père. Mais depuis le 1er Novembre 1954 il n'y a plus d'équivoque possible.

C'est pourquoi, c'est avec joie que j'ai lu votre Déclaration. Enfin, les intellectuels français* nous

* Ceux qui, pour des raisons esthétiques et politiques, comptent réellement pour notre génération.

Je ne la signe pas mais elle brûle dans mon cœur. Pour nous, algériens, c'est le bivouac de l'amitié, de l'espérance.

Lettre manuscrite de Jean Sénac à Dionys Mascolo, le 28 septembre 1960.

Parce qu'il est « algérien », Jean Sénac ne signe pas un Manifeste qu'il approuve totalement : « C'est avec joie que j'ai lu votre *Déclaration*. Je ne la signe pas, mais elle brûle dans mon cœur. Pour nous, Algériens, c'est le bivouac de l'amitié, de l'espérance. Enfin, les intellectuels français nous rejoignent en ce combat fraternel qui, ainsi que me l'écrivait Jean Grosjean en 1958, est indiscutablement celui de l'Esprit. [...] Nous sommes avec vous, mais *autrement*. »

Fonds Dionys Mascolo/IMEC

◄ *La Voie communiste*, « Le Manifeste des 121 », 1960.

Imprimée clandestinement, la « Déclaration sur le droit à l'insoumission dans la guerre d'Algérie » est rendue publique le 1er septembre 1960, après avoir reçu l'accord de 121 écrivains, universitaires et artistes, et alors que va s'ouvrir le procès du réseau Jeanson. Aucun journal ni aucune revue ne la publie, pas même *Les Temps modernes*, dont le n° 173-174 d'août-septembre paraît avec deux pages blanches, faisant valoir que « la rigueur du contrôle actuellement exercé sur la presse a dissuadé notre imprimeur de prendre un risque que la direction de *Temps modernes* acceptait, pour sa part, de courir ». Une diffusion sous forme ronéotypée a lieu cependant par les soins du PCI (Parti communiste internationaliste, section française de la IVe République).

Fonds Vladimir Pozner/IMEC

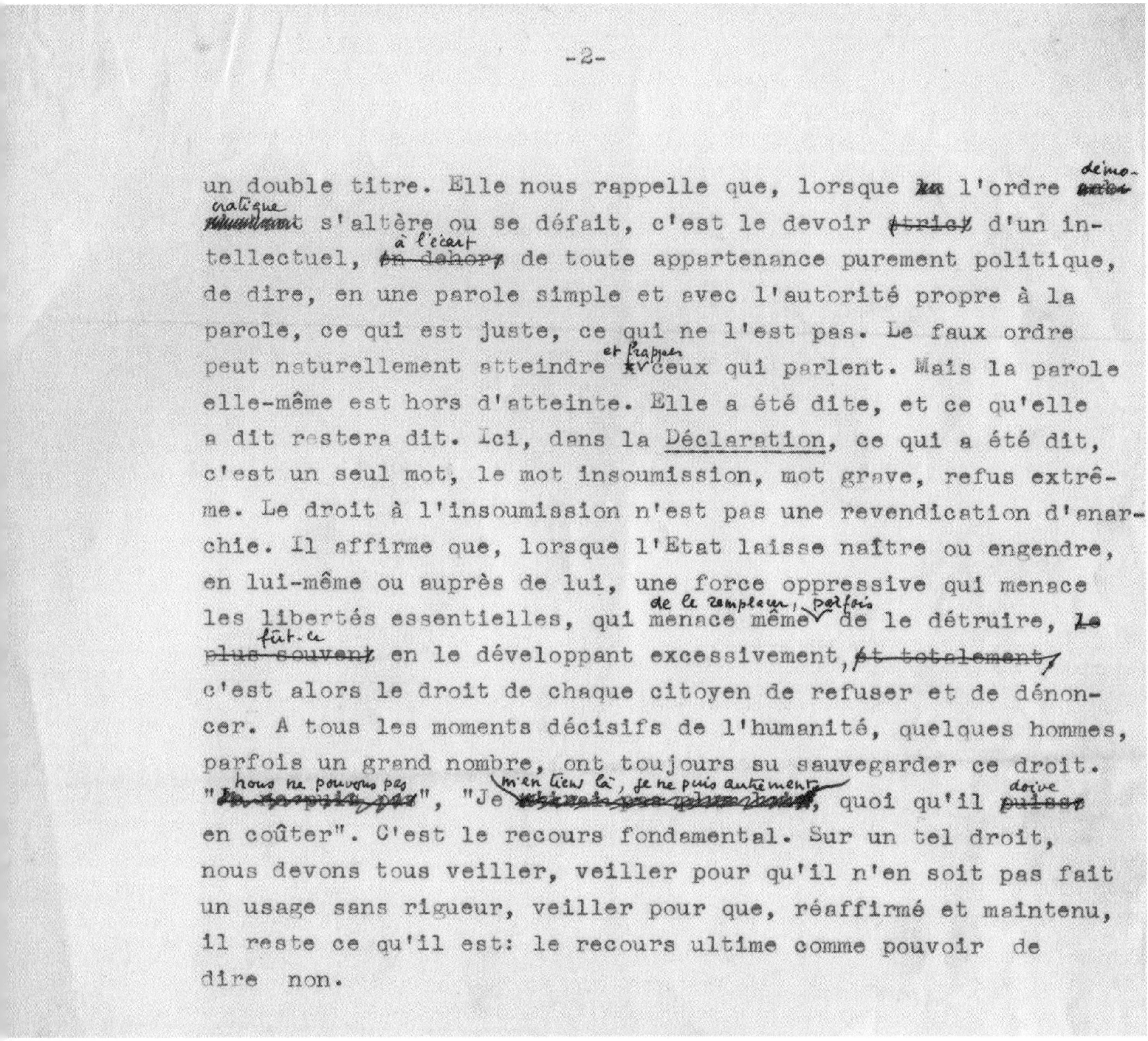

-2-

un double titre. Elle nous rappelle que, lorsque ~~la~~ l'ordre démocratique s'altère ou se défait, c'est le devoir ~~strict~~ d'un intellectuel, ~~en dehors~~ à l'écart de toute appartenance purement politique, de dire, en une parole simple et avec l'autorité propre à la parole, ce qui est juste, ce qui ne l'est pas. Le faux ordre peut naturellement atteindre et frapper ceux qui parlent. Mais la parole elle-même est hors d'atteinte. Elle a été dite, et ce qu'elle a dit restera dit. Ici, dans la <u>Déclaration</u>, ce qui a été dit, c'est un seul mot, le mot insoumission, mot grave, refus extrême. Le droit à l'insoumission n'est pas une revendication d'anarchie. Il affirme que, lorsque l'Etat laisse naître ou engendre, en lui-même ou auprès de lui, une force oppressive qui menace les libertés essentielles, qui menace même de le remplacer, parfois de le détruire, ~~le plus souvent~~ fût-ce en le développant excessivement, ~~et totalement~~, c'est alors le droit de chaque citoyen de refuser et de dénoncer. A tous les moments décisifs de l'humanité, quelques hommes, parfois un grand nombre, ont toujours su sauvegarder ce droit. "Nous ne pouvons pas", "Je m'en tiens là, je ne puis autrement, quoi qu'il ~~puisse~~ doive en coûter". C'est le recours fondamental. Sur un tel droit, nous devons tous veiller, veiller pour qu'il n'en soit pas fait un usage sans rigueur, veiller pour que, réaffirmé et maintenu, il reste ce qu'il est: le recours ultime comme pouvoir de dire non.

Maurice Blanchot, texte tapuscrit, 2d semestre 1960.

Dans un texte intitulé «Mise au point», Maurice Blanchot précise que la Déclaration est un «acte intellectuel» décidant «fermement», dans une situation historique donnée, «de ce qui est juste, de ce qui ne l'est pas». On peut certes frapper ceux qui parlent, «mais la parole elle-même est hors d'atteinte». Ce qui a été dit, «c'est un seul mot, le mot grave du refus extrême»: «C'est le recours fondamental, […] le recours ultime comme pouvoir de dire non.»

Fonds Dionys Mascolo/IMEC

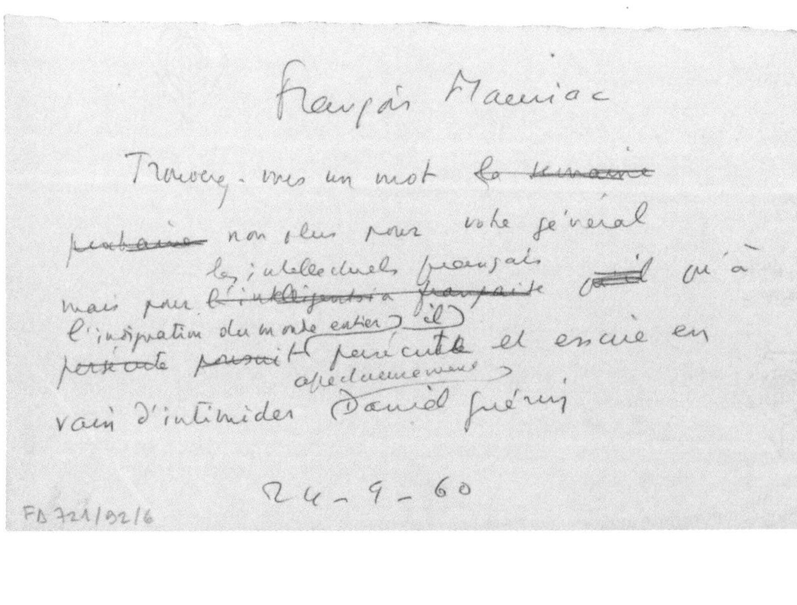

François Mauriac

Trouvez-vous un mot ~~humaine~~
non plus pour votre général
mais pour les intellectuels français qu'à
l'inspiration du monde entier il
persécute et essaie en
vain d'intimider ouvertement Daniel Guérin

24-9-60

FD 721/32/6

Edgar Morin,
« Les intellectuels et l'Algérie »,
***France-Observateur*, 29 septembre 1960.**

Edgar Morin, très tôt engagé, ne signe pas le Manifeste des 121. Sa décision faisant débat, il s'en explique dans le journal *France-Observateur*, analysant « cette coagulation morale autour du réseau de soutien », « comme si le soutien inconditionnel au FLN exprimait la morale absolue », « comme si critiques ou réticences exprimaient lâcheté ou bassesse ». Sans doute la lutte pour la paix, dont on constate les maigres résultats depuis novembre 1954, constitue-t-elle « un phénomène de pensée pure, et non plus une opposition ». Mais Morin n'y renonce pas : « La solution apparaît seulement lorsqu'il y a communication entre les refus extrêmes et l'opinion collective. Or cette communication ne peut être établie que sur le thème de la paix. Elle n'a de sens, pour moi, que sur ce thème, qui implique évidemment le principe, l'exercice et la garantie de l'autodétermination algérienne. »

Fonds Bibliothèque de revues/IMEC

LA POLITIQUE INTÉRIEURE

Les intellectuels et l'Algérie

par Edgar MORIN

France Observateur — 29 septembre 1960

5

Lettre manuscrite de Dionys Mascolo à Edgar Morin, le 5 octobre 1960.

L'article d'Edgar Morin consterne nombre de signataires du Manifeste des 121. Dans une longue lettre, Dionys Mascolo en condamne les confusions, les amalgames et les falsifications intolérables : « De la *Déclaration*, [...] *contre* laquelle tu écris cet article, [...], tu ne dis *rien*. D'emblée tu la confonds avec la lettre de Sartre, le réseau Jeanson, le FLN. La *Déclaration* (*tu parles à des lecteurs qui ne la connaissent pas*) serait sartrienne, jeansonnienne, frontiste. Tu dis "les frontisants". Or cela, qui est une confusion, fâcheusement entretenue par une presse ignorante, paresseuse ou simpliste, est une *falsification*. » Le reproche est d'une « extrême gravité ». Le 6, Morin lui répond : article mal lu, et parfois « délire d'interprétation ». Le sujet en était non la Déclaration, Sartre ou Jeanson, mais l'histoire récente du mouvement intellectuel. Le Manifeste joue certes un rôle d'éveil, mais il ne sera pleinement productif que « s'il se dégage par la suite un mouvement ayant des perspectives » qui sont celles qui ont été indiquées dans l'article. Morin se dit prêt toutefois, pour lever toute « équivoque », à clarifier dans *France-Observateur* les propos jugés litigieux.

Fonds Edgar Morin/IMEC

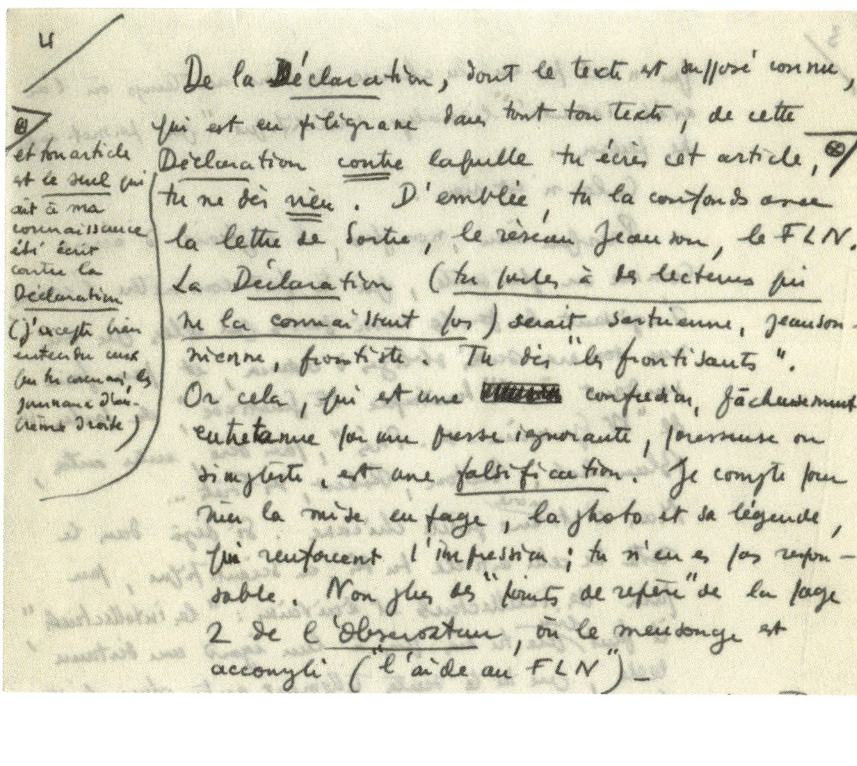
4

De la Déclaration, dont le texte est supposé connu, qui est en filigrane dans tout ton texte, de cette Déclaration contre laquelle tu écris cet article, tu ne dis rien. D'emblée, tu la confonds avec la lettre de Sartre, le réseau Jeanson, le FLN. La Déclaration (tu parles à des lecteurs qui ne la connaissent pas) serait sartrienne, jeansonnienne, frontiste. Tu dis "les frontisants". Or cela, qui est une confusion, fâcheusement entretenue par une presse ignorante, paresseuse ou simpliste, est une falsification. Je compte pour rien la mise en page, la photo et sa légende, qui renforcent l'impression ; tu n'en es pas responsable. Non plus les "points de repère" de la page 2 de l'Observateur, où le mensonge est accompli ("l'aide au FLN") –

(et ton article est le seul qui ait à ma connaissance été écrit contre la Déclaration (j'excepte bien entendu ceux que tu connais, les journaux d'extrême droite))

◄ Daniel Guérin, brouillon manuscrit d'une note à François Mauriac, 24 septembre 1960.

« Trouverez-vous un mot non plus pour votre général mais pour les intellectuels français qu'à l'indignation du monde entier il persécute et essaie en vain d'intimider », écrit Daniel Guérin au chroniqueur du « Bloc-notes ».

Fonds Daniel Guérin/BDIC

Aragon aux "écrivains combattants" :

Vous adjurez le pouvoir de poursuivre les 121 avec une implacable rigueur

RAYEZ-MOI DE VOS REGISTRES

Notre camarade Aragon vient d'adresser la lettre suivante à « l'Association des Ecrivains Combattants ».

Paris, le 10 octobre 1960.
Aux « Ecrivains Combattants »

Messieurs,

A la Libération, vous avez cru devoir me demander d'accepter la vice-présidence de votre association, sans doute pour y faire oublier un collaborateur de l'ennemi. Par la suite, je ne vous ai plus été nécessaire comme garant de votre patriotisme, mais, malgré des prises de position diverses que je n'approuvais pas de votre part, je n'ai pas quitté les Ecrivains Combattants.

Je n'ai pas signé le manifeste dit des 121, et je ne pourrais en faire miens les termes. Mais puisqu'il vous est l'occasion d'*adjurer les pouvoirs publics* d'en poursuivre les signataires *avec une implacable rigueur*, je ne saurais plus longtemps figurer sur vos registres.

Vous n'avez donc rien appris de l'histoire ? Ne voyez-vous pas que votre comportement est celui de ces écrivains qui se sont déshonorés pendant que nous étions dans les tranchées de la première guerre mondiale, par leur attitude à l'égard de Romain Rolland ? Je dis ce nom que je vénère, toutes choses pesées, car je n'ai pas partagé et ne partage toujours pas le point de vue d'*Au-dessus de la mêlée*, mais ne puis un seul instant douter que l'auteur de ce livre généreux aurait, en son temps, approuvé et contresigné le manifeste des 121.

Il n'y a pas dans votre appel à la répression un seul mot pour la paix. Votre texte est un encouragement à la poursuite d'une guerre perdue où de jeunes Français tombent tous les jours pour des intérêts qui ne sont pas les leurs.

Vous applaudissez de fait, par exemple, à l'interdiction du *Silence de la Mer* dont le film ne sera pas donné à la télévision et dont la version lyrique déjà enregistrée à la radio y est interdite et ne pourra que se voir fermer la scène de l'Opéra-Comique. Je ne m'associerai pas avec vous à la revanche de Paul Chack sur Vercors.

Veuillez enregistrer, Messieurs, ma démission de l'Association des Ecrivains Combattants.

ARAGON,
Croix de guerre 1914-18
Croix de guerre 1939-40
Médaille militaire, Médaille de la Résistance.

Lettre de Louis Aragon à l'Association des Écrivains combattants, « Rayez-moi de vos registres », *L'Humanité*, 12 octobre 1960.

En solidarité avec les signataires du Manifeste des 121, Louis Aragon, bien que non signataire, démissionne de l'Association des Écrivains combattants, qui adjure le pouvoir de réprimer durement les intéressés. « Votre texte, écrit-il aux membres de cette association, est un encouragement à la poursuite d'une guerre perdue où de jeunes Français tombent tous les jours pour des intérêts qui ne sont pas les leurs. »

Fonds Dionys Mascolo/IMEC

Jean Effel, « Désolante déviation de la pensée », dessin, *L'Express*, 6 octobre 1960.

Le 3 octobre, le Premier ministre Michel Debré dénonce ceux qui soit « par une désolante déviation de la pensée », soit « par un goût malsain de publicité et même de scandale » ont prôné l'insoumission. Inculpations et sanctions diverses frappent les écrivains, universitaires et artistes protestataires : le philosophe des Lumières, le poète, l'intellectuel engagé, accusateur ou pacifiste.... Saisi par Effel dans un « face-à-face » renversant, le pouvoir parodié pense « comme un pied ».

Fonds Françoise Giroud/IMEC

Sennep, « Signature du Manifeste », dessin, *Le Figaro*, 12 octobre 1960.

« Le Manifeste, c'est Sartre », affirme-t-on volontiers dans la presse de droite. Les signataires n'auront de cesse de récuser cette réduction *ad hominem* qui en altère gravement le sens et en compromet la portée. « Pour tous les signataires de la *Déclaration* connus de moi, écrit Mascolo à Morin le 5 octobre, la position de Sartre est inacceptable, son analyse est une grossière erreur politique. Nous avons lutté (durement) pour ne pas laisser les avocats du procès Jeanson s'annexer la Déclaration, en faire un "texte de soutien" du réseau de soutien. Aucun des signataires connus de moi n'accepterait non seulement de recevoir le moindre conseil d'un Algérien du FLN, mais même de dire un mot approuvant les Français qui aident les Algériens du FLN. »

Fonds Dionys Mascolo/IMEC

André Breton, feuillet manuscrit sur le dossier « La *Déclaration des 121*, *Sédition* et les Surréalistes », 11 décembre 1961.

Dans les derniers jours d'octobre 1961 paraît le numéro 1 de *Sédition*, animé par Louis Janover et Bernard Pécheur. Au sommaire, on relève le nom de plusieurs surréalistes, Gérard Legrand appartenant même au comité de rédaction de la revue. La publication du texte *La Trahison permanente*, signé en commun, soulève une certaine émotion au sein du groupe d'André Breton. S'agit-il d'une attaque contre le Manifeste mettant en cause les surréalistes, tous signataires ? De sa mise en cause légitime, en raison de la signification particulière que Jean-Paul Sartre lui a donnée par la suite ? Un « dossier faisant état des différentes positions qui se sont définies à ce propos » sera publié dans le numéro 2 de la revue *La Brèche* (mai 1962).

Fonds José Pierre/IMEC

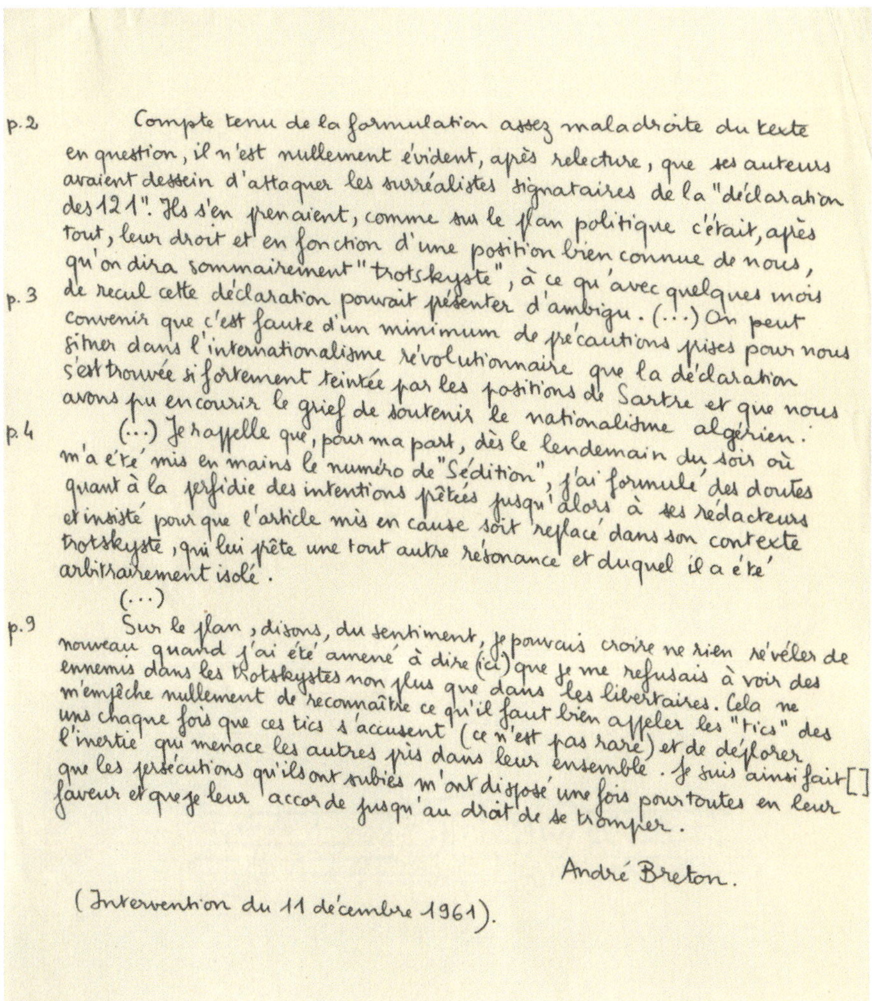
p. 2 Compte tenu de la formulation assez maladroite du texte
en question, il n'est nullement évident, après relecture, que ses auteurs
avaient dessein d'attaquer les surréalistes signataires de la "déclaration
des 121". Ils s'en prenaient, comme sur le plan politique c'était, après
tout, leur droit et en fonction d'une position bien connue de nous,
qu'on dira sommairement "trotskyste", à ce qu'avec quelques mois
p. 3 de recul cette déclaration pouvait présenter d'ambigu. (...) On peut
convenir que c'est faute d'un minimum de précautions prises pour nous
situer dans l'internationalisme révolutionnaire que la déclaration
s'est trouvée si fortement teintée par les positions de Sartre et que nous
avons pu encourir le grief de soutenir le nationalisme algérien.
p. 4 (...) Je rappelle que, pour ma part, dès le lendemain du soir où
m'a été mis en mains le numéro de "Sédition", j'ai formulé des doutes
quant à la perfidie des intentions prêtées jusqu'alors à ses rédacteurs
et insisté pour que l'article mis en cause soit replacé dans son contexte
trotskyste, qui lui prête une tout autre résonance et duquel il a été
arbitrairement isolé.
(...)
p. 9 Sur le plan, disons, du sentiment, je pouvais croire ne rien révéler de
nouveau quand j'ai été amené à dire (ici) que je me refusais à voir des
ennemis dans les trotskystes non plus que dans les libertaires. Cela ne
m'empêche nullement de reconnaître ce qu'il faut bien appeler les "tics" des
uns chaque fois que ces tics s'accusent (ce n'est pas rare) et de déplorer
l'inertie qui menace les autres pris dans leur ensemble. Je suis ainsi fait [ ]
que les persécutions qu'ils ont subies m'ont disposé une fois pour toutes en leur
faveur et que je leur accorde jusqu'au droit de se tromper.

André Breton.

(Intervention du 11 décembre 1961).

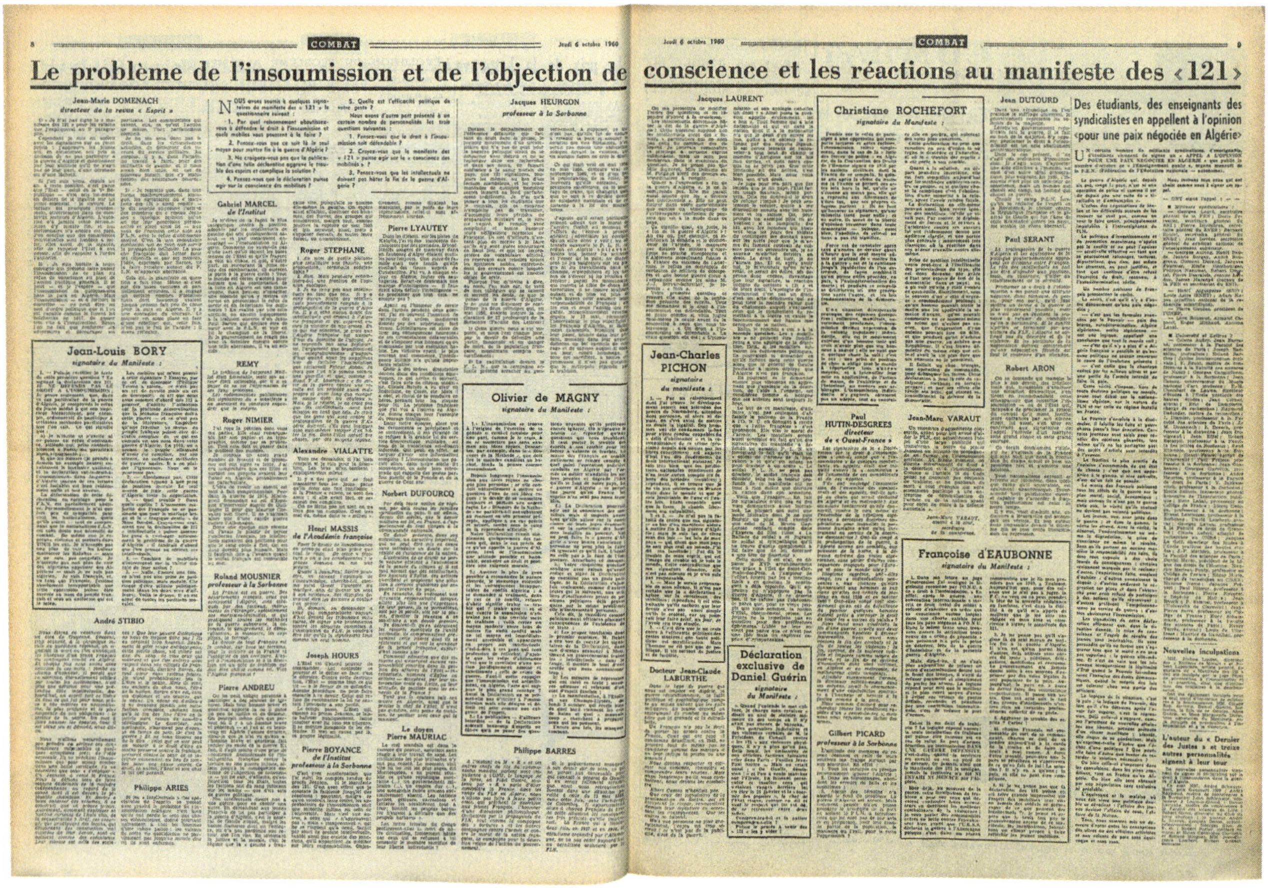

COMBAT — Jeudi 6 octobre 1960

Le problème de l'insoumission et de l'objection de conscience et les réactions au manifeste des « 121 »

Jean-Marie DOMENACH, directeur de la revue « Esprit »

Jean-Louis BORY, signataire du Manifeste

André STIBIO

Gabriel MARCEL, de l'Institut

REMY

Roger NIMIER

Philippe ARIES

Roger STEPHANE

Pierre LYAUTEY

Alexandre VIALATTE

Henri MASSIS, de l'Académie française

Roland MOUSNIER, professeur à la Sorbonne

Joseph HOURS

Pierre ANDREU

Pierre BOYANCE, de l'Institut, professeur à la Sorbonne

Jacques HEURGON, professeur à la Sorbonne

Olivier de MAGNY, signataire du Manifeste

Norbert DUFOURCQ

Le doyen Pierre MAURIAC

Philippe BARRES

Jacques LAURENT

Jean-Charles PICHON, signataire du Manifeste

Docteur Jean-Claude LABURTHE

Christiane ROCHEFORT, signataire du Manifeste

Paul HUTIN-DESGREES, directeur de « Ouest-France »

Déclaration exclusive de Daniel Guérin, signataire du Manifeste

Gilbert PICARD, professeur à la Sorbonne

Jean-Marc VARAUT

Françoise d'EAUBONNE, signataire du Manifeste

Jean DUTOURD

Paul SERANT

Robert ARON

Des étudiants, des enseignants des syndicalistes en appellent à l'opinion « pour une paix négociée en Algérie »

Nouvelles inculpations

« Le problème de l'insoumission et de l'objection », enquête, *Combat*, 6 octobre 1960.

Une enquête réalisée par *Combat* le 6 octobre 1960, à la veille de la diffusion du Manifeste des intellectuels français, pose le « problème de l'insoumission et de l'objection ». Le journal interroge aussi bien quelques-uns des « 121 » (Daniel Guérin, Jean-Louis Bory, Olivier de Magny...) que des signataires de l'autre manifeste, non encore publié : Gabriel Marcel, Jean Dutourd, Jacques Heurgon, Roger Nimier, Alexandre Vialatte, Philippe Ariès... Le droit à l'insoumission est-il défendable ? Est-ce là le seul moyen pour mettre fin à la guerre d'Algérie ? Les intellectuels ne doivent-ils pas hâter la fin du conflit ?

BDIC, GFP 3181

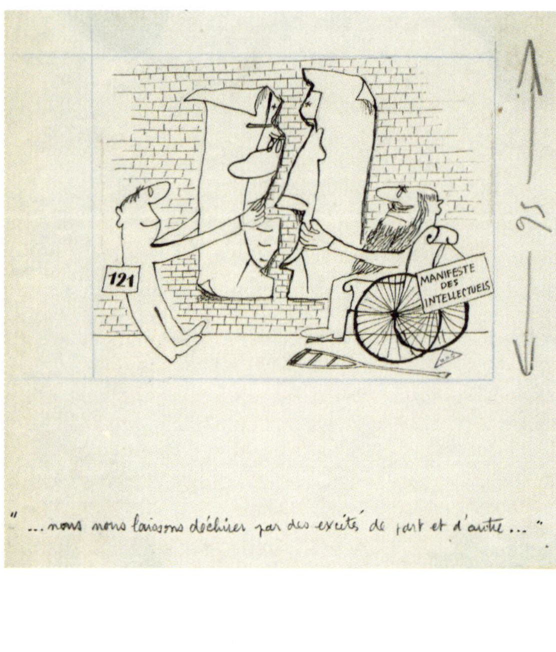

Siné, « ... nous nous laissons déchirer par des excités de part et d'autre... », dessin inédit, septembre-octobre 1960.

À l'automne de 1960, dans une France embourbée depuis près de six ans dans la guerre d'Algérie, commence la bataille des manifestes. La presse tend à creuser les oppositions : d'un côté (Manifeste des 121), « la "nouvelle vague" littéraire, cinématographique et nombre de ses "maîtres à penser" » ; de l'autre (Manifeste des intellectuels français) des hommes vieillissants, « ayant déjà une longue carrière ». L'analyse des diverses listes de signataires conduit à corriger cette présentation.

Fonds Siné/BDIC

EN MARGE DU MANIFESTE DES « 121 »

Figaro 7.10.1960

185 INTELLECTUELS FRANÇAIS CONDAMNENT LES APOLOGISTES DE L'INSOUMISSION ET DE LA DÉSERTION

CENT QUATRE-VINGT-CINQ intellectuels français ont signé un manifeste s'inscrivant contre les appels ou les encouragements à l'insoumission et *déniant aux apologistes de la désertion le droit de se poser en représentants de l'intelligence française.*

Voici le texte de ce manifeste :

« Le public français a vu paraître ces temps derniers, sous forme de professions de foi, de lettres ou de dépositions et plaidoiries devant les tribunaux un certain nombre de déclarations scandaleuses.

» Ces exhibitions constituent la suite logique d'une série d'actions soigneusement concertées et orchestrées depuis des années contre notre pays, contre les valeurs qu'il représente — et contre l'Occident. Elles sont l'œuvre d'une « cinquième colonne » qui s'inspire de propagandes étrangères — voire de mots d'ordre internationaux brutalement dictés et servilement appliqués. De telles menées n'ont pas commencé avec la guerre en Algérie. Il est évident que l'Algérie n'est qu'un épisode ; hier, il y en eut d'autres ; il y en aura d'autres demain.

» Les principaux moyens actuellement mis en œuvre consistent :

» — A laisser entendre que le combat de la France en Algérie est blâmable, pour la double raison que le pays le condamne et que le territoire national n'est pas menacé.

» — A mettre en accusation l'armée française chargée de ce combat et à la séparer du peuple français.

» — A affirmer que la France se bat contre « le peuple algérien » en lutte pour son indépendance.

» — A appeler les jeunes Français à l'insoumission et à la désertion en déclarant ces crimes « justifiés ».

» — À laisser croire que l'ensemble, ou du moins la plus grande partie, de nos élites intellectuelles condamne l'action de la France en Algérie.

» Les professeurs de trahison vont jusqu'à préconiser l'aide directe au terrorisme ennemi.

» Mis en présence de ces faits, les signataires du présent manifeste — écrivains, universitaires, journalistes, artistes, médecins, avocats, éditeurs, etc. — estiment qu'un plus long silence de leur part équivaudrait à une véritable complicité. Ils dénient, d'autre part, aux apologistes de la désertion le droit de se poser en représentants de l'intelligence française. »

Ils font, en conséquence, la déclaration suivante :

« C'est une imposture de dire ou d'écrire que la France « combat le peuple algérien dressé pour son indépendance ». La guerre en Algérie est une lutte imposée à la France par une minorité de rebelles fanatiques, terroristes et racistes, conduits par des chefs dont les ambitions personnelles sont évidentes — armés et soutenus financièrement par l'étranger.

» C'est commettre un acte de trahison que de calomnier et de salir systématiquement l'armée qui se bat pour la France en Algérie. Nul n'ignore, au surplus, qu'à côté des tâches qui lui sont propres, cette armée accomplit depuis des années une mission civilisatrice, sociale et humaine à laquelle tous les témoins de bonne foi ont rendu publiquement hommage ;

» C'est une des formes les plus lâches de la trahison que d'empoisonner, jour après jour, la conscience de la France — d'intoxiquer son opinion publique — et de faire croire à l'étranger que le pays souhaite l'abandon de l'Algérie et la mutilation du territoire ;

» Il n'est pas trop tard. Mais il est urgent, pour le pays et les pouvoirs, d'ouvrir les yeux sur la forme de la guerre que l'on nous fait : guerre subversive, entretenue, armée et financée par l'étranger sur notre territoire — tendant à la désagrégation morale et sociale de la nation. »

Les personnalités suivantes ont signé ce manifeste des intellectuels français :

Henri Ader, avocat ; Alajouanine, professeur à la faculté de médecine de Paris ; Roger Allaire, journaliste ; docteur Armand Deille, de l'Académie de médecine ; Geneviève Baïlac, auteur dramatique ; M. Baufle, bâtonnier de l'ordre des avocats de Besançon ; J. Bergelin, avocat ; Jacques Bergier, écrivain scientifique ; Mme Barrée, professeur agrégé ; Georges Beuville, peintre ; Antoine Blondin, écrivain ; Jacques Bonnet-Madin, éditeur ; M. Bouguoin, professeur agrégé ; Mme Bougouin, professeur agrégé ; Dr Charles Boulay ; Robert Bourget-Pailleron, écrivain ; Jacques Bourgain, avoué ; Dr Léon Boutbien ; Henry Bordeaux, de l'Académie française ; Boyancé, de l'Institut, professeur à la Sorbonne ; Maurice Braure, professeur à la faculté de lettres de Bordeaux ; docteur L. Bricka, ancien président du Syndicat des médecins de Marseille ; André Brissaud, journaliste ; Philippe Brissaud, directeur des services administratifs de l'Institut ; Marcel Brossolet, éditeur ; Jean Brune, écrivain ; Burel, professeur ; François Bluche, professeur à la faculté de lettres de Besançon ; Dr Calvet ; Bertrand de Castelbajac, écrivain ; Jacques Chabannes, écrivain ; Eugène Cavaignac, professeur honoraire de l'Université de Strasbourg ; Gabrielle Chatenet, avocate ; Paul Chauveau, doyen honoraire de la faculté de droit d'Alger ; Chueller, professeur ; Henry Clerisse, écrivain ; René-Jean Clot, écrivain ; André Collot, illustrateur ; Léo Dartey, femme de lettres ; Jean Deon, professeur ; Michel Deon, écrivain ; J. Dimfreville, historien ; Mlle Dietz, professeur agrégé ; Roger Dion, professeur au Collège de France ; Roland Dorgelès, de l'académie Goncourt ; Drieu La Rochelle, professeur ; Pierre Ducru ; Norbert Dufourcq, professeur au Conservatoire ; Jacques Dupont, metteuré en scène.

Jean Ebstein ; Hubert Engelhard, journaliste ; Henri Evrard, inspecteur général de l'Education nationale ; Yvonne Eyrieux, directrice du publication ; Robert Farre, avocat ; Jean Ferre, journaliste ; Luce Feyrer, artiste dramatique ; André Figueras, écrivain ; William François, directeur de publication ; André François-Poncet, de l'Académie française ; Bertrand Flornoy, explorateur - écrivain ; Marie-Madeleine Fourcade ; Pierre Fremy, professeur agrégé ; F. Gaillardot, peintre ; Gauvin, peintre ; Pierre Gaxotte, de l'Académie française ; Bernard Georges ; René Gillouin, écrivain ; Girard, avocat ; Raoul Girardet, professeur à l'Institut d'études politiques ; Jacques Godard, avocat ; Gossard, inspecteur général de l'Education nationale ; Jacques Gouault, avocat ; Etienne Gril, écrivain ; Pierre Grosclaude, homme de lettres, ancien président de la Société des poètes français ; P. Guillain de Benouville, directeur de publication ; Jean Guirec, écrivain ; Daniel Halévy, de l'Institut ; Robert d'Harcourt, de l'Académie française ; Maurice d'Hartoy, écrivain ; Auguste Haury, professeur à la faculté des lettres de Bordeaux ; Philippe Heduy, journaliste ; René Hener, éditeur ; Herbert, libraire éditeur ; J. Heurgon, professeur à la Sorbonne ; J. G. H. Hoffmann, professeur à la faculté de théologie protestante de Paris ; docteur H. Inglessi ; docteur J. Ischlondsky ; A. Jardin, professeur agrégé ; Serge Jeanneret, journaliste ; maréchal Juin, de l'Académie française ; Charles Kunstler, de l'Institut.

Suzanne Labin, écrivain ; docteur Lagassagne ; La Hargue, professeur de philosophie ; Mme La Hargue, professeur agrégé ; Emmanuel Lamotte, peintre ; J.-M. de Larminat, externe des hôpitaux ; docteur Bernard Lafay, de l'Académie de médecine ; Mme Lacharoy-Bizou, docteur en médecine ; docteur Lavoipierre ; docteur Lazarew ; Leblanc-Renaud, journaliste ; Gaston Leduc, professeur à la faculté de droit de Paris ; Lefaucheux, professeur agrégé ; Henri Lefebvre, éditeur d'art ; Jean-Louis Lefebvre, éditeur ; Roland Laudenbach, auteur de films ; François Léger, écrivain ; A. L'Homme ; R. de Lignerolles, éditeur ; docteur J.-C. Lemaire ; Pierre Lyautey, écrivain ; docteur Charles Lucas ; doyen Jean Lépine, de l'Institut ; Camille Loterie, professeur de lettres ; Raymond Magne, directeur de publicaction ; Gaston Mallet, professeur agrégé ; Mantoux, professeur agrégé ; Gabriel Marcel, de l'Institut ; Henri Mazeaud, professeur à la faculté de droit de Paris ; Léon Mazeaud, professeur à la faculté de droit de Paris ; Henri Massis, de l'Académie française ; Jean Masson, cinéaste, journaliste ; Masson, professeur agrégé ; Michallaud, externe des hôpitaux ; Jules Monnerot, écrivain ; Paul Montel, de l'Académie des sciences ; Jean-Marc Montguerre, écrivain ; Abel Moreau, écrivain ; P. Morette, professeur agrégé ; docteur Jacques Moulins ; Roland Mousnier, professeur à la Sorbonne ; Henri de Monfreid, écrivain ; Natter, assistant à la Sorbonne ; Roger Nimier, écrivain ; Pierre Noël, peintre ; Pierre Nord, écrivain ; Barthélemy Ott, professeur ; Georges Oudard, journaliste ;

Mme Parain-Vial, professeur de philosophie à l'université de Dijon ; Jean Paulhan, écrivain ; Peru, professeur agrégé ; Jacques Perret, écrivain ; Gilbert Picard, professeur à la Sorbonne ; Charles Picard, de l'Institut ; René Poirier, professeur de philosophie à la Sorbonne, membre de l'Institut ; Gilbert Prouteau, metteur en scène, écrivain ; Bernard Raguenet, juriste ; Ratinaud, professeur agrégé ; colonel Rémy, écrivain, ancien chef du réseau C.N.D. ; chanoine Ferdinand Renaud ; docteur Revillon ; Stanislas Rey, éditeur ; Paul Ribeaud, journaliste ; Ribadeau - Dumas, producteur de films ; Charles Richet, professeur, de l'Académie de médecine, René Risacher, producteur de films ; Michel Rohart, journaliste ; Jules Romains, de l'Académie française ; Rémy Roure, journaliste ; Evrard de Rouvre, producteur de films ; Théodore Ruyssen, correspondant de l'Institut ; J.-P. Sabater, professeur agrégé ; docteur Salez ; René Sers, professeur agrégé ; Louis de Saint-Pierre, historien ; Michel de Saint-Pierre, écrivain ; Philippe Saint - Germain, écrivain ; Almira Saint-Clet, écrivain ; Alphone Séché, écrivain ; Claude J. Stoil, juriste.

Tallard, professeur agrégé ; Robert Tardif, avocat ; Pierre de Tartas, éditeur d'art ; Thierry Maulnier, écrivain ; Thoreval, professeur agrégé ; P.-C. Timbal, professeur à la faculté de droit de Paris ; Thimonnier, professeur agrégé ; Pierre Thurotte, journaliste ; docteur Léon Tixier, médecin honoraire des hôpitaux de Paris ; Turon, professeur ; Paul Vernière, professeur à la faculté des lettres de Bordeaux ; Mme Vernière, professeur agrégé ; Vial, professeur ; Daniel Villey, professeur à la faculté de droit de Paris ; docteur Jean Vinchon, ancien chef de clinique psychiatrique, professeur à la faculté de médecine de Paris ; Pierre Weite, avocat ; J. Zimmermann, avocat.

***Le Figaro*, « 185 intellectuels français condamnent les apologistes de l'insoumission et de la désertion », 7 octobre 1960.**

Au Manifeste des 121 répond le Manifeste des intellectuels français, publié le 7 octobre par *Le Monde* et *Le Figaro* avec la liste des 185 premiers signataires. *Le Figaro* du 13 octobre ajoute « environ 150 signatures nouvelles » qui dénient aux « professeurs de trahison » et autres « apologistes de la désertion de se poser en représentants de l'intelligence française ». « La guerre est une lutte imposée à la France par une minorité de rebelles fanatiques, terroristes et racistes » ; à côté des tâches qui lui sont propres, l'armée française « accomplit depuis des années une mission civilisatrice, sociale et humaine » ; de ce fait, « c'est une des formes les plus lâches de la trahison que d'empoisonner, jour après jour, la conscience de la France [...] et de faire croire à l'étranger que le pays souhaite l'abandon de l'Algérie et la mutilation du territoire ».

Fonds Dionys Mascolo/IMEC

Les écrivains et les manifestes

Françoise SAGAN. Henry BORDEAUX.

Deux manifestes politiques sont proposés à la signature des écrivains. Celui des « 121 » contre la guerre d'Algérie. Parmi les signataires : J.-P. Sartre, Françoise Sagan, Simone de Beauvoir, Marguerite Duras, Alain Robbe-Grillet, André Schwarz-Bart, Michel Butor, Nathalie Sarraute, Jean-Louis Bory, etc. Il vaut à ceux qui l'approuvent des poursuites judiciaires et des sanctions professionnelles. Celui des « 260 », qui prend la défense de l'action de l'armée en Algérie. Parmi les signataires : Henry Bordeaux, le maréchal Juin, Henri Massis, Antoine Blondin, Roland Dorgelès, Thierry Maulnier, Jules Romains, etc., etc.

France-Soir, « Les écrivains et les manifestes », 8 octobre 1960.

Le contre-manifeste des intellectuels français paraît dans *Le Figaro* le 7 octobre. Contrairement à la légende, ses signataires ne sont pas tous âgés : aux côtés de Roland Dorgelès, Henry Bordeaux, Gabriel Marcel ou Jean Paulhan, se trouvent de jeunes universitaires et de jeunes écrivains comme Antoine Blondin, Roger Nimier, Michel Déon ou Jacques Laurent. L'initiative, qui en est souvent attribuée au maréchal Juin, vient sans doute du Mouvement national universitaire d'action civique (MNUAC). Fondé en 1958, le MNUAC compte 1 500 adhérents en 1960, parmi lesquels le juriste Henri Mazeaud, Jacques Heurgon, Jacques Perret, Henri Lapeyre, Raoul Girardet. Dès la première quinzaine de septembre, le Mouvement a condamné « comme un acte formel de trahison le scandaleux manifeste » des 121 et a déploré que parmi les signataires « figurent un certain nombre d'universitaires égarés ».

Fonds Jules Roy, JR37/
BMVR, Marseille

« Appel à l'opinion pour une paix négociée en Algérie », octobre 1960.

Une troisième pétition sera rendue publique au début de l'automne de 1960. Publiée dans le numéro d'octobre d'*Enseignement public*, organe mensuel de la FEN, répercutée par la presse, elle se présente comme un « appel pour une paix négociée en Algérie ». Pour les signataires, parmi lesquels Roland Barthes, Jean Duvignaud, Vladimir Jankélévitch, Claude Lefort, Jacques Le Goff, Maurice Merleau-Ponty, Edgar Morin, Paul Ricœur, Jean-Marie Domenach, Jacques Prévert, les dirigeants de la FEN ou la Ligue des droits de l'homme, il n'y a d'autre dénouement possible : « Aucune politique ne saurait renverser le cours de l'évolution présente. » Sans proclamer le droit à l'insoumission, en retrait donc par rapport aux « 121 », cette attitude, ferme et explicite, montre néanmoins que de larges secteurs de la gauche sont désormais acquis à l'indépendance.

Fonds Dionys Mascolo/IMEC

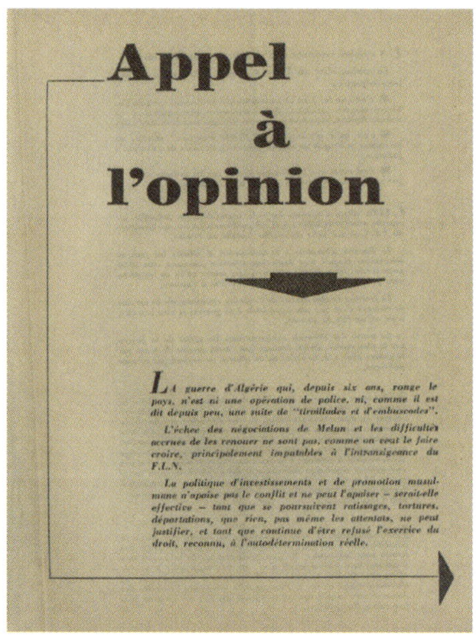

Appel à l'opinion

La guerre d'Algérie qui, depuis six ans, ronge le pays, n'est ni une opération de police, ni, comme il est dit depuis peu, une suite de "tiraillades et d'embuscades".

L'échec des négociations de Melun et les difficultés accrues de les renouer ne sont pas, comme on veut le faire croire, principalement imputables à l'intransigeance du F.L.N.

La politique d'investissements et de promotion musulmane n'apaise pas le conflit et ne peut l'apaiser – serait-elle effective – tant que se poursuivent ratissages, tortures, déportations, que rien, pas même les attentats, ne peut justifier, et tant que continue d'être refusé l'exercice du droit, reconnu, à l'autodétermination réelle.

Les «professeurs de trahison» et l'État

par François Natter
Agrégé de l'Université,

Il aura fallu la scandaleuse et maladroite déclaration dite des 121 pour contraindre enfin les Pouvoirs publics à sévir contre la propagande antinationale à laquelle s'adonnent paisiblement et efficacement certains intellectuels et fonctionnaires, et plus particulièrement les maîtres de notre enseignement public.

L'Etat ne songeait guère à les inquiéter. Après la grande peur des mal pensants, qui fit rentrer sous terre, pendant les quelques mois qui suivirent le 13 mai, toute la vermine qui rêve de se repaître un jour du cadavre de la patrie, ce fut dans le clan des grandes âmes antifrançaises, une heureuse surprise, la belle euphorie du lâche soulagement. Non seulement les attaques contre l'Armée, contre les ultras, contre l'Algérie française, contre tout ce qui avait visage français reprirent impunément de plus belle, mais les intellectuels et universitaires patriotes furent tenus en suspicion, ou même frappés de sanctions disciplinaires pour avoir inconsidérément favorisé le retour du général De Gaulle au pouvoir et l'avènement de la Vᵉ République. Ne vit-on pas des professeurs de l'enseignement public français en Algérie, métropolitains ou pieds-noirs mutés d'office en métropole, pour crime de patriotisme, comme de vulgaires généraux ou de simples colonels. Cependant que la gauche universitaire et étudiante se mettait en grève pour supplier, avec une belle générosité, le Gouvernement d'écraser les factieux d'Alger sous les pierres de leurs barricades.

Nos élites progressistes pouvaient constater chaque jour que la politique du chef de l'Etat et de son gouvernement se rapprochait davantage de l'abandon total qu'ils souhaitaient. De l'Algérie française, on passa vite à l'autodétermination, pour glisser à l'Algérie algérienne ; ensuite ce furent les entretiens de Melun, la reconnaissance de facto du g.p.r.a. Mais la déception suivit bientôt avec l'échec des « négociations ». Il restait un obstacle majeur à l'abandon rapide de l'Algérie : l'armée française. C'est elle qu'il fallait atteindre ; d'où la propagande pour l'insoumission et la désertion.

Ce n'était pas, en vérité, une arme bien dangereuse : tout au plus un caillou lancé avec un lance-pierres par des mains malhabiles ; mais la chance voulut que ce projectile enfantin vînt frôler le képi du chef de l'Etat qui se souvint pour lors qu'il avait été général et réagit, cette fois, en militaire.

Il faut, une fois de plus, déplorer la lenteur de cette réaction. Les Pouvoirs publics ne pouvaient pas ignorer ce qu'il se passait dans le domaine de l'Education nationale, quelle aveugle indulgence couvrait et favorisait les plus actifs professeurs de trahison. La « Nation française », parmi d'autres, n'a cessé de dénoncer ce péril. Il eût fallu, au lendemain du 13 mai, dans la machine de l'Etat et de l'administration, remplacer, dans tous les postes-clés, les éléments hostiles ou douteux par des hommes au patriotisme indiscutable. Il était illusoire d'instaurer un régime nouveau sans changer un tant soit peu les cadres du régime défunt ; chimérique de penser rallier à une œuvre de salut public les ennemis jurés de tout redressement national, en leur laissant toute latitude de briser son élan, et en frappant, en revanche, ceux qui avaient contribué à la révolution du 13 mai. Si bien que la Vᵉ République apparaît, en fin de compte, comme une façade sommairement ravalée derrière laquelle subsistent toute la décrépitude et la vermine du taudis d'autrefois.

« Pourquoi nous traiter plus sévèrement que les autres ? » protestent les fonctionnaires, et en particulier le corps enseignant. « Ne sommes-nous pas des citoyens à part entière, égaux aux autres citoyens ? Ne pouvons-nous jouir de la même liberté qu'un journaliste, par exemple ? Devons-nous être frappés plus durement, par ordonnances spéciales ? » Ce raisonnement ne tient pas compte des responsabilités propres du fonctionnaire, surtout lorsqu'il est, de plus, éducateur. Il est inadmissible qu'un serviteur et agent de l'Etat puisse se dresser contre les lois fondamentales de survie de la nation que cet Etat a précisément pour mission de protéger. Cette responsabilité est encore aggravée pour les éducateurs du fait de leur influence sur la jeunesse. Un professeur, dira-on, doit être libre, en dehors de sa classe, de militer pour les idées qu'il croit justes, dans la mesure où il ne fait pas de sa chaire une tribune politique. Soit. Mais c'est un fait que les opinions émises par un professeur reçoivent, à tort ou à raison, auprès d'un certain public, un surcroît d'autorité des titres universitaires qui les appuient, un poids que n'aurait pas la simple prise de position de l'homme privé.

Les intellectuels de gauche le savent mieux que quiconque ; ils n'hésitent pas à brandir comme des étendards leurs peaux d'âne dans la mêlée. Les 121 ont signé ès-qualités. A tout seigneur tout honneur : qu'ils soient donc châtiés ès-qualités.

C'est aussi ès-qualités que nous avons signé le « Manifeste des Intellectuels français », et que nous écrivons cet article, pour que l'on sache qu'il n'y a pas, dans l'Université française, que des clercs félons, qu'il se trouve aussi des patriotes à la Sorbonne.

François Natter,
« Les "professeurs de trahison" et l'État »,
***La Nation française*,**
12 octobre 1960.

Dans l'hebdomadaire néo-nationaliste de Pierre Boutang, François Natter déplore «l'aveugle indulgence» et la lenteur coupable des pouvoirs publics à l'égard des «professeurs de trahison», «justement» stigmatisés par le Manifeste des intellectuels français, et «heureusement» poursuivis par le gouvernement Debré. Depuis le 13 mai, la mansuétude du pouvoir gaulliste a mis en péril la France. «Si bien que la Vᵉ République apparaît comme une façade sommairement ravalée derrière laquelle subsistent toute la décrépitude et la vermine du taudis d'autrefois.»

Archives privées Pierre Boutang

Jean Pottier,
« Manifestation des anciens combattants et partisans de l'Algérie française à l'arc de Triomphe »,
photographie,
3 octobre 1960.

Le 3 octobre 1960, six mouvements d'anciens combattants et de partisans de l'Algérie française se rassemblent à l'arc de Triomphe, autour de la tombe du soldat inconnu. «Fusillez Sartre», crient les manifestants: le philosophe de Saint-Germain-des-Prés, par son soutien aux «porteurs de valises» aussi bien que par son agrégation aux «121», est devenu «un symbole et un repoussoir» (Jean-François Sirinelli). Le 27 octobre, une manifestation unitaire, contre la guerre d'Algérie cette fois, se tient à la Mutualité. À l'appel de l'UNEF et soutenue par plusieurs comités, le PSU, la FEN, la CFTC, le Syndicat national des instituteurs, FO Paris, mais pas la CGT, elle réunit de dix à quinze mille personnes.

Fonds Jean Pottier/BDIC

◄ Ruban « Algérie française ».

Fonds Jacques Delarue/BDIC

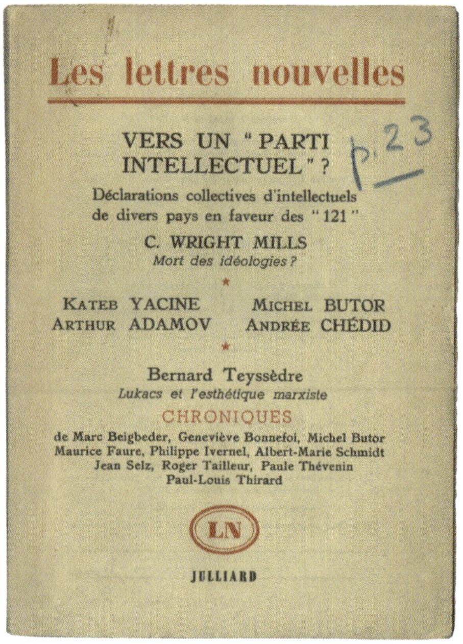

Les lettres nouvelles

VERS UN "PARTI INTELLECTUEL" ?

Déclarations collectives d'intellectuels de divers pays en faveur des "121"

C. WRIGHT MILLS
Mort des idéologies ?

KATEB YACINE — MICHEL BUTOR
ARTHUR ADAMOV — ANDRÉE CHÉDID

Bernard Teyssèdre
Lukacs et l'esthétique marxiste

CHRONIQUES
de Marc Beigbeder, Geneviève Bonnefoi, Michel Butor, Maurice Faure, Philippe Ivernel, Albert-Marie Schmidt, Jean Selz, Roger Tailleur, Paule Thévenin, Paul-Louis Thirard

LN

JULLIARD

p. 23

« Vers un "parti intellectuel" ? »,
***Les Lettres nouvelles*,**
n° 11, février 1961.

Dans cette livraison des *Lettres nouvelles*, Maurice Nadeau constate le « vaste et profond mouvement de solidarité parmi les intellectuels du monde entier » en faveur des signataires du Manifeste des 121, inquiétés, sanctionnés ou poursuivis par l'État français. Aux États-Unis, au Danemark, en Suède, en Allemagne, en Italie, en Finlande, des textes collectifs ont circulé, « revêtus de signatures souvent prestigieuses », qui « prennent parti pour l'action des "121" et la tiennent pour exemplaire ». « On ne s'attend pas à ce que les intellectuels se forment un jour en parti, mais le parti intellectuel dans le sens où l'entendait Péguy est devenu aujourd'hui une réalité », constate Nadeau : une « entente » entre écrivains, savants et artistes, débordant les frontières nationales ; une « parole » s'élevant pour « revendiquer le droit de ne pas opprimer », contribuant ainsi à la formation d'une conscience critique.

Fonds Dionys Mascolo/IMEC

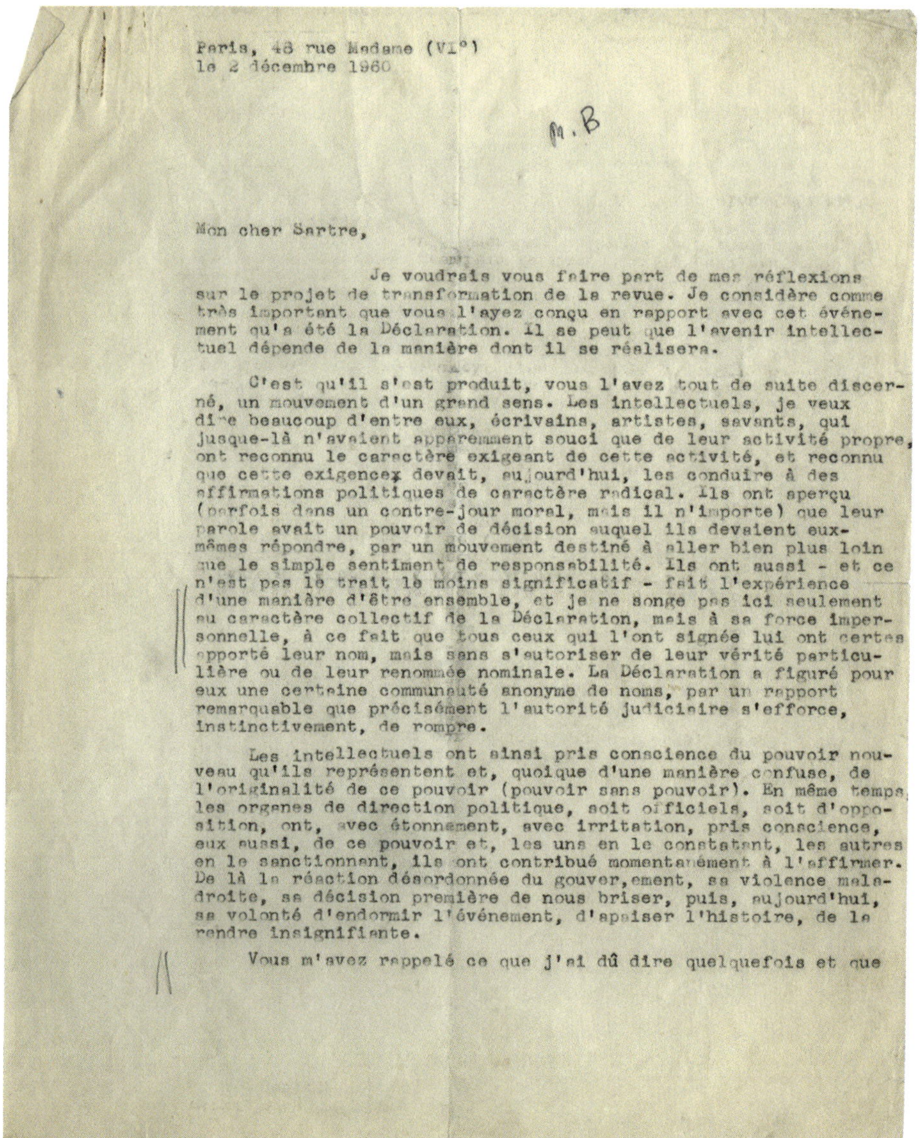

Paris, 48 rue Madame (VI°)
le 2 décembre 1960

M. B

Mon cher Sartre,

Je voudrais vous faire part de mes réflexions sur le projet de transformation de la revue. Je considère comme très important que vous l'ayez conçu en rapport avec cet événement qu'a été la Déclaration. Il se peut que l'avenir intellectuel dépende de la manière dont il se réalisera.

C'est qu'il s'est produit, vous l'avez tout de suite discerné, un mouvement d'un grand sens. Les intellectuels, je veux dire beaucoup d'entre eux, écrivains, artistes, savants, qui jusque-là n'avaient apparemment souci que de leur activité propre, ont reconnu le caractère exigeant de cette activité, et reconnu que cette exigence devait, aujourd'hui, les conduire à des affirmations politiques de caractère radical. Ils ont aperçu (parfois dans un contre-jour moral, mais il n'importe) que leur parole avait un pouvoir de décision auquel ils devaient eux-mêmes répondre, par un mouvement destiné à aller bien plus loin que le simple sentiment de responsabilité. Ils ont aussi - et ce n'est pas le trait le moins significatif - fait l'expérience d'une manière d'être ensemble, et je ne songe pas ici seulement au caractère collectif de la Déclaration, mais à sa force impersonnelle, à ce fait que tous ceux qui l'ont signée lui ont certes apporté leur nom, mais sans s'autoriser de leur vérité particulière ou de leur renommée nominale. La Déclaration a figuré pour eux une certaine communauté anonyme de noms, par un rapport remarquable que précisément l'autorité judiciaire s'efforce, instinctivement, de rompre.

Les intellectuels ont ainsi pris conscience du pouvoir nouveau qu'ils représentent et, quoique d'une manière confuse, de l'originalité de ce pouvoir (pouvoir sans pouvoir). En même temps, les organes de direction politique, soit officiels, soit d'opposition, ont, avec étonnement, avec irritation, pris conscience, eux aussi, de ce pouvoir et, les uns en le constatant, les autres en le sanctionnant, ils ont contribué momentanément à l'affirmer. De là la réaction désordonnée du gouver,ement, sa violence maladroite, sa décision première de nous briser, puis, aujourd'hui, sa volonté d'endormir l'événement, d'apaiser l'histoire, de la rendre insignifiante.

Vous m'avez rappelé ce que j'ai dû dire quelquefois et que

Lettre tapuscrite
de Maurice Blanchot
à Jean-Paul Sartre,
le 2 décembre 1960.

Dans cette lettre à Jean-Paul Sartre, Maurice Blanchot fait du Manifeste des 121 un « commencement ». Le mouvement initié est une ouverture pour des intellectuels désormais conscients de l'originalité de leur pouvoir : un « pouvoir sans pouvoir », né grâce à une nouvelle manière d'être ensemble, telle une « communauté anonyme de noms ». Blanchot en déduit la nécessité de créer une « revue de critique totale », où « toutes les structures de notre monde [...] viendraient dans un même mouvement d'examen, de recherche et de contestation ». Ce sera, sans Sartre et sur une idée d'Elio Vittorini, la *Revue internationale*, à laquelle seront associés, outre Louis-René des Forêts, Maurice Nadeau et Roland Barthes pour la France, Italo Calvino, Hans-Magnus Enzensberger, Günter Grass, Ingeborg Bachmann, Uwe Johnson pour l'étranger. La *Revue* ne parut qu'une fois, en avril 1964, en supplément à la revue italienne *Il Menabò*.

Fonds Dionys Mascolo/IMEC

1960-1962

CESSEZ-LE-FEU !

9

F.L.N
MASSU
MNA
DE GAULLE
L'autodétermination
M.H.C.

◂ **Lap,**
« L'autodétermination »,
dessin, [s.d.].

Fonds Lap/BDIC

Le remaniement ministériel du 5 février 1960 évince les partisans de l'Algérie française, Jacques Soustelle et Bernard Cornut-Gentille. Le 24 février, le réseau Jeanson de soutien au FLN est découvert. En septembre, la France, médusée par la révélation de cet activisme clandestin, français et pro-algérien, suit son procès alors que paraissent le Manifeste des 121 sur le droit à l'insoumission puis, un mois plus tard, le Manifeste des intellectuels français contre cette « trahison ouverte » (Gabriel Marcel) et l'Appel à l'opinion pour une paix négociée en Algérie de la FEN.

Dans une allocution télévisée, le 4 novembre, De Gaulle parle d'une « Algérie algérienne ». Quelques mois plus tard, peu avant le putsch des généraux à Alger (22-25 avril 1961), il évoque un « État algérien souverain ». Entre ces déclarations surviennent deux événements majeurs : le référendum du 8 janvier 1961 sur l'autodétermination et la constitution en février de l'Organisation armée secrète (OAS), pour l'Algérie française. La campagne du référendum est agitée. À gauche, sa nécessité même n'apparaît pas. Une note préparatoire au vote émanant d'*Esprit* constate en effet « le climat de ruse et d'intoxication qui caractérise le régime gaulliste » : « La seule véritable question concernant la paix en Algérie devrait porter sur la négociation. Or elle n'est pas posée. » À gauche, les partisans du « oui » et ceux du « non » débattent donc des ambiguïtés de leur adhésion ou de leur refus.

De même, les droites se divisent. La droite gaulliste, qui devait son retour au pouvoir à l'Algérie française, se consolide par l'abandon progressif de celle-ci. La « rapide conversion antigaulliste d'une partie vivante de l'opinion nationale » installe un climat de « haine civile » (Philippe Ariès), malgré l'approbation par la grande majorité des métropolitains de la nouvelle politique gaullienne (79 % des suffrages exprimés). Les déclarations successives du Général, l'ouverture de négociations avec le FLN sans cessez-le-feu préalable, conduisent ses opposants à l'action. En Algérie, à l'inverse de la métropole, « les activistes civils et militaires portent les derniers espoirs de la population française », qui les considère comme des résistants au pouvoir de De Gaulle (Guy Pervillé).

Mois après mois, les clivages se creusent, les oppositions se radicalisent. Procès, manifestes, contre-manifestes, terreur, contre-terreur ; rébellion, résistance, insoumission... De part et d'autre, les mêmes mots pour des valeurs, des principes, des idées antagonistes, irréconciliables. « Deux idées de la France et de sa grandeur se sont heurtées, après s'être disjointes », écrit Pierre Boutang dans une « Lettre à Charles de Gaulle », après l'échec du putsch des généraux, « Je ne vous aime pas, mon général (François Mauriac suffit à cela) [...]. Le miracle serait [...] que vous sentiez tout à coup quelle amertume, quelle menace, finalement quelle défaite se trouvent au cœur de votre victoire ».

Le soir du 17 octobre 1961, près de 30 000 manifestants algériens, bravant le couvre-feu qu'on leur impose, clament au cœur de la capitale française leur détermination de voir enfin l'Algérie indépendante. Le défilé est violemment réprimé. Le chiffre de 140 tués est publié dans le numéro de novembre des *Temps modernes*, immédiatement saisi, et l'on compte plus de 11 500 arrestations. « Affreuses sont les conséquences de ces atrocités pour la France, dans son prestige international, dans ses rapports avec le Maghreb, avec l'Algérie de demain. On détruit ainsi les dernières chances humaines d'une coopération », constate le Comité directeur d'*Esprit*.

En signe de protestation et de solidarité avec les victimes des violences policières, près de 180 intellectuels se réunissent à Paris silencieusement, le 1er novembre, place Maubert. « Et après ? », proteste François Maspero dans la deuxième livraison de la revue *Partisans*. « Il ne s'agit quand même pas de dire éternellement : "Nous sommes là, nous les bons Français..." » Se tenir là, « cinq minutes de silence avec la complicité des assassins », puis « aller voir jouer « Boulevard Durand » », est-ce cela s'engager ? demande-t-il avant de refuser toute forme de compromis.

Les déchirements des intellectuels en 1960 et en 1961 expriment, à gauche et à droite, l'exaspération générale des espoirs et des désespoirs, des inquiétudes et des amertumes devant un conflit dont le terme paraît encore lointain, et les conséquences incertaines. « Dans ce monde de sang, de meurtre, d'arbitraire, jamais la morale et la vérité n'ont parlé si haut, avec tant d'assurance » (Philippe Ariès).

Jules Roy, feuillet tapuscrit annoté, note d'intention pour *La Guerre d'Algérie*.

À la fois en deuil d'Albert Camus (mort en janvier 1960) et libéré du poids de l'admiration qu'il lui portait, Jules Roy décide de « pénétrer à [s]on tour dans le merdier » pour écrire en un mois, « parce que le temps presse », sa vérité sur la guerre. D'un séjour en Algérie, il rapporte « le plastic » qui sera son matériau et dont il sait déjà, quelles que soient les précautions prises, qu'il choquera. « Ce livre n'est pas un roman », prévient-il.

Fonds Jules Roy, JR34/
BMVR, Marseille

Que peut la littérature ?

- 3 -

était une litote, je

ciens camarades de l'armée que je ~~les plaignais~~ ne les enviais pas, ce qui ~~je~~ m'en remettais à lui. Comme lui, je me sentais déchiré entre la justice qu'il réclamait pour les musulmans et l'attachement qu'il gardait pour ses frères de race, les Européens; je me répétais qu'il n'y avait de solution qu'en un partage équitable entre les droits et les devoirs, la reconnaissance [redacted] de la dignité humaine et le respect de la vie, la célébration d'un certain idéal de civilisation et la défense des libertés de l'Occident. (Fermez le ban.) Que pouvais-je tenter que ne fût soumis à l'admiration que je lui garde et à l'autorité de sa gloire ? Sa mort soudaine a tout remis en question ; je ne ~~pouvais~~ pouvais plus m'abriter derrière son ombre sans être un lâche. En deuil de lui, je ~~devais~~ devais parler à mon tour, quitte à prendre à mon compte une part de ses ennemis. Ô terrible ami qui me laissait seul en chemin en ce moment, [redacted], ô voix de ma conscience ! Et puis je le sentis qui me poussait avec douceur vers un [redacted] pays [redacted] ~~où nous ne nous étions presque jamais rencontrés parce que j'étais de sept ans son aîné, mais~~ où, comme lui, j'avais appris l'amour de la justice et l'amour des hommes. Seulement [redacted], ce livre qu'il me faut écrire en un [redacted] mois parce que le temps presse, je ne sais [redacted] comment l'attaquer, [redacted] quelle forme lui donner, ni quelles précautions prendre en maniant le plastic que j'ai rapporté de là-bas. Je vais sans doute choquer beaucoup de lecteurs et de coeurs naïfs qui croient [redacted] encore à ... Mais laissons-les croire encore. Je vais me faire beaucoup d'ennemis dont je n'ai [redacted] pas besoin.

Voilà. Je parlerai comme les mots viendront et sans volonté déterminée de heurter. Pour cela le sujet suffit. Déjà, l'Indochine fondit, à moins de raconter des histoires d'amour d'import-export. Lecteurs, il est temps. Ce livre n'est pas un roman et il n'y sera pas question de petites filles vicieuses. Jetez-le vite à la poubelle.

"AU LIEUTENANT DES TAGLAÏTS"

un grand livre noble et déchirant inspiré par la guerre d'Algérie

● Autour de la cuvette des Taglaïts, dans le Constantinois, les montagnes ont près de deux mille mètres d'altitude. Des Français, de toutes les communautés, et des fellaga s'y battent et y meurent côte à côte. Qui s'intéresse à ces morts?

Les lieutenants peuvent mourir aux Taglaïts, c'est presque pour rien, c'est pour l'honneur.

Philippe Héduy, qui a été des leurs, vient d'écrire : « Au lieutenant des Taglaïts » (1) qui est le livre de ces « Réprouvés » dont les pas sillonnent le djebel et dont le sang tache les montagnes.

Michel Déon, auteur de « L'Armée d'Algérie et la pacification » (2), nous dit pourquoi l'ouvrage de Philippe Héduy devrait être le livre de chevet de la jeunesse française.

LE grand livre sur la guerre de 1914-1918, « *la Main coupée* », de Blaise Cendrars, a paru un quart de siècle après l'armistice du 11 novembre. Il aura fallu moins longtemps à la guerre d'Algérie — puisqu elle n'est pas finie quoi qu'on en ait — pour susciter déjà une littérature abondante, dont un livre vient de se détacher avec honneur, fougue et franchise Il s'agit du récit de Philippe Héduy : « *Au lieutenant des Taglaïts* » (1). Ne mâchons pas l'hommage : c'est un grand livre qui s'est voulu le double reflet d'une guerre atroce et d'une âme courageuse.

« *Au lieutenant des Taglaïts* » paraît quelques semaines seulement après le pamphlet de l'ex-colonel d'aviation Jules Roy : « *la Guerre d'Algérie* » (3) dont « *Carrefour* » n'a pas encore eu le temps de parler. Un monde sépare ces deux livres.

L'un est un assez bas outrage à la mémoire d'Albert Camus qui, de son vivant, n'aurait, en aucune façon, pu avaliser les jugements de son ami Roy sur un problème qui le crucifiait. On sait que l'ex-colonel est un ancien pilote de bombardier. C'est aussi un écrivain, lauréat, bien sûr, d'un prix littéraire. Cette gloire éphémère ne l'a pas empêché de redescendre un peu vite du sommet où on l'avait ingénument hissé. Ecrivain sur le toboggan, abandonné par son premier éditeur, l'ex-colonel Roy n'a trouvé pour se remettre en selle qu'un moyen : rejoindre le clan de la trahison avec l'air attristé d'un honnête homme à qui la vérité est soudain apparue. Le calcul a été bon. Il a suffi d'un livre grossièrement bête, rempli d'erreurs éculées, d'une mauvaise foi à vomir pour que ses nouveaux amis tressent des couronnes à l'ex-colonel. Le revoilà glorieux, d'une gloire à la mesure de son caractère et qui se moquera sans doute de la gifle que lui a assénée, dans « *la Revue des Deux Mondes* », un homme qui reconnaît l'avoir admiré, François Ponthier : « *J'ai essayé d'être juste et de vous comprendre, Jules Roy. J'ai relu trois fois votre livre... je ne vous pardonnerai jamais...* »

Mais c'est encore faire beaucoup d'honneur à Jules Roy que de lui signifier ainsi son mépris. Il n'y a pas de réponse « ultra » à ce pan.phlet qui a le beau sort qu'il mérite dans une France où la corruption des esprits, l'aveulissement et le goût de la culpabilité atteignent leur paroxysme.

DU SANG ET DE L'HORREUR

Philippe Héduy n'est pas auréolé de la gloire qui entoure l'ex-colonel. Il est jeune et il avait tout à perdre en publiant à son retour d'Algérie un livre sans fards où la vérité est servie crue. Cette vérité, nous savons ce qu'elle a souvent de pénible, d'écœurant, de triste et d'amer. Mais nous savons aussi qu'elle doit être dépassée, que le pays auquel nous appartenons mérite encore quelque respect. On rira bien dans certains milieux : le respect se perd, c'est vrai et nous n'y pouvons rien. « *On aura les conséquences..* », c'est-a-dire la chienlit et, dans la chienlit, la victoire d'abord sourde, puis éclatante d'un nouvel ordre qui, lui, ne tolérera plus l'ombre d'irrespect. Il faut, maintenant, le dire avec force : il n'y a plus face à face que les derniers défenseurs du monde occidental et les fourriers du communisme. Nous sommes trop bons d'accorder encore aux uns le bénéfice des nuances qu'ils nous refusent. Si nous sommes tous des ultras, c'est qu'ils sont tous des communistes.

« *Au lieutenant des Taglaïts* » est un grand livre de guerre et de paix, l'expérience d'un homme que rien ne prédisposait à jouer brutalement dans la vie le rôle que l'armée lui a confié un matin à son arrivée en Afrique du Nord. Mais ce rôle, il a considéré comme son premier devoir de s'y plier. Son pays lui a demandé d'être un lieutenant de tirailleurs, et ce garçon — tous ses amis peuvent en témoigner — qui n'a, dans la vie civile, rien d'un cascadeur et d'un sanglant belluaire a accepté le destin qu'on lui imposait.

Il a sagement écouté les officiers instructeurs pendant son stage de guerre subversive. On lui a parlé d'une guerre où l'action psychologique gagnait des batailles quand la troupe en perdait dans les embuscades. Il y a cru puisqu'il faut y croire et qu'il existe, je le sais, de vastes régions d'Algérie où feu le Ve Bureau a remporté d'incontestables victoires. Une meilleure répartition des tâches aurait pu faire confier à Philippe Héduy une S.A.S., une école, la direction d'un journal militaire ou d'un poste de radio. Le sort ne l'a pas voulu et ce sort nous vaut un livre de baroud qui ne s'empêtre pas dans les sentiments et bruits de colère. Il y a du sang dans ces pages et des récits qui glacent d'horreur le lecteur, car l'auteur s'est lui-même senti glacé.

La guerre d'Algérie n'est pas belle. Dans l'action, elle commet ses injustices et, souvent, il est trop tard pour les rattraper. Une des histoires les plus atroces est celle des quinze prisonniers de la grotte, quinze malheureux qui ont voté au référendum et que les fellaga ont enfermés depuis six mois da : une cave sans air et sans lumière. Renseignés par un rallié, les commandos cernent la grotte et somment les rebelles de se rendre. Le premier qui entre dans la grotte est le rallié Non de son plein gré, mais de force, un fusil dans les reins. Il est abattu par une charge de chevrotines et on doit attendre l'arrivée des spécialistes qui, par une cheminée naturelle, lâchent des explosifs dans le souterrain après les

L'AUTEUR : PHILIPPE HÉDUY

- 34 ans.
- Rédacteur en chef (adjoint) dans un hebdomadaire parisien.
- En Algérie d'août 1958 à août 1959 (rappelé volontaire).
- Un an dans le Constantinois (la précision est importante), plus exactement quelque part dans le Sétifien : la région de Sétif, fief de Ferhat Abbas, qui était, politiquement, la plus pourrie.
- Officier dans une unité de tirailleurs algériens Lieutenant en premier dans une compagnie et, sur la fin, commandant de compagnie. L'unité était moitié opérationnelle, moitié « pacificatrice » ; la compagnie occupait un sous-quartier.
- Aujourd'hui capitaine (de réserve).
- Croix de la Valeur militaire.
- Ph Héduy (*photo ci-dessus*) dans un des postes occupés par la compagnie. Derrière la ligne de crête qui se profile à l'horizon : la région des Taglaïts.

Lettre manuscrite de Jean Sénac à Jean-Marie Domenach, le 18 mars 1961.

Quand il apprend que son texte « Pieds-noirs, mes frères » est refusé par *Esprit*, Jean Sénac écrit à Jean-Marie Domenach pour revendiquer le lyrisme qui lui est reproché. Le « style simple, immédiat, percutant, du journalisme » n'est qu'un « style de pâture ». Pour lui, la poésie ne saurait être séparée de l'action politique. Et si la révolution algérienne le concerne absolument, c'est parce que le « peuple algérien est encore porteur de *l'évidence poétique* dont l'Occident se détache de plus en plus avec horreur », parce qu'il « *chante* encore ». De sorte que l'« homme-poète » qu'il est peut toucher dans le même mouvement les politiques et le peuple. Le 28 mars, Domenach lui répond qu'en dépit de l'émotion provoquée par cette lettre, il persiste à penser qu'« à certains moments, la raison politique doit l'emporter ».

Fonds Esprit/IMEC

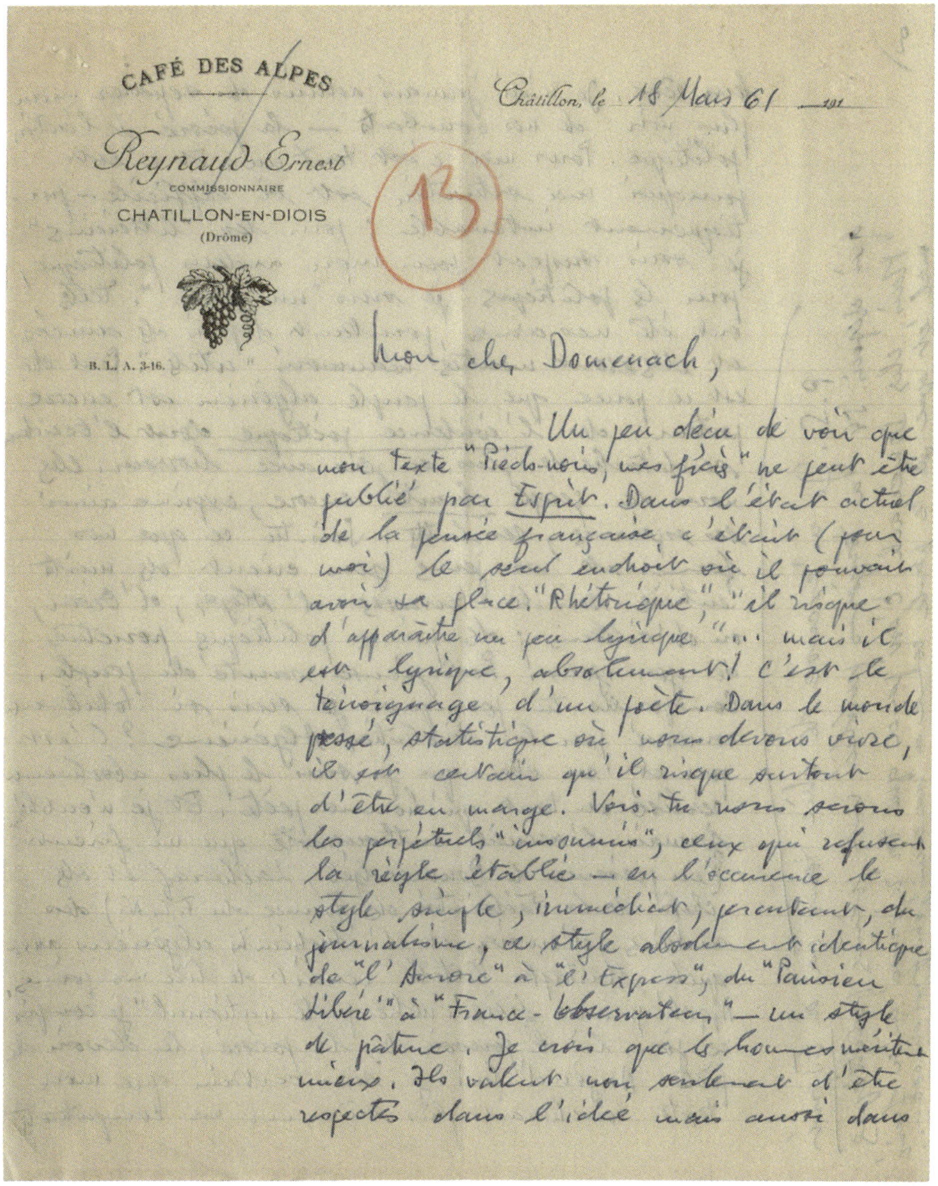
CAFÉ DES ALPES
Reynaud Ernest
COMMISSIONNAIRE
CHATILLON-EN-DIOIS
(Drôme)
B. L. A. 3-16.

Châtillon, le 18 Mars 61

13

Mon cher Domenach,

Un peu déçu de voir que mon texte "Pieds-noirs, mes frères" ne peut être publié par Esprit. Dans l'état actuel de la pensée française, c'était (pour moi) le seul endroit où il pouvait avoir sa place. "Rhétorique", "il risque d'apparaître un peu lyrique"... mais il est lyrique, absolument ! C'est le témoignage d'un poète. Dans le monde pressé, statistique où nous devons vivre, il est certain qu'il risque surtout d'être en marge. Vois-tu nous serons les perpétuels "insoumis", ceux qui refusent la règle établie — en l'occurrence le style simple, immédiat, percutant, du journalisme, ce style absolument identique de "l'Aurore" à "l'Express", du "Parisien libéré" à "France-Observateur" — un style de pâture. Je crois que les hommes méritent mieux. Ils valent non seulement d'être respectés dans l'idée mais aussi dans

◄ Michel Déon, « *Au Lieutenant des Taglaïts*, un grand livre noble et déchirant inspiré par la guerre d'Algérie », *Carrefour*, 23 novembre 1960.

En novembre 1960, les éditions de la Table ronde font paraître, en réponse au roman de Jules Roy, un ouvrage de Philippe Héduy, *Au Lieutenant des Taglaïts*. Écrivain, collaborateur du magazine *Elle*, rappelé en Algérie comme lieutenant d'août 1958 à août 1959, où il commande en second une compagnie de tirailleurs algériens, Héduy relate, en même temps que ce qu'il a vu et fait, le drame d'une armée qui se sent jugée et séparée d'une partie de la nation. Pour Michel Déon, son texte « est un grand livre de guerre et de paix [...] qui s'est voulu le double reflet d'une guerre atroce et d'une âme courageuse ». Car « pendant qu'à Paris des intellectuels se taillent de beaux succès de publicité dans les prétoires, des soldats et des officiers meurent d'une balle en plein front ».

Fonds Jules Roy, JR37/
BMVR, Marseille

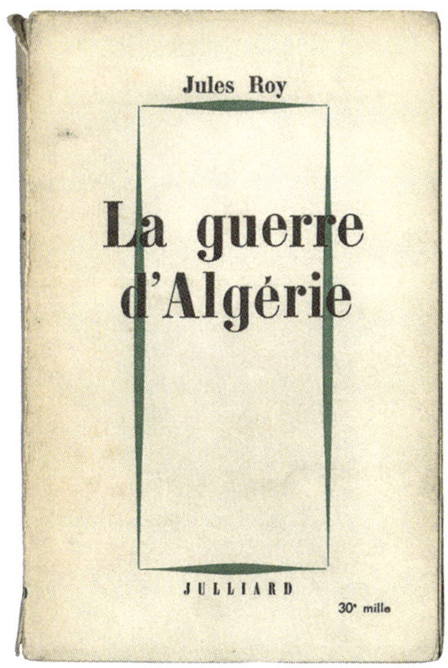

Jules Roy, *La Guerre d'Algérie*, Julliard, octobre 1960.

Le roman fait grand bruit. Salué par Amrouche comme un « livre d'amour », « porté jusqu'au délire par la douleur, la colère et l'espérance » (lettre du 7 septembre), par Jean Pelegri comme « éclatant de vérité, fraternel, [...] algérien » et « terriblement utile » (lettre du 30 septembre), il est conspué par Jacques Heurgon pour l'imposture des chiffres et des propositions avancés (*La Nation française* du 7 décembre), et lu par François Ponthier comme un acte de trahison. « Il ne vous reste plus qu'à envoyer au FLN le montant de vos droits d'auteur », écrit ce dernier dans *La Revue des deux mondes* (datée 28 octobre, la lettre est publiée le 15 novembre).

Fonds Vladimir Pozner/IMEC

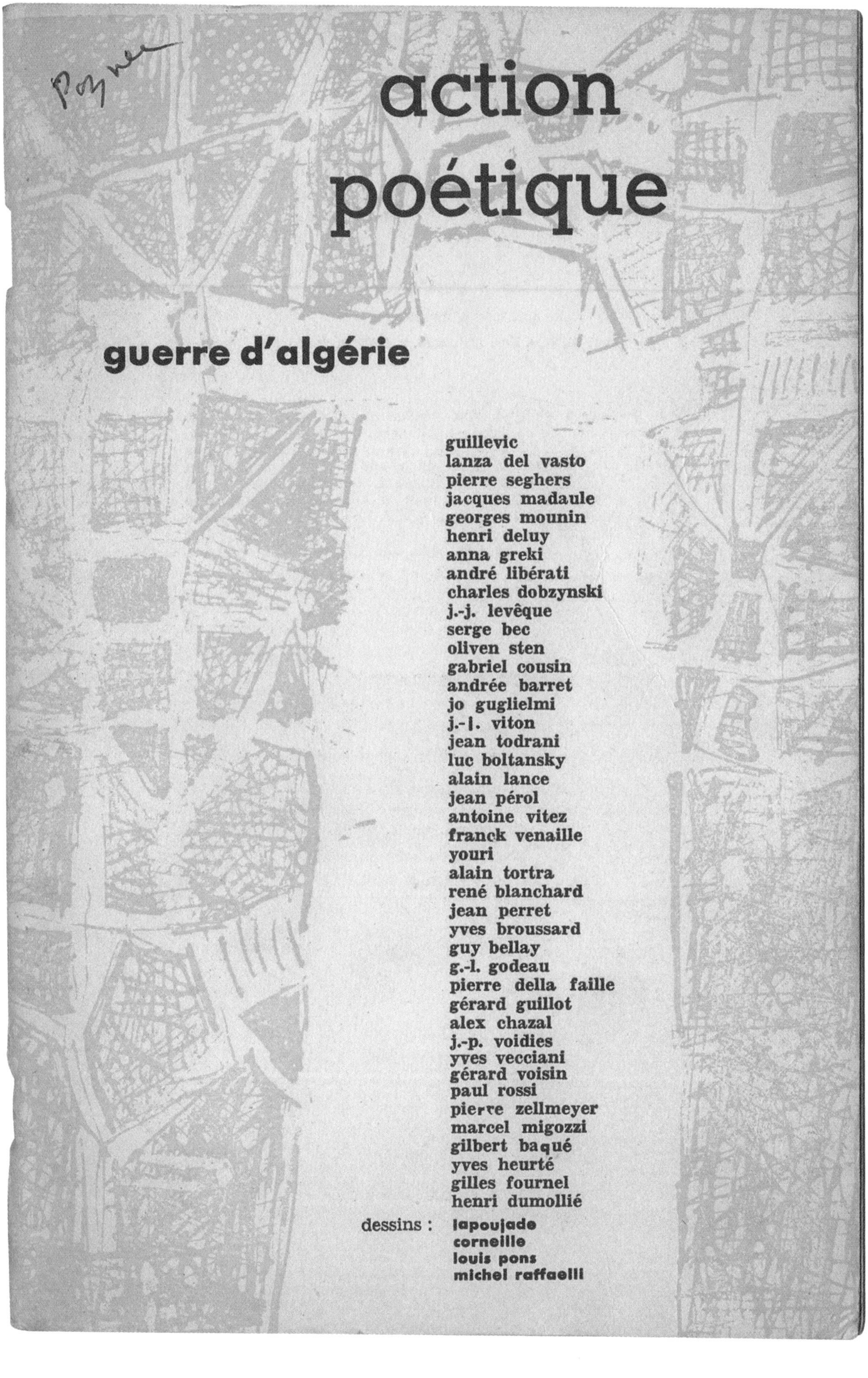

Pozner

action poétique

guerre d'algérie

guillevic
lanza del vasto
pierre seghers
jacques madaule
georges mounin
henri deluy
anna greki
andré libérati
charles dobzynski
j.-j. levêque
serge bec
oliven sten
gabriel cousin
andrée barret
jo guglielmi
j.-j. viton
jean todrani
luc boltansky
alain lance
jean pérol
antoine vitez
franck venaille
youri
alain tortra
rené blanchard
jean perret
yves broussard
guy bellay
g.-l. godeau
pierre della faille
gérard guillot
alex chazal
j.-p. voidies
yves vecciani
gérard voisin
paul rossi
pierre zellmeyer
marcel migozzi
gilbert baqué
yves heurté
gilles fournel
henri dumollié

dessins : lapoujade
corneille
louis pons
michel raffaelli

◂ *Action poétique*, nº 12, « Guerre d'Algérie », décembre 1960.

En décembre 1960, la revue communiste marseillaise *Action poétique* consacre sa livraison à la guerre d'Algérie et accueille notamment des poèmes d'Eugène Guillevic, Pierre Seghers, Henri Deluy, Anna Greki, Charles Dobzynski, Luc Boltanski, Franck Venaille, Antoine Vitez. Henri Kréa salue l'initiative qui « marque le renouveau de la pensée française embourbée par la honte coloniale depuis 1945 » et salue au premier chef les « jeunes poètes [...] frères des créateurs algériens de la génération de 1954 ».

Fonds Vladimir Pozner/IMEC

Daniel Zimmermann, feuillet tapuscrit annoté de *Nouvelles de la zone interdite*.

En 1961, Daniel Zimmermann publie chez Robert Morel un petit recueil de nouvelles, *80 exercices en zone interdite*. « Pour mettre en mots l'odeur de l'abjection », il s'efforce de transcrire sa « dilution sous le soleil », « la persistance de la crasse et de la sueur, des forêts incendiées et des chairs pourries ». Suivent une lettre de Jean-Paul Sartre, une saisie, un blâme de sa section communiste, un procès en correctionnelle pour injure à l'armée. Trente ans plus tard, il reprendra et complétera ce recueil, désormais intitulé *Nouvelles de la zone interdite* (Manya, 1992). Cette page manuscrite illustre bien l'hiatus dénoncé par Bernard Dort entre les mots et les choses, quand « pacification » signifie, entre autres, « zone interdite ».

Fonds Daniel Zimmermann/IMEC

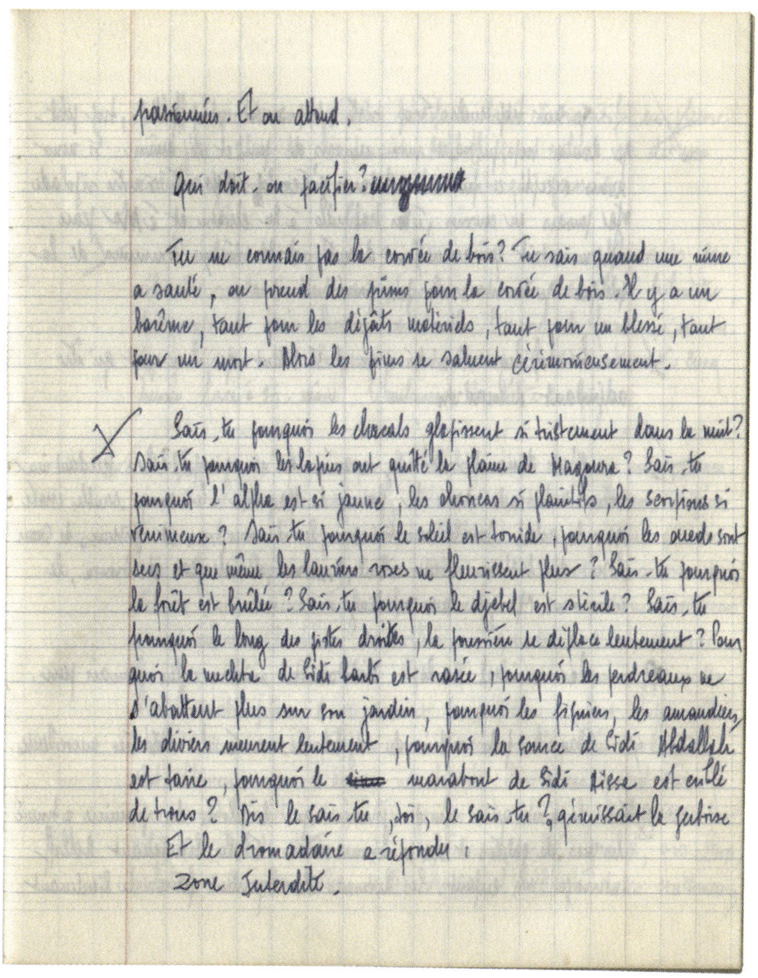

parsemées. Et on attend.

Qui doit-on pacifier ?

Tu ne connais pas la corvée de bois ? Tu sais quand une mine a sauté, on prend des pions pour la corvée de bois. Il y a un barème, tant pour les dégâts matériels, tant pour un blessé, tant pour un mort. Alors les pions se saluent cérémonieusement.

Sais-tu pourquoi les chacals glapissent si tristement dans la nuit ? Sais-tu pourquoi les lapins ont quitté la plaine de Magoura ? Sais-tu pourquoi l'alfa est si jaune, les chameaux si plaintifs, les scorpions si venimeux ? Sais-tu pourquoi le soleil est torride, pourquoi les oueds sont secs et que même les lauriers roses ne fleurissent plus ? Sais-tu pourquoi le fruit est brûlé ? Sais-tu pourquoi le djebel est stérile ? Sais-tu pourquoi le long des pistes droites, la poussière se déplace lentement ? Pourquoi la mechta de Sidi Larbi est rasée, pourquoi les perdreaux ne s'abattent plus sur son jardin, pourquoi les figuiers, les amandiers, les oliviers meurent lentement, pourquoi la source de Sidi Abdallah est tarie, pourquoi le marabout de Sidi Aïssa est criblé de trous ? Dis le sais-tu, dis, le sais-tu ?, gémissait la gerboise.

Et le dromadaire a répondu :

Zone Interdite.

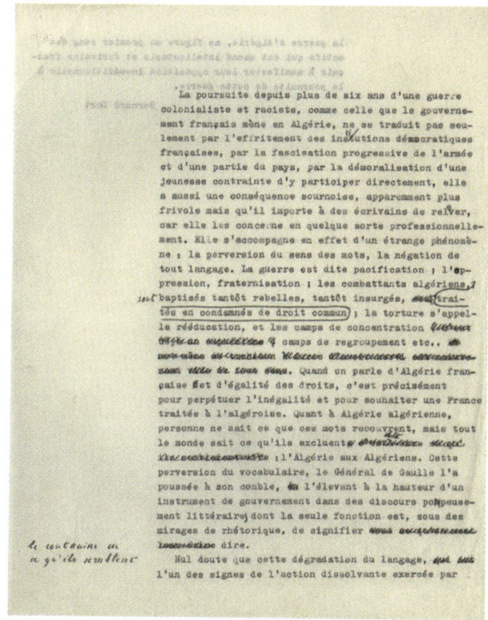

La poursuite depuis plus de six ans d'une guerre colonialiste et raciste, comme celle que le gouvernement français mène en Algérie, ne se traduit pas seulement par l'effritement des institutions démocratiques françaises, par la fascisation progressive de l'armée et d'une partie du pays, par la démoralisation d'une jeunesse contrainte d'y participer directement, elle a aussi une conséquence sournoise, apparemment plus frivole mais qu'il importe à des écrivains de relever, car elle les concerne en quelque sorte professionnellement. Elle s'accompagne en effet d'un étrange phénomène ; la perversion du sens des mots, la négation de tout langage. La guerre est dite pacification ; l'oppression, fraternisation ; les combattants algériens, baptisés tantôt rebelles, tantôt insurgés, traités en condamnés de droit commun ; la torture s'appelle rééducation, et les camps de concentration camps de regroupement etc.. Quand on parle d'Algérie française et d'égalité des droits, c'est précisément pour perpétuer l'inégalité et pour souhaiter une France traitée à l'algéroise. Quant à Algérie algérienne, personne ne sait ce que ces mots recouvrent, mais tout le monde sait ce qu'ils excluent : l'Algérie aux Algériens. Cette perversion du vocabulaire, le Général de Gaulle l'a poussée à son comble, en l'élevant à la hauteur d'un instrument de gouvernement dans des discours pompeusement littéraires dont la seule fonction est, sous des mirages de rhétorique, de signifier dire.

le contraire ou ce qu'ils semblent

Nul doute que cette dégradation du langage, l'un des signes de l'action dissolvante exercée par

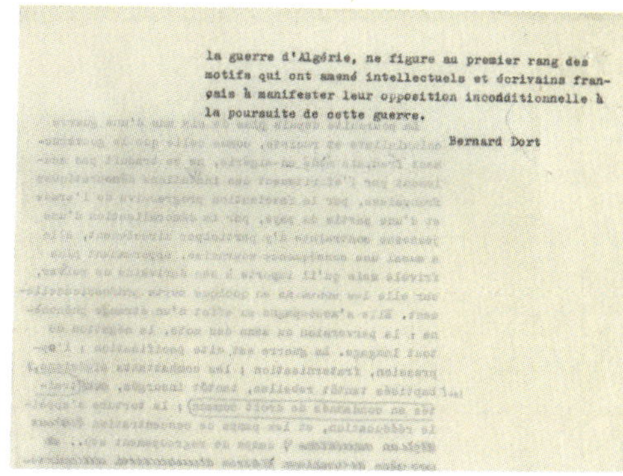

la guerre d'Algérie, ne figure au premier rang des motifs qui ont amené intellectuels et écrivains français à manifester leur opposition inconditionnelle à la poursuite de cette guerre.

Bernard Dort

Bernard Dort, note manuscrite sur la guerre d'Algérie, [1960-1961].

Six ans après qu'a commencé la « guerre colonialiste et raciste » menée en Algérie, Bernard Dort attire l'attention sur l'une de ses conséquences : « la perversion du sens des mots, la négation de tout langage ». Quand « la guerre est dite pacification », « l'oppression fraternisation », quand un chef de l'État fait de la perversion du vocabulaire « un instrument de gouvernement », intellectuels et écrivains ne peuvent que manifester une « opposition inconditionnelle ».

Fonds Bernard Dort/IMEC

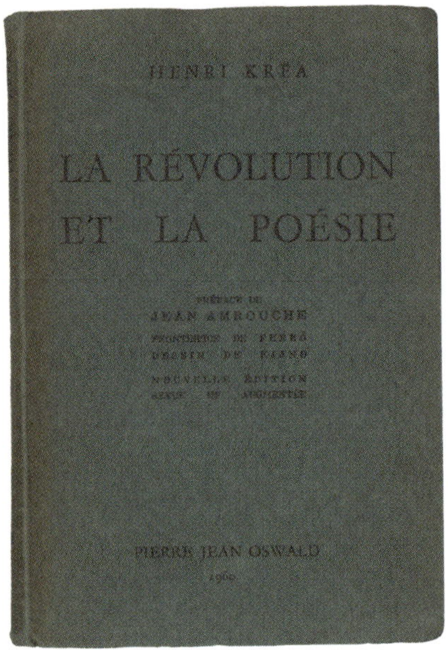

Henri Kréa, *La Révolution et la poésie*, préface de Jean Amrouche, Pierre Jean Oswald, 1960.

Initialement paru en 1957, ce recueil d'Henri Kréa, petit-fils du communiste Marcel Cachin, né de père français et de mère algérienne à Alger en 1933, venu à la poésie avec la guerre, est réédité en 1960 avec une préface de Jean Amrouche, qui invite ses contemporains à reconnaître « à contretemps [des] rythmes contraints [...] ce temps qui remonte vers l'origine du Scandale ! ». « Au nom d'un peuple massacré », Kréa promeut une « poésie de circonstance » pour laquelle « la révolution et la poésie sont une seule et même chose ».

Collection privée

Divisions françaises

Lap, « L'autodétermination », dessin, [s.d.].

En figurant le référendum du 8 janvier 1961 sur « l'autodétermination des populations algériennes » sous la forme d'un carrefour, Lap signale l'importance de ce qui s'y joue. Quant aux panneaux indicateurs, « MNA », « FLN », « Massu », « De Gaulle », ils disent l'ampleur de ce qui sépare les options présentées.

Fonds BDIC

Bosc, « Les deux non », dessin, *France-Observateur* le 29 décembre 1960.

De fait, le référendum du 8 janvier 1961 rapproche fugitivement, ne serait-ce que par le bulletin qu'ils déposent dans l'urne, des opposants historiques. Jean-Maurice Bosc dessine pour *France-Observateur* deux militants du « Non » se regardant en chiens de faïence : un lecteur de *France-Observateur*, favorable à l'indépendance algérienne, et un lecteur de l'*Écho d'Alger*, tenant de l'Algérie française.

Collection Alain Damman

◂ Tract-bulletin

Cet autre tract prône le « Oui à de Gaulle » comme à une force tranquille capable de s'imposer « Contre la Violence, Pour la Paix, Pour la Fraternité ».

Fonds Jacques Delarue/BDIC

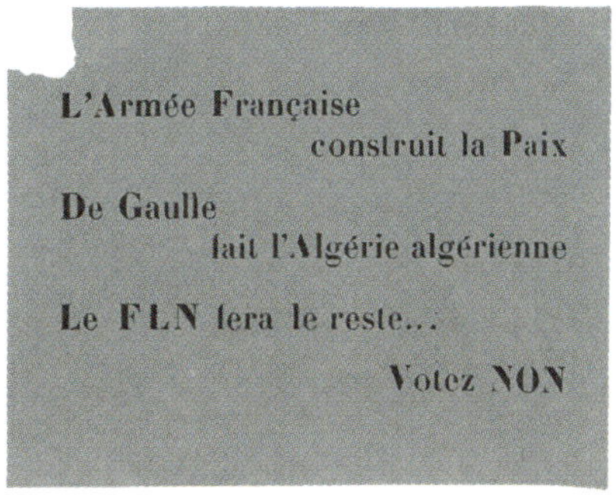
L'Armée Française
construit la Paix

De Gaulle
fait l'Algérie algérienne

Le FLN fera le reste...

Votez NON

Tract-bulletin

Univoques par essence, les tracts se multiplient en cette période électorale. Selon celui-ci, voter « Non », c'est permettre à l'armée française de « construit[re] la paix » et se défier de De Gaulle, qui, en faisant l'Algérie algérienne, laissera le FLN faire « le reste ».

Fonds Jacques Delarue/BDIC

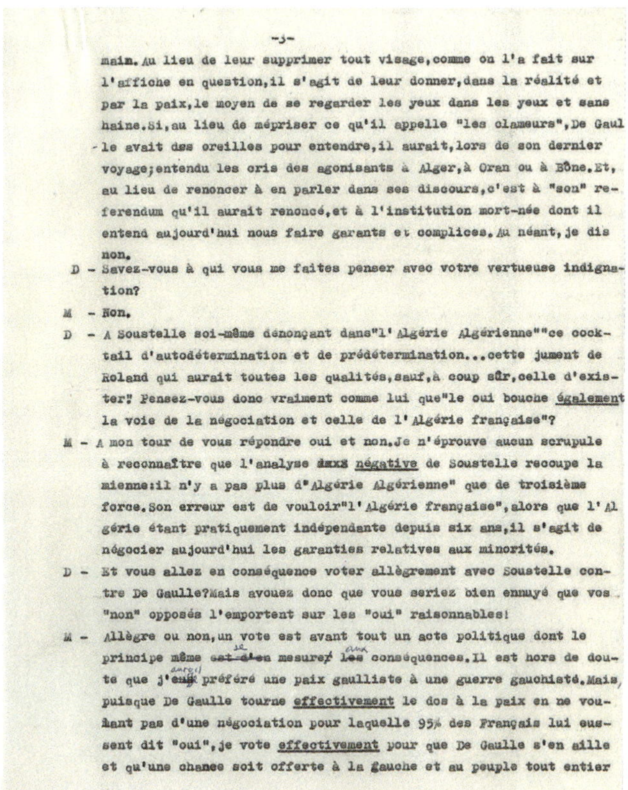
-3-

main. Au lieu de leur supprimer tout visage, comme on l'a fait sur l'affiche en question, il s'agit de leur donner, dans la réalité et par la paix, le moyen de se regarder les yeux dans les yeux et sans haine. Si, au lieu de mépriser ce qu'il appelle "les clameurs", De Gaulle avait des oreilles pour entendre, il aurait, lors de son dernier voyage; entendu les cris des agonisants à Alger, à Oran ou à Bône. Et, au lieu de renoncer à en parler dans ses discours, c'est à "son" referendum qu'il aurait renoncé, et à l'institution mort-née dont il entend aujourd'hui nous faire garants et complices. Au néant, je dis non.

D - Savez-vous à qui vous me faites penser avec votre vertueuse indignation?

M - Non.

D - A Soustelle soi-même dénonçant dans "l'Algérie Algérienne" "ce cocktail d'autodétermination et de prédétermination... cette jument de Roland qui aurait toutes les qualités, sauf, à coup sûr, celle d'exister"! Pensez-vous donc vraiment comme lui que "le oui bouche également la voie de la négociation et celle de l'Algérie française"?

M - A mon tour de vous répondre oui et non. Je n'éprouve aucun scrupule à reconnaître que l'analyse ~~auxx~~ négative de Soustelle recoupe la mienne: il n'y a pas plus d'"Algérie Algérienne" que de troisième force. Son erreur est de vouloir "l'Algérie française", alors que l'Algérie étant pratiquement indépendante depuis six ans, il s'agit de négocier aujourd'hui les garanties relatives aux minorités.

D - Et vous allez en conséquence voter allègrement avec Soustelle contre De Gaulle? Mais avouez donc que vous seriez bien ennuyé que vos "non" opposés l'emportent sur les "oui" raisonnables!

M - Allègre ou non, un vote est avant tout un acte politique dont le principe même ~~est d'en~~ se mesurer ~~les~~ aux conséquences. Il est hors de doute que j'~~eus~~ aurais préféré une paix gaulliste à une guerre gauchiste. Mais, puisque De Gaulle tourne effectivement le dos à la paix en ne voulant pas d'une négociation pour laquelle 95% des Français lui eussent dit "oui", je vote effectivement pour que De Gaulle s'en aille et qu'une chance soit offerte à la gauche et au peuple tout entier

André Mandouze, « Non », feuillet tapuscrit d'un article publié dans *Témoignage chrétien* le 6 janvier 1961.

Pour résumer le dilemme de bien des lecteurs de *Témoignage chrétien* à la veille du référendum, André Mandouze fait dialoguer son moi conscient avec l'avocat du diable, qui voudrait le faire voter à l'inverse de ses convictions et le soumettre au « conditionnement officiel ». Il en vient à reconnaître que son analyse recoupe celle de Jacques Soustelle : « le Oui bouche également la voie de la négociation et celle de l'Algérie française » – à ceci près qu'il considère l'Algérie française comme mourante et comme urgente la nécessité de négocier « les garanties relatives aux minorités ». Ce sera donc « Non ».

Fonds André Mandouze/CHRD/Ville de Lyon

De la haine civile

par Philippe Ariès

Depuis quelques mois, le nationalisme français, incertain et divisé, fait une poussée de fièvre. Il y avait longtemps que la passion ne l'avait agité à ce point, si longtemps que j'avais oublié ses manifestations, cependant familières à ma jeunesse. Passé les secousses de la libération, nous étions entrés dans une période, sinon neutre, du moins froide : on parlait politique sans risques pour la vaisselle ! Il n'en est plus ainsi. La campagne du référendum, la rapide conversion antigaulliste d'une partie vivante de l'opinion nationale, ont provoqué une montée rapide de la température. Cela s'est passé comme une épidémie. On se rencontrait pour s'encourager, s'entretenir au degré le plus haut. Des hommes, pourtant intelligents et déjà mûrs, annonçaient des nouvelles invraisemblables, colportaient des propos farfelus, tandis que leurs femmes les accompagnaient de you-you occidentaux, discrètement excitants. Car les femmes ne cherchaient pas à apaiser le délire de leurs époux : elles soufflaient, au contraire, autant qu'elles pouvaient, sur le feu, prenant garde toutefois de contenir la violence dans des limites strictement verbales, afin d'éviter des incidences domestiques fâcheuses. C'était d'ailleurs bien ainsi — mais ces dames modéraient seulement les actes, toute latitude était laissée aux mots.

Certes, n'exagérons pas, cela ne faisait pas grand mal : une petite guerre de sociétés où on ne dépassait pas les limites du jeu, où on hésitait (souvent) à consommer des ruptures irrémédiables. Agacé sur le moment, on en riait quand la nuit était passée. Néanmoins, il m'est arrivé de quitter

(*Suite page 2*)

Dans ce numero :

LA PAROLE
DE L'ARMÉE

par Jacques LAURENT

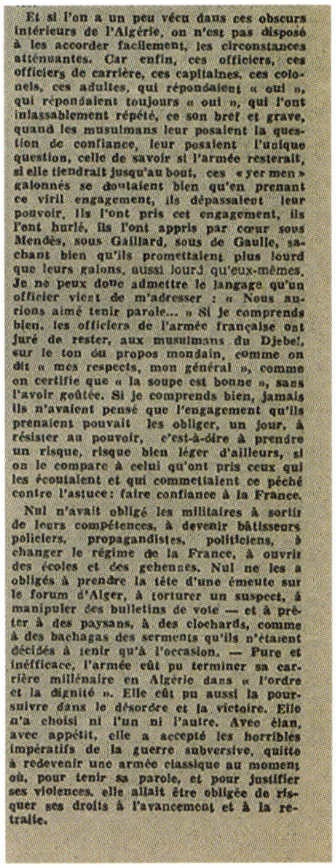

Et si l'on a un peu vécu dans ces obscurs intérieurs de l'Algérie, on n'est pas disposé à les accorder facilement, les circonstances atténuantes. Car enfin, ces officiers, ces officiers de carrière, ces capitaines, ces colonels, ces adultes, qui répondaient « oui », qui répondaient toujours « oui », qui l'ont inlassablement répété, ce son bref et grave, quand les musulmans leur posaient la question de confiance, leur posaient l'unique question, celle de savoir si l'armée resterait, si elle tiendrait jusqu'au bout, ces « yer men » galonnés se doutaient bien qu'en prenant ce viril engagement, ils dépassaient leur pouvoir. Ils l'ont pris cet engagement, ils l'ont hurlé, ils l'ont appris par cœur sous Mendès, sous Gaillard, sous de Gaulle, sachant bien qu'ils promettaient plus lourd que leurs galons, aussi lourd qu'eux-mêmes. Je ne peux donc admettre le langage qu'un officier vient de m'adresser : « Nous aurions aimé tenir parole... » Si je comprends bien, les officiers de l'armée française ont juré de rester, aux musulmans du Djebel, sur le ton du propos mondain, comme on dit « mes respects, mon général », comme on certifie que « la soupe est bonne », sans l'avoir goûtée. Si je comprends bien, jamais ils n'avaient pensé que l'engagement qu'ils prenaient pouvait les obliger, un jour, à résister au pouvoir, c'est-à-dire à prendre un risque, risque bien léger d'ailleurs, si on le compare à celui qu'ont pris ceux qui les écoutaient et qui commettaient ce péché contre l'astuce : faire confiance à la France.

Nul n'avait obligé les militaires à sortir de leurs compétences, à devenir bâtisseurs policiers, propagandistes, politiciens, à changer le régime de la France, à ouvrir des écoles et des gehennes. Nul ne les a obligés à prendre la tête d'une émeute sur le forum d'Alger, à torturer un suspect, à manipuler des bulletins de vote — et à prêter à des paysans, à des clochards, comme à des bachagas des serments qu'ils n'étaient décidés à tenir qu'à l'occasion. — Pure et inefficace, l'armée eût pu terminer sa carrière millénaire en Algérie dans « l'ordre et la dignité ». Elle eût pu aussi la poursuivre dans le désordre et la victoire. Elle n'a choisi ni l'un ni l'autre. Avec élan, avec appétit, elle a accepté les horribles impératifs de la guerre subversive, quitte à redevenir une armée classique au moment où, pour tenir sa parole, et pour justifier ses violences, elle allait être obligée de risquer ses droits à l'avancement et à la retraite.

Jacques Laurent,
« La Parole de l'armée »,
***L'Esprit public*, n° 5,**
14 janvier 1961.

Jacques Laurent, qui a publié sous le nom de Cécil Saint-Laurent, un roman intitulé *L'Algérie quand on y est* (1958), prend ici à partie l'armée. Nul n'a « obligé les militaires à sortir de leurs compétences », « à prendre la tête d'une émeute sur le Forum d'Alger, à torturer un suspect, à manipuler des bulletins de vote », à prendre le « viril engagement » de tenir jusqu'au bout « quand les musulmans leur posaient la question de la confiance ». Ils auraient pu terminer leur carrière dans « l'ordre et la dignité » ou choisir « le désordre et la victoire ». Mais c'eût été « risquer [leurs] droits à l'avancement et à la retraite » – ce que certains n'hésitèrent pas à faire trois mois plus tard, lors du « putsch des généraux ».

Collection privée

◂ **Philippe Ariès,**
« De la haine civile »,
***La Nation française*,**
18 janvier 1961.

À l'inverse, Philippe Ariès en fait ici le constat désolant et en alerte les lecteurs de *La Nation française*, « la passion politique [...] déborde » volontiers « les mesures de la tête et du cœur » et va jusqu'à s'introduire « parmi des amis fraternels ». La campagne du référendum du 8 janvier 1961 et « la rapide conversion antigaulliste d'une partie vivante de l'opinion nationale » ont divisé le nationalisme français au point de conduire « aux aigreurs blessantes de la haine civile ». On en vient à se détester « pour ce qu'on a de commun, qu'une différence, surgie à un moment de crise, rend tout à coup intolérable ».

Archives privées Pierre Boutang

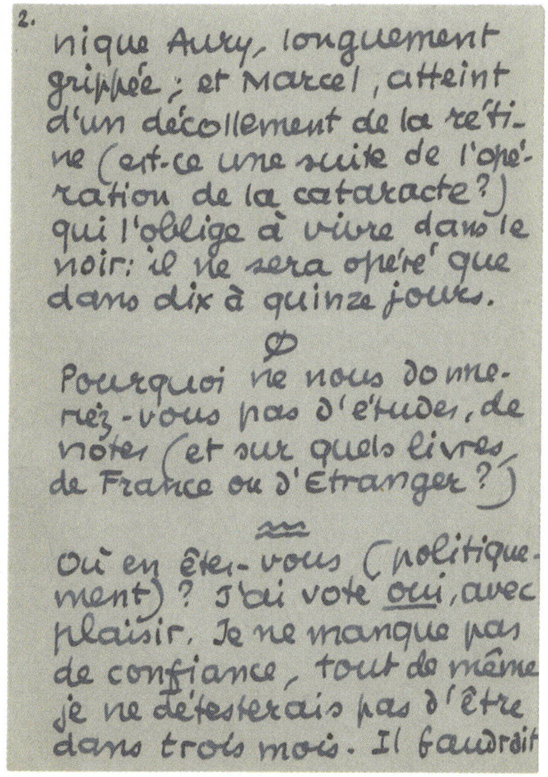

2.
nique Aury, longuement grippée ; et Marcel, atteint d'un décollement de la rétine (est-ce une suite de l'opération de la cataracte ?) qui l'oblige à vivre dans le noir : il ne sera opéré que dans dix à quinze jours.

Pourquoi ne nous donnerez-vous pas d'études, de notes (et sur quels livres de France ou d'Etranger ?)

Où en êtes-vous (politiquement) ? J'ai voté oui, avec plaisir. Je ne manque pas de confiance, tout de même je ne détesterais pas d'être dans trois mois. Il faudrait

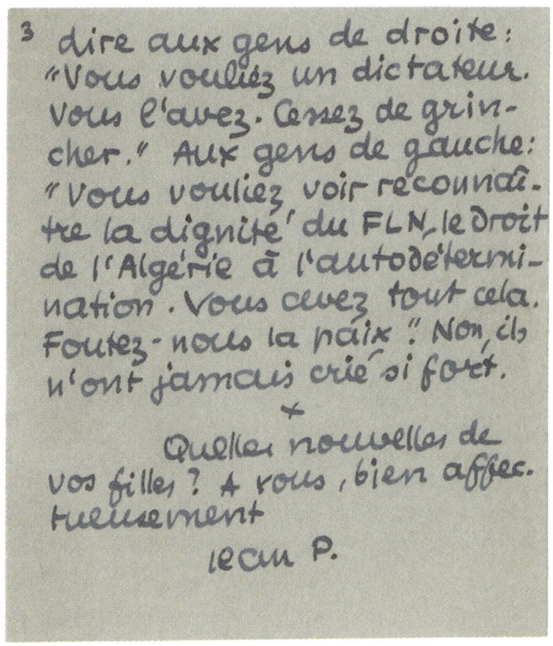

3
dire aux gens de droite : "Vous vouliez un dictateur. Vous l'avez. Cessez de grincher." Aux gens de gauche : "Vous vouliez voir reconnaître la dignité du FLN, le droit de l'Algérie à l'autodétermination. Vous avez tout cela. Foutez-nous la paix !" Non, ils n'ont jamais crié si fort.

Quelles nouvelles de vos filles ? A vous, bien affectueusement

Jean P.

Lettre manuscrite
de Jean Paulhan
à Armand Petitjean,
le 8 février 1961.

Jean Paulhan l'écrit à son ami Armand Petitjean : il a voté « Oui » avec plaisir et « ne manque pas de confiance ». Ce qui ne l'empêche pas de craindre l'effet des récriminations cumulées et persistantes de tous bords. « Il faudrait dire aux gens de droite : "Vous vouliez un dictateur. Vous l'avez" [...] Aux gens de gauche : "Vous vouliez voir reconnaître la dignité du FLN, le Droit de l'Algérie à l'autodétermination. Vous avez tout cela". »

Fonds Armand Petitjean/IMEC

21-22 avril 61.

Bien qu'on y fût préparé depuis longtemps, la nouvelle qui éclata au téléphone et à la radio dans la nuit du 2I au 22 avril donnait le vertige. ~~Si la nuit du surlendemain fut plus pathétique, elle n'était que la conséquence logique de l'autre :~~ il fallait autre chose que des casiers de tomates pour faire tomber Paris.

Cette autre nuit qui commença pour le pays dans la stupeur s'acheva pour nous sur l'espoir puisque les chefs de l'insurrection n'osaient plus passer à exécution. ~~Pour avoir~~ été en retard de vingt quatre heures sur un plan, la machination monstrueuse a échoué, car la surprise était nécessaire à une opération de ce genre. On ne largue plus deux régiments de parachutistes quand le peuple se prépare à embouteiller les voies d'accès des aérodromes; on n'atteint plus l'Elysée quand les chars massés sur ses approches tirent sur les assaillants.

Devant le gouffre de ces risques et de ses dangers, on éprouvait ~~bien~~ en effet du vertige. Personne ne songera à considérer les quatre généraux du pronunciamento comme des esprits irréfléchis. Si j'avais à définir chacun d'eux en peu de mots, je dirais que Challe incarne l'ambition et l'autorité, Zeller la ruse et la mesure, Salan la ruse et l'ambition, Jouhaud la ~~résolution~~ détermination. Des mois de recueillement leur ont permis de peser avec minutie les paroles, les ordres et les actes qui devaient encadrer un si périlleux hasard et les réalités politiques ont joué un grand rôle dans cette aventure dont on connaîtra un jour l'habileté diabolique. ~~Mais l'une des forces n'a pas été mesurée avec justesse, précisément parce qu'ils la méprisent : la démocratie.~~ Comment en sont-ils là ?

Sauf une, qui n'a pas été mesurée avec justesse.

Du procès des barricades, ~~nous~~ donc retrouvons tous les acteurs en place, dans les fonctions que les juges leur ont rendues. Une pièce maîtresse ~~de l'affaire~~ éclaire ~~tout~~ le drame actuel de sa lumière froide : le témoignage à huis clos du colonel Argoud : "...convaincus que nous étions que l'Algérie allait à sa perte et, ce qui est plus grave, la France à sa ruine, (...) vous comprendrez que, dans ces conditions, l'obéissance inconditionnelle du centurion n'était plus de mise." Ailleurs, envisageant, au cours d'un entretien avec le

◂ Jules Roy, feuillet tapuscrit avec annotations manuscrites d'un texte sur le putsch.

Le « Oui » au référendum a entraîné des négociations secrètes entre le gouvernement français et le gouvernement provisoire de la République algérienne. Du 21 au 26 avril, une partie de l'armée, se sentant trahie, tente un putsch à Alger pour maintenir l'Algérie française. À sa tête, les généraux à la retraite Raoul Salan, André Zeller, Maurice Challe et Edmond Jouhaud, secondés par les colonels Antoine Argoud, Jean Gardes, ainsi que Joseph Ortiz et Jean-Jacques Susini. Jules Roy écrit le « vertige » éprouvé à l'annonce du « coup de force, devant le gouffre de risques pris par les rebelles et [les] dangers courus par la nation ». Mais si la première nuit fut celle de la surprise, la deuxième fut celle de l'espoir « quand les chefs insurgés n'osèrent plus passer à l'exécution de leur plan », Challe renonçant à armer les civils.

Fonds Jules Roy, JR42/
BMVR, Marseille

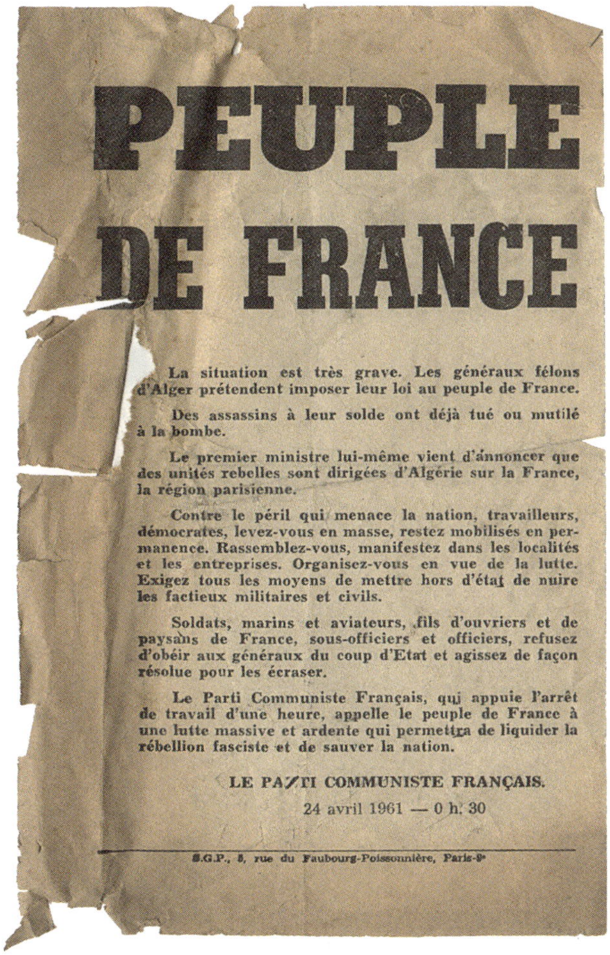

PEUPLE DE FRANCE

La situation est très grave. Les généraux félons d'Alger prétendent imposer leur loi au peuple de France.

Des assassins à leur solde ont déjà tué ou mutilé à la bombe.

Le premier ministre lui-même vient d'annoncer que des unités rebelles sont dirigées d'Algérie sur la France, la région parisienne.

Contre le péril qui menace la nation, travailleurs, démocrates, levez-vous en masse, restez mobilisés en permanence. Rassemblez-vous, manifestez dans les localités et les entreprises. Organisez-vous en vue de la lutte. Exigez tous les moyens de mettre hors d'état de nuire les factieux militaires et civils.

Soldats, marins et aviateurs, fils d'ouvriers et de paysans de France, sous-officiers et officiers, refusez d'obéir aux généraux du coup d'Etat et agissez de façon résolue pour les écraser.

Le Parti Communiste Français, qui appuie l'arrêt de travail d'une heure, appelle le peuple de France à une lutte massive et ardente qui permettra de liquider la rébellion fasciste et de sauver la nation.

LE PARTI COMMUNISTE FRANÇAIS.

24 avril 1961 — 0 h. 30

S.G.P., 8, rue du Faubourg-Poissonnière, Paris-9e

Tract du PCF, le 24 avril 1961.

Le 22, l'état d'urgence est décrété en Algérie : partis de gauche, syndicats et Ligue des droits de l'homme appellent à manifester leur opposition. Maurice Challe dit sa détermination à tenir « le serment de l'armée de garder l'Algérie » contre « un gouvernement d'abandon ». De Gaulle, se saisissant des pleins pouvoirs, sollicite l'obéissance et l'aide des Français : des unités d'appelés s'opposent aux putschistes et les syndicats organisent le 24 une grève générale d'une heure. Le 26, Challe se rend. Le putsch a échoué. Pour Jules Roy, cette « aventure » aurait pu réussir « si elle n'avait pas reposé sur le mépris de la démocratie ».

Fonds Vladimir Pozner/IMEC

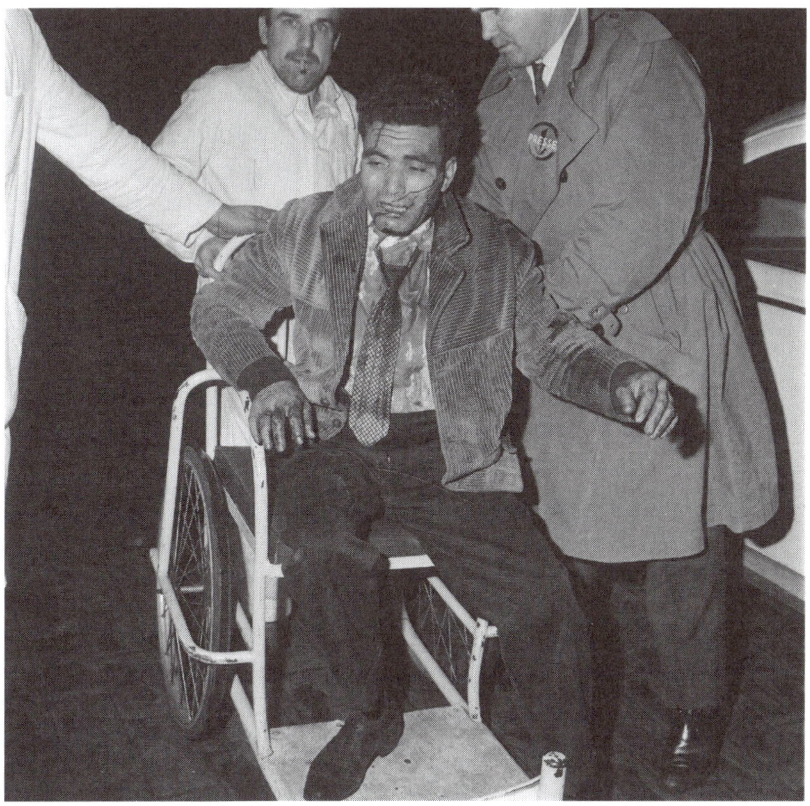

Élie Kagan, photographie d'Abdelkader Bennehar, octobre 1961.

La nuit du 17 octobre va marquer la carrière du photographe Élie Kagan. Prévenu de la manifestation organisée à l'initiative du FLN pour dénoncer le couvre-feu instauré le 3 octobre par le préfet de police Maurice Papon, il sillonne les rues à scooter, de la Concorde à Nanterre, descend dans les bouches de métro, multiplie les clichés qui resteront longtemps la principale mémoire des exactions. À Nanterre, avec un journaliste américain, il emmène un blessé à l'hôpital. Cet inconnu, mort de fractures du crâne après son arrivée ne sera identifié qu'en 2000, reconnu sur photo (de Kagan !) dans *La Bataille de Paris*, le livre de Jean-Luc Einaudi. Si *Témoignage chrétien* du 27 octobre 1961 consacre un dossier complet au massacre, avec les images de Kagan, la presse populaire accrédite la version officielle d'une agression du FLN.

Fonds Elie Kagan/BDIC

- 2 -

La guerre est une suite de manoeuvres où s'enchaînent attaques et contre attaques. Avant le couvre-feu, il y eut les attentats F.L.N. contre des agents de police, mais en même temps que les attentats il y avait les brutalités indistinctes que la police et les harkis exerçaient contre les Nord-Africains, et encore avant, bien avant, il y avait la colonisation ... Nous ne raconterons pas cette histoire; de plus, s'il est possible d'expliquer certains excès, notre rôle n'est pas de les justifier. Quand des terroristes musulmans jettent une grenade sur un groupe d'enfants ou se déguisent en femmes pour abattre un médecin, nous disons notre dégoût. Mais, ce I7 octobre, il s'agissait d'un défilé pacifique qui fut réprimé avec une ignoble sauvagerie, et fut suivi de vengeances plus impardonnables encore.

Inutile, également, de pratiquer des assimilations historiques. La situation des Algériens à Paris n'est pas celle des juifs, victimes jadis désignées par leur religion ou leur nom : depuis des années, le peuple algérien combat pour faire reconnaître son existence. Pourtant, la ségrégation d'une catégorie d'hommes, qui d'ailleurs conservent la qualité de citoyens français jusqu'à ce qu'il en soit décidé autrement, institue chez nous le système de répression collective[1]. C'est une décision unique, sans précédent dans l'histoire moderne de la France, en dehors des mesures allemandes sous l'occupation. Elle viole la Loi et la Constitution : la preuve en est que celui qui l'a prise ne l'a fait, hypocritement, que sous forme de "conseil" aux Algériens, "dans leur intérêt".

Le couvre-feu pour les Algériens ne pouvait entraîner de leur part que la révolte; il appelle de la part de tous la dénonciation publique de ceux qui ont pris la responsabilité du couvre-feu et qui ont autorisé les atrocités de la répression.

---

1. D'une lettre rédigée par nos amis André Depierre et Pierre Collignon, nous extrayons ce passage :"Pour justifier tout, on dit : "il y a le terrorisme F.L.N.". C'est vrai. Mais I50.000 innocents doivent-ils payer, et cela continuellement, pour IOO coupables, ou IOO tueurs ? Cette méthode de la répression en chaîne ne peut que susciter de nouveaux volontaires pour le terrorisme F.L.N. Mais, au fait, il y a des officiers conspirateurs. Pourquoi ne pas empêcher les officiers de se réunir et de sortir le soir ? Hérode a massacré tous les enfants de Bethléem pour en éliminer un seul. A cause de cela, dans l'Histoire, Hérode est marqué du sceau de l'infamie, de la malédiction humaine. Un seul remède pour vider l'abcès du terrorisme algérien : il faut en éliminer les causes, les racines : tout d'abord le mépris et le racisme dont nos frères sont victimes, l'injustice de leur sort, la misère qui les frappe; et surtout terminer cette guerre, qui est leur lutte d'hommes libres à la conquête de leur dignité. Laisserons-nous massacrer encore les Innocents sous le prétexte que nous ne savons ou que nous ne voyons pas ou que nous n'y pouvons rien ? Les Allemands ont trouvé ces excuses-là après 1945. Ce ne sont pas des excuses d'hommes, ni de chrétiens."

Comité directeur d'*Esprit*, « Contre la barbarie », feuillet tapuscrit, 30 octobre 1961.

Après avoir rappelé les circonstances dans lesquelles trente mille Algériens de la région parisienne ont été amenés à manifester pacifiquement le 17 octobre, à Paris, le comité directeur d'*Esprit* s'indigne de la «barbarie» des répressions policières. Lynchages, exécutions sommaires, «disparitions», corps jetés à la Seine: «l'horreur organisée gagne la métropole». Il importe de former des «groupes de résistants à l'inhumanité» et de sauver «les dernières chances humaines d'une coopération» avec l'Algérie de demain. Le 1er novembre, à l'initiative du PSU, des intellectuels manifesteront, Jean-Paul Sartre en tête. François Maspero ironise sur leurs «cinq minutes de silence» alors qu'«entre les hommes et les chiens, la guerre est déclarée» (*Partisans*, n° 2, novembre-décembre 1961).

Fonds Esprit/IMEC

Antoine Blondin, ➤ « Le droit de prendre l'air », *L'Esprit public*, n° 24, octobre-novembre 1961.

Après avoir regretté que le couvre-feu soit venu ajouter sa brimade «à des populations à qui nous avons "tout apporté" sauf, le plus souvent, un lit où coucher» et n'ait exacerbé le «dualisme des communautés», après avoir déploré l'existence de «bidonvilles concentrationnaires», nids d'exaspération, Antoine Blondin prend le parti de la dérision et feint de s'émerveiller que des femmes soient descendues dans la rue, aux côtés des hommes, pour revendiquer avec eux et pour eux «le droit de prendre l'air» et d'accéder à «l'anisette et la belote».

Collection privée

ANTOINE BLONDIN

LE DROIT DE PRENDRE L'AIR

Orly, octobre 1961 : des citoyens français que le gouvernement français invite « à prendre l'air ». A sa façon.

Ces ruelles qui colimaçonnent au nord de Paris, d'où s'élèvent de grêles musiques, d'autres rues droites et grises où déambulent des hommes qui se tiennent par le petit doigt, des trottoirs peuplés au bord du désert nocturne, bien d'autres images encore nous ont appris depuis longtemps que les Arabes vivent sur le pas de leur porte, à la nuit tombée, se cherchent et se réchauffent au hasard des rencontres. A leur manière, ces nomades du soir mettent en échec la solitude d'une existence où il fait vraiment meilleur dehors que dedans.

Qu'il pleuve sur ces quartiers des coups de feu, des coups de couteaux ou des coups de pèlerines, que les échos de nos querelles, à peine plus raffinées, y retentissent dans le sang, c'est la monnaie des grands malheurs et du déchirement où nous sommes plongés. Ces drames compromettent une vie quotidienne dont le gouvernement nous échappe chaque jour davantage; ils n'en affectent pas le principe même. Mais quand nous imposons le couvre-feu à des populations à qui nous avons « tout apporté » sauf, le plus souvent, un lit où coucher, nous renvoyons par paradoxe le vagabond à ses foyers, nous sombrons dans la dérision et la brimade, nous décrétons, sur un sol où il ne demandait guère à s'épanouir, le fameux dualisme des communautés.

Il est certes tout à fait louable de vouloir assurer la protection de la police, effroyablement visée. Mais sauf à confier ce soin par exemple à des civils qu'on doterait à la rigueur d'un uniforme pour les distinguer, je ne vois guère comment on peut s'y prendre. En tout cas, certainement pas en suscitant des bidonvilles concentrationnaires, ni en transformant la plus bénigne H.L.M. en marmite norvégienne. L'exaspération et la répression qu'elle appelle ne s'épanouissent jamais mieux que quand elles mijotent à l'étouffée. Cette fois la Goutte-d'Or a fait déborder le vase et c'est la guerre ouverte à visage fermé. Qui donc orchestre ce dialogue de la peur et de la haine ?

Que les meneurs et les tueurs du F.L.N. aient eu beau jeu d'amener à fermentation la masse des trente mille musulmans descendus vers les boulevards pour y revendiquer le droit à prendre l'air indique assez les fruits auxquels il convient de juger l'arbre. Mais nous aurons vu mieux encore à la faveur de cette fausse manœuvre. Pour la première fois dans l'histoire des civilisations, des femmes ont envahi la chaussée, se sont offertes aux sévices et à l'opprobe pour exiger du gouvernement que leurs maris soient autorisés à ne pas rentrer directement à la maison au sortir de leur travail, des enfants en bas âge ont manifesté aux cris de « Papa au bistrot ! », la cellule tout entière s'est insurgée pour réclamer qu'on rende à l'homme l'anisette et la belote. La péripétie, à elle seule, mérite d'être saluée par nous et méditée par nos compagnes. Dans nos ténèbres, clignotantes de trop de quinquets fumeux, voilà enfin une lumière assez franche qui nous vient de l'Islam.

6

« Mourir ainsi c'est vivre » selon Kateb Yacine

C'est vivre

Fanon, Amrouche, Feraoun
Trois sources vives qui n'ont pas vu
La lumière du jour
Et qui faisaient entendre
Le murmure angoissé
Des luttes souterraines
Fanon, Amrouche, Feraoun
Eux qui avaient appris
A lire dans les ténèbres
Et qui les yeux fermés
N'ont pas cessé d'écrire
Portant à bout de bras
Leurs oeuvres et leurs racines

Mourir ainsi c'est vivre

Guerre et cancer du sang
Lente ou violente chacun sa mort
Et c'est toujours la même
Pour ceux qui ont appris
A lire dans les ténèbres
Et qui les yeux fermés ~~xxxxxxxxxxx~~
N'ont pas cessé d'écrire

Mourir ainsi c'est vivre

Fanon, Amrouche, ~~et~~ Feraoun
Trois voix brisées qui nous surprennent
Plus proches que jamais

~~Mourir ainsi c'est vivre~~

Mon très cher frère,
Trois mille excuses pour ce silence. J'ai eu beaucoup d'emmerdements. Hanks est tombé malade. Il a fallu, sans argent, trouver une clinique, puis le rapatrier. Ensuite je me suis attaqué à mon propre problème : où trouver un poulailler tranquille pour pondre le polygone ? Impossible chez les Romains, et en faisant du journalisme. J'ai tout plaqué, fait demi-tour sur Florence où ta lettre me rejoint. Prochaine étape Paris, puis Marseille, où nous mettrons au point notre Cosmos exorbitant. Salut aux poètes du Vieux Port. Ci-joints quelques brouillons, en attendant mieux.
Ton frère Kateb 84

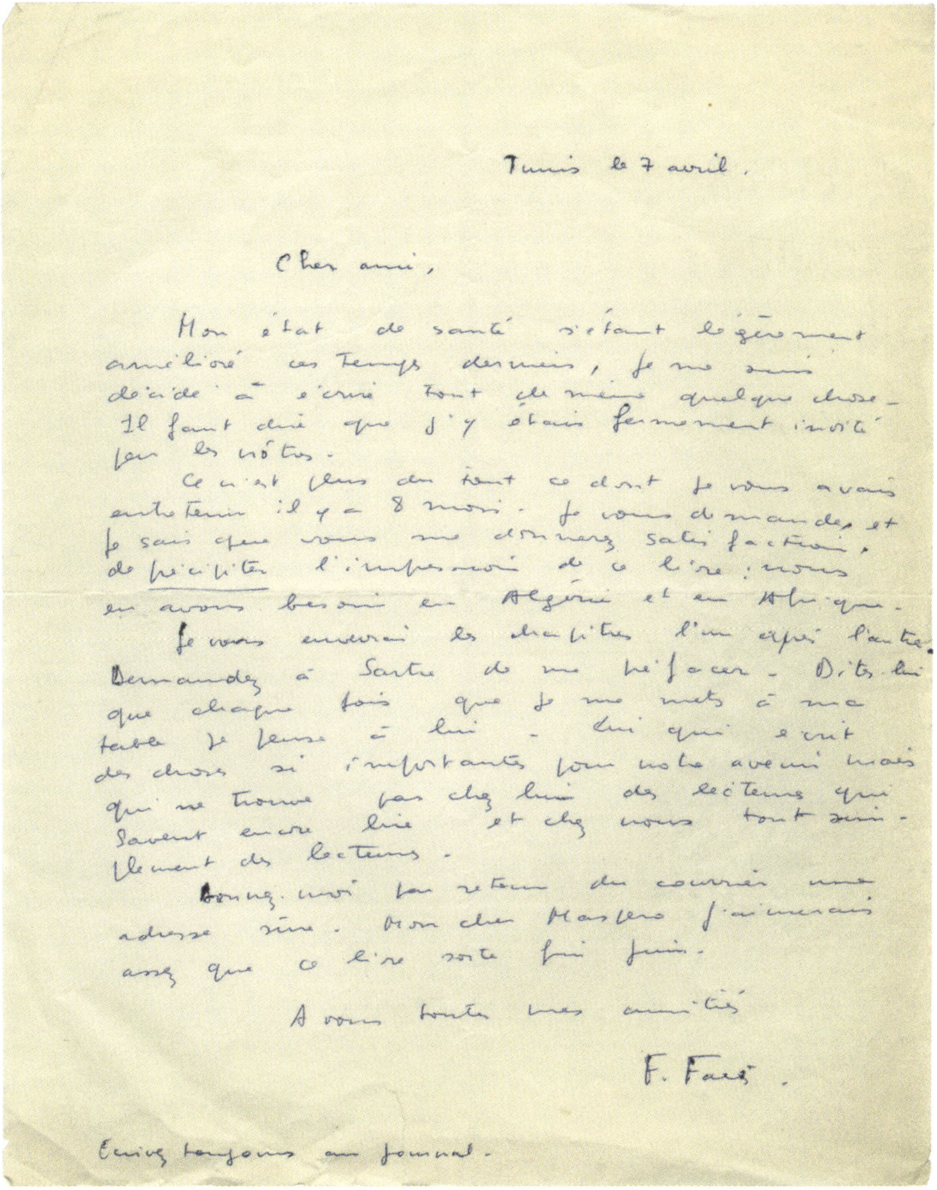

Tunis le 7 avril.

Cher ami,

Mon état de santé s'étant légèrement amélioré ces temps derniers, je me suis décidé à écrire tout de même quelque chose. Il faut dire que j'y étais fermement invité par les nôtres.

Ce n'est plus du tout ce dont je vous avais entretenu il y a 8 mois. Je vous demande, et je sais que vous me donnerez satisfaction, de précipiter l'impression de ce livre : nous en avons besoin en Algérie et en Afrique.

Je vous enverrai les chapitres l'un après l'autre. Demandez à Sartre de me préfacer. Dites-lui que chaque fois que je me mets à ma table je pense à lui. Lui qui écrit des choses si importantes pour notre avenir mais qui ne trouve pas chez lui des lecteurs qui savent encore lire et chez nous tout simplement des lecteurs.

Donnez-moi par retour du courrier une adresse sûre. Mon cher Maspero j'aimerais assez que ce livre sorte fin juin.

A vous toutes mes amitiés

F. Fanon.

Ecrivez toujours au journal.

Lettre manuscrite de Frantz Fanon à François Maspero, Tunis, le 7 avril [1961].

En avril 1961, lors d'une période de rémission, Frantz Fanon, atteint de leucémie et exilé à Tunis, écrit sous un nom d'emprunt à François Maspero. Le temps lui est compté comme il presse pour ceux qu'il appelle « les nôtres », pour l'Algérie et l'Afrique. Son livre devra sortir en juin. Il en enverra les chapitres à mesure de leur rédaction. Et il souhaite une préface de Jean-Paul Sartre, « qui écrit des choses si importantes pour [l']avenir mais qui ne trouve pas chez lui des lecteurs qui savent encore lire et [auprès des indépendantistes] tout simplement des lecteurs ».

Fonds Frantz Fanon/IMEC

◂ Kateb Yacine, « C'est vivre », feuillet tapuscrit avec ajout manuscrit, [1962].

Paru dans *Jeune Afrique* en novembre 1962 et dans *Études méditerranéennes* en hommage à Jean Amrouche, ce poème célèbre trois figures d'écrivains et d'intellectuels « portant à bout de bras / leurs œuvres et leurs racines », mortes (guerre ou cancer) alors que se profilait le cessez-le-feu : Frantz Fanon, Jean Amrouche, Mouloud Feraoun. « Mourir ainsi c'est vivre », puisque ces « trois voix brisées » nous sont « plus proches que jamais ».

Fonds Kateb Yacine/IMEC

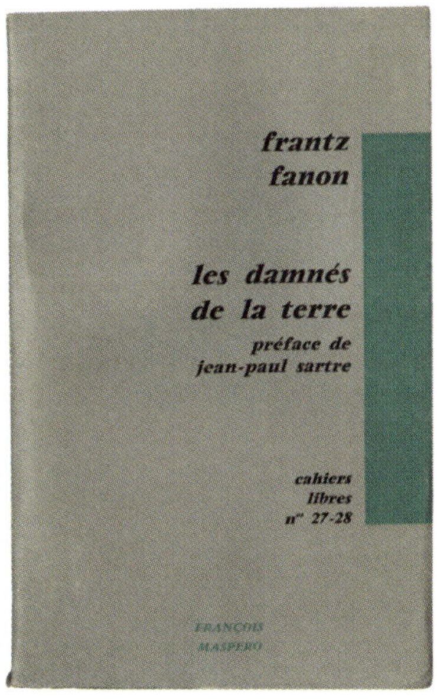

Frantz Fanon, *Les Damnés de la terre*, préface de Jean-Paul Sartre, Maspero, « Cahiers libres », n° 27-28, 1961.

Ce livre-testament, dont le manuscrit complet est adressé à Maspero à la fin de juillet 1961, Frantz Fanon en arrête le titre en août : *Les Damnés de la terre*. L'objectif est clair : « situer doctrinalement le Tiers-Monde par rapport à l'Occident ». « Livre de guerre », écrira Jean-Marie Domenach, posant la décolonisation comme « substitution [...] absolue » d'une contre-violence purifiante à une oppression colonisatrice sclérosante. La préface de Sartre, provocante, interroge (« Où sont les sauvages à présent ? Où est la barbarie ? ») et accuse (« Huit ans de silence, ça dégrade »). Des centaines de milliers d'exemplaires vendus, des traductions en une quinzaine de langues, le livre devient un « classique de la décolonisation ». Y cohabitent analyses précieuses (de l'infériorisation coloniale, des bourgeoisies nationales) et mythification (de la révolution, de l'« homme neuf »).

Fonds Vladimir Pozner/IMEC

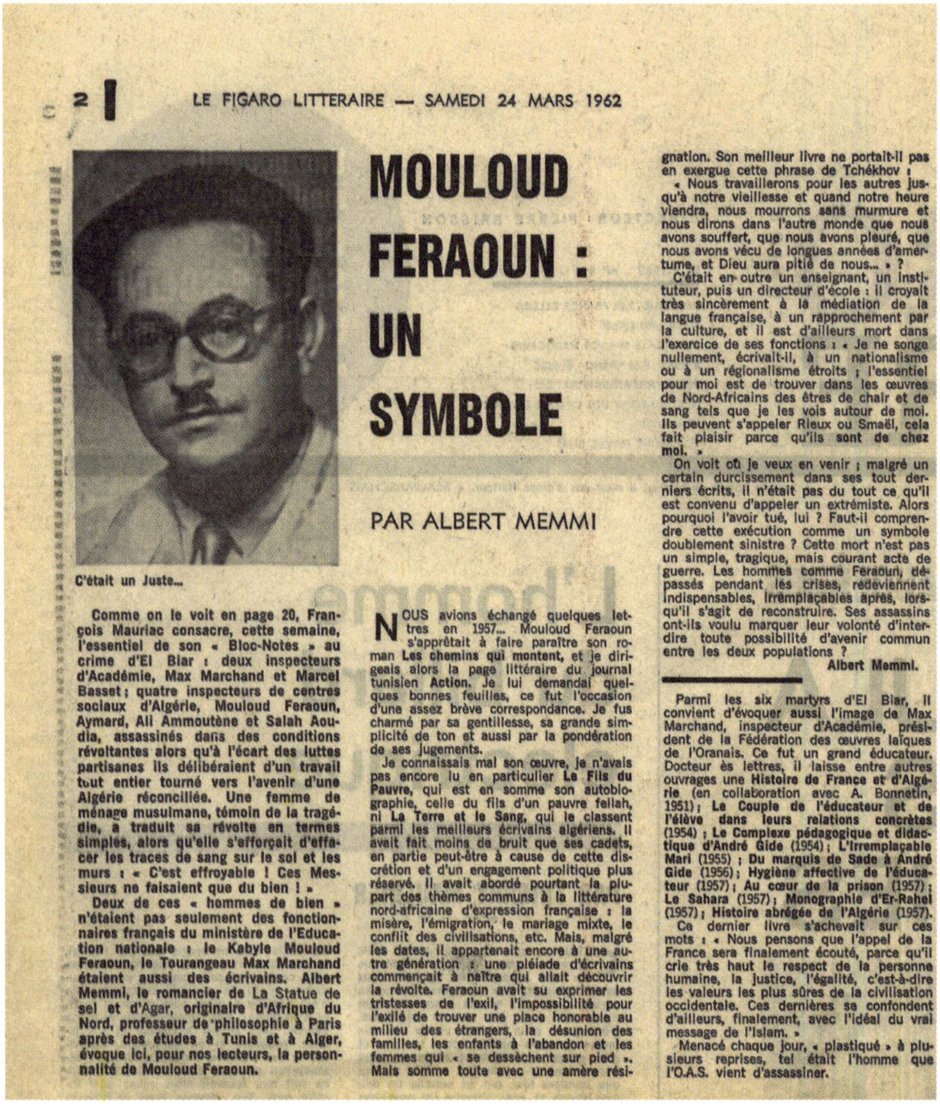

2 LE FIGARO LITTERAIRE — SAMEDI 24 MARS 1962

MOULOUD FERAOUN : UN SYMBOLE

PAR ALBERT MEMMI

C'était un Juste...

Comme on le voit en page 20, François Mauriac consacre, cette semaine, l'essentiel de son « Bloc-Notes » au crime d'El Biar : deux inspecteurs d'Académie, Max Marchand et Marcel Basset ; quatre inspecteurs de centres sociaux d'Algérie, Mouloud Feraoun, Aymard, Ali Ammoutène et Salah Aoudia, assassinés dans des conditions révoltantes alors qu'à l'écart des luttes partisanes ils délibéraient d'un travail tout entier tourné vers l'avenir d'une Algérie réconciliée. Une femme de ménage musulmane, témoin de la tragédie, a traduit sa révolte en termes simples, alors qu'elle s'efforçait d'effacer les traces de sang sur le sol et les murs : « C'est effroyable ! Ces Messieurs ne faisaient que du bien ! »

Deux de ces « hommes de bien » n'étaient pas seulement des fonctionnaires français du ministère de l'Education nationale : le Kabyle Mouloud Feraoun, le Tourangeau Max Marchand étaient aussi des écrivains. Albert Memmi, le romancier de La Statue de sel et d'Agar, originaire d'Afrique du Nord, professeur de philosophie à Paris après des études à Tunis et à Alger, évoque ici, pour nos lecteurs, la personnalité de Mouloud Feraoun.

NOUS avions échangé quelques lettres en 1957... Mouloud Feraoun s'apprêtait à faire paraître son roman **Les chemins qui montent**, et je dirigeais alors la page littéraire du journal tunisien **Action**. Je lui demandai quelques bonnes feuilles, ce fut l'occasion d'une assez brève correspondance. Je fus charmé par sa gentillesse, sa grande simplicité de ton et aussi par la pondération de ses jugements.

Je connaissais mal son œuvre, je n'avais pas encore lu en particulier **Le Fils du Pauvre**, qui est en somme son autobiographie, celle du fils d'un pauvre fellah, ni **La Terre et le Sang**, qui le classent parmi les meilleurs écrivains algériens. Il avait fait moins de bruit que ses cadets, en partie peut-être à cause de cette discrétion et d'un engagement politique plus réservé. Il avait abordé pourtant la plupart des thèmes communs à la littérature nord-africaine d'expression française : la misère, l'émigration, le mariage mixte, le conflit des civilisations, etc. Mais, malgré les dates, il appartenait encore à une autre génération : une pléiade d'écrivains commençait à naître qui allait découvrir la révolte. Feraoun avait su exprimer les tristesses de l'exil, l'impossibilité pour l'exilé de trouver une place honorable au milieu des étrangers, la désunion des familles, les enfants à l'abandon et les femmes qui « se dessèchent sur pied ». Mais somme toute avec une amère résignation. Son meilleur livre ne portait-il pas en exergue cette phrase de Tchékhov :

« Nous travaillerons pour les autres jusqu'à notre vieillesse et quand notre heure viendra, nous mourrons sans murmure et nous dirons dans l'autre monde que nous avons souffert, que nous avons pleuré, que nous avons vécu de longues années d'amertume, et Dieu aura pitié de nous... » ?

C'était en outre un enseignant, un instituteur, puis un directeur d'école : il croyait très sincèrement à la médiation de la langue française, à un rapprochement par la culture, et il est d'ailleurs mort dans l'exercice de ses fonctions : « Je ne songe nullement, écrivait-il, à un nationalisme ou à un régionalisme étroits ; l'essentiel pour moi est de trouver dans les œuvres de Nord-Africains des êtres de chair et de sang tels que je les vois autour de moi. Ils peuvent s'appeler Rieux ou Smaël, cela fait plaisir parce qu'ils sont de chez moi. »

On voit où je veux en venir ; malgré un certain durcissement dans ses tout derniers écrits, il n'était pas du tout ce qu'il est convenu d'appeler un extrémiste. Alors pourquoi l'avoir tué, lui ? Faut-il comprendre cette exécution comme un symbole doublement sinistre ? Cette mort n'est pas un simple, tragique, mais courant acte de guerre. Les hommes comme Feraoun, dépassés pendant les crises, redeviennent indispensables, irremplaçables après, lorsqu'il s'agit de reconstruire. Ses assassins ont-ils voulu marquer leur volonté d'interdire toute possibilité d'avenir commun entre les deux populations ?

Albert Memmi.

Parmi les six martyrs d'El Biar, il convient d'évoquer aussi l'image de Max Marchand, inspecteur d'Académie, président de la Fédération des œuvres laïques de l'Oranais. Ce fut un grand éducateur. Docteur ès lettres, il laisse entre autres ouvrages une **Histoire de France et d'Algérie** (en collaboration avec A. Bonnetin, 1951) ; **Le Couple de l'éducateur et de l'élève dans leurs relations concrètes** (1954) ; **Le Complexe pédagogique et didactique d'André Gide** (1954) ; **L'Irremplaçable Mari** (1955) ; **Du marquis de Sade à André Gide** (1956) ; **Hygiène affective de l'éducateur** (1957) ; **Au cœur de la prison** (1957) ; **Le Sahara** (1957) ; **Monographie d'Er-Rahel** (1957) ; **Histoire abrégée de l'Algérie** (1957).

Ce dernier livre s'achevait sur ces mots : « Nous pensons que l'appel de la France sera finalement écouté, parce qu'il crie très haut le respect de la personne humaine, la justice, l'égalité, c'est-à-dire les valeurs les plus sûres de la civilisation occidentale. Ces dernières se confondent d'ailleurs, finalement, avec l'idéal du vrai message de l'Islam. »

Menacé chaque jour, « plastiqué » à plusieurs reprises, tel était l'homme que l'O.A.S. vient d'assassiner.

Albert Memmi, « Mouloud Feraoun : un symbole », *Le Figaro littéraire*, 24 mars 1962.

Le 15 mars 1962, deux inspecteurs d'académie et quatre animateurs des centres sociaux sont assassinés par l'OAS à El Biar : Marcel Basset, Robert Eymard, Salah Ould Aoudia, Ali Hammoutène, Max Marchand et Mouloud Feraoun. Dans *Les Lettres françaises*, Germaine Tillion, Emmanuel Roblès, Hubert Juin, Gabriel Audisio, Roger Grenier, Jean Pelegri, Driss Chaïbi rendent hommage à Feraoun. Albert Memmi, dans *Le Figaro littéraire*, en fait un « symbole ». C'est précisément parce que Feraoun était tout sauf un extrémiste que son exécution inquiète. « Dépassés pendant les crises », les hommes tels que lui deviennent « irremplaçables [...] lorsqu'il s'agit de reconstruire ». « Ses assassins », interroge Memmi, ont-ils souhaité marquer leur « volonté d'interdire toute possibilité d'avenir commun entre les deux populations ? »

Fonds Jules Roy, JR45/
BMVR, Marseille

***Partisans*, nº 3, février 1962.**

À trente-six ans, le 6 décembre 1961, Frantz Fanon meurt. Les membres de la rédaction de *Partisans* lui rendent hommage comme à celui qui a donné « un sens nouveau à leurs pensées, leurs choix, leurs actes politiques, leur vie même ». Tout verbiage supplémentaire leur semblant indigne, venant de « ceux qui ne partagèrent ni sa lutte ni ses espoirs », ils reproduisent l'hommage de ses frères algériens et ménagent une place à Maurice Maschino, qui fait sienne la théorie de l'« homme neuf », affranchi de l'Europe. « Non à l'aliénation du Noir, non à l'aliénation de l'Algérie, non à l'aliénation du Tiers-Monde », martèle Mashino.

Fonds Bibliothèque de revues/IMEC

Attentat de février 1962

« Attentats à l'explosif aux domiciles de personnalités », *Liberté de l'Est*, 8 février 1962.

Le 6 février 1962, une journée de protestation de l'Université est organisée à l'initiative de l'UNEF. Un texte du constitutionnaliste Georges Vedel rappelle les urgences et les exigences de la démocratie. Le 7 février, l'OAS déclenche des attentats à l'explosif : l'un vise André Malraux et atteint Delphine Renard, une petite fille de quatre ans, qui y perdra un œil et restera défigurée ; d'autres visent le colonel de Corta et le général en retraite Hériard-Dubreuil, signataire d'un manifeste protestant contre l'acquittement de trois officiers tortionnaires ; d'autres encore les domiciles du sénateur communiste Raymond Guyot, d'André Wurmser, de l'écrivain Vladimir Pozner et de Georges Vedel... L'émotion est forte, et Delphine Renard devient le symbole d'une OAS honnie.

Fonds Vladimir Pozner/IMEC

ATTENTATS A L'EXPLOSIF AUX DOMICILES DE PERSONNALITÉS

du Ministre gaulliste André Malraux au Sénateur communiste Raymond Guyot

SIX BLESSÉS, DONT QUATRE, PLACE DE LA RÉPUBLIQUE

Paris. — Une fenêtre aux barreaux d'acier tordus, une pièce aux murs blancs emplie de gravats, des débris de verre, des boiseries défoncées, un lit d'enfant taché de sang...

C'est ce qu'ont découvert au rez-de-chaussée de l'hôtel particulier occupé par M. André Malraux, les enquêteurs chargés des premières vérifications après l'attentat à l'explosif perpétré au début de l'après-midi, 19 bis, avenue Victor-Hugo, à Boulogne.

L'hôtel en question s'élève à l'angle de l'avenue Victor-Hugo et de la rue Marcel-Loyau. C'est dans cette rue peu passante, surtout à cette heure tranquille, que le ou les terroristes ont agi, sans grands risques d'ailleurs.

En effet, les deux policiers — un gardien de la paix et un supplétif — qui depuis 4 ans surveillent jour et nuit le domicile du ministre d'Etat se trouvaient à cet instant dans leur guérite installée sur le trottoir de l'avenue Victor-Hugo à deux pas de la porte d'entrée. De là ils pouvaient surveiller les allées et venues des visiteurs qui entrent et sortent par la grille et franchissent le jardinet, mais ils ne pouvaient voir ce qui se passait, une fois passé l'angle, rue Marcel-Loyau.

SUR LE REBORD DE LA FENETRE

L'engin avait été déposé sur le rebord de la fenêtre derrière laquelle jouait la petite Delphine Renard, 4 ans.

L'enfant jouait paisiblement à la poupée dans la nursery au rez-de-chaussée de l'hôtel particulier, rez-de-chaussée qui a été laissé à la disposition de son père, M. Renard, propriétaire de l'hôtel, dont le premier et le deuxième étages sont occupés par M. André Malraux et sa famille.

M. Malraux qui était absent de son domicile, ainsi que Mme Malraux, à l'heure de l'attentat, s'est aussitôt rendu sur les lieux pour constater l'ampleur des dégâts.

Il était suivi bientôt par une demi-douzaine des principaux inspecteurs chargés de la sécurité de l'Elysée qui avaient été dépêchés aussitôt sur les lieux.

En quittant l'avenue Victor-Hugo vers 15 h. 15, le ministre d'Etat, le visage grave, n'a voulu faire aucune déclaration.

GRIEVEMENT BLESSEE A UN ŒIL

La petite Delphine Renard, d'abord transportée à la clinique Victor-Hugo, de Boulogne-Billancourt, a été transférée peu après à l'hôpital Cochin.

Delphine Renard a, en effet, reçu un éclat dans un œil et l'on se demande s'il sera possible de sauver celui-ci.

VLADIMIR POZNER LEGEREMENT BLESSE

Cet attentat était suivi de plusieurs autres :

— Dans l'immeuble, 52, rue Mazarine (6e) où demeure l'écrivain et journaliste Vladimir Pozner, collaborateur de « L'Humanité ».

Déflagration violente, dégâts importants dans l'escalier et dans l'appartement de M. Pozner, qui a été légèrement blessé à la tête par des éclats de verre. Le journaliste a été transporté à l'hôpital Laennec. Son état n'inspire pas d'inquiétude.

— 14, avenue de Salonique (17e) où habite M. Serge Bromberger journaliste au « Figaro ».

M. Bromberger se trouve actuellement à Tunis.

13 appartements furent détériorés. Dans quatre d'entre eux, les portes ont été arrachées par le souffle et une conduite de gaz a été sectionnée.

UN COLONEL ET UN GENERAL

— 16, avenue de Versailles. Dégâts relativement peu importants. La charge avait été placée devant la porte du colonel de Corta, officier d'infanterie, ancien attaché du cabinet de M. Messmer et actuellement affecté à l'Ecole militaire.

— 116, rue de la Boëtie, devant la porte du général d'aviation en retraite Hériard-Dubreuil, un des signataires du récent manifeste protestant contre l'acquittement de trois officiers tortionnaires.

Déflagration violente, portes soufflées.

Jean Oudinot, directeur général de la R.T.F. en Algérie, qui a été grièvement blessé dans un attentat à Alger. Associated Press.

Photographie de Vladimir Pozner après l'attentat du 7 février 1962.

D'abord dans le coma à l'hôpital Laënnec, puis transféré à La Pitié, Vladimir Pozner ignore tout des « suites » de l'attentat qui l'a frappé. Il ignore jusqu'aux menaces de mort de l'OAS qui le poursuivent une nouvelle fois, six semaines après l'attentat, sur son lit de grand blessé. Pour avoir eu le réflexe de refermer sa porte, soufflée par l'explosion, il y est soigné pour une fracture du rocher et un œdème au cerveau. Un temps aphasique, il réapprendra à parler et à écrire.

Collection privée

Jacques Perret, « Faits-divers », *L'Esprit Public*, nº 27, février 1962.

Sous couvert de rendre compte de faits divers et des réactions qu'ils provoquent, Jacques Perret revient sur l'émotion suscitée par les blessures de la petite Delphine Renard, devenue « victime-drapeau ». Les « forces vives de la capitulation » ont enfin « leur petite fille blessée par l'OAS ». Nous, rétorque Perret, « nous avons quelques centaines de Delphine suppliciées » et « l'autre jour, deux collégiens mitraillés à la porte du lycée » qui, pour ne pas être du bon côté politique, ont été superbement ignorés. Coupables : les « routines de l'impartialité » et la prolifération insolite du mensonge d'État, soutenu par « les élites en place ».

Collection privée

Fev 62

D'un ami dans l'épreuve à qui « L'Esprit Public » reste très fidèlement et très affectueusement attaché.

FAITS - DIVERS

L'AUTRE soir, à Saint-Germain-des-Prés, dans la foule, un homme était tué d'un coup de couteau. Soit dit en passant ce n'est pas un crime O.A.S., mais nous avons bien senti qu'il s'en fallait de peu.

L'assassinat de ce promeneur qui tentait de protéger son épouse molestée par des blousons noirs, a soulevé, le lendemain, l'indignation du public.

Impassible témoin de l'assassinat, le même public était rentré chez lui pour s'endormir sagement, des boules Quiès plein les oreilles, la tête dans les plumes et la conscience sous l'oreiller, à sa place habituelle. En effet, l'usage de son indignation a été confiée une fois pour toutes à son journal favori. C'est l'avantage d'appartenir à un peuple enfin libéré des funestes errements d'une morale primesautière.

Le vrai bon Samaritain, je veux dire le Samaritain un peu évolué, ne va pas prendre l'initiative de mettre en fuite les voleurs ou de panser les plaies de la victime car il ne possède pas les éléments d'information pour juger avec certitude : 1° si les voleurs sont bien des voleurs, 2° si les assassins n'ont pas en poche un ordre de mission historique, 3° si la victime n'a pas reçu tout bonnement la correction qu'elle méritait, 4° s'il ne sagit pas d'un rite initiatique de promotion sociale. Toutes choses dont il appartient à l'Etat de nous informer par les nombreux distributeurs de sa vérité sans réplique. Nous saurons alors si notre indignation a été requise, à l'encontre de quoi et sur combien de colonnes.

Or, cette indignation est, en général, sollicitée contre la victime pour peu que celle-ci soit un membre de la famille. Le préjugé ou le réflexe qui, naguère encore, nous invitait à secourir d'abord nos frères en détresse a été supprimé à notre insu et nous voila satisfaits d'entendre dire que ces victimes-là sont peu intéressantes, probablement expiatoires, et sans doute nécessaires à nos lendemains heureux. Ainsi voit-on sous nos yeux, injurié, molesté, poignardé à petits coups, tout un peuple qui se dit notre frère mais, Dieu merci, la famille ne veut pas le savoir, vaque à ses affaires et dort sans cauchemars. Elle savait déjà, par son journal habituel ou son bulletin paroissial, que le soi-disant frère est un faux frère et qu'il a l'âme aussi noire que les pieds, tandis que, sous les apparences de jeunes voyous, les agresseurs sont dûment accrédités par le cours des choses pour châtier cette racaille hypocrite.

Aujourd'hui encore des millions de témoins passent leur chemin, tout juste agacés par les appels de leurs compatriotes en péril et, dans le cas où la victime se rebiffe, on n'hésite pas à s'arrêter une seconde pour lui mettre un coup de talon sur la figure ou, de préférence, lui cracher dessus.

9

« Comment faire face au terrorisme ? », entretien de Gilles Martinet avec Jean-Paul Sartre, *France-Observateur*, 18 mai 1961.

À la fin de 1961, début de 1962, les attentats terroristes se multiplient en métropole. Les ultras tentent d'« exporter » la guerre algérienne. Selon Jean-Paul Sartre, ce serait pour pousser « cette droite qui ne leur donne pas entièrement raison, mais qui leur trouve quand même des excuses », à obtenir la suspension des négociations, alors que le résultat produit sera inverse : augmenter le désir de paix, creuser le fossé entre les Français d'Algérie et les Français métropolitains. Deux préconisations sont avancées : « dénoncer [...] ceux dont on doit légitimement se méfier » ; développer et organiser la vigilance populaire à l'échelle locale, de sorte que le gouvernement soit obligé de réagir pour reprendre l'initiative.

Fonds Alain Robbe-Grillet/IMEC

AUTRE violence. Une fillette a été blessée, à Paris, par une explosion de plastic. C'est un accident déplorable et parlant ainsi, j'encours l'anathème de la conscience démocratique pour indulgence délibérée dans le choix de mes expressions. Ecumant de colère et pleurant de joie, hurlant au crime et chantant l'aubaine, tous les journaux se sont précipités sur la malheureuse Delphine pour écarter la plaie. Le doigt de la Providence avait enfin désigné la victime idéale, la victime-drapeau. Branle-bas d'indignation sur le plan humain, réquisition de la blessure, atrocité nazie, sanglots antifascistes, gala des professeurs de vertu, boum des valeurs spirituelles, auréole pour les gorilles, les margoulins font leur beurre et toutes les mouches de la propagande bourdonnent sur la plaie. Il faut dire que Delphine, pour la vigilance républicaine et l'émulation des forces vives de la capitulation, c'est autrement efficace que B.B. qui a déjà beaucoup servi un peu partout. Il faut dire aussi que « France-Soir », « Le Monde » et « Le Figaro » se fatiguaient de ne pouvoir s'énerver que sur des bruits de carreaux cassés. Ils ont enfin leur petite fille blessée par l'O.A.S. Pourvu qu'elle devienne aveugle ! Au peuple français qui voyait trop clair les nazis veulent imposer leurs ténèbres. De toute façon le processus d'indignation populaire et mondiale est déclenché. Le service d'ordre sera comme d'habitude assuré par les menteurs d'élite.

Nous, nous n'avons pas de B.B., mais nous avons quelques centaines de Delphine suppliciées avec père et mère, et des milliers d'égorgés pantelants qui depuis plus de sept ans se font connaître avec modestie dans la morne rubriques des attentats en Algérie, entre le cours des Halles et les accidents de la route. Nous avons eu aussi, entre autres, l'enfant assassiné par un lieutenant politique de l'armée française et l'autre jour, deux collégiens mitraillés à la porte du lycée. Enfants de colons, graine d'ultra, à la rubrique et pas de grimace. Les routines de l'impartialité.

CE n'est pas la première fois que la France, mère des arts, des armes et des lois, prend figure de mégère inquiétante, mais la crise aujourd'hui déroute un peu l'examen. Nous y voyons des symptômes d'oblitération intellectuelle compliquée de désordres affectifs graves. Un diagnostic de démence sénile nous paraît un peu sommaire. Il faudrait chercher aussi du côté de la confusion mentale et de la psychose hallucinatoire. Le mal, comme d'habitude, est particulièrement remarquable sinon circonscrit dans les élites en place, professeurs, maîtres d'opinion à plume ou à voix, vedettes de toutes sortes, le chef de l'Etat faisant un cas à part dont l'étude tomberait sous le coup de la loi. De toute manière le pronostic est sévère et on ne peut vraiment pas dire qu'il soit tempéré par le comportement du corps de la nation réputé sain. Jusqu'à nouvel ordre la sagesse qu'on lui prête a toutes les apparences du consentement morbide.

Certains experts ayant effectué des prélèvements dans les différentes couches de l'atmosphère métropolitaine, ont cru découvrir la cause principale de ces troubles dans une prolifération insolite du mensonge. Nous serions tout près de la saturation. Il est admis en effet qu'une certaine proportion de mensonge est recommandée à l'équilibre des nations civilisées mais, passé un certain coefficient, il entraîne des désordres. Or la production du mensonge ayant été nationalisée, elle bénéficie de crédits énormes et de tous les progrès de la technique, laminoirs, mélangeurs et distributeurs automatiques, de telle sorte que le mensonge d'Etat émulsionné à refus dans l'air ambiant, attaque les centres nerveux de la population pour ne lui laisser le choix qu'entre la paralysie et l'hystérie.

A combien de mégatonnes, mon général, estimez-vous le poids des mensonges qui doivent étouffer notre petite vérité ? Vous êtes encore très loin de compte, vous allez vous ruiner.

10

Un entretien avec Jean-Paul SARTRE

COMMENT FAIRE FACE

Au lendemain de l'attentat dirigé contre notre journal, nous avons reçu un petit avertissement : « Après « France Observateur », ce sera le tour des signataires du manifeste des 121. »

C'est ce qui nous a donné l'idée de demander au plus illustre de ces signataires ce qu'il pense du terrorisme des « ultras » et comment il croit que l'on devrait y faire face.

Gilles MARTINET. — Ce terrorisme qui nous vise aujourd'hui est bien différent de ceux que nous avons jusqu'à présent connus, qu'il s'agisse de l'action de la Résistance française ou de celle du nationalisme algérien.

Jean-Paul SARTRE. — Il y a en effet un terrorisme des riches et un terrorisme des pauvres. Celui-ci, qu'il s'agisse de la France de l'occupation, de la Palestine dominée par les Anglais ou de l'Algérie actuelle bénéficie de l'appui de la population, il fait partie de la guerre populaire. L'autre terrorisme ne fait que le calquer. Il n'a pour le soutenir qu'un petit nombre d'individus. L'immense majorité de la population lui est hostile. Un homme qui, après avoir lancé une bombe, chercherait à échapper à la police aurait du mal à trouver refuge chez des inconnus.

Le but des terroristes

Gilles MARTINET. — S'agit-il donc selon vous de véritables desperados ?

Jean-Paul SARTRE. — Il y a certainement parmi eux des Européens d'Algérie qui ne tiennent compte que de leur rage. Il y a aussi des déséquilibrés. J'en ai connu un qui était capable de faire n'importe quoi. Il est aujourd'hui à l'asile. Mais il y a aussi des hommes bien organisés et d'authentiques mercenaires. Les journaux ont parlé à ce propos de noyaux israéliens ayant jadis appartenu au groupe Stern. Ce ne sont pas là des gens qui se vengent. Ceux qui les payent ne songent pas non plus à la vengeance. Ce n'est pas le problème pour eux. Aussi doit-on se demander ce qu'ils veulent. Le terrorisme étant la continuation de la politique par d'autres moyens, il faut s'interroger sur la politique que ces gens-là veulent faire triompher.

Pour moi, leur action est liée à l'idée que les pourparlers vont traîner, et qu'ils pourront profiter du climat résultant d'une lente détérioration de la négociation. Ils visent à détacher du gouvernement ses éléments de droite qui, pour l'instant, n'ont pas envie d'agir et qui tout en n'étant pas très gaullistes se tiennent tranquilles. C'est le cas de la majeure partie du corps électoral des indépendants. On peut penser qu'au bout d'un certain temps ces gens-là seront lassés de tergiversations dont ils attribueront la responsabilité au F.L.N. Si à ce moment-là le terrorisme va en s'accentuant, ils peuvent être tentés de dire : « *Il y en a assez. Le gouvernement doit arrêter la négociation.* » Voilà à mon avis quel est le calcul. Il me paraît tout à fait faux mais il se tient.

Gilles MARTINET. — Ne pensez-vous pas qu'il y a aussi la volonté de démontrer que la conclusion de la paix pourrait déclencher la guerre civile et que tout accord conclu avec le F.L.N. serait rapidement remis en cause par une nouvelle insurrection algéroise ?

Jean-Paul SARTRE. — Il n'y a pas de doute sur ce point. Mais cela concerne l'Algérie, cela n'explique pas le terrorisme en France. Non, leur idée doit être bien d'exaspérer cette droite qui ne leur donne pas entièrement raison mais qui leur trouve tout de même des excuses, de l'exaspérer jusqu'à ce que l'on en arrive à créer également un climat d'ébullition en France. C'est en cela qu'ils raisonnent en Algériens et non pas en Français et qu'ils se trompent.

Gilles MARTINET. — Les autres Algériens, je veux dire les nationalistes du F.L.N., avaient été tentés eux aussi de transposer en France la lutte qui se déroulait en Algérie. Mais cette « exportation » de la guerre n'a pas eu lieu.

Jean-Paul SARTRE. — Bien au contraire, il y a eu refus. La question a été posée et la réponse a été négative.

Gilles MARTINET. — Ce qui explique que les violences auxquelles le F.L.N. a participé en France, ne concernent que sa lutte contre la police et sa rivalité avec le M.N.A.

Jean-Paul SARTRE. — C'est seulement cela qui s'est produit. Il y a bien eu une bouffée de terrorisme mais elle a été arrêtée net et pour des raisons politiques très précises.

Gilles MARTINET. — Les Pieds-Noirs, eux, ne semblent pas hésiter devant l' « exportation » de leur terrorisme.

Jean-Paul SARTRE. — Et ce faisant ils ne peuvent que radicaliser la population, et la pousser à vouloir la paix tout de suite. Le raisonnement populaire est simple et juste : « *Ces gens-là font tout cela pour empêcher la paix. Que l'on conclut la paix et ils seront désarmés.* » Effectivement, à partir de la paix, ce sera fini. Il y aura peut-être encore quelques expéditions punitives mais en tant qu'entreprise politique l'opération s'effondrera. Les gens qui la dirigent s'efforceront de s'adapter à la nouvelle situation et les exécutants seront abandonnés à leur sort.

Je crois donc que le terrorisme aide la population française à sortir de sa léthargie. Elle aide l'union de tous ceux qui veulent la paix.

Une pression sur le gouvernement

Gilles MARTINET. — Son effet sur le gouvernement peut cependant être différent. Il y a dans ce gouvernement des hommes qui ne souhaitent pas la réussite de la négociation. Ils peuvent agiter à nouveau la menace de la guerre civile et demander sous le prétexte de l'éviter, que l'on exige du F.L.N. des concessions difficilement acceptables. C'est sur ce genre de complicités que doivent compter les terroristes.

Jean-Paul SARTRE. — C'est certain. Il y a là une pression. Il me semble cependant qu'il existe d'autres éléments au sein du gouvernement et peut-être de Gaulle lui-même qui n'en seront que plus pressés d'aboutir. C'est pourquoi le calcul n'est pas à mon avis un bon calcul.

Et puis il y a une chose que les terroristes oublient, c'est qu'ils sont en train d'élargir le fossé entre les Français d'Algérie et les Français de France. Si l'on interroge les gens de la rue, la plupart maudissent cette population européenne d'Algérie qui râle toujours, qui refuse toujours tout, et qui n'hésite pas maintenant à nous envoyer des terroristes. Ils ont l'impression que ce sont les Français d'Algérie qui veulent frapper les Français de France sous le prétexte que ceux-ci désirent la paix.

Notez bien que j'espère — je ne puis malheureusement en être sûr — que la majorité des Français d'Algérie considère que les attentats en métropole sont des actes stupides. Que des Français d'Algérie viennent tuer ici des Français de France alors qu'un certain nombre de ceux-ci se sont fait tuer pour les Français d'Algérie ne peut conduire le pays qu'à se soucier un peu moins des intérêts des Français d'Algérie. Il y a là d'ailleurs une dialectique ancienne. Les Français d'Algérie se sont toujours senti abandonnés, aimant et détestant la France, en état de violence permanente vis-à-vis d'une métropole dont ils ont besoin et qu'ils n'approuvent jamais. C'est cela qui fait qu'ils ne sont pas aimés. Et ils sont comme cela parce qu'ils ne se sentent pas aimés. Le drame est ancien et les bombes ne font que lui donner un aspect tragique.

Avec ou sans mort d'hommes

Gilles MARTINET. — Pour l'instant, les terroristes veulent apparaître comme des gens qui menacent mais qui ménagent encore les vies humaines.

Jean-Paul SARTRE. — Il y a tout de même eu un mort à Orly et déjà pas mal de blessés. A « L'Observateur », comme vous le savez mieux que moi, il s'en est fallu de peu pour qu'il y ait des tués. En fait, les terroristes n'ont pas pour l'instant la possibilité de faire beaucoup plus. J'imagine que s'ils avaient pu commettre dans la nuit du 13 mai, trente ou cinquante attentats spectaculaires, même sans mort d'homme, ils se seraient engagés à le faire. Mais ils manquent de troupes.

Un journal de droite écrivait ce matin : « *Après tout, il n'y a jamais eu que 350 terroristes F.L.N. pendant la bataille d'Alger.* » Je ne sais si ce chiffre est vrai ou faux. Mais, en réalité, c'est toute la population musulmane qui soutenait l'action du F.L.N. Si un terroriste était blessé, il pouvait être remplacé par quelqu'un qui ne l'était pas. Dans le cas présent, si l'on nous dit qu'il y a 350 terroristes, nous saurons que c'est 350 et non 351. Leur marge de manœuvre est étroite.

C'est ce qui explique sans doute le côté symbolique qu'ils donnent à leur action. Claude Bourdet m'a montré hier un petit tract très significatif : « *A partir du 20 mai,* y lit-on, *l'O.A.S. commencera la liquidation physique de tous les signataires du manifeste des 121, à commencer par les ecclésiastiques.* » Je trouve cette phrase extrêmement drôle. D'abord, pourquoi n'ont-ils pas dit : à commencer par les « curés » ou par les « prêtres » ? Non, ils ont parlé des ecclésiastiques. C'est-à-dire de ceux qui ont démérité davantage parce qu'ils aiment Dieu, parce qu'ils sont de l'Eglise. On les appelle par leur nom sacré d'ecclésiastiques et on annonce qu'on les tuera. On retrouve la même intention symbolique dans l'attentat contre la maison universitaire des Etats-Unis — il s'agit de punir le gouvernement qui a refusé de soutenir le putsch des généraux — et peut-être même dans l'attentat du village suisse... dont le nom rappelle le pays où se sont déroulés les premiers pourparlers.

La faiblesse numérique des terroristes explique également qu'ils cherchent à multiplier par mille l'effet d'une seule bombe. Lorsque l'on téléphone au directeur d'une salle de cinéma : « *Dans vingt-cinq minutes une explosion va se produire dans votre salle* », ce directeur ne peut pas ne pas faire sortir les gens. Le risque à prendre est quand même trop grand au cas où une bombe, effectivement, éclaterait.

Gilles MARTINET. — Supposons cependant que de nouvelles bombes éclatent et puis qu'à un certain moment les terroristes mettent à exécution leurs menaces d'attentats individuels. Vont-ils alors déclencher le mécanisme classique des représailles ? Et contre qui s'exerceraient ces représailles ?

Jean-Paul SARTRE. — Ceux qu'il faudrait alors arrêter, nous les connaissons, et le gouvernement lui aussi les connaît. Il les connaît même trop bien, puisqu'il s'agit dans la plupart des cas d'hommes qui ont joué un rôle dans son instauration. Il y a certains éléments de la police, il y a des membres de l'armée, il y a aussi des gens liés à de grosses affaires et qui, d'une manière directe ou indirecte, assurent les fonds des organisations terroristes. Si l'on arrêtait tous ces gens-là, il est évident que le climat changerait et, à ce moment, le gouvernement serait poussé vers la gauche. Et c'est sans doute cette peur qui le retient. Le terrorisme pourrait être jugulé en huit jours, mais le gouvernement ne peut se résoudre à agir.

Le rôle de la gauche

Gilles MARTINET. — Que peut faire, selon vous, la gauche devant une telle situation ?

Jean-Paul SARTRE. — C'est la vigilance qui s'im-

APRES « FRANCE OBSERVATEUR », LES 121
Ils ont dit les « ecclésiastiques » et non les curés. (Léon Herschtritt.)

14

france Observateur —

Affiche de la Fédération nationale des déportés, internés, résistants et patriotes.

La Fédération nationale des déportés, internés, résistants et patriotes (FNDIRP), créée en octobre 1945, souhaite porter l'héritage des déportés, des internés et des combattants regroupés pour accueillir les rescapés. Elle veut témoigner au nom des morts pour veiller sur l'avenir de l'homme et sur sa dignité. À ce titre, elle développe diverses activités mémorielles, mais aussi judiciaires, sociales, médicales, internationales et n'hésite pas à prendre position. C'est ainsi qu'après Charonne (8 février 1962), elle diffuse une affiche provocante : « Pour le respect de la personne humaine ; comme dans la résistance, union sans exclusive contre ça », le « ça » étant glosé par le sigle « OAS », une croix gammée à l'initiale, et des concentrationnaires « politiques » comme l'indiquent les triangles rouges sur leur tenue rayée.

Fonds Affiches/BDIC

Roland Laudenbach, ➤ « Deux enfants morts… », *L'Esprit public*, n° 27, février 1962.

C'est De Gaulle, grand diviseur national et fauteur de troubles civils, que Roland Laudenbach, rédacteur en chef de *L'Esprit public* et directeur des éditions de la Table ronde, rend responsable de la dislocation de la France. Il compte sur la jeunesse, première victime de ces déchirements fratricides – tels ce « garçon de seize ans abattu à Bône par un officier » et « ce jeune adolescent communiste, mort […] asphyxié, place de la Bastille » – pour « réconcilier la gauche et la droite, […] fils différents d'une famille qu'un homme en vain aura tenté d'opposer pour durer ».

Collection privée

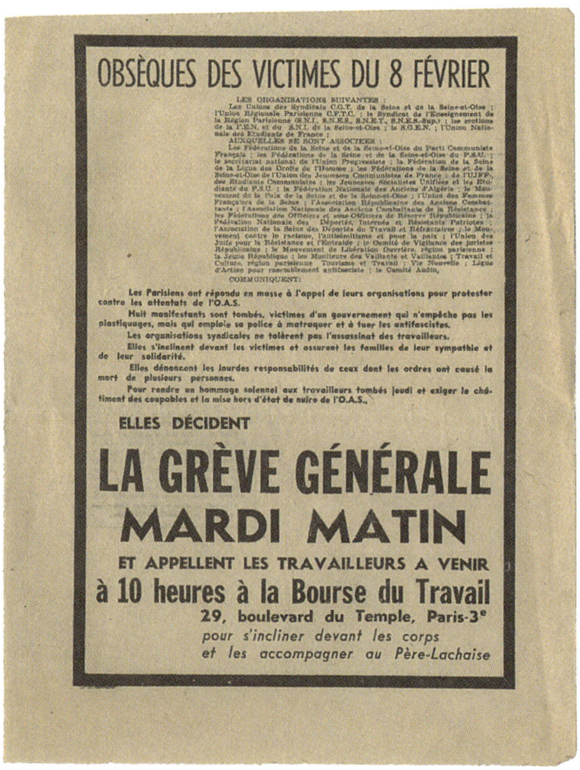

OBSÈQUES DES VICTIMES DU 8 FÉVRIER

LES ORGANISATIONS SUIVANTES :

Les Unions des Syndicats C.G.T. de la Seine et de la Seine-et-Oise ; l'Union Régionale Parisienne C.F.T.C. ; le Syndicat de l'Enseignement de la Région Parisienne (S.N.I., S.N.E.S., S.N.E.T., S.N.E.S.-Sup.) ; les sections de la F.E.N. et du S.N.I. de la Seine-et-Oise ; le S.G.E.N. ; l'Union Nationale des Etudiants de France ;

AUXQUELLES SE SONT ASSOCIEES :

Les Fédérations de la Seine et de la Seine-et-Oise du Parti Communiste Français ; les Fédérations de la Seine et de la Seine-et-Oise du P.S.U. ; le secrétariat national de l'Union Progressiste ; la Fédération de la Seine de la Ligue des Droits de l'Homme ; les Fédérations de la Seine et de la Seine-et-Oise de l'Union des Jeunesses Communistes de France ; de l'UJFF, des Etudiants Communistes ; les Jeunesses Socialistes Unifiées et les Etudiants du P.S.U. ; la Fédération Nationale des Anciens d'Algérie ; le Mouvement de la Paix de la Seine et de la Seine-et-Oise ; l'Union des Femmes Françaises de la Seine ; l'Association Républicaine des Anciens Combattants ; l'Association Nationale des Anciens Combattants de la Résistance ; les Fédérations des Officiers et sous-Officiers de Réserve Républicains ; la Fédération Nationale des Déportés, Internés et Résistants Patriotes ; l'Association de la Seine des Déportés du Travail et Réfractaires ; le Mouvement contre le racisme, l'antisémitisme et pour la paix ; l'Union des Juifs pour la Résistance et l'Entraide ; le Comité de Vigilance des juristes Républicains ; le Mouvement de Libération Ouvrière, région parisienne ; la Jeune République ; les Moniteurs des Vaillants et Vaillantes ; Travail et Culture, région parisienne Tourisme et Travail ; Vie Nouvelle ; Ligue d'Action pour rassemblement antifasciste ; le Comité Audin,

COMMUNIQUENT :

Les Parisiens ont répondu en masse à l'appel de leurs organisations pour protester contre les attentats de l'O.A.S.

Huit manifestants sont tombés, victimes d'un gouvernement qui n'empêche pas les plastiquages, mais qui emploie sa police à matraquer et à tuer les antifascistes.

Les organisations syndicales ne tolèrent pas l'assassinat des travailleurs.

Elles s'inclinent devant les victimes et assurent les familles de leur sympathie et de leur solidarité.

Elles dénoncent les lourdes responsabilités de ceux dont les ordres ont causé la mort de plusieurs personnes.

Pour rendre un hommage solennel aux travailleurs tombés jeudi et exiger le châtiment des coupables et la mise hors d'état de nuire de l'O.A.S.,

ELLES DÉCIDENT

LA GRÈVE GÉNÉRALE
MARDI MATIN

ET APPELLENT LES TRAVAILLEURS A VENIR
à 10 heures à la Bourse du Travail
29, boulevard du Temple, Paris-3e
pour s'incliner devant les corps
et les accompagner au Père-Lachaise

« Obsèques des victimes du 8 février »

Le 8 février, au lendemain des attentats, le PCF et la CGT, rejoints par la CFTC, la FEN, le Syndicat national des instituteurs, l'UNEF, le PSU et le MRP, démocrate-chrétien, organisent une manifestation de protestation. En dépit de l'état d'urgence proclamé depuis le putsch, qui interdisait les rassemblements dans la capitale, trente mille personnes se sont retrouvées autour de la Bastille au cri de « OAS… assassins ! » Mais quand, après des heurts violents, l'ordre de dispersion est donné, une charge de police fait refluer la foule en direction de la station de métro Charonne. Bilan : 8 morts, tous membres de la CGT, et 250 blessés, manifestants et forces de l'ordre confondus. Le 13 février, à l'appel de la gauche unie, 500 000 personnes défilent de la place de la République au cimetière du Père-Lachaise, où les huit victimes doivent être inhumées. Dans leurs hommages, Robert Duvivier (CFTC) et Dominique Wallon (UNEF) associent aux victimes du 8 février 1962 les Algériens tués le 17 octobre 1961.

Fonds Vladimir Pozner/IMEC

ROLAND LAUDENBACH

DEUX ENFANTS MORTS...

MONSIEUR DE GAULLE n'est sans doute pas le Père (comme disent les militaires) des chars de combat qu'il prétend être : on a remarqué qu'avant lui quelques bons auteurs français et allemands avaient écrit sur le sujet. En 1940, son régiment n'a peut-être pas été utile autant que le colonel veut bien s'en souvenir : des témoins en ont déposé et en déposeront. De 1940 à 1944, il est également possible de retracer la lutte du Monde Libre sans faire beaucoup d'allusions aux gestes du général de Paul Reynaud.

De Gaulle a usurpé beaucoup de titres, grâce à la complicité d'imbéciles patentés, habitués à porter la livrée, parfois l'habit vert, et aussi grâce à celle de puissants génies de la publicité et de la finance : une très proche histoire éclairera ces points.

De Gaulle, qu'on le vénère ou qu'on le haïsse, c'est une outre gonflée. Mais il faudra lui reconnaître un talent : cet homme des unanimités sans signification, des oui qui veulent dire non, des yeux qui louchent vers l'adversaire, des référendums truqués, aura divisé, opposé, dressé les uns contre les autres, les Français comme personne.

Il s'y entend. Il y est passé maître. C'est une vieille méthode. Alger-la-Martyre en sait quelque chose. Gaullistes contre Giraudistes. Puis Fascistes contre Résistants de l'intérieur, Gaullistes contre Républicains, Gaullistes contre les Hommes du 13 Mai, Gaullistes contre Parachutistes, Militaires contre Pieds-Noirs. Pieds-Noirs contre Musulmans, Contingent contre Officiers, Officiers contre Pieds-Noirs, Agriculteurs contre Citadins, Consommateurs contre Bouchers.

C'est ce que M. Debré et M. de Gaulle (Pardon d'inverser, pour une fois, l'ordre des révérences) appellent dans leur coutumier jargon, le service de l'Etat.

Il y a des suites. Elles saignent. Barbouzes contre Français. Barbouzes contre officiers. Pieds-Noirs contre gendarmes. Officier (sans pluriel) contre enfant... Flics contre lycéens de Paris (Facile !). Et puis, le sinistre tableau de chasse du général : les huit morts de la Bastille.

La presse du président, sa radio, ses ministres, ses discours dressent le pays contre cette machine « résistante » dont on ne veut plus dire le nom, et le bon public militant se fait recevoir à coups de crosses. M. de Gaulle se moque du peuple de Paris, comme des Bretons, comme des paysans, comme des mineurs de Decazeville, comme des soldats, comme du Parlement, comme des Algériens français... Etc.

La haine politique flambe ! La faute lui en incombe. Raciste, réactionnaire, il appelle les « antifascistes » à la rescousse, mais il les déteste. Il a peur d'eux. Alors, il fait donner la Garde.

Il a menti. Il ment. Il mentira.

Mais il n'est pas exclu que les Français, dits de gauche, dits de droite, par-dessus bien des barrières de vocabulaires, surmontant bien des préjugés se retrouvent, mais contre sa trompeuse démocratie, son hypocrite dictature.

Le garçon de seize ans abattu à Bône par un officier déshonoré mais qui est libre de ses mouvements (et sur lequel la fameuse Grande Presse du Cœur n'attire pas l'attention de la Justice) est rejoint pour nous par ce jeune adolescent communiste, mort, l'autre soir, asphyxié, place de la Bastille.

Victimes l'un et l'autre des mensonges d'un chef d'Etat, qui disloque la France pour maintenir sa statue.

Nous haïssons la politique. Nous pensons qu'il faut purger et réformer le vocabulaire politique français. L'honneur n'est pas le monopole de la droite. Ni le patriotisme. Ni d'ailleurs le sectarisme. La générosité ne devrait pas être celui de la gauche. Mais que cette fameuse gauche le sache, un enfant mort à Bône a pour nous le même poids que l'enfant de la Bastille. Et si les CRS sont odieux à Paris, qu'ils le soient aussi quand ils matraquent à Alger ! Sinon, silence, belles âmes, curés, pasteurs, faux jetons !

Fascistes, antifascistes, ce sont de vieilles blagues, qui datent du temps de MacCarthy, de Staline qui est en Enfer, et ce pauvre général...

Ce temps est dépassé — une jeunesse nouvelle sait que de Gaulle a menti au GPRA, aux Algériens, aux Français, aux Russes, aux Américains et que ses petits mensonges n'ont pas construit une politique. Une jeunesse viendra réconcilier la gauche et la droite, héritière des particularités essentielles et complémentaires, fils différents d'une famille, qu'un homme en vain aura tenté d'opposer pour durer.

R. L.

11

Abdelkader GUERROUDJ
Détenu politique
Maison d'Arrêt d'ANGERS.

Angers le 13 février 1962

Cher camarade et frère,

Il aura fallu cet événement douloureux dans ta vie pour que je t'écrive. À la vérité, j'aurais voulu le faire depuis longtemps, mais je n'en avais d'abord pas la possibilité, et par la suite je craignis de t'imposer une correspondance supplémentaire.

Mais aujourd'hui j'ai pensé que sur ton lit d'hôpital il ne te serait pas indifférent de savoir que je suis parmi ceux qui communient avec toi dans la souffrance. Je ne doute pas qu'il se trouvera des Algériens pour t'apporter le témoignage de leur sympathie. Ma lettre viendra s'ajouter aux leurs.

Ceux qui ont tenté de t'assassiner sont les mêmes qui massacrent mon Peuple depuis plus de sept ans. Le sang que les fascistes t'ont fait verser vient se mêler à celui de mes frères déjà tombés ou qui tombent encore sous les coups de nos ennemis communs. La tragédie qui se joue à l'heure actuelle sur le sol de France et en particulier dans la capitale des Révolutions souligne encore une fois la fraternité de combat de nos deux Peuples.

Dois-je en effet formuler un regret ? Cette fraternité de combat, il eût été souhaitable que la nécessité et l'urgence s'en fissent sentir, pour la masse des Français, déjà lorsque commencèrent à se faire entendre les cris des Algériens que l'on torturait. Voilà pourquoi, aujourd'hui, la gangrène a atteint la France.

Comme en Algérie, les plastiqueurs jouissent de la complicité du pouvoir. On fait semblant de vitupérer les assassins, mais l'on envoie les policiers tirer sur les démocrates. Il est réconfortant de voir qu'hier et surtout aujourd'hui la France a bougé. Mais pourquoi a-t-il fallu ces morts pour que le réveil ait lieu, pour que l'on s'aperçoive enfin que la faute la plus grave aurait été de laisser au pouvoir-

◂ Lettre manuscrite d'Abdelkader Guerroudj à Vladimir Pozner, le 13 février 1962.

Alors détenu à la maison d'arrêt d'Angers, Abdelkader Guerroudj apprend l'attentat qui a visé Vladimir Pozner. Il lui écrit aussitôt. C'est non seulement qu'il est membre du Parti communiste algérien et Pozner du PCF, mais aussi que Pozner a fait de sa trajectoire la matière de l'une des nouvelles du *Lieu du supplice* : « Djilali à l'aube ». Guerroudj se réjouit que la France ait « bougé » et se réjouit de la « fraternité de combat » des peuples algérien et français. Mais il déplore qu'il ait fallu les morts de Charonne (8 février 1962) pour que « le réveil [populaire] ait lieu » et que l'on cesse « de laisser au gouvernement actuel le soin de préserver la démocratie en France et de conduire à la paix avec les Algériens ».

Fonds Vladimir Pozner/IMEC

19 mars 1962
Cessez-le-feu

Appel du général Salan à l'annonce du « cessez-le-feu », OAS, zone de Bône, bulletin n° 15, 22 mars 1962, avec annotations manuscrites.

L'annonce du cessez-le-feu provoque l'indignation du général Salan, qui s'insurge contre « une défaite voulue et sans excuses », véritable « crime contre la France ». Au nom de « toutes les armées secrètes », il en appelle aux Français : contre « le parti de l'abdication » et l'homme qui le conduit, il faut « entreprendre une résistance [...] jusqu'à ce que soi[ent rétabli[s] l'honneur de l'Armée et les droits de la France ». Cet Appel est ici ironiquement annoté par un membre du groupe Socialisme ou Barbarie.

Fonds Socialisme ou Barbarie – Daniel Mothé/IMEC

_O.A.S_

ZONE DE BONE

BULLETIN N° 15

APPEL DU GENERAL SALAN
A L'ANNONCE DU "CESSEZ-LE-FEU"

FRANCAIS,FRANCAISES,

Un cessez-le-feu qui livra à l'ennemi des terres Françaises vient d'être consenti.

Il s'agit là d'une défaite voulue et sans excuses d'un crime contre l'Histoire de notre nation.Il s'agit là d'un méprisable marché offert à l'ambition d'un homme qui dispose contre tous les droits,du sol de notre Patrie.Car aujourd'hui,c'est bien un homme qui trahit nos lois, notre constitution,nos intérêts et l'honneur de nos traditions.

Que cela soit dit,ce cessez-le-feu est une DEFAITE.-Tout nous interdit de l'accepter,et c'est au nom de la FRANCE,que nous le refusons,d'une FRANCE qui veut vivre,comme elle veut maintenir,qui veut espérer,comme elle veut gagner, et qui est sûre de son bon droit,autant que de sa victoire. !!!! ouah! ouah!

Que cela soit dit aussi,nous refusons d'obéir en Algérie à un exécutif ennemi,à un pouvoir sans racines qu'on prétend nous imposer depuis sept ans, par les moyens de la barbarie;et nous savons que chaque Français de ce pays lui refusera sa collaboration. "Ils manquent pas d'air !"

De même nous dénonçons,sur le territoire de la Métropole,toute obéissance à une dictature faite d'ombres et de malheurs.

***L'Algérie de demain, Voici tout ce que vous devez savoir après le cessez-le-feu*, Imprimerie spéciale de la SNEP, 1962.**

Le 18 mars, les accords d'Évian négociés par le gouvernement provisoire de la République algérienne (GPRA) et la France sont signés. Le 19, un cessez-le-feu met officiellement un terme au conflit. Dans la nuit du 19 au 20 mars, des affiches sont placardées en Algérie qui font de deux jeunes enfants les premiers destinataires de la paix. Le motif en est reproduit en format réduit dans une brochure de 24 pages éditée par le gouvernement français : *L'Algérie de demain, Voici tout ce que vous devez savoir après le cessez-le-feu*.

Fonds Jules Roy, JR45/ BMVR, Marseille

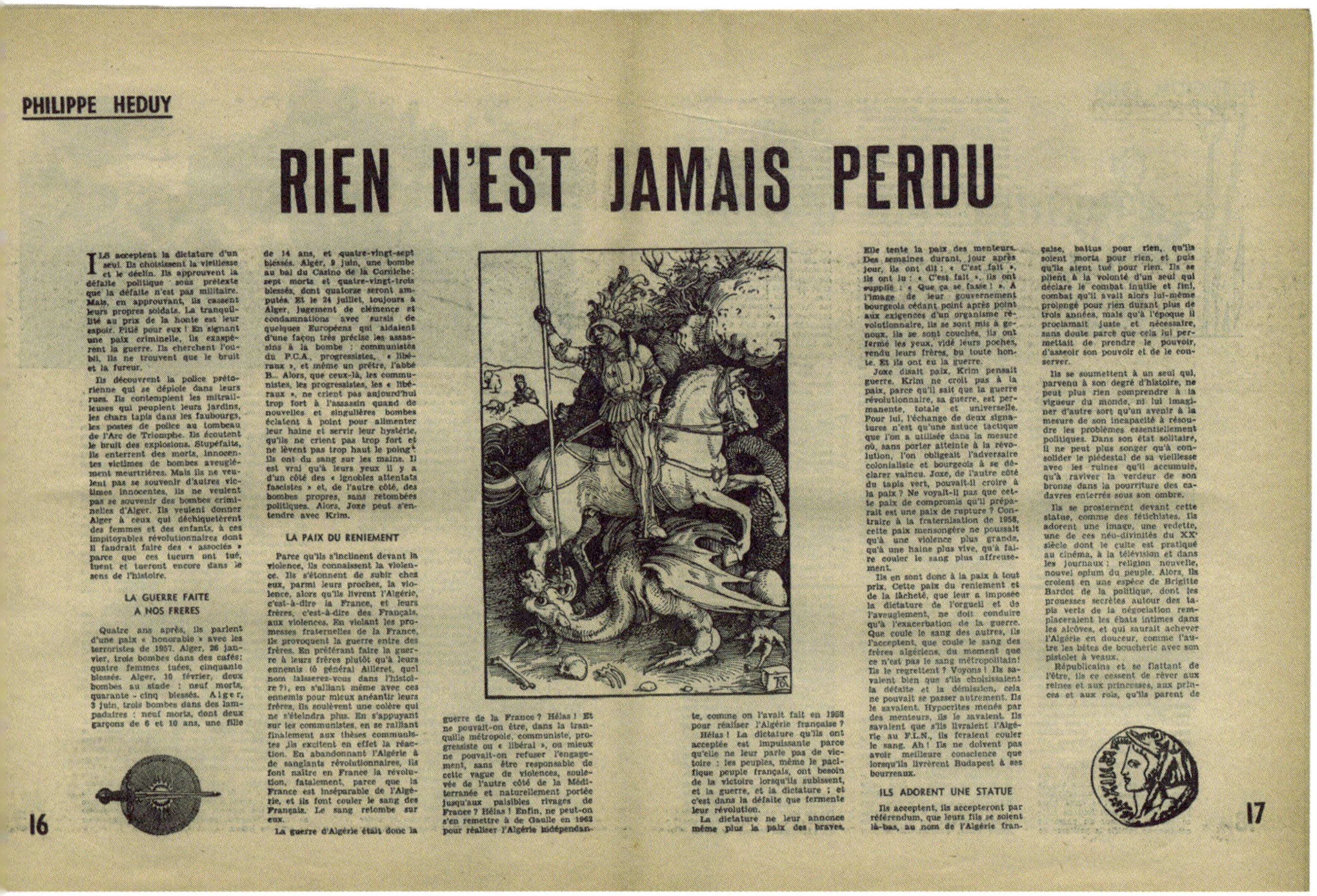

PHILIPPE HEDUY

RIEN N'EST JAMAIS PERDU

ILS acceptent la dictature d'un seul. Ils choisissent la vieillesse et le déclin. Ils approuvent la défaite politique sous prétexte que la défaite n'est pas militaire. Mais, en approuvant, ils cassent leurs propres soldats. La tranquillité au prix de la honte est leur espoir. Pitié pour eux ! En signant une paix criminelle, ils exaspèrent la guerre. Ils cherchent l'oubli, ils ne trouvent que le bruit et la fureur.

Ils découvrent la police prétorienne qui se déploie dans leurs rues. Ils contemplent les mitrailleuses qui peuplent leurs jardins, les chars tapis dans les faubourgs, les postes de police au tombeau de l'Arc de Triomphe. Ils écoutent le bruit des explosions. Stupéfaits, ils enterrent des morts, innocentes victimes de bombes aveuglément meurtrières. Mais ils ne veulent pas se souvenir d'autres victimes innocentes, ils ne veulent pas se souvenir des bombes criminelles d'Alger. Ils veulent donner Alger à ceux qui déchiquetèrent des femmes et des enfants, à ces impitoyables révolutionnaires dont il faudrait faire des « associés » parce que ces tueurs ont tué, tuent et tueront encore dans le sens de l'histoire.

LA GUERRE FAITE A NOS FRERES

Quatre ans après, ils parlent d'une paix « honorable » avec les terroristes de 1957. Alger, 26 janvier, trois bombes dans des cafés: quatre femmes tuées, cinquante blessées. Alger, 10 février, deux bombes au stade : neuf morts, quarante-cinq blessés. Alger, 3 juin, trois bombes dans des lampadaires : neuf morts, dont deux garçons de 6 et 10 ans, une fille de 14 ans, et quatre-vingt-sept blessés. Alger, 9 juin, une bombe au bal du Casino de la Corniche: sept morts et quatre-vingt-trois blessés, dont quatorze seront amputés. Et le 24 juillet, toujours à Alger, jugement de clémence et condamnations avec sursis de quelques Européens qui aidaient d'une façon très précise les assassins à la bombe : communistes du P.C.A., progressistes, « libéraux », et même un prêtre, l'abbé B... Alors, que ceux-là, les communistes, les progressistes, les « libéraux », ne crient pas aujourd'hui trop fort à l'assassin quand de nouvelles et singulières bombes éclatent à point pour alimenter leur haine et servir leur hystérie, qu'ils ne crient pas trop fort et ne lèvent pas trop haut le poing. Ils ont du sang sur les mains. Il est vrai qu'à leurs yeux il y a d'un côté des « ignobles attentats fascistes » et, de l'autre côté, des bombes propres, sans retombées politiques. Alors, Joxe peut s'entendre avec Krim.

LA PAIX DU RENIEMENT

Parce qu'ils s'inclinent devant la violence, ils connaissent la violence. Ils s'étonnent de subir chez eux, parmi leurs proches, la violence, alors qu'ils livrent l'Algérie, c'est-à-dire la France, et leurs frères, c'est-à-dire des Français, aux violences. En violant les promesses fraternelles de la France, ils provoquent la guerre entre des frères. En préférant faire la guerre à leurs frères plutôt qu'à leurs ennemis (ô général Ailleret, quel nom laisserez-vous dans l'histoire ?), en s'alliant même avec ces ennemis pour mieux anéantir leurs frères, ils soulèvent une colère qui ne s'éteindra plus. En s'appuyant sur les communistes, en se ralliant finalement aux thèses communistes, ils excitent en effet la réaction. En abandonnant l'Algérie à de sanglants révolutionnaires, ils font naître en France la révolution, fatalement, parce que la France est inséparable de l'Algérie, et ils font couler le sang des Français. Le sang retombe sur eux.

La guerre d'Algérie était donc la guerre de la France ? Hélas ! Et ne pouvait-on être, dans la tranquille métropole, communiste, progressiste ou « libéral », ou mieux ne pouvait-on refuser l'engagement, sans être responsable de cette vague de violences, soulevée de l'autre côté de la Méditerranée et naturellement portée jusqu'aux paisibles rivages de France ? Hélas ! Enfin, ne peut-on s'en remettre à de Gaulle en 1962 pour réaliser l'Algérie indépendante, comme on l'avait fait en 1958 pour réaliser l'Algérie française ?

Hélas ! La dictature qu'ils ont acceptée est impuissante parce qu'elle ne leur parle pas de victoire : les peuples, même le pacifique peuple français, ont besoin de la victoire lorsqu'ils subissent, et la guerre, et la dictature ; et c'est dans la défaite que fermente leur révolution.

La dictature ne leur annonce même plus la paix des braves. Elle tente la paix des menteurs. Des semaines durant, jour après jour, ils ont dit : « C'est fait », ils ont lu : « C'est fait », ils ont supplié : « Que ça se fasse ! ». A l'image de leur gouvernement bourgeois cédant point après point aux exigences d'un organisme révolutionnaire, ils se sont mis à genoux, ils se sont couchés, ils ont fermé les yeux, vidé leurs poches, vendu leurs frères, bu toute honte. Et ils ont eu la guerre.

Joxe disait paix, Krim pensait guerre. Krim ne croit pas à la paix, parce qu'il sait que la guerre révolutionnaire, sa guerre, est permanente, totale et universelle. Pour lui, l'échange de deux signatures n'est qu'une astuce tactique que l'on a utilisée dans la mesure où, sans porter atteinte à la révolution, l'on obligeait l'adversaire colonialiste et bourgeois à se déclarer vaincu. Joxe, de l'autre côté du tapis vert, pouvait-il croire à la paix ? Ne voyait-il pas que cette paix de compromis qu'il préparait est une paix de rupture ? Contraire à la fraternisation de 1958, cette paix mensongère ne poussait qu'à une violence plus grande, qu'à une haine plus vive, qu'à faire couler le sang plus affreusement.

Ils en sont donc à la paix à tout prix. Cette paix du reniement et de la lâcheté, que leur a imposée la dictature de l'orgueil et de l'aveuglement, ne doit conduire qu'à l'exacerbation de la guerre. Que coule le sang des autres, ils l'acceptent, que coule le sang des frères algériens, du moment que ce n'est pas le sang métropolitain! Ils le regrettent ? Voyons ! Ils savaient bien que s'ils choisissaient la défaite et la démission, cela ne pouvait se passer autrement. Ils le savaient. Hypocrites menés par des menteurs, ils le savaient. Ils savaient que s'ils livraient l'Algérie au F.L.N., ils feraient couler le sang. Ah ! Ils ne doivent pas avoir meilleure conscience que lorsqu'ils livrèrent Budapest à ses bourreaux.

ILS ADORENT UNE STATUE

Ils acceptent, ils accepteront par référendum, que leurs fils se soient là-bas, au nom de l'Algérie française, battus pour rien, qu'ils soient morts pour rien, et puis qu'ils aient tué pour rien. Ils se plient à la volonté d'un seul qui déclare le combat inutile et fini, combat qu'il avait alors lui-même prolongé pour rien durant plus de trois années, mais qu'à l'époque il proclamait juste et nécessaire, sans doute parce que cela lui permettait de prendre le pouvoir, d'asseoir son pouvoir et de le conserver.

Ils se soumettent à un seul qui, parvenu à son degré d'histoire, ne peut plus rien comprendre à la vigueur du monde, ni lui imaginer d'autre sort qu'un avenir à la mesure de son incapacité à résoudre les problèmes essentiellement politiques. Dans son état solitaire, il ne peut plus songer qu'à consolider le piédestal de sa vieillesse avec les ruines qu'il accumule, qu'à raviver la verdeur de son bronze dans la pourriture des cadavres enterrés sous son ombre.

Ils se prosternent devant cette statue, comme des fétichistes. Ils adorent une image, une vedette, une de ces néo-divinités du XXe siècle dont le culte est pratiqué au cinéma, à la télévision et dans les journaux : religion nouvelle, nouvel opium du peuple. Alors, ils croient en une espèce de Brigitte Bardot de la politique, dont les prouesses secrètes autour des tapis verts de la négociation remplaceraient les ébats intimes dans les alcôves, et qui saurait achever l'Algérie en douceur, comme l'autre les bêtes de boucherie avec son pistolet à veaux.

Républicains et se flattant de l'être, ils ne cessent de rêver aux reines et aux princesses, aux princes et aux rois, qu'ils parent de

16

17

Philippe Héduy, « Rien n'est jamais perdu », *L'Esprit public*, nº 28, mars-avril 1962.

Philippe Héduy accuse. En signant une « paix du reniement et de la lâcheté », en acceptant la dictature d'un seul, en oubliant les victimes des terroristes de 1957; en « violant les promesses fraternelles de la France », « ils » exaspèrent la guerre et « livrent l'Algérie, c'est-à-dire la France, et leurs frères, c'est-à-dire des Français, aux violences ». Mais, veut-il croire, « rien n'est jamais perdu ». Roland Laudenbach, dans le numéro suivant du périodique, envisagera au contraire les conséquences d'une éventuelle perte de l'Algérie: accueillir dignement « Français européens et musulmans », « se garder du désespoir et de l'amertume politique » sans pour autant « oublier aucune victime ni aucun criminel ».

Collection privée

Livre blanc. Alger, le 26 mars 1962, L'Esprit nouveau, 31 mai 1962. ➤

Dès le 21 mars, les responsables de l'OAS identifient les forces françaises en Algérie à « des troupes d'occupation ». Le 22, des activistes prennent le contrôle de Bab-el-Oued et provoquent l'encerclement du quartier par les forces françaises. Le 26, à l'appel de l'OAS, des Européens se rassemblent pour briser l'encerclement du quartier. Rue d'Isly, ils se heurtent à un barrage confié à des tirailleurs, qui font feu. Le bilan (54 morts et 140 blessés) traumatise la communauté européenne. Les éditions de l'Esprit nouveau, créées alors, publient un livre placé sous le patronage des représentants de l'Algérie et du Sahara français (Unité de la République). Composé de plus de 200 déclarations brutes de témoins oculaires et de victimes organisées en 32 séquences chronologiques, l'ouvrage est saisi en juillet sur ordre de Roger Frey, ministre de l'Intérieur.

Collection privée

Jacques Soustelle,
***L'Espérance trahie*,**
Éditions de l'Alma, 1962.

«Comment en sommes-nous arrivés là?», comment est-on passé de «l'espoir» au «pourrissement», à «l'imposture» et à l'impasse? Telles sont les questions auxquelles Jacques Soustelle, entré en clandestinité après le 24 avril 1961, tente de répondre. Il dénonce trois erreurs fondamentales: «une politique algérienne [...] erronée», la dérive anticonstitutionnelle du pouvoir, «des méthodes d'équivoque» et de division. À ses yeux, «l'abandon de l'Algérie [serait] un crime» contre l'Algérie et les Algériens, contre la France, contre le monde libre et contre l'Humanité, auquel il convient de s'opposer par «tous les moyens». Les éditions de la Table ronde, pourtant conçues par leur directeur, Roland Laudenbach, comme un «refuge de ce qui n'aurait pas été dit et publié sans elle[s]», doivent sous les pressions renoncer à éditer l'ouvrage. Seront spécialement créées à cet effet, en mars, les Éditions de l'Alma, qui ne publièrent pas d'autre titre.

Collection privée

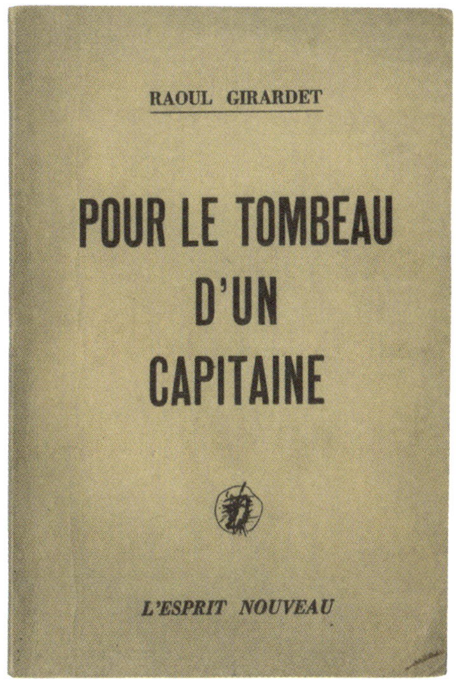

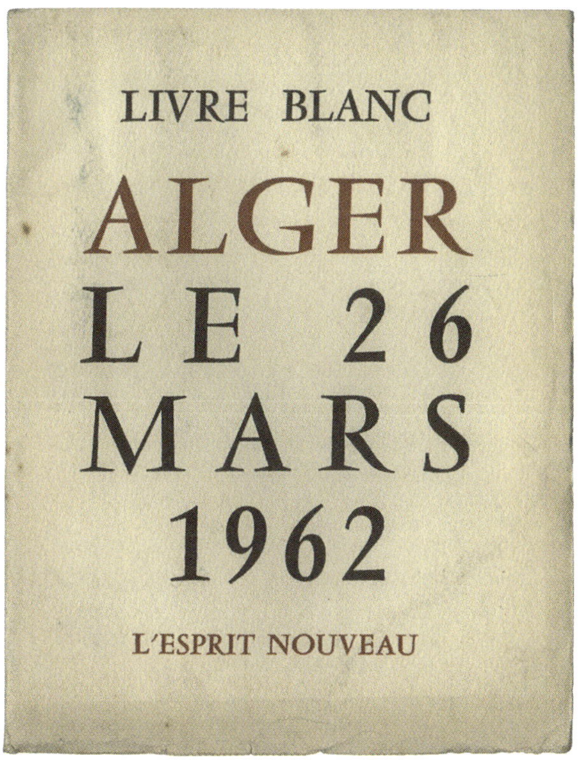

Raoul Girardet,
***Pour le tombeau d'un capitaine*, L'Esprit Nouveau, 1962.**

De retour d'un voyage en Algérie à l'automne de 1960, Raoul Girardet, spécialiste des sociétés militaires et du nationalisme, engagé dans l'Action française puis résistant, publie dans *Combat* une série d'articles repris ici en volume à la mémoire du capitaine André Zwilling, tué au feu. Il y dénonce «le grand renoncement algérien». Signataire du contre-manifeste des intellectuels, en octobre 1960, devenu antigaulliste, il s'éloigne de *La Nation française* de Pierre Boutang et écrit dans *L'Esprit public* des articles pro-OAS. Avec François Bluche, Jules Monnerot, Roland Laudenbach, Jacques Laurent et Jacques Perret, il prend part à la branche «Action politique et propagande» de l'OAS en métropole. Ses activités lui vaudront d'être emprisonné au début de septembre 1961.

Collection privée

LES EUROPÉENS D'ALGÉRIE

10

« Tu aimes l'Algérie où tu es né, où tu as grandi, comblé ; tu as sur cette terre tes parents et tes morts, tes souvenirs et ton espérance, le seul endroit pour toi de l'acte et du repos. Pour tout dire, l'Algérie est ta patrie et ta raison de vivre. Tu sens que cette terre t'appartient, qu'elle chemine dans tes veines, que vous êtes liés indissolublement. Tout cela est vrai, cela est juste et bon. Mais puisque tu aimes cette terre t'es-tu vraiment demandé ce qu'elle est, cette terre, ce qu'elle est réellement ? », écrit Jean Sénac en mars 1956 dans un texte intitulé « Lettre à un jeune Français d'Algérie ».

La fin de la guerre est pour les Pieds-noirs le moment du départ, longtemps refusé, en métropole. Près d'un million traverseront la Méditerranée sans le moindre espoir de revenir sur les lieux délaissés, laissant morts et souvenirs, terre et racines. Même si 200 000 étaient encore sur le sol algérien en janvier 1963 (Pierre Daum), le slogan « la valise ou le cercueil » résumera le sentiment d'abandon total de la majorité d'entre eux.

Mais qui sont-ils ? Les définir, Sénac le dit, c'est un peu plus que les désigner, les compter, les évaluer, les exiler sous couvert de les « rapatrier ». Les combattants, les gouvernants et les militaires, les rhéteurs, les écrivains et les poètes s'y sont employés, différemment.

La guerre d'Algérie a approfondi le fossé entre deux communautés dont certains pensaient qu'elles étaient « issu[e]s d'une même famille » (Bernard Simiot). Les intellectuels français, dans leur diversité, ont signalé ce fossé grandissant. Frantz Fanon, par exemple, stigmatise le comportement « souvent odieux » de certains Européens, accusant même les intellectuels européens d'avoir « pris la relève des colons » *(Les Temps modernes*, mai-juin 1959). Mais il signale aussi les nombreuses rencontres entre Algériens musulmans et Algériens européens « libéraux » qui, dès 1953, évoquent ensemble

« les dangers » pesant sur l'Algérie, « loin des farces franco-musulmanes des autorités colonialistes » – Albert Camus, Gabriel Audisio et Emmanuel Roblès sont de ceux qui espèrent une alliance fraternelle des populations. Fanon relate enfin l'aventure des Algériens par choix, militants pieds-noirs communistes ou chrétiens en rupture jusqu'à participer à la lutte armée.

Approchant autrement la réalité algérienne, Jean Brune relate dans *La Nation française* l'angoisse quotidienne « des foules perpétuellement menacées dans leur vie et leurs biens », et celle des élites « auxquelles les dangers qui pesaient sur l'avenir de la patrie infligeaient des blessures plus graves que celles qu'elles pouvaient recevoir de l'aveugle fureur des terroristes » (5 novembre 1958).

À droite comme à gauche, des voix s'élèvent ainsi pour exprimer l'inquiétude, l'espoir ou l'aveuglement, pour refaire le passé et imaginer l'avenir, pour célébrer ou mépriser cette communauté composite, à la réalité plurielle : Français d'Algérie, ultras, libéraux, petits et grands colons, Pieds-noirs. Ce qu'ils sont, ce qu'ils deviennent et deviendront, intellectuels et écrivains en débattent ou l'inventent, le plus souvent avec passion.

Les accords d'Évian instaurent une double nationalité provisoire, suivie d'un choix : seuls 112 Français d'Algérie (dont 14 femmes) demanderont la nationalité algérienne. Les autres, à jamais liés au « pays perdu », vivront l'exil et la nostalgie.

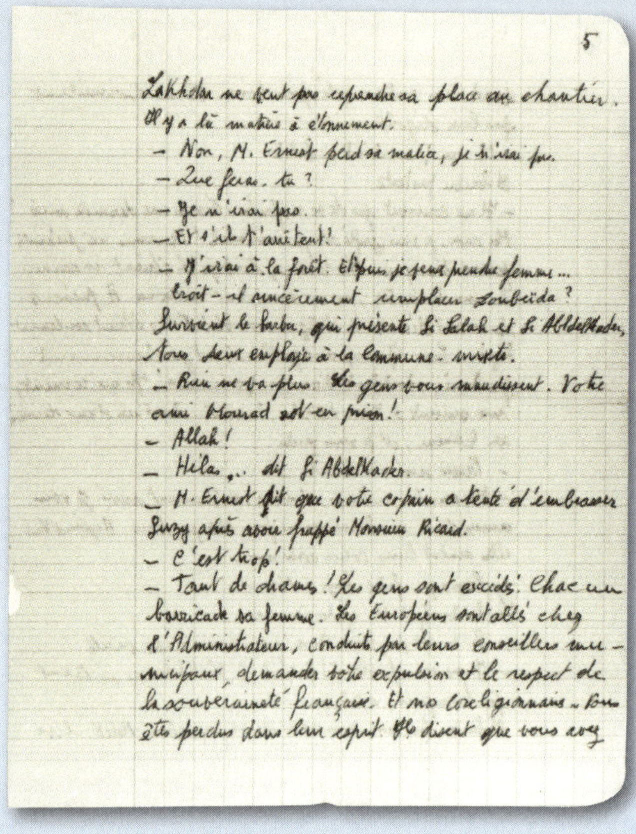
5

Lakhdar ne veut pas reprendre sa place au chantier.
Il y a là matière à étonnement.
– Non, M. Ernest perd sa malice, je n'irai pas.
– Que feras-tu ?
– Je n'irai pas.
– Et s'ils t'arrêtent !
– J'irai à la forêt. Et puis je peux prendre femme…
Croit-il sincèrement remplacer Zoubeida ?
Survient le barbier, qui présente Si Salah et Si Abdelkader,
tous deux employés à la Commune-mixte.
– Rien ne va plus. Les gens vous maudissent. Votre
ami Mourad est en prison !
– Allah !
– Hélas… dit Si Abdelkader.
– M. Ernest dit que votre copain a tenté d'embrasser
Suzy après avoir frappé Monsieur Ricard.
– C'est trop !
– Tant de choses ! Les gens sont excités. Chacun
barricade sa femme. Les Européens sont allés chez
l'Administrateur, conduits par leurs conseillers municipaux, demander votre expulsion et le respect de
la souveraineté française. Et nos coreligionnaires sont
êtes perdus dans leur esprit. Ils disent que vous avez

André Acquart, dessin de M. Blankensee pour la mise en scène des *Paravents*, de Jean Genet, par Roger Blin, 1966.

Dans *Les Paravents*, M. Blankensee campe un colon caricatural : gros propriétaire terrien, plus attentif à ses roses qu'à ses ouvriers, il concentre « la meilleure part de [s]on prestige » dans ses bottes et dans les coussinets postiches qui viennent se substituer aux « ventre » et « cul » qui lui font défaut. Le croquis d'André Acquart pour les costumes de la pièce souligne ces artifices.

Fonds Roger Blin/IMEC

Kateb Yacine, feuillet manuscrit de *Nedjma*.

En 1948, Kateb Yacine publie un long poème en prose, *Nedjma ou le poème ou le couteau* (Mercure de France), qui constitue une matrice du « cycle de Nedjma ». En 1956, après avoir été refusé maintes fois « sous prétexte de longueur et de manque de cohérence », *Nedjma* sort au Seuil. Aussitôt pressenti pour le Goncourt, le roman, porté par de tout jeunes personnages et la figure insaisissable de Nedjma, l'étoile, se distingue par son « écriture bouillonnante, tumultueuse » (Ismaïl Abdoun), qui mêle l'Histoire (les massacres du 8 mai 1945), l'épopée, le mythe, la légende, la tragédie, la satire. Ce feuillet manuscrit met en scène les conséquences disproportionnées d'un incident de chantier sur les relations entre communautés.

Fonds Kateb Yacine/IMEC

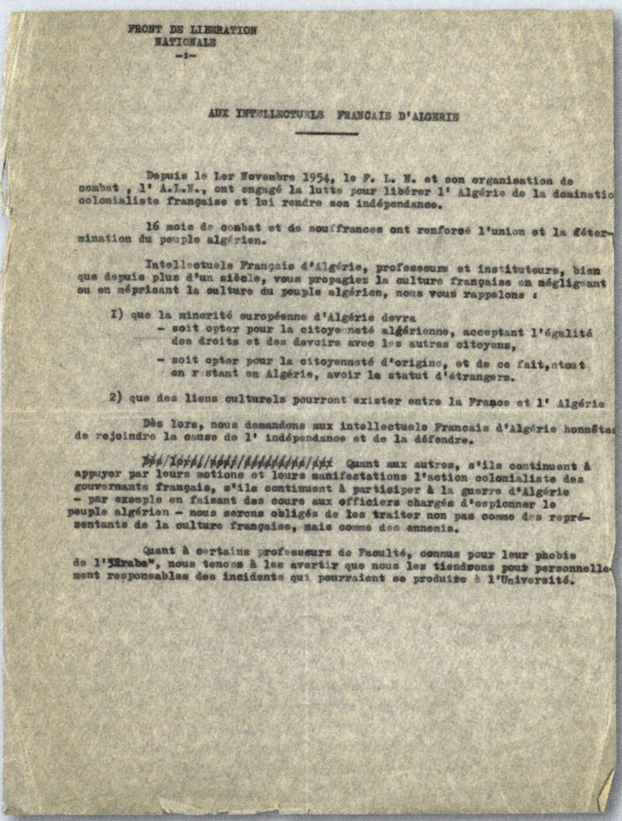

FRONT DE LIBERATION
NATIONALE
-1-

AUX INTELLECTUELS FRANCAIS D'ALGERIE

Depuis le 1er Novembre 1954, le F. L. N. et son organisation de combat, l' A.L.N., ont engagé la lutte pour libérer l' Algérie de la dominatio colonialiste française et lui rendre son indépendance.

16 mois de combat et de souffrances ont renforcé l'union et la détermination du peuple algérien.

Intellectuels Français d'Algérie, professeurs et instituteurs, bien que depuis plus d'un siècle, vous propagiez la culture française en négligeant ou en méprisant la culture du peuple algérien, nous vous rappelons :

1) que la minorité européenne d'Algérie devra
- soit opter pour la citoyenneté algérienne, acceptant l'égalité des droits et des devoirs avec les autres citoyens,
- soit opter pour la citoyenneté d'origine, et de ce fait, tout en restant en Algérie, avoir le statut d'étrangers.

2) que des liens culturels pourront exister entre la France et l' Algérie

Dès lors, nous demandons aux intellectuels Francais d'Algérie honnête de rejoindre la cause de l' indépendance et de la défendre.

~~Dès lors, nous demandons aux~~ Quant aux autres, s'ils continuent à appuyer par leurs motions et leurs manifestations l'action colonialiste des gouvernants français, s'ils continuent à participer à la guerre d'Algérie - par exemple en faisant des cours aux officiers chargés d'espionner le peuple algérien - nous serons obligés de les traiter non pas comme des représentants de la culture française, mais comme des ennemis.

Quant à certains professeurs de Faculté, connus pour leur phobie de l'"Arabe", nous tenons à les avertir que nous les tiendrons pour personnellement responsables des incidents qui pourraient se produire à l'Université.

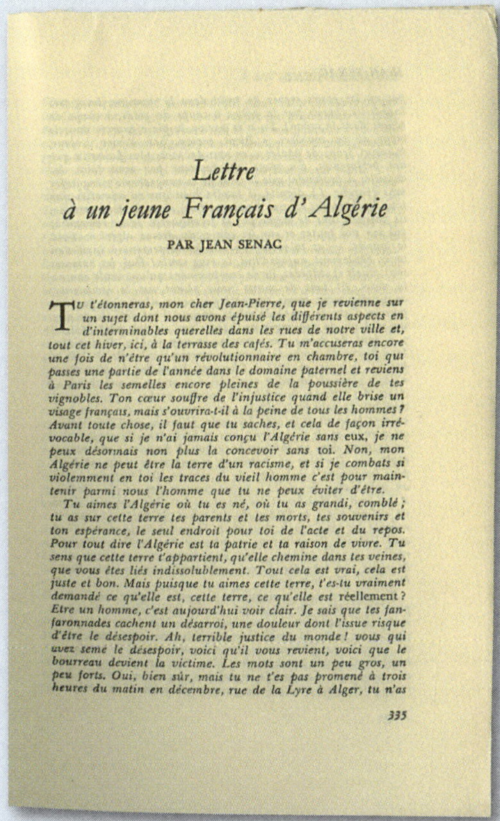

Lettre
à un jeune Français d'Algérie

PAR JEAN SENAC

Tu t'étonneras, mon cher Jean-Pierre, que je revienne sur un sujet dont nous avons épuisé les différents aspects en d'interminables querelles dans les rues de notre ville et, tout cet hiver, ici, à la terrasse des cafés. Tu m'accuseras encore une fois de n'être qu'un révolutionnaire en chambre, toi qui passes une partie de l'année dans le domaine paternel et reviens à Paris les semelles encore pleines de la poussière de tes vignobles. Ton cœur souffre de l'injustice quand elle brise un visage français, mais s'ouvrira-t-il à la peine de tous les hommes ? Avant toute chose, il faut que tu saches, et cela de façon irrévocable, que si je n'ai jamais conçu l'Algérie sans eux, *je ne peux désormais non plus la concevoir sans* toi. *Non, mon Algérie ne peut être la terre d'un racisme, et si je combats si violemment en toi les traces du vieil homme c'est pour maintenir parmi nous l'homme que tu ne peux éviter d'être.*

Tu aimes l'Algérie où tu es né, où tu as grandi, comblé ; tu as sur cette terre tes parents et tes morts, tes souvenirs et ton espérance, le seul endroit pour toi de l'acte et du repos. Pour tout dire l'Algérie est ta patrie et ta raison de vivre. Tu sens que cette terre t'appartient, qu'elle chemine dans tes veines, que vous êtes liés indissolublement. Tout cela est vrai, cela est juste et bon. Mais puisque tu aimes cette terre, t'es-tu vraiment demandé ce qu'elle est, cette terre, ce qu'elle est réellement ? *Etre un homme, c'est aujourd'hui voir clair. Je sais que tes fanfaronnades cachent un désarroi, une douleur dont l'issue risque d'être le désespoir. Ah, terrible justice du monde ! vous qui avez semé le désespoir, voici qu'il vous revient, voici que le bourreau devient la victime. Les mots sont un peu gros, un peu forts. Oui, bien sûr, mais tu ne t'es pas promené à trois heures du matin en décembre, rue de la Lyre à Alger, tu n'as*

335

FLN, tract
« Aux Intellectuels français d'Algérie », mars 1956.

Après « 16 mois de combat et de souffrances », le FLN adresse cet avertissement aux « Intellectuels français d'Algérie, professeurs et instituteurs », propagateurs de la culture française en terre algérienne au mépris de la culture du peuple colonisé. L'alternative est clairement posée : « rejoindre la cause algérienne » ou continuer par l'enseignement « l'action colonialiste des gouvernants français », le second terme les désignant comme des « ennemis ». Il est en outre rappelé que la « minorité européenne » devra devenir algérienne (avec les droits et devoirs des Algériens) ou adopter un statut d'étranger.

Fonds Emmanuel Roblès/ Archives, Limoges. Déposé par Jacqueline Roblès-Macek

Jean Sénac, « Lettre à un jeune Français d'Algérie », *Esprit*, n° 3, mars 1956.

À la fin de 1950, Jean Sénac rédige, de Paris, la *Lettre d'un jeune poète algérien*, son premier texte d'engagement pro-algérien, humaniste et chrétien, dédié « à tous [s]es frères ». La revue *Esprit*, à laquelle il collabore, publie au printemps de 1956 sa « Lettre à un jeune Français d'Algérie ». Sénac vit alors en France et y restera jusqu'en 1962. « Je continue à croire, et j'espère contre toutes les apparences que l'Orient et l'Occident, unis dans une œuvre nouvelle, auront dans les années à venir un visage de salut à proposer au monde. [...] L'Algérie devrait être le creuset de cette culture et de ce message pacifique. [...] Toi qui es colon, je crois que tu as aussi tout à gagner à cela. De toute façon c'est à prendre ou à laisser. [...] Le temps est venu de choisir et de préférer à l'illusion des races la réalité d'un pays. »

Fonds Bibliothèque de revues/IMEC

La Nation Française

Les Français d'Algérie entre l'inquiétude et l'espoir

par Jean Brune

12

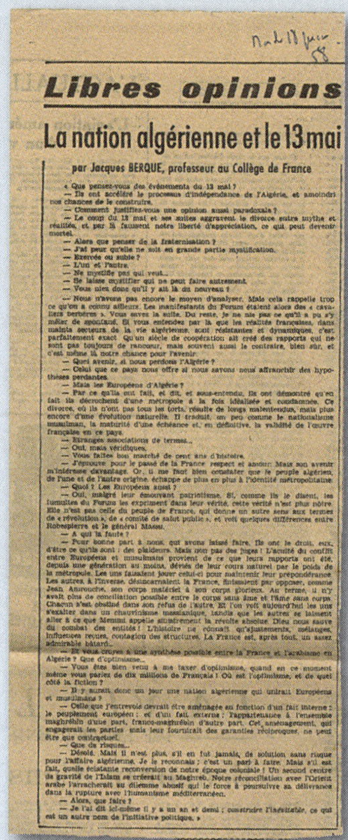
Libres opinions

La nation algérienne et le 13 mai

par Jacques BERQUE, professeur au Collège de France

Jean Brune, « Les Français d'Algérie entre l'inquiétude et l'espoir », *La Nation française*, 5 novembre 1958.

Avant le 13 mai, « descendu dans cette nuit comme un miracle », écrit Jean Brune, les Français d'Algérie, « convaincus qu'il leur faudrait un jour choisir entre le départ ou la mort », étaient sans espoir. Mais depuis, le « grand rêve » a sombré « dans un nouveau cauchemar ». Boucs émissaires jetés en pâture à l'opinion par un État gaulliste déliquescent pour la détourner du « spectacle de sa propre impuissance », ces Français ne cessent d'apparaître « en posture de coupables ou tout au moins de suspects » : des « importuns » dont on ne semble savoir que faire, laissés à l'usage des anticolonialistes ; des « buveurs de sang » que l'on est prêt à accuser « d'empêcher, par leur présence insolite, qu'il soit enfin trouvé une solution harmonieuse au problème algérien ».

Archives privées Pierre Boutang

Jacques Berque, « La nation algérienne et le 13 mai », *Le Monde*, 18 juin 1958.

Dans un entretien imaginaire prolongeant des propos publiés dans *Le Monde* à la fin de 1956, Jacques Berque, s'interrogeant sur le 13 mai, soutient un paradoxe : « Les événements du 13 mai ont accéléré le processus d'indépendance de l'Algérie, et amoindri nos chances de le construire. » Qu'advient-il dès lors des « Européens d'Algérie » ? Force est de constater que ces derniers, « malgré leur émouvant patriotisme », échappent de plus en plus à « l'identité métropolitaine » ; leur « vérité n'est plus la nôtre ». Quel avenir politique imaginer par conséquent ? Il est un « pari à faire », observe Berque, pour éviter que la nation algérienne, qui se construit « inévitablement », poursuive « sa délivrance dans la rupture avec l'humanisme européen » : que cette nation naissante, réalisant « une synthèse possible entre la France et l'arabisme en Algérie », n'occulte pas le « peuplement européen » et admette sa double appartenance, « à l'ensemble maghrébin d'une part, franco-maghrébin d'autre part ».

Fonds André Mandouze/CHRD/Ville de Lyon

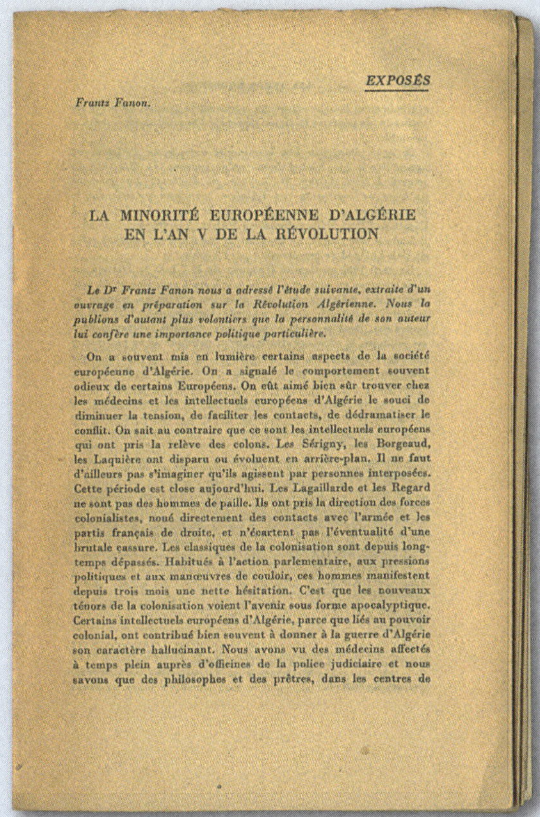

EXPOSÉS

Frantz Fanon.

LA MINORITÉ EUROPÉENNE D'ALGÉRIE
EN L'AN V DE LA RÉVOLUTION

Le Dr Frantz Fanon nous a adressé l'étude suivante, extraite d'un ouvrage en préparation sur la Révolution Algérienne. Nous la publions d'autant plus volontiers que la personnalité de son auteur lui confère une importance politique particulière.

On a souvent mis en lumière certains aspects de la société européenne d'Algérie. On a signalé le comportement souvent odieux de certains Européens. On eût aimé bien sûr trouver chez les médecins et les intellectuels européens d'Algérie le souci de diminuer la tension, de faciliter les contacts, de dédramatiser le conflit. On sait au contraire que ce sont les intellectuels européens qui ont pris la relève des colons. Les Sérigny, les Borgeaud, les Laquière ont disparu ou évoluent en arrière-plan. Il ne faut d'ailleurs pas s'imaginer qu'ils agissent par personnes interposées. Cette période est close aujourd'hui. Les Lagaillarde et les Regard ne sont pas des hommes de paille. Ils ont pris la direction des forces colonialistes, noué directement des contacts avec l'armée et les partis français de droite, et n'écartent pas l'éventualité d'une brutale cassure. Les classiques de la colonisation sont depuis longtemps dépassés. Habitués à l'action parlementaire, aux pressions politiques et aux manœuvres de couloir, ces hommes manifestent depuis trois mois une nette hésitation. C'est que les nouveaux ténors de la colonisation voient l'avenir sous forme apocalyptique. Certains intellectuels européens d'Algérie, parce que liés au pouvoir colonial, ont contribué bien souvent à donner à la guerre d'Algérie son caractère hallucinant. Nous avons vu des médecins affectés à temps plein auprès d'officines de la police judiciaire et nous savons que des philosophes et des prêtres, dans les centres de

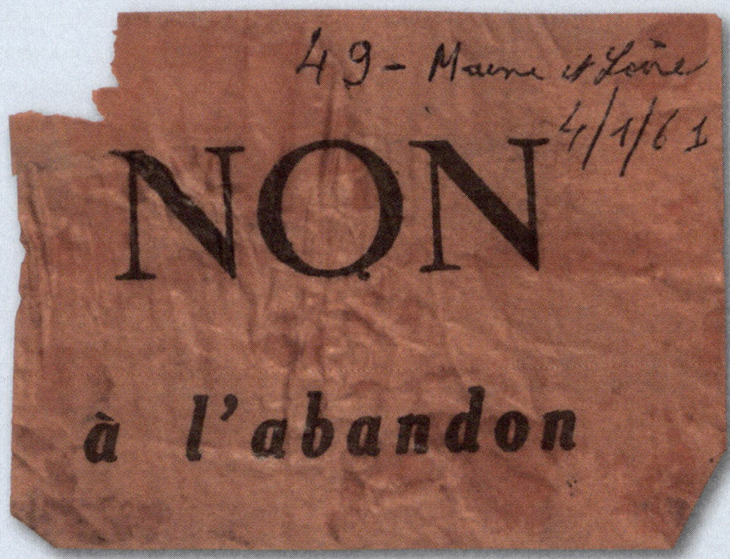

Frantz Fanon,
« La minorité européenne d'Algérie en l'an V de la révolution »,
***Les Temps modernes*, nº 159-160,**
mai-juin 1959.

« Au cours de la Révolution, des Européens d'Algérie ont pris conscience de leur appartenance à la Nation Algérienne », écrit Fanon dans cet extrait d'un livre à venir. S'ils ne sont pas majoritaires, ils sont cependant « plus nombreux » qu'on ne le croit. Minorité silencieuse dont témoigne l'auteur, qui illustre par son propre engagement auprès du FLN une prise de conscience possible. Les premières protestations, nécessaires mais insuffisantes, contre la répression, les contacts « cordiaux » avec les étudiants nationalistes, l'exaltation de « la minorité fasciste » le 6 février, l'insouciance « détestable » des Parisiens. Non, la Méditerranée ne traverse plus la France comme la Seine traverse Paris : « La langue, la culture, cela ne suffit pas pour appartenir à un peuple. Il faut autre chose : une vie commune, des expériences et des souvenirs communs, des buts communs. [...] Pour les Algériens, je ne suis plus un allié, je suis un frère, un simple frère, comme les autres. »

Fonds Bibliothèque de revues/IMEC

Tract-bulletin
« Non à l'abandon ».

Le 5 septembre 1960, le général de Gaulle lance la formule de « l'Algérie algérienne », soit « une Algérie dont le destin dépende de ses habitants et dans laquelle la gestion des affaires appartienne à ses habitants ». Les mots disent le glissement en cours. Après la « République algérienne » (novembre 1960), il réaffirme dans ses vœux de bonne année son choix de l'association avec une Algérie à venir « qui fera leur part et garantira leurs droits aux diverses communautés [dont les Européens d'Algérie] et qui sera unie à la France dans les domaines où celle-ci peut l'aider ». Le 8 janvier 1961, lors du référendum sur l'autodétermination, l'opinion métropolitaine approuvera la politique gaullienne par 79 % des suffrages exprimés.

Fonds Jacques Delarue/BDIC

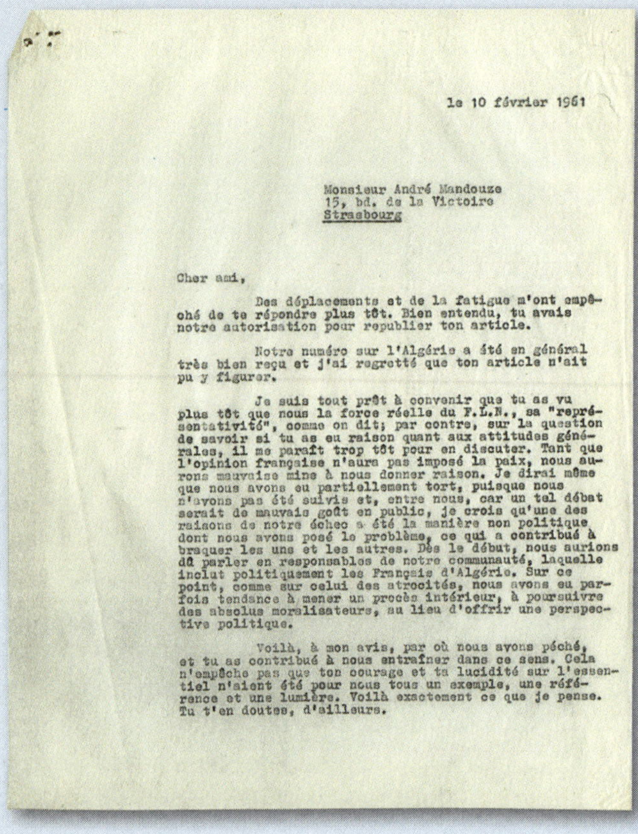

le 10 février 1961

Monsieur André Mandouze
15, bd. de la Victoire
Strasbourg

Cher ami,

Des déplacements et de la fatigue m'ont empêché de te répondre plus tôt. Bien entendu, tu avais notre autorisation pour republier ton article.

Notre numéro sur l'Algérie a été en général très bien reçu et j'ai regretté que ton article n'ait pu y figurer.

Je suis tout prêt à convenir que tu as vu plus tôt que nous la force réelle du F.L.N., sa "représentativité", comme on dit; par contre, sur la question de savoir si tu as eu raison quant aux attitudes générales, il me paraît trop tôt pour en discuter. Tant que l'opinion française n'aura pas imposé la paix, nous aurons mauvaise mine à nous donner raison. Je dirai même que nous avons eu partiellement tort, puisque nous n'avons pas été suivis et, entre nous, car un tel débat serait de mauvais goût en public, je crois qu'une des raisons de notre échec a été la manière non politique dont nous avons posé le problème, ce qui a contribué à braquer les uns et les autres. Dès le début, nous aurions dû parler en responsables de notre communauté, laquelle inclut politiquement les Français d'Algérie. Sur ce point, comme sur celui des atrocités, nous avons eu parfois tendance à mener un procès intérieur, à poursuivre des absolus moralisateurs, au lieu d'offrir une perspective politique.

Voilà, à mon avis, par où nous avons péché, et tu as contribué à nous entraîner dans ce sens. Cela n'empêche pas que ton courage et ta lucidité sur l'essentiel n'aient été pour nous tous un exemple, une référence et une lumière. Voilà exactement ce que je pense. Tu t'en doutes, d'ailleurs.

Lettre tapuscrite de Jean-Marie Domenach à André Mandouze, 10 février 1961.

Plus de six ans après le début du conflit, « l'opinion française n'aura pas imposé la paix ». Cet échec, c'est en partie le nôtre, constate Jean-Marie Domenach. Le problème, oubliant les Français d'Algérie, fut mal posé ; le discours, trop souvent moral, a manqué d'horizon politique. « Dès le début, nous aurions dû parler en responsables de notre communauté, laquelle inclut politiquement les Français d'Algérie. Sur ce point, comme sur celui des atrocités, nous avons eu parfois à mener un procès intérieur, à poursuivre des absolus moralisateurs, au lieu d'offrir une perspective politique. »

Fonds Esprit/IMEC

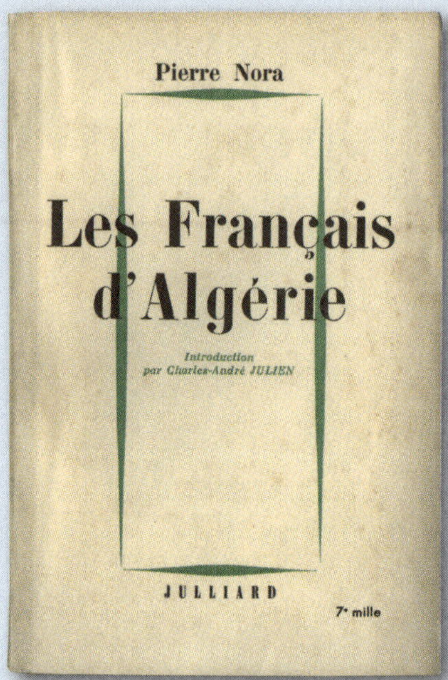

Pierre Nora, *Les Français d'Algérie*, Julliard, 1961. Introduction par Charles-André Julien.

Dès l'introduction, le sort des Européens d'Algérie apparaît comme « le problème de conscience le plus difficile à résoudre » posé aux Français de métropole. Pour Pierre Nora, il est en effet exclu de « calmer » les Français d'Algérie, de « les réveiller » ou « de leur faire comprendre ; ils ne comprendront jamais ». Seule une rupture brutale – « l'abandon net et catégorique de la souveraineté française », et non le vain espoir d'une « conversion psychologique » – favorisera peut-être « l'élaboration d'une communauté locale franco-musulmane ». Car selon Nora, l'Algérie est devenue une « réalité double » : par-delà la colonisation s'est sédimentée « une histoire humaine qui peut lui survivre ». Le rapatriement d'une partie des Français est certes inévitable. Mais la « nouvelle donne », sociale, économique et politique, peut nécessiter le maintien d'une minorité d'Européens. À ceux-là l'Algérie pourrait créer un avenir. Ce « *new deal* » est, en tout cas, leur « dernière chance ».

Fonds Vladimir Pozner/IMEC

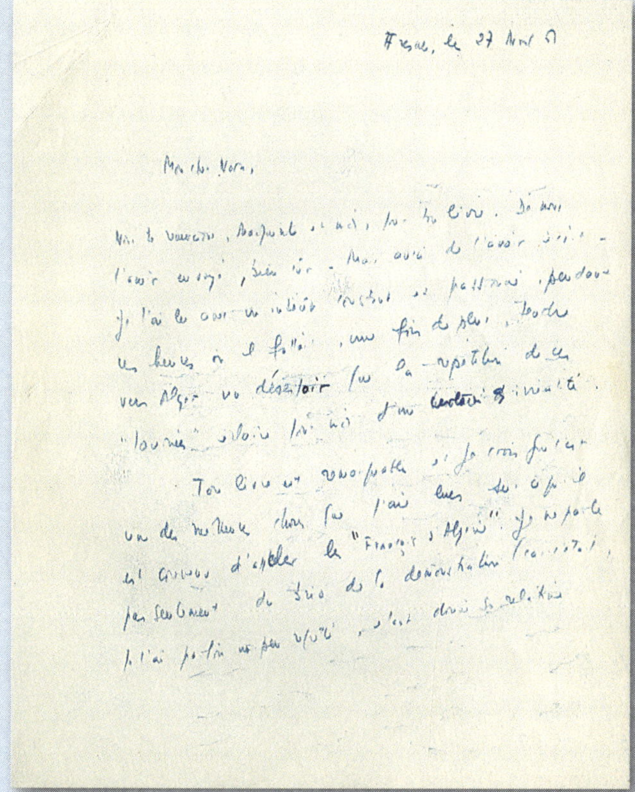

Allo ! D'Evian, ici J'ha...

Mes débuts dans le journalisme promettaient d'être fracassants. Je devais relancer les pourparlers d'Evian, en donnant à mon tour une conférence de presse.

Bref, je devais sauver la paix. Elle fut sauvée sans moi, c'est à dire suspendue. Qu'à cela ne tienne !

Négociateur occulte à qui on ne la fait pas, je me devais de renchérir et de donner la réplique aux sirènes adverses de l'Hôtel du Parc. On ne me fera plus prendre, comme naguère, de vieux chapeaux Melun pour des bananes volantes.

L'hélicoptère d'« Afrique-Action » fit sensation en Suisse. Ma gandourah fut prise pour un parachute de type tunisien, et on voulut me dévêtir en guise de bienvenue. Je n'avais pas de temps à perdre. Des fantômes délirants m'accompagnèrent jusqu'à la salle. C'étaient d'inévitables diplomates arabes que j'écartai à coups de coude. J'étais rendu.

Grands dieux, quelle affluence ! Du monde entier, on vint me voir penché, de tout le poids de mon turban, le mieux équilibré, sur ces questions arides que sont l'intégrité du territoire et l'unité du peuple.

Mon préambule fut-il heureux ? J'en doute. Toujours est-il qu'il mit le feu aux poudres.

« Si les pieds noirs sont mineurs, ce n'est pas à nous de les prendre en tutelle. Les envoyer dans les mines ? Neuni. Pas si fous. Nous savons trop ce qu'ils feraient des charges de dynamite. Les intégrer ? Autre folie, Jacques Soustelle vous le dira. Moi qui fus charmeur de serpents, je peux vous assurer que les vipères, apprivoisées ou non, ne pardonnent pas à ceux qui vont plus vite que la musique. Que le général ait été piqué, c'est bien assez. Il a plus d'un tour dans son sac, je vous l'accorde. Raison de plus pour passer outre... »

Qu'ai-je dit là ? Les journalistes commencent à s'agiter. Ils m'interrompent.

Question: Et les rapatriements ?

Réponse: Mauvaise affaire pour des apatrides.

Murmures. J'entends des voix. C'est un Suisse candide:

Question. Qu'est-ce qu'un pied noir ?

Réponse: Un double patriote à triple semelle.

Question: Quoi, ces malheureux, ne pourrait-on pas se mettre à leur place ?

Réponse: Justement, on s'y met.

Question: Si on les envoyait au Sahara ?

Réponse: Eux qui ont bâti leur empire sur le sable ! Ils en mourraient...

Question: Et le pétrole ?

Réponse: Aucun progrès. On tourne autour d'un bec de gaz.

Ici on me mitraille. J'en suis tout ébloui. Je vais poursuivre mon exposé, lorsque reprend l'interrogatoire. Je m'en doutais: certains de ces « envoyés spéciaux » ne sont en vérité que des poulets de préfecture.

Question: Quoi, pas même une base d'accord ?

Réponse: Le monde va changer de base, comme dit la chanson.

Question: Même pas Mers-El-Kebir ?

Réponse: Peut-être. En échange de Toulon, par exemple. Tous les espoirs sont permis.

* * *

J'en étais là, lorsqu'un certain vacarme vint conclure le débat. C'était une bombe, il faut le croire. Plus de salle, plus d'auditoire. Je me retrouvai seul, au milieu des gravats, devant une bouteille d'eau d'Evian. On ne m'y reprendra plus.

J'HA.

AFRIQUE ACTION 19 Juin 1961

Lettre tapuscrite de Jacques Derrida à Pierre Nora, 27 avril 1961, 51 feuillets.

Peu après avoir reçu le livre de Pierre Nora, qui a « le mérite, rare et difficile, sur ce sujet [...] d'être presque constamment *juste* », et quoique heurté par l'agressivité du ton employé, Jacques Derrida adresse à son ami une lettre de 19 feuillets dactylographiés où il expose ses réflexions sur la situation algérienne. Prenant la défense des positions complexes et nuancées de Germaine Tillion et d'Albert Camus, s'efforçant d'analyser avec équité l'histoire des Français d'Algérie, rappelant leur diversité et refusant la facilité de leur attribuer tous les maux imputables à « la France en Algérie », il insiste pour que soient reconnus les mérites des « libéraux » qui, sur le terrain, ont œuvré au rapprochement des communautés et ne peuvent être réduits à des complices objectifs du colonialisme.

Fonds Jacques Derrida/IMEC

J'ha, « Allo ! D'Évian, ici J'ha... », *Afrique Action*, 19 juin 1961.

Sous le pseudonyme J'ha, Kateb Yacine écrit dans *Afrique Action* des chroniques satiriques. « Négociateur occulte à qui on ne la fait pas », ancien charmeur de serpents et « journaliste débutant », J'ha est ici envoyé à Évian pour relancer les fameux « pourparlers ». Un préambule malvenu met le feu aux poudres : pas question de prendre les Pieds-noirs « en tutelle » ou de les « intégrer », suivi de réponses ambiguës à des questions sérieuses : « Ne pourrait-on se mettre à leur place ? » – « Justement, on s'y met. »

Fonds Kateb Yacine/IMEC

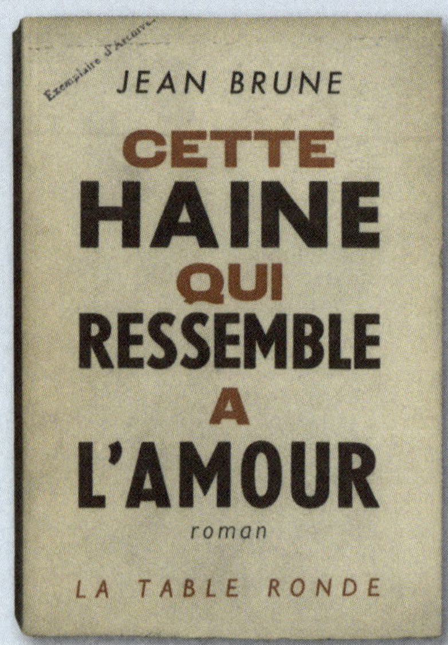

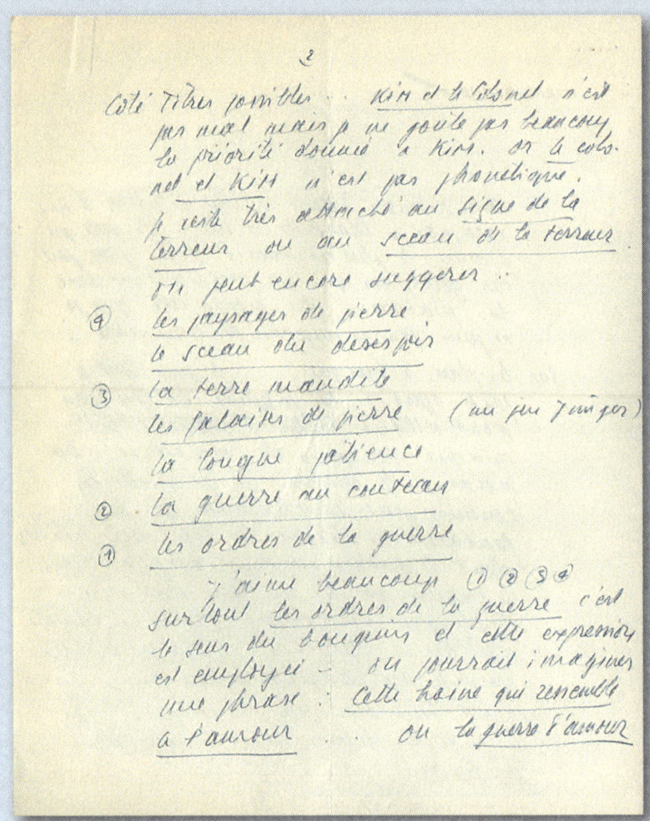

2

Côté Titres possibles... *Kim et le Colonel* n'est pas mal mais je ne goûte pas beaucoup la priorité donnée à Kim. or *le colonel et Kim* n'est pas phonétique.
je reste très attaché au *Signe de la terreur* ou au *sceau de la terreur*.

On peut encore suggérer :

④ les paysages de pierre
le sceau du désespoir
③ la terre maudite
les palais de pierre (un peu 7 piliers)
la longue patience
② la guerre au couteau
① les ordres de la guerre

J'aime beaucoup ① ② ③ ④
surtout *les ordres de la guerre* c'est le sens du bouquin et cette expression est employée – on pourrait imaginer une phrase : *Cette haine qui ressemble à l'amour*... ou *la guerre l'amour*

Jean Brune, *Cette haine qui ressemble à l'amour*, La Table ronde, 1961.

«Je n'ai jamais pensé que nous ne toucherions qu'un public politiquement de notre bord, écrit Jean Brune, journaliste expulsé d'Algérie, à Roland Laudenbach, directeur de la Table ronde. Un livre ne doit pas être un pamphlet politique. Et la force de notre bord, s'il est bien compris, c'est justement d'être plus humain que ne l'est la gauche mal engagée en Afrique.» Grande fresque romanesque, «ni plaidoyer ni réquisitoire», ce livre publié en avril 1961 «promène le lecteur dans les deux camps d'une aventure guerrière et révolutionnaire». Le personnage du colonel y est le fil qui unit les communautés, «opposées en apparence», des petits colons d'origine européenne intégrés à la vie musulmane et les musulmans «intégrés par le cœur et l'intelligence à la France».

Fonds La Table ronde/IMEC

Lettre manuscrite de Jean Brune à Roland Laudenbach, début de 1961.

Plusieurs titres sont proposés et discutés. *Le Colonel*, figure mémorable, a la faveur des uns, *Kim et le Colonel*, celle des autres. Jean Brune les écarte et leur préfère *Le Signe de la terreur*. Il suggère aussi *Le Capital Amour*, «qui revient souvent dans le texte»; *Sohane*, «qui a un aspect teinté d'étrange»; ou encore *Cette haine qui ressemble à l'amour*, «mais c'est long». C'est pourtant cette dernière proposition qui sera finalement retenue.

Fonds La Table ronde/IMEC

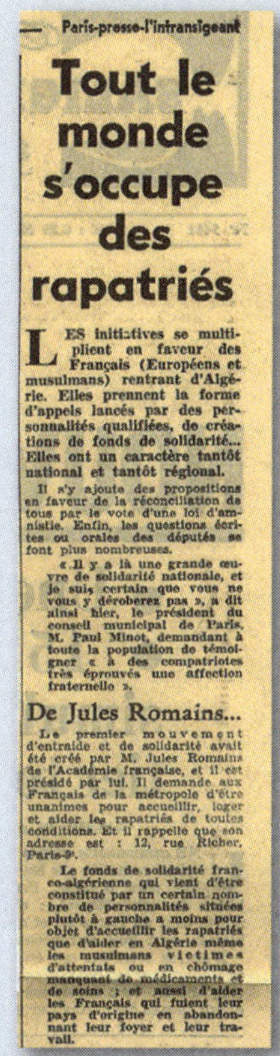

Paris-presse-l'intransigeant

Tout le monde s'occupe des rapatriés

Les initiatives se multiplient en faveur des Français (Européens et musulmans) rentrant d'Algérie. Elles prennent la forme d'appels lancés par des personnalités qualifiées, de créations de fonds de solidarité... Elles ont un caractère tantôt national et tantôt régional.

Il s'y ajoute des propositions en faveur de la réconciliation de tous par le vote d'une loi d'amnistie. Enfin, les questions écrites ou orales des députés se font plus nombreuses.

« Il y a là une grande œuvre de solidarité nationale, et je suis certain que vous ne vous y déroberez pas », a dit ainsi hier, le président du conseil municipal de Paris, M. Paul Minot, demandant à toute la population de témoigner « à des compatriotes très éprouvés une affection fraternelle ».

De Jules Romains...

Le premier mouvement d'entraide et de solidarité avait été créé par M. Jules Romains de l'Académie française, et il est présidé par lui. Il demande aux Français de la métropole d'être unanimes pour accueillir, loger et aider les rapatriés de toutes conditions. Et il rappelle que son adresse est : 12, rue Richer, Paris-9e.

Le fonds de solidarité franco-algérienne qui vient d'être constitué par un certain nombre de personnalités situées plutôt à gauche a moins pour objet d'accueillir les rapatriés que d'aider en Algérie même les musulmans victimes d'attentats ou en chômage manquant de médicaments et de soins ; et aussi d'aider les Français qui fuient leur pays d'origine en abandonnant leur foyer et leur travail.

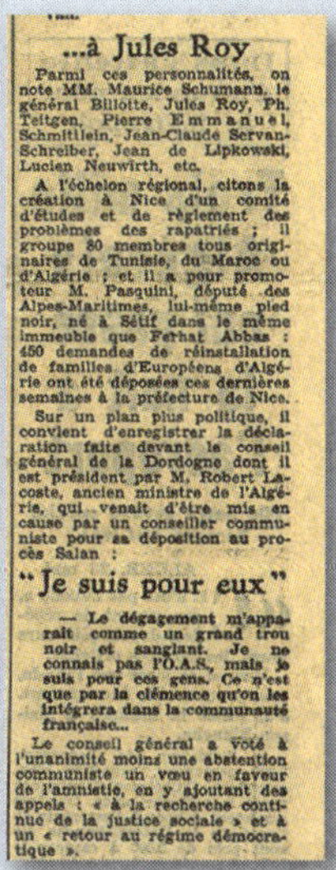

...à Jules Roy

Parmi ces personnalités, on note MM. Maurice Schumann, le général Billotte, Jules Roy, Ph. Teitgen, Pierre Emmanuel, Schmittlein, Jean-Claude Servan-Schreiber, Jean de Lipkowski, Lucien Neuwirth, etc.

A l'échelon régional, citons la création à Nice d'un comité d'études et de règlement des problèmes des rapatriés ; il groupe 80 membres tous originaires de Tunisie, du Maroc ou d'Algérie ; et il a pour promoteur M. Pasquini, député des Alpes-Maritimes, lui-même pied noir, né à Sétif dans le même immeuble que Ferhat Abbas : 450 demandes de réinstallation de familles d'Européens d'Algérie ont été déposées ces dernières semaines à la préfecture de Nice.

Sur un plan plus politique, il convient d'enregistrer la déclaration faite devant le conseil général de la Dordogne dont il est président par M. Robert Lacoste, ancien ministre de l'Algérie, qui venait d'être mis en cause par un conseiller communiste pour sa déposition au procès Salan :

"Je suis pour eux"

— Le dégagement m'apparaît comme un grand trou noir et sanglant. Je ne connais pas l'O.A.S., mais je suis pour ces gens. Ce n'est que par la clémence qu'on les intégrera dans la communauté française...

Le conseil général a voté à l'unanimité moins une abstention communiste un vœu en faveur de l'amnistie, en y ajoutant des appels : « à la recherche continue de la justice sociale » et à un « retour au régime démocratique ».

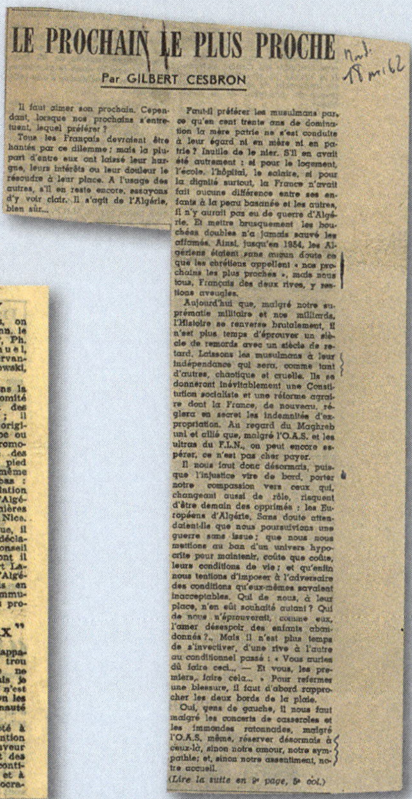

LE PROCHAIN LE PLUS PROCHE

Mond. 18 mai 62

Par GILBERT CESBRON

Il faut aimer son prochain. Cependant, lorsque nos prochains s'entretuent, lequel préférer ?

Tous les Français devraient être hantés par ce dilemme : mais la plupart d'entre eux ont laissé leur hargne, leurs intérêts ou leur douleur le résoudre à leur place. A l'usage des autres, s'il en reste encore, essayons d'y voir clair. Il s'agit de l'Algérie, bien sûr...

Faut-il préférer les musulmans parce qu'en cent trente ans de domination la mère patrie ne s'est conduite à leur égard ni en mère ni en patrie ? Inutile de le nier. S'il en avait été autrement : si pour le logement, l'école, l'hôpital, le salaire, si pour la dignité surtout, la France n'avait fait aucune différence entre ses enfants à la peau basanée et les autres, il n'y aurait pas eu de guerre d'Algérie. Et mettre brusquement les bouchées doubles n'a jamais sauvé les affamés. Ainsi, jusqu'en 1954, les Algériens étaient sans aucun doute ce que les chrétiens appellent « nos prochains les plus proches », mais nous tous, Français des deux rives, y restions aveugles.

Aujourd'hui que, malgré notre suprématie militaire et nos milliards, l'Histoire se renverse brutalement, il n'est plus temps d'éprouver un siècle de remords avec un siècle de retard. Laissons les musulmans à leur indépendance qui sera, comme tant d'autres, chaotique et cruelle. Ils se donneront inévitablement une Constitution socialiste et une réforme agraire dont la France, de nouveau, réglera en secret les indemnités d'expropriation. Au regard du Maghreb uni et allié que, malgré l'O.A.S. et les ultras du F.L.N., on peut encore espérer, ce n'est pas cher payer.

Il nous faut donc désormais, puisque l'injustice vire de bord, porter notre compassion vers ceux qui, changeant aussi de rôle, risquent d'être demain des opprimés : les Européens d'Algérie. Sans doute attendaient-ils que nous poursuivions une guerre sans issue ; que nous nous mettions au ban d'un univers hypocrite pour maintenir, coûte que coûte, leurs conditions de vie ; et qu'enfin nous tentions d'imposer à l'adversaire des conditions qu'eux-mêmes savaient inacceptables. Qui de nous, à leur place, n'en eût souhaité autant ? Qui de nous n'éprouverait, comme eux, l'amer désespoir des enfants abandonnés ?.. Mais il n'est plus temps de s'invectiver, d'une rive à l'autre au conditionnel passé : « Vous auriez dû faire ceci... — Et vous, les premiers, faire cela... » Pour refermer une blessure, il faut d'abord rapprocher les deux bords de la plaie.

Oui, gens de gauche, il nous faut malgré les concerts de casseroles et les immondes ratonnades, malgré l'O.A.S. même, réserver désormais à ceux-là, sinon notre amour, notre sympathie ; et, sinon notre assentiment, notre accueil.

(Lire la suite en 9e page, 5e col.)

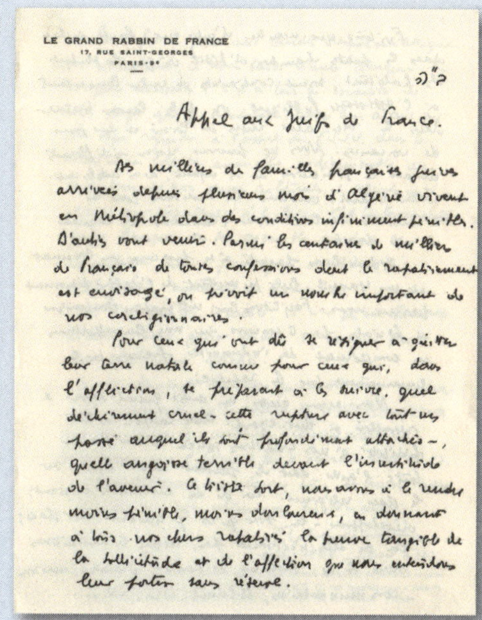

LE GRAND RABBIN DE FRANCE
17, RUE SAINT-GEORGES
PARIS-9e

ב״ה

Appel aux Juifs de France.

Des milliers de familles françaises juives arrivées depuis plusieurs mois d'Algérie vivent en Métropole dans des conditions infiniment pénibles. D'autres vont venir. Parmi les centaines de milliers de Français de toutes confessions dont le rapatriement est envisagé, on trouve un nombre important de nos coreligionnaires.

Pour ceux qui ont dû se résigner à quitter leur terre natale comme pour ceux qui, dans l'affliction, se préparent à les suivre, quel déchirement cruel – cette rupture avec tout un passé auquel ils sont profondément attachés –, quelle angoisse terrible devant l'incertitude de l'avenir. Ce triste sort, nous avons à le rendre moins pénible, moins douloureux, en donnant à tous nos chers rapatriés la preuve tangible de la sollicitude et de l'affection que nous entendons leur porter sans réserve.

« Tout le monde s'occupe des rapatriés », *Paris-presse-l'intransigeant*, mai 1962.

La fin du conflit voit les initiatives en faveur des « rapatriés » d'Algérie (Européens et musulmans) se multiplier. Des appels sont lancés, des fonds de solidarité franco-algérienne créés. Certains fonds, comme celui qui est constitué et présidé par l'académicien Jules Romains, s'attachent à porter secours aux Algériens eux-mêmes, victimes en Algérie d'attentats, du chômage, ou souffrant de maladies.

Fonds Jules Roy, JR46/ BMVR, Marseille

Gilbert Cesbron, « Le prochain le plus proche », *Le Monde*, 18 mai 1962.

Outre nos « frères » les « Français de l'autre rive », notre compassion doit concerner plus encore les « musulmans qui ont choisi de rester fidèles à la France », écrit Gilbert Cesbron. Ceux-ci, menacés par l'épuration nationaliste, démunis de tout et « doublement exilés », il importe que la France les protège « immédiatement ». Question d'« honneur », quel qu'en soit le coût, et non d'« intérêt ». « Et nous, dont les frères ou les fils ont combattu et promis en notre nom, nous nous sentirons moins misérables. »

Fonds André Mandouze/ CHRD/Ville de Lyon

Grand rabbin de France, « Appel aux Juifs de France », feuillet manuscrit, mai 1962.

L'importante communauté juive d'Algérie, près de 150 000 personnes, quoique implantée sur le sol algérien depuis l'Antiquité, relève, avec les Français, les Italiens et les Espagnols, de la minorité des « non-musulmans ». Pour permettre leur « rapatriement », difficile, le grand rabbin en appelle à la solidarité des Juifs de France : « Ce triste sort, nous avons à le rendre moins pénible, moins douloureux. » Logement, travail, soutien financier : l'intégration économique et sociale des exilés doit être facilitée. Mais il est « un autre grand devoir » à remplir à leur égard : « Tenir compte de leur fidélité à nos traditions sacrées et leur fournir toute l'aide dont ils peuvent avoir besoin sur le plan religieux. »

Fonds Vladimir Pozner/IMEC

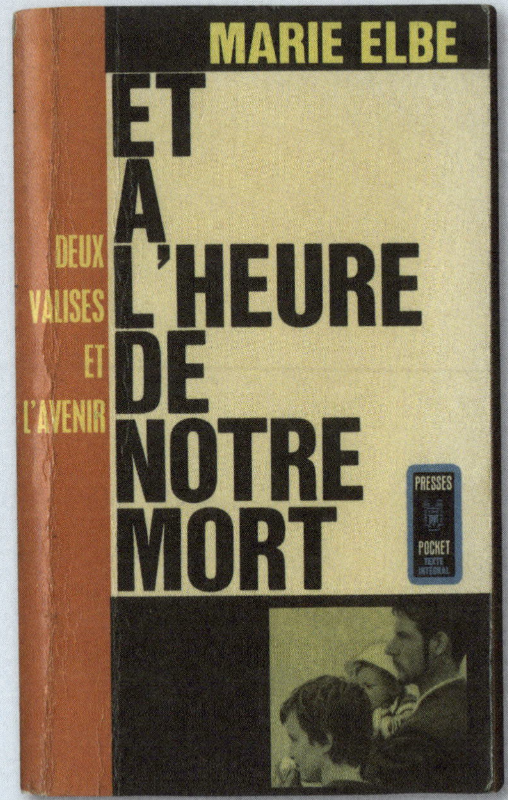

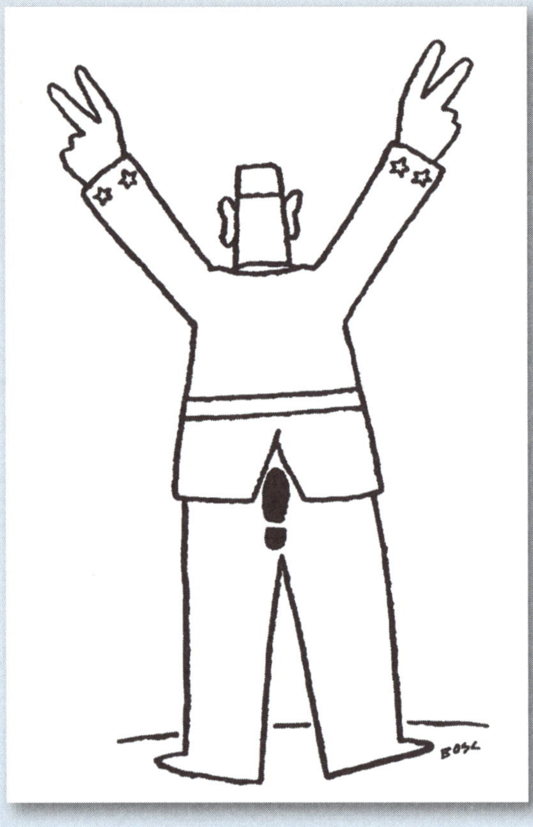

Marie Elbe, *Et à l'heure de votre mort*, Presses Pocket, 1963.

« Un roman passionné sur les Pieds-noirs », « ce peuple mort maintenant », constate Georges Laffly dans *La Nation française* le 3 juillet 1963. « Comme les pleureuses des enterrements méditerranéens », Marie Elbe chante, à travers deux jeunes femmes qui ont tout vécu de ce drame, « la beauté, le malheur de l'Algérie morte ». « À leur manière, écrit la romancière, [les Pieds-noirs] ont rayonné, installés sur ce rivage où les rejetèrent les défaites, les famines et les révolutions, une France au-delà de la France. Une France qu'ils aiment sans mesure. À leur manière, charnelle et emportée. Lui donnant leur vie dans les guerres, avec courage et orgueil, persuadés qu'ils sont les seuls sur lesquels elle peut compter. »

Collection privée

Bosc, « De Gaulle et le pied au derrière », *L'Enragé*, dessin, 4 novembre 1968.

Ce dessin tardif de Jean-Maurice Bosc semble pouvoir illustrer l'ironique propos de Jacques Perret dans *Combat*, le 30 septembre 1963 : « Évoquant le sort de ces enfants rebelles dont, jusqu'ici, par pudeur et dignité, il n'avait encore soufflé mot, De Gaulle a dit publiquement : "Nos chers rapatriés !..." C'était bouleversant. [...] Il n'en faut pas douter, le processus du pardon vient de prendre son essor. [...] la confrérie des barbouzes de la miséricorde a su trouver le Pied Noir qu'il fallait pour fendre la foule ».

Collection Alain Damman

1962-1968

LA GUERRE, ET APRÈS

11

Circulaire Nationale N° 141 162.

~~OAS~~

S A O

SECTIONS **A**NTI **O**AS

LE FASCISME EST A VOTRE PORTE

avec son cortège de terreur, chantages, meurtres chasse aux faciès et lynchages

VOS LIBERTÉS, VOTRE AVENIR, VOS ENFANTS SONT MENACÉS

MAIS : en France des dizaines de milliers d'hommes sont résolus à se battre pour que nous soit épargné le joug du fascisme. Ici et là, ils ont commençé à se regrouper.

VOTRE PLACE EST PARMI EUX

AGISSEZ...

COMMENT :

◄ **Tract « Sections Anti OAS », 1962.**

Collection privée

Le 7 mars s'ouvrent les négociations d'Évian qui conduisent, le 19, au cessez-le-feu en Algérie. Le 8 avril, les accords d'Évian sont approuvés par référendum. Le 1er juillet, l'Algérie accède par référendum à l'indépendance à la quasi-unanimité des votants. Au printemps, le général Jouhaud a été condamné à mort ; le général Salan a été arrêté, jugé et condamné à la détention à perpétuité. L'après-guerre s'esquisse. L'heure des bilans a sonné, le temps est venu d'une alliance nouvelle à inventer entre la France et l'Algérie, affirment les uns. La paix signée n'est qu'une forfaiture de la « dictature gaulliste », rétorquent les autres, réduits désormais à une faible minorité.

Exclu du gouvernement en juin 1960, Jacques Soustelle a fondé le Comité de Vincennes, qui compte plus de deux cents personnes venues d'horizon divers, déterminées à défendre en toutes circonstances l'intégrité du territoire national. Dissous en novembre 1961, le Conseil national de la Résistance lui succède en mai 1962. La droite anti-gaulliste, qui se sent trompée et trahie, entend poursuivre le combat contre le pouvoir. Le 22 août, le général de Gaulle échappe à un attentat au Petit-Clamart, organisé par un commando. Son chef, le colonel Bastien-Thiry, sera fusillé le 3 mars 1963 au Fort-d'Ivry. Son « sacrifice », estime Antoine Blondin dans *L'Esprit public*, « nous confirme que le tournesol implanté à l'Élysée a définitivement viré au rouge ».

En Algérie, les représailles contre les harkis ont commencé. Leur rapatriement, opéré et décidé par des responsables de l'armée, se heurte aux réticences du gouvernement. Pour ces Français musulmans, la France apparaît comme « un nouveau départ », et sa terre comme « la continuité d'une « alliance » scellée dans le passé » (Benjamin Stora). Mais des directives de mai et de juillet du ministre des Affaires algériennes Louis Joxe annoncent « l'abandon volontaire d'une communauté et la position ambiguë des autorités françaises à l'égard de personnes s'étant rangées du côté des Français durant la guerre d'Algérie » (Benjamin Stora). À partir du 15 août 1962, les anciens supplétifs sont spoliés de tous leurs biens par le gouvernement algérien. Les règlements sauvages et les vengeances privées se propagent : condamnés à mort, abattus sans jugement ou lynchés, 100 000 harkis auraient été massacrés. La droite intellectuelle anti-gaulliste n'aura de cesse de rappeler à la France du Général sa responsabilité, ses devoirs et sa culpabilité.

Les accords d'Évian décrétaient l'amnistie de « toutes les infractions commises avant le 20 mars 1962 en vue de participer ou d'apporter une aide directe ou indirecte à l'insurrection algérienne ». Une pétition, dont deux versions circulent, exige l'application rapide de cette disposition. Des intellectuels se mobilisent en faveur de tous les anticolonialistes emprisonnés, insoumis, réfractaires et membres de réseaux d'aide au FLN. Les antigaullistes s'inquiètent du traitement indigne que le régime réserve aux militants d'une certaine France, désavouée désormais. Autour de la question de l'amnistie, les déchirements partisans se poursuivent donc. « Il n'y a pas de Français victorieux dans cette tragédie. Il y a seulement un très douloureux compromis, à l'issue d'héroïsme et d'horreurs, de part et d'autre », écrit Gilbert Cesbron à Jean-Marie Domenach.

L'Algérie naissante séduit ou inquiète. Le 5 juillet 1962, le Gouvernement provisoire de la République algérienne (GPRA), dirigé par Ben Khedda, s'installe à Alger. Mais son autorité est contestée par la majorité du Conseil national de la révolution algérienne qui, le 20 juillet, l'accuse de forfaiture et d'usurpation du pouvoir. Un nouveau bureau politique du FLN est désigné à Tlemcen, sous la direction de Ben Bella, qui contrôle Alger le 3 septembre. Devenu chef du Gouvernement, Ben Bella fait préparer un projet de Constitution. Adoptée le 28 août 1963 par l'Assemblée, celle-ci sera approuvée par référendum le 8 septembre.

Ces dissensions politiques n'empêchent pas les tentatives de dialogue de part et d'autre de la Méditerranée. Des comités d'aide, de coopération, de reconstruction ou d'amitié se constituent. Certains Français choisissent même d'aller vivre en Algérie. « Pieds-rouges » succédant aux « Pieds-noirs », ces anticolonialistes s'installent dans ce qu'ils considèrent comme « leur nouvelle patrie ou la Patrie de la révolution » (Claude Liauzu). Une centaine d'entre eux demandera la nationalité algérienne. Nationalité d'acquisition, selon la loi du 23 mars 1963, obtenue « sur la base de la participation à la lutte de libération » , « par le biais de la procédure de naturalisation » ou « par le jeu de l'option prévue dans les accords d'Evian en faveur des citoyens de statut civil français ». La plupart quitteront l'Algérie après le coup d'État de Boumedienne, en juin 1965.

De 1962 à 1968, de nombreux plaidoyers pour l'Algérie française ou des réquisitoires contre ses ennemis paraissent. Les derniers prisonniers politiques de l'OAS sont en prison ou en exil. Dans ce contexte, la création des *Paravents* de Genet fait scandale. Deux ans plus tard, les événements du printemps de 1968 transforment radicalement le climat politique. L'amnistie accordée en juillet aux derniers ultras contribue à apaiser les polémiques et les tensions.

L'après-guerre ?

CONGRES ESPRIT 1962

Cette année, nous avons décidé de donner pour thème à notre Congrès l'après-guerre.

La guerre d'Algérie a été longtemps notre préoccupation. Elle a causé la transformation de notre régime politique; elle a été, à des niveaux différents, notre expérience dominante. Maintenant que le cessez-le-feu est signé, que la paix s'organise, il est possible de marquer un temps d'arrêt.

D'abord tirer les leçons : nous ne pouvons plus nous voir, nous, notre nation, notre politique, du même oeil qu'auparavant. Il s'agit d'aller au delà de la dénonciation et d'examiner en quoi nous avons été "éprouvés", en quoi nos convictions, nos attitudes, nos institutions ont été changées ou du moins infléchies.

A partir de là, sur quelques points essentiels, on se demandera quelles conclusions tirer pour l'avenir. En quoi faut-il réviser, adapter nos positions ? Et s'il s'agit de la fin d'une époque, quels sont, pour l'époque qui s'ouvre, les problèmes essentiels ? avec quel langage, quelles idées, les aborder ? N'est-ce pas le moment, pour Esprit, de tenter un nouvel effort, en liaison avec cette génération pour qui l'Algérie a été l'initiation à la vie publique ?

Congrès Esprit, feuillet tapuscrit, 17 et 18 juin 1962.

Le thème du congrès annuel de la revue *Esprit*, qui se tient en juin 1962, est « l'après-guerre. » « Marquer un temps d'arrêt » et « tirer les leçons » du conflit; sur quelques points essentiels, dégager des éléments de réflexion « pour l'avenir ». Trois sujets, issus de la guerre d'Algérie, sont retenus : la violence, la justice, le réalisme politique. « Conviction morale » et « morale de conviction » suffisent-elles ? « À partir de notre expérience politique, nous devrions nous interroger sur l'efficacité de nos attitudes, de nos moyens [...] », observent les organisateurs de ce congrès.

Fonds Esprit/IMEC

du Jeudi 4 Septembre (19 h.) au Dimanche 14 Septembre (13 h.)

TROISIÈME DÉCADE

La Décolonisation et ses Problèmes

L'accession à l'indépendance ou à l'autonomie politique des anciens Etats colonisés étant prise comme point de départ, on voudrait étudier les problèmes qui se posent pour ces pays, une fois ce premier stade atteint.

Ces pays colonisés étant en même temps des pays sous-développés, comment se présente le problème de leur mise en valeur (démographie, industrialisation, investissements, épargne nationale, aide extérieure, déséquilibres internes, etc.) ?

Comment peut-on concilier maintien des libertés démocratiques et promotion humaine avec autorité et efficacité (problème des partis politiques, des hommes, des mouvements syndicaux, etc.) ?

Comment les cultures nationales peuvent-elles se développer et s'élargir ? Des contacts peuvent-ils être maintenus avec la culture occidentale et sous quelle forme ?

Comment se situent les jeunes pays par rapport aux organismes internationaux (O.N.U., pactes militaires, associations syndicales, différentes formes d'Union Européenne, Ligue Arabe, groupe de Colombo, etc.).

On voudrait sur ces problèmes, dont l'énoncé n'est nullement limitatif, confronter les points de vue des spécialistes (économistes, juristes, sociologues, politiques, etc.) des anciens pays « colonisateurs » et jeunes Etats d'Afrique et d'Asie.

Avec la participation de Pierre Albin-Martel, Jean Amrouche, Robert Barrat, Raymond Barre, Laura Beloff, Bechir Ben Yahmed, Jacques Berque, André Blanchet, Claude Bourdet, Robert Buron, Georges Chaffard, Elie Cohen-Hadria, Jeanne Cuisinier, Jean Daniel, Jean-Baptiste Dardel, Hubert Deschamps, Philippe Devillers, Alioune Diop, Jean-Marie Domenach, René Dumont, Roger Duveau, Jean Duvignaud, Georges Frappart, Maurice de Gandillac, M. Grevisse, Daniel Guérin, Léo Hamon, Philippe Herreman, Georges Izard, Robert Juffé, Charles-André Julien, Jean Lacouture, Gaston Leduc, Louis Martin-Chauffier, Gilles Martinet, Albert Memmi, Edmond Michelet, Robert de Montvalon, Edgar Morin, Jacques Rabemananjara, Oreste Rosenfeld, Jean Rous, Edouard Sablier, Alain Savary, Louis Vallon, Robert Verdier, Andrée-Pierre Vienot, Alban Vistel, etc. (liste arrêtée au 1er janvier).

Avec le concours de représentants des pays suivants : Belgique, Birmanie, Cambodge, Ceylan, Egypte, Ethiopie, Ghana, Grande-Bretagne, Inde, Indonésie, Irak, Italie, Laos, Liban, Malaisie, Maroc, Pakistan, Pays-Bas, Soudan, Syrie, Tunisie, Viet-Nam, etc.

— Prière d'adresser la correspondance au secrétaire de la décade Marc Heurgon, Fondation Thiers, 5, rond-point Bugeaud, Paris XVIe (PAS 99-84).

Projets pour 1959

On espère pouvoir organiser :

1) une rencontre autour de Gaston Bachelard,
2) une rencontre autour d'André Malraux,
3) une rencontre sur la construction de l'Europe, dirigée par André Philip.

« La décolonisation et ses problèmes », troisième décade, Cerisy-la-Salle, 4-14 septembre 1958.

Une rencontre sur « la décolonisation et ses problèmes » a lieu en Normandie, à Cerisy-la-Salle, dès septembre 1958. « Il ne s'agit pas d'une rencontre rétrospective et sentimentale sur le colonialisme, écrit Marc Heurgon au ministre Pierre-Henri Teitgen, encore moins d'un débat sur le problème algérien que nous voudrions laisser à l'écart » (lettre du 17 février 1958). C'est, au-delà du conflit en cours, l'accession à l'indépendance ou à l'autonomie politique des anciens États colonisés qui est prise comme point de départ. Parmi les intervenants sur les différents problèmes abordés (politiques, économiques, sociaux, culturels), on compte Jean Amrouche, Robert Barrat, Claude Bourdet, Raymond Barre, Alioune Diop, Albert Memmi, René Dumont, Jean Duvignaud...

Fonds Centre culturel international de Cerisy-la-Salle/IMEC

La Politique

par Pierre Boutang

I. - Il prend acte ; cet acte est nul.

Il va « prendre acte » et, selon sa manie, « au nom de la France ». Cela sera inscrit au « Journal officiel » de la république, honte devenant gloire, et non pas jeté dans ce qu'il nommait, lorsqu'il était l'homme contestable du 18 juin, point encore le vieillard du 3 juillet, la fosse commune des déshonneurs nationaux.

Acte de quoi ? D'un vote truqué, mensonger, conditionné sans pudeur, qui est son chef-d'œuvre. Les tyrans modernes sont d'abord ventriloques, et tous selon la même caisse de résonance, l'identique bedaine, celle du Père Ubu, dont on sait qu'elle figure l'urne-gidouille du suffrage universel. Le tyran interroge ses tripes plécis-citaires, et prétend que la réponse est le murmure d'un peuple.

L'acte ainsi « pris » est nul. Nul selon les lois fondamentales du royaume, de la nation. Nul par les abus de confiance qui l'ont précédé, la capitulation devant la terreur qui en fut la substance. Mais annulé encore plus, dans la soudaineté du fait, lorsque nous apprenons qu'en vertu de cet acte, l'Algérie est livrée à un « gouvernement » contesté, menacé de « putsch » par sa propre armée, contraint de dissoudre son état-major, accusé de crime et de complot.

L'Algérie est livrée, légalement perdue, mais la guerre nous est conservée. La force locale déserte, emmenant ses officiers européens ; l'entrée en scène des rebelles de Boumedienne, bousculant ce qui reste d'armée française aux barrages, et couronnant la victoire politique par une victoire militaire, n'est plus exclue. Et déjà Nasser — non De Gaulle ni son Tricot — devient le médiateur.

De Gaulle prend acte. Acte du chaos

Jean-Marie Domenach, « Le sabordage d'*Arguments* », *Esprit*, avril 1963.

Créée en 1956 par Edgar Morin et Kostas Axelos, la revue *Arguments* cesse de paraître à la fin de 1962. Ses fondateurs, promoteurs de la «nouvelle gauche», renoncent à poursuivre cette aventure critique. Jean-Marie Domenach le regrette. Alors que «la parole devient anodine et velléitaire» (Kostas Axelos), il lui paraît au contraire nécessaire de «veiller jalousement» sur elle; de combattre «de toute sa violence, de toute sa patience» la sottise et l'indifférence. Lancer une revue est un acte qui engage; «on y risque des idées, mais on y risque aussi [...] des consciences et des convictions, bien au-delà de ceux qui écrivent, parmi ceux qui lisent, qui réfléchissent et qui croient».

Fonds Arguments/IMEC

LE SABORDAGE D'ARGUMENTS. — Entre revues, on ne se fait pas concurrence, car une revue suscite son public, au lieu de le prendre aux autres ; avec ses lecteurs, elle crée un lien plus solide, plus affectueux que le magazine. A *Esprit*, nul n'a la moindre arrière-pensée de contentement en apprenant la disparition d'*Arguments* où nous comptions beaucoup d'amis. Alors que d'autres s'imaginent qu'il suffit de faire son nid dans une maison d'édition pour y polir des bibelots d'époque, les fondateurs d'*Arguments* avaient choisi le risque intellectuel ; libérés, pour la plupart, par la débâcle du stalinisme, ils avaient su, au-delà de l'autocritique, lancer des reconnaissances dans toutes les dimensions. Leurs numéros, leurs ensembles, sur le socialisme, le bien-être, l'amour, le langage, etc., nous apportaient presque à chaque coup un cocktail stimulant ; des articles brefs, astucieux, que prolongeaient souvent des « réflexions sur l'article précédent », donnaient le témoignage d'une originalité heureusement alliée à l'esprit de dialogue. Un rien de snobisme métaphysique, quelque préciosité psychanalytique ou planétaire, rappelaient parfois que l'auteur avait beaucoup lu et beucoup vécu...

En codicille de son dernier numéro (3ᵉ et 4ᵉ trimestres 1962), plus frétillant d'idées que jamais, *Arguments* annonce que « la revue est sabordée par ses capitaines ». L'argent suffisait, nous expliquent Axelos et Morin, et le tirage augmentait. Point de dispute, comme on en voit, ces temps-ci, dans les milieux de la gauche indépendante... Mais une cause profonde : enfant de la grande année 1956, *Arguments* ne veut pas survivre à des espoirs qui s'attiédissent. Le révisionnisme d'aujourd'hui n'est plus que la pâle contrefaçon du grand mouvement déclenché dans le monde marxiste par la révolte hongroise et l'Octobre polonais. Et, comme le note Morin, la guerre d'Algérie « favorisa le regel intellectuel » en acculant la gauche à des positions de combat et à de nouveaux alibis. D'où le porte-à-faux : *Arguments* proposait une critique radicale des grands systèmes de croyance au moment où l'ambiance sociale et politique devenait à la fois plus molle et plus pesante, rabattant les uns sur des dogmes sclérosés, les autres sur des spécialisations sceptiques. *Arguments* risquait de sombrer dans l'un des deux abîmes qui guettent les non-conformistes de gauche : « ou bien l'empirisme

659

◄ Pierre Boutang, « La politique », *La Nation française*, 4 juillet 1962.

Condamnant les trahisons, capitulations et trucages du « vieillard du 3 juillet », dénonçant « l'échec honteux et sanglant de sa politique de désengagement », Pierre Boutang pose l'éventualité d'une troisième guerre d'Algérie contre « les bandes de Ben Bella et de Boumedienne » (la deuxième, « depuis trois mois », ayant eu pour objet de « battre la résistance française avec l'alliance du FLN ») : « Tant que l'Algérie ne sera pas redevenue une terre où la France ne soit pas plus *légalement* étrangère qu'elle ne l'est *réellement*, la société ne retrouvera pas la paix. »

Archives privées Pierre Boutang

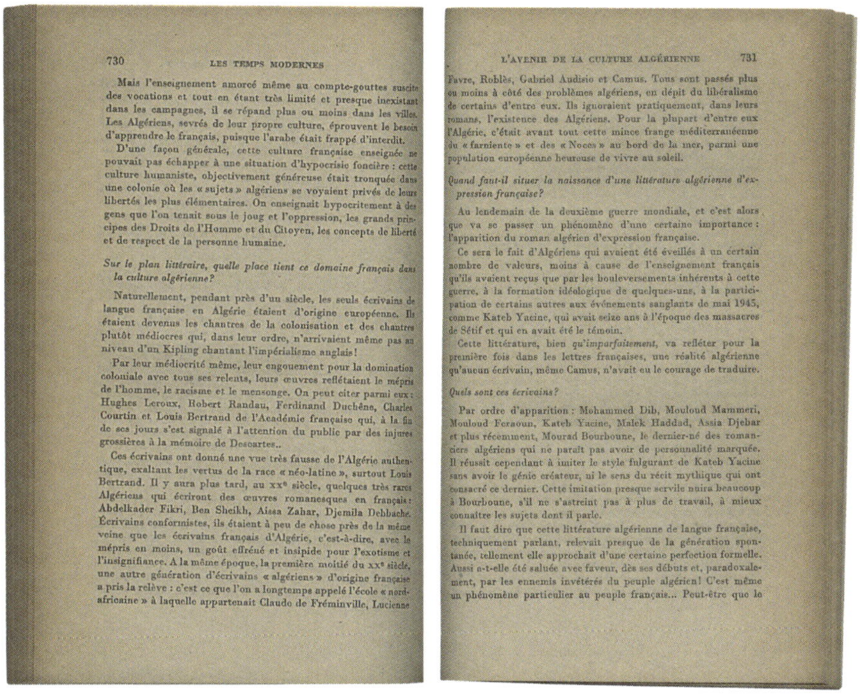

730 LES TEMPS MODERNES

Mais l'enseignement amorcé même au compte-gouttes suscite des vocations et tout en étant très limité et presque inexistant dans les campagnes, il se répand plus ou moins dans les villes. Les Algériens, sevrés de leur propre culture, éprouvent le besoin d'apprendre le français, puisque l'arabe était frappé d'interdit.

D'une façon générale, cette culture française enseignée ne pouvait pas échapper à une situation d'hypocrisie foncière : cette culture humaniste, objectivement généreuse était tronquée dans une colonie où les « sujets » algériens se voyaient privés de leurs libertés les plus élémentaires. On enseignait hypocritement à des gens que l'on tenait sous le joug et l'oppression, les grands principes des Droits de l'Homme et du Citoyen, les concepts de liberté et de respect de la personne humaine.

Sur le plan littéraire, quelle place tient ce domaine français dans la culture algérienne?

Naturellement, pendant près d'un siècle, les seuls écrivains de langue française en Algérie étaient d'origine européenne. Ils étaient devenus les chantres de la colonisation et des chantres plutôt médiocres qui, dans leur ordre, n'arrivaient même pas au niveau d'un Kipling chantant l'impérialisme anglais!

Par leur médiocrité même, leur engouement pour la domination coloniale avec tous ses relents, leurs œuvres reflétaient le mépris de l'homme, le racisme et le mensonge. On peut citer parmi eux : Hughes Leroux, Robert Randau, Ferdinand Duchêne, Charles Courtin et Louis Bertrand de l'Académie française qui, à la fin de ses jours s'est signalé à l'attention du public par des injures grossières à la mémoire de Descartes..

Ces écrivains ont donné une vue très fausse de l'Algérie authentique, exaltant les vertus de la race « néo-latine », surtout Louis Bertrand. Il y aura plus tard, au XXe siècle, quelques très rares Algériens qui écriront des œuvres romanesques en français : Abdelkader Fikri, Ben Sheikh, Aïssa Zahar, Djemila Debbache. Écrivains conformistes, ils étaient à peu de chose près de la même veine que les écrivains français d'Algérie, c'est-à-dire, avec le mépris en moins, un goût effréné et insipide pour l'exotisme et l'insignifiance. A la même époque, la première moitié du XXe siècle, une autre génération d'écrivains « algériens » d'origine française a pris la relève : c'est ce que l'on a longtemps appelé l'école « nord-africaine » à laquelle appartenait Claude de Fréminville, Lucienne

L'AVENIR DE LA CULTURE ALGÉRIENNE 731

Favre, Roblès, Gabriel Audisio et Camus. Tous sont passés plus ou moins à côté des problèmes algériens, en dépit du libéralisme de certains d'entre eux. Ils ignoraient pratiquement, dans leurs romans, l'existence des Algériens. Pour la plupart d'entre eux l'Algérie, c'était avant tout cette mince frange méditerranéenne du « farniente » et des « Noces » au bord de la mer, parmi une population européenne heureuse de vivre au soleil.

Quand faut-il situer la naissance d'une littérature algérienne d'expression française?

Au lendemain de la deuxième guerre mondiale, et c'est alors que va se passer un phénomène d'une certaine importance : l'apparition du roman algérien d'expression française.

Ce sera le fait d'Algériens qui avaient été éveillés à un certain nombre de valeurs, moins à cause de l'enseignement français qu'ils avaient reçus que par les bouleversements inhérents à cette guerre, à la formation idéologique de quelques-uns, à la participation de certains autres aux événements sanglants de mai 1945, comme Kateb Yacine, qui avait seize ans à l'époque des massacres de Sétif et qui en avait été le témoin.

Cette littérature, bien *qu'imparfaitement*, va refléter pour la première fois dans les lettres françaises, une réalité algérienne qu'aucun écrivain, même Camus, n'avait eu le courage de traduire.

Quels sont ces écrivains?

Par ordre d'apparition : Mohammed Dib, Mouloud Mammeri, Mouloud Feraoun, Kateb Yacine, Malek Haddad, Assia Djebar et plus récemment, Mourad Bourboune, le dernier-né des romanciers algériens qui ne paraît pas avoir de personnalité marquée. Il réussit cependant à imiter le style fulgurant de Kateb Yacine sans avoir le génie créateur, ni le sens du récit mythique qui ont consacré ce dernier. Cette imitation presque servile nuira beaucoup à Bourboune, s'il ne s'astreint pas à plus de travail, à mieux connaître les sujets dont il parle.

Il faut dire que cette littérature algérienne de langue française, techniquement parlant, relevait presque de la génération spontanée, tellement elle approchait d'une certaine perfection formelle. Aussi a-t-elle été saluée avec faveur, dès ses débuts et, paradoxalement, par les ennemis invétérés du peuple algérien! C'est même un phénomène particulier au peuple français... Peut-être que le

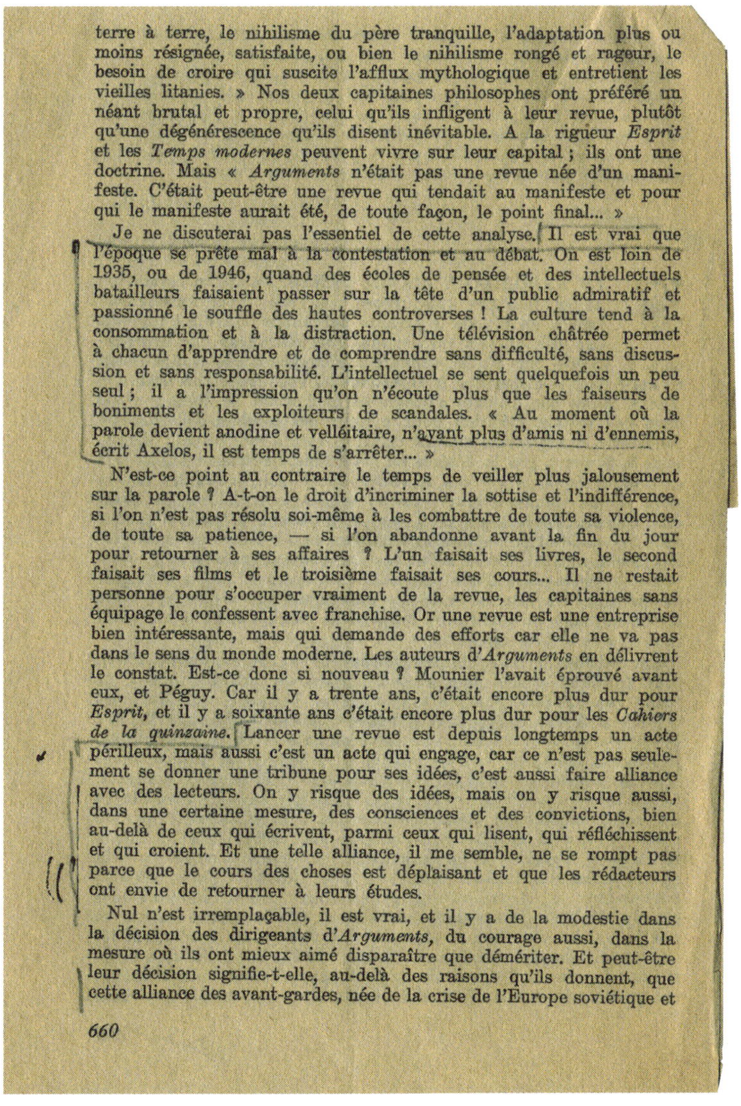

terre à terre, le nihilisme du père tranquille, l'adaptation plus ou moins résignée, satisfaite, ou bien le nihilisme rongé et rageur, le besoin de croire qui suscite l'afflux mythologique et entretient les vieilles litanies. » Nos deux capitaines philosophes ont préféré un néant brutal et propre, celui qu'ils infligent à leur revue, plutôt qu'une dégénérescence qu'ils disent inévitable. A la rigueur *Esprit* et les *Temps modernes* peuvent vivre sur leur capital ; ils ont une doctrine. Mais « *Arguments* n'était pas une revue née d'un manifeste. C'était peut-être une revue qui tendait au manifeste et pour qui le manifeste aurait été, de toute façon, le point final... »

Je ne discuterai pas l'essentiel de cette analyse. Il est vrai que l'époque se prête mal à la contestation et au débat. On est loin de 1935, ou de 1946, quand des écoles de pensée et des intellectuels batailleurs faisaient passer sur la tête d'un public admiratif et passionné le souffle des hautes controverses ! La culture tend à la consommation et à la distraction. Une télévision châtrée permet à chacun d'apprendre et de comprendre sans difficulté, sans discussion et sans responsabilité. L'intellectuel se sent quelquefois un peu seul ; il a l'impression qu'on n'écoute plus que les faiseurs de boniments et les exploiteurs de scandales. « Au moment où la parole devient anodine et velléitaire, n'ayant plus d'amis ni d'ennemis, écrit Axelos, il est temps de s'arrêter... »

N'est-ce point au contraire le temps de veiller plus jalousement sur la parole ? A-t-on le droit d'incriminer la sottise et l'indifférence, si l'on n'est pas résolu soi-même à les combattre de toute sa violence, de toute sa patience, — si l'on abandonne avant la fin du jour pour retourner à ses affaires ? L'un faisait ses livres, le second faisait ses films et le troisième faisait ses cours... Il ne restait personne pour s'occuper vraiment de la revue, les capitaines sans équipage le confessent avec franchise. Or une revue est une entreprise bien intéressante, mais qui demande des efforts car elle ne va pas dans le sens du monde moderne. Les auteurs d'*Arguments* en délivrent le constat. Est-ce donc si nouveau ? Mounier l'avait éprouvé avant eux, et Péguy. Car il y a trente ans, c'était encore plus dur pour *Esprit*, et il y a soixante ans c'était encore plus dur pour les *Cahiers de la quinzaine*. Lancer une revue est depuis longtemps un acte périlleux, mais aussi c'est un acte qui engage, car ce n'est pas seulement se donner une tribune pour ses idées, c'est aussi faire alliance avec des lecteurs. On y risque des idées, mais on y risque aussi, dans une certaine mesure, des consciences et des convictions, bien au-delà de ceux qui écrivent, parmi ceux qui lisent, qui réfléchissent et qui croient. Et une telle alliance, il me semble, ne se rompt pas parce que le cours des choses est déplaisant et que les rédacteurs ont envie de retourner à leurs études.

Nul n'est irremplaçable, il est vrai, et il y a de la modestie dans la décision des dirigeants d'*Arguments*, du courage aussi, dans la mesure où ils ont mieux aimé disparaître que démériter. Et peut-être leur décision signifie-t-elle, au-delà des raisons qu'ils donnent, que cette alliance des avant-gardes, née de la crise de l'Europe soviétique et

660

Mostafa Lacheraf, « L'Avenir de la culture algérienne », *Les Temps modernes*, n° 209, octobre 1963.

Mostafa Lacheraf milite dès 1939 dans les partis nationalistes algériens. Arrêté, emprisonné, placé sous surveillance policière, il rejoint la rédaction d'*El Moudjahid* en 1962. Dans cet entretien, Lacheraf analyse la « part » française de la culture algérienne. Sur le plan littéraire, l'école dite nord-africaine à laquelle appartiennent Emmanuel Roblès, Gabriel Audisio ou Albert Camus, est passée selon lui « plus ou moins à côté des problèmes algériens ». Une littérature algérienne d'expression française (Mohammed Dib, Mouloud Mammeri, Mouloud Feraoun, Kateb Yacine, Malek Haddad, Assia Djebar) naît cependant au lendemain de la Seconde Guerre mondiale : elle reflète « pour la première fois dans les lettres françaises, une réalité qu'aucun écrivain, même Camus, n'avait eu le courage de traduire ». Mais il faut « démystifier » ce phénomène littéraire. Certains de ces écrivains (Haddad, Djebar), artificiellement célébrés par la critique française, « n'ont jamais saisi nos problèmes », affirme Lacheraf, alors qu'il s'agit de développer une conception révolutionnaire, post-coloniale et non sentimentale, de la culture.

Fonds Jean-José Marchand/IMEC

CHARTE DE

L'UNION NATIONALE DES ECRIVAINS ALGERIENS

~~MANIFESTE~~

~~(Projet)~~

Réunis en Assemblée Générale à Alger, ~~dans leur local du rue Abbane Ramdane, le 1 Juillet~~ 1963, des écrivains connus pour leurs travaux littéraires et leur attitude pendant la guerre de libération, ont constitué l'UNION NATIONALE DES ECRIVAINS ALGERIENS, dans la perspective d'une large Fédération des Arts et Lettres.

La littérature algérienne a franchi ces dernières années d'innombrables frontières. Cette situation, nous la devons d'abord à notre peuple dont la lutte a donné leur portée aux voix profondes et si diverses de l'Algérie indépendante.

C'est le chant des martyrs, celui des ancêtres, mais surtout la jeune espérance qui passent à travers nous. Notre guerre fut aussi une Insurrection de l'Esprit. Notre victoire est celle des forces de progrès contre l'obscurantisme et toutes ses formes de servitude.

L'Algérie devient aujourd'hui l'immense chantier de l'énergie populaire, un laboratoire pour les recherches de l'art, de la science, et pour l'épanouissement des consciences.

Chaque homme, ici, devrait pouvoir non seulement lire et écrire mais devenir à son tour un créateur et un critique. Des richesses incommensurables s'abîmaient dans le néant. Grâce à notre action, elles doivent accéder au jour et prendre forme. Ce peuple qui avait tout perdu, peut tout retrouver du même coup dans la Révolution.

C'est pourquoi, tous ensemble, avec lui, nous devons affronter les difficultés, élever sans cesse nos exigences dans le fond comme dans la forme, étendre le champ d'action de la littérature, lutter de toutes nos forces pour qu'elle soit et demeure libre, incarner les aspirations les plus jeunes et les plus hardies de nos masses, renforcer nos liens non seulement entre nous, mais avec tous les écrivains authentiquement révolutionnaires d'Afrique, d'Asie, du monde entier, pour que triomphe le socialisme.

A cette fin, nous nous engageons à :

exprimer dans nos oeuvres ce qu'il y a de meilleur dans nos traditions populaires,

traduire dans toute leur complexité les aspects de la vie de notre peuple,

contribuer à rénover, par tous les moyens à notre disposition, y compris les moyens audio-visuels, notre patrimoine culturel, c'est à dire ses valeurs les plus diverses depuis les siècles les plus lointains,

.../...

◂ **« Chartre de l'Union nationale des écrivains algériens », feuillet tapuscrit, juillet 1963.**

En juillet 1963, des écrivains « connus pour leurs travaux littéraires et leur attitude pendant la guerre de libération » constituent l'Union nationale des écrivains algériens. La guerre fut aussi « une Insurrection de l'Esprit », écrivent-ils. Dans l'immense chantier de l'Algérie indépendante, il importe donc d'étendre « le champ d'action de la littérature ». Il s'agira : d'exprimer les traditions populaires ; de promouvoir la culture nationale ; de la répandre par l'édition, la traduction, la publication, la commémoration ; de la faire connaître à l'étranger ; de lutter contre l'analphabétisme ; de renforcer les liens avec les écrivains « authentiquement révolutionnaires d'Afrique, d'Asie, du monde entier, pour que triomphe le socialisme ».

Fonds Emmanuel Roblès/Archives, Limoges. Déposé par Jacqueline Roblès-Macek

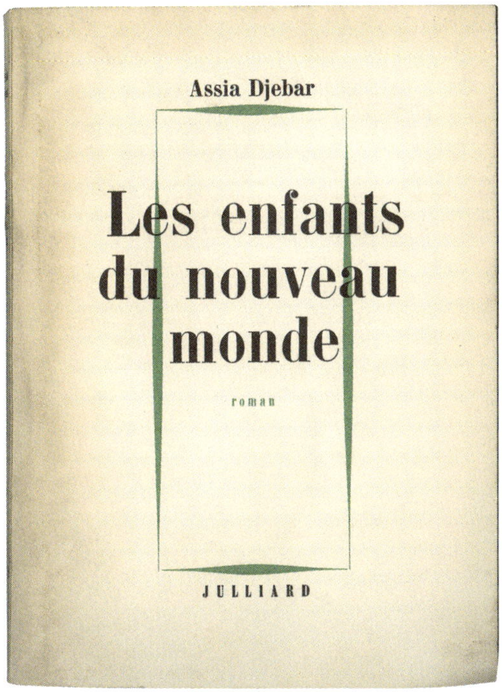

Assia Djebar, *Les Enfants du nouveau monde*, Julliard, mai 1962.

Une petite ville d'Algérie, en 1956. Dehors défilent les patrouilles ; réfugiées dans leurs maisons, les femmes regardent intensément « le spectacle de la guerre ». Ce troisième roman d'Assia Djebar dépeint un « monde nouveau », avec ses espoirs et ses luttes, « l'aventure d'un peuple prenant à la fois conscience de son droit et de sa dignité ». Assia Djebar sera la première femme algérienne à entrer à l'Académie française, en 2005.

Fonds Vladimir Pozner/IMEC

Les harkis

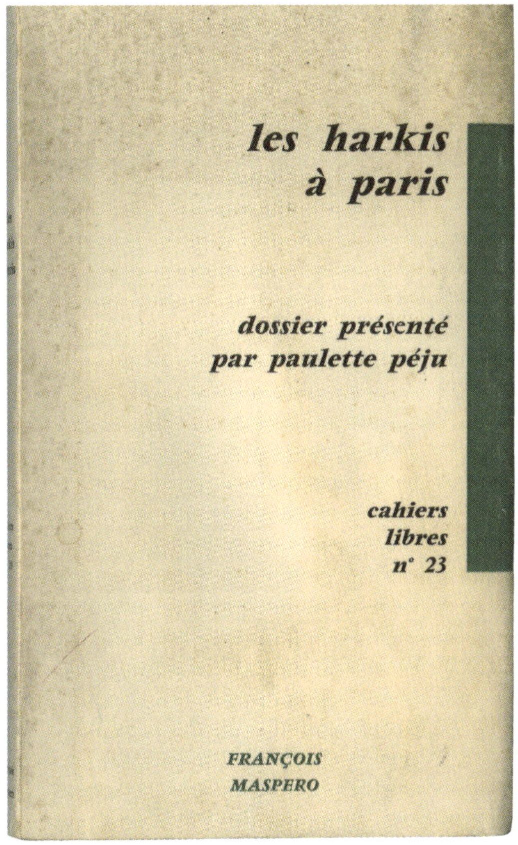

***Les Harkis à Paris*, dossier présenté par Paulette Péju, Maspero, « Cahiers libres », n° 23, 1961.**

Rendant publics témoignages et plaintes, ce livre est un violent réquisitoire contre les exactions (viols, assassinats, interrogatoires « illégaux ») commises par les harkis de Paris contre les militants du FLN à partir de mars 1960. Considérés par les indépendantistes comme des « mercenaires au service de l'occupant », les harkis sont enrôlés pour renforcer l'action des unités de l'armée française. Si le recours aux supplétifs est une « donnée permanente de la politique coloniale » (Michel Roux), la première harka est constituée dans les Aurès par l'ethnologue Jean Servier, dès novembre 1954. Elle est supposée riposter à des attaques de guérilla et « instaurer un climat de guerre psychologique » susceptible de rallier la population musulmane ou de l'empêcher de rejoindre la rébellion (Fabien Sacriste). En 1962, le nombre des harkis s'élève à près de 60 000. En métropole, les « calots bleus », organisés en « police clandestine », ont « toute liberté d'action » pour démanteler les réseaux FLN. « Une seule chose importe : leur efficacité ». Le livre sera saisi avant même son brochage.

Collection privée

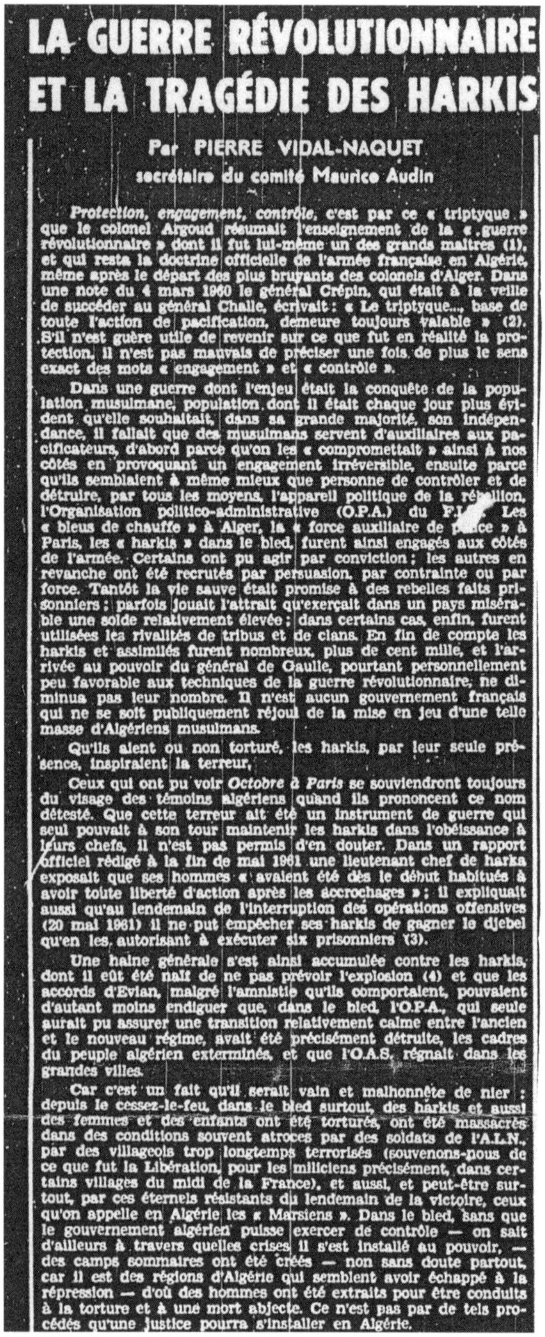

LA GUERRE RÉVOLUTIONNAIRE ET LA TRAGÉDIE DES HARKIS

Par PIERRE VIDAL-NAQUET
secrétaire du comité Maurice Audin

Protection, engagement, contrôle, c'est par ce « triptyque » que le colonel Argoud résumait l'enseignement de la « guerre révolutionnaire » dont il fut lui-même un des grands maîtres (1), et qui resta la doctrine officielle de l'armée française en Algérie, même après le départ des plus bruyants des colonels d'Alger. Dans une note du 4 mars 1960 le général Crépin, qui était à la veille de succéder au général Challe, écrivait : « Le triptyque..., base de toute l'action de pacification, demeure toujours valable » (2). S'il n'est guère utile de revenir sur ce que fut en réalité la protection, il n'est pas mauvais de préciser une fois de plus le sens exact des mots « engagement » et « contrôle ».

Dans une guerre dont l'enjeu était la conquête de la population musulmane, population dont il était chaque jour plus évident qu'elle souhaitait, dans sa grande majorité, son indépendance, il fallait que des musulmans servent d'auxiliaires aux pacificateurs, d'abord parce qu'on les « compromettait » ainsi à nos côtés en provoquant un engagement irréversible, ensuite parce qu'ils semblaient à même mieux que personne de contrôler et de détruire, par tous les moyens, l'appareil politique de la rébellion, l'Organisation politico-administrative (O.P.A.) du F.L.N. Les « bleus de chauffe » à Alger, la « force auxiliaire de police » à Paris, les « harkis » dans le bled, furent ainsi engagés aux côtés de l'armée. Certains ont pu agir par conviction ; les autres en revanche ont été recrutés par persuasion, par contrainte ou par force. Tantôt la vie sauve était promise à des rebelles faits prisonniers ; parfois jouait l'attrait qu'exerçait dans un pays misérable une solde relativement élevée ; dans certains cas, enfin, furent utilisées les rivalités de tribus et de clans. En fin de compte les harkis et assimilés furent nombreux, plus de cent mille, et l'arrivée au pouvoir du général de Gaulle, pourtant personnellement peu favorable aux techniques de la guerre révolutionnaire, ne diminua pas leur nombre. Il n'est aucun gouvernement français qui ne se soit publiquement réjoui de la mise en jeu d'une telle masse d'Algériens musulmans.

Qu'ils aient ou non torturé, les harkis, par leur seule présence, inspiraient la terreur.

Ceux qui ont pu voir *Octobre à Paris* se souviendront toujours du visage des témoins algériens quand ils prononcent ce nom détesté. Que cette terreur ait été un instrument de guerre qui seul pouvait à son tour maintenir les harkis dans l'obéissance à leurs chefs, il n'est pas permis d'en douter. Dans un rapport officiel rédigé à la fin de mai 1961 une lieutenant chef de harka exposait que ses hommes « avaient été dès le début habitués à avoir toute liberté d'action après les accrochages » ; il expliquait aussi qu'au lendemain de l'interruption des opérations offensives (20 mai 1961) il ne put empêcher ses harkis de gagner le djebel qu'en les autorisant à exécuter six prisonniers (3).

Une haine générale s'est ainsi accumulée contre les harkis, dont il eût été naïf de ne pas prévoir l'explosion (4) et que les accords d'Evian, malgré l'amnistie qu'ils comportaient, pouvaient d'autant moins endiguer que, dans le bled, l'O.P.A., qui seule aurait pu assurer une transition relativement calme entre l'ancien et le nouveau régime, avait été précisément détruite, les cadres du peuple algérien exterminés, et que l'O.A.S. régnait dans les grandes villes.

Car c'est un fait qu'il serait vain et malhonnête de nier : depuis le cessez-le-feu, dans le bled surtout, des harkis et aussi des femmes et des enfants ont été torturés, ont été massacrés dans des conditions souvent atroces par des soldats de l'A.L.N., par des villageois trop longtemps terrorisés (souvenons-nous de ce que fut la Libération, pour les miliciens précisément, dans certains villages du midi de la France), et aussi, et peut-être surtout, par ces éternels résistants du lendemain de la victoire, ceux qu'on appelle en Algérie les « Marsiens ». Dans le bled, sans que le gouvernement algérien puisse exercer de contrôle — on sait d'ailleurs à travers quelles crises il s'est installé au pouvoir, — des camps sommaires ont été créés — non sans doute partout, car il est des régions d'Algérie qui semblent avoir échappé à la répression — d'où des hommes ont été extraits pour être conduits à la torture et à une mort abjecte. Ce n'est pas par de tels procédés qu'une justice pourra s'installer en Algérie.

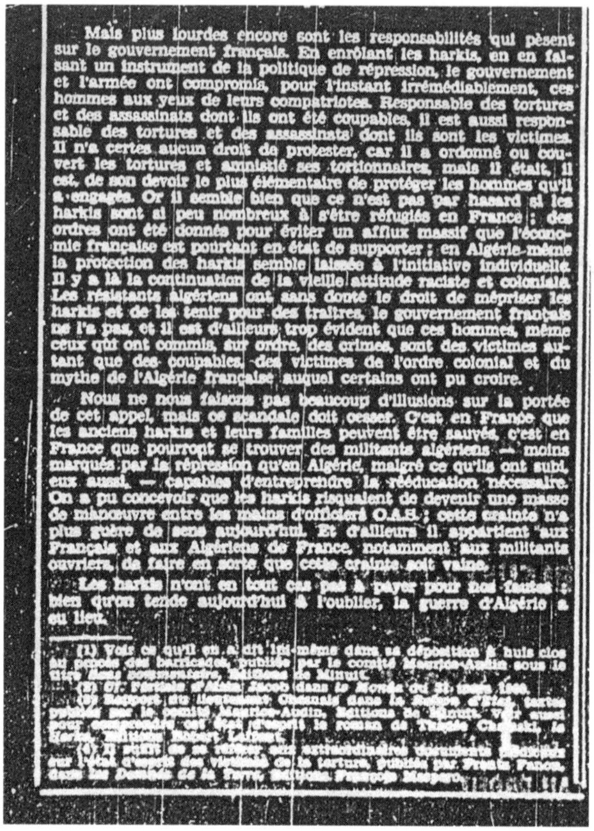

Mais plus lourdes encore sont les responsabilités qui pèsent sur le gouvernement français. En enrôlant les harkis, en en faisant un instrument de la politique de répression, le gouvernement et l'armée ont compromis, pour l'instant irrémédiablement, ces hommes aux yeux de leurs compatriotes. Responsable des tortures et des assassinats dont ils ont été coupables, il est aussi responsable des tortures et des assassinats dont ils sont les victimes. Il n'a certes aucun droit de protester, car il a ordonné ou couvert les tortures et amnistié ses tortionnaires, mais il était, il est, de son devoir le plus élémentaire de protéger les hommes qu'il a engagés. Or il semble bien que ce n'est pas par hasard si les harkis sont si peu nombreux à s'être réfugiés en France : des ordres ont été donnés pour éviter un afflux massif que l'économie française est pourtant en état de supporter ; en Algérie même la protection des harkis semble laissée à l'initiative individuelle. Il y a là la continuation de la vieille attitude raciste et coloniale. Les résistants algériens ont sans doute le droit de mépriser les harkis et de les tenir pour des traîtres, le gouvernement français ne l'a pas, et il est d'ailleurs trop évident que ces hommes, même ceux qui ont commis, sur ordre, des crimes, sont des victimes autant que des coupables, des victimes de l'ordre colonial et du mythe de l'Algérie française auquel certains ont pu croire.

Nous ne nous faisons pas beaucoup d'illusions sur la portée de cet appel, mais ce scandale doit cesser. C'est en France que les anciens harkis et leurs familles peuvent être sauvés, c'est en France que pourront se trouver des militants algériens — moins marqués par la répression qu'en Algérie, malgré ce qu'ils ont subi, eux aussi, — capables d'entreprendre la rééducation nécessaire. On a pu concevoir que les harkis risquaient de devenir une masse de manœuvre entre les mains d'officiers O.A.S. ; cette crainte n'a plus guère de sens aujourd'hui. Et d'ailleurs il appartient aux Français et aux Algériens de France, notamment aux militants ouvriers, de faire en sorte que cette crainte soit vaine.

Les harkis n'ont en tout cas pas à payer pour nos fautes : bien qu'on tende aujourd'hui à l'oublier, la guerre d'Algérie a eu lieu.

(1) Voir ce qu'il en a dit lui-même dans sa déposition à huis clos au procès des barricades, publiée par le comité Maurice-Audin sous le titre [illegible], Éditions de Minuit.

(2) Cf. l'article d'[illegible] dans *le Monde* du 31 [illegible] 1960.

(3) Rapport du lieutenant [illegible] dans [illegible], textes publiés par le comité Maurice-Audin, Éditions de Minuit. Voir aussi pour comprendre cet état d'esprit le roman de [illegible], *le Harki*, Éditions Robert Laffont.

(4) Il suffit de se référer aux extraordinaires documents [illegible] sur l'état d'esprit des victimes de la torture, publiés par Frantz Fanon dans *les Damnés de la Terre*, Éditions François Maspero.

Pierre Vidal-Naquet, « La guerre révolutionnaire et la tragédie des harkis », *Le Monde*, 11-12 novembre 1962.

Il n'est aucun gouvernement français qui ne se soit publiquement réjoui du soutien de plus de 100 000 Algériens musulmans, rappelle Vidal-Naquet. Mais en enrôlant les harkis, en en faisant « un instrument de la politique de répression », le gouvernement et l'armée « ont compromis, pour l'instant irrémédiablement, ces hommes aux yeux de leurs compatriotes ». Responsable hier des actes qu'ils commettaient, la France est responsable aujourd'hui des tortures et des assassinats dont ils sont les victimes. « Les harkis n'ont pas à payer pour nos fautes », conclut l'auteur. Ne pouvant les tenir pour des « traîtres » (comment le pourrait-elle ?), la France se doit de les accueillir. Sa défaillance « scandaleuse » n'est que la « continuation de la vieille attitude raciste et coloniale ».

Fonds Pierre Vidal-Naquet/ Archives EHESS

France Presse-Action, Agence centrale d'information et de propagande du Conseil national de la Résistance, « La dinde au sang », 23 décembre 1962.

Alors que la France s'apprête à fêter la trêve de Noël, le CNR-OAS, qui se réclame du Conseil national de la Résistance fondé par Jean Moulin, diffuse un texte dans lequel il s'étonne de l'embourgeoisement amnésique des Français. Que ces derniers mangent de la dinde s'ils le veulent, mais « il nous choque, lit-on, qu'ils n'aient pas le haut-le-cœur devant des dindes qui ont un goût de sang. Le goût de sang de tous les morts, [...] de cette duperie qu'a été le règlement de l'affaire d'Algérie ». Pour le CNR, il n'y a donc pas de trêve possible « tandis qu'on dépèce les harkis » ; pas de trêve « tandis que meurt de faim [...] ce peuple algérien dont nous avions la charge ».

Collection privée

FRANCE PRESSE-ACTION

Agence Centrale d'Information et de Propagande du Conseil National de la Résistance

C. N. R.

Comité Exécutif

Délégation en Métropole

O.A.S./MÉTRO

A. P. P.

L'O.A.S. et le C.N.R. se sont fixés comme objectifs :
1° - La chute du régime gaulliste ;
2° - L'arrivée au pouvoir d'un gouvernement de Salut Public ayant pour tâches primordiales :
- la liquidation des séquelles du régime, la mise en jugement de ses chefs coupables de trahison, d'atteinte à l'intégrité du territoire, de violation des libertés publiques et individuelles et de forfaiture ;
- l'instauration d'un régime réellement populaire, opposé aussi bien au grand capitalisme qu'au communisme international, qui saura sauvegarder nos traditions, restaurer nos liens avec l'Afrique, bâtir l'Europe et rendre à la France sa vocation au sein d'un Occident fier de lui-même.

LA DINDE AU SANG

Lorsque vous recevrez cette livraison, nous serons entre les fêtes de Noël et celles du 1er janvier.

L'usage veut que, durant cette période, fleurissent les bons sentiments et que les hommes, au rappel de la Nativité, s'accordent une trêve pour redécouvrir qu'ils sont frères.

On nous excusera, on nous comprendra peut-être de ne pas participer à ce mutuel oubli des crimes et des péchés, qui réconforte tant les bonnes consciences.

Pour nous, il n'est pas de trêve tandis que l'on torture, déchiquette, dépèce les harkis.

Il n'est pas de trêve tandis que meurt de faim et va se lancer dans une aventure de guerre civile ce peuple algérien dont nous avions la charge; pas de trêve alors qu'un million de français d'Algérie ont été abandonnés par leurs compatriotes et ont dû quitter leur sol, alors que les hommes qui sont le meilleur sang de ce pays sont en prison pour avoir tenu les promesses qu'avaient fait les habiles. Il n'est pas de trêve tant que vivent un Katz, un Debrosse, un Fouchet, un Debré. Il n'est pas de trêve alors que ce pays a été rendu veule, abêti, conduit, au nom de profits et d'un bonheur de bazar pour magazines féminins, à se conduire salement, lâchement.

La Nation française, nº 257, 7 septembre 1960.

L'hebdomadaire monarchiste *La Nation française* s'émeut vivement de l'abandon des harkis par la France. Un bandeau en première page de son édition du 7 septembre 1960 rappelle aux lecteurs la fidélité de ces hommes, et exige des gouvernants français qu'ils les fassent passer au premier rang de leurs priorités – exigence que les collaborateurs de ce journal ne cesseront de répéter.

Archives privées Pierre Boutang

Le courage fidèle des harki doit être reconnu avant celui des fellaga

LA NATION FRANÇAISE

LE MERCREDI. — PRIX : 1 NF.
Nº 257. — 7 SEPTEMBRE 1960

Fondateur : Michel VIVIER
Directeur politique : Pierre BOUTANG

« Hommage aux harkis », affiche.

Il faut attendre 1985 pour que soit lancée, à l'initiative de Jeune Pied-noir, une campagne nationale de « solidarité française » en « hommage aux harkis », oubliés par le gouvernement français. « Honneur » et « fidélité » sont les mots qui la définissent : honneur de la France et fidélité à ceux qui l'ont servi ; honneur des « supplétifs musulmans » et fidélité au pays qu'ils ont servi. Une Journée nationale « Hommage aux Harkis », le 25 septembre 2001, sera pérennisée par un décret le 31 mars 2003.

Collection privée

« Une lettre de Raoul Salan », *Le Monde*, 20 septembre 1961.

Le 12 septembre 1961, un article du *Monde* accuse les chefs de l'OAS d'avoir ordonné ou permis l'attentat du 8 septembre contre De Gaulle, à Pont-sur-Seine. Le 15 septembre, le journal publie en page 6 la réponse du général Salan au directeur du journal, Hubert Beuve-Méry. Jamais, écrit Salan, il ne ternirait son passé et son honneur militaire en prenant pour cible « une personne dont le passé appartient à l'histoire de notre nation ». De fait, on l'apprendra plus tard, c'est Jean Bastien-Thiry, futur responsable de l'attentat du Petit-Clamart, qui fut également à l'origine de celui-ci. Salan met en balance cet attentat sans victime et celui au bazooka qui le visa, le 16 janvier 1957, et tua son chef de cabinet. « L'armée secrète, soutient-il, n'est pas une faction politique, c'est une véritable armée visant à mobiliser les Français sur le terrain essentiel de la défense des libertés fondamentales, de la justice sociale et du territoire national. » Beuve-Méry, à la une, regrette que le démenti de Salan ne s'applique pas à l'ensemble des attentats mis en œuvre et doute que l'État-major de l'OAS soit « dépourvu de toute ambition politique ». Il refuse de voir dans l'érection du mur de Berlin (août 1961) un simple « piège » tendu par « l'impérialisme soviétique » et réfute l'assimilation du rôle des Français d'Algérie et de celui, en d'autres circonstances, des « Israélites d'Europe centrale ».

Association des Amis de Raoul Salan

Six. — LE MONDE. — 20 septembre 1961.

UNE LETTRE DE RAOUL SALAN

Voici le texte de la lettre qui, signée Salan, a été adressée au directeur du Monde.

Alger, le 15 septembre 1961.

Monsieur le directeur,

Après une semaine particulièrement fertile en événements de première importance, j'ai décidé de faire le point devant l'opinion française, grâce à la liberté des idées qui a toujours présidé à la conception de votre journal.

Quel Français n'a été étonné du ton désinvolte et léger d'un discours prononcé par le chef de l'Etat à un moment aussi crucial pour le présent aussi bien que pour l'avenir de notre pays ?... Des conflits s'élèvent de toute part en métropole. L'impuissance de l'Etat à les résoudre frappe tous les esprits. De graves atteintes sont portées à nos alliances et compromettent nos positions extérieures. Le sentiment d'une urgence algérienne se fait chaque jour plus pressant et plus dramatique. Et tandis que les rives du Sud sont livrées à l'anarchie, tandis que la poussée du communisme se fait tout entière en direction de l'Afrique, les meilleures de nos troupes sont attirées dans le piège que leur tend l'impérialisme soviétique.

Tout me porte donc à rompre le silence que j'ai gardé jusqu'ici. Mais les événements récents m'obligent, sans rien négliger de sujets aussi essentiels, à répondre aux prétentions d'un pouvoir qui ne recule plus devant aucun moyen pour masquer ses échecs, étouffer les malaises croissants et supprimer les dernières libertés publiques.

Tous les régimes qui reposent sur le seul exercice de la contrainte ont coutume de dériver le mécontentement populaire vers des groupes sociaux ou confessionnels. Ceux-ci sont montrés d'un doigt accusateur à l'opinion publique, que l'on espère aveugler par la passion. L'autorité sans limite que nous subissons n'échappe point à cette loi. Et déjà les Français d'Afrique du Nord et tout particulièrement ceux d'Algérie, sont en train de jouer le rôle qu'en d'autres circonstances ont pu jouer les Israélites d'Europe centrale. L'armée elle-même, que l'on savait tenue par des engagements d'honneur, gardienne de la liberté et du territoire national, est entraînée dans les intrigues du pouvoir, et l'on veut lui donner l'aspect effrayant propre à maintenir le peuple français dans un état de servitude morale.

Une autre méthode traditionnellement utilisée est la machination de faux complots et de faux attentats qui permettent de réduire l'opposition et de consolider un pouvoir chancelant.

Voici en effet que les Français s'avisent de dresser le bilan de trois années de pouvoir personnel, de comparer les promesses de départ et les résultats d'arrivée. Voici en effet les Français, s'avisant qu'une autorité despotique leur a demandé d'aliéner une part de leur liberté sous le prétexte du bien général à accomplir, et que cette même autocratie a conduit la France dans un « carrefour d'impasses ». Mais il ne suffisait pas que la confiance accordée fût inconditionnelle, il fallait encore approuver toutes les violations de la Constitution. Et voici qu'aujourd'hui le Parlement refuse le rôle figuratif qu'on lui imposait, que les représentants du peuple acquièrent une conscience plus vivante du mandat national dont ils sont les dépositaires.

Tous s'aperçoivent que le pouvoir a décidé arbitrairement de la mise en jeu de l'article 16, dont nous savons qu'il était réservé au cas exceptionnel d'une guerre. Aujourd'hui le pouvoir législatif est à juste titre désireux de faire entendre la voix de la nation. Les masses paysannes sont acculées à faire valoir leur droit à la vie et leur légitime participation au revenu national par un appel à l'agitation de rue. Les fonctionnaires et les ouvriers, dont le gouvernement a longtemps méprisé les organisations syndicales, peuvent s'associer demain à un mouvement de protestation générale. Enfin l'Algérie et l'armée, livrées à l'incohérence des décisions les plus contradictoires, et parfois les plus aberrantes, sont convaincues des responsabilités majeures prises par le gouvernement dans le drame qui peut demain éclater ici et livrer le pays au communisme.

Comment un seul instant peut-on douter de l'affolement qui saisit les chefs de la nation à la pensée que des comptes doivent être rendus. Ils savent que leurs erreurs sont de celles qui ne se rattrapent pas, que le génie dont ils ont fait preuve dans la dissimulation a perdu ses effets et que les mensonges ne suffisent plus. Aussi a-t-on cru qu'une odieuse machination, mêlant l'invraisemblable au ridicule, suffirait à juguler l'opposition, à faire oublier le poids d'une dictature sans traditions et sans racines, à jeter dans la pénombre les abandons consentis.

Mais n'a-t-on pas poussé l'ignominie jusqu'à laisser entendre que moi, Raoul Salan, deux fois commandant en chef devant l'ennemi, j'avais pu être l'instigateur d'une tentative de meurtre contre le chef de l'Etat. Je ne ternirai pas mon passé et mon honneur militaire en ordonnant un attentat contre une personne dont le passé appartient à l'histoire de notre nation. Des Français égarés furent pendant l'occupation allemande frappés dans leur vie et dans leur bien, mais en aucun cas la Résistance ne s'est arrogé le droit d'exécuter un attentat contre le chef de l'Etat que la France s'était alors donné. Comme le maréchal Pétain, le général de Gaulle fut investi par la volonté et la confiance nationales. Il devra rendre compte de sa mission devant le peuple de France.

Quant aux ordres que certains « commis de l'Etat » m'ont attribués sans vergogne, il serait aussi impensable que je puisse les avoir donnés que de prétendre voir dans le général de Gaulle l'inspirateur d'une agression mortelle, bien faite pour lui ouvrir les avenues du pouvoir. Ma présence à la tête de l'armée d'Algérie en 1957 paraissait un obstacle à l'ambition criminelle de quelques-uns, qui depuis ont pu satisfaire leur volonté de puissance. Je suis pour ma part heureux que l'attentat de Colombey n'ait pas causé de victimes, alors que la fusée de bazooka qui m'était destinée provoquait la mort de mon chef de cabinet.

Vraiment, tout a été fait depuis quelques semaines pour augmenter l'angoisse dans le cœur des Français et les contraindre au silence. On a tout d'abord dénoncé des hommes sans importance comme les véritables responsables de l'armée secrète en métropole, puis un attentat fut présenté à l'opinion sous une forme qui appelle finalement l'étonnement et l'incrédulité tant elle présente d'invraisemblance. Le même jour, et par l'effet d'un hasard extraordinaire, certaines arrestations de civils permettent qu'un nouveau coup soit porté à nos grands chefs militaires. La manœuvre est claire. Ceux qui l'ont conçue et ceux qui l'ont exécutée peuvent aujourd'hui se rendre compte de l'extrême médiocrité des résultats obtenus. Le prestige du pouvoir en sort plus abaissé. Sa propre main consomme sa perte, et ce n'est point une charge d'explosif qui pourra raccommoder les déchirures qu'il a lui-même agrandies.

Ayant dit avec mon honneur de soldat tout ce que j'avais à dire sur cette méprisable affaire, je n'en suis que plus libre pour proclamer solennellement que les généraux Vanuxem et de Crèvecœur n'ont jamais exercé à aucun moment et en aucune manière, un commandement quelconque dans l'Organisation de l'armée secrète. Ce sont des patriotes fermes et lucides, simplement. Je crois que ces hommes-là seront un jour appelés à rendre à la patrie les mêmes services qu'ils lui ont rendus dans le passé.

Il y a enfin l'accusation portée par ces mêmes « commis » agitant le spectre de l'instauration d'un nouveau pouvoir personnel, voire de la dictature militaire. L'armée secrète n'est pas une faction politique, c'est une véritable armée visant à mobiliser les Français sur le terrain essentiel de la défense des libertés fondamentales, de la justice sociale et du territoire national. L'état-major de l'O.A.S. n'est pas et ne sera jamais une équipe de remplacement gouvernementale. Il y a une Constitution, il y a aussi et surtout des Assemblées et un peuple de France. L'O.A.S. leur apporte ses forces physiques et morales, elle leur apporte sa foi dans l'avenir de notre pays.

Veuillez agréer, monsieur le directeur, l'expression de mes sentiments les meilleurs.

SALAN.

PETITION CONTRE LES PLASTIQUEURS O.A.S. DES EDITIONS DU SEUIL

Des passants s'arrêtent devant la grille et signent la pétition anti-O.A.S.

14-2-61

L'engin avait été placé à gauche près de la grille. A droite, la pétition contre les plastiqueurs.

Un engin, dont la nature n'a pu encore être déterminée, a explosé, vers 4 h. 15, dans une boîte à lettres placée sur la grille extérieure de la société des Editions du Seuil, 27, rue Jacob à Paris.

De nombreux carreaux ont été brisés dans les immeubles du voisinage et quatre automobiles en stationnement ont été endommagées.

A la suite de cet attentat, une pétition contre l'O.A.S. et les brutalités policières lors des dernières manifestations a été affichée (voir notre document). De nombreux passants s'arrêtent pour en lire le texte, et certains le signent.

Article de presse mentionnant la pétition contre les plastiqueurs OAS des éditions du Seuil, 14 février 1961.

Les éditions du Seuil, mais aussi le journal *Le Monde*, le local des *Temps modernes*, ou encore l'éditeur François Maspero seront les cibles de l'OAS.

Fonds Le Seuil/IMEC

COMITÉ NATIONAL DES ÉCRIVAINS

5, *Rue du Fg-Poissonnière*, 5
PARIS (9e)

Téléphone : LAFFITTE 18-86

Paris, le 8 mars 1962.

APPEL

Comme aux jours de l'occupation étrangère, le Comité National des Ecrivains prend la parole, aujourd'hui que dans notre pays une violence s'élève contre la nation même.

Le peuple français a su constamment, et par des voies diverses, montrer nettement, et malgré les obstacles, sa volonté de mettre fin à l'atroce guerre d'Algérie et d'établir avec le peuple algérien des rapports basés sur la confiance et l'amitié.

C'est à nous, écrivains, qu'il appartient de trouver les mots qui traduisent ces sentiments, de les exprimer librement, sans entraves. Et c'est parce que nous essayons de le faire que l'O. A. S. s'en prend particulièrement à ceux qui écrivent, et à ceux qui diffusent leurs écrits, à la presse, à l'édition.

Que les écrivains français n'oublient jamais les traditions par quoi notre patrie, mieux que par les armes, a conquis le monde ! Ils peuvent beaucoup pour son avenir et sa vraie grandeur : nous les appelons ici à faire, plus haut que le plastic, sonner la parole française.

LE COMITE NATIONAL DES ECRIVAINS.

au passé. Maintenant l'Algérie est perdue et le but devient différent et par conséquent les moyens aussi. Il s'agit aujourd'hui

- de poursuivre les coupables
- de verser un peu de fraîcheur sur les plaies des algériens et de ceux qui les ont aidés
- surtout de jeter les bases politiques d'un renouveau français.

Ici il ne peut s'agir que de l'humilité des semailles. La justesse des idées vaut mieux que leur diffusion. C'est une tâche de définition qui nous incombe et de recherche patiente, obstinée. L'avenir peut en dépendre.

Lettre manuscrite de Jean Brune à Roland Laudenbach, fin de 1962.

« Ce n'est pas détruire qui nous intéresse. Tout est détruit. C'est reconstruire avec nos mains blessées », écrit Jean Brune, en exil en Espagne, à Roland Laudenbach. L'Algérie perdue, l'OAS défaite, « le but devient différent ». Il s'agit maintenant de jeter les bases politiques d'un « renouveau français ». *L'Esprit public* pourrait contribuer à « la justesse des idées », mais sa ligne éditoriale doit être précise et sans ambiguïté : « L'intelligence consiste justement à redéfinir une Droite française qui niant les momies de la Droite et de la Gauche pourries par près de cent ans d'avachissement redéfinisse une France nouvelle. »

Fonds La Table ronde/IMEC

L'Esprit public, n° 42, juillet 1963

Fondé en décembre 1960 autour de Philippe Marçais, Jules Monnerot, Jacques Laurent, Jean Brune, Roland Laudenbach, Roger Nimier, Jacques Perret ou encore Raoul Girardet, le mensuel *L'Esprit public* défend la cause de l'Algérie française. La première page de son numéro de juillet 1963 reproduit une affiche de juillet 1962, « Le chemin de l'amitié. OUI à l'Algérie nouvelle », et lui répond un an plus tard par un « NON » cinglant. Du « mensonge d'une affiche » au « mensonge de la coopération », de l'idéalisme lyrique à la réalité des faits, c'est la propagande d'État qui est ici dénoncée. Selon les rédacteurs de cette livraison, le « chemin de l'amitié » est autre.

Collection privée

◂ Comité national des Écrivains, « Appel », 8 mars 1962.

En mars 1962, sont conclus les accords d'Évian. En France et en Algérie, l'OAS est meurtrière. Personnalités intellectuelles, éditeurs, journalistes sont la cible de plastiquages et d'attentats. Le Comité national des Écrivains réagit et lance un « appel ». Cette reconnaissance par l'adversaire le plus radical montre bien que « l'encre était décomptée pour arme et l'intellectuel identifié comme protagoniste dans cette guerre de huit ans » (Jean-François Sirinelli).

Fonds Alain Robbe-Grillet/IMEC

Lettre tapuscrite de Paul Thibaud à Noël Boussey, le 26 juillet 1963.

Répondant à un lecteur d'*Esprit* qui souhaitait, le monde de la colonisation étant désormais « englouti », un « large coup d'éponge » allant de Francis Jeanson au général Salan, son secrétaire de rédaction Paul Thibaud précise la position de la revue. L'issue de la guerre d'Algérie donnant raison à Jeanson, aucun contentieux, relevant naguère de divergences profondes d'analyse, ne subsiste plus avec lui. Il en va différemment pour Salan, dont l'action violente visait d'abord la France, et pour l'OAS, qui tua plus de 1 500 personnes.

Fonds Esprit/IMEC

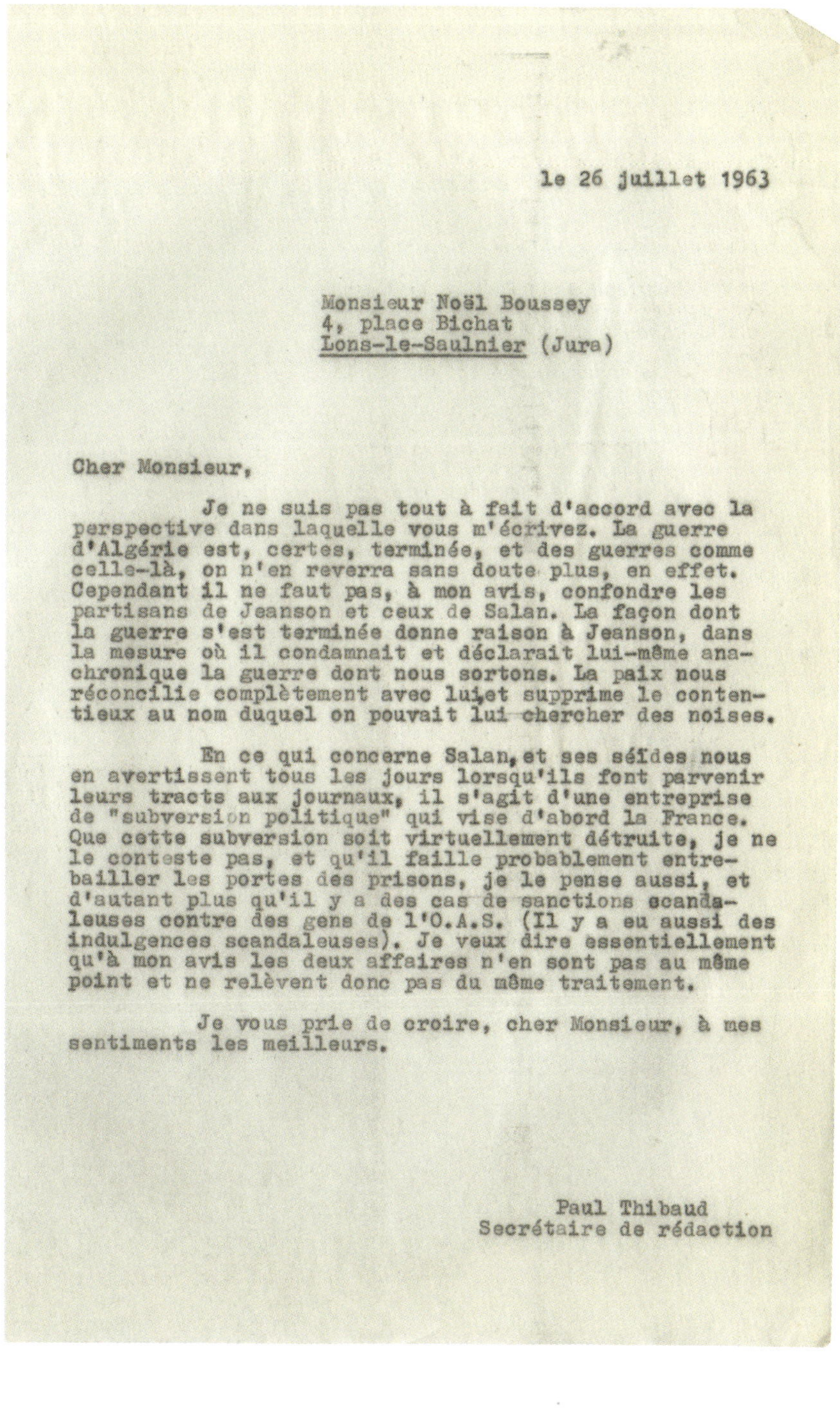

le 26 juillet 1963

Monsieur Noël Boussey
4, place Bichat
Lons-le-Saulnier (Jura)

Cher Monsieur,

Je ne suis pas tout à fait d'accord avec la perspective dans laquelle vous m'écrivez. La guerre d'Algérie est, certes, terminée, et des guerres comme celle-là, on n'en reverra sans doute plus, en effet. Cependant il ne faut pas, à mon avis, confondre les partisans de Jeanson et ceux de Salan. La façon dont la guerre s'est terminée donne raison à Jeanson, dans la mesure où il condamnait et déclarait lui-même anachronique la guerre dont nous sortons. La paix nous réconcilie complètement avec lui et supprime le contentieux au nom duquel on pouvait lui chercher des noises.

En ce qui concerne Salan, et ses séides nous en avertissent tous les jours lorsqu'ils font parvenir leurs tracts aux journaux, il s'agit d'une entreprise de "subversion politique" qui vise d'abord la France. Que cette subversion soit virtuellement détruite, je ne le conteste pas, et qu'il faille probablement entrebailler les portes des prisons, je le pense aussi, et d'autant plus qu'il y a des cas de sanctions scandaleuses contre des gens de l'O.A.S. (Il y a eu aussi des indulgences scandaleuses). Je veux dire essentiellement qu'à mon avis les deux affaires n'en sont pas au même point et ne relèvent donc pas du même traitement.

Je vous prie de croire, cher Monsieur, à mes sentiments les meilleurs.

Paul Thibaud
Secrétaire de rédaction

Pierre Sergent, *Ma peau au bout de mes idées*, La Table ronde, 1967.

«Figurant en tête d'un manuscrit, le nom de Pierre Sergent suscite tout naturellement l'intérêt, attire la curiosité», écrit Raoul Girardet dans la note de lecture qu'il rédige pour La Table Ronde. «L'homme a sa légende: il a été "l'insaisissable", celui qui des mois durant a nargué la police, le seul des chefs militaires de l'OAS qui ait échappé à la capture, à la triste éloquence des procès et à la banalité de la prison.» Pierre Sergent sera de ceux qui continueront la lutte contre le pouvoir gaulliste après l'indépendance de l'Algérie. Son livre est présenté par l'éditeur comme un «document» qui, «après tant et tant de déceptions», apporte «un immense espoir».

Fonds La Table ronde/IMEC

Jean-Jacques Susini, *Histoire de l'OAS*, La Table ronde, 1963.

Après ses premières armes au sein du RPF gaulliste, Jean-Jacques Susini milite à l'extrême droite en Algérie et en métropole. «Pour lui, le seul projet réaliste consiste à mobiliser la population française d'Algérie de gré ou de force, créant ainsi une armée de 50 000 hommes» (Rémi Kauffer). Proposition audacieuse non retenue. Il sera le dernier chef de l'OAS présent à Alger le jour de l'indépendance. Son livre retrace l'histoire de cette organisation secrète. Il sera saisi le 7 novembre 1963 pour «apologie du crime» alors que le texte en était paru dans *Minute* sans encombre.

Fonds La Table ronde/IMEC

Marc Garanger, «graffiti OAS», photographie novembre 1961.

Photographie prise à Alger, rue Michelet.

Collection privée

Tract « Sections Anti OAS », 1962.

Deux slogans d'un tract émanant de l'OAS France Mission III affirmaient : « L'OAS n'est pas fasciste », « L'OAS n'est pas raciste ». Renversant le sigle de l'Armée secrète, ce tract des Sections Anti OAS en renverse aussi le message : « Le fascisme est à votre porte. »

Collection privée

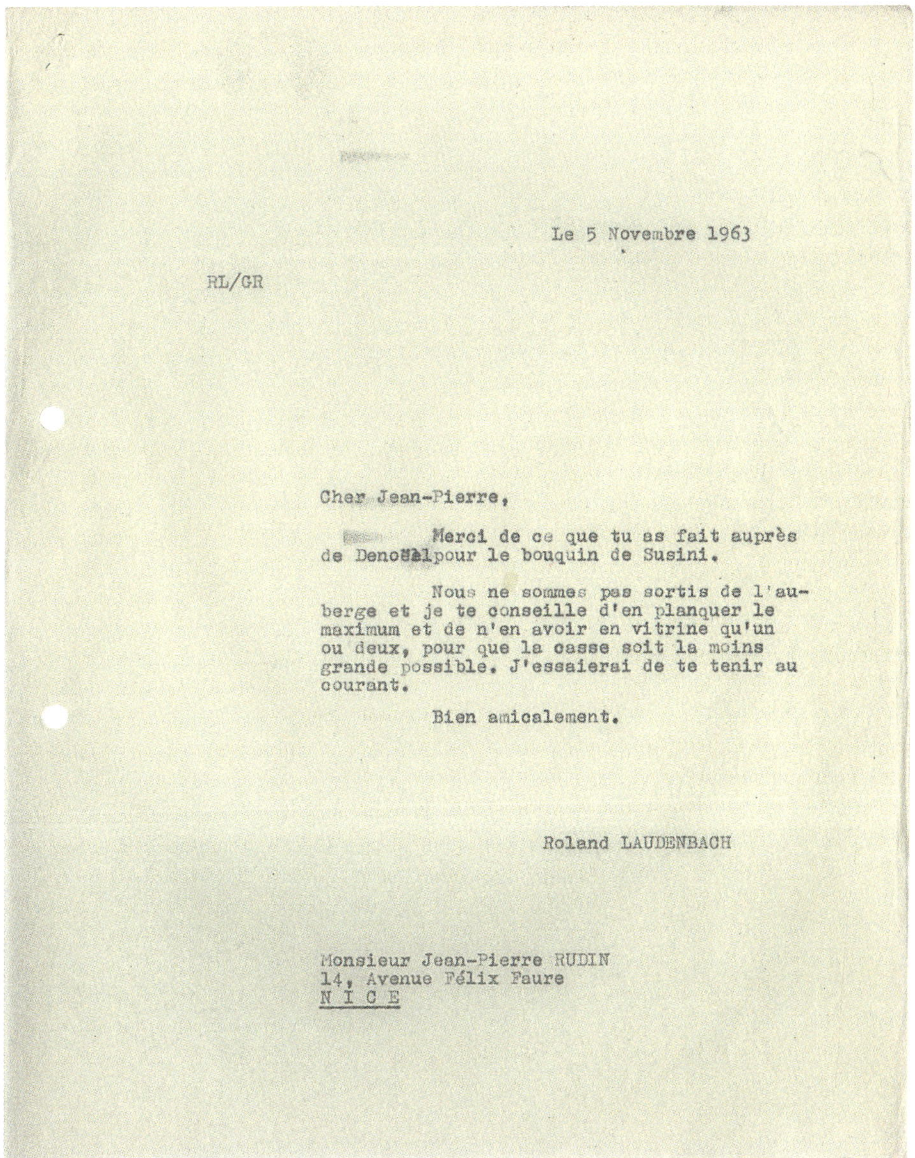

Le 5 Novembre 1963

RL/GR

Cher Jean-Pierre,

Merci de ce que tu as fait auprès de Denoël pour le bouquin de Susini.

Nous ne sommes pas sortis de l'auberge et je te conseille d'en planquer le maximum et de n'en avoir en vitrine qu'un ou deux, pour que la casse soit la moins grande possible. J'essaierai de te tenir au courant.

Bien amicalement.

Roland LAUDENBACH

Monsieur Jean-Pierre RUDIN
14, Avenue Félix Faure
N I C E

Lettre tapuscrite de Roland Laudenbach à Jean-Pierre Rudin, le 5 novembre 1963.

Le jour de sa sortie, le 6 novembre 1963, le livre de Jean-Jacques Susini est saisi. La Table ronde, dont les services juridiques avaient vérifié minutieusement le manuscrit, dénonce les « méthodes de flics » de « ce gouvernement de vieilles veuves », visant un éditeur qui « refuse le compromis » et « fait peur ».

Fonds La Table ronde/IMEC

Lettre tapuscrite d'Alioune Diop à Jean-Marie Domenach, le 18 février 1962.

Après la manifestation sanglante anti-OAS du 8 février et celle, massive, pour les obsèques des morts du métro Charonne le 13, le siège de la revue *Esprit* est plastiqué par l'OAS. Alioune Diop, directeur de la revue *Présence africaine*, Albert Lévy, rédacteur de *Droit et Liberté*, Charles Palant, secrétaire général du MRAP (Mouvement contre le racisme et pour l'amitié entre les peuples), ou encore Jacques Nobécourt pour *Le Monde*, adressent à Jean-Marie Domenach un signe d'amitié et de « solidarité intellectuelle et politique ».

Fonds Esprit/IMEC

PRESENCE AFRICAINE

REVUE CULTURELLE DU MONDE NOIR

Paris, le 18 février 1962

Monsieur Jean-Marie Domenach
Directeur de la Revue "Esprit"
19, rue Jacob
PARIS 6e

Mon cher Domenach,

Nous venons d'apprendre avec indignation le forfait criminel dont les tueurs de l'O.A.S. se sont rendus coupables à votre égard. Il est heureux toutefois que dans cet odieux attentat vous n'ayez pas à déplorer la perte de vies humaines.

Nous voulons vous témoigner en cette pénible occasion - où votre vie et celle de vos collaborateurs étaient la cible d'assassins notoires - notre entière solidarité.

Je vous prie d'agréer, mon Cher Domenach, l'expression de ma haute considération.

A. Diop

Alioune Diop
Directeur de Présence Africaine

DIRECTION ET RÉDACTION
25 BIS, RUE DES ÉCOLES — TÉL. : ODÉON 13-74 — C.C.P. PARIS 5936.25

« OAS = guerre civile », affichette imprimée par le PSU, 1962.

Né en avril 1960 en opposition au soutien de la SFIO au « coup d'État » gaulliste de mai 1958 et contre la poursuite de la guerre d'Algérie, le Parti socialiste unifié combat frontalement l'OAS, ici assimilée au nazisme.

Fonds Jacques Delarue/BDIC

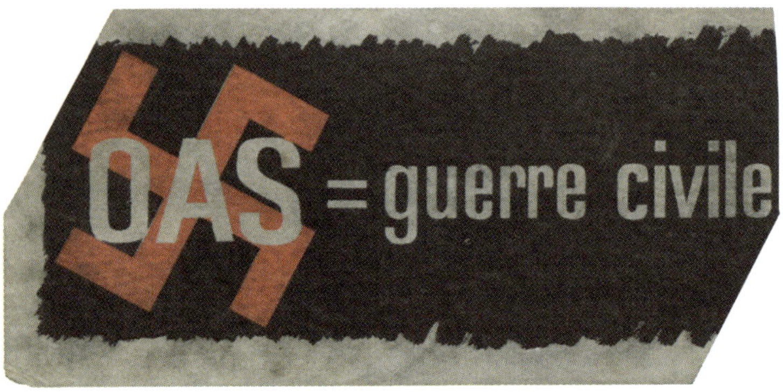

Télégramme d'Italo Calvino à Paul Flamand, 21 février 1962. ➤

Après la revue *Esprit*, Le Seuil est frappé par l'OAS. De Rome, l'écrivain italien Italo Calvino envoie à Paul Flamand un télégramme d'indignation et de soutien. Quelques jours plus tôt, Maurice Druon avait de même tenu à exprimer sa solidarité : « Parce que je vous connais peu, [...] parce que j'apprécie votre effort de persévérance dans la qualité littéraire, je veux vous dire toute mon indignation et ma sympathie [...]. C'est une cellule noble du corps social que l'on veut atteindre [...]. On veut frapper le pays à la tête » (lettre du 12 février).

Fonds Le Seuil/IMEC

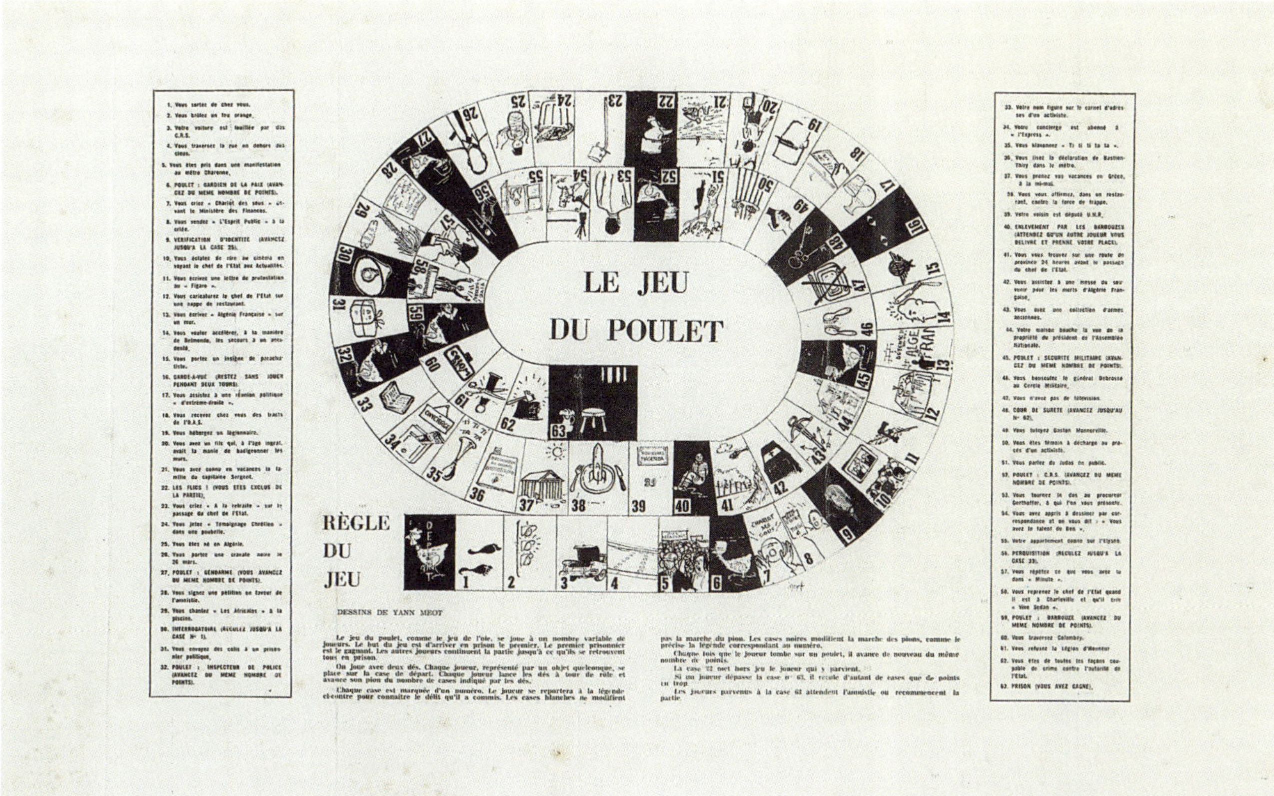

« Jeu du poulet », agrandissement du jeu paru dans *L'Esprit public*, nº 41, juin 1963.

Inspiré du jeu de l'oie, dont il reprend les règles, le « jeu du poulet » est un jeu de « société » (à ce titre, « il symbolise parfaitement la société française sous l'ère gaulliste », lit-on dans l'encadré de présentation de *L'Esprit public*). Son objectif est d'arriver en prison le premier (case 63). 18 : « Vous recevez chez vous des tracts de l'OAS » ; 47 : « Vous assistez à une messe du souvenir pour les morts d'Algérie française » ; 62 : « Vous êtes de toutes les façons coupable de crime contre l'autorité de l'État ». L'ultime case atteinte, les joueurs sont priés d'attendre l'amnistie ou bien ils recommencent la partie…

Collection privée

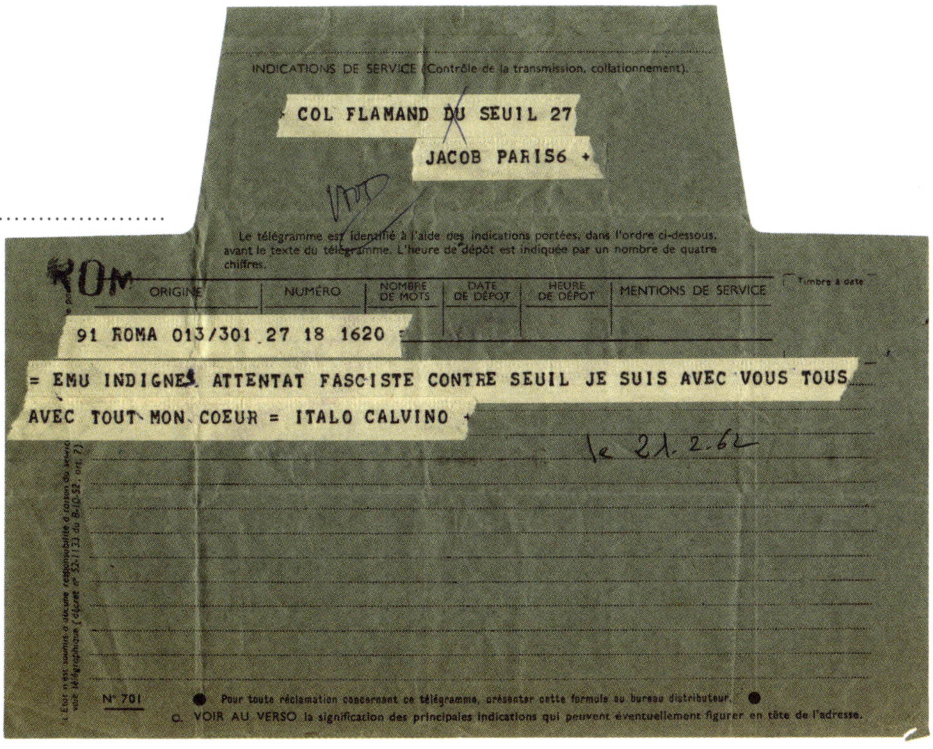

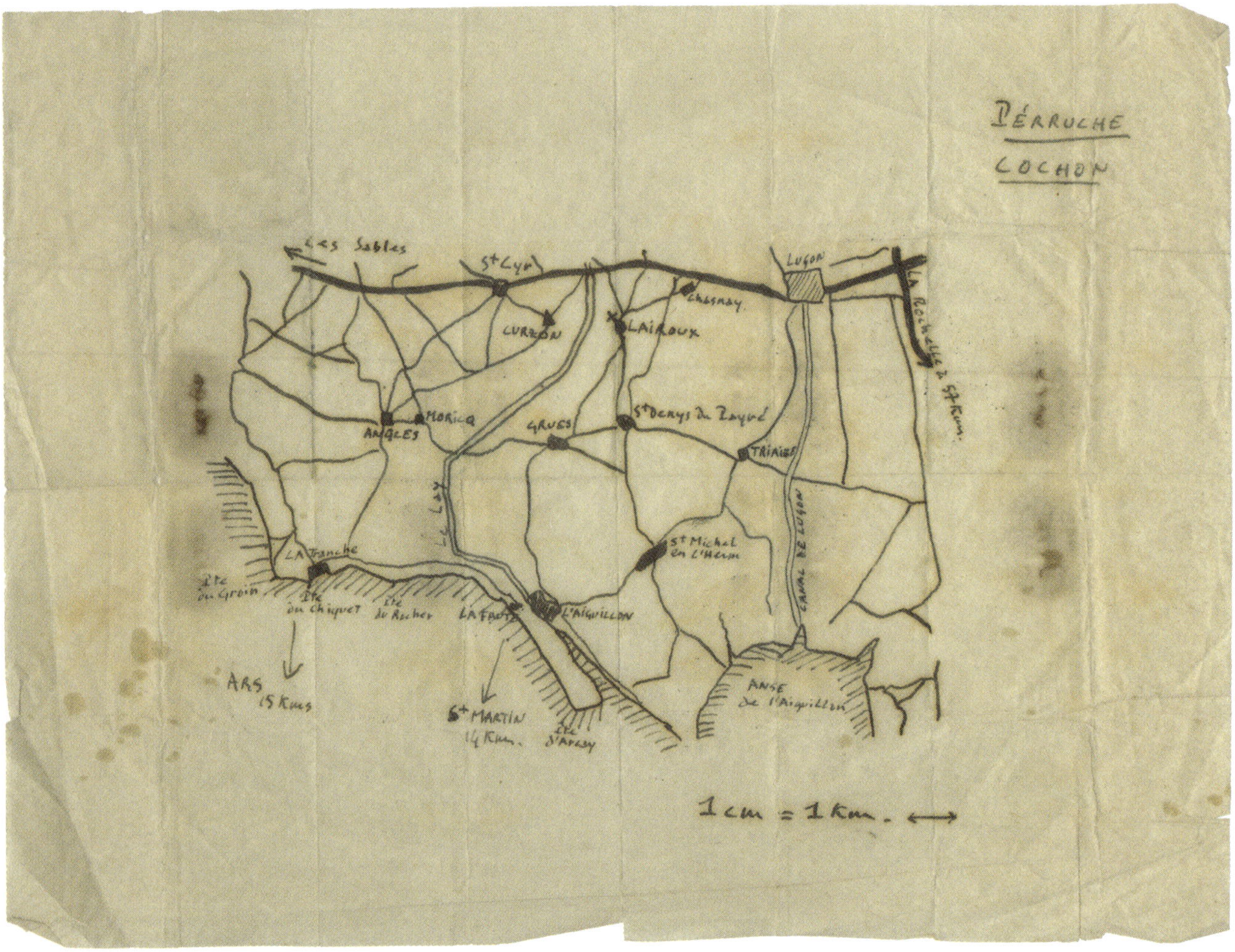

Jacques Perret, plan pour l'arrivée des évadés du bagne de Saint-Martin-de-Ré, [1963 ?].

Arrêté en février 1962 à la suite d'une attaque au Val-de-Grâce contre Yves Le Tac, sur un ordre venu d'Alger et contresigné par Pierre Sergent au nom de l'OAS-Métro, Jean-Louis Perret est condamné à dix ans de réclusion et incarcéré au bagne de Saint-Martin-de-Ré, où il commence très vite à creuser un tunnel. Son père, Jacques Perret, est l'homme de la seconde phase de l'évasion. Après plusieurs repérages, il établit un plan pour guider les futurs évadés sur la côte vendéenne. Dans un article de *L'Esprit public* d'août 1963, il conte l'avancée d'un tunnel qu'il creuse « avec une douzaine de copains », allant à la rencontre de celui que creuse son fils « à partir de Fresney ». Progression plus rapide que l'amnistie, observe-t-il. Son fils sera libéré en décembre 1966 avant que son projet d'évasion souterraine n'ait abouti.

Archives Jean-François Collin

Foulard de soie OAS : « Lieux d'incarcération ».

Collection privée

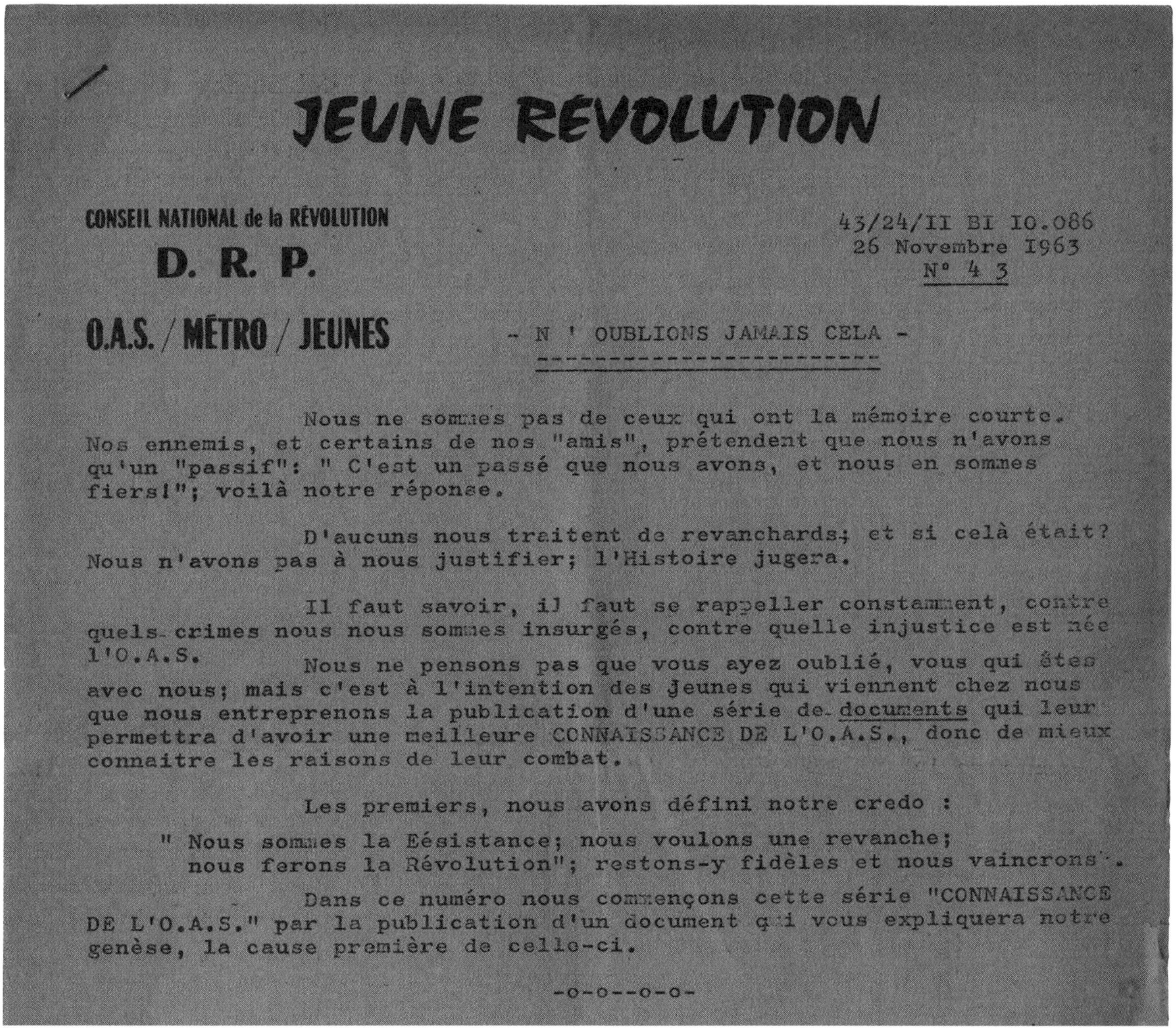

JEUNE RÉVOLUTION

CONSEIL NATIONAL de la RÉVOLUTION

D. R. P.

O.A.S. / MÉTRO / JEUNES

43/24/II BI IO.086
26 Novembre I963
N° 4 3

- N ' OUBLIONS JAMAIS CELA -

Nous ne sommes pas de ceux qui ont la mémoire courte. Nos ennemis, et certains de nos "amis", prétendent que nous n'avons qu'un "passif": " C'est un passé que nous avons, et nous en sommes fiers!"; voilà notre réponse.

D'aucuns nous traitent de revanchards; et si celà était? Nous n'avons pas à nous justifier; l'Histoire jugera.

Il faut savoir, il faut se rappeller constamment, contre quels crimes nous nous sommes insurgés, contre quelle injustice est née l'O.A.S.

Nous ne pensons pas que vous ayez oublié, vous qui êtes avec nous; mais c'est à l'intention des Jeunes qui viennent chez nous que nous entreprenons la publication d'une série de documents qui leur permettra d'avoir une meilleure CONNAISSANCE DE L'O.A.S., donc de mieux connaitre les raisons de leur combat.

Les premiers, nous avons défini notre credo :

" Nous sommes la Eésistance; nous voulons une revanche;
nous ferons la Révolution"; restons-y fidèles et nous vaincrons.

Dans ce numéro nous commençons cette série "CONNAISSANCE DE L'O.A.S." par la publication d'un document qui vous expliquera notre genèse, la cause première de celle-ci.

-o-o--o-o-

OAS-Métro-Jeunes,
« N'oublions jamais cela »,
***Jeune Révolution*, nº 43,**
26 octobre 1963.

Malgré la présence de quelques écrivains et d'universitaires qui ne contrecarrent pas cette tendance, l'OAS-Métro-Jeunes est « une pépinière de cadres issus de la Restauration » (Rémi Kauffer) qui survivra jusqu'en février 1965. Son hebdomadaire clandestin, *Jeune Révolution*, rappelle les conditions historiques de la naissance de l'OAS et répète ses mots d'ordre : « Nous sommes la Résistance ; nous voulons une revanche ; nous ferons la Révolution ; restons-y fidèles et nous vaincrons ».

Collection privée

Ligue d'Action pour le Rassemblement Antifasciste

ADRESSES :

— Adresser réponses et adhésions à A. SPIRE, Boîte Postale N° 41, Paris (15e), ou à l'un des membres du collectif.

— Adresser versements et souscriptions à Mlle TEYSSIER, C.C.P. 3.317-96 à Paris.

Paris, le

Devant la multiplication des attentats de l'O. A. S. qui accentue ses préparatifs de coup d'État, **la Ligue d'Action pour le Rassemblement Antifasciste** appelle tous les démocrates, sans distinction d'opinion, à s'unir et à agir ensemble avant qu'il ne soit trop tard.

La Ligue donne un double mot d'ordre :

— En premier lieu, pas une Faculté, pas un Lycée, pas une École, pas un Laboratoire, pas un Institut de recherches, pas une Bibliothèque, pas un Hôpital sans son **Comité Antifasciste.**
Que, sur les lieux mêmes de leur travail, les universitaires, les écrivains, les artistes, les membres des professions libérales, la jeunesse des Écoles et des Facultés — c'est-à-dire ceux qui peuvent le plus aisément et rapidement organiser cette action dans un milieu où elle se développe dans l'unité, — créent, là où il n'en existe pas encore des comités regroupant tous ceux qui sont décidés à s'unir dans l'action contre le fascisme et pour la paix en Algérie.

— En second lieu, la Ligue appelle tous ces comités à préparer la TENUE D'ASSISES qui se réuniront le 11 février 1962 dans la Région Parisienne.

Au cours de ces Assises seraient discutés, fixés, adoptés les modes d'action, les formes d'organisation et leur élargissement éventuel en vue de donner au mouvement des Comités Antifascistes sa pleine cohésion et toute son efficacité.

Plus un jour à perdre ! Contre l'O. A. S., contre toutes les formes du fascisme, contre la guerre d'Algérie.

UNION SANS EXCLUSIVE ET ACTION RESOLUE !

Pour le Collectif provisoire de la Ligue :
Robert BARRAT, Jacques BERQUE, Claude BOURDET, Jean BRUHAT, Jacques CHATAGNER, Jean DRESCH, André HAURIOU, Claude LANZMANN, Valdi LEDUC, Jacques PANIJEL, Marcel PEJU, Jean POPEREN, Jean POUILLON, Marcel REBEYRIOUX, Jean-Paul SARTRE, Evry SCHATZMANN, Laurent SCHWARTZ, Jean-Pierre VERNANT, Pierre VIDAL-NAQUET, Jean-Pierre VIGIER.

RECTIFICATIF. Lire :

LE COLLECTIF PROVISOIRE DE DIRECTION : Tania AGOPIAN • Patrick ANDRIVET • Robert BARRAT • Claude BARRET • Jacques BERQUE • Roger BLIN • Gérard BONY • Claude BOURDET • Hervé BOURGES • Michel BRUGUIER • Jean BRUHAT • Jeannine BRUNSCHWIG • Claude BURGELIN • Jacques CHATAGNER • Claudine CHONEZ • Michel COQUERY • Dr Jean DALSACE • Muriel BRUNHES-DELAMARRE • Jean-Marie DOMENACH • Jean DRESCH • Mme Yves FARGE • Edith FUCHS • Jean-Marie GIBBAL • André HAURIOU • Viviane ISAMBERT-JAMATI • Elie KAGAN • Bianca LAMBLIN • Claude LANZMANN • Victor LEDUC • Jean LUTHEREAU • Jacqueline MARCHAND • Dr J.-D. MARTINET • Jules MASSIN • Daniel MAYER • Ignace MEYERSON • Jacques PANIJEL • Marcel PEJU • Albert PESSES • PETOT • Bertrand POIROT-DELPECH • Jean POPEREN • Jean POUILLON • Madeleine REBERIOUX • Christiane ROCHEFORT • Bernard ROUZET • SAINT-SAENS • Jean-Paul SARTRE • Evry SCHATZMANN • Laurent SCHWARTZ • Armand SPIRE • Loup VERLET • Jean-Pierre VERNANT • Pierre VIDAL-NAQUET • Jean-Pierre VIGIER • Michel VIGOUROUX.

Ligue d'Action pour le rassemblement antifasciste, « Appel à tous les démocrates… », janvier 1962.

La multiplication des attentats de l'OAS exacerbe les tensions. Le Collectif de la Ligue d'action pour le rassemblement antifasciste, qui regroupe de nombreux intellectuels, écrivains et journalistes, demande la création partout où cela est possible de comités antifascistes (facultés, lycées, hôpitaux, bibliothèques…). « Union sans exclusive et action résolue » contre l'OAS, « contre toutes les formes du fascisme, contre la guerre d'Algérie ».

Fonds Alain Robbe-Grillet/IMEC

Statut des objecteurs

Alexandre Vialatte, « Larousse en prison », *La Nation française*, 3 octobre 1962.

Si en octobre 1962 Alexandre Vialatte, « comme de vulgaires "121" », réclame le « droit à l'objection de conscience », soulignant qu'elle ne saurait jouer « pour la cinquième colonne » seule, c'est que Jacques Perret, « notre écrivain le plus scrupuleux sur l'emploi du vocabulaire », va être jugé pour insulte au chef de l'État alors que l'on s'apprête à « dresser un buste » au déserteur Henri Maillot. C'est aussi que le statut des objecteurs est en préparation, ce qui l'indigne.

Archives privées Pierre Boutang

Larousse en prison ?

par Alexandre Vialatte

Jacques Perret va prochainement être traîné devant les tribunaux. Pour insulte au chef de l'Etat. Parce qu'il a dit que le général De Gaulle avait trahi : trahi la cause qu'il avait à défendre, la Constitution qui est sa fille, dont il est le défenseur naturel et le gardien ; les gens qui lui avaient fait confiance, sur sa parole, pour garder l'Algérie française, les petits garçons qui sont morts pour elle, le Bachaga Boualem, lui-même, etc.

Pourquoi Jacques Perret ? Pourquoi pas moi ? Pourquoi pas le chauffeur de taxi qui me disait hier, spontanément, des choses bien pires ? Pourquoi pas M. Monnerville qui vient d'accuser publiquement le Général de forfaiture ? Et pourquoi pas, quand il en était temps encore, Georges Bidault qui expliquait dans *Carrefour*, au moins une fois par semaine, que la conduite du Général le faisait relever de la Haute Cour, du Code pénal et du Code de Justice militaire ? Pourquoi pas ces paysans de la Lozère qui le chansonnent en patois sur l'air du *Dies irae ?* Pourquoi pas tous les officiers qui disent qu'ils auraient honte de lui serrer la main ? Pourquoi pas les théologiens et les Grands Compagnons de la Libération qui discutent du tyrannicide pour savoir si c'est un droit ou un devoir, les anciens présidents de la République française, le « regretté René Coty », comme disait Roger Nimier, les militaires qui démissionnent, les sergents qui jettent leurs médailles, les officiers qui ne portent plus leur Légion d'Honneur, les enfants qui insultent leur père parce qu'il n'ose pas crier sa honte,

(*Suite page 14*).

le statut des « objecteurs » : un vol du pauvre

par Michel Chrestien

Le statut vient d'être voté. Il y aura désormais deux catégories de Français, les conscrits et les objecteurs de conscience.

Les premiers devront suivre les anciens dans la carrière, obéir et servir. Les autres auront le choix, « soit de satisfaire aux obligations de la loi sur le recrutement dans une formation militaire non armée, soit dans une formation civile assurant un travail d'intérêt général ».

On conclut en nous assurant que malgré tout, en cas de guerre, on réalisera « l'égalité devant le danger ».

On comprend que le représentant de la commission de la Défense Nationale ait protesté. On comprend d'autant mieux que son intervention se termine par la phrase suivante :

« Que chacun se transporte par la pensée devant les monuments aux morts. »

En attendant la circulaire d'application qui indiquera les critères permettant d'affirmer si oui ou non les jeunes Français qui refusent de partir à la caserne sont bien des « objecteurs de conscience », on peut tenter quelques réflexions sur ce thème du patriotisme facultatif.

Mais d'abord, il est honnête de préciser que selon une communication officielle, il y aurait en France en tout et pour tout 2.000 (deux mille) de ces « objecteurs ». On voudrait en indiquant ce chiffre nous faire admettre qu'il s'agit d'un

Michel Chrestien, « Le statut des “objecteurs” : un vol du pauvre », *La Nation française*, 18 décembre 1963.

Pour finir, le statut est promulgué le 23 décembre 1963 (Loi n° 63-1255). Il vise des « jeunes gens qui, avant leur incorporation, se déclarent, en raison de leurs convictions religieuses ou philosophiques, opposés en toutes circonstances à l'usage personnel des armes ». Michel Chrestien s'indigne d'une loi qui « tourne en statut [...] le devoir non accompli » et valorise le « patriotisme facultatif ». Il ironise sur l'« angélisme spécial », digne des « pires péchés », des « belles âmes » qui ne répugnent pas à laisser accomplir par autrui la besogne dont elles ne veulent se charger.

Archives privées Pierre Boutang

Lettre tapuscrite d'anciens élèves de l'École normale supérieure au premier ministre Pompidou, le 15 juin 1962.

Dès 1957, l'Action civique non violente (ACNV) organise des manifestations non violentes en France. Le 1er juin 1962, Louis Lecoin entame une grève de la faim. Cet homme de 74 ans, condamné en Conseil de guerre pour insoumission en 1917 et qui avait lancé en octobre 1958 une campagne pour l'obtention d'un statut des objecteurs de conscience soutenue par Albert Camus, veut faire pression sur le général de Gaulle pour qu'il tienne la promesse faite de ce statut à l'issue des « événements ». Le 13 juin, dans *Le Canard enchaîné*, Henri Jeanson interpelle les intellectuels : « Holà ! Les Grandes Gueules ! Laisserez-vous mourir Louis Lecoin ? » Le 15, onze anciens élèves de l'ENS (École normale supérieure) appuient son combat auprès de leur camarade Pompidou. Une semaine plus tard, celui-ci promet un projet de loi.

Fonds André Mandouze/CHRD/Ville de Lyon

Paris, le 15 Juin 1962

Monsieur Georges POMPIDOU
Premier Ministre

Monsieur le Premier Ministre et Cher Archicube,

Un homme de 74 ans, Louis LECOIN, fait la grève de la faim depuis quinze jours pour que la France ait un statut des objecteurs de conscience. Notre pays est presque le seul, parmi les pays avancés d'Europe et d'Amérique du Nord, à ne pas avoir un tel statut. Les objecteurs de conscience sont ainsi victimes de condamnations répétées et inhumaines sans que jamais leurs convictions soient entamées, ni pour autant le problème résolu; ces jeunes gens seraient plus utiles ailleurs qu'en prison. Nous vous prions instamment, Monsieur le Premier Ministre, de donner au plus vite l'assurance que le Statut, actuellement en préparation et qui devait entrer en vigueur dès la fin de la guerre d'Algérie, paraitra dans les plus brefs délais, et nous vous demandons en attendant de bien vouloir faire accorder une suspension de peine.

Veuillez agréer, Monsieur le Premier Ministre, l'expression de nos sentiments les plus respectueux.

Premières signatures :

Henri CARTAN (prom.1923), professeur à la Faculté des Sciences de Paris.
Claude CHEVALLEY (prom.1926), professeur à la Faculté des Sciences de Paris.
Jean CERF (prom.1947), maître de conférences à la Faculté des Sciences de Nancy.
Luc GAUTHIER (prom.1935), professeur à la Faculté des Sciences de Paris.
Jean GUEHENNO (prom.1911), inspecteur général de l'Instruction Publique.
Alfred KASTLER (prom.1921), professeur à la Faculté des Sciences de Paris.
Albert KIRRMAN (prom.1919), directeur-adjoint de l'E.N.S.
Michel PARREAU (prom.1943), doyen de la Faculté des Sciences de Lille.
Pierre SAMUEL (prom.1940), professeur à la Faculté des Sciences de Paris.
Michel SOUTIF (prom.1942), professeur à la Faculté des Sciences de Grenoble.
Laurent SCHWARTZ (prom.1934), professeur à la Faculté des Sciences de Paris.

Amnisties

Élie Kagan, photographie de la manifestation pour l'amnistie aux insoumis, le 1er mai 1962.

Dès le 22 mars 1962, deux décrets prévoient l'« amnistie des infractions commises au titre de l'insurrection algérienne » et l'« amnistie de faits commis dans le cadre des opérations de maintien de l'ordre dirigées contre l'insurrection algérienne ». Mais les Français condamnés pour avoir aidé les Algériens ou avoir refusé de prendre part à la guerre « restent en prison, en exil, ou demeurent privés de leurs droits civiques ». Le défilé du 1er mai 1962 est l'occasion de revendiquer leur amnistie.

Fonds Élie Kagan/BDIC

Deux mois après le cessez-le-feu, plusieurs dizaines de Français restent en prison pour avoir aidé les nationalistes algériens, ou refusé de les combattre; d'autres sont contraints à l'exil.

Leurs motifs ont été divers, et nous les avons appréciés diversement. Mais nous croyons qu'au moment où la coopération entre la France et l'Algérie nouvelle est reconnue comme une tâche nationale et un impératif d'avenir, la place de ces hommes n'est pas en prison ou à l'étranger. Réfractaires ou membres de "réseaux d'aide au F.L.N.", ils attendent la décision qui leur permettra de se consacrer, dans la paix, à l'idéal qu'ils voulaient servir dès le temps de guerre.

Nous demandons donc qu'une amnistie rapide et entière laisse ces insoumis et ces condamnés reprendre leur vie normale de citoyens.

S. de Beauvoir

J. P. Sartre

Manifeste en faveur des insoumis et des condamnés, avec les signatures de Simone de Beauvoir et de Jean-Paul Sartre.

En mai, un manifeste en faveur des insoumis et des condamnés est lancé. Il met en avant, par-delà les motifs des engagements pris, la spécificité de l'heure : « Au moment où la coopération entre la France et l'Algérie nouvelle est reconnue comme une tâche nationale et un impératif d'avenir », ces Français doivent pouvoir « se consacrer, dans la paix, à l'idéal qu'ils voulaient servir dans la guerre ».

Fonds Esprit/IMEC

LE MANIFESTE DES CENT CINQUANTE

● C'est pour la « libération immédiate de tous les anticolonialistes et le retour de tous les exilés », que les signataires du manifeste des 121 augmentés de 29 sympathisants ont signé un nouvel ap-

● Simone de Beauvoir.

pel récemment. Mme Simone de Beauvoir, M. Jean-Paul Sartre, MM. Francis Jeanson, Claude Bourdet, Jérôme Lindon, Bernard Frank, etc., réclament plus particulièrement le retour des trois réfractaires : Henri Causse, Claude Glaymann et Patrick Helminger qui demandaient une révision de situation juridique pour eux et pour leurs camarades emprisonnés sans le bénéfice du régime politique.

« Le Manifeste des cent cinquante », *Démocratie 62*, 21 juin 1962.

Ce Manifeste, signé des « 121 » auxquels se sont adjoints d'abord 29 sympathisants, rejoints par de nombreux autres, devient pour la presse « le Manifeste des 150 ». Parmi eux : Simone de Beauvoir, Jean-Paul Sartre, Francis Jeanson, Claude Bourdet, Jérôme Lindon, Guérin, André Mandouze, Pierre Vidal-Naquet, Robert Barrat, André Breton, Maurice Nadeau, Pierre Nora, Robert Lapoujade, Vercors, François Mauriac...

Archives privées Francis Jeanson

lence et aussi de partisanerie. Alors, ce qu'il faut, Domenach, c'est que *toute* violence cesse ; c'est que *tous* les emprisonnés non-criminels soient libérés – mais certainement pas les amis de M. Jeanson avant certains héros devenus suspects au Pouvoir. Allons, Domenach, on ne va pas passer sa vie à croire que l'injustice qui se réclame, cela s'appelle la Justice ; passer sa vie à recommencer le coup de la Libération ! Passer une vie de borgne à ne jamais voir que la moitié du problème !

Alors, oui pour une "amnistie rapide et entière" – mais *entière* signifie qu'elle doit être étendue à tous ceux qui se sont engagés, ici ou là, suivant leur conception de l'honneur, à la condition qu'ils [redacted] se soient abstenus de tout crime.

Voilà pourquoi je trouve cette pétition inopportune et partisane et pourquoi je ne la signerai pas. Mais cela n'a rien à voir avec l'estime et l'amitié que je vous porte.

Gilbert Cesbron.

Lettre tapuscrite de Roger Ikor à Jean-Marie Domenach, le 18 mai 1962.

Roger Ikor oppose d'autres arguments au Manifeste : la coopération invoquée par le texte n'absout rien et l'heure du pardon n'est pas venue. Il est surtout « maladroit » et « révoltant » de réclamer l'amnistie pour les rebelles d'hier quand ceux du moment, militants de l'OAS, doivent continuer à être vigoureusement combattus.

Fonds Esprit/IMEC

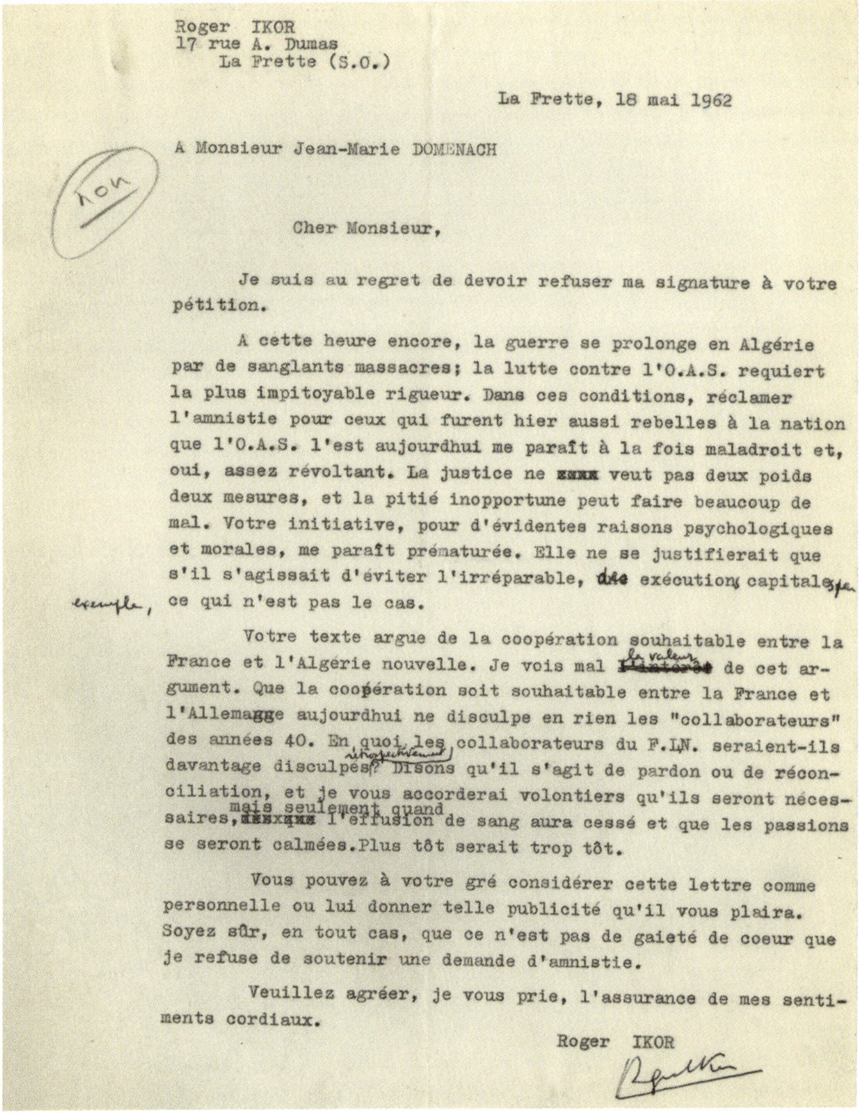

Roger IKOR
17 rue A. Dumas
La Frette (S.O.)

La Frette, 18 mai 1962

A Monsieur Jean-Marie DOMENACH

non

Cher Monsieur,

Je suis au regret de devoir refuser ma signature à votre pétition.

A cette heure encore, la guerre se prolonge en Algérie par de sanglants massacres; la lutte contre l'O.A.S. requiert la plus impitoyable rigueur. Dans ces conditions, réclamer l'amnistie pour ceux qui furent hier aussi rebelles à la nation que l'O.A.S. l'est aujourdhui me paraît à la fois maladroit et, oui, assez révoltant. La justice ne xxxx veut pas deux poids deux mesures, et la pitié inopportune peut faire beaucoup de mal. Votre initiative, pour d'évidentes raisons psychologiques et morales, me paraît prématurée. Elle ne se justifierait que s'il s'agissait d'éviter l'irréparable, d'une exécution capitale par exemple, ce qui n'est pas le cas.

Votre texte argue de la coopération souhaitable entre la France et l'Algérie nouvelle. Je vois mal ~~l'intérêt~~ la valeur de cet argument. Que la coopération soit souhaitable entre la France et l'Allemagne aujourdhui ne disculpe en rien les "collaborateurs" des années 40. En quoi les collaborateurs du F.LN. seraient-ils rétrospectivement davantage disculpés? Disons qu'il s'agit de pardon ou de réconciliation, et je vous accorderai volontiers qu'ils seront nécessaires, xxxxxx mais seulement quand l'effusion de sang aura cessé et que les passions se seront calmées. Plus tôt serait trop tôt.

Vous pouvez à votre gré considérer cette lettre comme personnelle ou lui donner telle publicité qu'il vous plaira. Soyez sûr, en tout cas, que ce n'est pas de gaieté de coeur que je refuse de soutenir une demande d'amnistie.

Veuillez agréer, je vous prie, l'assurance de mes sentiments cordiaux.

Roger IKOR

◂ Lettre manuscrite de Gilbert Cesbron à Jean-Marie Domenach, le 18 mai 1962.

Contacté par Jean-Marie Domenach pour signer le Manifeste, Gilbert Cesbron décline. Favorable à « une "amnistie pleine et entière" », il précise qu'« entière » implique qu'elle soit « étendue à tous ceux qui se sont engagés, ici ou là, selon leur conception de l'honneur », à la condition toutefois « qu'ils se soient abstenus de tout crime » – ce qui exclut à son sens « les amis de M. Jeanson ».

Fonds Esprit/IMEC

***Les Oubliés*, décembre 1962.**

À la fin de 1962 paraît une plaquette qui, sous le titre *Les Oubliés*, réunit sur papier blanc les fiches des neuf condamnés encore détenus pour leur action politique en faveur de l'indépendance algérienne, et, sur papier coloré les fiches de personnes condamnées par contumace ou qui se sont évadées, parmi lesquels Hélène Cuenat, membre du réseau Jeanson condamnée à dix ans de prison et évadée, et Noël Favrelière, en Algérie depuis l'indépendance. En ouverture, Vercors assimile ces oubliés, qui ont commis le crime « d'avoir eu raison trop tôt », à des « justes » grâce auxquels la France s'est « grandie aux yeux du monde ».

Fonds Pierre Vidal-Naquet/ Archives EHESS

« Appel », été de 1962

Après l'indépendance, un nouvel « Appel » est diffusé par un « Comité de solidarité ». Il affirme la solidarité concrète de ses signataires avec les condamnés et les exilés « jusqu'à leur totale réhabilitation ». Engagement est pris d'organiser et d'assumer le retour clandestin et l'hébergement des exilés.

Archives privées Francis Jeanson

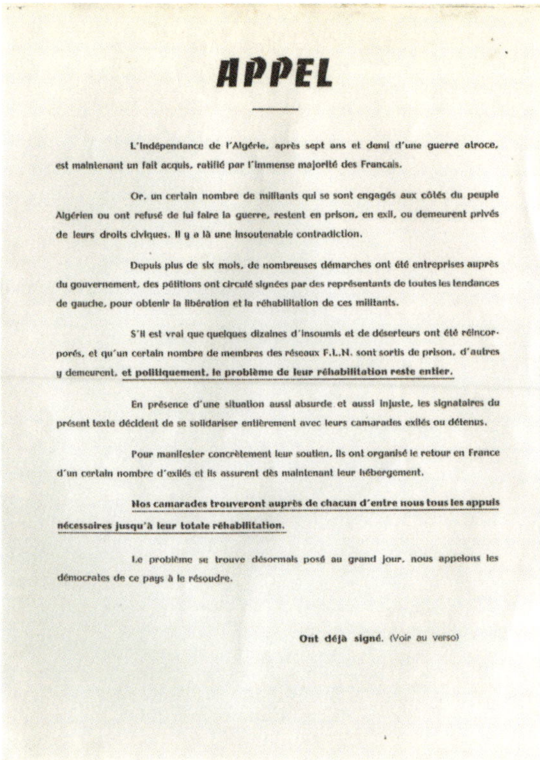

APPEL

L'Indépendance de l'Algérie, après sept ans et demi d'une guerre atroce, est maintenant un fait acquis, ratifié par l'immense majorité des Francais.

Or, un certain nombre de militants qui se sont engagés aux côtés du peuple Algérien ou ont refusé de lui faire la guerre, restent en prison, en exil, ou demeurent privés de leurs droits civiques. Il y a là une insoutenable contradiction.

Depuis plus de six mois, de nombreuses démarches ont été entreprises auprès du gouvernement, des pétitions ont circulé signées par des représentants de toutes les tendances de gauche, pour obtenir la libération et la réhabilitation de ces militants.

S'il est vrai que quelques dizaines d'insoumis et de déserteurs ont été réincorporés, et qu'un certain nombre de membres des réseaux F.L.N. sont sortis de prison, d'autres y demeurent, **et politiquement, le problème de leur réhabilitation reste entier.**

En présence d'une situation aussi absurde et aussi injuste, les signataires du présent texte décident de se solidariser entièrement avec leurs camarades exilés ou détenus.

Pour manifester concrètement leur soutien, ils ont organisé le retour en France d'un certain nombre d'exilés et ils assurent dès maintenant leur hébergement.

Nos camarades trouveront auprès de chacun d'entre nous tous les appuis nécessaires jusqu'à leur totale réhabilitation.

Le problème se trouve désormais posé au grand jour, nous appelons les démocrates de ce pays à le résoudre.

Ont déjà signé. (Voir au verso)

Jean Schuster, ➤ « À la suite des accords d'Évian… », feuillet manuscrit, 1962.

De leur côté, les initiateurs du Manifeste des 121 ne veulent pas se contenter de plaider la cause de ceux qui « ont eu raison trop tôt » (Maurice Blanchot), des « essentiellement coupable[s] » (Jean Schuster). Dans les différentes versions d'un texte probablement écrit à plusieurs mains, conjointement par Schuster, Dionys Mascolo et Blanchot, ils demandent « que soit reconnue et libérée avec eux la vérité qu'ils représentent » : celle de « refuser l'oppression pour soi-même en n'acceptant pas de devenir un instrument d'oppression pour les autres » (Blanchot).

Fonds Dionys Mascolo/IMEC

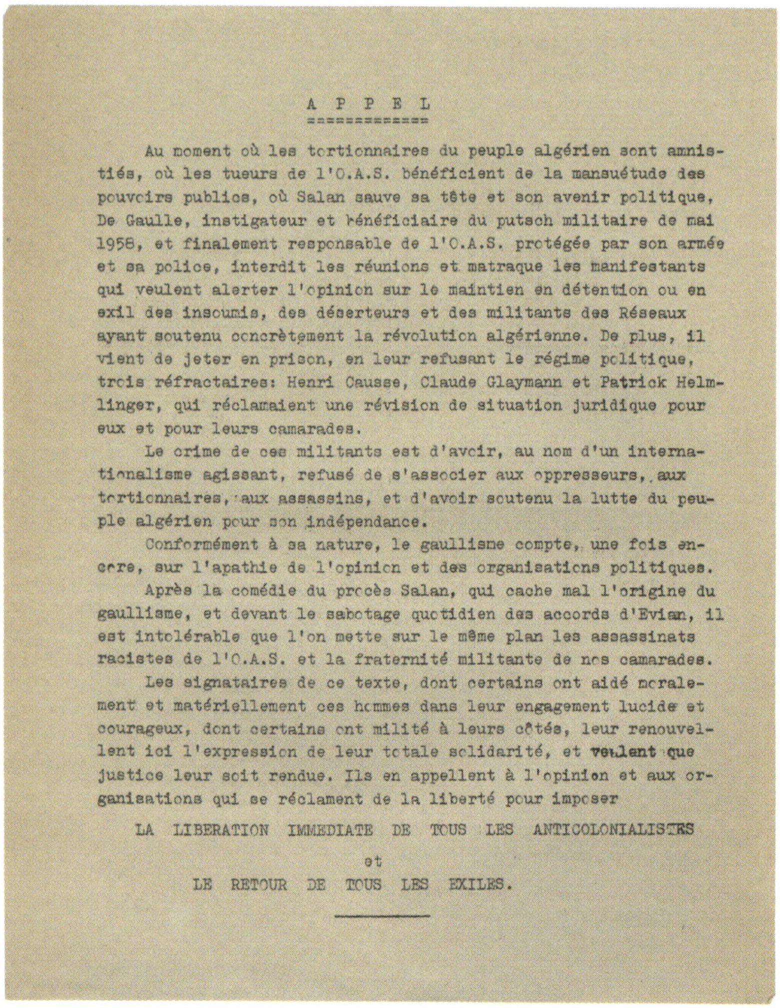

A P P E L

Au moment où les tortionnaires du peuple algérien sont amnistiés, où les tueurs de l'O.A.S. bénéficient de la mansuétude des pouvoirs publics, où Salan sauve sa tête et son avenir politique, De Gaulle, instigateur et bénéficiaire du putsch militaire de mai 1958, et finalement responsable de l'O.A.S. protégée par son armée et sa police, interdit les réunions et matraque les manifestants qui veulent alerter l'opinion sur le maintien en détention ou en exil des insoumis, des déserteurs et des militants des Réseaux ayant soutenu concrètement la révolution algérienne. De plus, il vient de jeter en prison, en leur refusant le régime politique, trois réfractaires: Henri Causse, Claude Glaymann et Patrick Helmlinger, qui réclamaient une révision de situation juridique pour eux et pour leurs camarades.

Le crime de ces militants est d'avoir, au nom d'un internationalisme agissant, refusé de s'associer aux oppresseurs, aux tortionnaires, aux assassins, et d'avoir soutenu la lutte du peuple algérien pour son indépendance.

Conformément à sa nature, le gaullisme compte, une fois encore, sur l'apathie de l'opinion et des organisations politiques.

Après la comédie du procès Salan, qui cache mal l'origine du gaullisme, et devant le sabotage quotidien des accords d'Evian, il est intolérable que l'on mette sur le même plan les assassinats racistes de l'O.A.S. et la fraternité militante de nos camarades.

Les signataires de ce texte, dont certains ont aidé moralement et matériellement ces hommes dans leur engagement lucide et courageux, dont certains ont milité à leurs côtés, leur renouvellent ici l'expression de leur totale solidarité, et veulent que justice leur soit rendue. Ils en appellent à l'opinion et aux organisations qui se réclament de la liberté pour imposer

LA LIBERATION IMMEDIATE DE TOUS LES ANTICOLONIALISTES

et

LE RETOUR DE TOUS LES EXILES.

« Appel »

Tandis que Jean-Marie Domenach tente de rallier les amis d'Esprit, d'autres se mobilisent. L'Appel adressé varie dans sa formulation selon les réseaux contactés. Cette version, conservée dans le fonds André Mandouze, est plus virulente que celle d'Esprit. Signée notamment par Jean Pouillon, Claude Lanzmann, Maurice Nadeau, Jean-Paul Sartre, Jean-Marie Serreau, Siné, elle accuse « les tortionnaires du peuple algérien », « les tueurs de l'OAS » et « De Gaulle », avant de les appeler à la clémence.

Fonds André Mandouze/
CHRD/Ville de Lyon

A la suite des accords d'Evian, les militants algériens ont été amnistiés et commencent d'être libérés. Cela est juste. L'amnistie couvre également ceux qui, dans le camp opposé, ont commis des délits liés à la guerre colonialiste. C'est le cas, notamment, des officiers tortionnaires et assassins de Maurice Audin. En revanche, les Français condamnés pour avoir aidé le peuple algérien ou refusé de prendre les armes contre lui sont maintenus en prison. Une catégorie d'hommes est ainsi définie comme coupable envers et contre tout, essentiellement coupable.

Que leur reproche-t-on ? D'avoir eu raison trop tôt. Plusieurs années avant de Gaulle, ils ont déclaré que la guerre faite aux algériens était absurde ; plusieurs années avant les porte-parole de la dernière doctrine officielle, ils ont dit qu'il fallait "coopérer avec le peuple algérien". Bien plus, ils ont su agir en accord avec leur pensée. Seuls, ignorés ou réprouvés par les directions des partis, condamnés par tous les organes d'opinion, injuriés, traqués, torturés, ils ont affirmé, dans leur action même, cette solidarité qui les a liés à un peuple opprimé, luttant pour la liberté de son avenir. C'est à ces hommes solitaires que, pour une bonne part, nous sommes redevables des possibilités d'accord qui subsistent entre les deux pays. Enfin – et c'est peut-être le plus important – ils ont maintenu le droit de dire non au pouvoir, de résister à ses décisions injustes, le droit surtout de rester libres en refusant de devenir des instruments d'oppression. Si le pouvoir les a jugés dangereux pendant qu'il menait sa guerre, cette

Pour la trêve de Dieu

par Philippe Ariès

Sous la tempête de sang et de larmes, les uns s'obstinent à plaider, à justifier le crime d'aujourd'hui par le crime d'hier ; d'autres, épuisés de pitié et d'horreur, pourchassent à la hâte des boucs émissaires qui polariseraient une culpabilité diffuse, afin de rompre l'enchaînement des représailles.

En ce vendredi saint, jour extrême de la Passion, reconnaissons que ces recherches n'aboutissent pas à la vérité, que, loin d'apaiser dans la lumière de la justice, elles nourrissent les ombres de la haine.

D'honnêtes gens, préoccupés, accordent que les Français d'Algérie, de souche et d'adoption, ont été maltraités à Evian, mais ils reportent aussitôt la responsabilité du malheur sur les chefs de l'o.a.s., exploiteurs criminels d'une révolte compréhensible. Ces bons esprits concluent alors à la légitimité d'une répression acharnée de l'o.a.s., même si, comme ils le savent bien désormais, l'o.a.s. est assurée de la complicité d'une population unanime, même si son élimination entraîne l'écrasement des cités martyres.

La justice et la morale gagnent-elles à ce trop sanglant règlement qui, pour atteindre quelques coupables, viole les domiciles, tue aussi des innocents, humilie les âmes ? Elles ne gagnent pas plus à réciter la litanie amère des mensonges du pouvoir, des infamies du f.l.n. et de l'indulgence qu'elles trouvaient dans l'opinion.

Les Communes d'Alger ou d'Oran que nous suivons comme un chemin de croix nous donnent une autre leçon : *les nœuds qui lient la haine à l'amour, le crime à la générosité, sont trop inextricables pour que des mains d'hommes pressés les séparent.*

Plutôt que d'exiger vengeance ou

(Suite page 11.)

Dans ce numéro :

En raison du 1er Mai, **La Nation Française** paraîtra la semaine prochaine avec un jour de retard.

Philippe Ariès, « Pour la trêve de Dieu », *La Nation française*, 25 avril 1962.

Philippe Ariès admet n'avoir pu « déchiffrer » les violences et les terreurs de ses adversaires politiques qu'à partir des souffrances des martyrs de Bab-el-Oued. Les « nœuds qui lient la haine à l'amour, note-t-il, sont trop inextricables pour que des mains d'hommes pressés les séparent ». Reste « la trêve de Dieu » qui « dans la langue et les conditions d'aujourd'hui [...] s'appelle l'amnistie ». Le 17 juin 1966, les porteurs de valises insoumis et déserteurs sont amnistiés. Mais il faut attendre le 31 juillet 1968 pour que le soient les crimes de l'OAS. Dans l'intervalle, douze livraisons de *La Nation française* ont posé le problème, invoquant en vain tantôt la pitié, l'honneur, la fraternité, tantôt l'« intérêt » bien compris de la « cinquième république ».

Archives privées Pierre Boutang

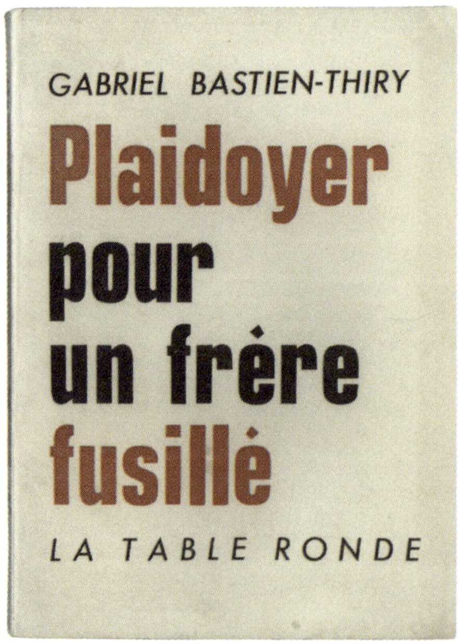

Gabriel Bastien-Thiry, *Plaidoyer pour un frère fusillé*, La Table ronde, 1966.

Responsable de l'attentat du Petit-Clamart, le 22 août 1962, qui visait à traduire De Gaulle devant une « haute cour de justice » pour parjure envers l'armée française, crypto-communisme et « crime contre l'humanité », le lieutenant-colonel Jean Bastien-Thiry est condamné à mort par une cour militaire de justice, pourtant déclarée illégale par un arrêt du Conseil d'État du 19 octobre 1962, car sans appel possible. Son plus jeune frère, Gabriel, revient alors sur le temps qui a séparé l'arrestation de son aîné de son exécution.

Collection privée

La Voix des prisons, juin 1962.

Dans sa livraison estivale, le bulletin *La Voix des prisons* dresse des bilans. Sur le plan humain, restent en prison déserteurs, insoumis, objecteurs et membres de réseaux d'aide du FLN. Le combat doit donc continuer auprès de l'opinion pour l'amnistie. Financièrement, les comptes sont bons. Politiquement, si la « gauche respectueuse » est morte, « la gauche pousseuse », qui « s'épuise vainement à "mobiliser les masses" » et cherche à les « pousser à l'action » a échoué. Le reconnaître semble « la condition d'une nouvelle espérance ».

Fonds Guerre d'Algérie/BDIC

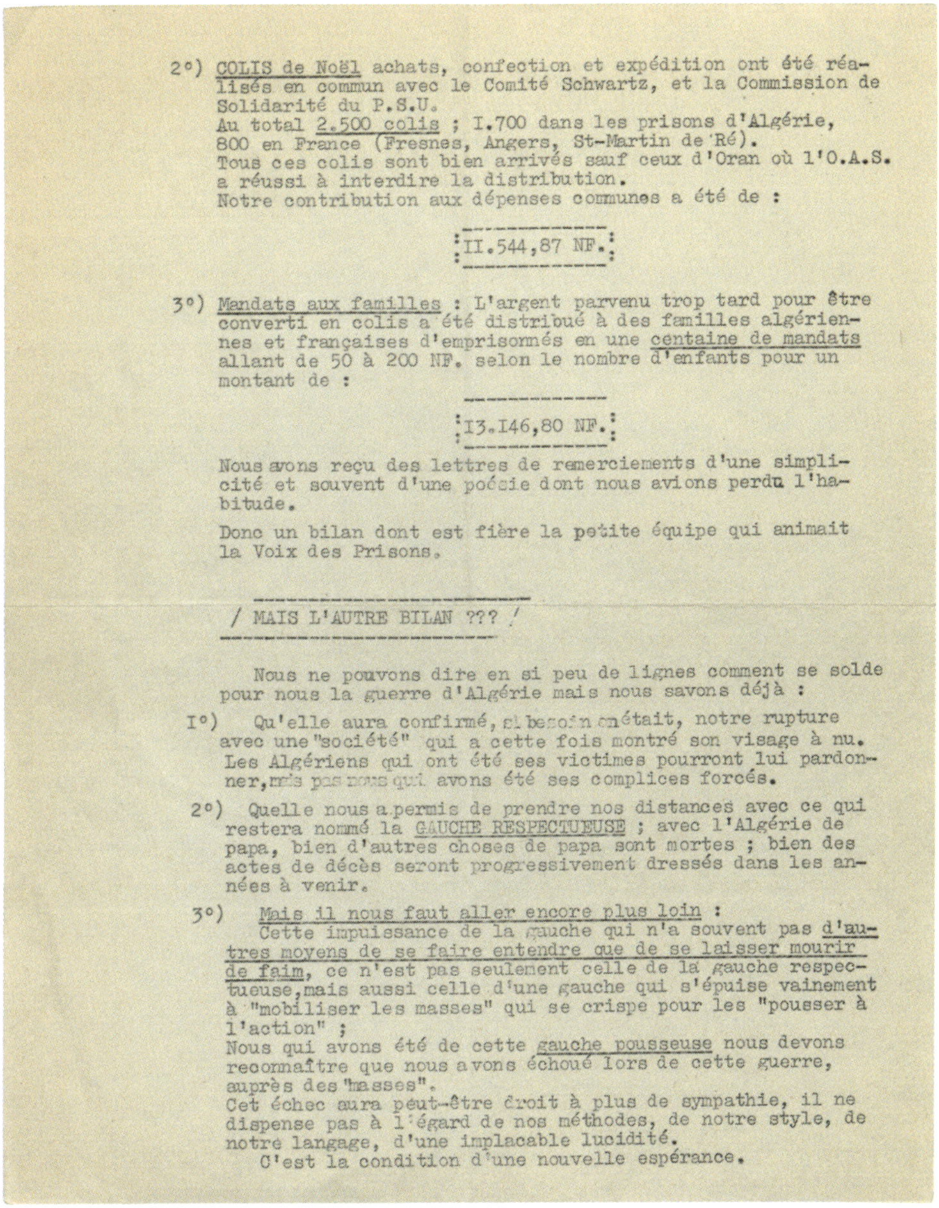

2°) COLIS de Noël achats, confection et expédition ont été réalisés en commun avec le Comité Schwartz, et la Commission de Solidarité du P.S.U.
Au total 2.500 colis ; I.700 dans les prisons d'Algérie, 800 en France (Fresnes, Angers, St-Martin de Ré).
Tous ces colis sont bien arrivés sauf ceux d'Oran où l'O.A.S. a réussi à interdire la distribution.
Notre contribution aux dépenses communes a été de :

II.544,87 NF.

3°) Mandats aux familles : L'argent parvenu trop tard pour être converti en colis a été distribué à des familles algériennes et françaises d'emprisonnés en une centaine de mandats allant de 50 à 200 NF. selon le nombre d'enfants pour un montant de :

I3.I46,80 NF.

Nous avons reçu des lettres de remerciements d'une simplicité et souvent d'une poésie dont nous avions perdu l'habitude.

Donc un bilan dont est fière la petite équipe qui animait la Voix des Prisons.

/ MAIS L'AUTRE BILAN ??? /

Nous ne pouvons dire en si peu de lignes comment se solde pour nous la guerre d'Algérie mais nous savons déjà :

I°) Qu'elle aura confirmé, si besoin en était, notre rupture avec une "société" qui a cette fois montré son visage à nu. Les Algériens qui ont été ses victimes pourront lui pardonner, mais pas nous qui avons été ses complices forcés.

2°) Qu'elle nous a permis de prendre nos distances avec ce qui restera nommé la GAUCHE RESPECTUEUSE ; avec l'Algérie de papa, bien d'autres choses de papa sont mortes ; bien des actes de décès seront progressivement dressés dans les années à venir.

3°) Mais il nous faut aller encore plus loin :
Cette impuissance de la gauche qui n'a souvent pas d'autres moyens de se faire entendre que de se laisser mourir de faim, ce n'est pas seulement celle de la gauche respectueuse, mais aussi celle d'une gauche qui s'épuise vainement à "mobiliser les masses" qui se crispe pour les "pousser à l'action" ;
Nous qui avons été de cette gauche pousseuse nous devons reconnaître que nous avons échoué lors de cette guerre, auprès des "masses".
Cet échec aura peut-être droit à plus de sympathie, il ne dispense pas à l'égard de nos méthodes, de notre style, de notre langage, d'une implacable lucidité.
C'est la condition d'une nouvelle espérance.

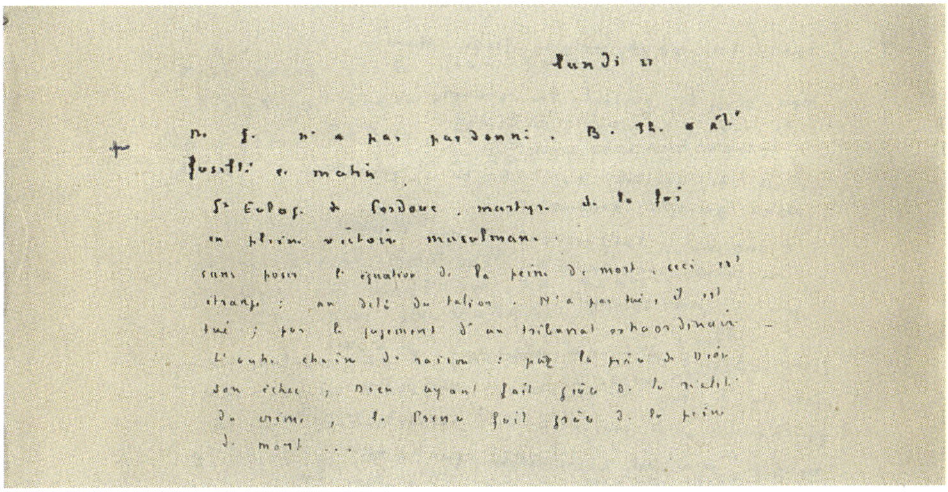

lundi 11

De G. n'a pas pardonné. B.-Th. a été fusillé ce matin.
St Euloge de Cordoue, martyr de la foi en pleine victoire musulmane.
Sans poser l'équation de la peine de mort, ceci est étrange : au-delà du talion. N'a pas tué, il est tué ; par le jugement d'un tribunal extraordinaire –
L'autre chaîne de raison : [illegible] la grâce de Dieu son échec ; Dieu ayant fait grâce de la réalité du crime, le Prince fait grâce de la peine de mort...

Pierre Boutang, feuillet manuscrit du Cahier 5 du « Journal », lundi 11 mars 1963.

Bastien-Thiry est fusillé au Fort-d'Ivry, le 11 mars 1963. De Gaulle a refusé de lui accorder la grâce présidentielle. Pierre Boutang souligne dans son Journal l'« étrangeté » de cette exécution « au-delà du Talion » : Bastien-Thiry « n'a pas tué, il est tué par le jugement d'un tribunal extraordinaire ». Une autre issue possible est mentionnée : « Dieu ayant fait grâce de la réalité du crime, le Prince fait grâce de la peine de mort... »

Archives privées Pierre Boutang

Intellectuels français et Algérie nouvelle

Du 15 au
~~Les 15, 16, 17, 18 et~~ 19 JUIN 1963, A ALGER

CONFERENCE EUROPEENNE D'AIDE NON GOUVERNEMENTALE A L'ALGERIE EN MARCHE VERS LE SOCIALISME

-:-:-:-:-:-:-:-:-:-

Lors d'une réunion d'information qui s'est tenue samedi dernier à la salle Mouloud Feraoun, sur l'initiative du comité d'Alger préparatoire à la conférence européenne d'aide non-gouvernementale à l'Algérie, la date définitive de la tenue de la conférence à Alger a été annoncée: elle se tiendra les 15 16, 17, 18 et 19 Juin prochain.

Comme précédemment annoncé, les travaux de la conférence seront ouverts par le ~~Président~~ Frère Ben Bella.

En même temps qu'elle étudiera d'une façon très concrète et positive (les mesures à mettre en œuvre pour répondre aux) ~~les~~ besoins de notre pays sur les plans technique, culturel et humanitaire, cette conférence sera une grande manifestation ~~politique~~ de soutien à l'Algérie socialiste qui est en train de naître au travers de la mise en pratique effective des décrets historiques du 29 Mars 1963.

Elle sera en fait la première étape de l'organisation en Europe, dans tous les milieux politiques ~~et~~, syndicaux et culturel favorables à la construction du socialisme, d'une défense systématique et énergique de ~~l'Algérie socialiste~~ notre Algérie socialiste qui se construit.

La préparation de cette conférence en Europe même se poursuit activement et une seconde réunion générale des comités européens ~~des~~ pour la conférence s'est tenue à Bruxelles le 4 Mai. ~~Dans~~ Cette réunion, qui a fixé la date définitive de la conférence ci-dessus mentionnée, a fait le point des progrès accomplis depuis la ~~réunion préc~~ tenue à Paris ~~de la~~ réunion précédente dont nous avons rendu compte dans le n° ~~12~~ 125 du Moudjahid (27 Avril).

19

Lettre tapuscrite de Jean-Marie Domenach à Ahmed Taleb, le 28 septembre 1965.

Trois mois après le coup d'État, Jean-Marie Domenach s'inquiète que la torture demeure une «méthode» subie par des Français en Algérie. Il l'écrit à Ahmed Taleb, cofondateur puis président de l'Union générale des étudiants musulmans algériens, emprisonné plus de quatre ans en France pour son engagement auprès du FLN (1957-1961), puis à nouveau incarcéré en Algérie de juillet 1964 à février 1965, en raison des critiques émises par son père, l'un des dirigeants de l'association des Oulémas, contre le gouvernement de Ben Bella, avant d'être nommé ministre de l'Éducation par Boumedienne en juin. Cette lettre demeurera sans écho. En janvier 1966, 160 exemplaires de la revue *Esprit* seront saisis par le pouvoir algérien: ils mentionnaient des sévices infligés à des détenus algériens.

Fonds Esprit/IMEC

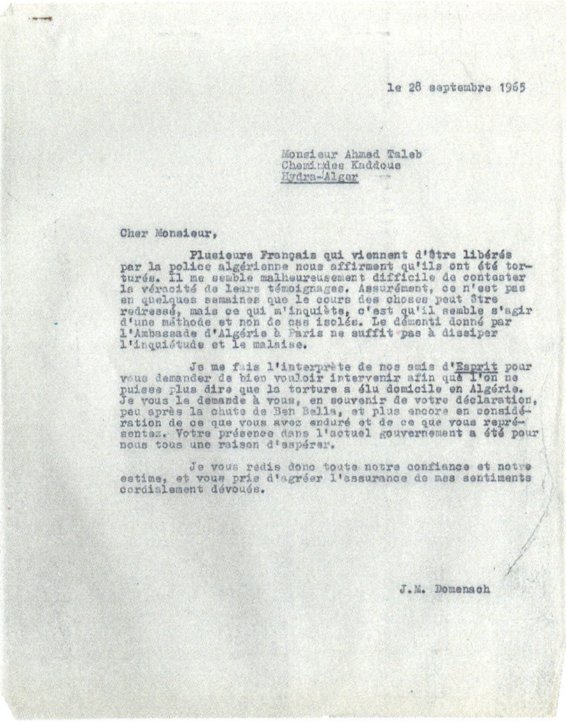

le 28 septembre 1965

Monsieur Ahmed Taleb
Chemin des Kaddous
Hydra-Alger

Cher Monsieur,

Plusieurs Français qui viennent d'être libérés par la police algérienne nous affirment qu'ils ont été torturés. Il me semble malheureusement difficile de contester la véracité de leurs témoignages. Assurément, ce n'est pas en quelques semaines que le cours des choses peut être redressé, mais ce qui m'inquiète, c'est qu'il semble s'agir d'une méthode et non de cas isolés. Le démenti donné par l'Ambassade d'Algérie à Paris ne suffit pas à dissiper l'inquiétude et le malaise.

Je me fais l'interprète de nos amis d'Esprit pour vous demander de bien vouloir intervenir afin que l'on ne puisse plus dire que la torture a élu domicile en Algérie. Je vous le demande à vous, en souvenir de votre déclaration, peu après la chute de Ben Bella, et plus encore en considération de ce que vous avez enduré et de ce que vous représentez. Votre présence dans l'actuel gouvernement a été pour nous tous une raison d'espérer.

Je vous redis donc toute notre confiance et notre estime, et vous prie d'agréer l'assurance de mes sentiments cordialement dévoués.

J.M. Domenach

«Pour la défense d'Ahmed Ben Bella et des autres victimes de la répression en Algérie», Bulletin nº 1, décembre 1965.

Le 19 juin 1965, Houari Boumedienne, ministre de la Défense et vice-premier ministre d'Ahmed Ben Bella, prend le pouvoir à la faveur d'un coup d'État et devient le deuxième président en exercice de la République algérienne démocratique et populaire. Aussitôt Ben Bella et Ben Alla, président de l'Assemblée nationale, sont arrêtés. Puis bien d'autres, parmi lesquels Mohammed Harbi. En septembre, des «Amis de l'Algérie» lancent un appel à l'opinion internationale en faveur de Ben Bella avant de constituer un comité pour sa défense et celle des victimes de la répression. On compte 260 signataires dont Arthur Adamov, Jacques Berque, Maurice Blanchot, Claude Bourdet, Aimé Césaire, Jean-Marie Domenach, Michel Leiris, François Mauriac, Jacques Panijel, Nathalie Sarraute, Jean-Paul Sartre…

Fonds Esprit/IMEC

BULLETIN MENSUEL — DÉCEMBRE 1965 — Nº 1

POUR LA DÉFENSE D'AHMED BEN BELLA
ET DES AUTRES VICTIMES DE LA RÉPRESSION EN ALGÉRIE

Contre l'arbitraire

Le 19 juin dernier, le Président de la République algérienne, secrétaire général du Parti F. L. N., Ahmed BEN BELLA, était arrêté par l'armée du colonnel BOUMEDIENNE. En même temps que lui : le président de l'Assemblée Nationale, Hadj BEN ALLA ; le ministre de la Santé, Mohammed Seghir NEKKACHE, et un nombre indéterminé d'autres personnalités.

Quelques mois plus tard, c'était le tour de Hocine ZAHOUANE, membre du Bureau politique F. L. N. ; de Mohammed HARBI, membre du Comité Central ; de Bachir HADJ ALI, ancien dirigeant du P. C. A. ; puis de nombreux responsables ou simples militants du F. L. N. et des organisations nationales.

Aucun de ces hommes ou de ces femmes n'a pu, depuis son arrestation, communiquer normalement avec sa famille et ses avocats, savoir ce qu'on lui reprochait, recevoir la possibilité de se défendre. Pour aucun d'eux, les garanties élémentaires de la personne humaine n'ont été respectées.

Devant cette situation, un certain nombre d'amis de l'Algérie ont pris, en septembre dernier, l'initiative d'adresser un appel à l'opinion internationale. Cent vingt signatures, puis plus de deux cents autres, largement représentatives, étaient bientôt recueillies, cependant que les objectifs de l'appel initialement conçu pour Ahmed BEN BELLA s'étendaient naturellement à toutes les autres victimes de la répression.

Afin le prolonger cet appel par une action concrète, l'Assemblée générale des signataires, convoquée le 4 novembre dans la salle de la Mutualité, à Paris, décidait à l'unanimité de constituer un «COMITE POUR LA DEFENSE D'AHMED BEN BELLA ET DES AUTRES VICTIMES DE LA REPRESSION EN ALGERIE», dont ce bulletin est l'organe.

⁂

C'est sous la présidence de Robert MERLE, entouré de Me Madeleine LAFUE-VERON et de Pierre NAVILLE que s'est tenue cette Assemblée générale. Soixante-dix signataires y participaient, auxquels s'était joint l'écrivain algérien Mourad MOURBOUNE.

Ouvrant la séance, Robert MERLE évoque d'abord les conditions dans lesquelles fut arrêté Ahmed BEN BELLA, l'incertitude qui plane sur son sort ainsi que sur celui de nombreux autres Algériens arrêtés et détenus arbitrairement depuis le coup d'Etat du 19 juin, et dont les plus connus sont :

— Hadj BEN ALLA, président de l'Assemblée Nationale,
— Mohammed Seghir NEKKACHE, ministre de la Santé,
— Mohammed HARBI, membre du Comité central du F. L. N.,
— Hocine ZAHOUANE, membre du Bureau politique du F. L. N.,
— Bachir HADJ ALI, ancien dirigeant du P. C. A.,
— Houari MOUFFOK, président de l'U. N. E. A.,
— ZENINE et Djelloul NACEUR, vice-présidents de l'U. N. E. A.,
— Boualem MAKHOUF, secrétaire général de la J. F. L. N.,
— Omar HARAIG, Abderrahim MEDJAOUI, Ahmed ABBAD, etc...

◂ Comité préparatoire à la conférence européenne d'aide non gouvernementale à l'Algérie en marche vers le socialisme.

Dès la proclamation de l'indépendance, des Français souhaitent prendre une part active à la création d'une Algérie nouvelle. Certains échappent ainsi à la justice française, qui les poursuit pour insoumission ou aide au FLN, d'autres se mettent au service d'une révolution en marche. Le gouvernement algérien, toutefois, demeure prudent. En témoigne la tenue à Alger, en juin 1963, d'une «conférence européenne d'aide non gouvernementale à l'Algérie». Deux objectifs: étudier concrètement les besoins du pays pour mettre en pratique les décrets du 29 mars sur l'autogestion; organiser la défense de l'Algérie socialiste en construction. Il importe que cette défense soit «européenne» et pas strictement française, et «non gouvernementale» pour éviter l'écueil d'une «coopération» déjugée.

Fonds Michel Raptis/BDIC

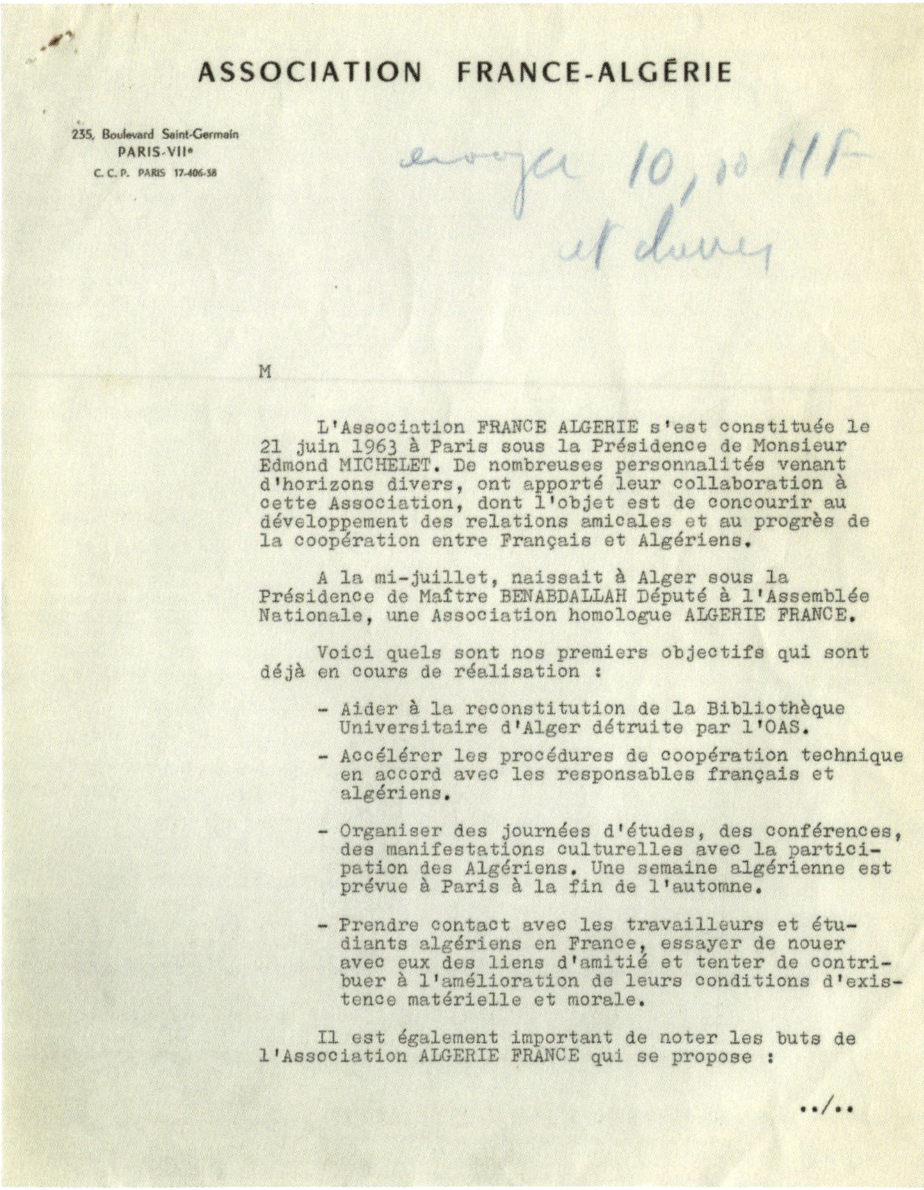

ASSOCIATION FRANCE-ALGÉRIE

235, Boulevard Saint-Germain
PARIS-VIIe
C. C. P. PARIS 17-406-58

M

L'Association FRANCE ALGERIE s'est constituée le 21 juin 1963 à Paris sous la Présidence de Monsieur Edmond MICHELET. De nombreuses personnalités venant d'horizons divers, ont apporté leur collaboration à cette Association, dont l'objet est de concourir au développement des relations amicales et au progrès de la coopération entre Français et Algériens.

A la mi-juillet, naissait à Alger sous la Présidence de Maître BENABDALLAH Député à l'Assemblée Nationale, une Association homologue ALGERIE FRANCE.

Voici quels sont nos premiers objectifs qui sont déjà en cours de réalisation :

- Aider à la reconstitution de la Bibliothèque Universitaire d'Alger détruite par l'OAS.
- Accélérer les procédures de coopération technique en accord avec les responsables français et algériens.
- Organiser des journées d'études, des conférences, des manifestations culturelles avec la participation des Algériens. Une semaine algérienne est prévue à Paris à la fin de l'automne.
- Prendre contact avec les travailleurs et étudiants algériens en France, essayer de nouer avec eux des liens d'amitié et tenter de contribuer à l'amélioration de leurs conditions d'existence matérielle et morale.

Il est également important de noter les buts de l'Association ALGERIE FRANCE qui se propose :

../..

Associations France-Algérie et Algérie-France

À l'Association d'Amitié et de Solidarité franco-algérienne, créée en mai 1963 et parrainée notamment par Claude Bourdet, Pierre Bourdieu, Jean-Marie Domenach, Jean-Jacques de Felice, Daniel Guérin, Michel Leiris, Jean-Louis Maurienne, Albert Memmi, Maxime Rodinson, Laurent Schwartz, Pierre Stibbe, Vercors, succèdent en juin une « Association France-Algérie » présidée par l'ancien ministre de la Justice Edmond Michelet et, en juillet, son homologue algérienne, l'Association Algérie-France présidée par l'avocat et député Abdessamad Benabdallah. Il s'agit à la fois de « réparer la porcelaine cassée » (Michelet) et « d'enrichir librement le dialogue » (Benabdallah). Au programme, d'abord : reconstruire la bibliothèque de l'université d'Alger, brûlée en juin 1962. Un fonds de solidarité franco-algérien naît aussi pour « soulager la détresse morale et matérielle » due à la guerre.

Fonds Esprit/IMEC

Lettre tapuscrite ➤ de Marco [Michel Raptis ?] à un destinataire non identifié, février 1963.

Dans cette lettre qui précède la tenue de la conférence, une mise au point d'importance est effectuée : « il n'a jamais été question que les Algériens demandent » une telle conférence, et ils ne « quémander[ont] » pas d'aide auprès de la gauche. Ne demandant rien, les dirigeants algériens accepteront néanmoins les initiatives européennes et « feront connaître leur assentiment et leur soutien ». C'est dire que si des solidarités sont souhaitées, elles sont principalement attendues de « techniciens-militants », acquis à la cause révolutionnaire, encore trop peu nombreux.

Fonds Michel Raptis/BDIC

février 1963

Cher Ami,

Je suis chargé de répondre à une de tes lettres, ce que je n'ai pas pu faire tout de suite, à cause d'un contretemps facheux, ce dont je m'excuses.

Tout d'abord, au sujet de l'electricien, l'affaire est résolue.

En ce qui concerne la préparation de la conférence européenne d'aide à l'Algérie, il convient de ne faire aucune confusion.

Il n'est pas question et il n'a jamais été question que les Algériens demandent d'une manière quelconque la tenue d'une pareille réunion, et en tout cas en prenne l'initiative, comme ils n'ont pas l'intention de quémander une aide auprès de la gauche européenne.

Donc, il n'y a pas "d'organisme algérien quelconque" qui lance des invitations officielles. L'initiative doit venir des organisations européennes. C'est comme cela que les Algériens l'entendent. Ils nous ont donné l'assurance que si une telle manifestation a lieu, ils feront tout et donneront toutes les facilités pour qu'elle se réalise. Ils le feront, alors savoir officiellement, certes, c'est-à-dire quand ils recevront l'annonce de la tenue d'une préconférence européenne et la proposition d'une réunion à Alger-même, alors ils feront connaître leur assentiment et leur soutien et ils enverront autant de lettres de soutien et d'encouragement qu'il le faudra, mais avant, il ne faut pas y compter.

Ceci est vrai également à propos de ta demande d'appel de l'UGTA à l'adresse des centrales internationales.

Ceci étant mis au point, voici quelques suggestions à propos de l'aide technique.

- Pour les médecins, s'adresser directement au Docteur Annette Roger, Palais du gouvernement - Ministère de la Santé - Bureau 538.

-Si nous ignorons les propositions faites par vous, il nous est impossible d'intervenir, aussi faites-nous parvenir les doubles.

Il faudrait envisager, à ce propos d'aide technique et étudier la possibilité , soit:
- de faire obtenir des bourses pour des élèves techniciens algériens, ici sur place ;
- ou bien envoyer des moniteurs et des instructeurs sur place ;
- ou encore, faire obtenir des bourses en Europe, pour des candidats algériens.

Très fraternellement ,   Marco.

4

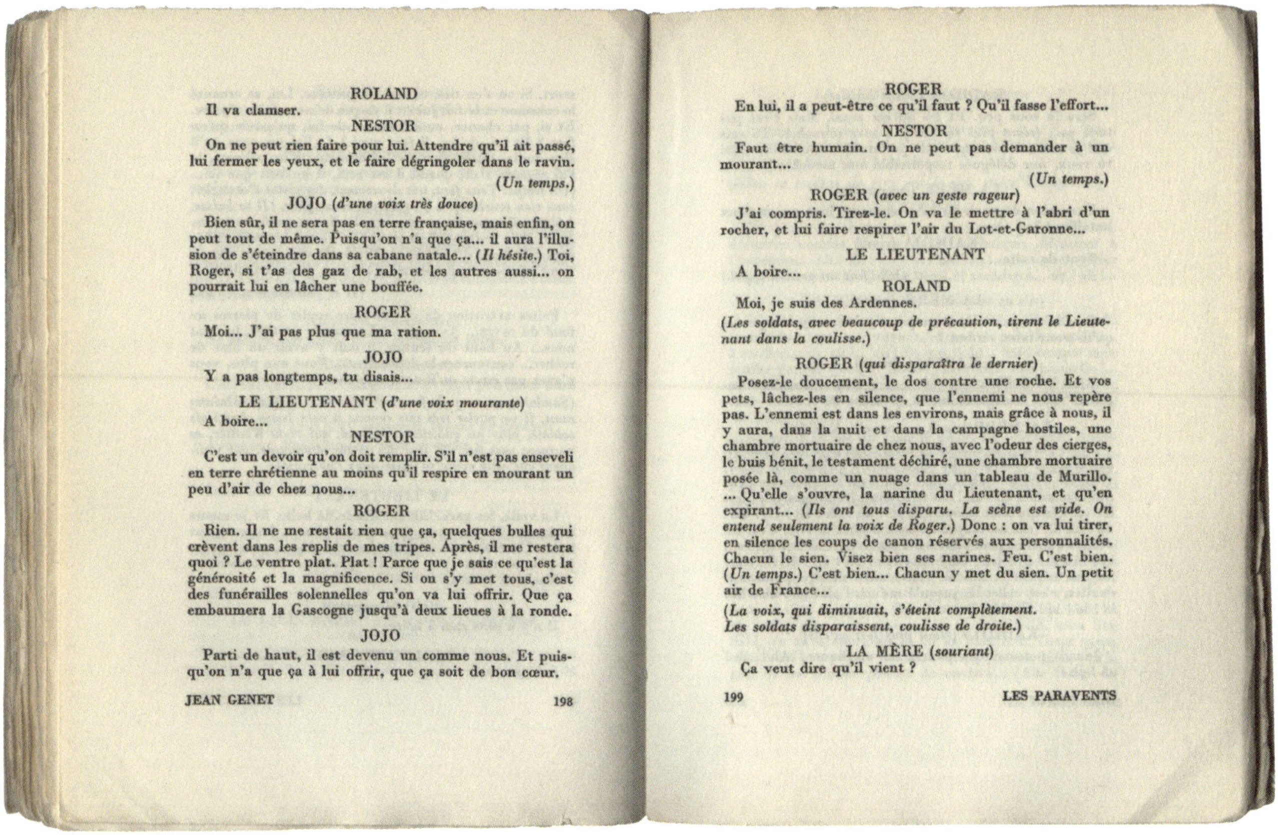

ROLAND
Il va clamser.
NESTOR
On ne peut rien faire pour lui. Attendre qu'il ait passé, lui fermer les yeux, et le faire dégringoler dans le ravin.
(*Un temps.*)
JOJO (*d'une voix très douce*)
Bien sûr, il ne sera pas en terre française, mais enfin, on peut tout de même. Puisqu'on n'a que ça... il aura l'illusion de s'éteindre dans sa cabane natale... (*Il hésite.*) Toi, Roger, si t'as des gaz de rab, et les autres aussi... on pourrait lui en lâcher une bouffée.
ROGER
Moi... J'ai pas plus que ma ration.
JOJO
Y a pas longtemps, tu disais...
LE LIEUTENANT (*d'une voix mourante*)
A boire...
NESTOR
C'est un devoir qu'on doit remplir. S'il n'est pas enseveli en terre chrétienne au moins qu'il respire en mourant un peu d'air de chez nous...
ROGER
Rien. Il ne me restait rien que ça, quelques bulles qui crèvent dans les replis de mes tripes. Après, il me restera quoi ? Le ventre plat. Plat ! Parce que je sais ce qu'est la générosité et la magnificence. Si on s'y met tous, c'est des funérailles solennelles qu'on va lui offrir. Que ça embaumera la Gascogne jusqu'à deux lieues à la ronde.
JOJO
Parti de haut, il est devenu un comme nous. Et puisqu'on n'a que ça à lui offrir, que ça soit de bon cœur.

JEAN GENET 198

ROGER
En lui, il a peut-être ce qu'il faut ? Qu'il fasse l'effort...
NESTOR
Faut être humain. On ne peut pas demander à un mourant...
(*Un temps.*)
ROGER (*avec un geste rageur*)
J'ai compris. Tirez-le. On va le mettre à l'abri d'un rocher, et lui faire respirer l'air du Lot-et-Garonne...
LE LIEUTENANT
A boire...
ROLAND
Moi, je suis des Ardennes.
(*Les soldats, avec beaucoup de précaution, tirent le Lieutenant dans la coulisse.*)
ROGER (*qui disparaîtra le dernier*)
Posez-le doucement, le dos contre une roche. Et vos pets, lâchez-les en silence, que l'ennemi ne nous repère pas. L'ennemi est dans les environs, mais grâce à nous, il y aura, dans la nuit et dans la campagne hostiles, une chambre mortuaire de chez nous, avec l'odeur des cierges, le buis bénit, le testament déchiré, une chambre mortuaire posée là, comme un nuage dans un tableau de Murillo. ... Qu'elle s'ouvre, la narine du Lieutenant, et qu'en expirant... (*Ils ont tous disparu. La scène est vide. On entend seulement la voix de Roger.*) Donc : on va lui tirer, en silence les coups de canon réservés aux personnalités. Chacun le sien. Visez bien ses narines. Feu. C'est bien. (*Un temps.*) C'est bien... Chacun y met du sien. Un petit air de France...
(*La voix, qui diminuait, s'éteint complètement. Les soldats disparaissent, coulisse de droite.*)
LA MÈRE (*souriant*)
Ça veut dire qu'il vient ?

199 LES PARAVENTS

Jean Genet, *Les Paravents*, L'Arbalète, 1961.

Lorsque, en 1961, paraissent *Les Paravents*, Jean Genet est déjà un auteur de théâtre reconnu. Roger Blin, signataire du Manifeste des 121, d'abord dissuadé de créer le texte par les services du ministère de l'Intérieur, s'y risque finalement en avril 1966 à l'Odéon-théâtre de France – théâtre subventionné dirigé par Jean-Louis Barrault. Pour Blin, Genet y « dénonce la crapulerie des oppresseurs et par un jeu de miroir [...] les opprimés ».

Fonds Jean Genet/IMEC

De la polémique au chant

minute
Assez de pitreries obscènes dans nos théâtres nationaux

LE SCANDALE DES "PARAVENTS"

ET BARRAULT APPELLE "ÇA" LE THÉÂTRE DE FRANCE

« Et Barrault appelle "ça" le théâtre de France », *Minute*, 5 mai 1966.

Pour les anciens combattants et les nostalgiques de l'Algérie française, c'est une obscénité politique choquante, comme lorsqu'un soldat pète au-dessus du visage d'un officier mourant pour qu'il emporte avec lui un peu d'air de France. Un rédacteur anonyme de *Minute* traite Jean Genet de « scatologue » et Jean-Louis Barrault de « bateleur obséquieux », « protégé » d'André Malraux, qui laisse une scène nationale déverser « sur l'armée française un tombereau d'immondices » et une telle « saloperie » (selon le mot de Louise de Vilmorin cité par ce journal).

Collection privée

Paris-Match/Auerbach, _Les Paravents_, photographie, 5 mai 1966.

Après quinze jours de représentations sans incidents, le 30 avril 1966, des «paras» montent sur scène, molestent des comédiens, dont Maria Casarès, et jettent des projectiles. Le rideau de fer est baissé et le spectacle momentanément interrompu. Dehors, on réclame son annulation. Les forces de l'ordre, réquisitionnées, protégeront 40 représentations entre avril et octobre, finalement arrêtées faute de sécurité. Le 26 octobre, André Malraux, pour qui la pièce est moins antifrançaise qu'«antihumaine» et «anti-tout», refuse à la Chambre de supprimer la subvention de l'Odéon: «Nous n'autorisons pas *Les Paravents* pour ce que vous leur reprochez et qui peut être légitime; nous les autorisons malgré ce que vous leur reprochez», – la «pourriture [...] au nom de quoi on a toujours arrêté ceux qu'on arrêtait».

Fonds Jean Genet/IMEC

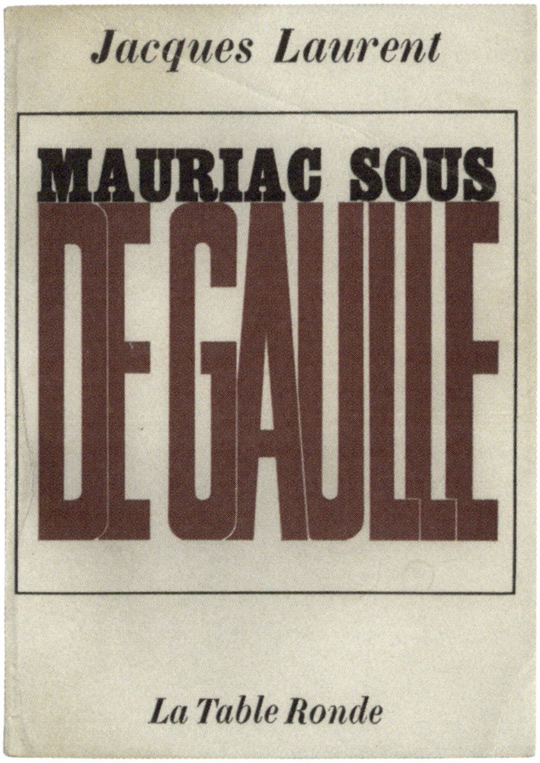

Jacques Laurent, _Mauriac sous De Gaulle_, La Table ronde, 10 novembre 1964.

À peine douze jours après la sortie du fervent *De Gaulle* de François Mauriac (Grasset), Jacques Laurent publie en réponse son *Mauriac sous De Gaulle*. Il contient une double charge: contre Mauriac, qui traite «son personnage comme un sur-Dieu» et pèche «par omission avec grâce», et contre De Gaulle, qui «n'a jamais frappé que ses amis», «n'a pas changé l'Histoire» et, tout attaché à sa propre gloire, ne s'est intéressé qu'à l'«exploitation [...] de nos désastres».

Collection privée

40, rue du Bac

PARIS 7ème

Le 17 Mai 1965

Monsieur,

A la suite de l'inculpation de Jacques Laurent, conséquence de sa réponse à François Mauriac, nous avons pensé qu'un certain nombre d'écrivains tiendraient à être aux côtés de l'inculpé.

Nous demandons donc à ceux dont la liste est jointe de signer un texte commun. Nous ne le demanderons à aucun autre. Nous serions déçus qu'ils ne se retrouvent pas tous auprès de l'inculpé.

Veuillez croire, Monsieur, à nos sentiments attentifs.

R. Laudenbach

Roland LAUDENBACH

Bernard George

Bernard GEORGE

Texte de protestation signé de Jules Roy, feuillet manuscrit, 21 mai 1965.

Parmi les destinataires, Jean Anouilh, Marcel Aymé, Antoine Blondin, Jean Cau, Gilbert Cesbron, Jacques Chardonne, Michel Déon, Jean Lartéguy, Gabriel Marcel, Paul Morand, Jean Paulhan, Jacques Perret, Jules Romains, Jules Roy, Jean-Jacques Servan-Schreiber… Perret et Cesbron déclinent, le premier parce que déjà titulaire de « sept ou huit condamnations pour le même motif », le second parce qu'il se défie de la liste de noms jointe au texte et de l'usage qui en sera fait. Roy, lui, signe en dépit de divergences politiques manifestes, scandalisé par l'inculpation de Laurent. « Votre liste, écrit-il dans un billet joint, me fait sourire. Vous compterez bientôt les braves qui se fermeront l'entrée de l'Élysée et des honneurs… » Le procès s'ouvre le 8 octobre : c'est le 297e du genre sous la Ve République. Laurent en rendra compte dans *Offenses au chef de l'État* (La Table ronde, 1965).

Fonds La Table ronde/IMEC

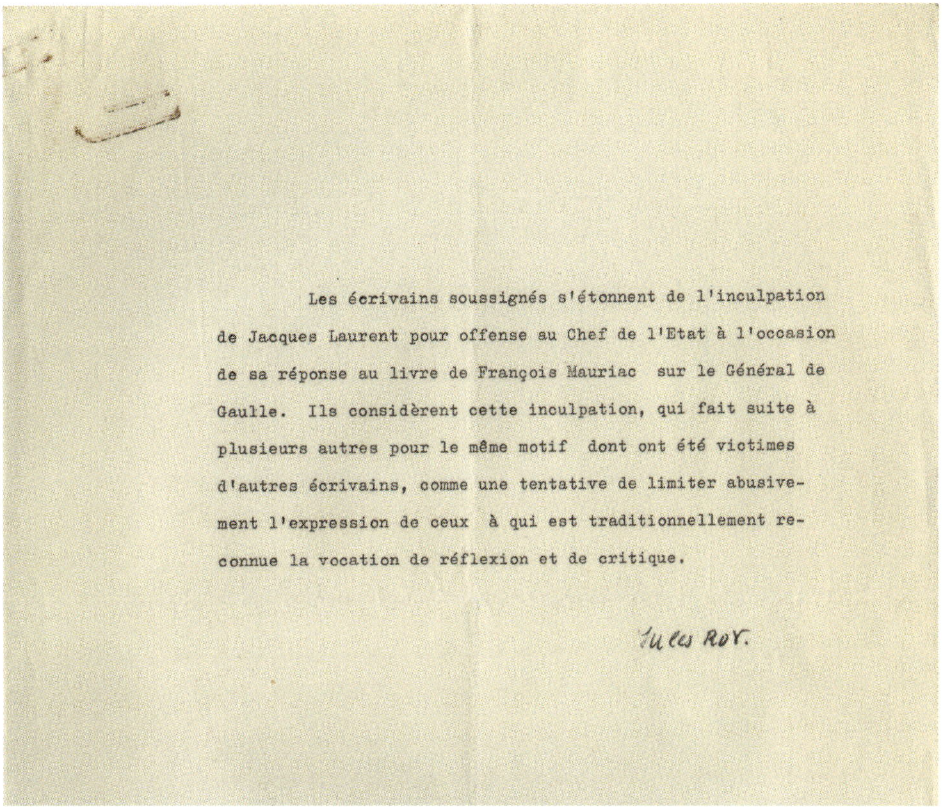

Les écrivains soussignés s'étonnent de l'inculpation de Jacques Laurent pour offense au Chef de l'Etat à l'occasion de sa réponse au livre de François Mauriac sur le Général de Gaulle. Ils considèrent cette inculpation, qui fait suite à plusieurs autres pour le même motif dont ont été victimes d'autres écrivains, comme une tentative de limiter abusivement l'expression de ceux à qui est traditionnellement reconnue la vocation de réflexion et de critique.

Jules Roy.

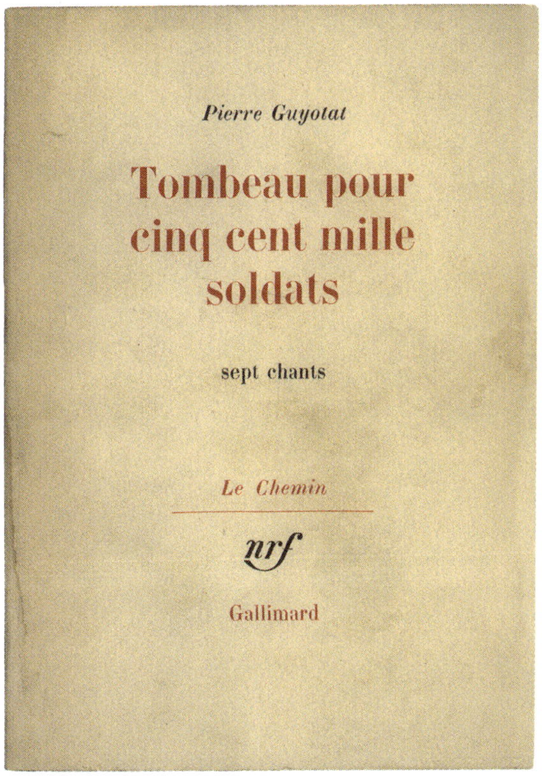

Pierre Guyotat, *Tombeau pour cinq cent mille soldats*, Gallimard, « Le Chemin », 1967.

En octobre 1960, alors que les jeunes gens tentent plutôt d'échapper à la conscription, Pierre Guyotat refuse la reconduction du sursis pour études obtenu par son père et choisit de rester deuxième classe en Algérie. En avril 1962, « tout acte de résistance à l'ordre militaro-administratif, tout acte de compréhension envers le colonisé, pouva[n]t être assimilé à une trahison », il est inculpé de complicité de désertion, atteinte au moral de l'armée, possession et divulgation de journaux interdits. Au retour, de 1963 à 1965, il compose un vaste poème narratif en sept chants, refusé par Luc Estang (Seuil), soutenu par Dominique de Roux (L'Herne) et Pierre Belfond, finalement publié par Georges Lambrichs (Gallimard). Michel Foucault reconnaît dans cette œuvre iconoclaste « un des livres fondamentaux de notre époque : l'histoire, immobile comme la pluie, indéfiniment itérative, de l'Occident au XXe siècle ». L'Algérie y est « intériorisée » : onirisée, prolongée, dépassée, chantée.

Collection privée

◄ Lettre circulaire de Roland Laudenbach et Bernard George, le 17 mai 1965.

La presse de tous bords célèbre la « verve sarcastique » (Jean-Louis Bory) et les « couteaux merveilleusement aiguisés » (Pierre Boutang) de Jacques Laurent. Mais en avril 1965, Laurent est inculpé d'offense au chef de l'État. Aussitôt le directeur des éditions et le directeur littéraire de La Table ronde, Roland Laudenbach et Bernard George, adressent à cinquante-quatre écrivains un texte de protestation et de solidarité.

Fonds La Table ronde IMEC

INDEX DES NOMS DE PERSONNE

INDEX DES PÉRIODIQUES

Éditions Gallimard

Directeur du Partenariat
Franck Fertille

Directrice artistique
Anne Lagarrigue

Chargée d'édition
Audrey Gregorczyk

Chef de fabrication
Christian Delval

Suivi de fabrication
Cécile Lebreton

Maquette
Cathy Piens Pays

Service de presse
Béatrice Foti assistée
de Françoise Issaurat

Relecture et correction
Katia de Azevedo

IMEC

Coordination éditoriale
Nathalie Léger,
Yoann Thommerel

Partenariats
Emmanuelle Lambert

Recherches documentaires
Pierre Clouet,
Yves Chevrefils-Desbiolles

Autorisations
Caroline Louvet

Numérisation
Frédéric Gai

REMERCIEMENTS

Les auteurs remercient, pour leur confiance, leur disponibilité, leurs prêts généreux et leurs aimables autorisations :
Henri Alleg, Josette Audin, Michèle Audin, Pierre Audin, Michel Audisio, Christophe Boutang, Daniel Buisine, Catherine Camus, Pierre Castelneau, Marie-Claude Char, Jean-François Collin, Olivier Corpet, Alain Damman, Alice Déon, Michel Déon, Janine des Forêts, Assia Dib, Colette Dib, Antoine Duhamel, Aube Elléouët-Breton, *L'Express,* Cidalia Fernandes Blanchot, Marc Garanger, Armand Gatti, Catherine Goldenstein, Édith Heurgon, Jean-Jacques Hocquard, Olivier Jeanson, Christine Lapoujade, Catherine Laudenbach, Régis Le Mer, Claire Mandouze, Christine Mandouze-Bataille, Jean Mauriac, Jacques Miel, Yann Moulier-Boutang, Clara Mure-Petitjean, Jean-Jacques Nanot, Pierre Nora, *Paris-Match,* M. et Mme Louis Perret, Jean Pottier, Henriette Reggui, Jean-Paul Ricœur, Jacqueline Roblès-Macek, Jean-Louis Roy, Monique Salan, Victor Salan, Françoise Savarin Nordmann, Claudine Schwartz, Réa Simon, Siné, Armande de Trentinian-Ponge, Marie-Pierre Ulloa, Pierre Vialatte, Geneviève Vidal-Naquet, Tassadit Yacine, Bernard Zeller.

Ainsi que tous les ayants droit qui nous ont autorisés à reproduire leurs archives déposées à l'IMEC :
André Acquart, Kateb Amazigh, Pierre Amrouche, Marguerite Derrida, Suzanne Diop, Jean-Luc Domenach, Nicolas Domenach, Pierre Castelneau, Mireille Fanon-Mendès France, Catherine Laudenbach, Christine Mandouze, Jean Mascolo, Jacques Miel, Maurice Nadeau, Claire Paulhan, Monique Pommeret, André et Daniel Pozner, Paul Thibaud, Pierre Vialatte, Michel Vinaver.

Notre gratitude à nos partenaires : la Bibliothèque de documentation internationale contemporaine (BDIC), l'École des hautes études en sciences sociales (EHESS) et l'Institut national de l'audiovisuel (INA).

Nous savons gré aux membres du Conseil scientifique de nous avoir honorés de leurs suggestions et de leurs réactions : Marc Dambre, Edgar Morin, Pierre Nora, Jean-Pierre Rioux, Anne Simonin.

Notre reconnaissance au directeur de l'IMEC, Olivier Corpet, et à ses collaborateurs, pour s'être engagés à nos côtés dans la conception et la réalisation de cet ouvrage, et plus particulièrement :
Nathalie Léger (directrice adjointe)
Yoann Thommerel (directeur du Développement culturel)
Emmanuelle Lambert (responsable des partenariats)
Pierre Clouet (chargé des expositions)
Caroline Louvet (chargée de production)

Ainsi que François Bordes, Brigitte Bouleau, Flora Bourgoise, Pascale Butel, Yves Chevrefils-Desbiolles, André Derval, Alain Desmeulles, Albert Dichy, Hélène Favard, Frédéric Gai, Elvire Lilienfeld, Guillaume Louet, Pauline Meunier, Laure Papin, Coraline Pradeau, Sandrine Samson, Éliane Vernouillet.

Pour avoir bien voulu partager avec nous leurs souvenirs ou leurs connaissances :
Lise Baron, Jean-Marie Boëglin, Gilles Chavassieux, Tiennot Grumbach, Julien Hage, Jean-Robert Henry, Gilbert Meynier, Emmanuel Migeot, Jean-Pierre Peyroulou, Jacqueline Pluet-Despatin, Jean-Paul Ribes, Claude Nahmias, Jérôme Trollet.

Pour avoir facilité nos recherches et les avoir accompagnées :
Alexandre Alajbegovic ; Archives nationales : Nicole Even, Agnès Magnien ; BDIC : Caroline Apostolopoulos, Barry Bassirou, Caroline Fieschi, Magali Gouiran, Frédérique Joannic-Seta, Rosa Olmos, Élisabeth Sabatié, Valérie Tesnière ; Bibliothèque francophone multimédia de Limoges : Chantal de Grandpré, François Ruault ; Bibliothèque littéraire Jacques-Doucet : Isabelle Diu ; bibliothèque Méjanes : Marcelle Mahasela ; bibliothèque municipale à vocation régionale-Marseille (BMVR) : Brigitte Blanc, Jean-François Pinet ; Centre d'histoire de la Résistance et de la Déportation/Ville de Lyon : Chantal Jorro, Régis Le Mer ; EHESS : Goulven Le Brech, Brigitte Mazon ; Fondation de Gaulle : David Valence ; Fonds Ricœur, bibliothèque de l'Institut protestant de théologie de Paris : Catherine Goldenstein ; INA : Joëlle Olivier ; IREMAM : Marie-Pierre Oulié ; La Parole errante : Tiffany Anton ; Maison Jules Roy : Nathalie Durand ; Muséum d'histoire naturelle : Alice Lemaire ; *Le Nouvel Observateur* : Jocelyne Clot ; Société de l'histoire du protestantisme français (SHPF) : Florence Poinsot.

Pour son aide précieuse et ses suggestions avisées : Nadia Ladjimi, chargée de communication CNRS de l'EAC 4400 « Écritures de la modernité, Littérature et Sciences humaines ».

Nous saluons, enfin, les équipes des Éditions Gallimard, et notamment Antoine Gallimard, Yvon Girard et Franck Fertille. Ainsi qu'Anne Lagarrigue, Audrey Gregorczyk, Christian Delval, Cécile Lebreton, Cathy Piens Pays, Béatrice Foti et Katia de Azevedo.

En dépit de nos efforts, quelques ayants droit n'ont pu être retrouvés. Nous les prions de bien vouloir nous en excuser et leur saurions gré de se faire connaître.

CRÉDITS

© Archives privées Pierre Boutang : p. 102, 121g, 127b, 150d, 151g, 171h, 184, 204g, 218h, 224h, 234b, 235h 242h, 243b,
© Archives Régis Le Mer : p. 49h,
© Archives nationales, Paris : p. 71d
© Archives Jacqueline Roblès-Macek : p. 29hd
© Famille Audin : p. 109d
© Bibliothèque de l'IPT, Paris : p. 36, 86h, 149c
© Bibliothèque francophone multimédia, Limoges : p. 34h, 45b, 57, 60h, 103h, 137h, 203g, 220,
© Bibliothèque littéraire Jacques-Doucet, Paris : p. 66, 83b
© Bibliothèque Méjanes, Aix-en-Provence : p. 78, 100bg
© Bibliothèque nationale de France, Paris : p. 26h
© BDIC, Paris : p. 27, 42, 49b, 54bd, 61, 64, 67, 69g, 70g, 80, 82, 83h, 86b, 92, 128d, 129bg, 136g, 138, 154, 165b, 168, 170b, 171b, 174, 182hd, 182bd, 183c, 187b, 196h, 205d, 230b, 236, 243h, 244, 247
© BMVR, Marseille : p. 30, 38h, 46b, 47, 74d, 90, 91, 97bg, 98g, 98bd, 99, 100hg, 118d, 120d, 152g, 170h, 177, 178, 186, 192h, 199h, 209g, 209c, 211g
© CHRD/Ville de Lyon : p. 28, 29b, 31d, 44, 45h, 46h, 52, 54bg, 56, 58, 65d, 68d, 72g, 84, 87, 94h, 101, 106, 107c, 113d, 136d, 146g, 183b, 204d, 211c, 235b, 240b
© Archives Jean-François Collin : p. 232g
© Alain Damman : p. 122g, 183h, 212d
© DR : p. 28g, 29c, 37b, 38b, 48h, 48b, 59, 69d, 76d, 94b, 97h, 97bd, 98hd, 100d, 108g, 108d, 113g, 115c, 118c, 119, 121d, 129h, 130h, 134b, 139b, 140h, 141c, 145g, 147d, 149g, 182g, 185g, 189, 193b, 194, 197, 200, 201, 212g, 214, 221d, 223, 224b, 227h, 229h, 231h, 232b, 233, 242b, 248b, 249b, 251b
© Archives EHESS, Paris, avec l'autorisation de Mme G. Vidal-Naquet : p. 109g, 110, 112d, 144d, 222, 239b
© Esprit : p. 245b
© IMEC, Abbaye d'Ardenne : p. 24, 26b, 29hg, 31g, 32, 33, 34b, 35, 40, 48c, 50, 51, 53, 54h, 55, 60b, 68g, 70d, 71g, 71c, 72d, 73, 74g, 75, 76g, 81, 85, 88, 89, 93, 95, 96, 103b, 107g, 107d, 108c, 111, 112g, 114, 115g, 115d, 116g, 117, 118g, 120g, 122d, 124, 127h, 128g, 129bd, 130b, 131, 132, 133, 134h, 134c, 135, 137b, 139h, 140c, 140b, 141g, 141b, 145d, 146d, 147g, 148c, 148g, 152d, 157b, 158d, 159, 160, 161, 162, 163, 164, 165h, 166, 167b, 169, 170c, 172, 179, 180, 181, 185d, 187h, 188, 190, 191, 192b, 193h, 195, 196b, 198, 199b, 201, 202, 203d, 205g, 206, 207, 208, 209, 210, 211g, 217, 218b, 219, 221g, 226, 227b, 228h, 229b, 230h, 231b, 234h, 237g, 238, 239h, 241, 245h, 246, 258h, 249h, 250, 251h
© IMEC/Adagp, Paris 2012 : 167h
© Documentation La Parole errante, Montreuil : p. 37h
© FR ANOM, Aix-en-Provence : p. 43
© *L'Express*, Paris : p. 65g
© Marc Garanger : p. 144g, 228b
© Archives privées Francis Jeanson : p. 148g, 149d, 150g, 156, 157h, 158g, 237d, 240h
© Archives privées Henri Nanot : p. 151
© Marc Riboud : p. 12
© Association des amis de Raoul Salan : p. 225
© SHPF, Paris : p. 116d
© Jacques Villeglé/Adagp, Paris 2012 : couverture et p. 6

Photogravure **La Station Graphique**

Cet ouvrage a été achevé d'imprimer
sur les presses de l'imprimerie **Bona**
à Turin en mai 2012.

Imprimé en Italie

Dépôt légal mai 2012
ISBN : 978-2-07-013804-3
N° d'édition : 243480